国家社科基金后期资助项目

清至民国婺源县村落契约文书辑录

Contracts and Other Documents in Wuyuan County:
Qing Dynasty and Beyond

拾伍

段莘乡(四)

东山村·官坑村·沅头村胡家

黄志繁 邵 鸿 彭志军 编

商务印书馆
创于1897 The Commercial Press
2014年·北京

段莘乡东山村 1—6

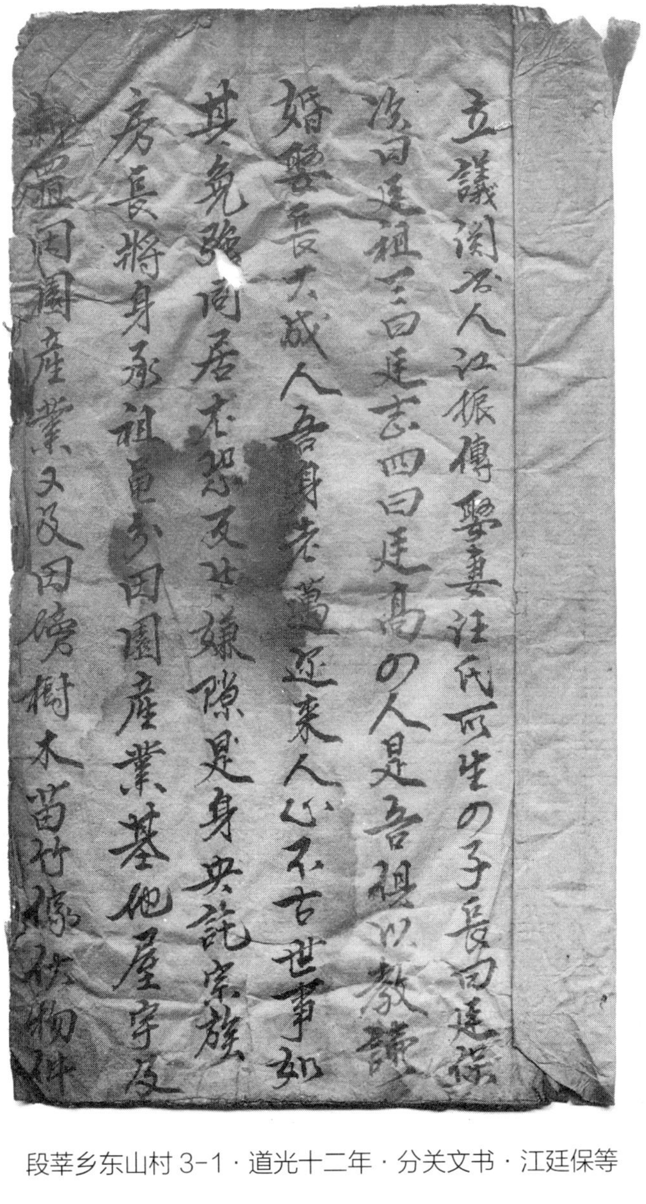

立議鬮書人江振傳娶妻汪氏所生四子長曰廷保
次曰廷祖三曰廷志四曰廷高四人是吾撫以教讀
婚娶吾長大成人吾身老邁近來人心不古世事如
其免強同居未免反生嫌隙是身央託宗族
房長將身承祖並分田園產業基地屋宇及
新置田園產業又及田塝樹木苗竹傢伙物件

段莘乡东山村 3-1 · 道光十二年 · 分关文书 · 江廷保等

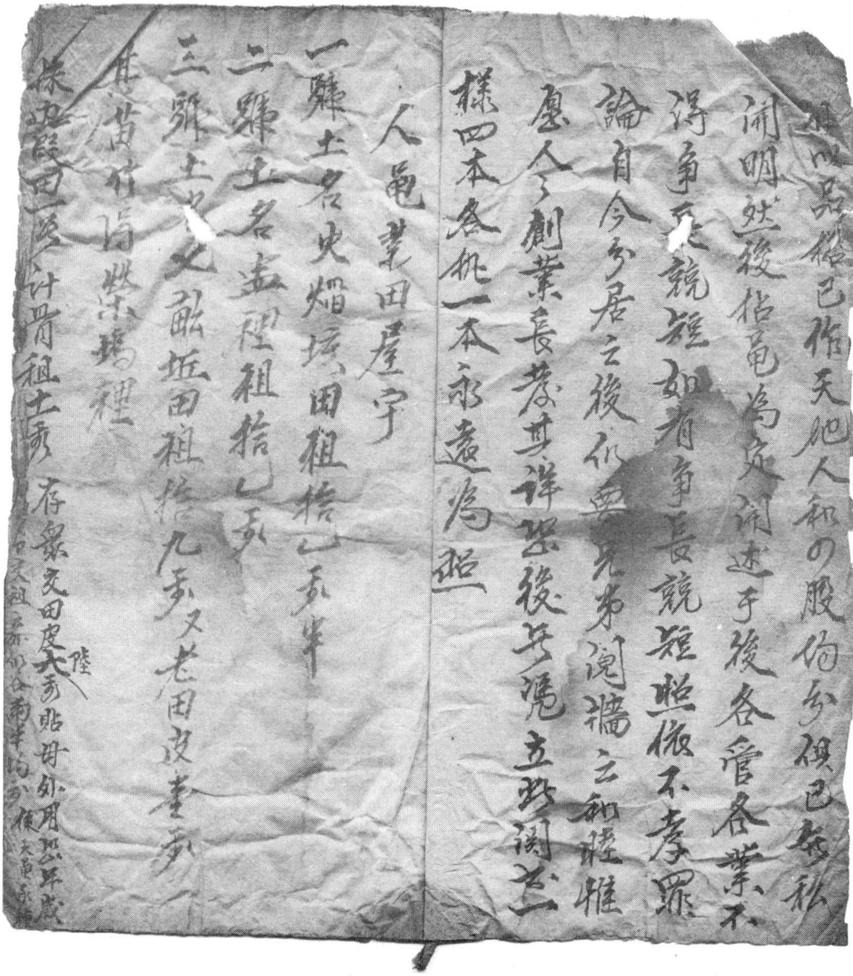
祖以品儲已作天地人和四股俗分棋已無私
闹明然後指阄為定闹述于後各管各業，不
得争長競短，如有争長競短照依不孝罪
論，自今分居之後，仍要兄弟閱牆之和，惟
愿人人創業長發其祥，然後無憑立此闹書一
樣四本各執一本永遠為據
人阄 業田屋宇
一號土名史畑坑田祖指[illegible]
二號土名[illegible]坞田祖指[illegible]
三號土名[illegible]坵田祖指九秤又[illegible]田[illegible]
其菌竹[illegible]
共拾段田[illegible]计開祖土[illegible] 存衆交田[illegible]

段莘乡东山村 3-2 · 道光十二年 · 分关文书 · 江廷保等

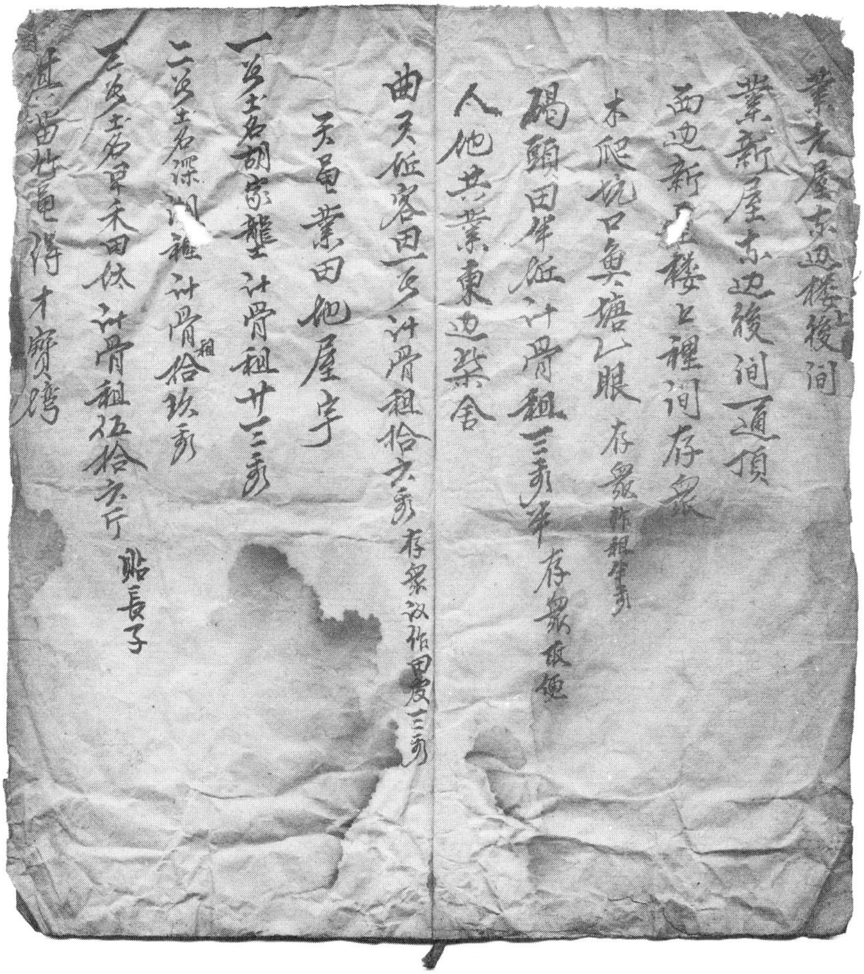

葉老屋东边楼後間
葉新屋东边後间通頂
西边新屋楼上裡间存众
木爬坑口奥塘山眼 存众 计租壹秤
碣頭田件坵 计骨租三秤半 存众收便
人他共業東边柴舍
曲天坵客田一丘 计骨租拾六秤 存众议作田皮三秤
天星葉田他屋宇
一丘土名胡家壟 计骨租廿三秤
二丘土名深湖祖 计骨租拾玖秤
三丘土名早禾田休 计骨租伍拾六斤 貼長子
其田坐竜得 才寶湾

段莘乡东山村 3-3 · 道光十二年 · 分关文书 · 江廷保等

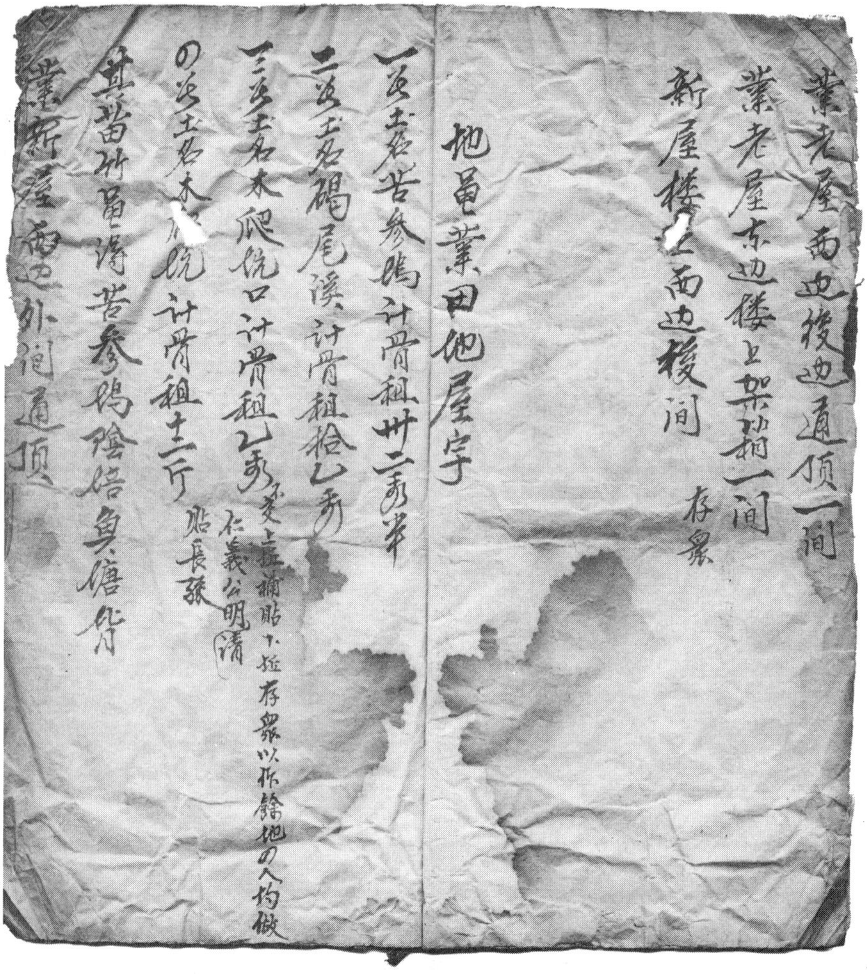

業老屋西边楼边道顶一间

業老屋东边楼上架栅一间

新屋楼上西边楼间　存众

地图業田地屋宇

一处土名苦参坞计骨租卅二秤半

二处土名碣尾溪计骨租拾乙秤

三处土名木爬坑口计骨租乙秤　不变上坵補貼十坵存众以作餘地的入均做

仁義公明清

四处土名木瓜坑计骨租十二斤　贴長孫

其苗竹園得苦参坞阴培與唐背

業新屋西边外间道顶

段莘乡东山村 3-4 · 道光十二年 · 分关文书 · 江廷保等

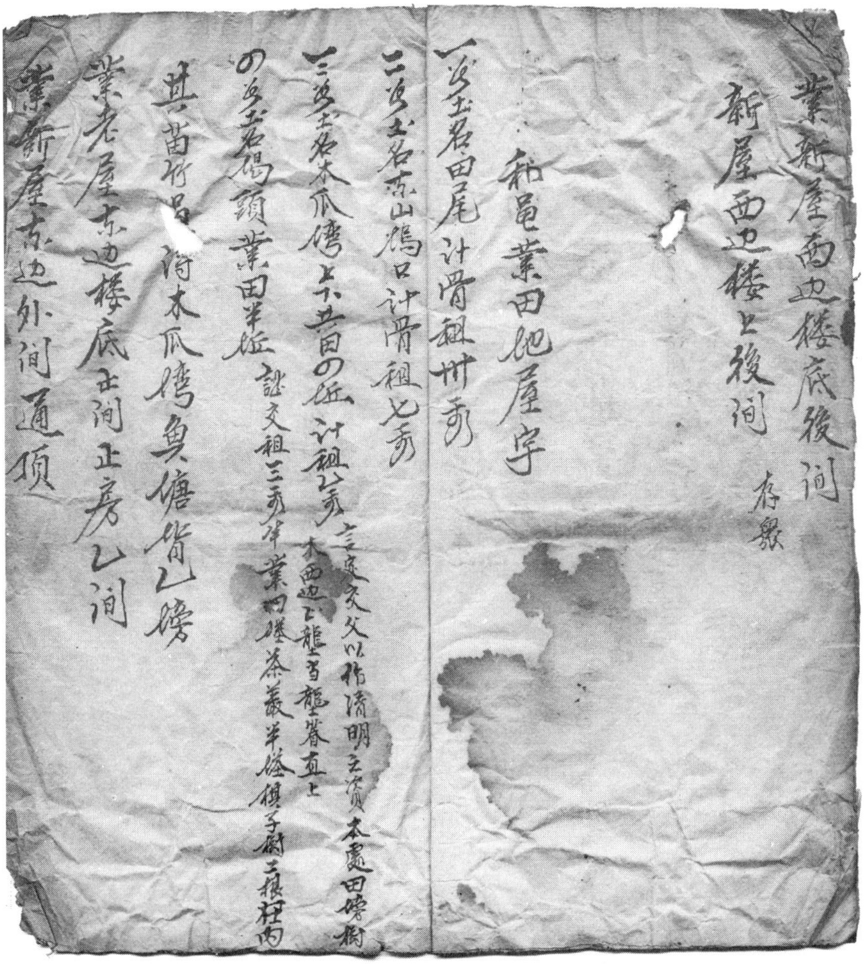
業新屋西边樓底後间
新屋西边樓上後间 存衆
新邑業田地屋宇
一號土名田尾 计骨租卅秤
二號土名东山鳩口 计骨租七秤
三號土名木瓜塝上下共田四坵 计租六秤 言定交父以作清明之資 本處田塝樹木西边上龍首龍脊直上
四號土名鳩頭 業田半坵 該交租三秤半 業内塋茶叢半塝棋子樹二根在内
其苗竹园 將木瓜塝魚塘背山塝
業老屋东边樓底正间正房二间
業新屋东边外间通顶

段莘乡东山村 3-5 · 道光十二年 · 分关文书 · 江廷保等

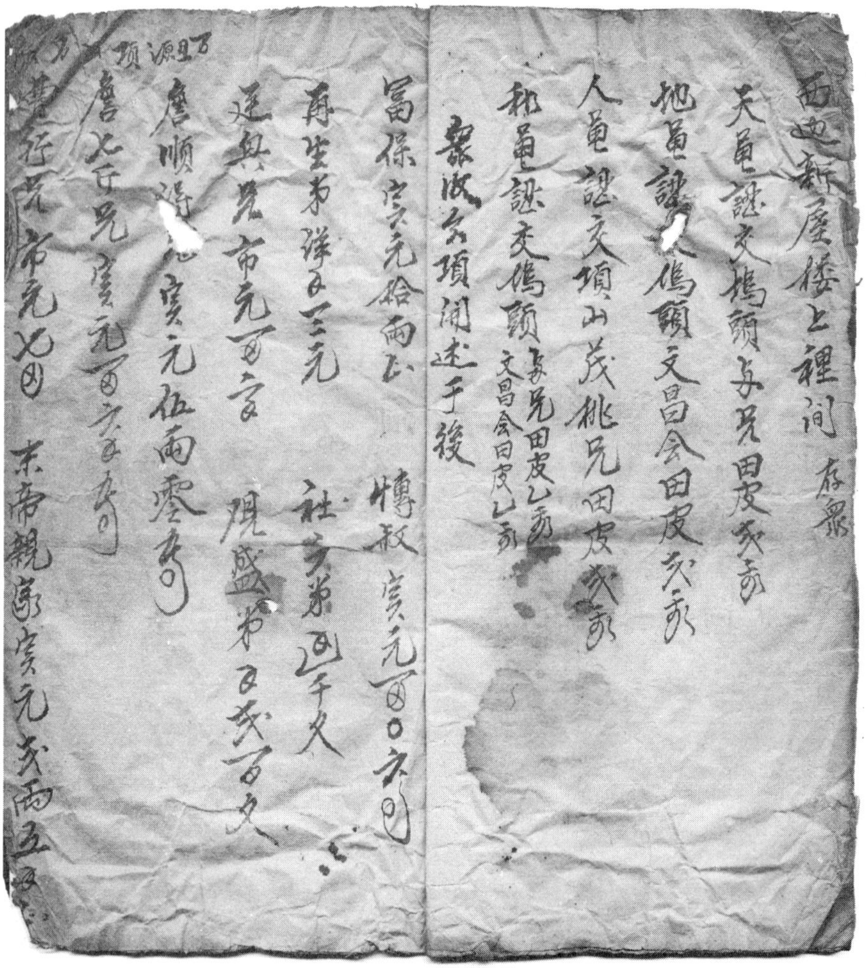
西边新屋楼上裡间 存众
天阄認交鸠頭 多兄田皮贰亩
地阄認[illegible]交鸠頭 文昌会田皮贰亩
人阄認交坝山茂桃兄田皮贰亩
和阄認交鸠頭 多兄田皮乙亩 文昌会田皮乙亩
众收各项開述于後
富保 实元拾两正 博叔 实元[illegible]
再生弟 洋[illegible]元 社实弟 [illegible]
廷兴兄 市元[illegible] 现盛弟 [illegible]
万里源 项
唐顺得 实元伍两零[illegible]
唐火斤兄 实元[illegible]
[illegible]行兄 市元[illegible] 东帝觀[illegible] 实元贰两[illegible]

段莘乡东山村 3-6 · 道光十二年 · 分关文书 · 江廷保等

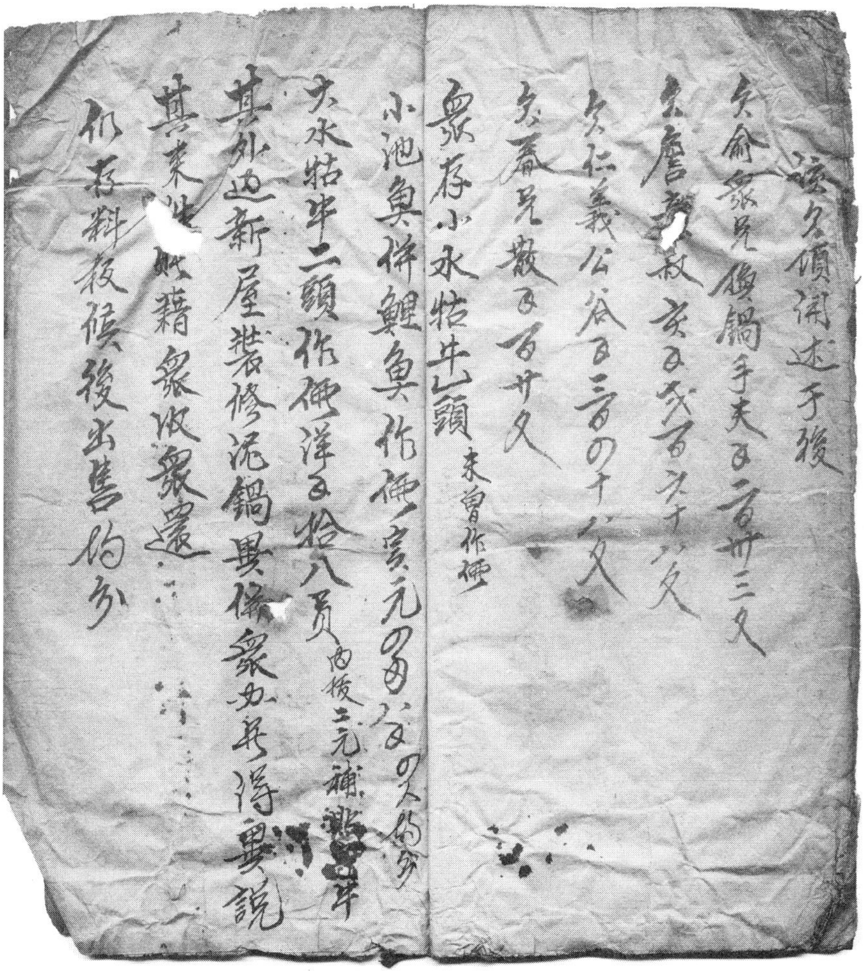
該各項開述于後
支俞象兄做鍋手夫錢二百卅三文
支詹[illegible]叔 支錢弍百六十六文
支仁義公谷錢三百四十六文
支喬兄撒錢百廿文
眾存小水牯牛山頭 未曾作價
小池魚並鯉魚作價一實元四角六文 四人均分
大水牯牛二頭作價洋錢拾八員 內撥二元補[illegible]牛
其外边新屋裝修泥鍋畢係眾如兄得畢說
其菜[illegible]賬籍眾收眾還
仍存料夜候後出售均分

段莘乡东山村 3-7 · 道光十二年 · 分关文书 · 江廷保等

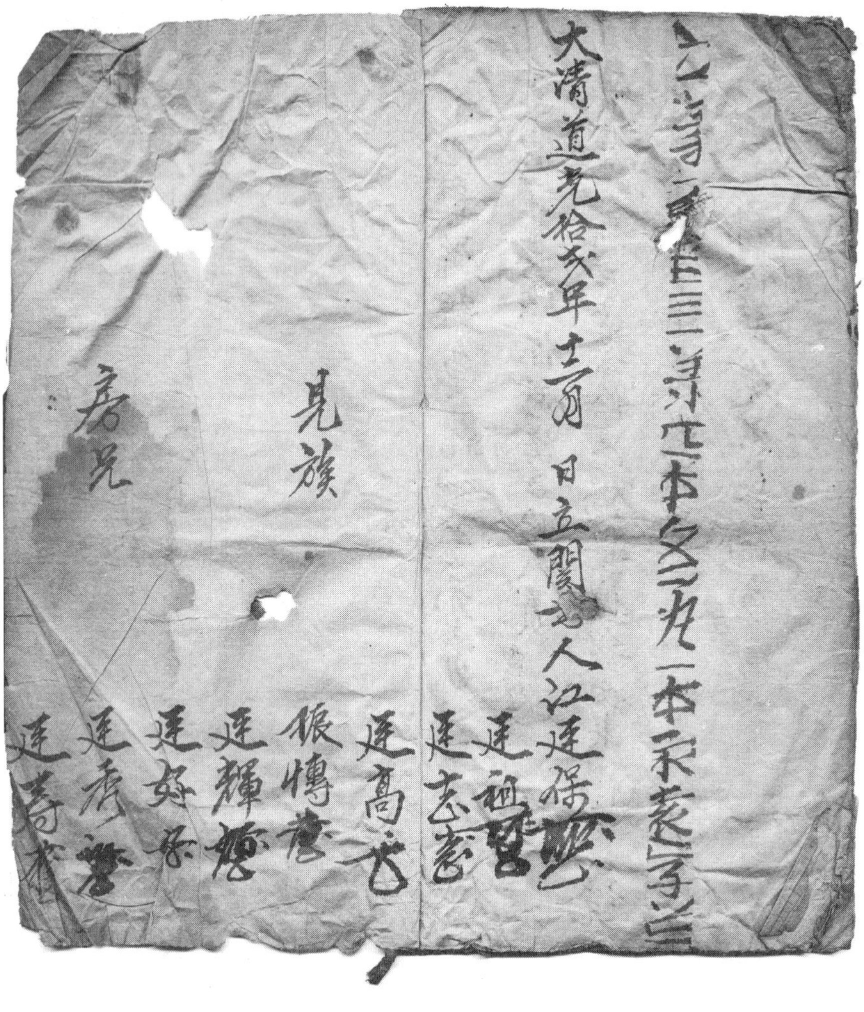

[illegible]

大清道光拾貳年十二月　日立鬮書人江廷保

廷祖

廷志

廷高

振傳

廷輝

廷好

廷秀

廷壽

見族

房兄

段莘乡东山村 3-8 · 道光十二年 · 分关文书 · 江廷保等

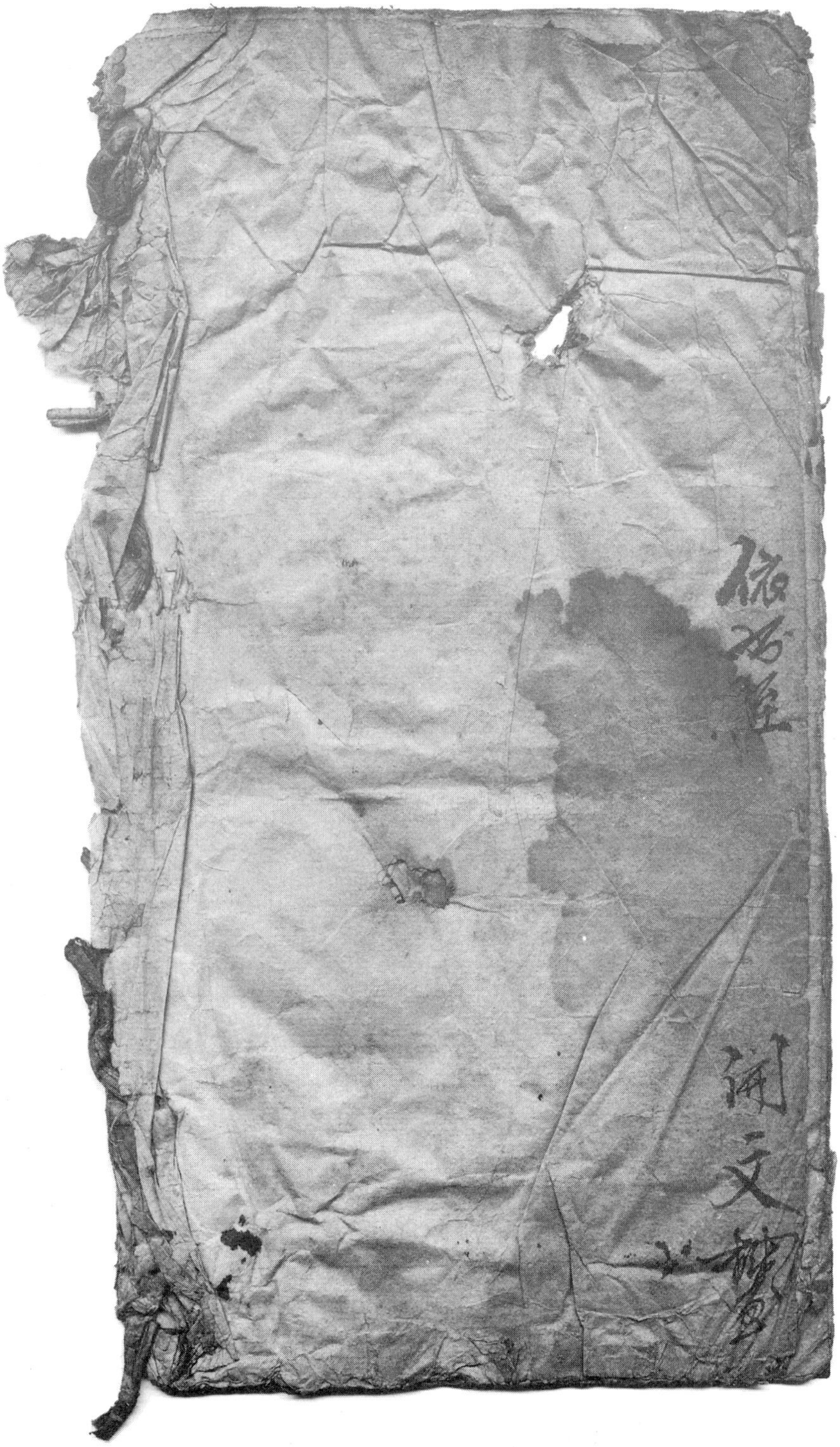

段莘乡东山村 3-9 · 道光十二年 · 分关文书 · 江廷保等

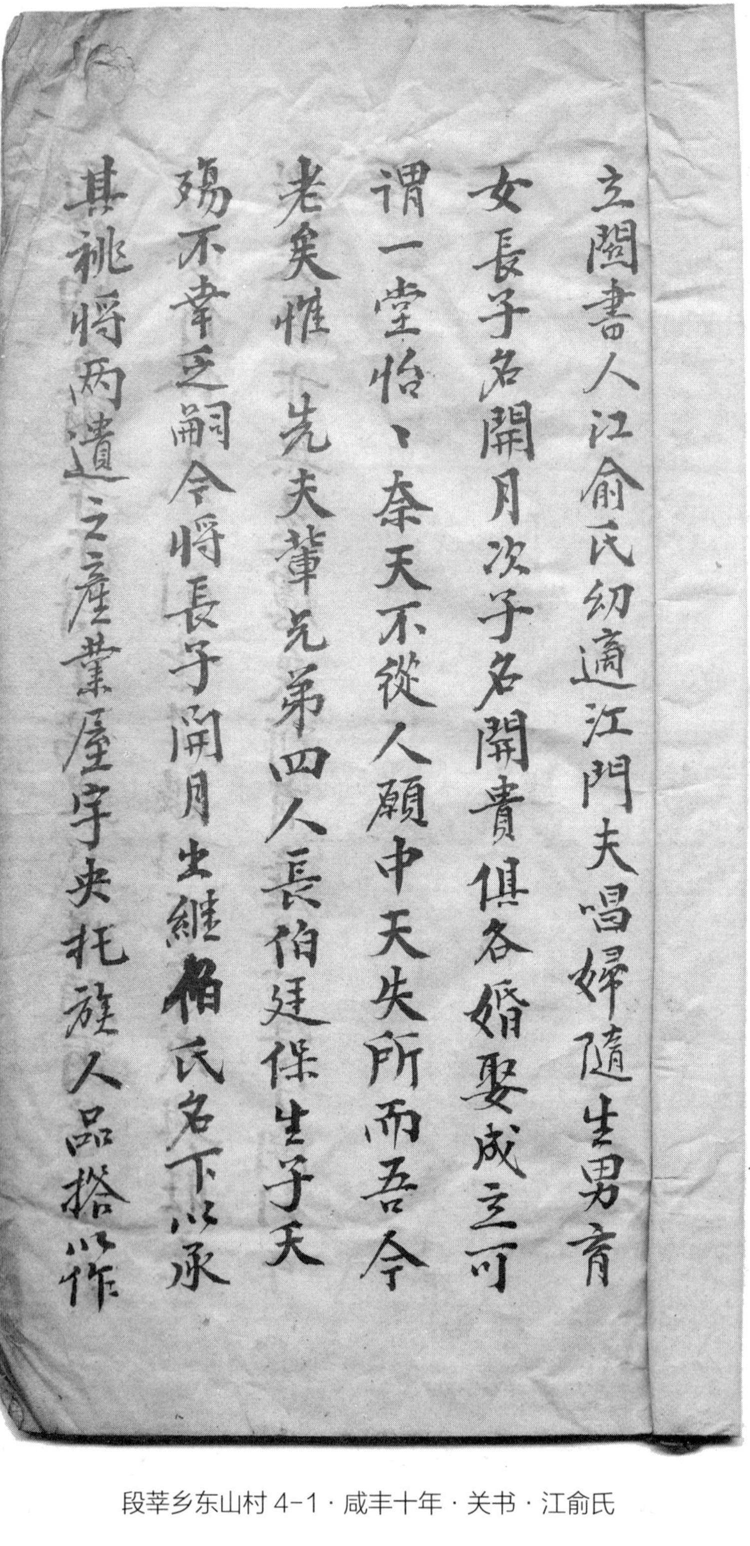
立閹書人江俞氏幼適江門夫唱婦隨生男育
女長子名開月次子名開貴俱各婚娶成立可
謂一堂怡怡奈天不從人願中天失所而吾今
老矣惟先夫輩兄弟四人長伯廷保生子天
殤不幸乏嗣今將長子開月出繼伯氏名下以承
其祧將所遺之產業屋宇央托族人品搭以作

段莘乡东山村 4-1 · 咸丰十年 · 关书 · 江俞氏

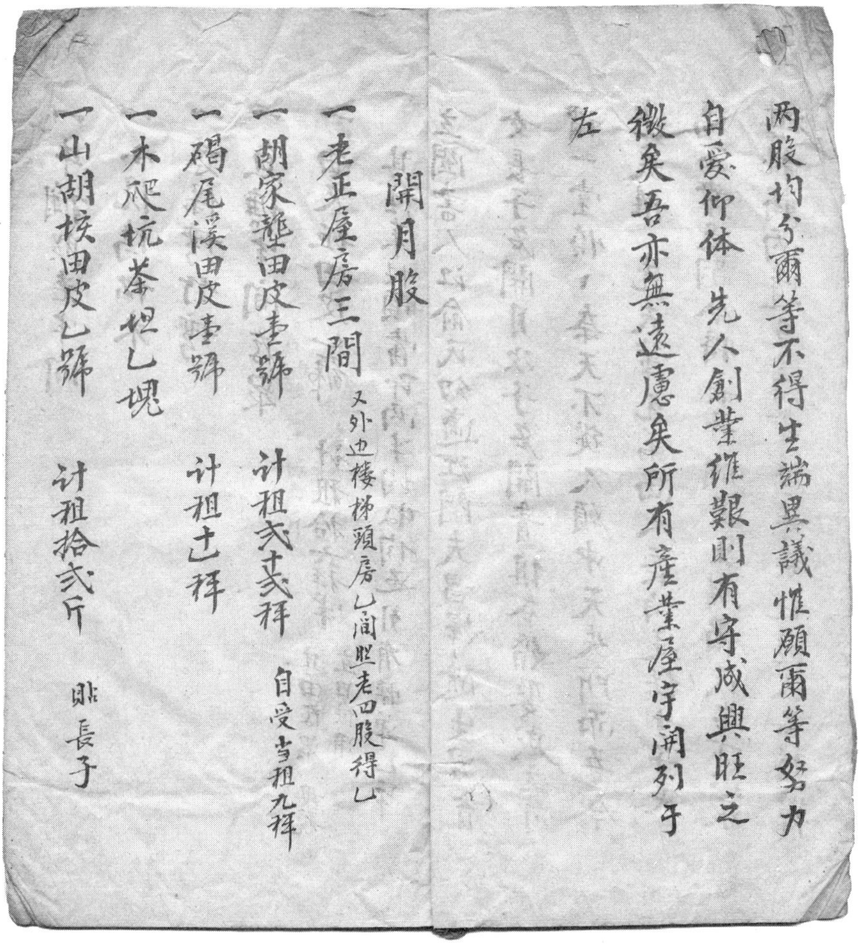

两股均分爾等不得生端異議惟願爾等努力
自愛仰体 先人創業维艱則有守成興旺之
微矣吾亦無遠慮矣所有產業屋宇開列于
左

開月股
一老正屋房三間 又外边樓梯頭房乚間照老四股得乚
一胡家塆田皮壹歸 計租弍十弍秤 自受当租九秤
一碣尾溪田皮壹歸 計租廿秤
一木爬坑茶坦乚塊
一山胡垓田皮乚歸 計租拾弍斤
胙 長子

段莘乡东山村 4-2 · 咸丰十年 · 关书 · 江俞氏

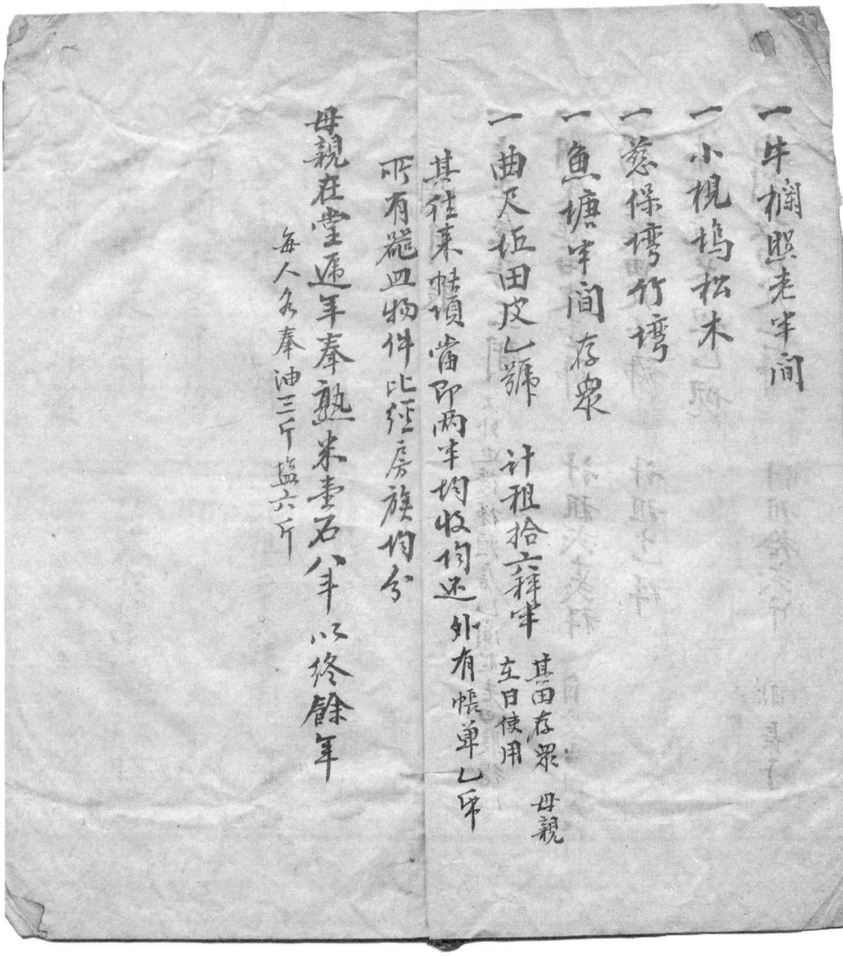

一牛欄與老屋間
一小梘坞松木
一葱保塆竹塆
一魚塘屋間存衆
一曲尺坵田皮乙號　計租拾六秤半　其田存衆母親在日使用
其往來帳目當即兩半均收均还外有帳單乙本
所有碗皿物件比經房族均分
母親在堂逐年奉熟米壹石八斗以終餘年
每人各奉油三斤盐六斤

段莘乡东山村 4-3 · 咸丰十年 · 关书 · 江俞氏

開貴股

一外邊房屋三间車内楼梯頭房乙间照老四股得一

一苦參塢田皮乙號　计租三十弍秤半　自業四秤

一碣頭裡茶半塝

一曲尺坵田皮乙號　计租拾六秤半　其田存衆　母親在日使用

一魚塘半间存衆

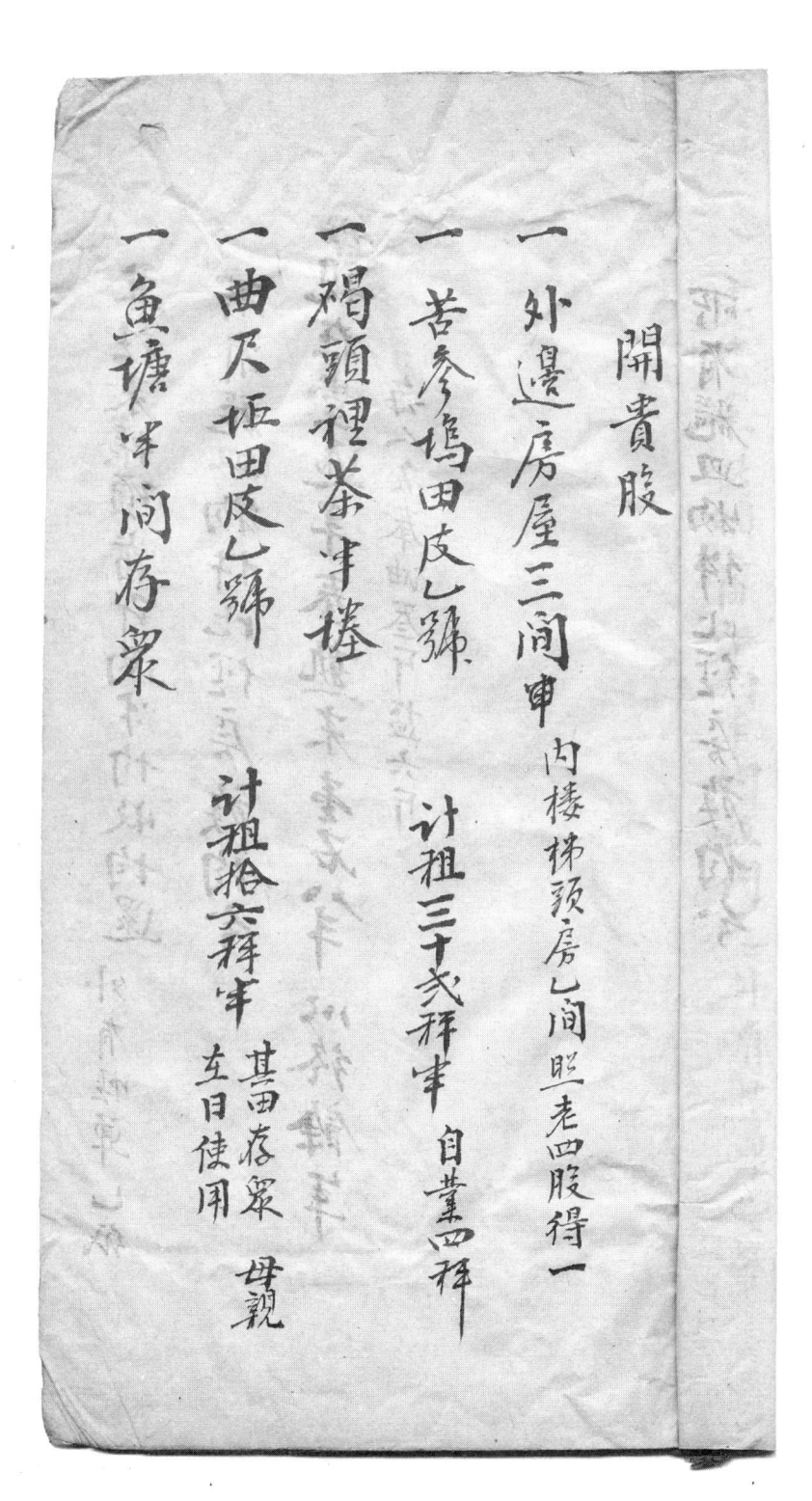

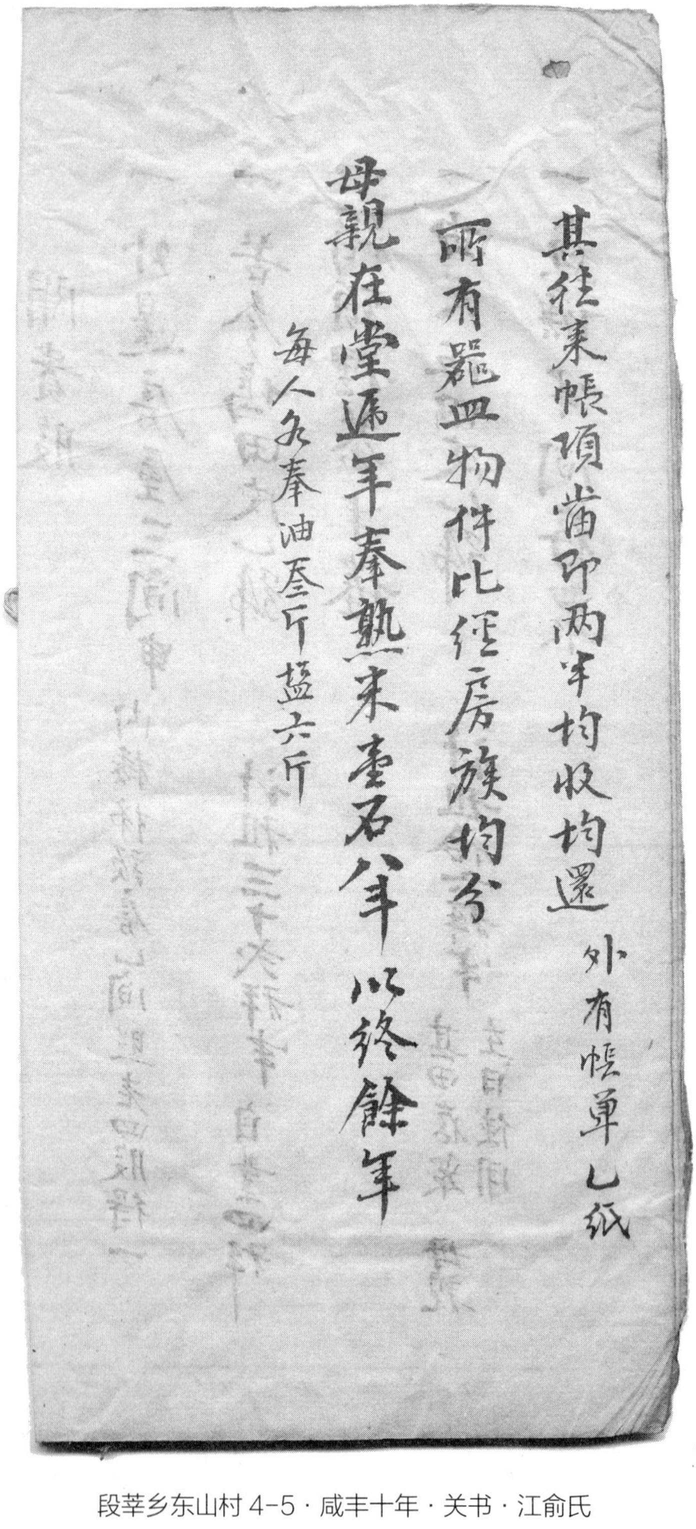

其往來帳項當印兩半均收均還 外有帳單乙紙
所有器皿物件比經房族均分
母親在堂逐年奉熟米壹石八斗以終餘年
每人各奉油叁斤鹽六斤

段莘乡东山村 4-5 · 咸丰十年 · 关书 · 江俞氏

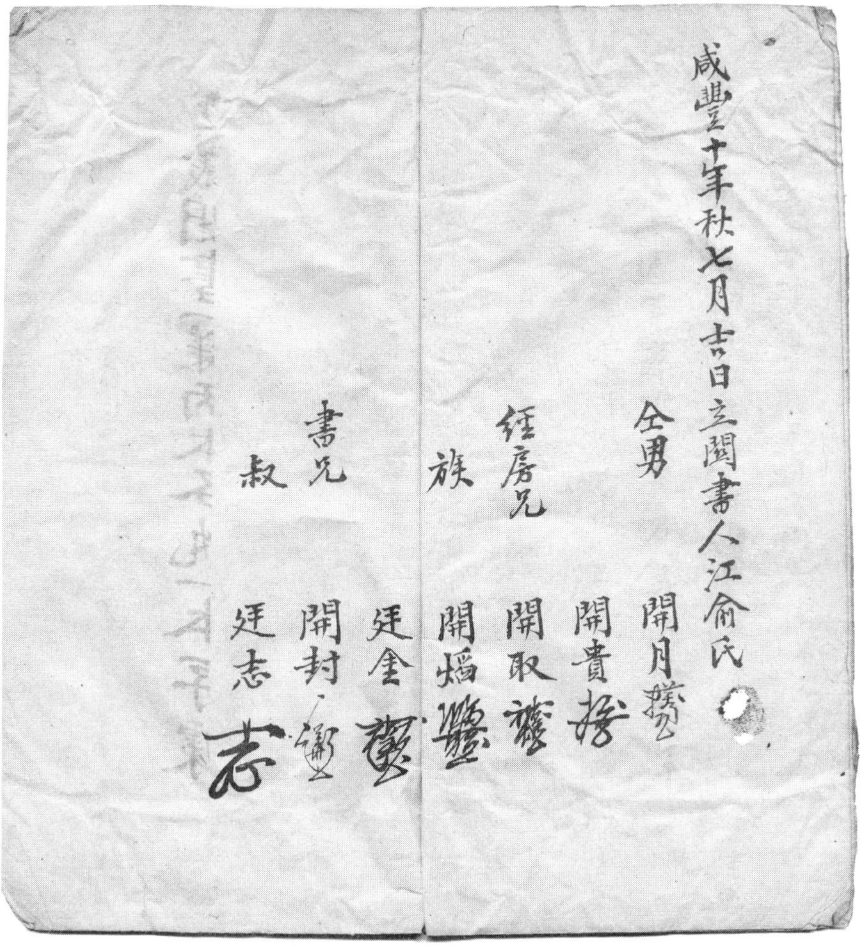

咸豐十年秋七月吉日立閹書人江俞氏

仝男　開月（押）

開貴（押）

經房兄　開取（押）

族　開熇（押）

廷金（押）

書兄　開封（押）

叔　廷志（押）

段莘乡东山村 4-6 · 咸丰十年 · 关书 · 江俞氏

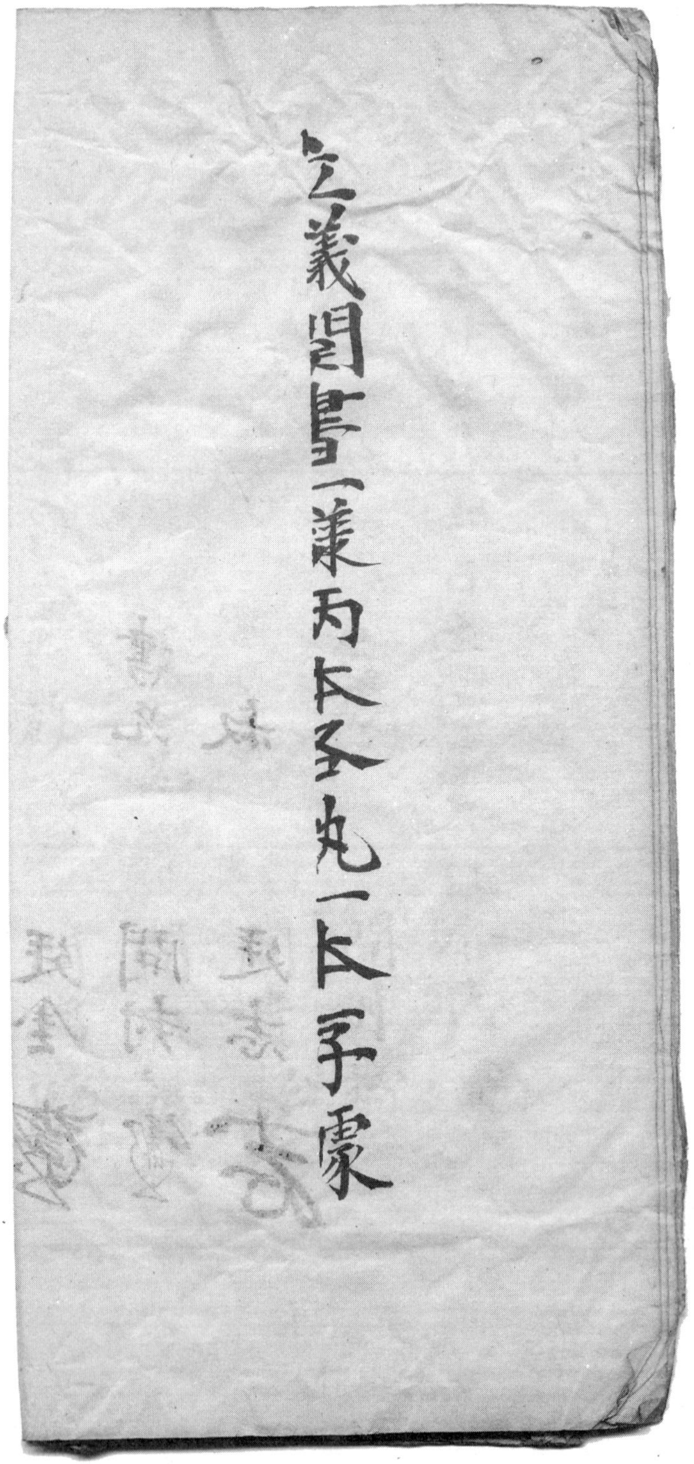

段莘乡东山村 4-7 · 咸丰十年 · 关书 · 江俞氏

段莘乡东山村 2-1 · 流水账

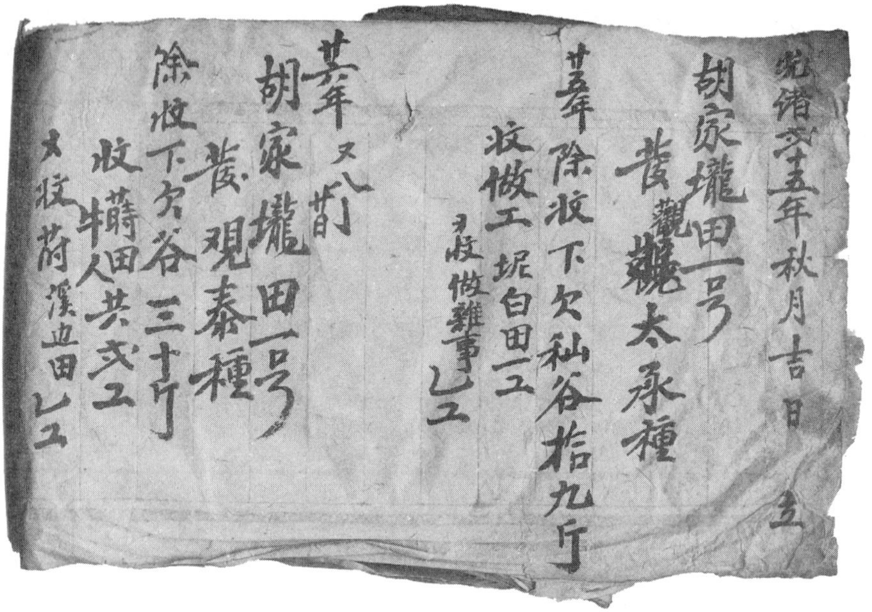

光绪廿五年秋月吉日 立
胡家壠田一号
黄觀太承種
廿五年除收下欠秈谷拾九斤
收做工 垅白田一工
又收做雜事乚工
廿六年又前
胡家壠田一号
黄观泰種
除收下欠谷三十斤
收蔣田共弍工
又收蒋溪边田乚工

段莘乡东山村 2-2 · 流水账

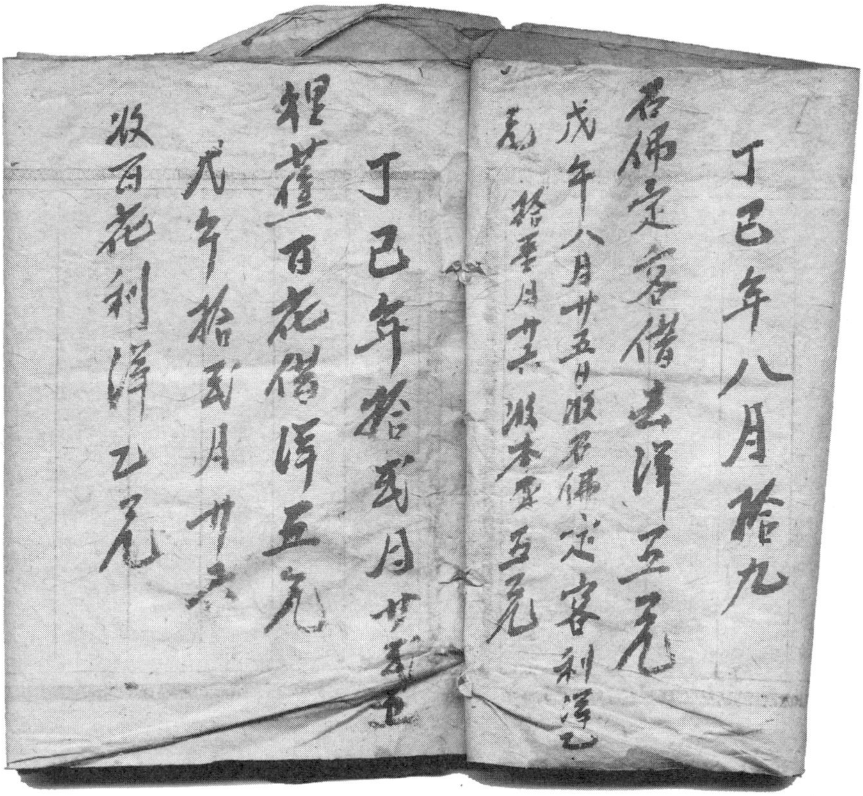
丁巳年八月拾九
君佛定客借去洋五元
戊午年八月廿五日收君佛定客利洋乙
元 拾壹月廿六 收本洋五元
丁巳年拾贰月廿六
狸薰百花借洋五元
戊午年拾贰月廿六
收百花利洋乙元

段莘乡东山村 2-3 · 流水账

己禾年
大起龍塘表兄储去澤
三元 有初殺本七式元
又拾零月廿式日照本上二元

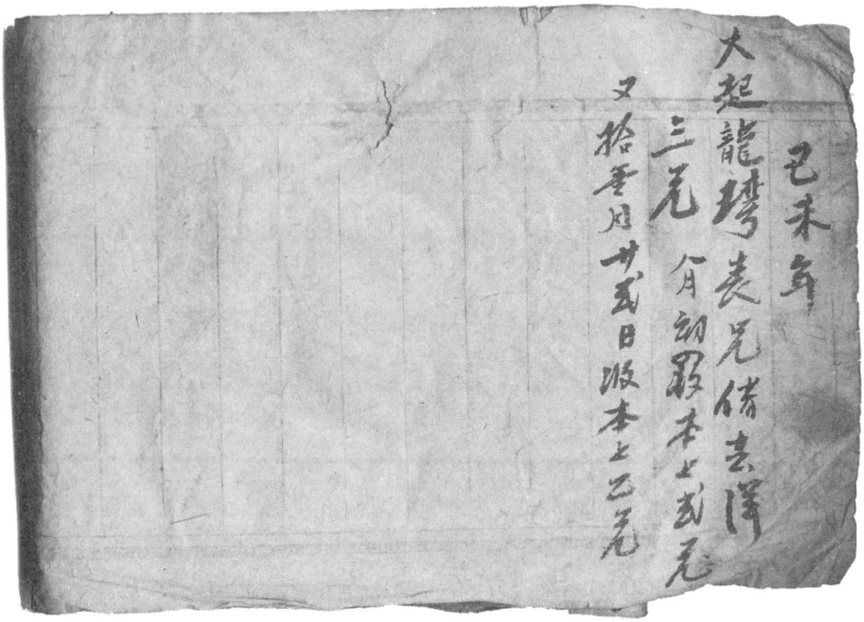

段莘乡东山村2-4·流水账

己未年十月廿
東山定容借去洋貳元
庚申六月初五
收定容本七洋貳元
收訖
庚申年五月拾四
定容借去洋拾元
辛酉年五月拾三收利七貳元
收訖
辛酉年二月初三日
定容借去洋五元
二月拾六付定交去洋五元
收訖

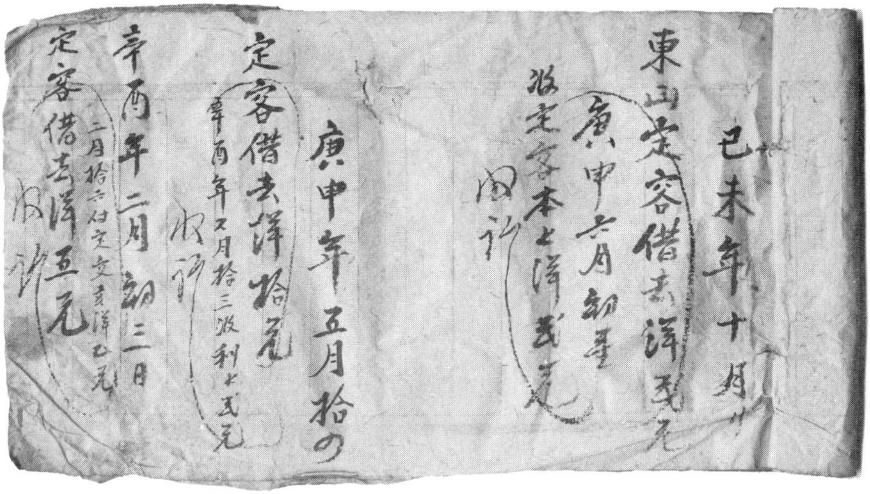

段莘乡东山村 2-5 · 流水账

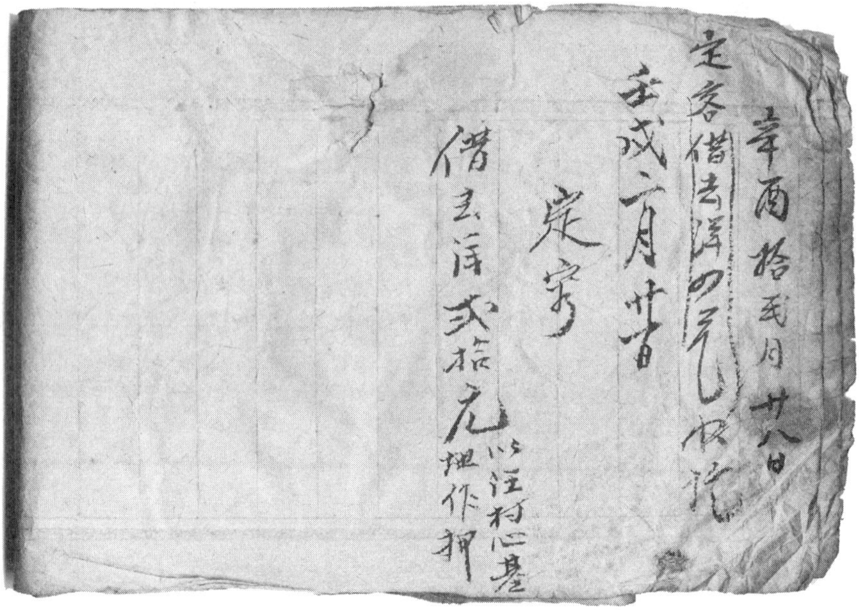

段莘乡东山村 2-6 · 流水账

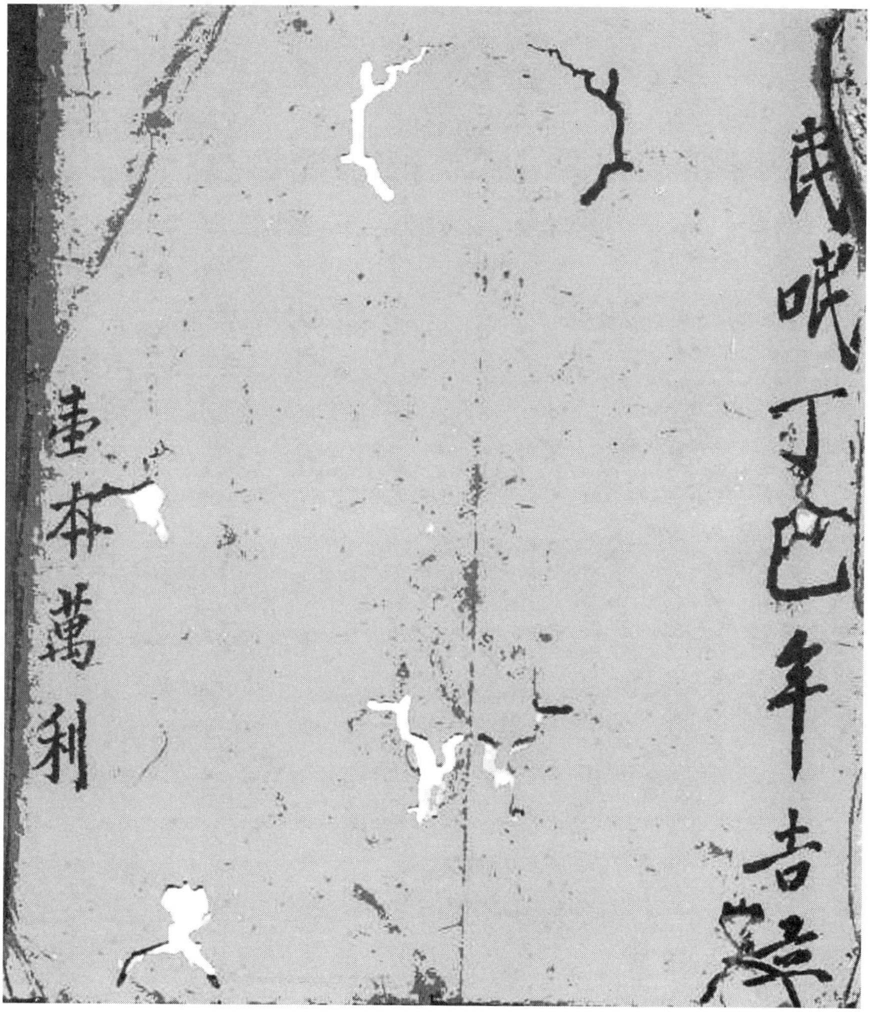

段莘乡东山村 7-1 · 民国六年至十六年 · 流水账

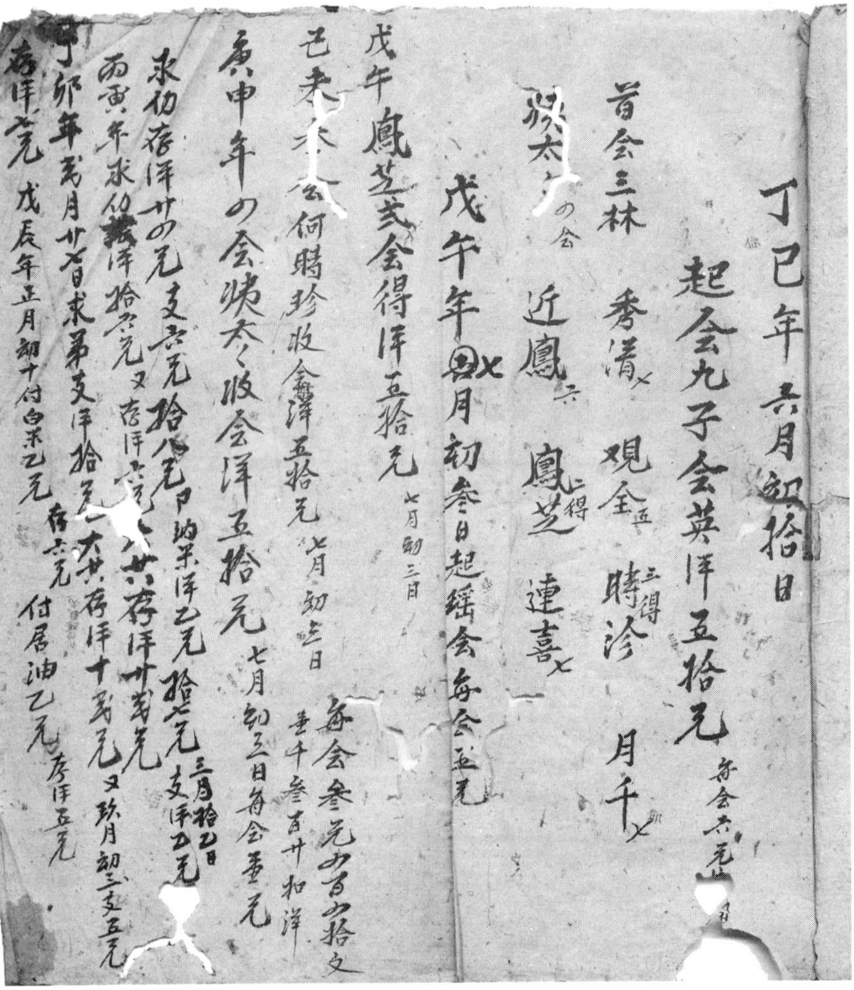

丁巳年六月初拾日

起会九子会英洋五拾元 每会六元

首会三林 秀清 观全 時诊 月千

殷太四会 近鳳 鳳芝 連喜

戊午年四月初叁日起摇会 每会五元

每会叁元 小百小拾文

壹千叁百廿扣洋

戊午鳳芝弍会得洋五拾元 七月初三日

己未太太会何腊珍收会洋五拾元 七月初三日

庚申年四会姚太太收会洋五拾元 七月初三日每会壹元

永仂存洋廿四元 支六元 拾八元 户纳米洋乙元 拾七元 三月拾乙日 支洋五元

丙寅年求仂借洋拾叁元 又存洋六元 共存洋廿叁元

丁卯年叁月廿七日求第支洋拾叁元 大共存洋十叁元 又玖月初三支五元

存洋六元 戊辰年正月初十付白米乙元 存六元 付居油乙元 存洋五元

段莘乡东山村 7-2 · 民国六年至十六年 · 流水账

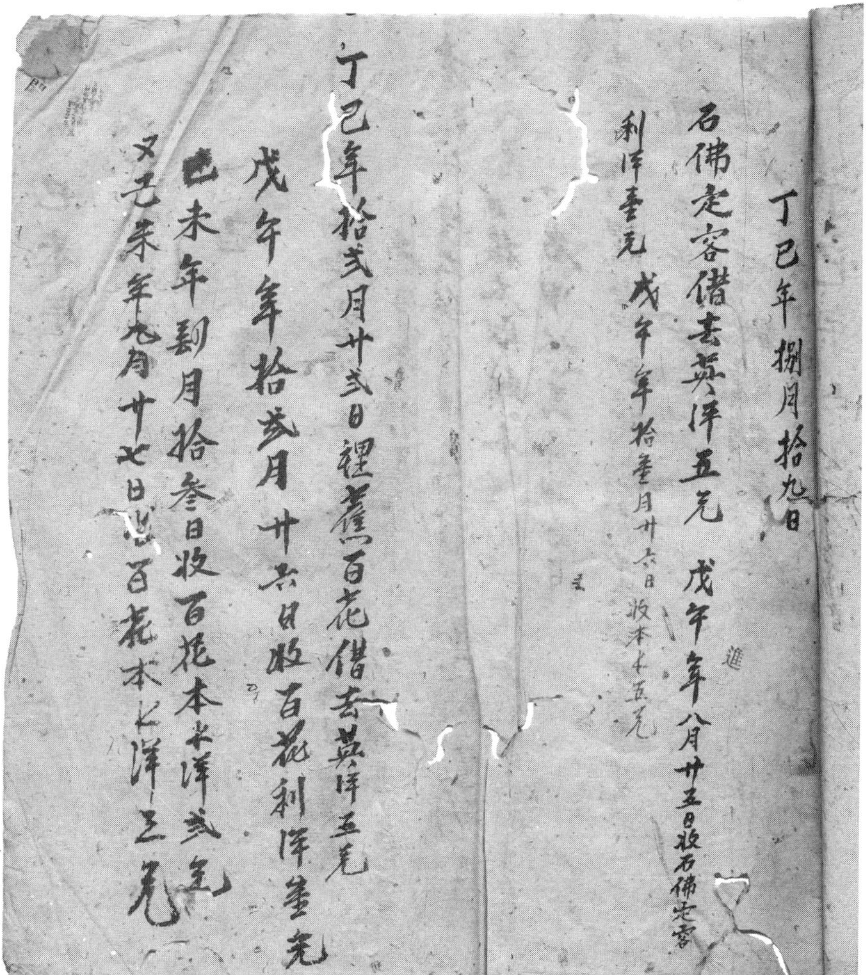
丁巳年捌月拾九日
石佛定容借去英洋五元　戊午年八月廿五日收石佛定容
利洋壹元　戊午年拾叁月廿六日收本洋五元
進
丁巳年拾贰月廿贰日裡厓百花借去英洋五元
戊午年拾贰月廿六日收百花利洋壹元
己未年捌月拾叁日收百花本洋贰元
又己未年九月廿七日收百花本洋三元

段莘乡东山村 7-3 · 民国六年至十六年 · 流水账

己未年

大起龍璋表兄借去英洋叁元　己未八月初三日收本大洋弍元

又己未年　又拾弍月廿弍日收龍璋本大洋乙元

東山定容借去英洋弍元　又六月初八日收定容本大洋弍元

庚申年拾弍月廿七日

孝雍代樓太取贖徐边段田皮叁號叁本叁利

拾弍元　又樓太取贖木爬坑田皮叁本叁利乙元

又庚申拾弍月廿七日

孝雍代智虞取贖碣尾溪田皮叁号

卅六元

又孝雍代至虞取贖胡家壟田皮叁本叁利拾弍元

弍共贖田洋五拾捌元　正

段莘乡东山村 7-4 · 民国六年至十六年 · 流水账

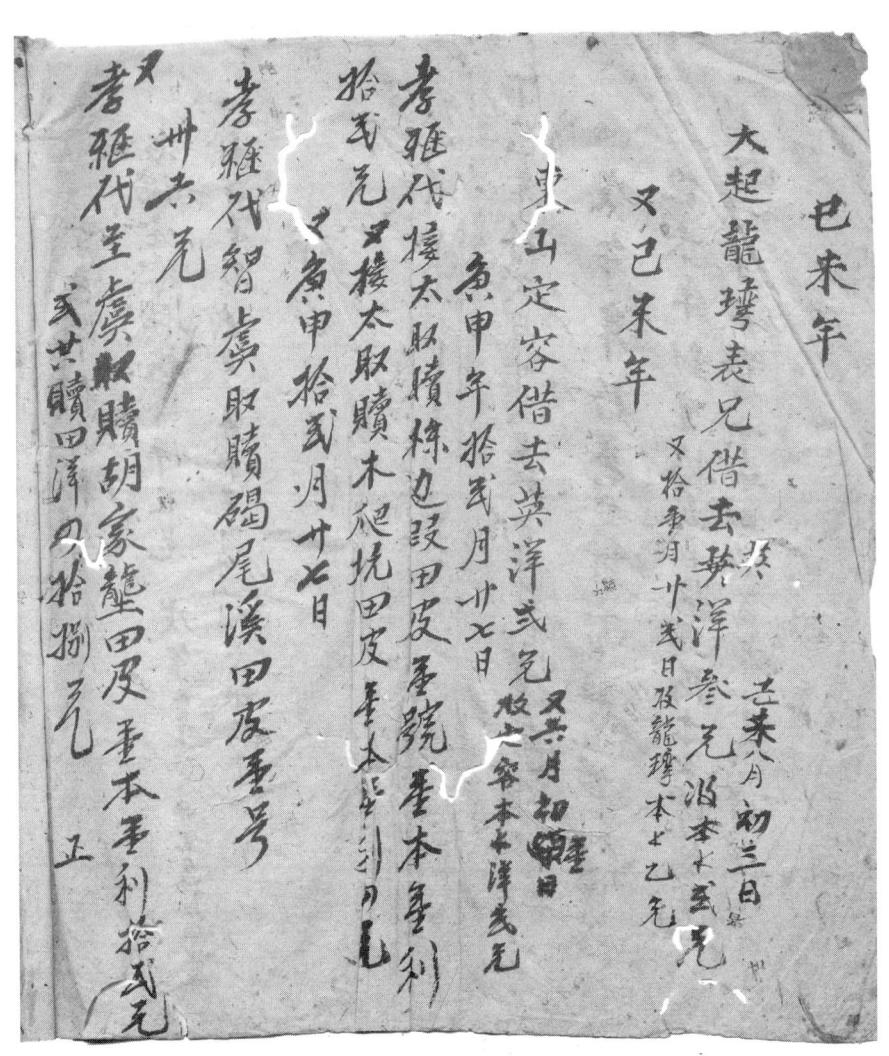

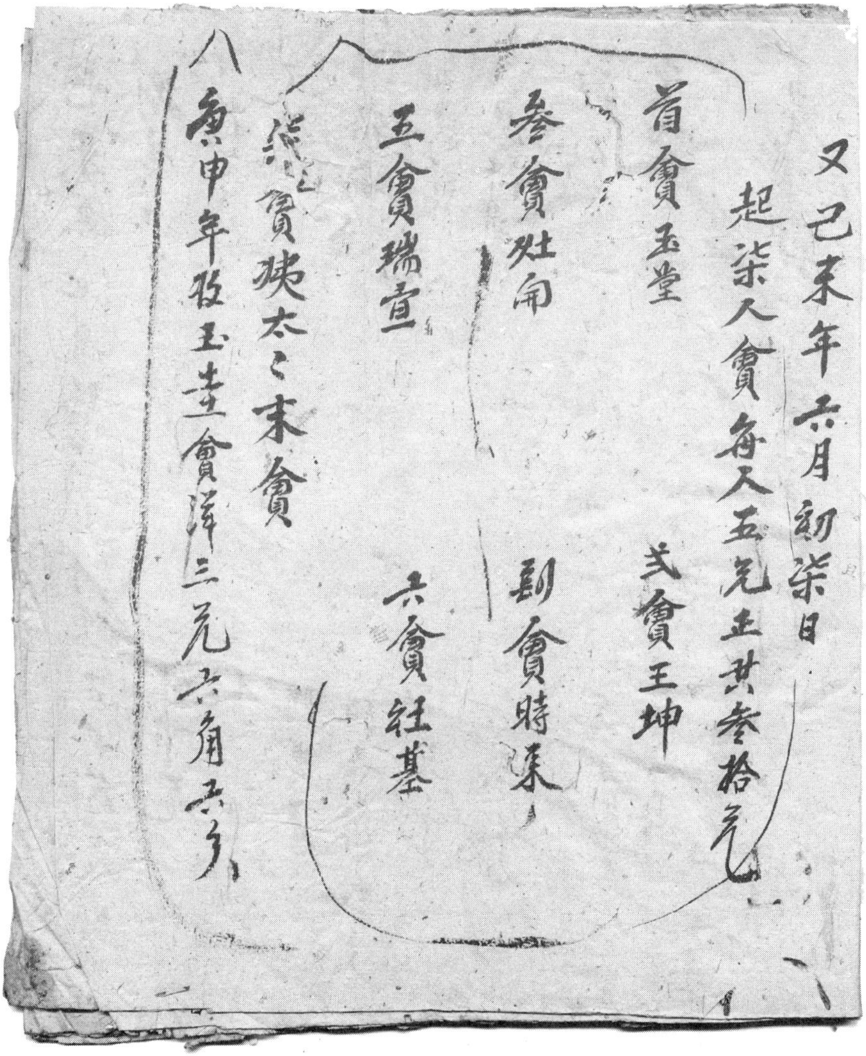

又己未年六月初柒日

起柒人會每人五元正共叁拾元

首會玉堂　弍會王坤

叁會灶甫　副會時來

五會瑞宣　六會紅基

柒會姨太太末會

庚申年收玉堂會洋三元六角六分

段莘乡东山村 7-5 · 民国六年至十六年 · 流水账

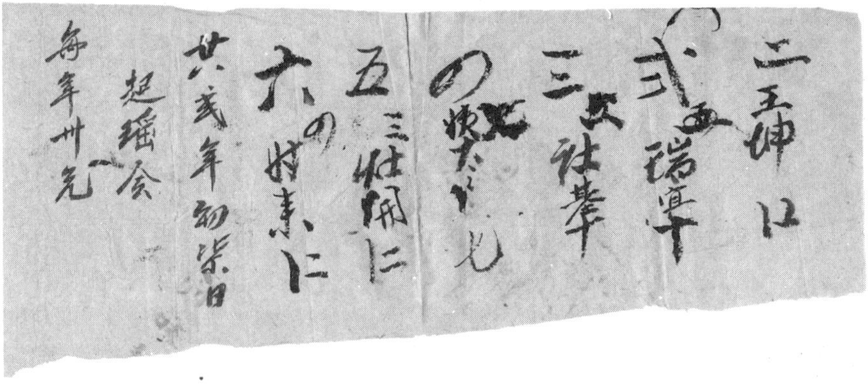

段莘乡东山村 7-6 · 民国六年至十六年 · 流水账

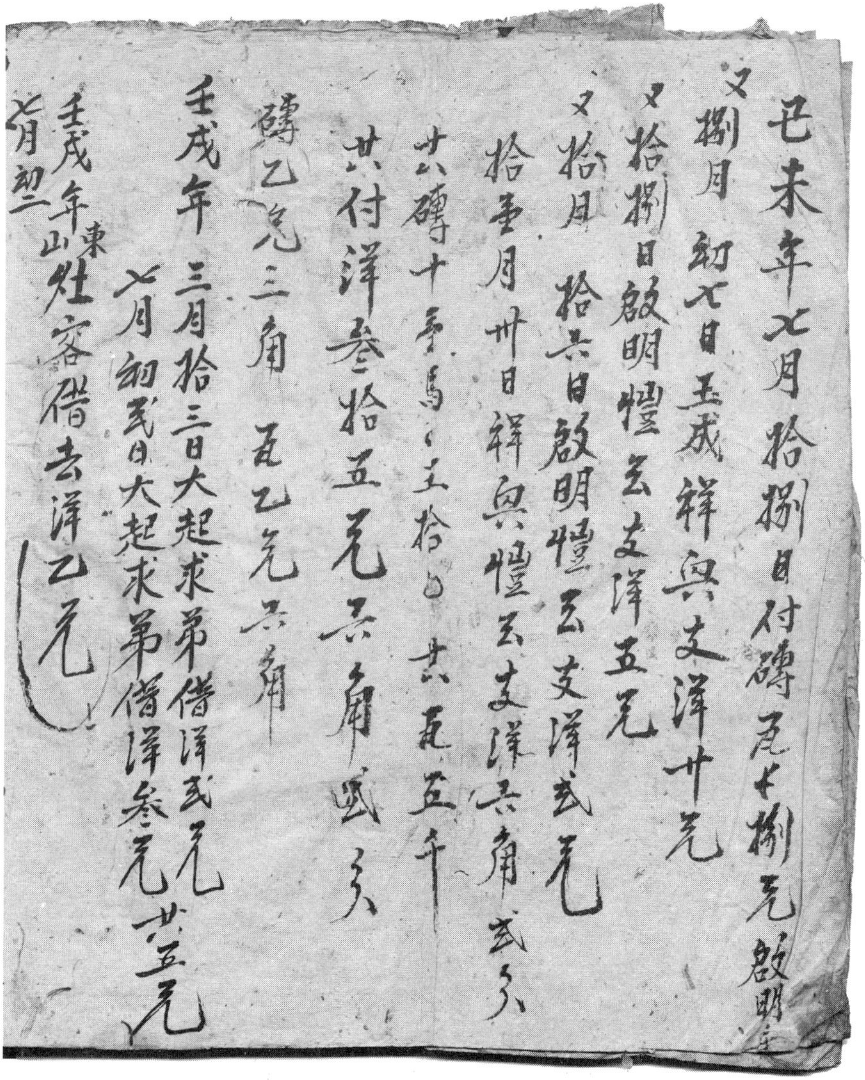

己未年七月拾捌日付磚瓦廿捌元 啟明[illegible]

又捌月 初七日玉成祥與支洋廿元

又拾捌日啟明愷玄支洋五元

又拾月 拾六日啟明愷玄支洋貳元

拾壹月 卅日祥與愷玄支洋六角貳文

共磚十乘馬々文拾[illegible] 共瓦五千

共付洋叁拾五元六角貳文

磚乙元三角 瓦乙元六角

壬戌年 三月拾三日大起求弟借洋貳元

七月初貳日大起求弟借洋叁元 共五元

壬戌年東山灶窑借去洋乙元

七月初二

段莘乡东山村 7-7 · 民国六年至十六年 · 流水账

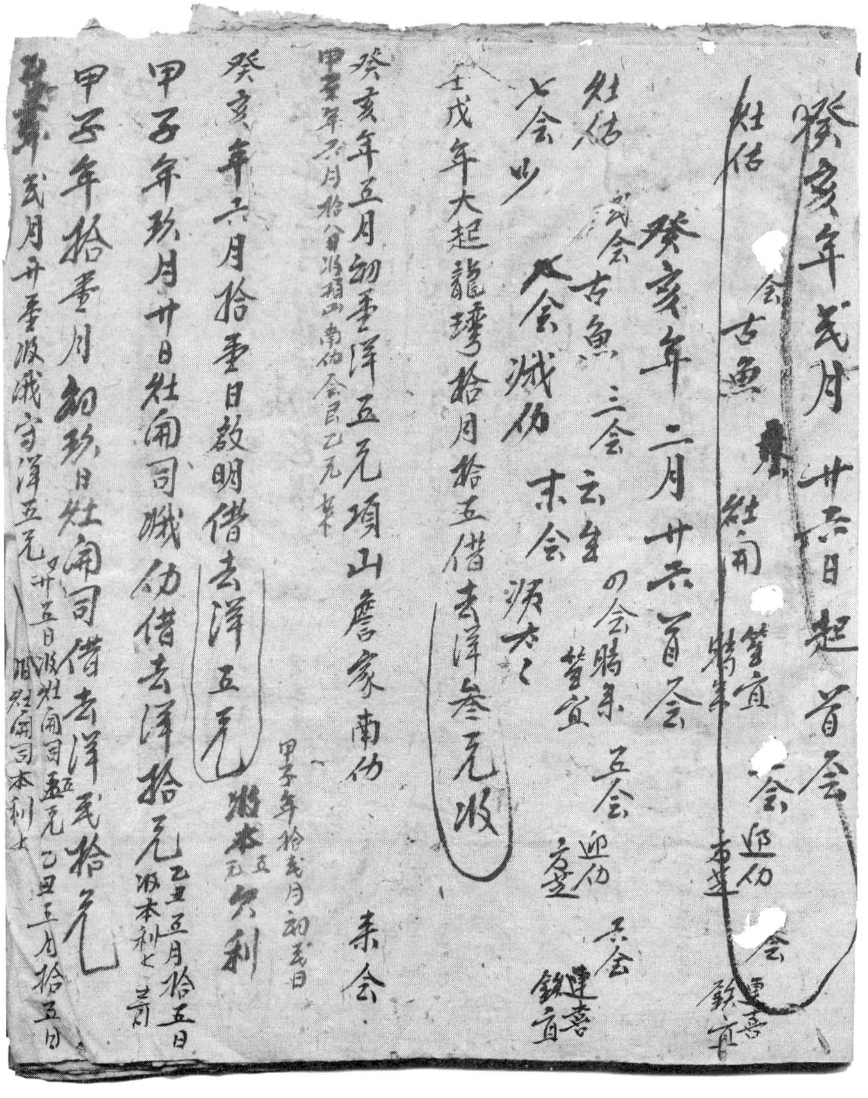
癸亥年弍月廿六日起首会
灶佑 会古魚 灶甬 賛直 会迎仂 会連喜 欽直
灶佑 弍会古魚 三会云生 四会騰禾 五会迎仂 六会連喜 欽直
癸亥年二月廿六首会 賛直 方豈
七会少 八会賤仂 末会湧太之
壬戌年大起龍璋拾月拾五借去洋叁元收
癸亥年五月初壹洋五元項山詹家南仂 末会
甲子年六月拾八日收項山南仂会邑乙元
癸亥年六月拾壹日敎明借去洋五元 收本五元欠利
甲子年拾弍月初弍日
甲子年玖月廿日灶甬司賤仂借去洋拾元 乙丑五月拾五日收本利七元
甲子年拾壹月初玖日灶甬司借去洋弍拾元 乙丑五月拾五日
乙丑年弍月廿壹收賤守洋五元 收灶甬司本利七

段莘乡东山村 7-8 · 民国六年至十六年 · 流水账

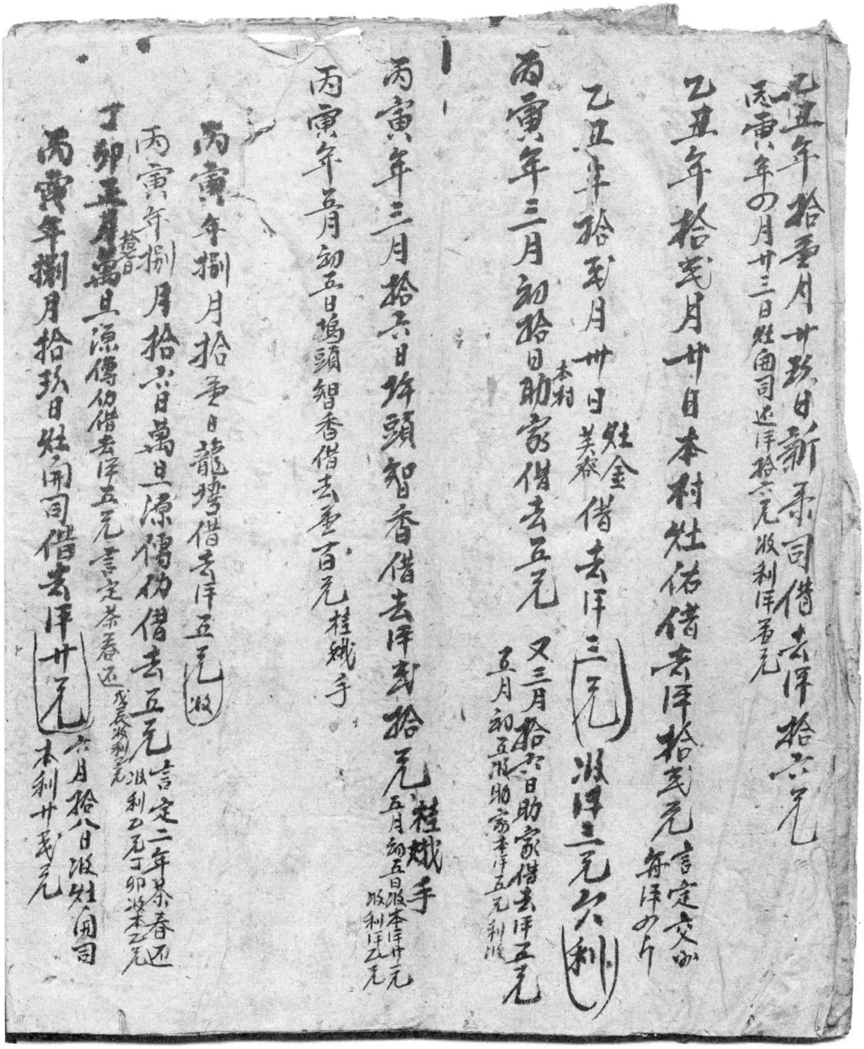
乙丑年拾壹月廿玖日新柔司借去洋拾六元
丙寅年四月廿三日灶徊司还洋拾六元 收利洋壹元
乙丑年拾弍月廿日本村灶佑借去洋拾弍元 言定交两 每洋四斤
乙丑年拾弍月廿日本村美松灶全借去洋三元 收洋三元 六利
丙寅年三月初拾日助家借去五元
又三月拾六日助家借去洋五元
五月初五收助家本洋五元利收
丙寅年三月拾六日坞头智香借去洋弍拾元 桂娥手
五月初五日收本洋廿元 收利洋乙元
丙寅年五月初五日坞头智香借去壹百元 桂娥手
丙寅年捌月拾壹日龙增借去洋五元 收
丙寅年捌月拾六日万且源傳仂借去五元 言定二年茶春还
收利五元 丁卯收本五元
丁卯年五月拾□日万且源傳仂借去洋五元 言定茶春还 戊辰收利元
丙寅年捌月拾玖日灶徊司借去洋廿元
六月拾八日收灶徊司本利廿弍元

段莘乡东山村 7-9 · 民国六年至十六年 · 流水账

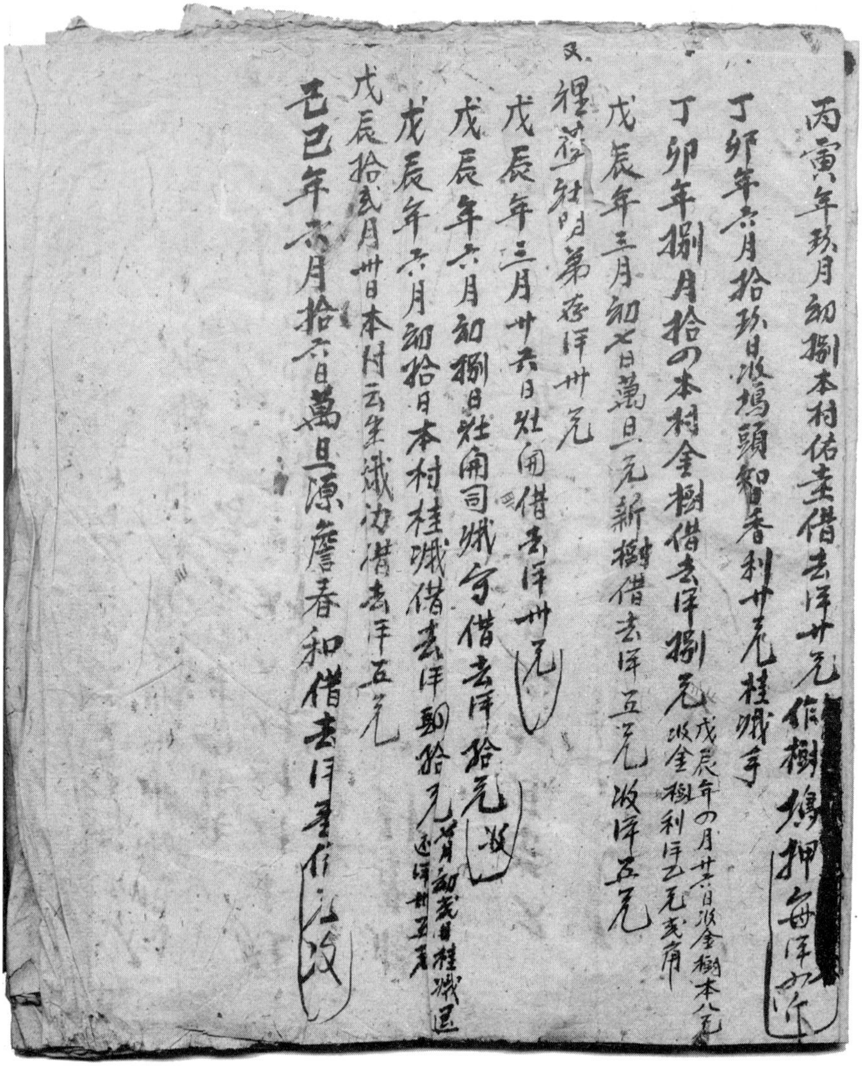

丙寅年玖月初捌本村佑孝借去洋廿元作樹塢押每洋加六

丁卯年六月拾玖日收塢頭智香利廿元桂娥手

丁卯年捌月拾四本村金樹借去洋捌元

戊辰年四月廿六日收金樹本八元

收金樹利洋五元弍角

戊辰年三月初七日萬旦元新樹借去洋五元 收洋五元

又

裡荪社明第存洋卅元

戊辰年三月廿六日社開借去洋卅元

戊辰年六月初捌日社甬司娥守借去洋拾元 收

戊辰年六月初拾日本村桂娥借去洋貳拾元

七月初弍日桂娥還

還洋卅五元

戊辰拾弍月廿日本村云生娥协借去洋五元

己巳年六月拾六日萬旦源詹春和借去洋[illegible]作[illegible] 收

段莘乡东山村 7-10 · 民国六年至十六年 · 流水账

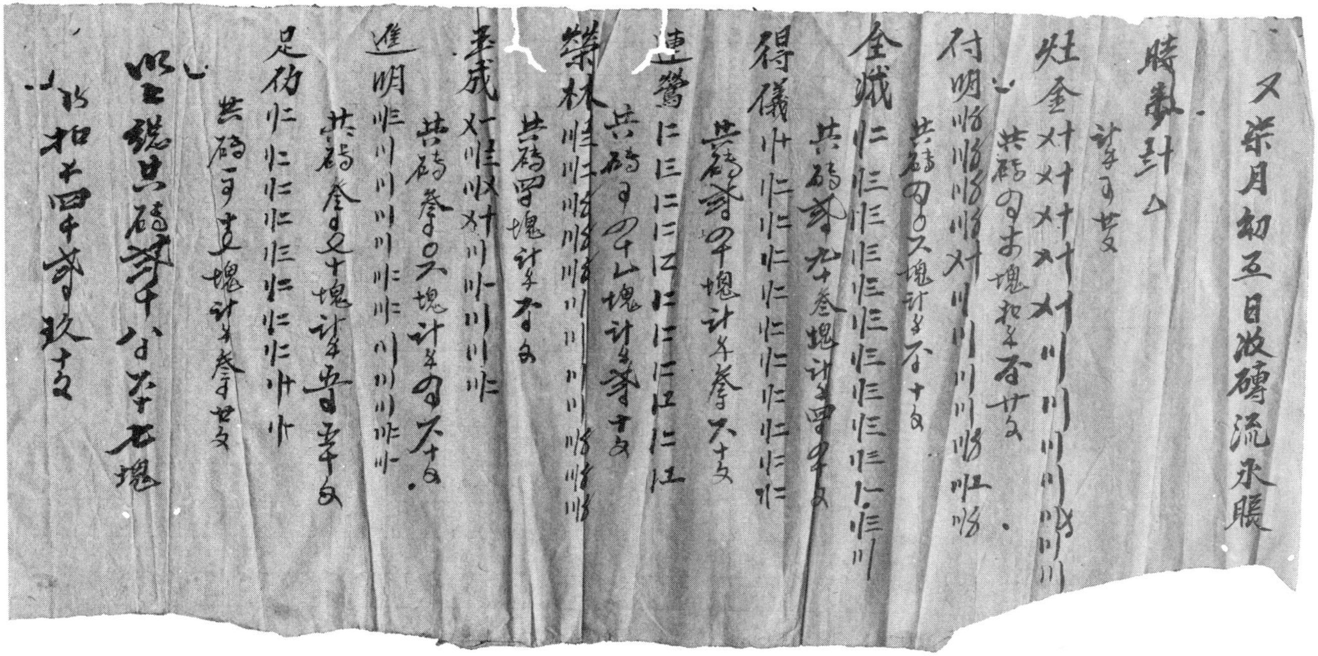

段莘乡东山村 7-11 · 民国六年至十六年 · 流水账

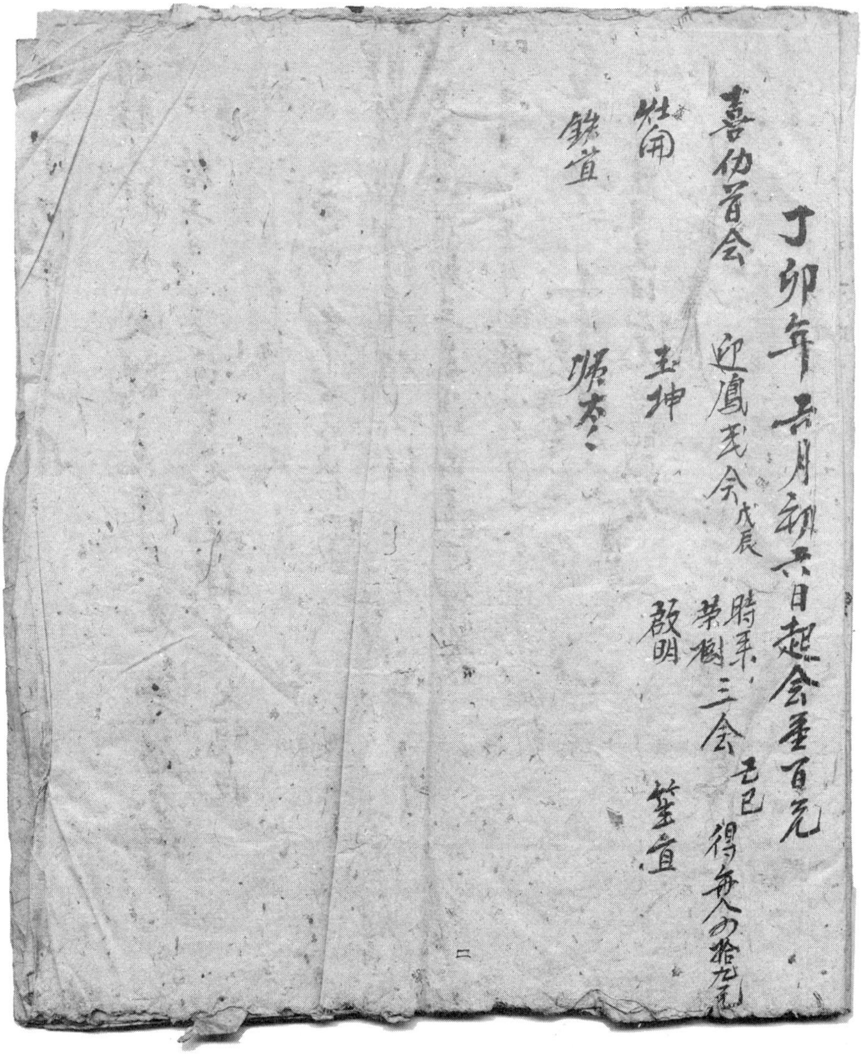
丁卯年五月初六日起会壹百元
喜仂首会　迎鳳老会戊辰　聘来、荣樹三会己巳　得每人四拾元
灶開　玉坤　啟明　董直
鉄道　佛太、
二

段莘乡东山村 7-12 · 民国六年至十六年 · 流水账

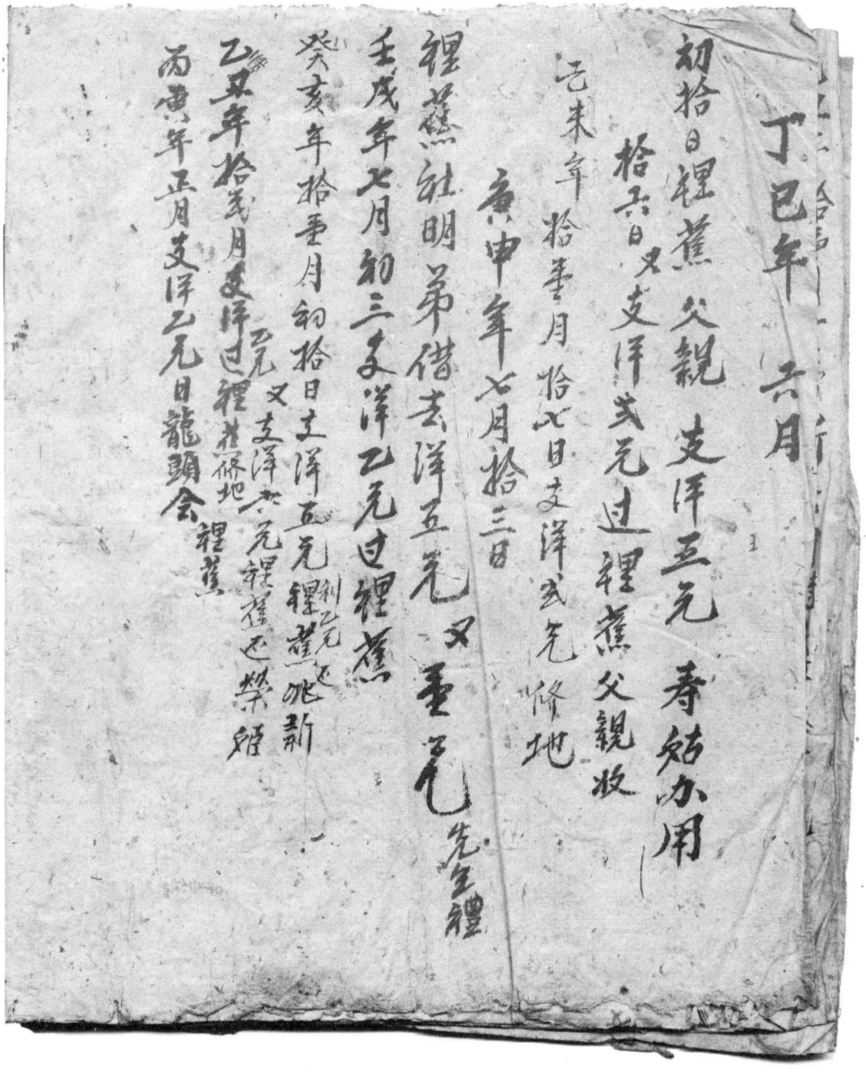

丁巳年 六月
初拾日裡蕉父親 支洋五元 寿姑办用
拾六日又支洋弍元过裡蕉父親收
己未年 拾壹月拾七日支洋弍元 修地
庚申年七月拾三日
裡蕉社明弟借去洋五元 又壹元 先生禮
壬戌年七月初三支洋乙元过裡蕉
癸亥年拾壹月初拾日支洋五元裡蕉做新 利乙元还
乙丑年拾弍月支洋乙元过裡蕉修地
又支洋六元裡蕉还禁婚
丙寅年正月支洋乙元日龍頭会 裡蕉

段莘乡东山村 7-13 · 民国六年至十六年 · 流水账

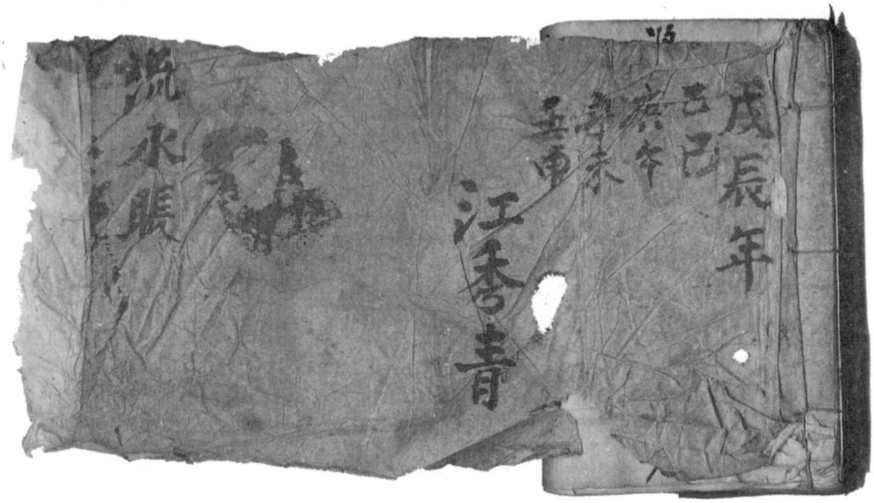

段莘乡东山村 1-1 · 流水账 · 江秀青流水支账

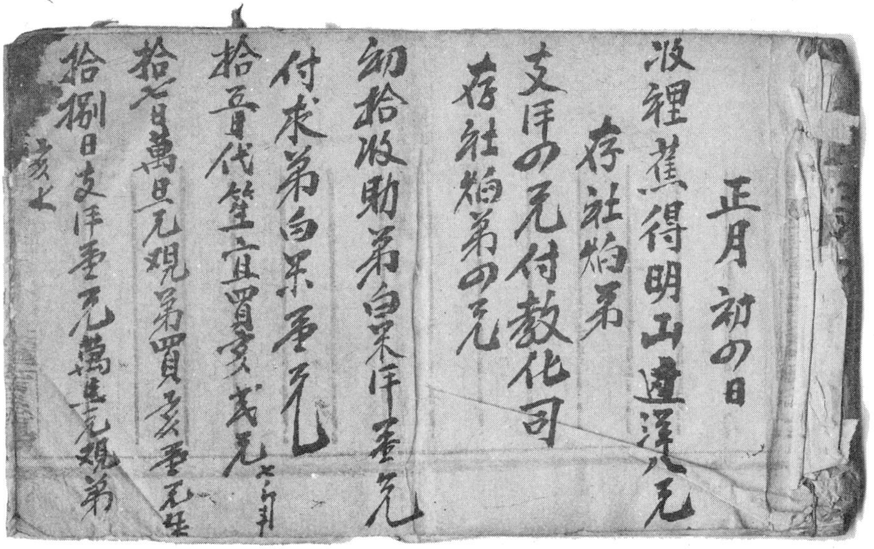

段莘乡东山村 1-2 · 流水账 · 江秀青流水支账

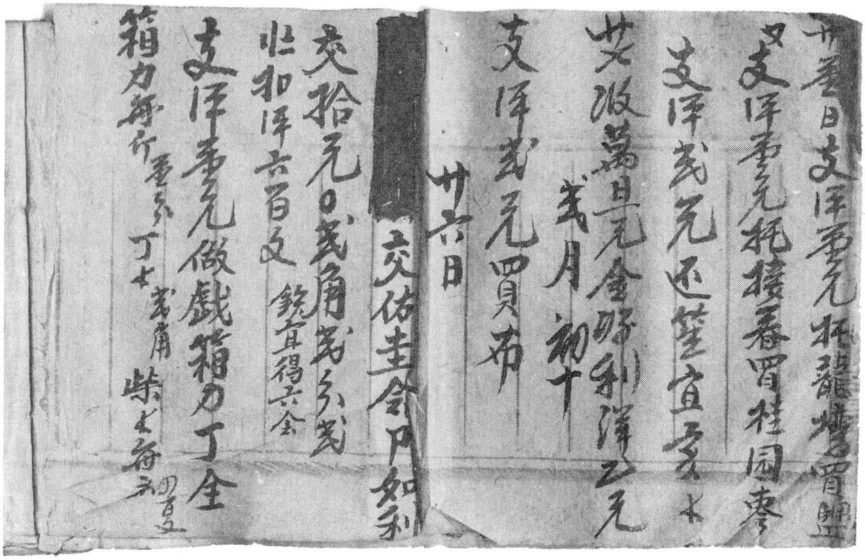

段莘乡东山村 1–3 · 流水账 · 江秀青流水支账

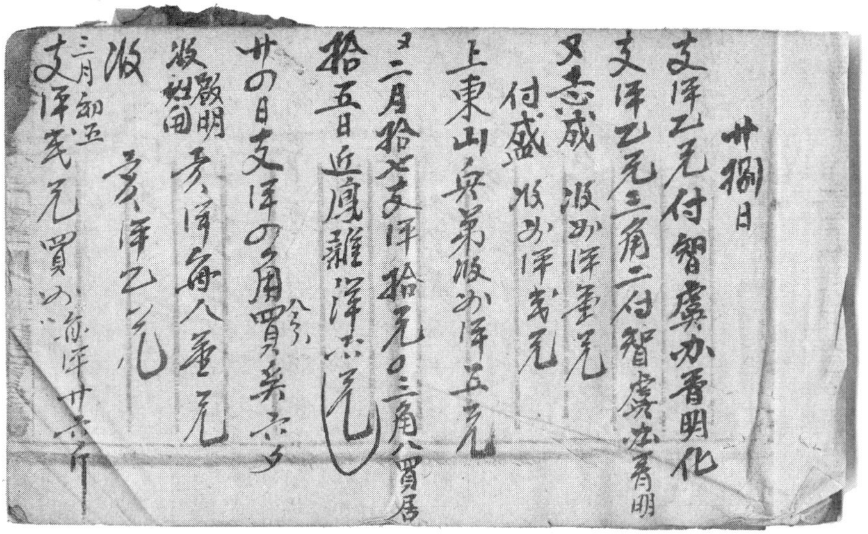
廿捌日
支洋乙元付智廣办香明化
支洋乙元三角二付智廣办香明
又志成 收办洋壹元
付盛 收办洋贰元
上東山兵弟收办洋五元
又二月拾七支洋拾元〇三角八買居
拾五日近廣雜洋六元
廿四日支洋〇四角買兵六夕 八分
收叙明 收姓回 秀洋每八壹元
收 秀洋乙元
三月初五 支洋叁元買以流洋廿六斤

段莘乡东山村 1-4 · 流水账 · 江秀青流水支账

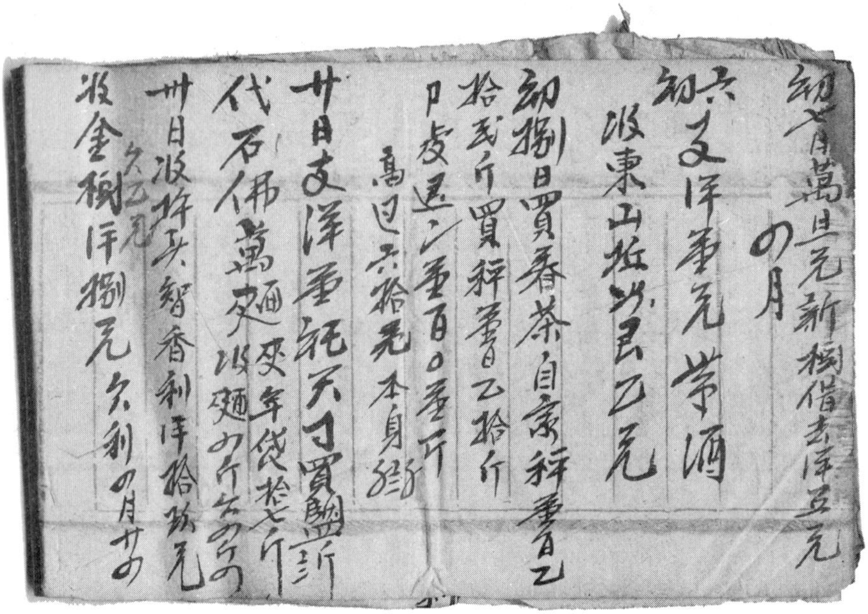

段莘乡东山村 1–5 · 流水账 · 江秀青流水支账

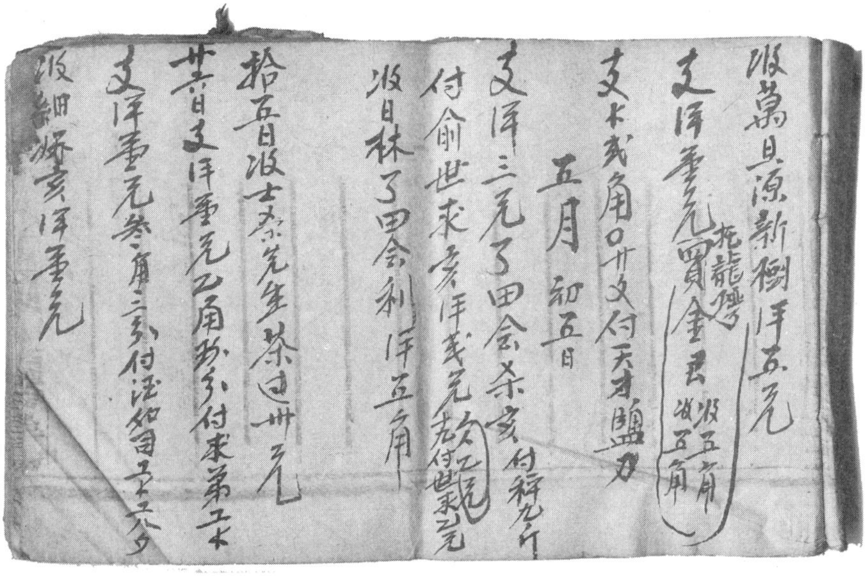
收萬具源新樹洋五元
支洋壹元買金君 托龍學 收五角 收五角
支大弍角口廿文付天才鹽力
五月初五日
支洋三元了田会杂亥付裕九斤
付俞世求亥洋弍元 支乙元付世求乙元
收日林了田会利洋五角
拾五日收士奈先生茶过卅元
廿日支洋壹元乙角弍分付求弟工本
支洋壹元叁角二分付汪细细工本六分
收细田婿亥洋壹元

段莘乡东山村 1-6 · 流水账 · 江秀青流水支账

收好城亥上叁千六六百五十文

六月

初六佑主起会近凤得贰会 五百元

支洋五元交佑主会

初捌日

灶间司城寸借去拾元

托龙琦买金其叁元 又译□元
共上付洋□元 □傅□五角

廿三日收茶过廿捌元八角

又支拾贰元五角交择共磬香

会 柱城坂

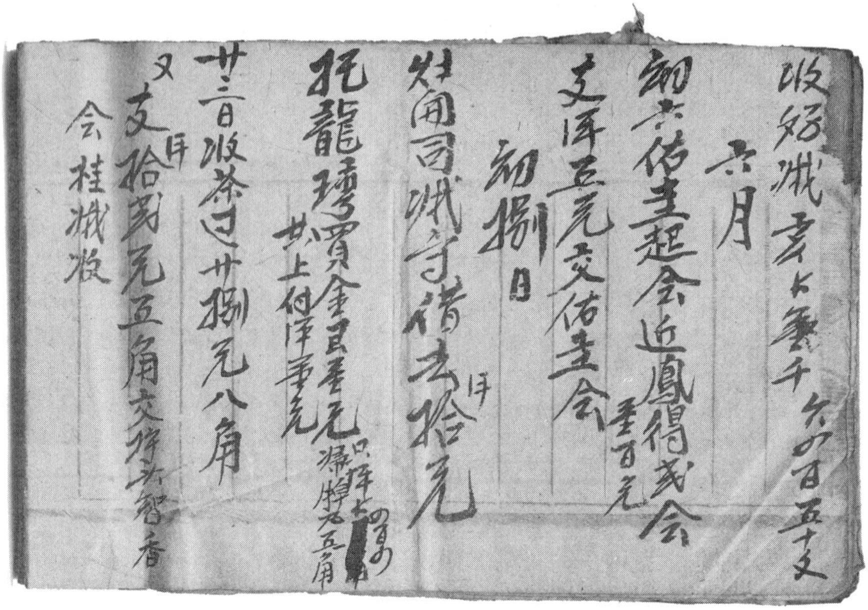

段莘乡东山村 1-7·流水账·江秀青流水支账

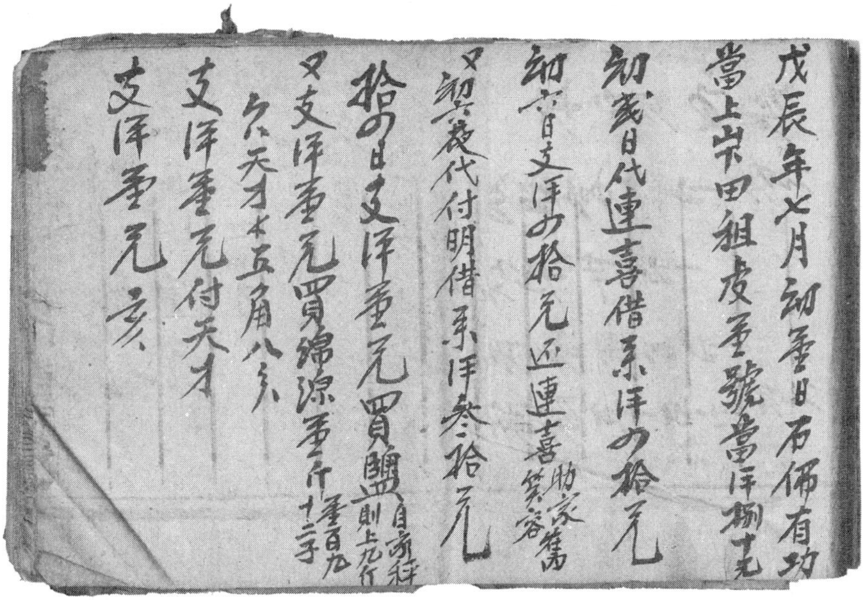

戊辰年七月初壹日石佛有功
當上宗田祖皮壹號當洋捌元
初贰日代連喜借来洋肆拾元
初六日支洋肆拾元还連喜 助家簿 笑容
又初六夜代付明借来洋叁拾元
拾四日支洋壹元買鹽 自家拜 則上九行
又支洋壹元買綿線壹斤 壹百九十二字
欠天才木五角八分
支洋壹元付天才
支洋壹元 交人

段莘乡东山村 1-8 · 流水账 · 江秀青流水支账

戊辰年八月拾弍日
祠堂賑
付谷迋洋壹元
付亥五角
付明亥柒元
付青志痩谷曾年力水壹千弍百
又付志痩谷曾年力水壹千弍百
拾七日付松樹が十5
支洋五角　付金杀亥
支洋壹元　杀亥
支洋壹元　天路波　木壹亥

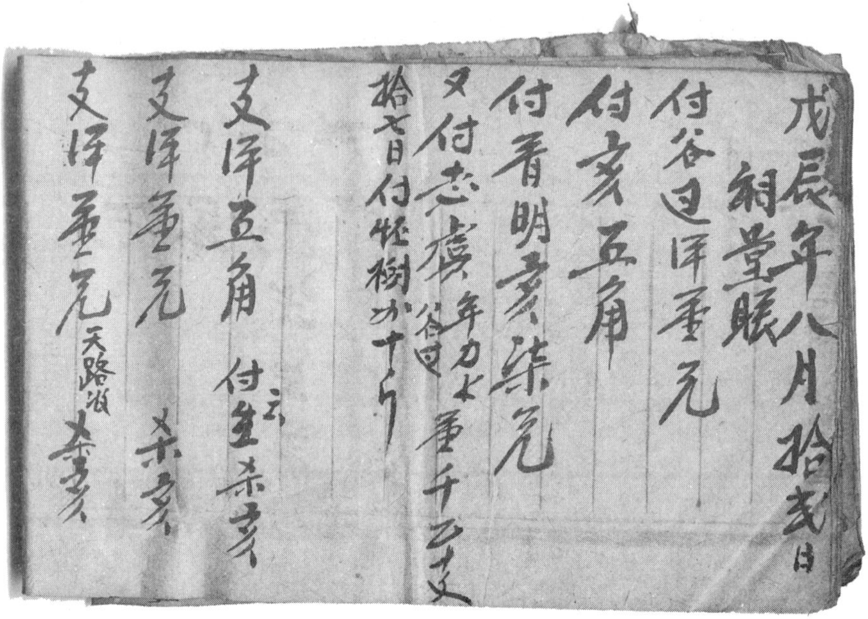

段莘乡东山村 1-9·流水账·江秀青流水支账

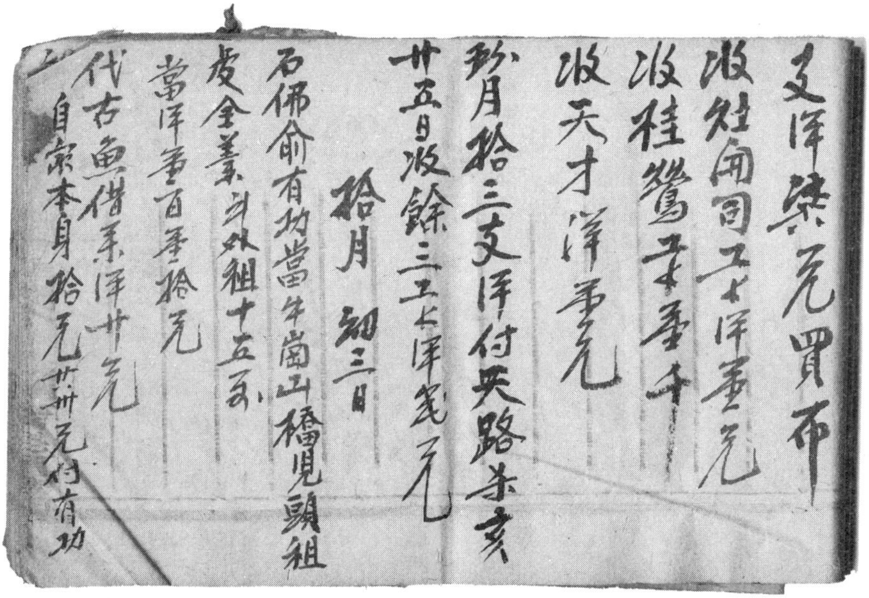
支洋柒元買布
收灶角司工小洋壹元
收桂鶯手小壹千
收天才洋壹元
玖月拾三支洋付共路米亥
廿五日收餘三工小洋叁元
拾月 初三日
石佛俞有功當年當山橋見頭祖
支金叢斗外祖十五石
當洋壹百壹拾元
代古魚借來洋廿元
自家本身拾元 廿卅元付有功

段莘乡东山村 1-10 · 流水账 · 江秀青流水支账

支洋三元買布
十月芒支洋乙元買鹽荣樹
拾月廿苔还古魚洋卅元利九毫
戈月廿六角六元逕口董百玖十文
还萬二元天路半肉支七
戌年拾弍月卅夜借秉洋五元生娥仍
辰年古巳拾弍月收娥仍利洋乙元

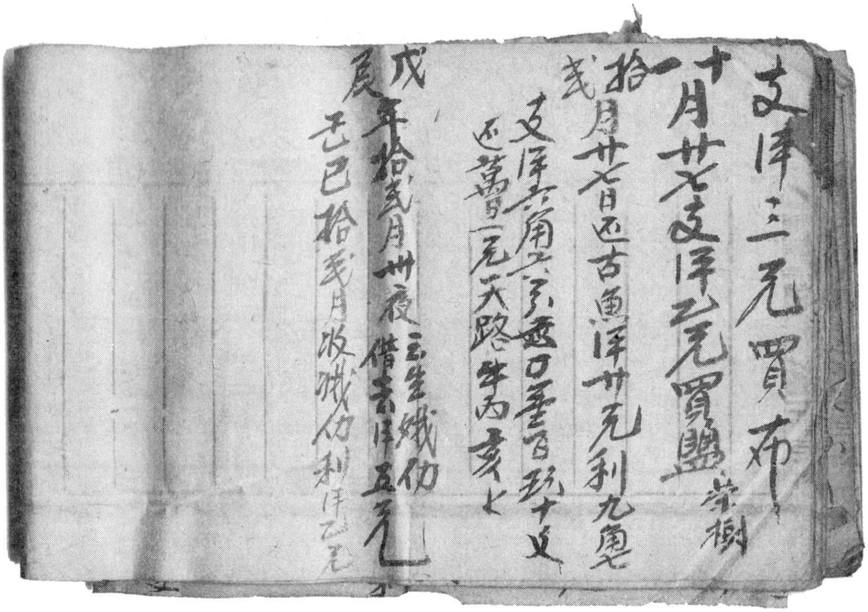

段莘乡东山村 1-11 · 流水账 · 江秀青流水支账

己巳年正月

拾六败萬日元金收麦内
茗
初捌支洋三元壹角白松竹買
月　壹元利七
廿苔日
支洋拾元付竹生宜三箩
生頭会
脐米共交佈生頭会戶如
　筭角
利廿元四角
得云会免双如利戶三元五角

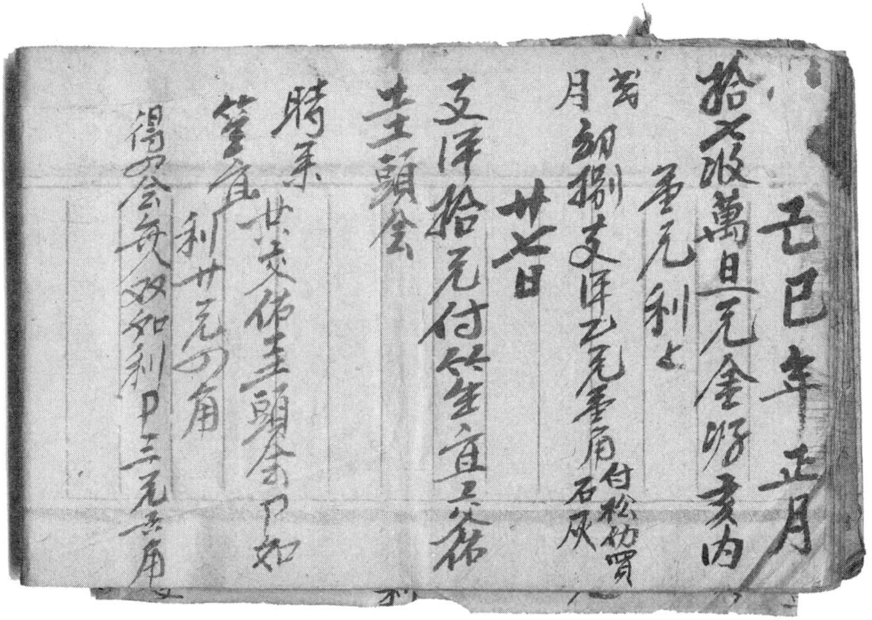

收来亥年四元
支洋贰元托荣林买盐
得力大四角
灶金亥贰斤六刀
三月
拾壹日代生财支洋贰元
拾贰日支洋贰元日学四每洋廿四斤
又支洋贰元买酒找大四角
四月初十
廿支洋壹元萬七 贰千七百文
拾四日买春茶自家秤壹百四五斤
买秤壹百〇五斤平 余三秤高过五十元
本身买五十九元五角乙担
共和买乙五十七元七角

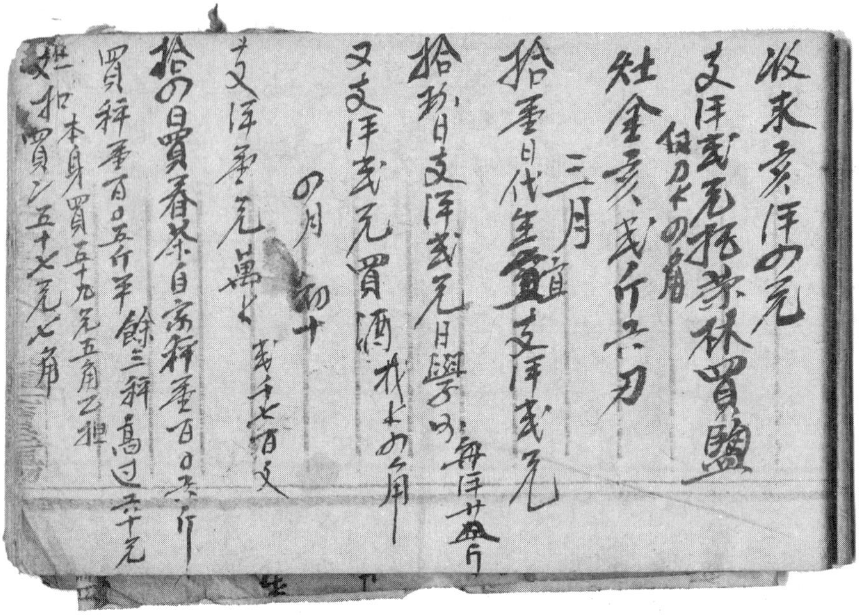

段莘乡东山村 1-13 · 流水账 · 江秀青流水支账

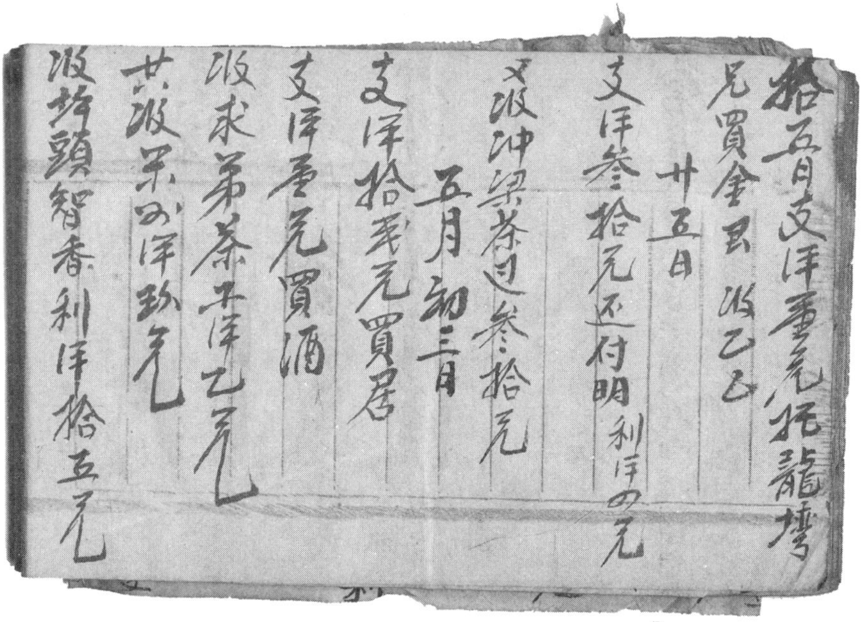

拾五日支洋壹元托龍塆
兄買金昆 收乙乙
廿五日
支洋叁拾元还付明 利洋四元
又收冲梁茶过叁拾元
五月初三日
支洋拾弍元買居
支洋壹元買酒
收求弟茶叶洋乙元
共收茶叶洋玖元
收坪頭智香利洋拾五元

段莘乡东山村 1-14 · 流水账 · 江秀青流水支账

初の月

波姓用司洋卅元 利洋六元 欠利五角
支洋乙元亥 极松波
茂日波子朱辺戋元捌角亲
廿捌日支洋戋元付龍塝買布

六月

初壹日代支洋拾元冲梁付
支洋乙元付明利大我运武角
支洋拾元交垳頭智香会
初戋支洋乙元付唐佛金仍亲七
初三日支洋乙元〇〇角七久我拣茶
初の月波哦守本利上戋元 我十五文

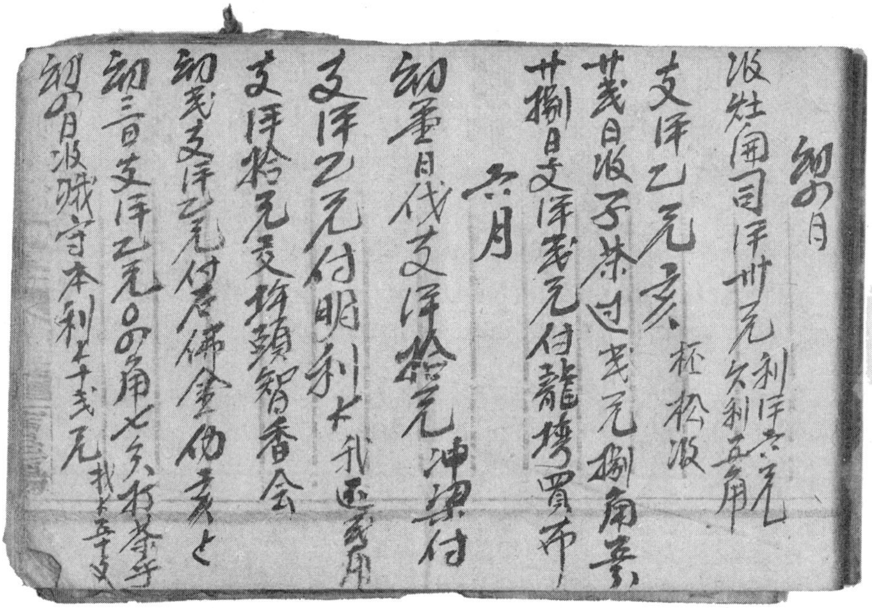

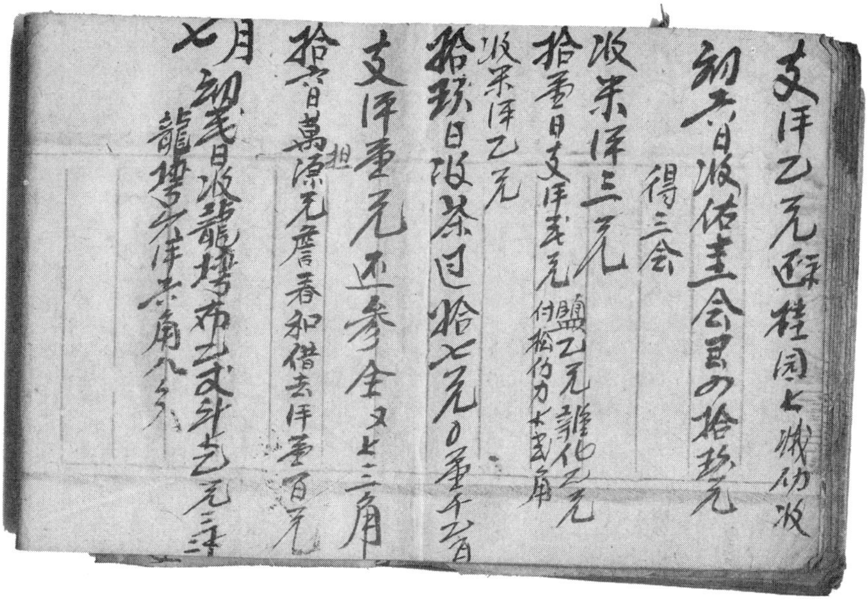

支洋乙元还森桂闰七月仂收
初六日收佑圭会洋四拾壹元
得三会
拾四日支洋贰元
付松仍力洋贰角
随乙元 谁化乙元
收米洋三元
收米洋乙元
拾玖日收茶豆拾七元
支洋壹元 还参全
拾六日萬源元詹春和借去洋壹百元
担
七月
初八日收龍塢布乙丈
龍塢洋角

段莘乡东山村 1–16 · 流水账 · 江秀青流水支账

初四日收桂娥利洋壹元
欠利士四角贰尕

支洋贰元托天才水笔壹
戈四筆千仍九十乙角三分
支洋乙元
支洋壹元支洋五角做寿
支洋乙元買盐 付力士贰角
 柴桂娥
支洋七元下城買布五元
八月初壹日收大起卅仍麺戸斤澘
初四日支洋壹元付玉坤支仓父粮
收宋洋四元
拾三百支洋叁元代古鱼買亥

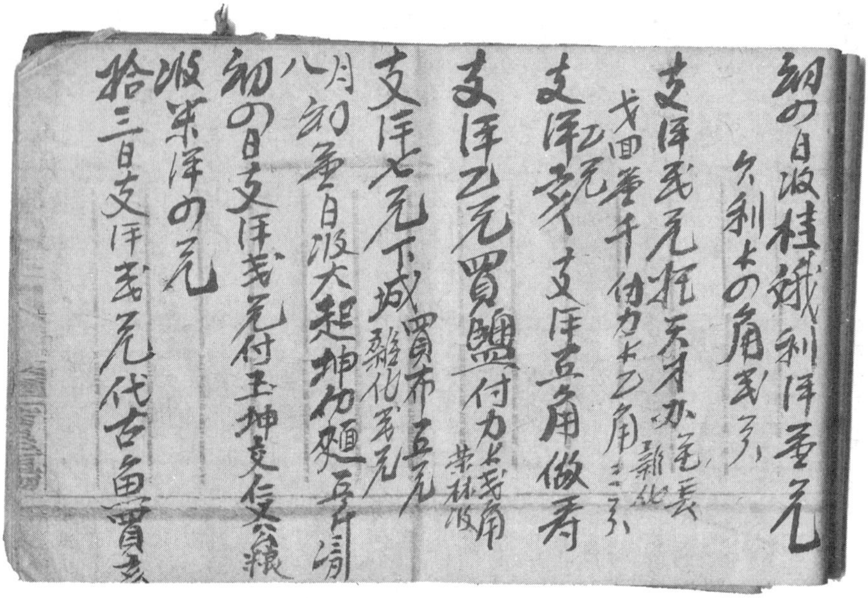

段莘乡东山村 1-17·流水账·江秀青流水支账

和五月波汪荣唐鱼五斤十五另

又波天丁司唐鱼五斤廿五另

支洋五元買布

廿玖日付出去重百斤晒討会波

捌月初一波午蘭山鹽波支共壹百玖拾斤

又付出以卅斤石佛及劝派玉帝会

又波天角灵利四十八斤

初六付出波墨百五十斤玉坤波

付出加四十我斤

玖月

初五付出波墨百五十斤减典欠我斤

拾捌日波陽胡洋拾五元 洋油

支洋叁元 五另

支洋壹元 四十文 鱼

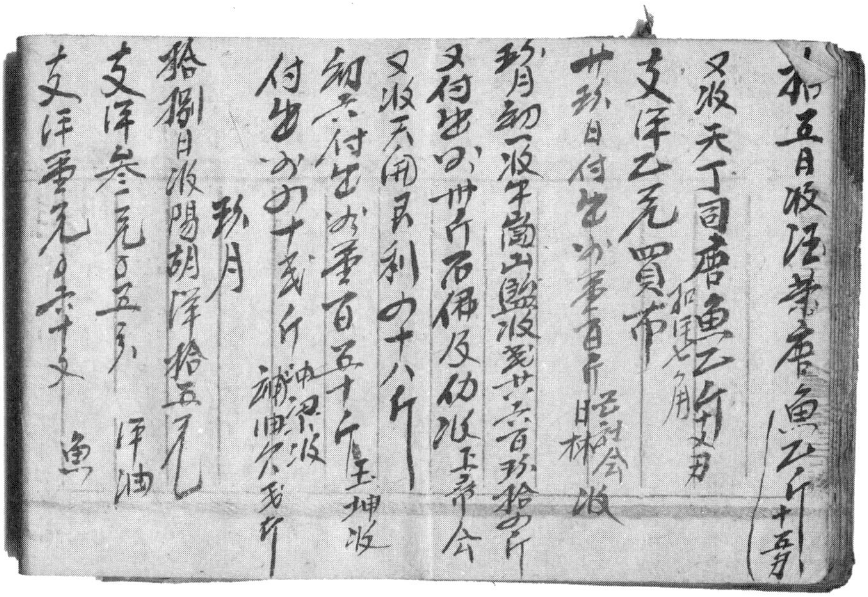

段莘乡东山村 1-18 · 流水账 · 江秀青流水支账

支洋弍元雜化
支洋弍元
支洋柒元回裡燕付老篤
苏日支洋叁元亀先費動
共付洋三元四角五分
各三角五家頭五角
文洋弍元付夫才買鹽付力水五百分
拾茂月廿三波德仍利洋五元
淨六本去元
支洋弍元去人
拾茂月廿六日助弟借去洋五元
卅食收来弟鈵家长洋吾元
又新来司借去洋拾五元

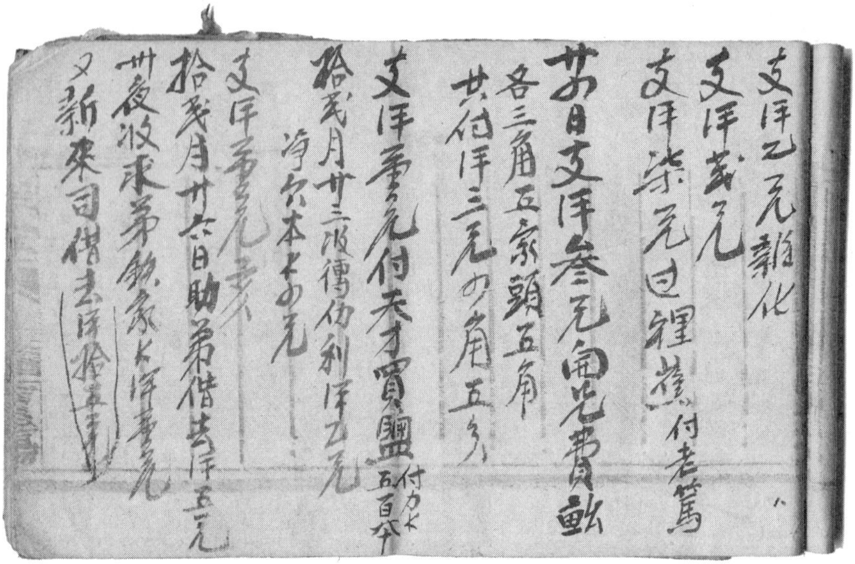

段莘乡东山村 1-19・流水账・江秀青流水支账

庚午正月拾玖日
王家詹夫秀借去洋拾元
小孩班作押每洋交合三斤
支洋叁元上石佛租
萬日源元角借去洋卷元
支洋五元接先生
支洋叁元雜用
支洋叁元代省三先生
月初十萬日源償利洋乙元
役錢貳桌子廿卷分肆佰五
角
廿七日支洋五元过裡溪
三月初壹

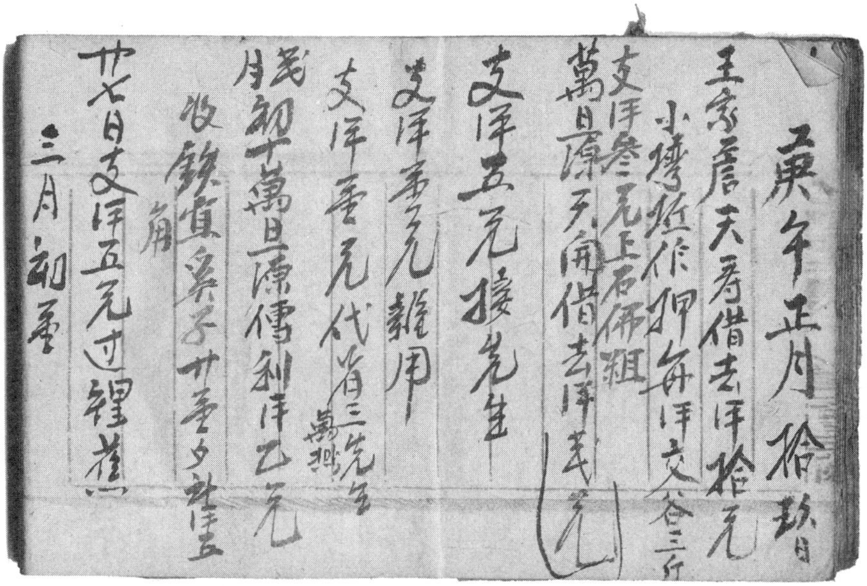

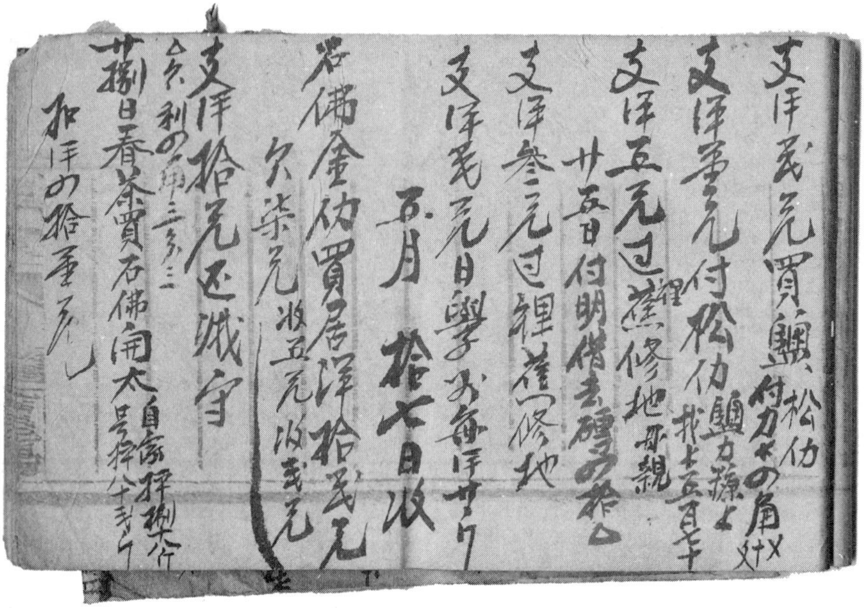

段莘乡东山村 1-21 · 流水账 · 江秀青流水支账

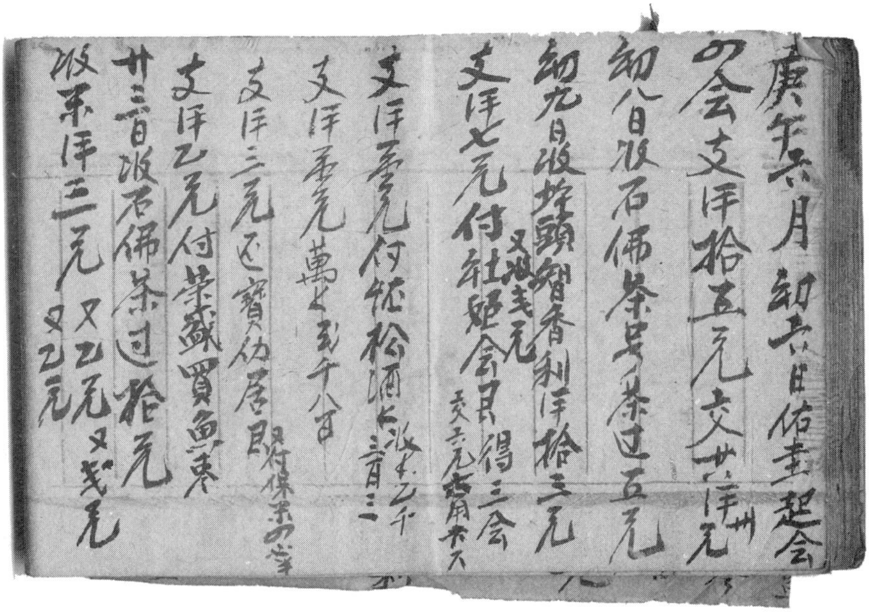
庚午六月 初六日佑圭起会
四会支洋拾五元 交廿洋卅元
初八日收石佛茶号茶过五元
初九日收塘头智香利洋拾三元 又收卅元
支洋七元付社姆会其得三会 交二元齐开卅六
支洋廿元付铭松酒 收廿乙千 三月三
支洋廿元万七五千八百
支洋三元还宝幼屋明 又付保宋四字
支洋乙元付荣盛买鱼枣
廿三日收石佛茶过拾元 又乙元 又廿元
收宋洋三元 又乙元

段莘乡东山村 1-22 · 流水账 · 江秀青流水支账

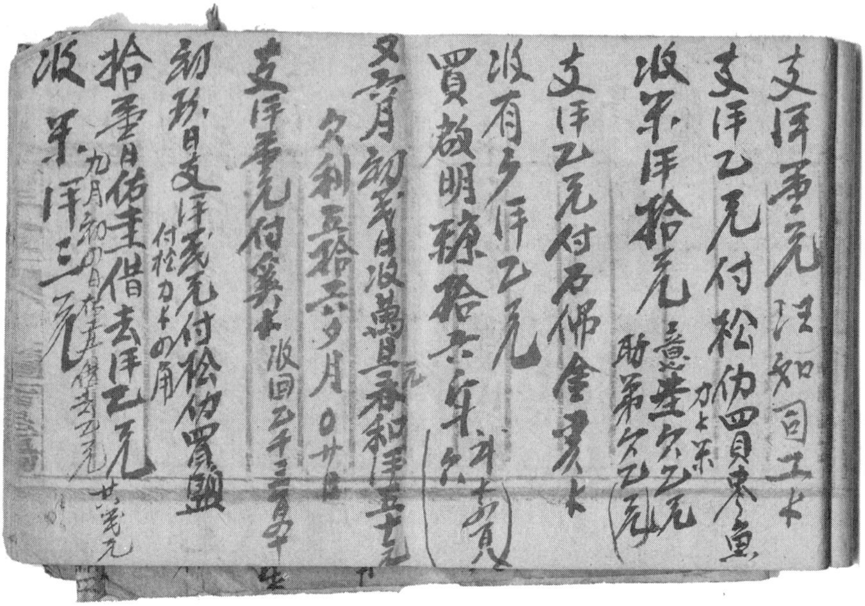

段莘乡东山村 1-23 · 流水账 · 江秀青流水支账

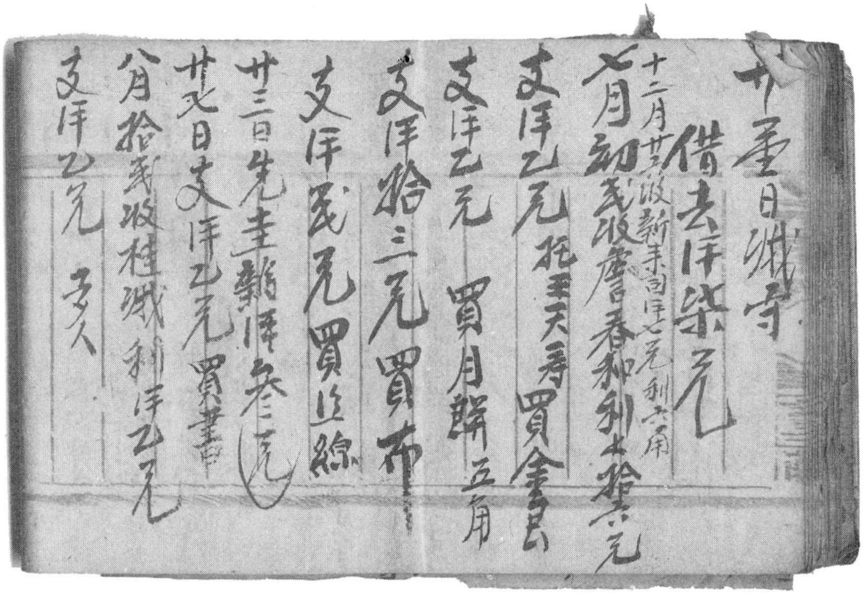

段莘乡东山村 1-24 · 流水账 · 江秀青流水支账

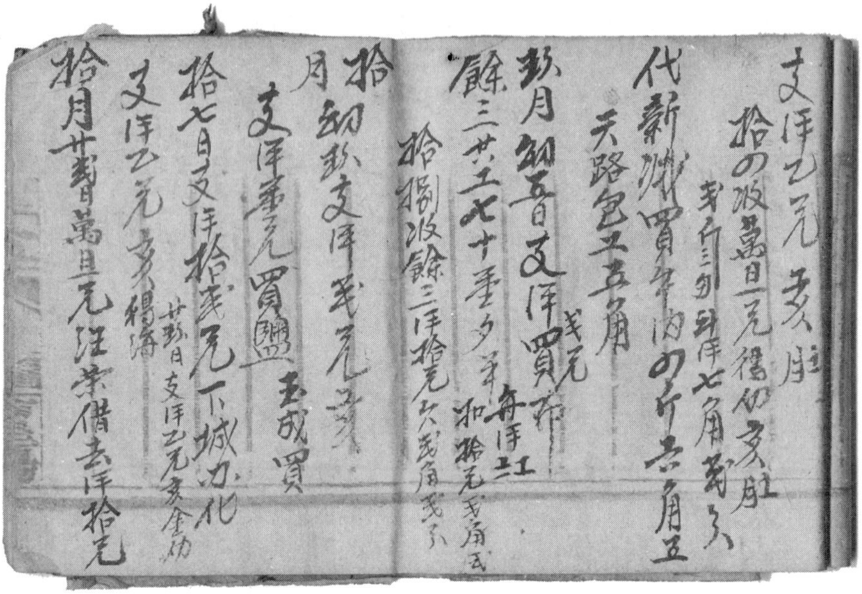

段莘乡东山村 1-25 · 流水账 · 江秀青流水支账

章禾年流水正月

支洋乙元坑口買雜化
十月廿玲日悦林買猴令八斤
十月拾戋日支洋乙元買粟子
一月拾捌日支洋乙元買魚
廿日支洋乙元亥
十三月廿七支洋贰元金撅亥
收萬贝元和伙利洋四元
收本村助弟利洋乙元

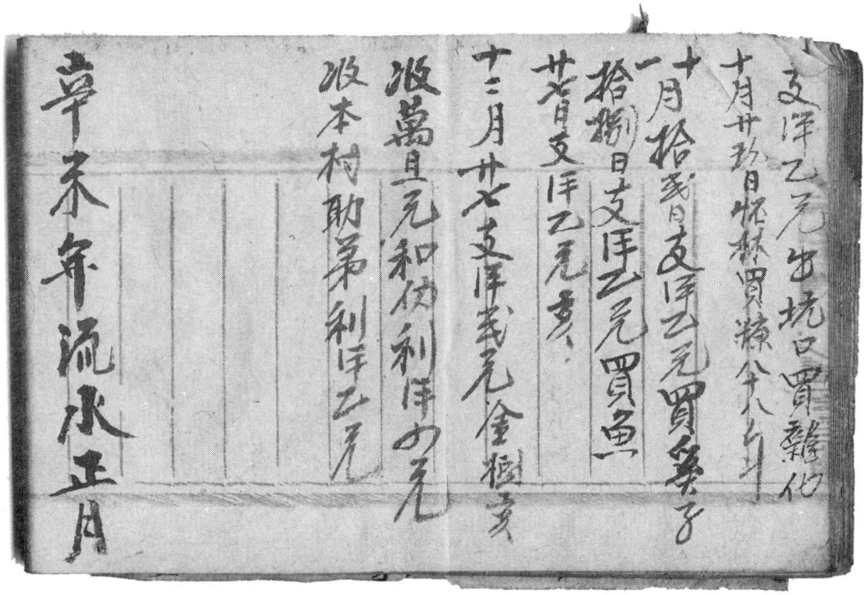

拾五日碰美借去洋乙元
又收笔宣亥乙元
支洋乙元付领太くえ或是收
拾日收玉两五丰乙元
甘日支洋乙元買柴子
支洋戊元接先生
月初六支洋戊元付擀條地
廿八日足切借青洋五元
支洋乙元喜金
廿日波右圭求会如剩戊元
三初三支洋叁元生坑日
收萬且元金好利洋乙元

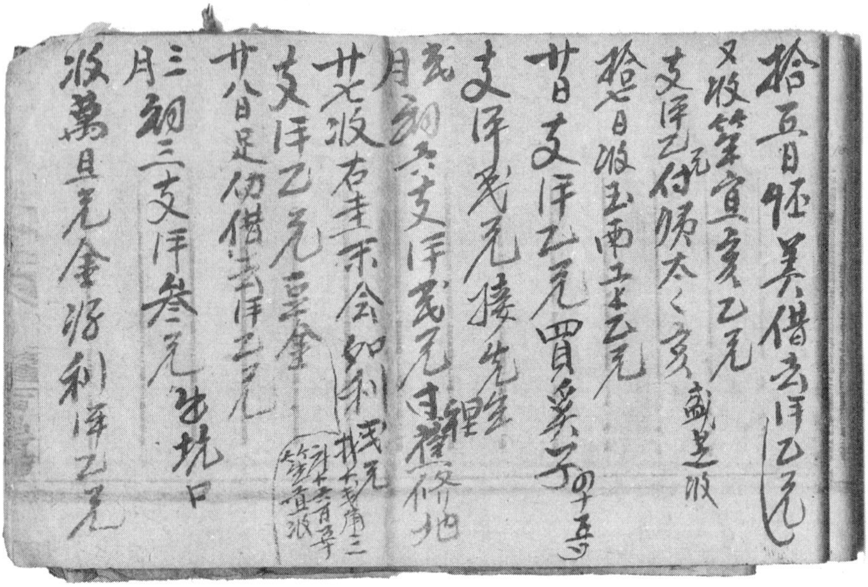

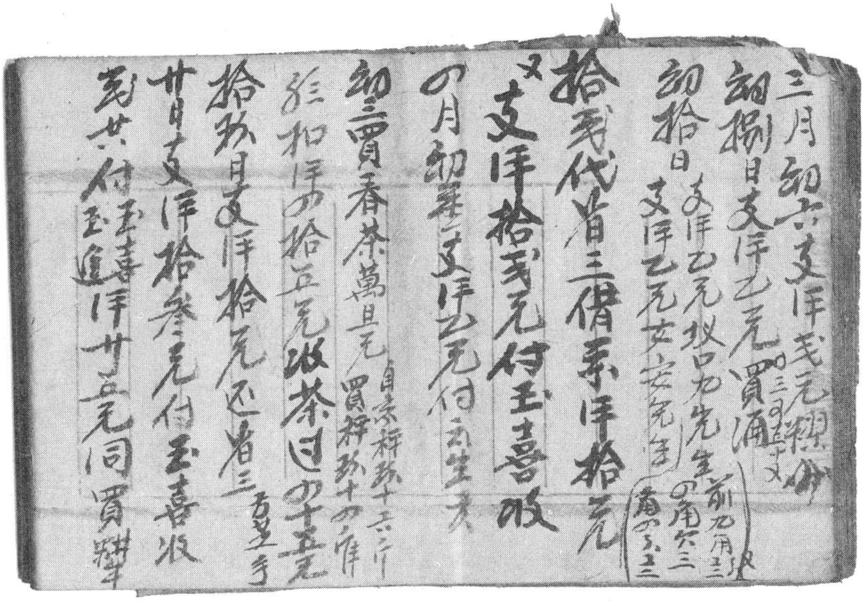
三月初六支洋弍元糴谷
初捌日支洋乙元買酒
初拾日支洋乙元找口力先生 前九月三日
支洋乙元交安先生
拾弍代省三借来洋拾元
又支洋拾弍元付玉喜收
四月初拜二支洋乙元付丙生去
初三買春茶萬且元 買秤卅十四斤
於和洋乃拾五元收茶日四千五元
拾玖日支洋拾元还省三
廿日支洋拾叁元付玉喜收
式廿付玉喜 玉進洋廿五元同買糴

段莘乡东山村 1-28 · 流水账 · 江秀青流水支账

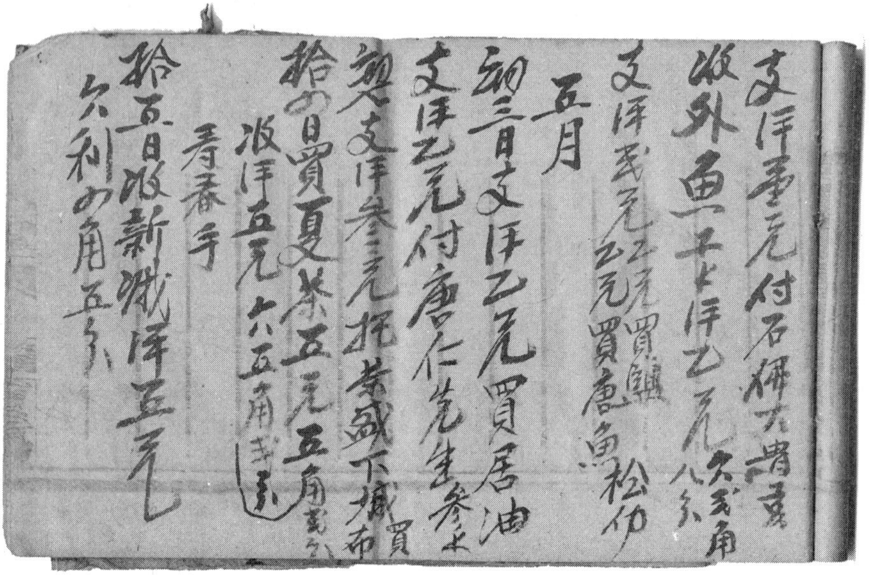
支洋壹元付石狮大肯（？）
收外鱼干上洋乙元 六元贰角八分
支洋贰元五元买鳗
五元买唐鱼松仂
五月
初三日支洋乙元买居油
支洋乙元付唐仁先生参朮
初又支洋叁元托叶盛下城布 买
拾四日买夏茶五元 五角贰分
收洋五元 六五角半来
寿春手
拾五日收新洋五元
六利四角五分

段莘乡东山村 1-29 · 流水账 · 江秀青流水支账

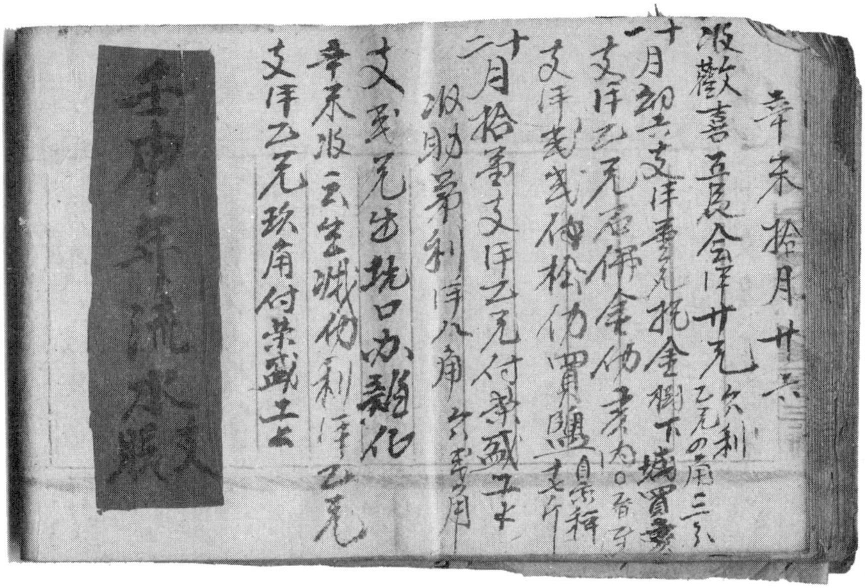

段莘乡东山村 1-30 · 流水账 · 江秀青流水支账

正拾三支洋乙元買炭子
明支洋乙元買金見 白薪半司
支洋乙元支油
支洋乙元買鹽 金林 七斤十五兩
支洋五元買
支洋乙元弍角 古寺下 綿花回 收
松樹三身 特录
收七百文 收四五文 卅号乙千弍
收六百文 收八百文 收三百文
收五百文 收三千文 共收乙千七百五
收莫盛松樹木乙千
弍月廿八日支洋弍元还沛三多木
收濺守采洋乙元
支洋弍元松樹木

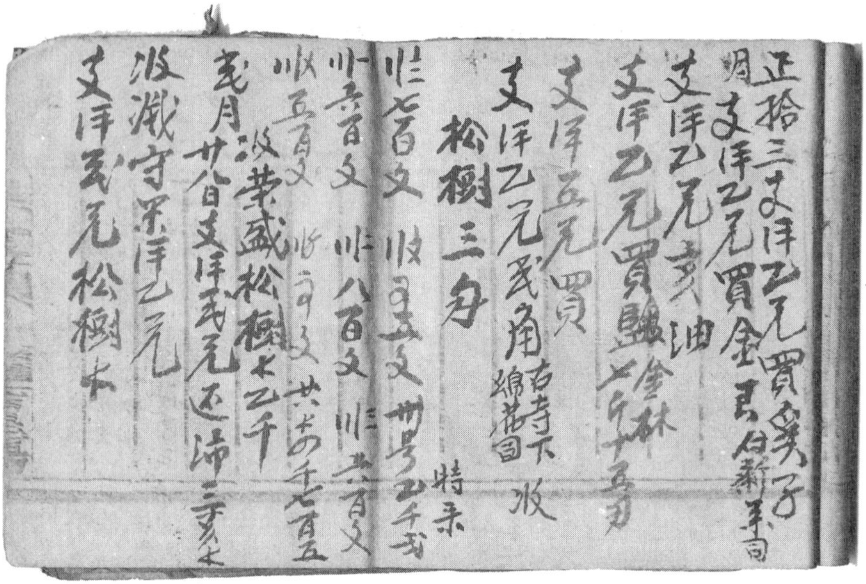

段莘乡东山村 1-31 · 流水账 · 江秀青流水支账

支洋乙元付社金价板工木
支洋玖角不满去三角水制
三初捌日学爷每洋廿毛斤
月十玖捌日支洋乙元萬卜
の拾七买春米白家绵羽十斤
月七捨九斤乙斗元拾洋五拾
豆元卖廿收茶十五斗元戈角
甘善支洋乙元付名佛達骨麺
收米洋戈元又波米乙元
四月廿四收黴壴洋拾元 六利
廿八波豇第洋五元
卅玖日当午窗山田庋項山
天生重百戈十元

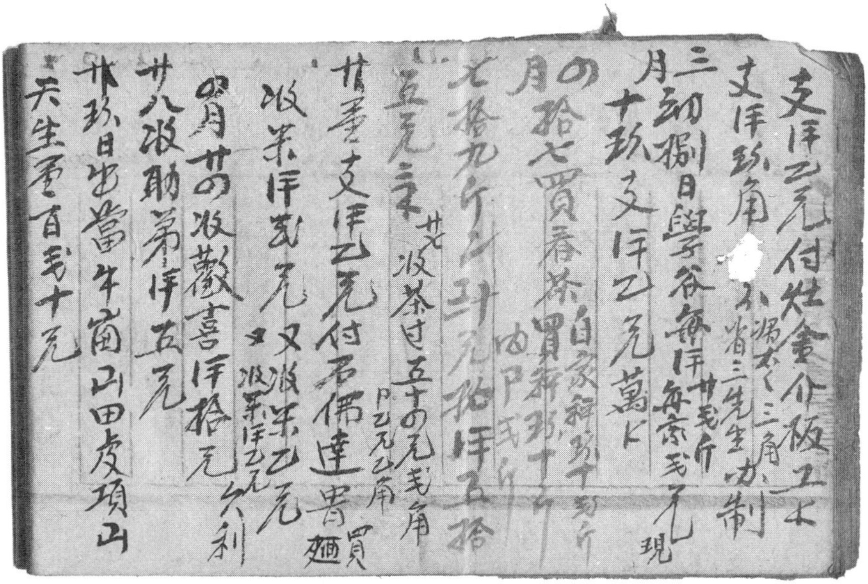

段莘乡东山村 1-32·流水账·江秀青流水支账

收明壹弎伴乙元
壬申年五月初二日收義林叔羋伍員正
南文收本洋叄元正
共收日林伴叄十三元乙
收上東山新城洋五元四角六利
收金樹伴五元三角三分
付石佛達書戈元收麵十玉斤
收石佛達骨亥七元伏于卅乙
买石佛達買伙于卄乙也K毛百卄乙
收新樹果洋乙元六七三百乙
支洋乙元買酒
支洋乙元買酒
支洋乙元付玉喜正水買酒
支洋戈买買鹽松伯
支洋乙元○弎千五百七十文
支洋由令顺喜下肯收
支洋五角付顺喜牛肉本

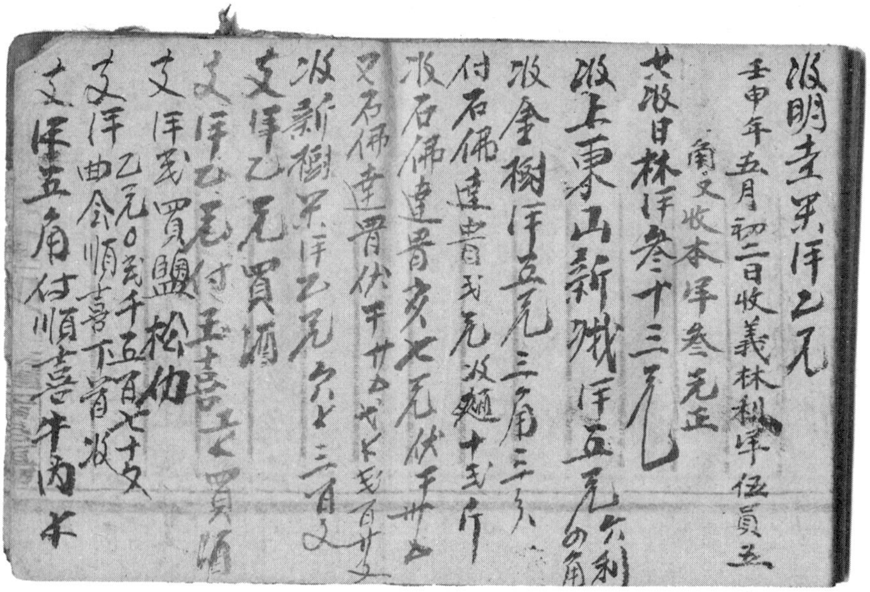

段莘乡东山村1-33·流水账·江秀青流水支账

收順喜五辰会利大洋角六〇元
廿五日收恆樹春衣去〇元〇三角
廿五日居買石佛逢胃廿六元
收逢胃洋拾式元
又收亥油八斤亥肉乙斤
大洋元〇〇百文 六月初〇收〇元
六月初一支洋拾〇元交玉喜首会
茶瑞吃会 找来乙角一分乙
六月初七支洋廿〇元付五辰会
壽春大首收
初黄会存洋拾〇元大洋〇合〇
拾式日景昭会存洋三元〇十五文十百
六月拾〇支洋三元〇八十文景昭户
又景昭公交錢乙元三角〇分
拾三又洋式元付傳仂買若一灰
拾六又付傳仂洋乙元

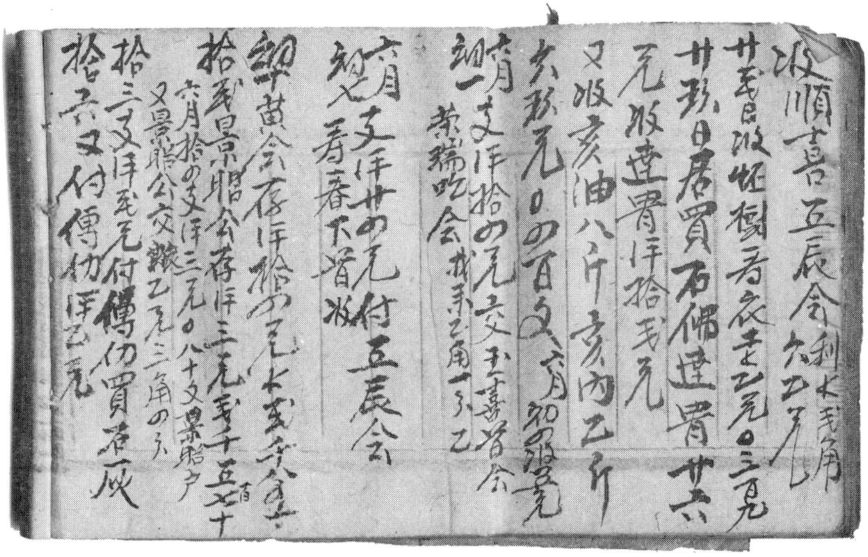

段莘乡东山村 1–34 · 流水账 · 江秀青流水支账

支〻贰千〇五十〻耕牛仔子
拾洋七角五又春才五角
贰廿洋乙元贰角五分入六角钱
收万佛大普乙元又贰元
六五元〇〇百文
拾七做碣尾溪田磅收顺喜
洋乙元六八五角
廿九 廿贰支洋贰元付姬仂支粮
支洋乙元付松仂盐力五卜
支洋四元三角七分白景船公支粮
七月初五收万佛莲胄贰元
初贰支洋贰元买布
初六支洋贰元买布
拾贰支洋乙元付玉喜
铁锅

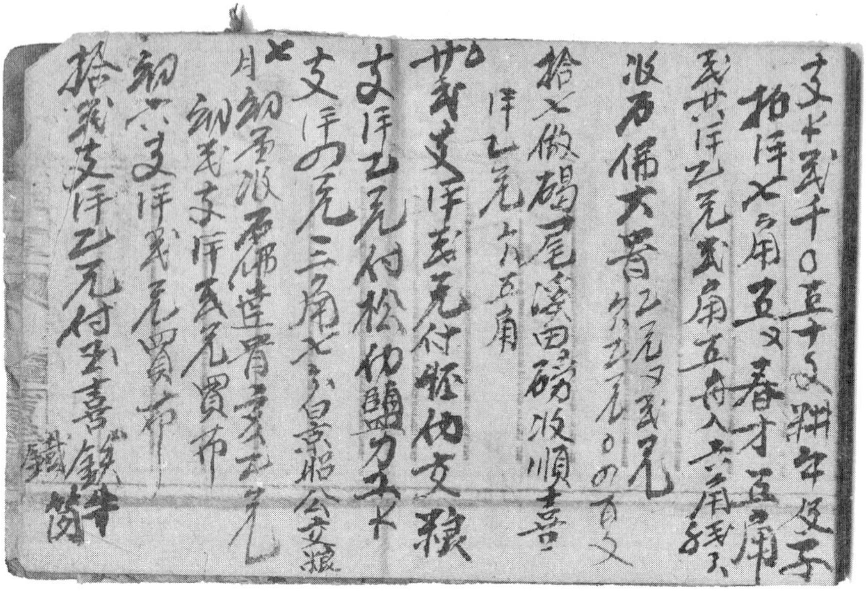

段莘乡东山村 1-35 · 流水账 · 江秀青流水支账

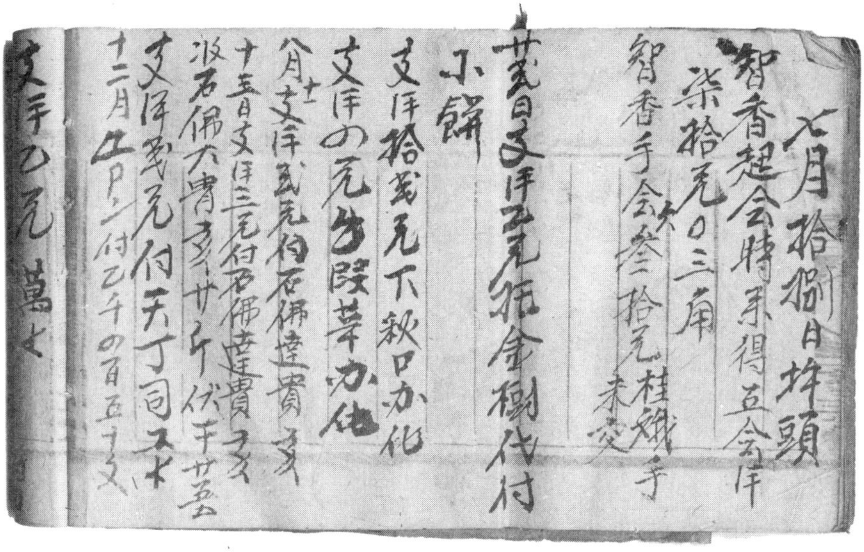
七月拾捌日坪頭
智香起会時手得互会洋
柒拾元〇三角
智香手会参拾元桂娥手
未交
廿[illegible]日支洋五元往金樹代付
小餅
支洋拾[illegible]元下秋口办化
支洋〇元[illegible]段莘办化
十一月支洋[illegible]元[illegible]石佛達貴[illegible]
十五日支洋三元付石佛達貴[illegible]
汲石佛大貴[illegible]廿斤[illegible]
支洋[illegible]元付天丁[illegible]
十二月[illegible]付乙千四百五十文
支洋乙元[illegible]

段莘乡东山村 1-36 · 流水账 · 江秀青流水支账

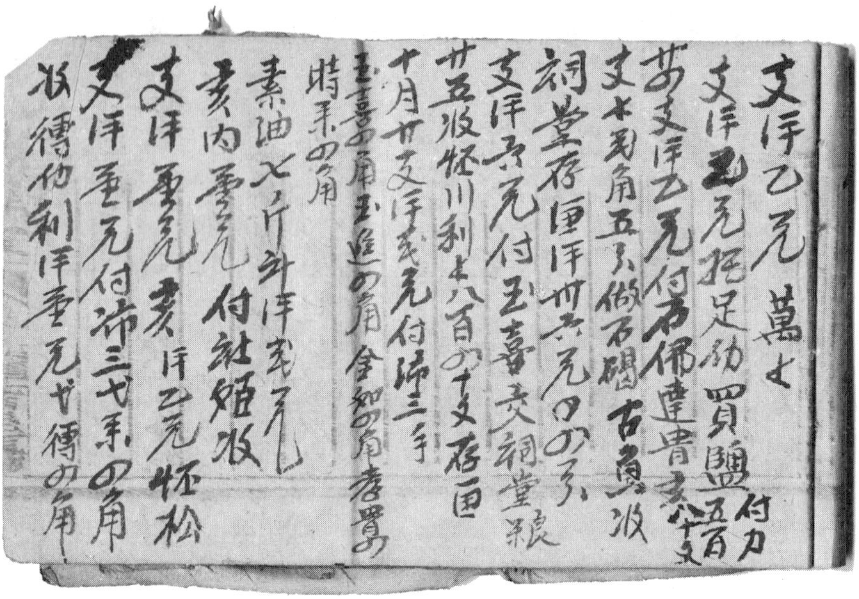

段莘乡东山村 1-37 · 流水账 · 江秀青流水支账

支洋弍元托天才買鹽
支洋乙元付汪細旬工大
支洋乙元付祠堂交粮 同
腊禾玉喜壽人付出洋角弍角
廿六交祠堂粮六元洋角弍角六二
支洋乙元付社公買魚
支洋乙元付汪細工大
支洋乙元付傅仂買魚
支洋乙元還傅仂買碗大
支洋乙元托金樹買鹽肚
十二月廿六付灶金坤米乙斗弍
支洋弍元付羅坤大
支洋弍元付佛三 五斤 五斗
支洋七元段新办伙
拾弍月返坪頭智香
利洋五元金樹手 又收石佛老世 五元六五元
癸酉正月廿收老世交洋弍元
欠利三元

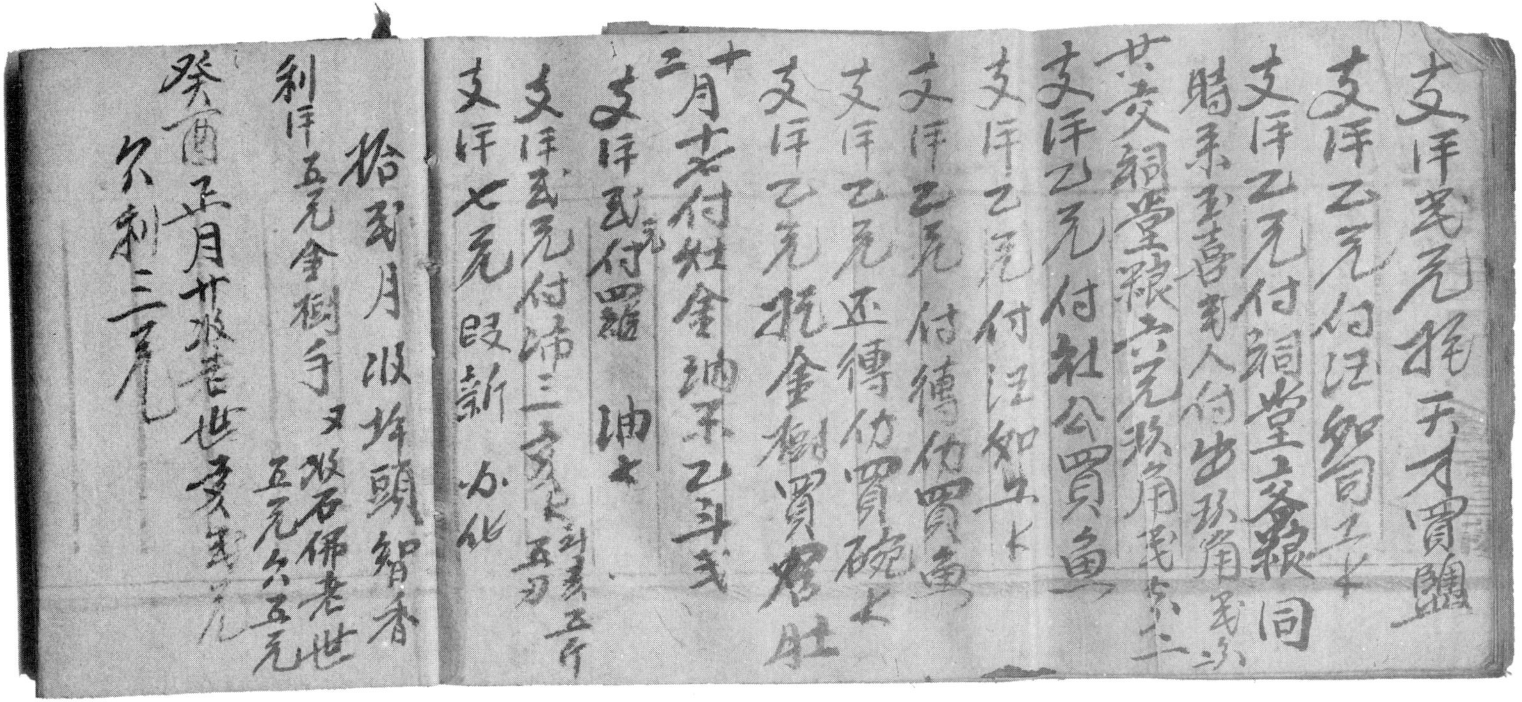

段莘乡东山村 1-38 · 流水账 · 江秀青流水支账

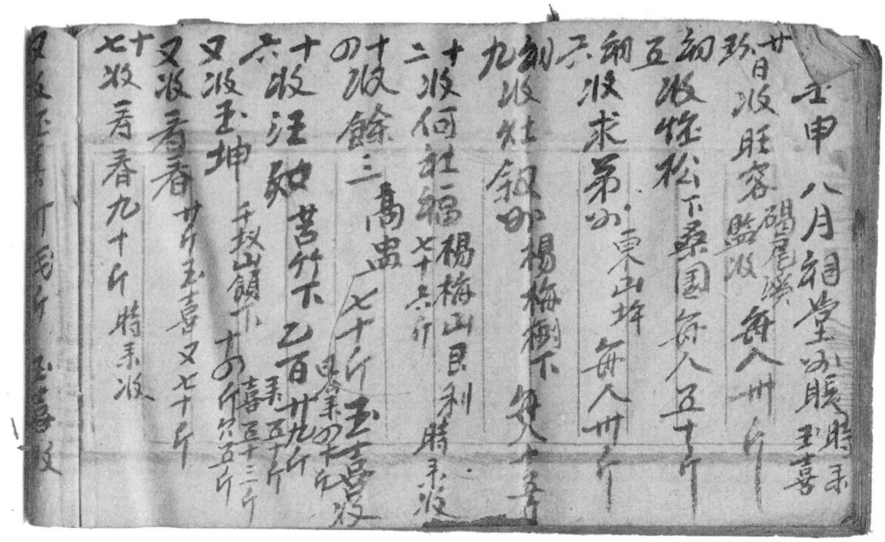

段莘乡东山村 1-39 · 流水账 · 江秀青流水支账

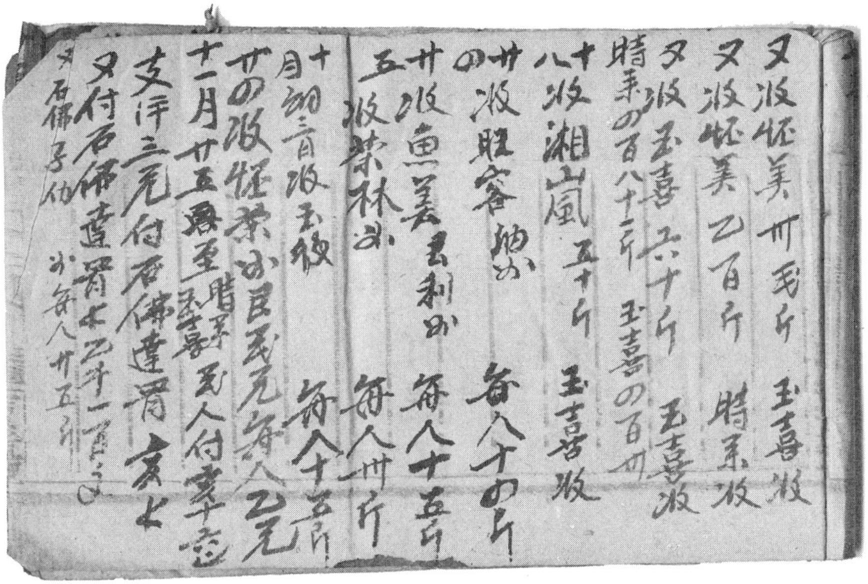

又收怀美卅毛斤 玉喜收
又收怀美乙百斤 特来收
又收玉喜五十斤 玉喜收
特来四百八十斤 玉喜四百卅
十八收湘山风五十斤 玉喜收
廿四收旺容[illegible] 每八十四斤
廿五收鱼美 玉利[illegible] 每八十五斤
收荣林[illegible] 每八卅斤
十月初三日收玉枚 每八十五斤
廿四收怪荣[illegible]元 每八乙元
十一月廿五日至腊月[illegible]人付[illegible]
支仟三元付石佛达有 交火
又付石佛达有火乙斗一[illegible]
又石佛子仂 [illegible]每八廿五斤

段莘乡东山村 1-40 · 流水账 · 江秀青流水支账

壬申年 出火賬玖月

付出ミ壹百千 碣尾溪堀樹坡
派萬旦源 天開貝利ミ四千玉会六千
派萬且源汪如 八十九百
付出ミ五十七百瑚边暖 坏樹坡
十景胎公 代進弟过余戈美欢八千
八祠堂
付世巳百斤毛射会 壊美殿
付出ミ卌千将关 祠堂坡

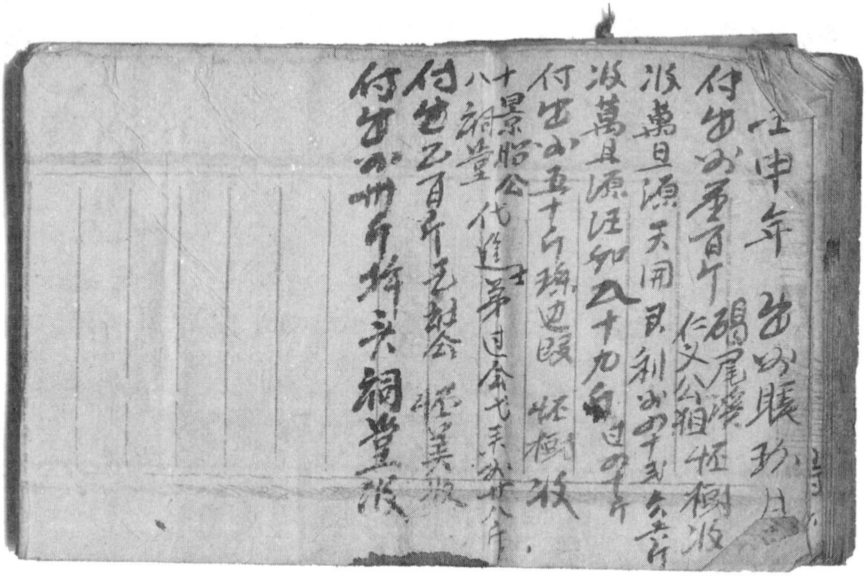

段莘乡东山村 1-41·流水账·江秀青流水支账

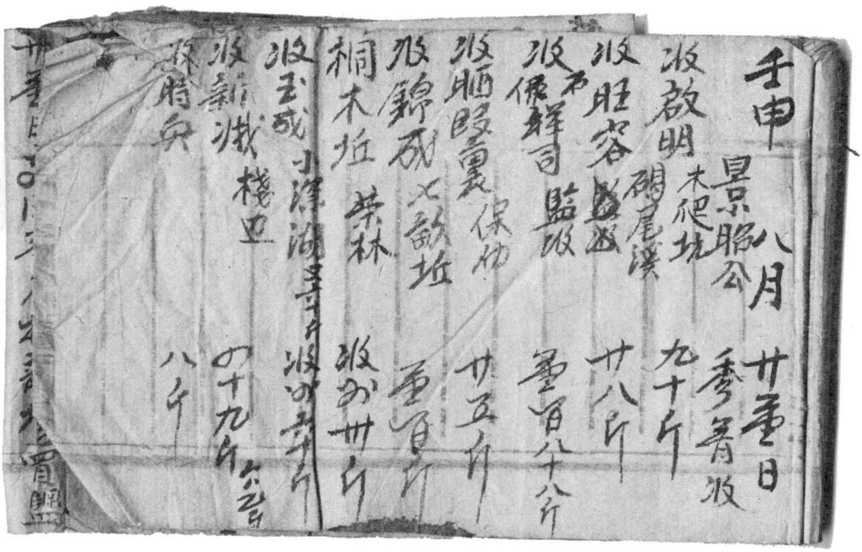

段莘乡东山村 1-42 · 流水账 · 江秀青流水支账

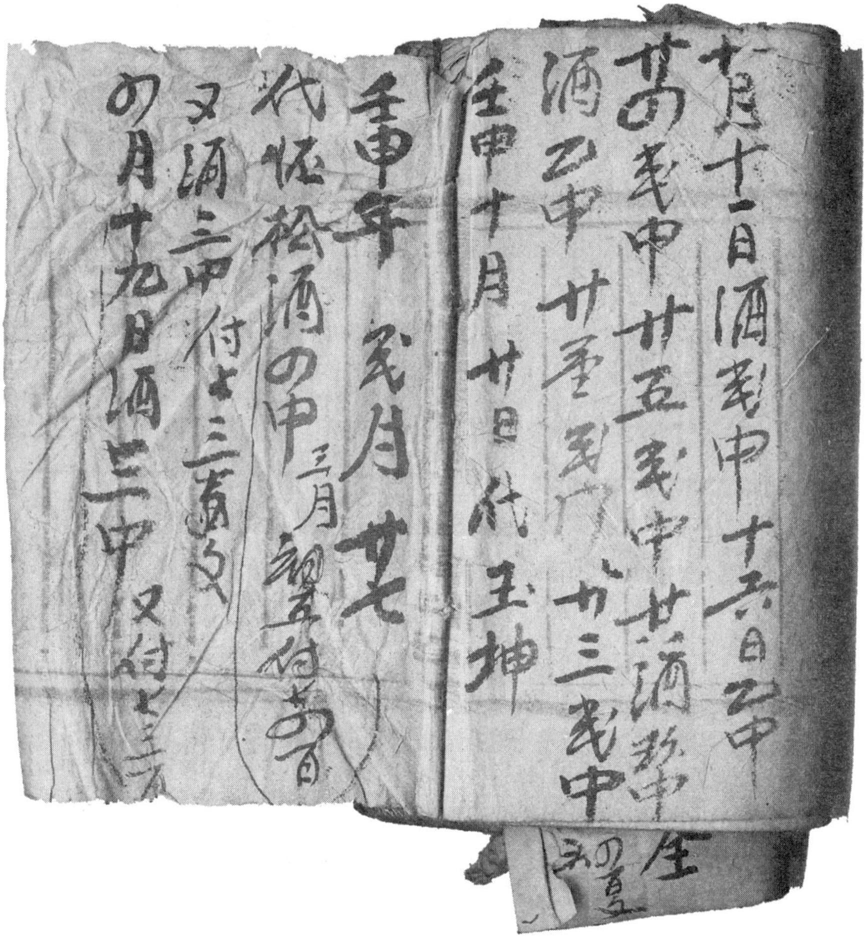

段莘乡东山村 1-43 · 流水账 · 江秀青流水支账

段莘乡官坑村 1—12

段莘乡官坑村 4-1 · 同治元年 · 书信活套簿 · 裘烈坤记

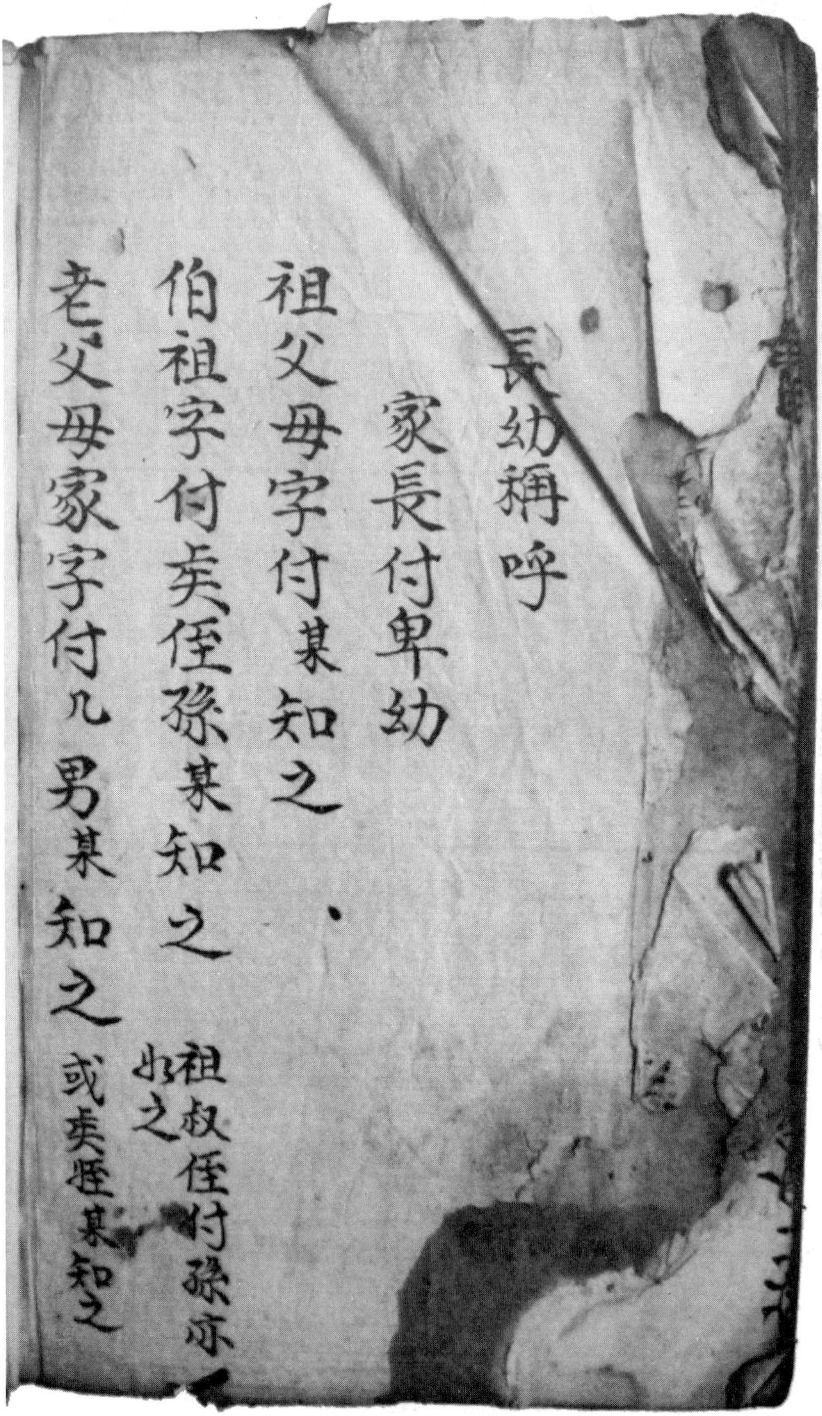

長幼稱呼

家長付卑幼

祖父母字付某知之

伯祖字付矣侄孫某知之

祖叔侄付孫亦以之

老父母家字付几男某知之

或矣姪某知之

段莘乡官坑村 4-2 · 同治元年 · 书信活套簿 · 裘烈坤记

同治元年春鎸

増訂見心集大全

江星大和堂藏板

見心集大全目錄
家書信語·第三卷
曾孫寄祖
又寄
孫外寄祖
又寄
祖家寄孫
又字寄付
又寄
祖序寄孫

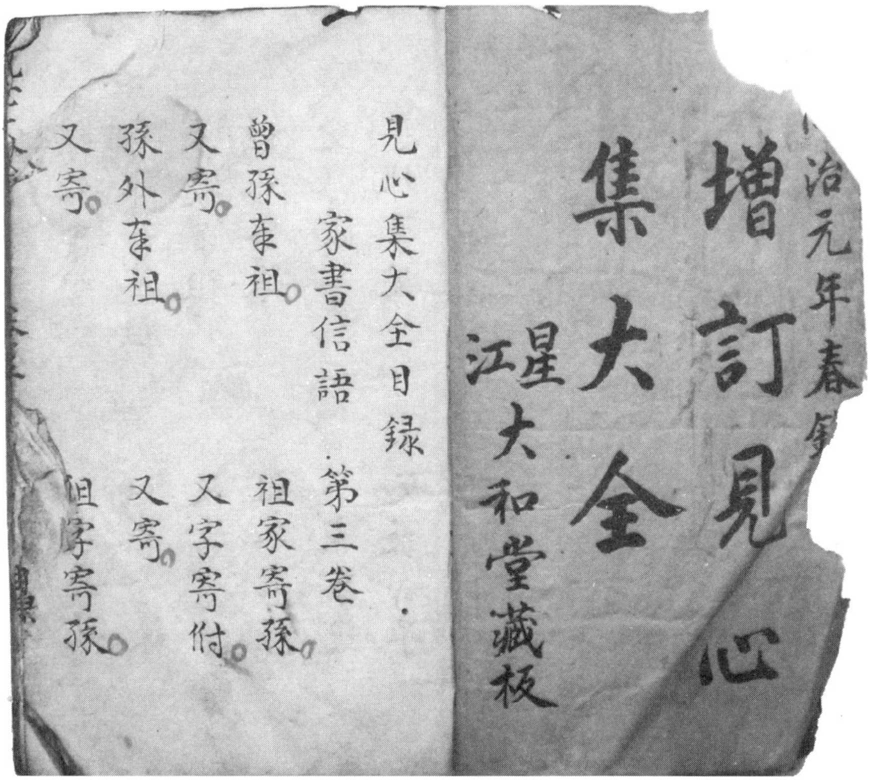

段莘乡官坑村 4-3·同治元年·书信活套簿·裘烈坤记

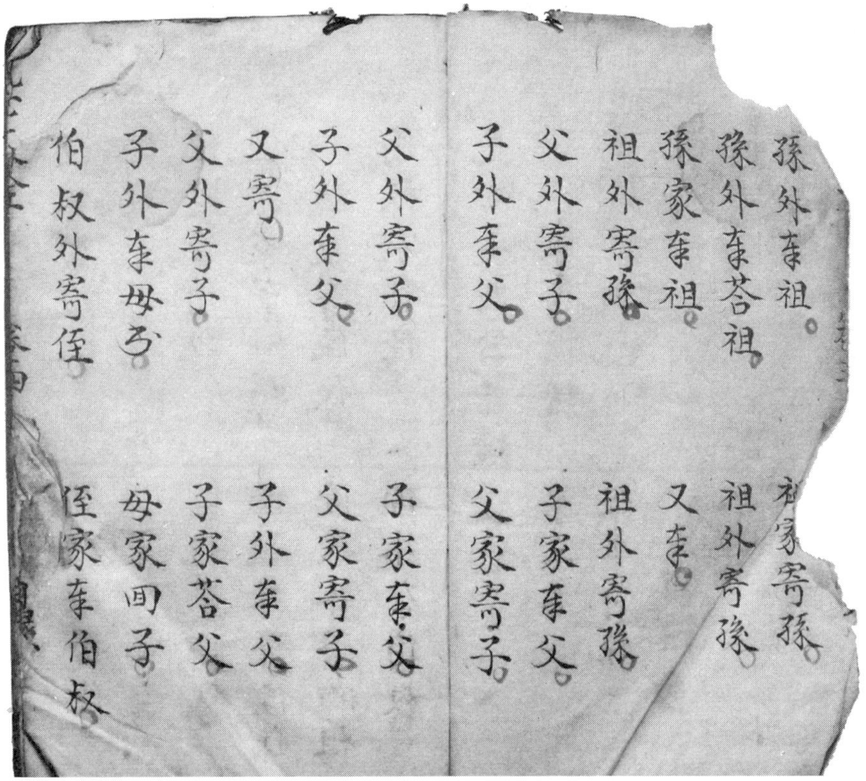
孫外奉祖
孫外奉答祖
孫家奉祖
祖外寄孫
父外寄子
子外奉父
祖家寄孫
祖外寄孫
又奉
祖外寄孫
子家奉父
父家寄子
父外寄子
子外奉父
又寄
父外寄子
子外奉母答
伯叔外寄侄
子家奉父
父家寄子
子外奉父
子家答父
母家回子
侄家奉伯叔

段莘乡官坑村 4-4 · 同治元年 · 书信活套簿 · 裘烈坤记

侄外寄伯叔。　伯叔家荅侄。
伯叔家寄侄。　侄外寄伯叔。
侄家寄伯叔。　伯叔外寄侄。
侄孙家寄䎸祖。䎸祖外荅侄孙。
䎸祖家寄侄孙。侄孙外荅䎸祖。
伯叔家寄侄。　侄外荅伯叔。
伯叔外寄侄。　侄家荅伯叔。
子外寄父。　　祖外寄孙。
孙家荅祖。　　孙外寄祖母。
祖母家寄孙。　孙外荅祖母。
孙外荅祖母。　父母嘱儿信。

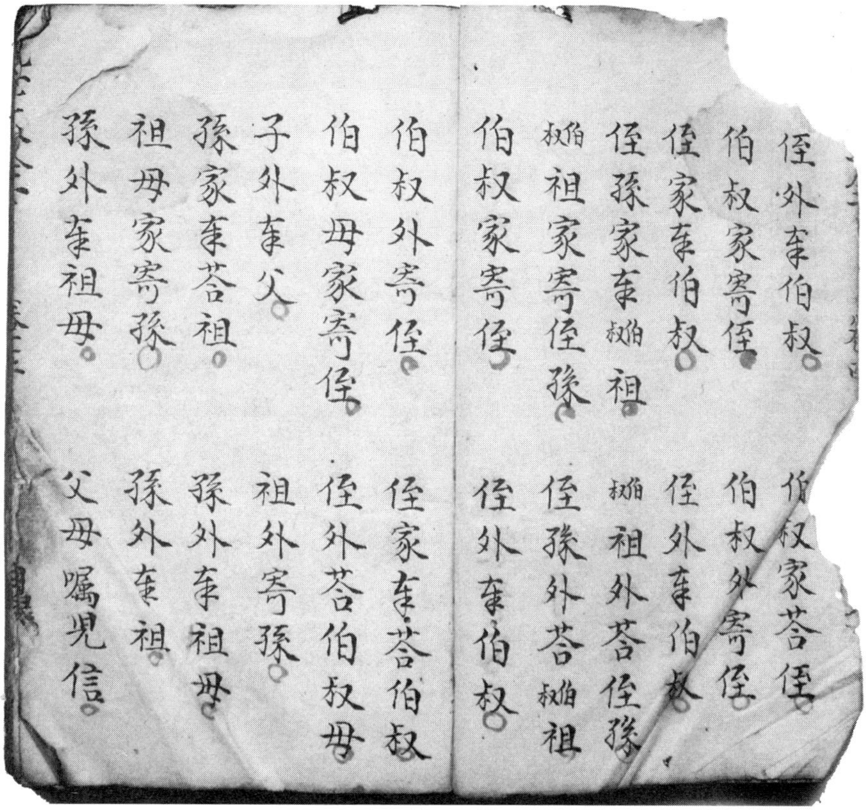

母家寄子
母家寄女
母家寄子
兄外寄弟
弟外奉兄
子外答母
女外奉答母
子外奉母
子外奉母
弟家答兄
兄家答弟
弟外寄兄
兄外寄弟
兄外寄弟
弟外奉兄
夫外寄妻
妻家寄夫
兄家答弟
弟家答兄
弟家答兄
兄家寄弟
妻家答夫
夫外答妻

段莘乡官坑村 4-6 · 同治元年 · 书信活套簿 · 裘烈坤记

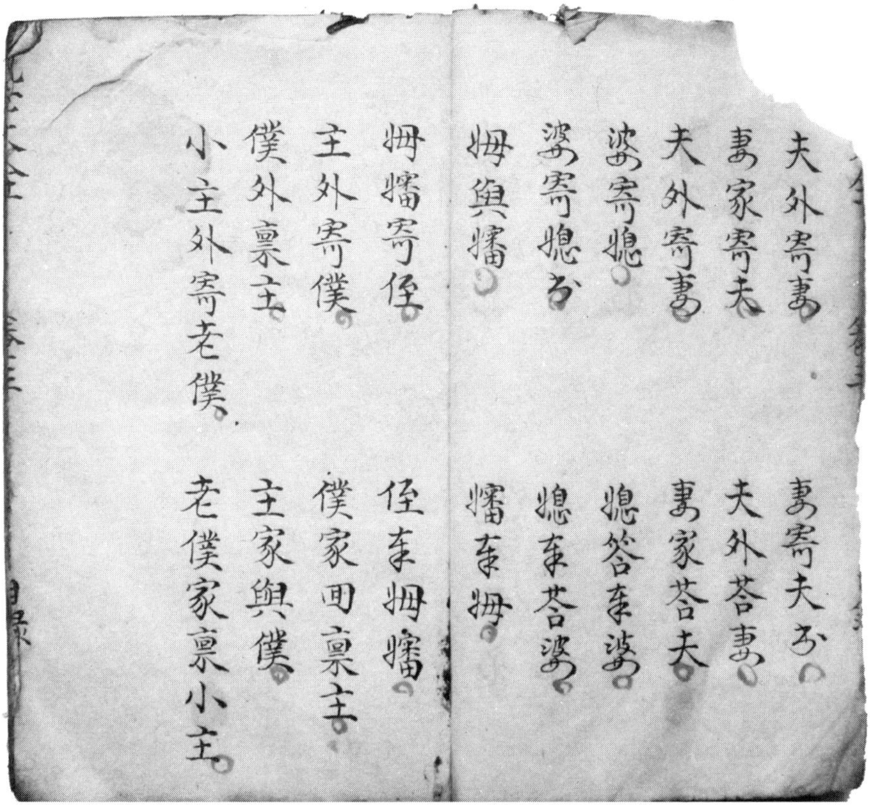

夫外寄妻　妻寄夫书
妻家寄夫　夫外答妻
夫外寄妻　妻家答夫
婆寄媳　媳答来婆
婆寄媳书　媳来答婆
姆与婶　婶来姆
姆婶寄侄　侄来姆婶
主外寄仆　仆家回禀主
仆外禀主　主家与仆
小主外寄老仆　老仆家禀小主

段莘乡官坑村 4-7 · 同治元年 · 书信活套簿 · 裘烈坤记

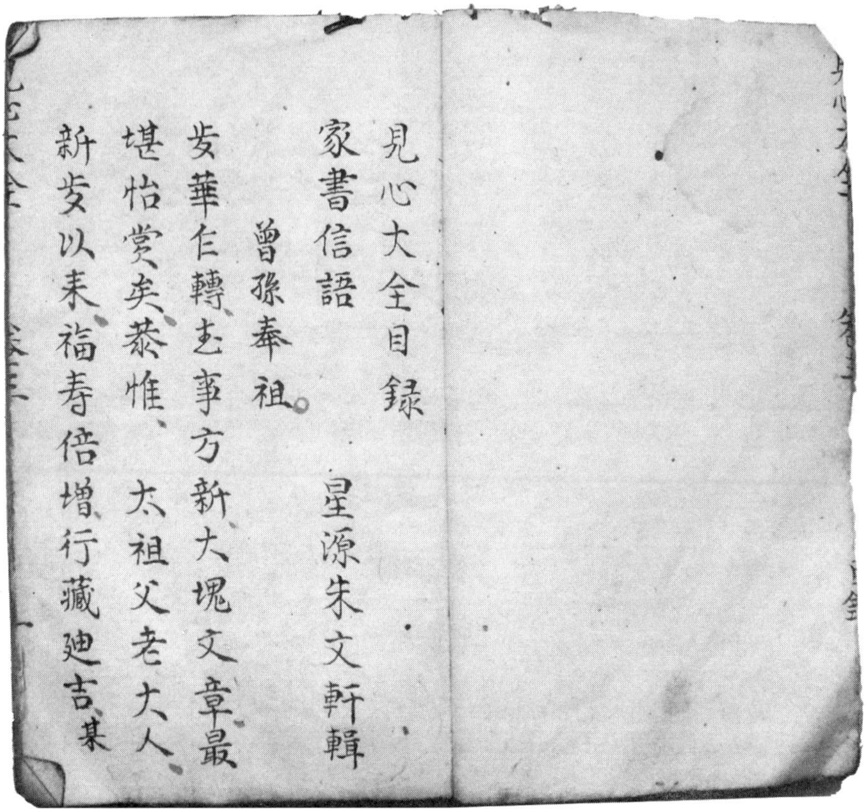
見心大全目録

家書信語　　星源朱文軒輯

曾孫奉祖

歲華乍轉歲事方新大塊文章最

堪怡賞矣恭惟　太祖父老大人

新歲以來福壽倍增行藏廸吉某

段莘乡官坑村 4-8 · 同治元年 · 书信活套簿 · 裘烈坤记

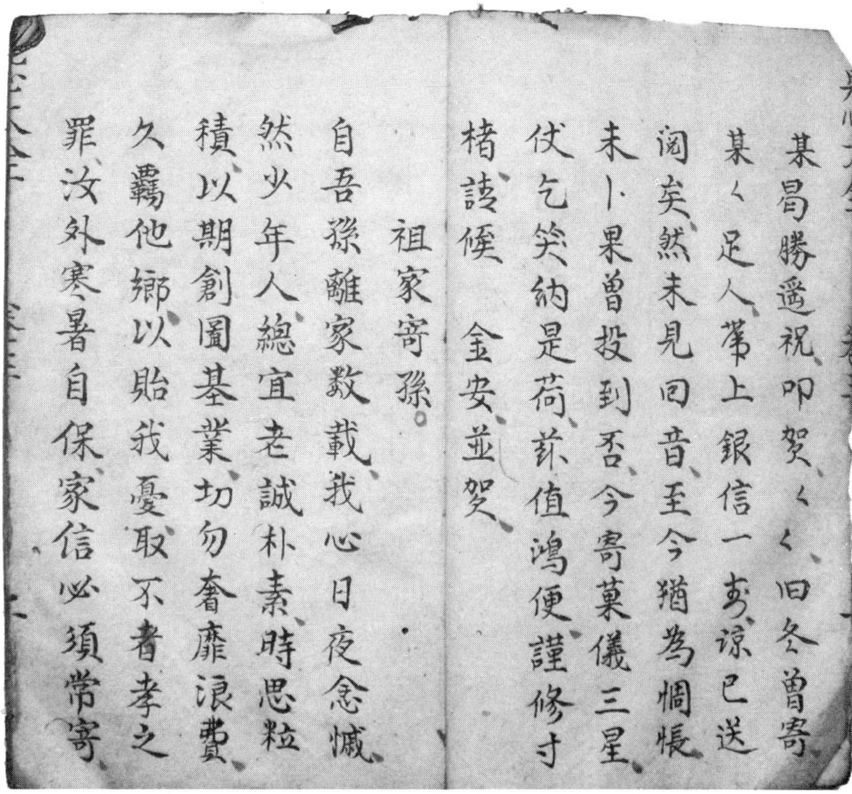

某曷勝遥祝叩賀〻〻旧冬曾寄
某〻足人苐上銀信一封諒已送
閲矣然未見回音至今猶為惆悵
未卜果曾投到否今寄菓儀三星
伏乞笑納是荷茲值鴻便謹修寸
楮請候 金安並賀

祖家寄孫。
自吾孫離家數載我心日夜念憾
然少年人總宜老誠朴素時思粒
積以期創圖基業切勿奢靡浪費
久羈他鄉以貽我憂取不耆孝之
罪汝外寒暑自保家信必須常寄

段莘乡官坑村 4-9 · 同治元年 · 书信活套簿 · 裘烈坤记

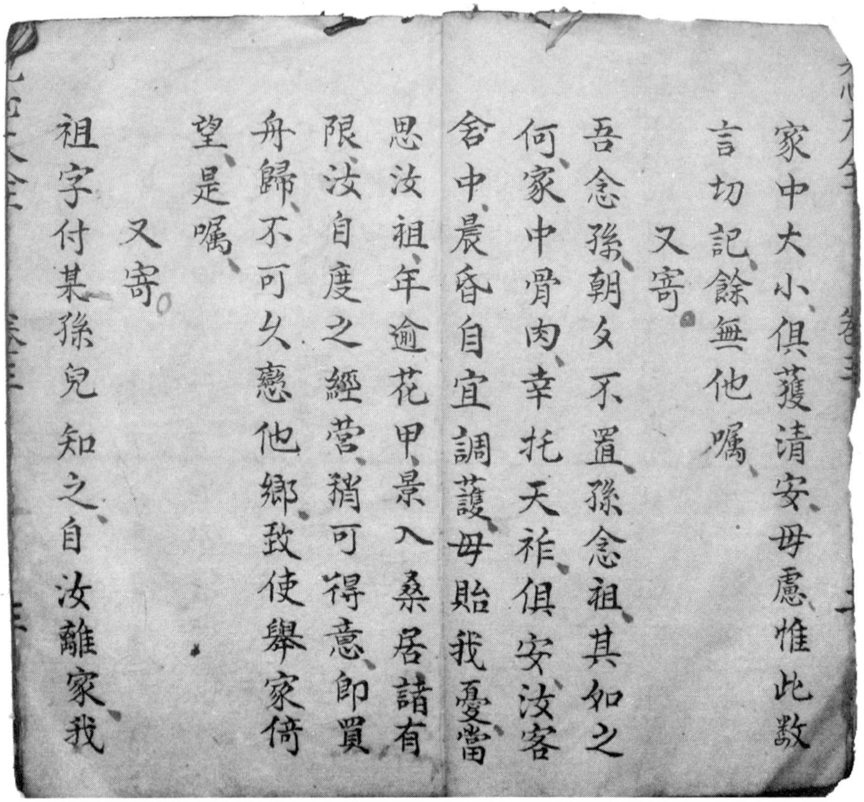
家中大小俱獲清安毋慮惟此數
言切記餘無他囑
又寄
吾念孫朝夕不置孫念祖其知之
何家中骨肉幸托天祚俱安汝客
舍中晨昏自宜調護毋貽我憂當
思汝祖年逾花甲景入桑居諸有
限汝自度之經營稍可得意卽買
舟歸不可久戀他鄉致使舉家倚
望是囑
又寄
祖字付某孫兒 知之自汝離家我

段莘乡官坑村 4-10 · 同治元年 · 书信活套簿 · 裘烈坤记

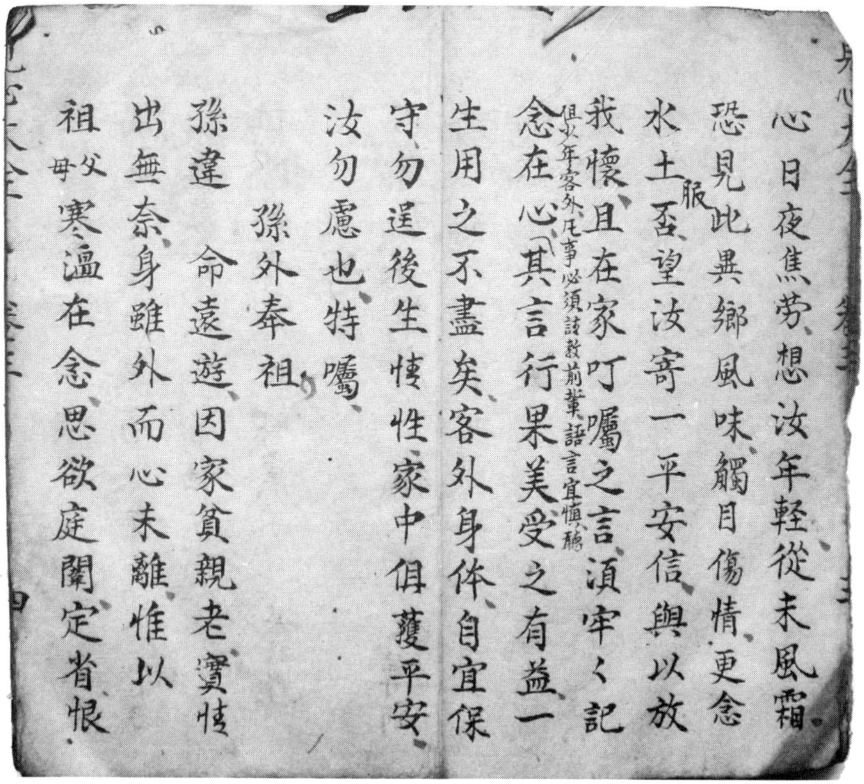

心日夜焦劳想汝年輕從未風霜
恐見此異鄉風味觸目傷情更念
水土服否望汝寄一平安信與以放
我懷且在家叮囑之言須牢牢記
念在心其言行果美受之有益一
但出年客外凡事必須請教前輩語言宜慎聽
生用之不盡矣客外身体自宜保
守勿逞後生情性家中俱獲平安
汝勿慮也特囑
孫外奉祖
孫違命遠遊因家貧親老實情
出無奈身雖外而心未離惟以
祖父母寒溫在念思欲庭闈定省恨

段莘乡官坑村 4-11 · 同治元年 · 书信活套簿 · 裘烈坤记

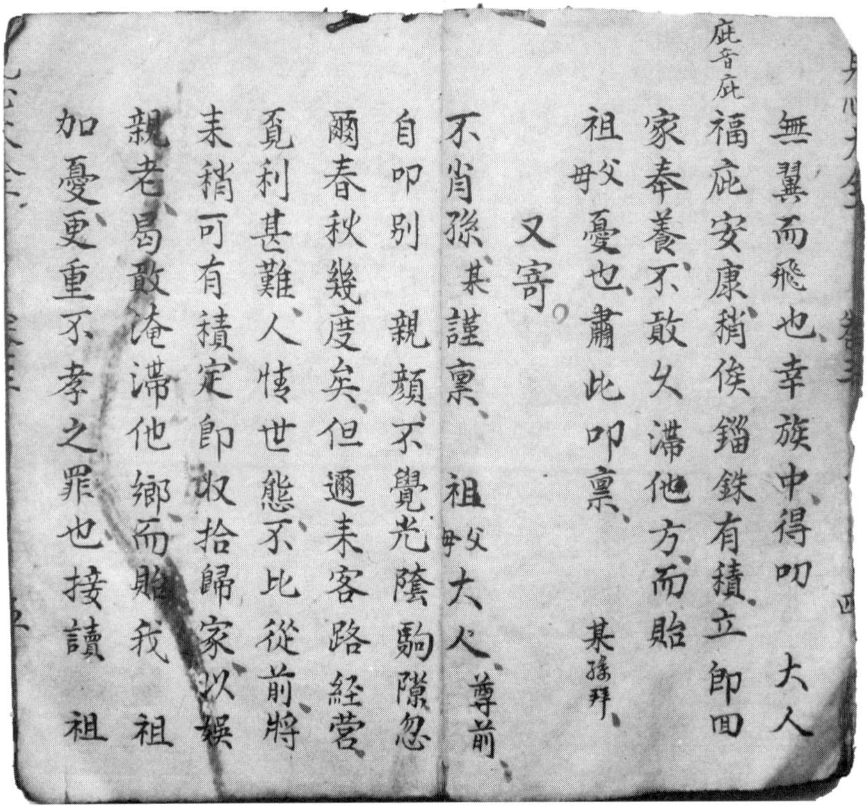
無翼而飛也幸旋中得叨 大人
福庇安康稍俟錙銖有積立即回
（庇音庇）
家奉養不敢久滯他方而貽
祖父母憂也肅此叩稟　某孫拜
又寄
不肖孫某謹稟 祖父母大人尊前
自叩別 親顔不覺光陰駒隙忽
爾春秋幾度矣但適來客路經营
覔利甚難人情世態不比從前將
來稍可有積定即收拾歸家以娛
親老曷敢淹滯他鄉而貽我 祖
加憂更重不孝之罪也接讀 祖

段莘乡官坑村 4-12 · 同治元年 · 书信活套簿 · 裘烈坤记

示合家幸叨天眷俱賴康寧為慰
至於某事萬乞 祖父籌示前某
人帶回之銀諒已收明不盡之言
統容再叩 某孫拜
又寄
孫於某日拜别赴粵一路欣叨
大人福曜水陸俱護平安於某日
到地得晤某翁頗承関照行止俱
蒙指示力薦孫於某署賓主可稱
面奢而得宜面東道亦知我貧士承其每
云將來致薦于藩司署矣孫所求
放心者惟我 祖寒暄不能晨夕

段莘乡官坑村 4-13 · 同治元年 · 书信活套簿 · 裘烈坤记

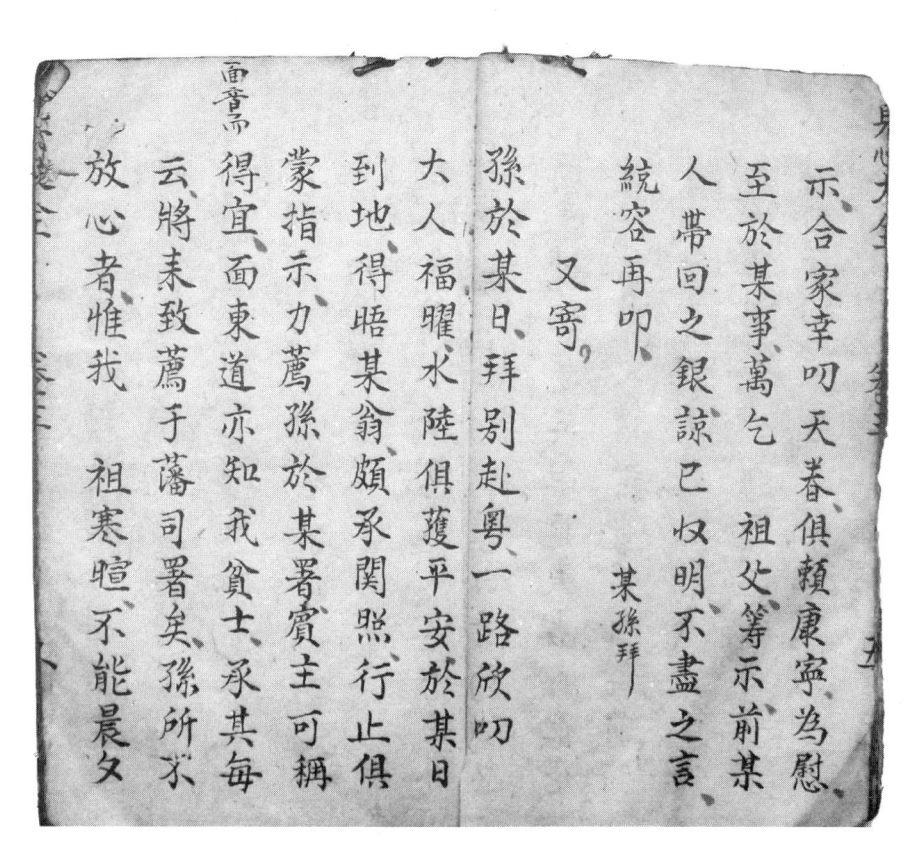

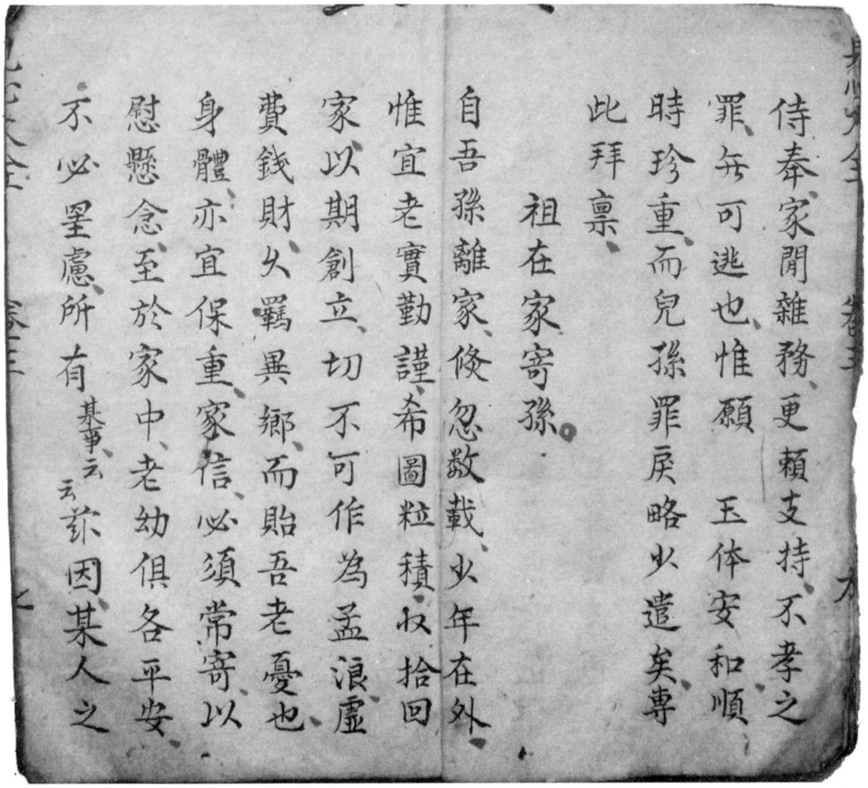
侍奉家間雜務更賴支持不孝之
罪無可逃也惟願　玉体安和順
時珍重而兒孫罪戾略少遣矣專
此拜禀
　祖在家寄孫
自吾孫離家倏忽數載少年在外
惟宜老實勤謹希圖粒積收拾回
家以期創立切不可作為孟浪虛
費錢財久羈異鄉而貽吾老憂也
身體亦宜保重家信必須常寄以
慰懸念至於家中老幼俱各平安
不必罣慮所有某事云云祈因某人之

段莘乡官坑村 4-14 · 同治元年 · 书信活套簿 · 裘烈坤记

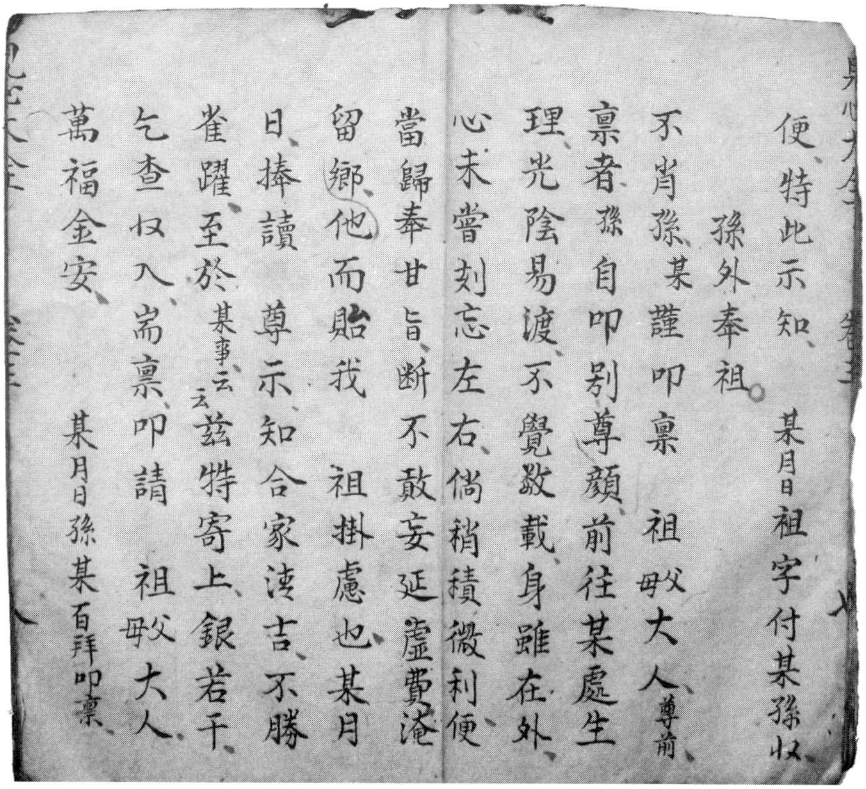

便特此示知 某月日 祖字付某孫收

孫外奉祖

不肖孫某謹叩稟 祖父母大人尊前

稟者孫自叩别尊顔前往某處生理光陰易渡不覺数載身雖在外心未嘗刻忘左右倘稍積微利便當歸奉甘旨断不敢妄延虛費淹留鄉他而貽我 祖掛慮也某月日捧讀 尊示知合家清吉不勝雀躍至於某事云云茲特寄上銀若干乞查収入崙稟叩請 祖父母大人萬福金安

某月日孫某百拜叩稟

段莘乡官坑村 4-15 · 同治元年 · 书信活套簿 · 裘烈坤记

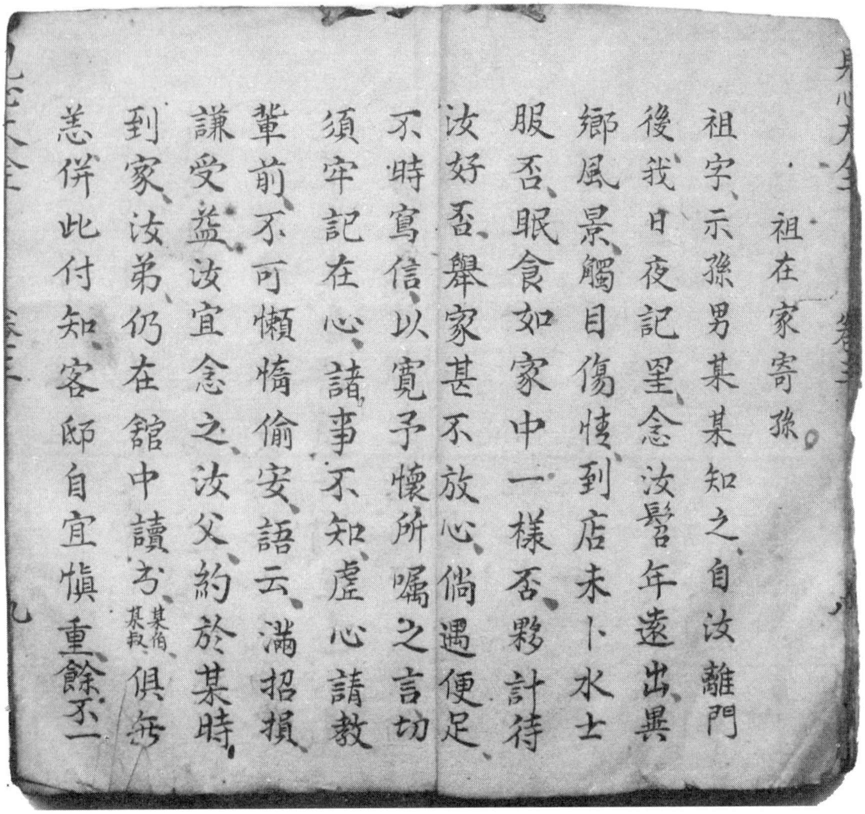
祖在家寄孫
祖字示孫男某某知之自汝離門後我日夜記罣念汝髫年遠出異鄉風景觸目傷悽到店未卜水土服否眠食如家中一樣否夥計待汝好否舉家甚不放心倘遇便足不時寫信以寬予懷所囑之言切須牢記在心諸事不知虛心請教輩前不可懶惰偷安語云滿招損謙受益汝宜念之汝父約於某時到家汝弟仍在館中讀书某伯某叔俱無恙併此付知客邸自宜慎重餘不一

段莘乡官坑村 4-16 · 同治元年 · 书信活套簿 · 裘烈坤记

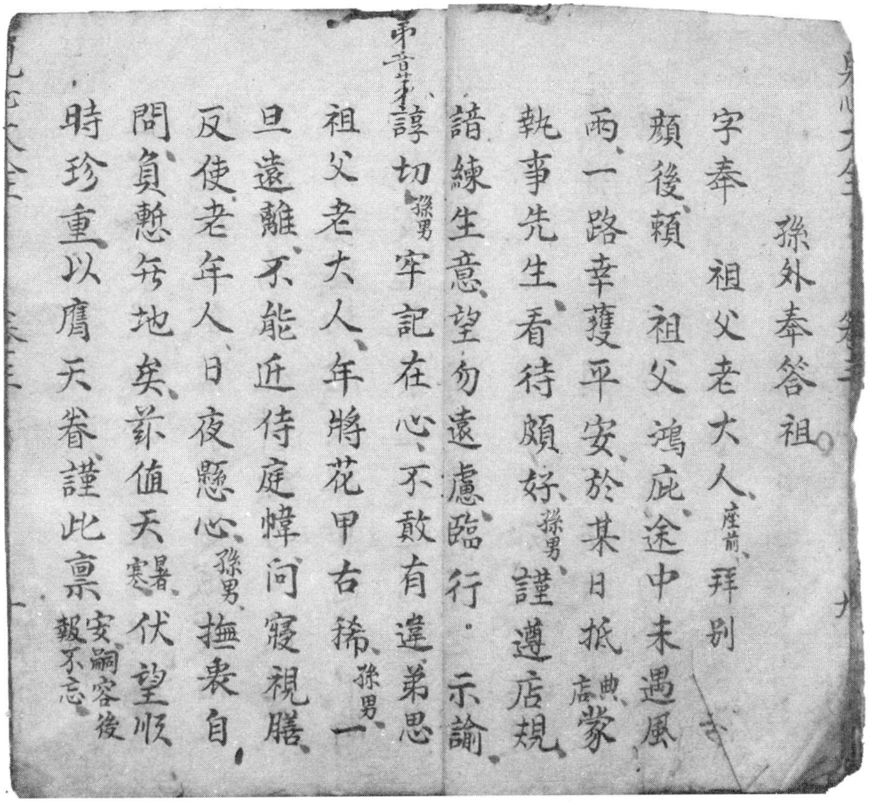

孫外奉答祖
字奉 祖父老大人座前、拜别
顏後頓 祖父鴻庇途中未遇風
雨、一路幸獲平安、於某日抵典店、蒙
執事先生看待頗好、孫男、謹遵店規、
諳練生意、望勿遠慮、臨行・示諭
諄切、孫男 牢記在心、不敢有違、弟思
祖父老大人年將花甲古稀、孫男 一
旦遠離、不能近侍庭幃、问寢視膳、
反使老年人日夜懸心、孫男 撫衷自
問、負慙無地矣、茲值天寒暑、伏望順
時珍重、以膺天眷、謹此稟安、嗣容後報不忘

段莘乡官坑村 4-17 · 同治元年 · 书信活套簿 · 裘烈坤记

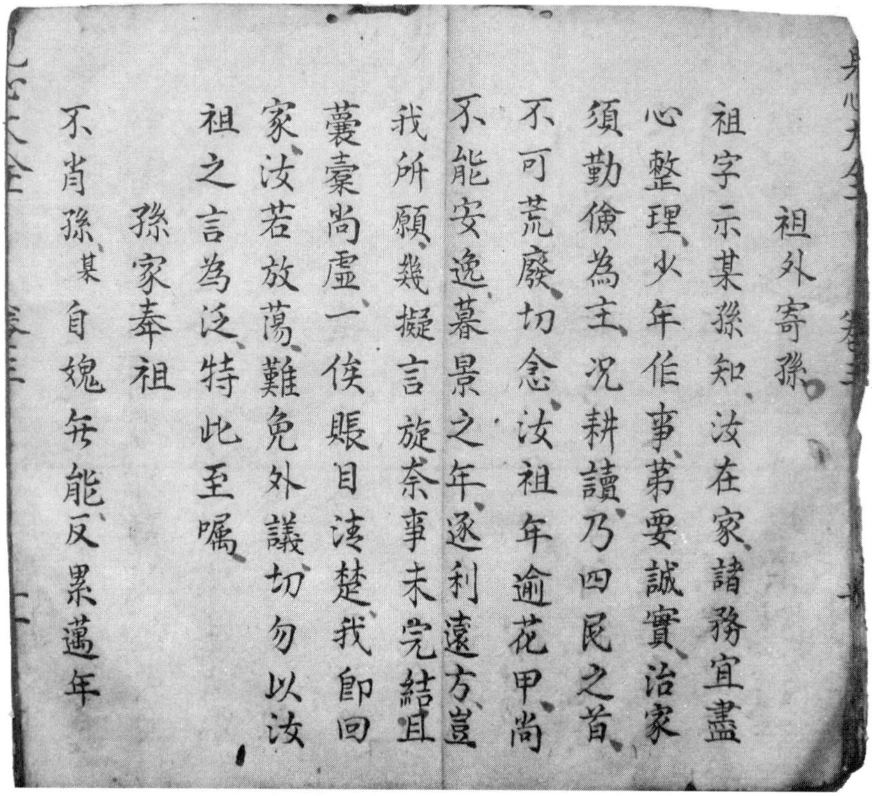

祖外寄孫

祖字示某孫知汝在家諸務宜盡
心整理少年作事苐要誠實治家
須勤儉為主況耕讀乃四民之首
不可荒廢切念汝祖年逾花甲尚
不能安逸暮景之年逐利遠方豈
我所願幾擬言旋奈事未完結且
囊橐尚虛一俟賬目清楚我即回
家汝若放蕩難免外議切勿以汝
祖之言為泛特此至囑

孫家奉祖

不肖孫某自媿無能反累邁年

段莘乡官坑村 4-18 · 同治元年 · 书信活套簿 · 裘烈坤记

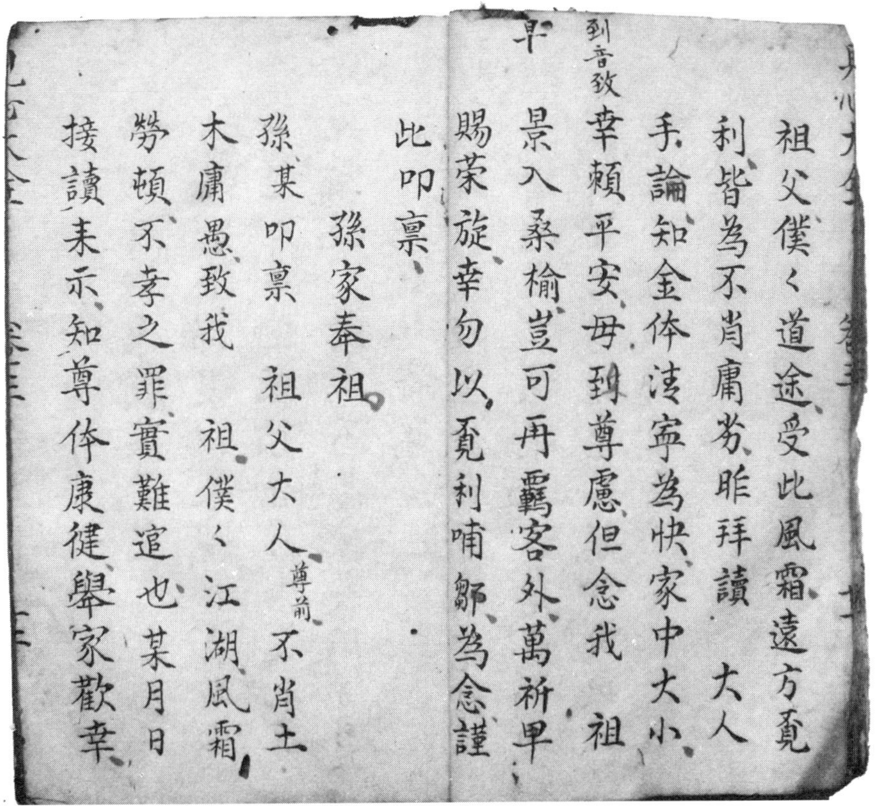
祖父僕〻道途受此風霜遠方覔
利皆為不肖庸劣非拜讀 大人
手諭知金体清寧為快家中大小
到音致幸賴平安毋勞尊慮但念我 祖
早景入桑榆豈可再羈客外萬祈早
賜榮旋幸勿以覔利哺餬為念謹
此叩禀
孫家奉祖
孫某叩禀 祖父大人尊前 不肖土
木庸愚致我 祖僕〻江湖風霜
勞頓不孝之罪實難逭也某月日
接讀來示知尊体康健舉家歡幸

段莘乡官坑村 4-19 · 同治元年 · 书信活套簿 · 裘烈坤记

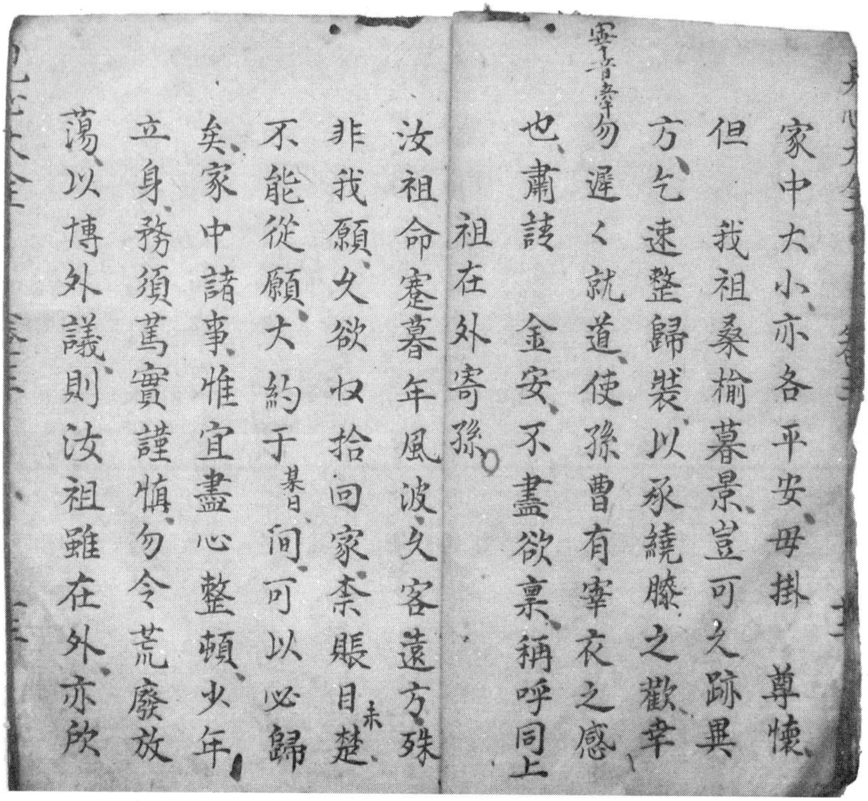

家中大小亦各平安毋掛 尊懐
但 我祖桑榆暮景豈可久跡異
方乞速整歸裝以承繞膝之歡幸
寧〻音牽勿遲〻就道使孫曹有寧衣之感
也肅詩 金安不盡欲稟稱呼同上
祖在外寄孫○
汝祖命蹇暮年風波久客遠方殊
非我願久欲収拾回家柰賬目未楚
不能從願大約于暑間可以必歸
矣家中諸事惟宜盡心整頓少年
立身務須篤實謹慎勿令荒廢放
蕩以博外議則汝祖雖在外亦欣

段莘乡官坑村 4-20 · 同治元年 · 书信活套簿 · 裘烈坤记

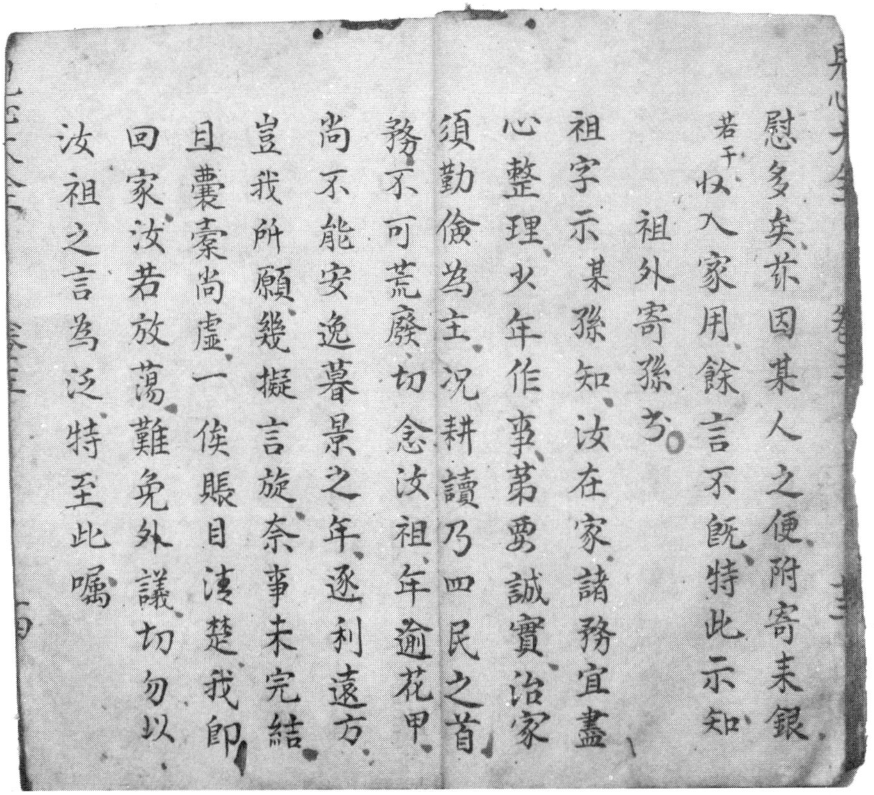
慰多矣茲因某人之便附寄來銀若干收入家用餘言不旣特此示知
祖外寄孫书
祖字示某孫知汝在家諸務宜盡心整理少年作事第要誠實治家須勤儉為主況耕讀乃四民之首務不可荒廢切念汝祖年逾花甲尚不能安逸暮景之年逐利遠方豈我所願幾擬言旋奈事未完結且囊橐尚虛一俟賬目清楚我即回家汝若放蕩難免外議切勿以汝祖之言為泛特至此囑

段莘乡官坑村 4-21 · 同治元年 · 书信活套簿 · 裘烈坤记

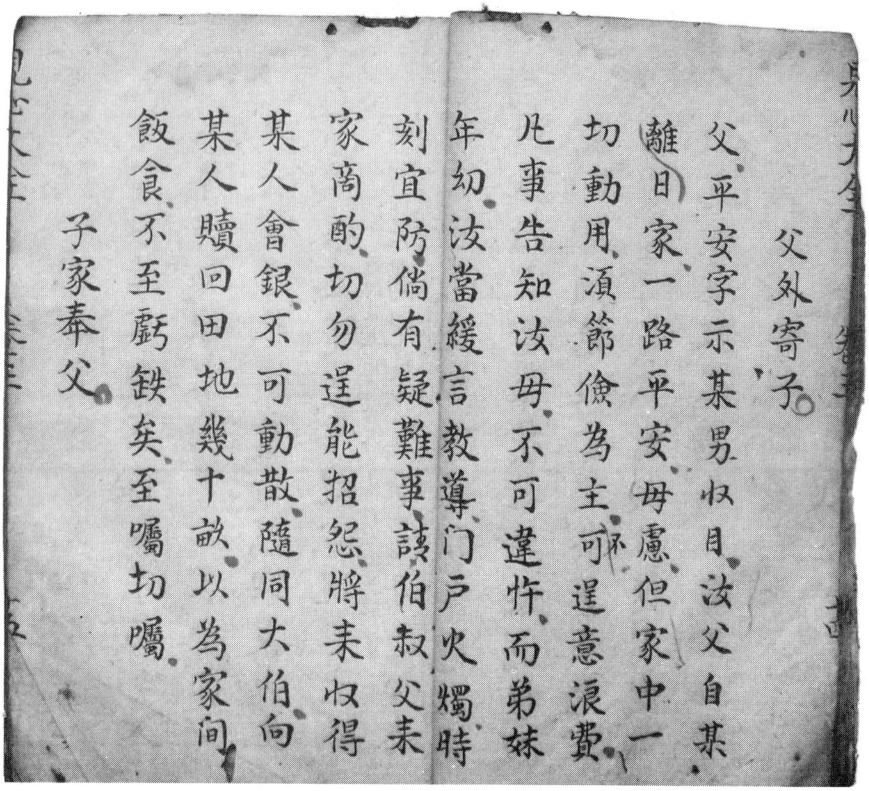
父外寄子
父平安字示某男收目汝父自某
離日家一路平安毋慮但家中一
切動用須節儉為主可逞意浪費
凡事告知汝母不可違忤而弟妹
年幼汝當緩言教導门户火燭時
刻宜防倘有疑難事請伯叔父来
家商酌切勿逞能招怨將来收得
某人會銀不可動散隨同大伯向
某人贖回田地幾十畝以為家间
飯食不至虧缺矣至囑切囑
子家奉父

段莘乡官坑村 4-22 · 同治元年 · 书信活套簿 · 裘烈坤记

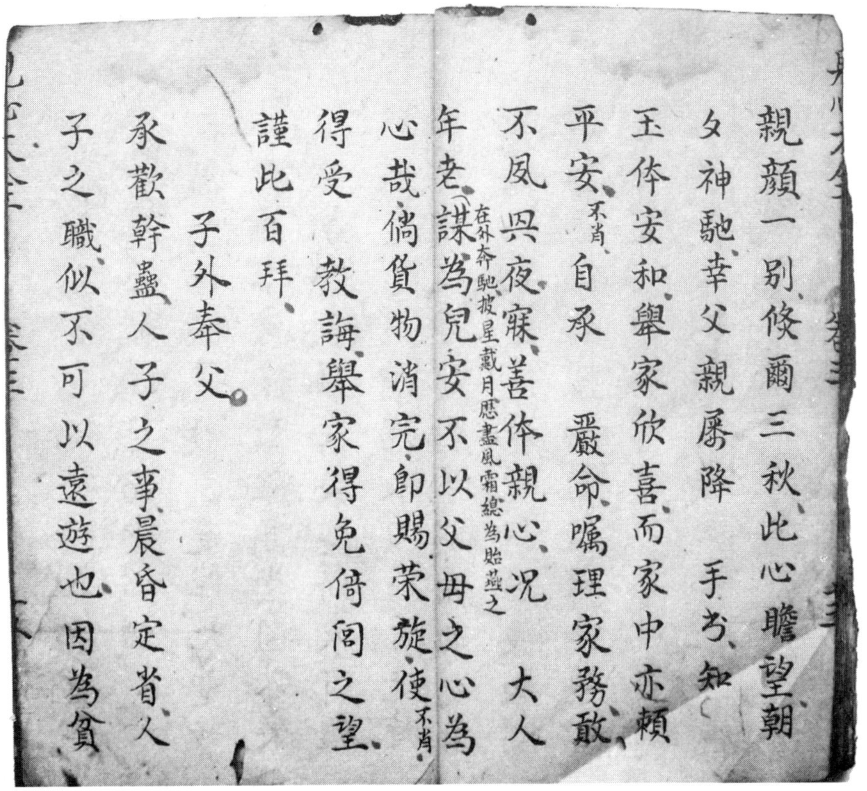
親顏一別倏爾三秋此心瞻望朝
夕神馳幸父親屡降 手书知
玉体安和舉家欣喜而家中亦賴
平安不肖自承 嚴命囑理家務敢
不夙興夜寐善体親心況 大人
年老在外奔馳披星戴月歷盡風霜總為貽燕之謀為兒安不以父母之心為
心哉倘貨物消完即賜荣旋使不肖
得受 教誨舉家得免倚閭之望
謹此百拜
子外奉父
承歡幹蠱人子之事晨昏定省人
子之職似不可以遠遊也因為貧

段莘乡官坑村 4-23 · 同治元年 · 书信活套簿 · 裘烈坤记

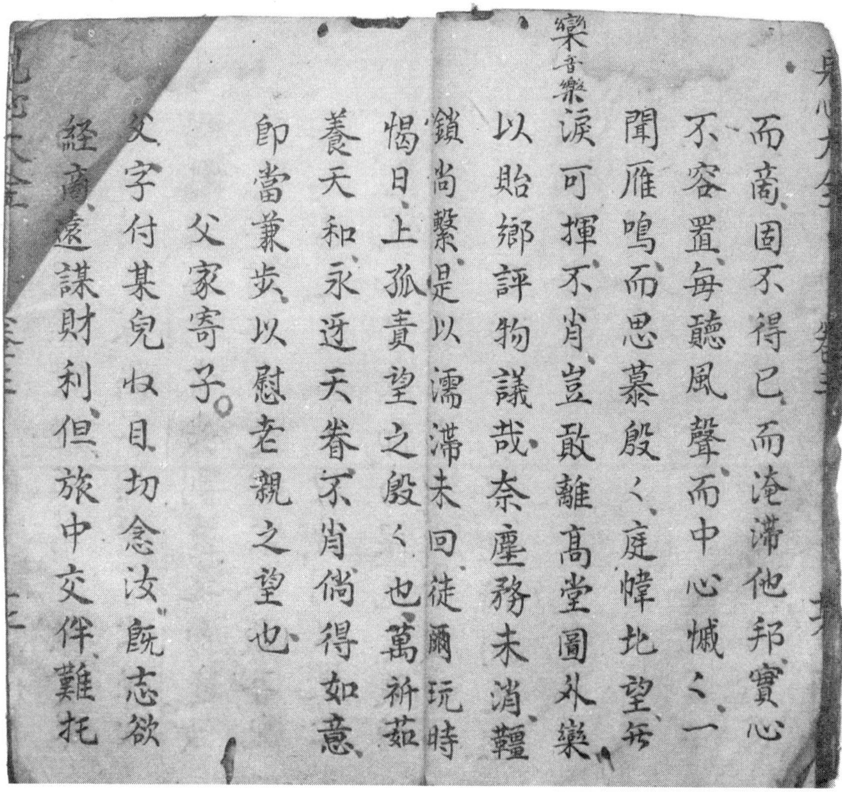

樂音樂

而商固不得已而淹滯他邦實心不容置每聽風聲而中心慽〻一聞雁鳴而思慕殷〻庭幃北望無淚可揮不肖豈敢離高堂圖外樂以貽鄉評物議哉奈塵務未消韁鎖尚繫是以濡滯未回徒爾玩時愒日上孤責望之殷〻也萬祈茹養天和永迓天眷不肖倘得如意即當兼歨以慰老親之望也

父家寄子。

父字付某兒收目切念汝既志欲經商遠謀財利但旅中交伴難托

段莘乡官坑村 4-24 · 同治元年 · 书信活套簿 · 裘烈坤记

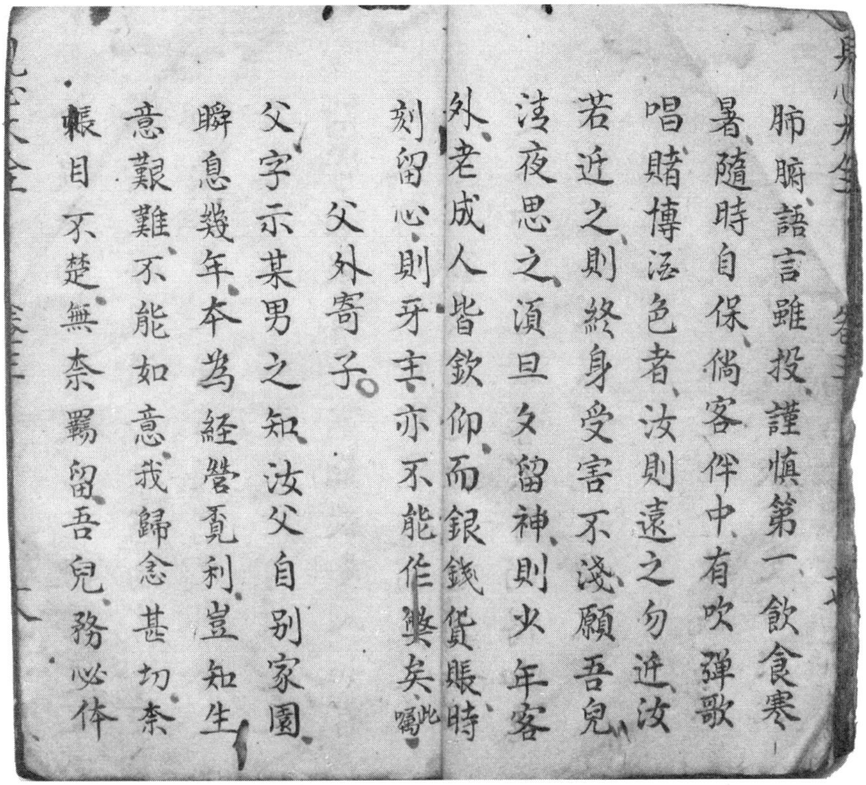
肺腑語言雖投謹慎第一飲食寒
暑隨時自保倘客伴中有吹彈歌
唱賭博淫色者汝則遠之勿近汝
若近之則終身受害不淺願吾兒
清夜思之須旦夕留神則少年客
外老成人皆欽仰而銀錢貨賬時
刻留心則牙主亦不能作弊矣此囑
父外寄子
父字示某男之知汝父自別家園
瞬息幾年本為經營覓利豈知生
意艱難不能如意我歸念甚切奈
帳目不楚無奈羈留吾兒務必体

段莘乡官坑村 4-25 · 同治元年 · 书信活套簿 · 裘烈坤记

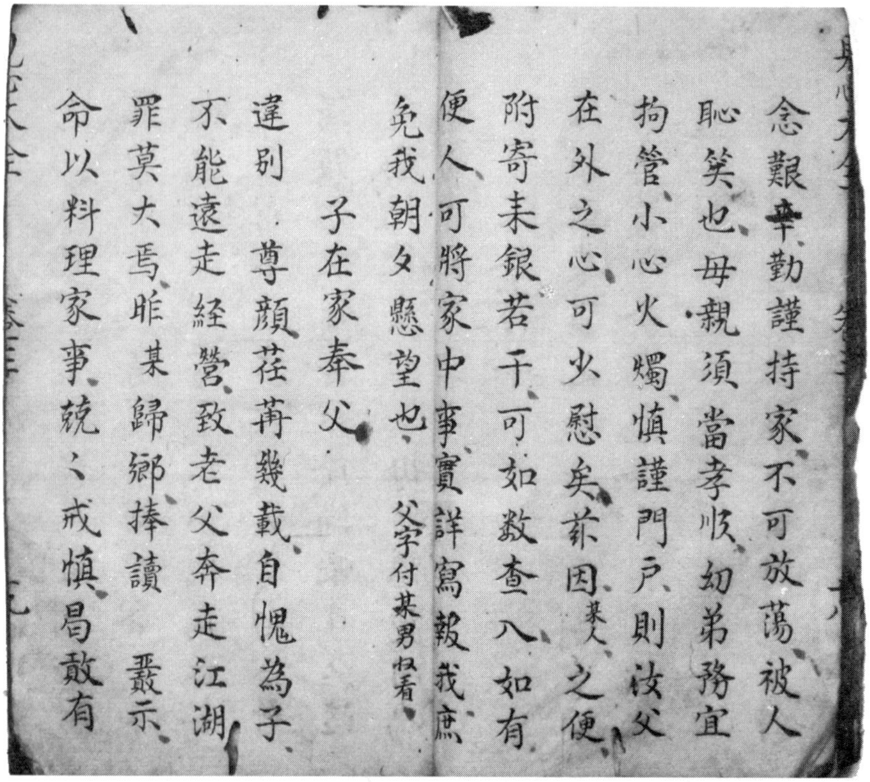
念艱辛勤謹持家不可放蕩被人
恥笑也母親須當孝順幼弟務宜
拘管小心火燭慎謹門戶則汝父
在外之心可少慰矣茲因某人之便
附寄來銀若干可如數查入如有
便人可將家中事實詳寫報我庶
免我朝夕懸望也 父字付某男收看
子在家奉父
違別 尊顏荏苒幾載自愧為子
不能遠走經營致老父奔走江湖
罪莫大焉昨某歸鄉捧讀 嚴示
命以料理家事兢兢戒慎曷敢有

段莘乡官坑村 4-26 · 同治元年 · 书信活套簿 · 裘烈坤记

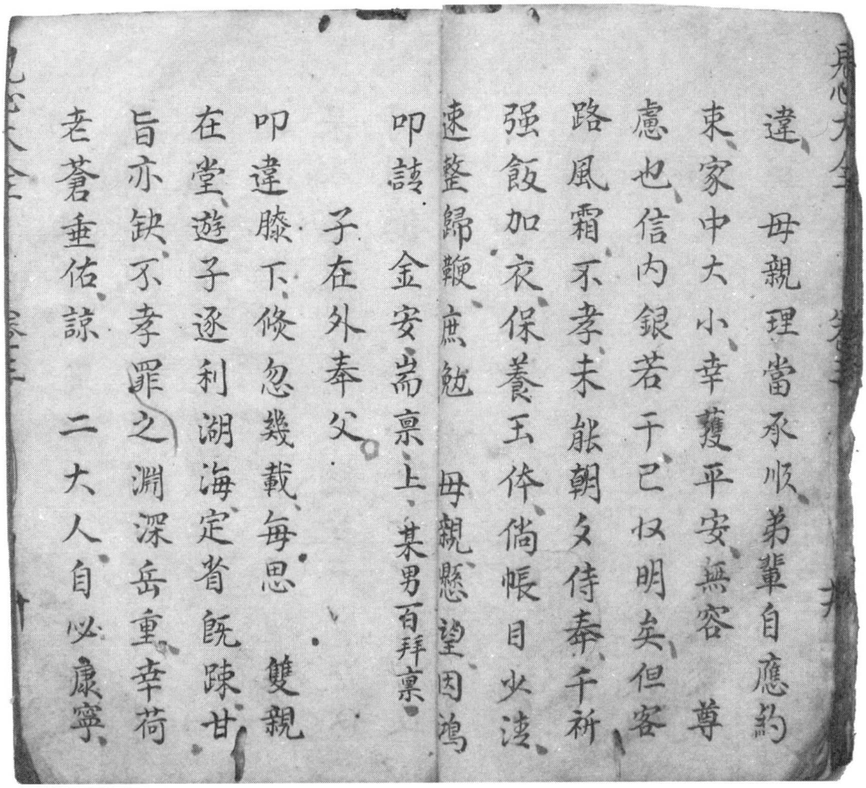

達 母親理當承順弟輩自應約
束家中大小幸獲平安無容尊
慮也信内銀若干已収明矣但客
路風霜不孝未能朝夕侍奉千祈
強飯加衣保養玉体倘悵目火逹
速整歸鞭庶勉 母親懸望因鴻
叩誌 金安端禀上 某男百拜禀
子在外奉父
叩違膝下倏忽幾載每思 雙親
在堂遊子逐利湖海定省既踈甘
旨亦缺不孝罪之淵深岳重幸荷
老蒼垂佑諒 二大人自必康寧

段莘乡官坑村 4-27 · 同治元年 · 书信活套簿 · 裘烈坤记

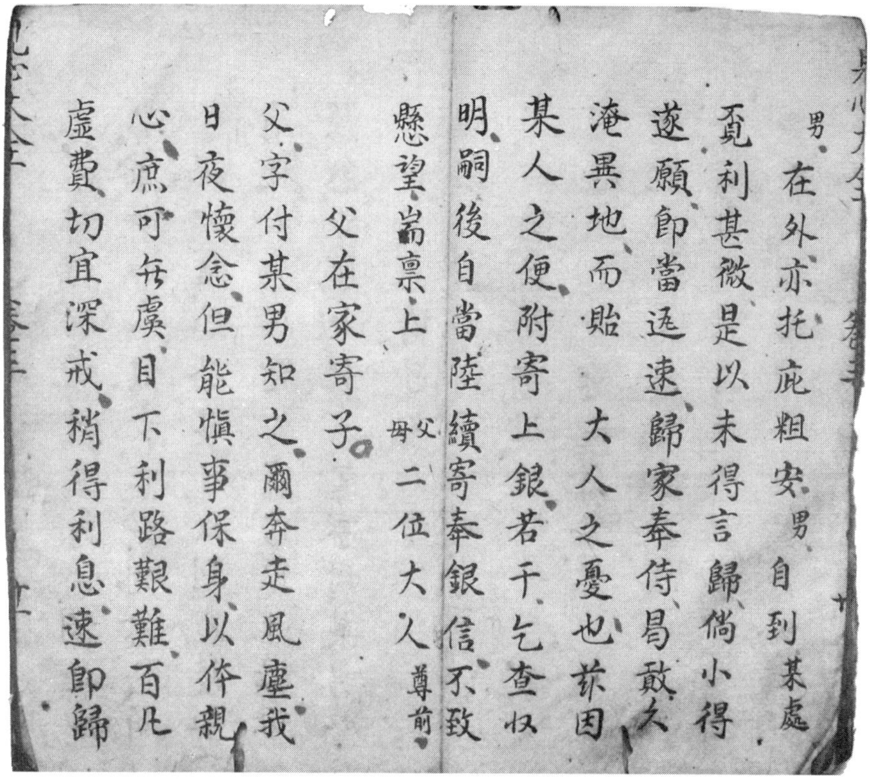

男

在外亦托庇粗安男自到某處覔利甚微是以未得言歸倘小得遂願即當迅速歸家奉侍曷敢久淹異地而貽

大人之憂也茲因某人之便附寄上銀若干乞查收明嗣後自當陸續寄奉銀信不致懸望耑稟上

父母二位大人尊前

父在家寄子

父字付某男知之爾奔走風塵我日夜懷念但能慎事保身以伸親心庶可無虞目下利路艱難百凡虛費切宜深戒稍得利息速即歸

段莘乡官坑村 4-28 · 同治元年 · 书信活套簿 · 裘烈坤记

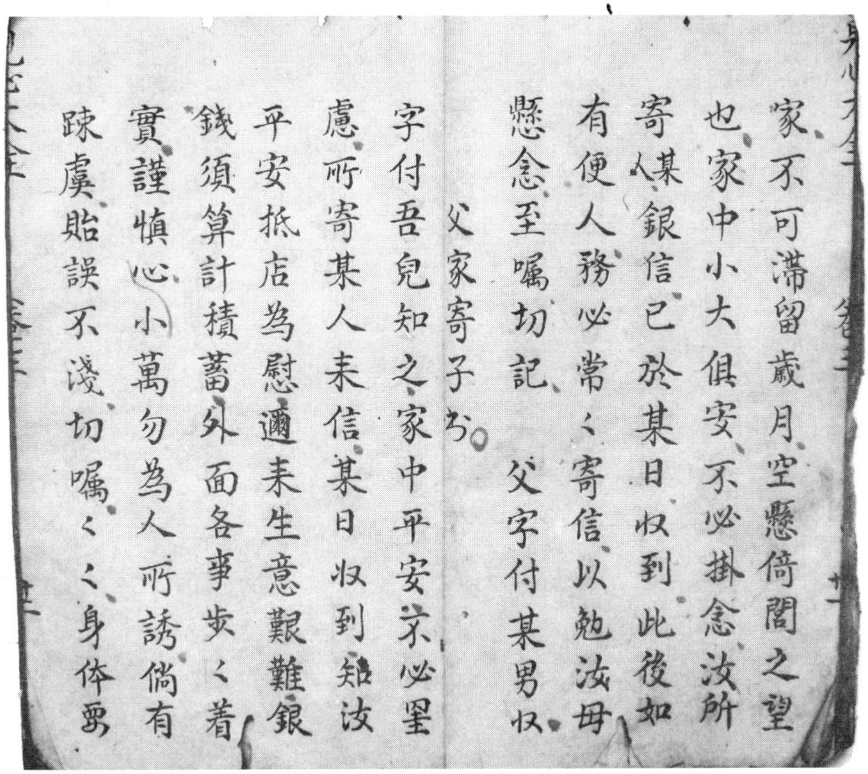
家不可滯留歲月空懸倚閭之望
也家中小大俱安不必掛念汝所
寄人某銀信已於某日収到此後如
有便人務必常々寄信以勉汝母
懸念至囑切記　父字付某男収

父家寄子书

字付吾兒知之家中平安不必罣
慮所寄某人来信某日収到知汝
平安抵店為慰邇来生意艱難銀
錢須算計積蓄外面各事少々着
實謹慎心小萬勿為人所誘倘有
踈虞貽誤不淺切囑々々身体要

段莘乡官坑村 4-29 · 同治元年 · 书信活套簿 · 裘烈坤记

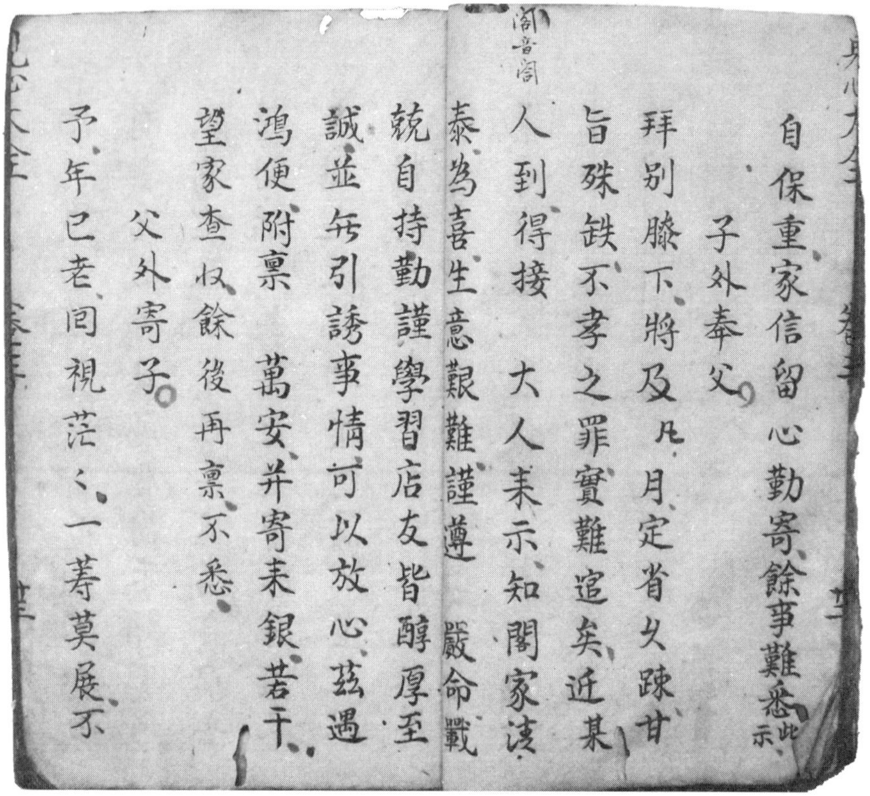
自保重家信留心勤寄餘事難悉此示
子外奉父
拜別膝下將及凡月定省久疎甘
旨殊鉄不孝之罪實難逭矣近某
人到得接　大人来示知闔家清
泰為喜生意艱難謹遵　嚴命戰
兢自持勤謹學習店友皆醇厚至
誠並無引誘事情可以放心茲遇
鴻便附稟　萬安并寄来銀若干
望家查收餘後再稟不悉
父外寄子
予年已老回視茫々一芽莫展不

段莘乡官坑村 4-30 · 同治元年 · 书信活套簿 · 裘烈坤记

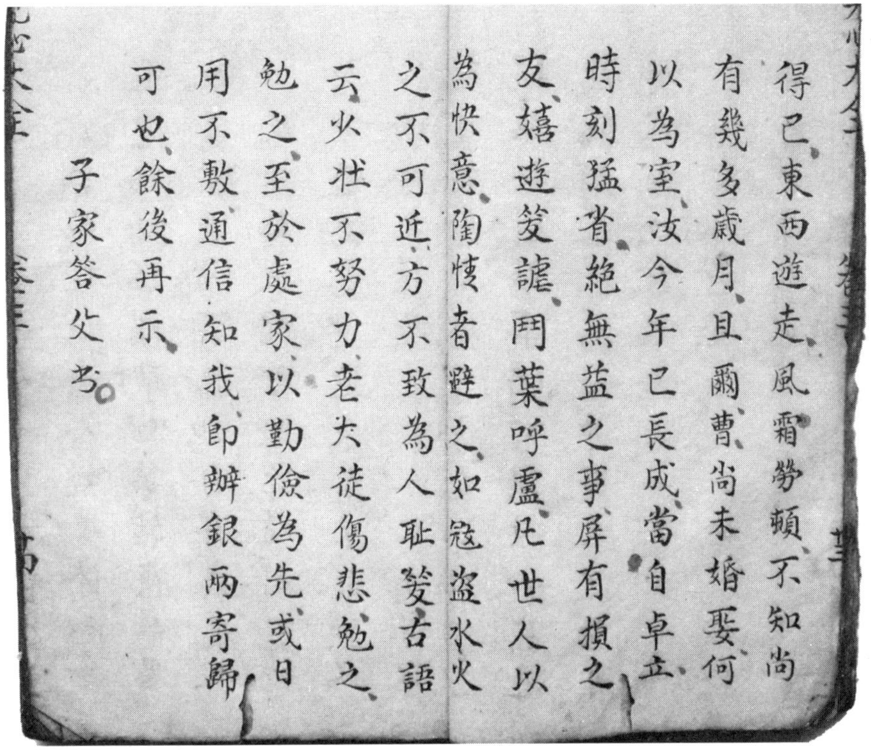
得已東西遊走風霜勞頓不知尚有幾多歲月且爾曹尚未婚娶何以為室汝今年已長成當自卓立時刻猛省絕無益之事屏有損之友嬉遊笑謔鬥葉呼盧凡世人以為快意陶情者避之如寇盜水火之不可近方不致為人恥笑古語云少壯不努力老大徒傷悲勉之勉之至於處家以勤儉為先或日用不敷通信知我即辦銀兩寄歸可也餘後再示

子家答父考

段莘乡官坑村 4-31 · 同治元年 · 书信活套簿 · 裘烈坤记

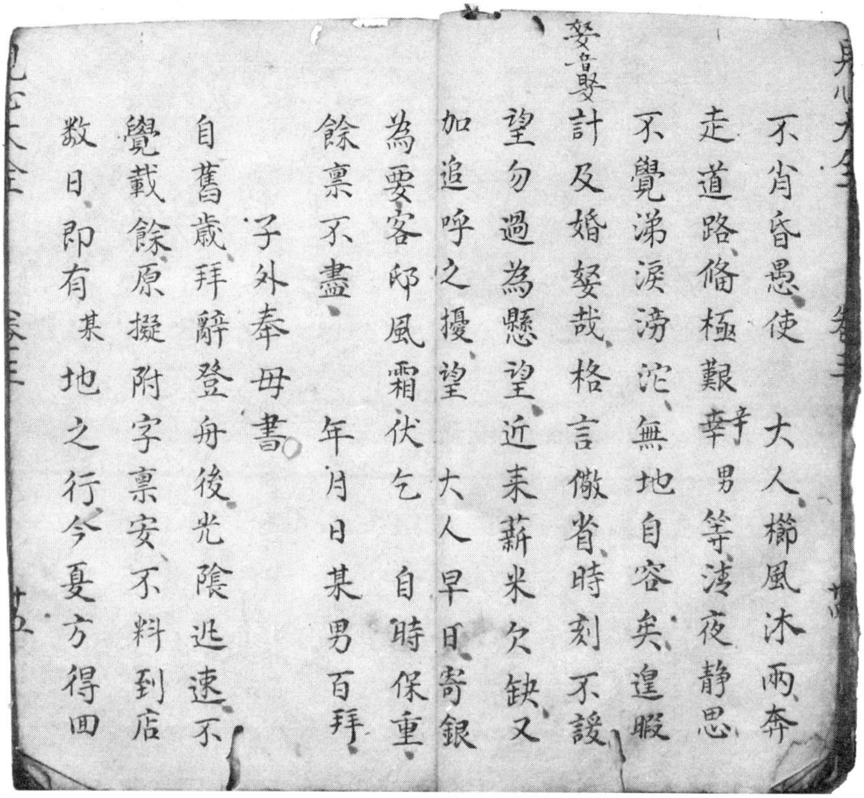

不肖昏愚使 大人櫛風沐雨奔走道路備極艱辛男等清夜靜思不覺涕淚滂沱無地自容矣遑暇計及婚娶哉格言儆省時刻不諼望勿過為懸望近来薪米欠缺又加追呼之擾望 大人早日寄銀為要客邸風霜伏乞 自時保重餘稟不盡 年月日某男百拜

子外奉母書

自舊歲拜辭登舟後光陰迅速不覺載餘原擬附字稟安不料到店數日即有某地之行今夏方得回

段莘乡官坑村 4-32 · 同治元年 · 书信活套簿 · 裘烈坤记

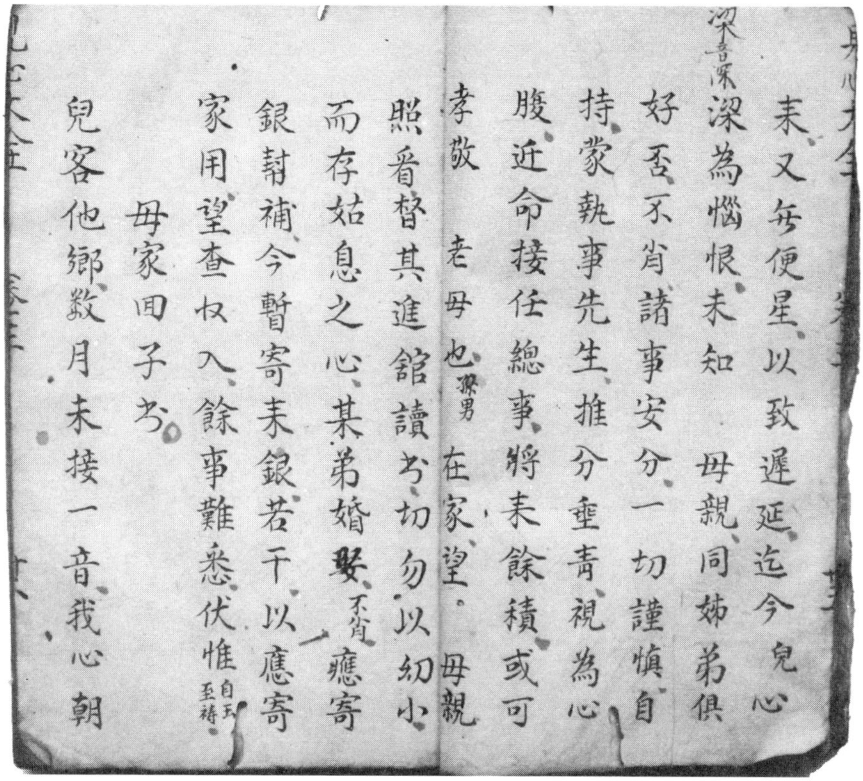

（深音深）

耒又每便星以致遲延迄今兒心
深為惱恨未知　母親同姊弟俱
好否不肖諸事安分一切謹慎自
持蒙執事先生推分垂青視為心
腹近命接任總事將耒餘積或可
孝敬　老母也撰男在家望。母親
照看督其進館讀书切勿以幼小
而存姑息之心某弟婚娶不肖應寄
銀幇補今暫寄耒銀若干以應寄
家用望查收入餘事難悉伏惟自玉至禱
　母家田子书
兒客他鄉數月未接一音我心朝

段莘乡官坑村 4-33 · 同治元年 · 书信活套簿 · 裘烈坤记

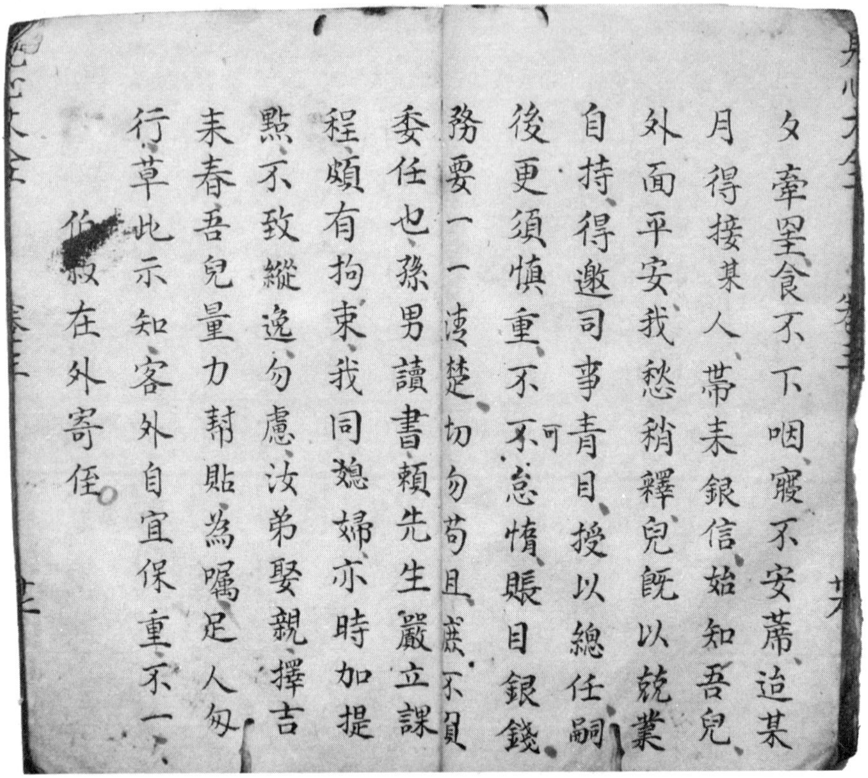

々牽罣食不下咽寢不安蓆迨某月得接某人帶來銀信始知吾兒外面平安我愁稍釋兒既以兢業自持得邀司事青目授以總任嗣後更須慎重不可怠惰賬目銀錢務要一一清楚切勿苟且庶不負委任也孫男讀書賴先生嚴立課程頗有拘束我同媳婦亦時加提點不致縱逸勿慮汝弟娶親擇吉來春吾兒量力幇貼為囑足人匆行草此示知客外自宜保重不一

伯叔在外寄侄

段莘乡官坑村 4-34 · 同治元年 · 书信活套簿 · 裘烈坤记

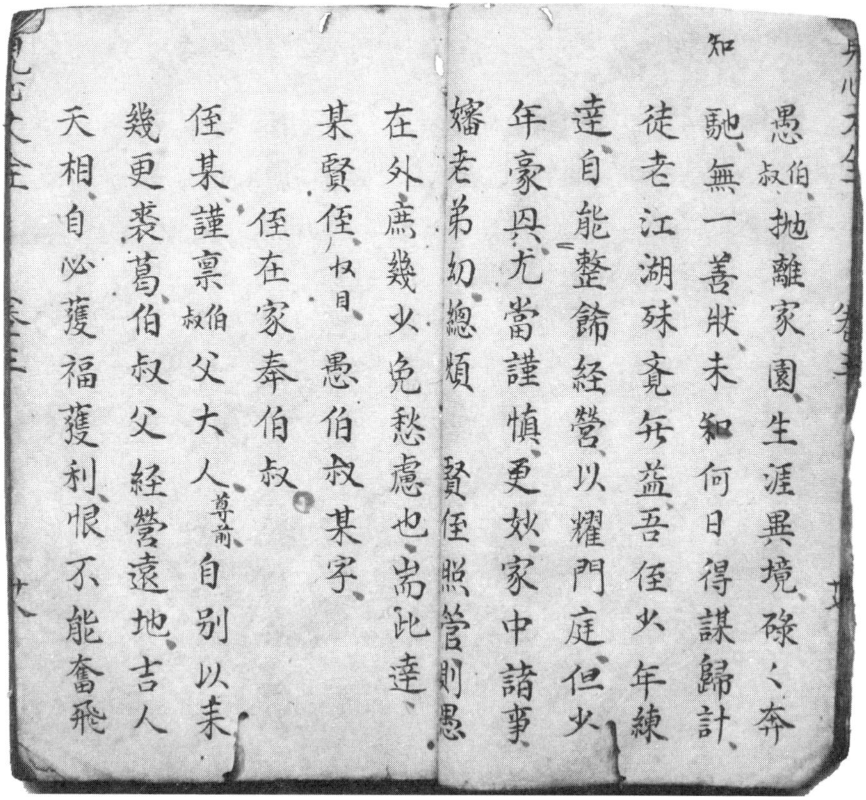

知

愚伯叔抛離家園生涯異境碌碌奔馳無一善狀未知何日得謀歸計徒老江湖殊覺無益吾侄少年練達自能整飭経營以耀門庭但少年豪興尤當謹慎更如家中諸事孀老弟幼總煩賢侄照管則愚在外庶幾少免愁慮也耑此達

某賢侄收目 愚伯叔某字

侄在家奉伯叔

侄某謹稟伯叔父大人尊前自別以来幾更裘葛伯叔父經營遠地吉人天相自必獲福獲利恨不能奮飛

段莘乡官坑村 4-35 · 同治元年 · 书信活套簿 · 裘烈坤记

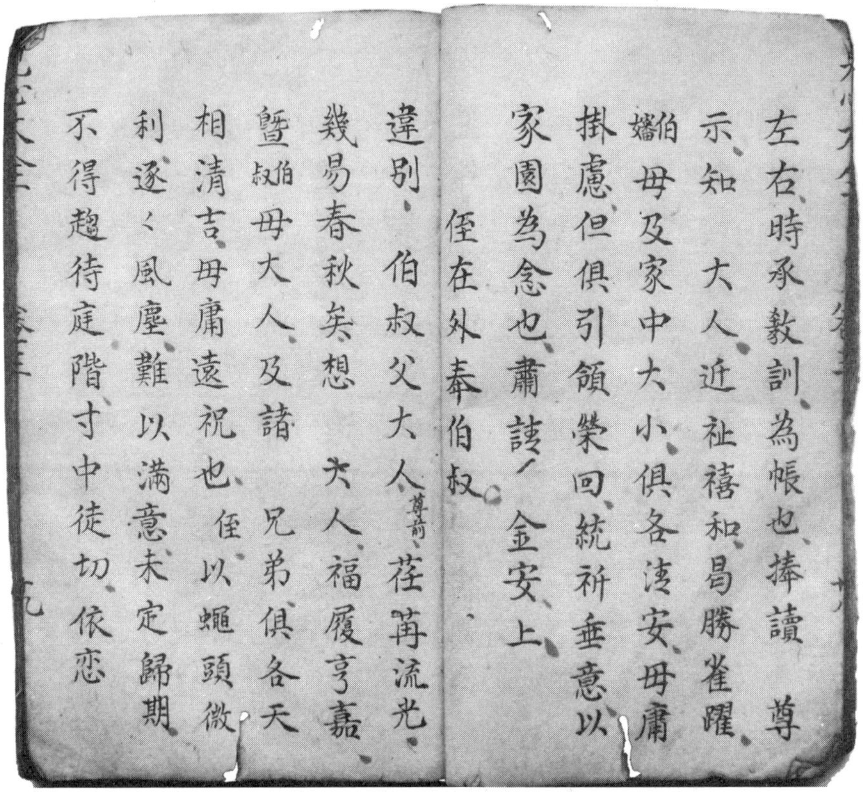
左右時承教訓為帳也捧讀　尊
示知　大人近祉禧和昌勝雀躍
伯嬸母及家中大小俱各清安毋庸
掛慮但俱引領榮回統祈垂意以
家園為念也肅請〻　金安上
侄在外奉伯叔
違別　伯叔父大人尊前　荏苒流光
幾易春秋矣想　大人福履亨嘉
暨伯叔母大人及諸　兄弟俱各天
相清吉毋庸遠祝也　侄以蝇頭微
利逐〻風塵難以滿意未定歸期
不得趨待庭階寸中徒切依恋

段莘乡官坑村 4-36 · 同治元年 · 书信活套簿 · 裘烈坤记

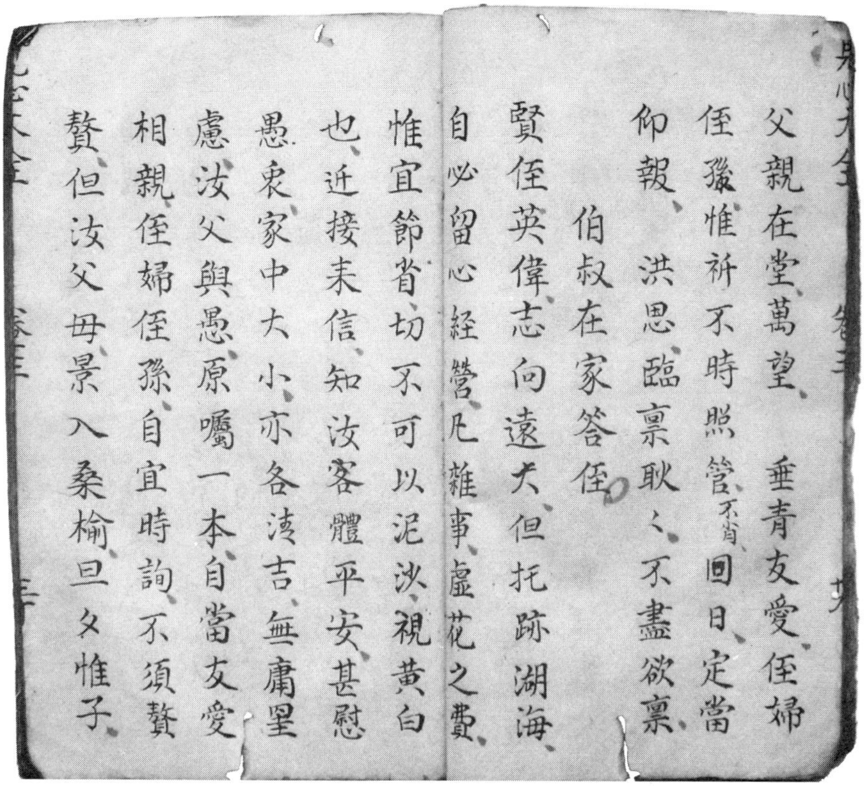

父親在堂萬望　垂青友愛侄婦
侄孫惟祈不時照管不肖回日定當
仰報　洪恩臨稟耿〻不盡欲稟
　伯叔在家答侄
賢侄英偉志向遠大但托跡湖海
自必留心經營凡雜事虛花之費
惟宜節省切不可以泥沙視黃白
也近接耒信知汝客體平安甚慰
愚衆家中大小亦各清吉無庸星
慮汝父與愚原囑一本自當友愛
相親侄婦侄孫自宜時詢不須贅
贅但汝父母景入桑榆旦夕惟子

段莘乡官坑村 4-37 · 同治元年 · 书信活套簿 · 裘烈坤记

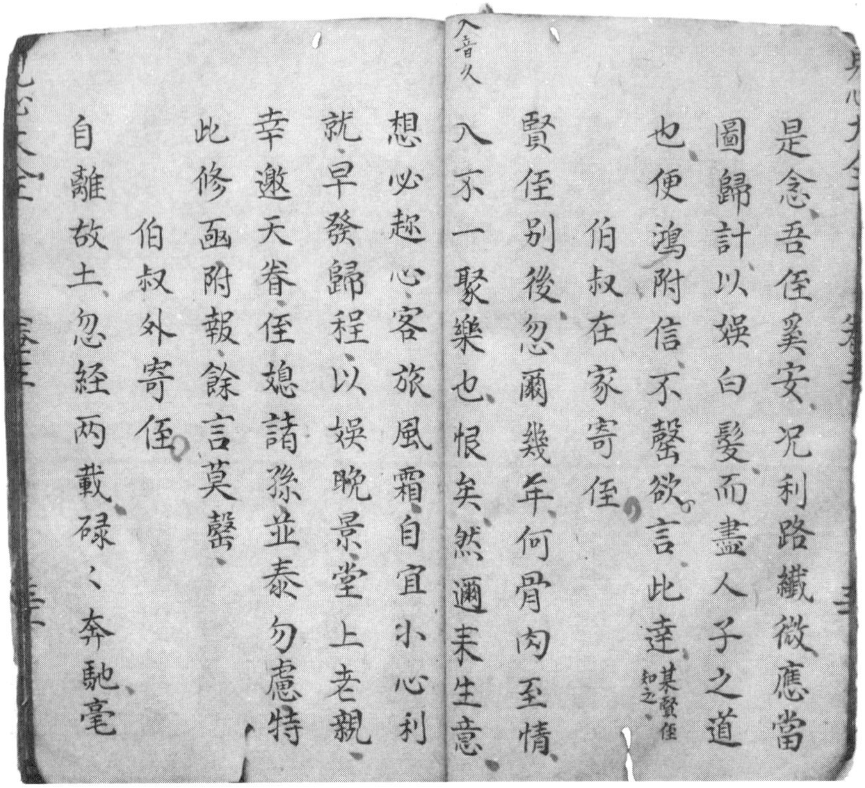

入音久

是念吾侄奚安况利路纖微應當
圖歸計以娛白髮而盡人子之道
也便鴻附信不罄欲言此達某賢侄知之
伯叔在家寄侄
賢侄别後忽爾幾年何骨肉至情
入不一聚樂也恨矣然邇来生意
想必趣心客旅風霜自宜小心利
就早發歸程以娛晚景堂上老親
幸邀天眷侄媳諸孫並泰勿慮特
此修函附報餘言莫罄
伯叔外寄侄
自離故土忽經兩載碌、奔馳毫

段莘乡官坑村 4-38 · 同治元年 · 书信活套簿 · 裘烈坤记

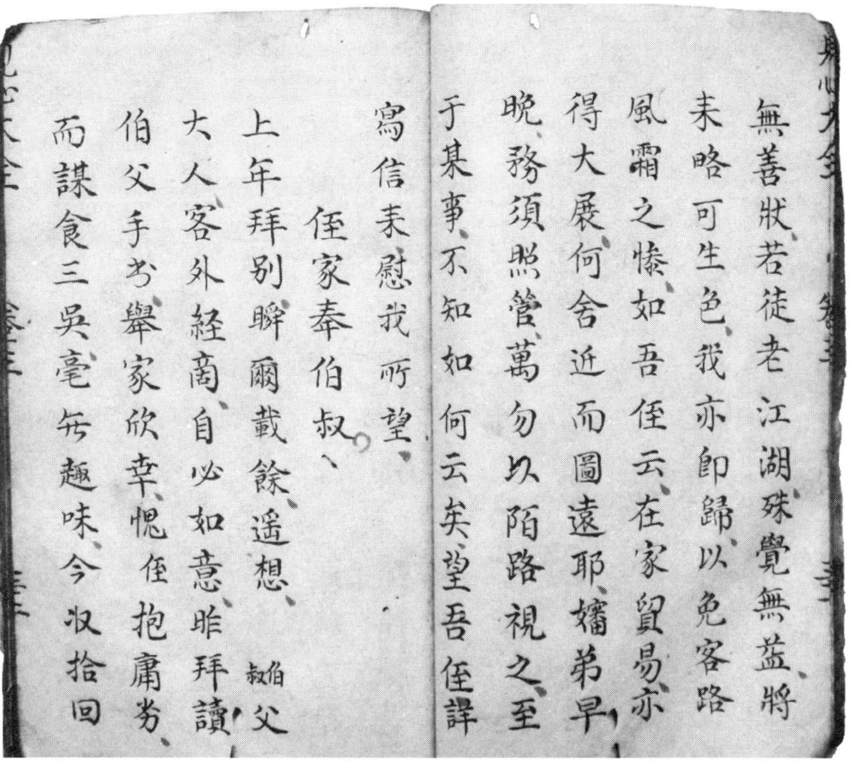
無善狀若徒老江湖殊覺無益將
来略可生色我亦卽歸以免客路
風霜之懔如吾侄云在家貿易亦
得大展何舍近而圖遠耶孀弟早
晚務須照管萬勿以陌路視之至
于某事不知如何云矣望吾侄詳

寫信来慰我所望
侄家奉伯叔丶
上年拜别瞬爾載餘遥想(伯叔)父
大人客外經商自必如意昨拜讀
伯父手书舉家欣幸愧侄抱庸劣
而謀食三吳毫无趣味今收拾回

段莘乡官坑村 4-39 · 同治元年 · 书信活套簿 · 裘烈坤记

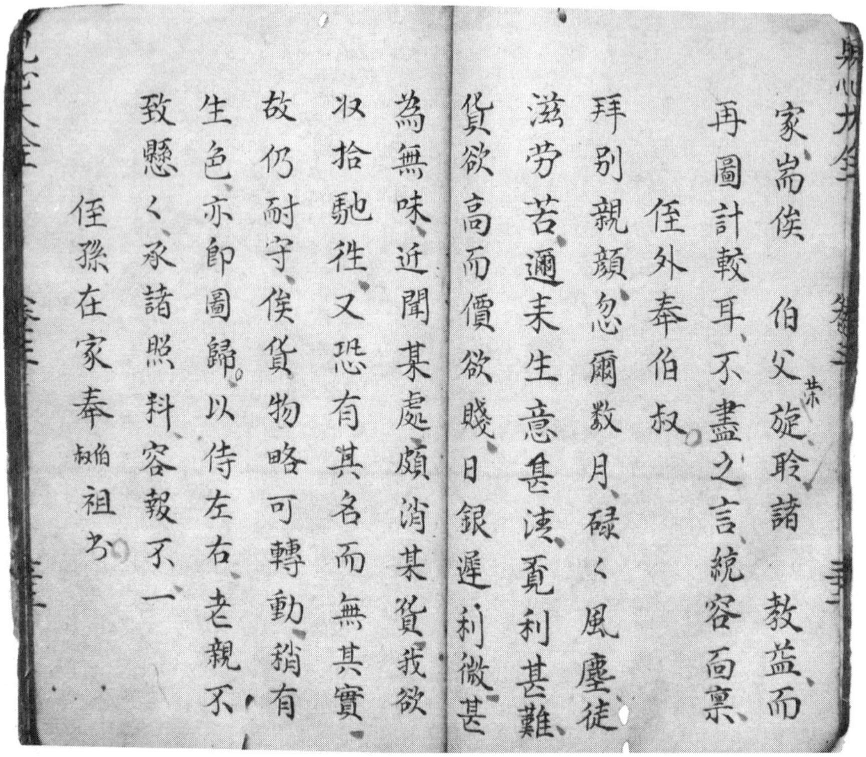

家嵩侯　伯父叔旋聆諸　教益而
再圖計較耳不盡之言統容面稟
侄外奉伯叔
拜别親顏忽爾數月碌碌風塵徒
滋劳苦適來生意甚淡覓利甚難
貨欲高而價欲賤日銀遲利微甚
為無味近聞某處頗消某貨我欲
収拾馳往又恐有其名而無其實
故仍耐守俟貨物略可轉動稍有
生色亦即圖歸以侍左右老親不
致懸懸承諸照料容報不一
侄孫在家奉伯叔祖右

段莘乡官坑村 4-40 · 同治元年 · 书信活套簿 · 裘烈坤记

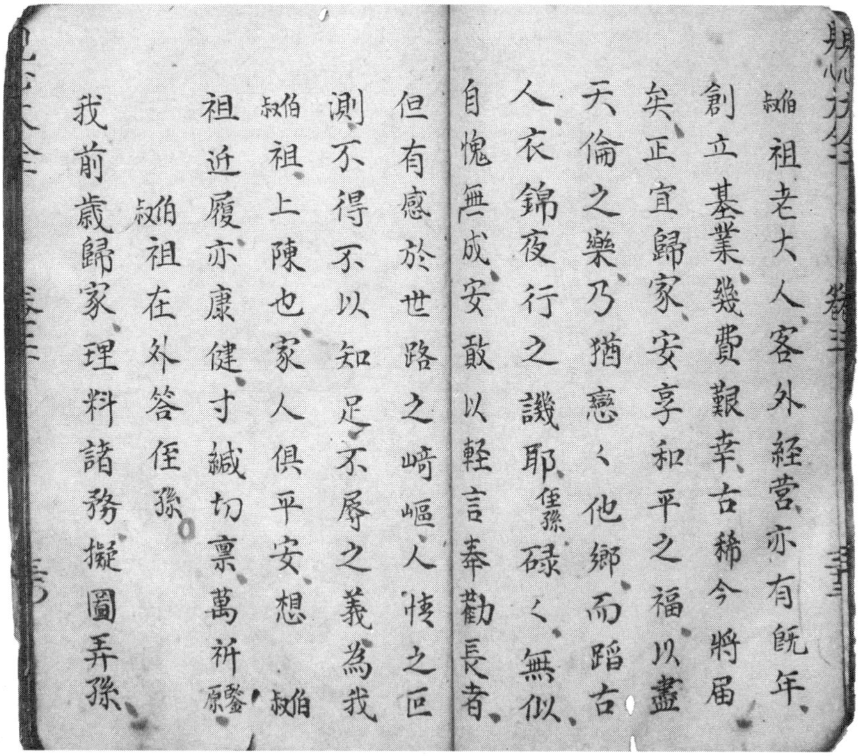
伯叔祖老大人客外經營亦有既年
創立基業幾費艱辛古稀今將屆
矣正宜歸家安享和平之福以盡
天倫之樂乃猶戀々他鄉而蹈古
人衣錦夜行之譏耶侄孫碌々無似
自愧無成安敢以輕言奉勸長者
但有感於世路之崎嶇人情之叵
測不得不以知足不辱之義為我
伯叔祖上陳也家人俱平安想伯叔
祖近履亦康健寸緘切禀萬祈原鑒
伯叔祖在外答侄孫
我前歲歸家理料諸務擬圖弄孫

段莘乡官坑村 4-41 · 同治元年 · 书信活套簿 · 裘烈坤记

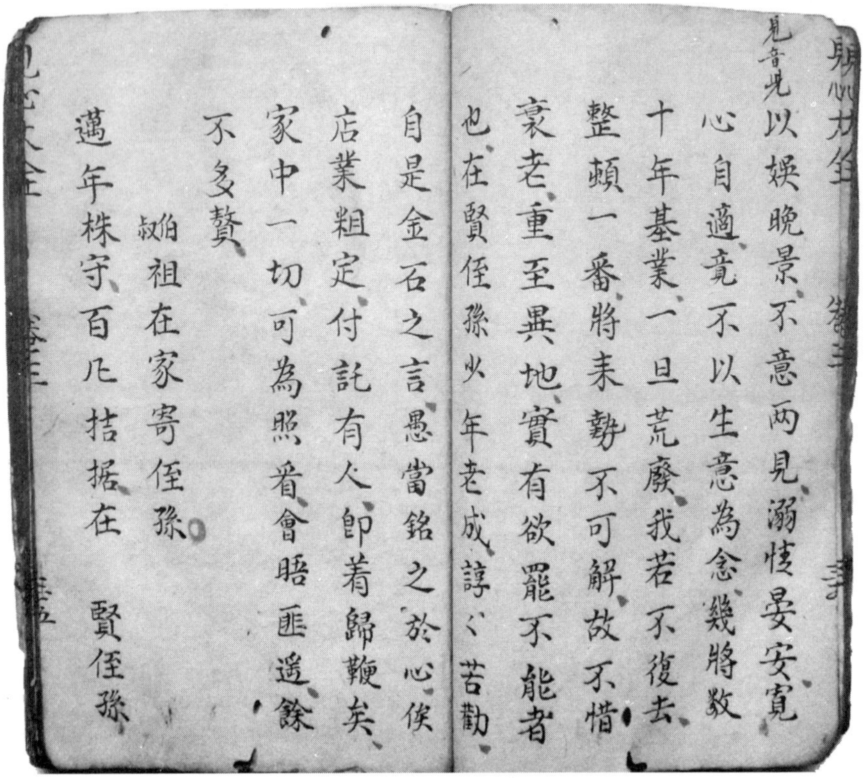

見音兒以娛晚景不意兩見溺恃晏安寬
心自適竟不以生意為念幾將数
十年基業一旦荒廢我若不復去
整頓一番將来勢不可解故不惜
衰老重至異地實有欲罷不能者
也在賢侄孫夂年老成諄〻苦勸
自是金石之言愚當銘之於心俟
店業粗定付託有人即着歸鞭矣
家中一切可為照看會晤匪遥餘
不多贅
叔伯祖在家寄侄孫
邁年株守百乢拮据在　賢侄孫

段莘乡官坑村 4-42 · 同治元年 · 书信活套簿 · 裘烈坤记

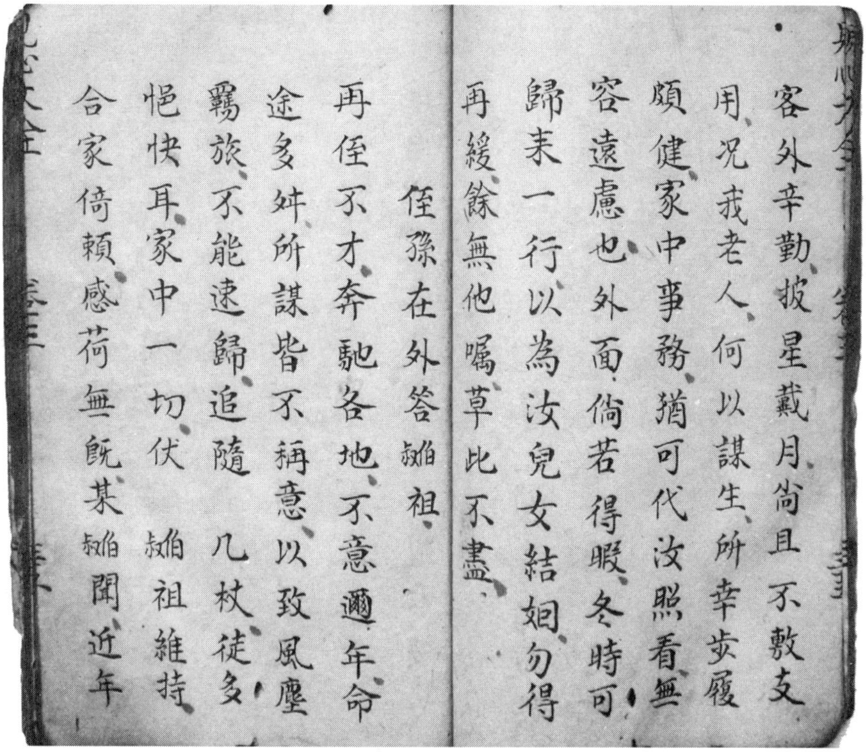
客外辛勤披星戴月尚且不敷支
用况我老人何以謀生所幸步履
頗健家中事務猶可代汝照看無
容遠慮也外面倘若得暇冬時可
歸來一行以為汝兒女結姻勿得
再緩餘無他囑草此不盡

侄孫在外答叔伯祖
再侄不才奔馳各地不意邇年命
途多舛所謀皆不稱意以致風塵
羈旅不能速歸追隨几杖徒多
悒怏耳家中一切伏叔伯祖維持
合家倚賴感荷無既某叔伯聞近年

段莘乡官坑村 4-43 · 同治元年 · 书信活套簿 · 裘烈坤记

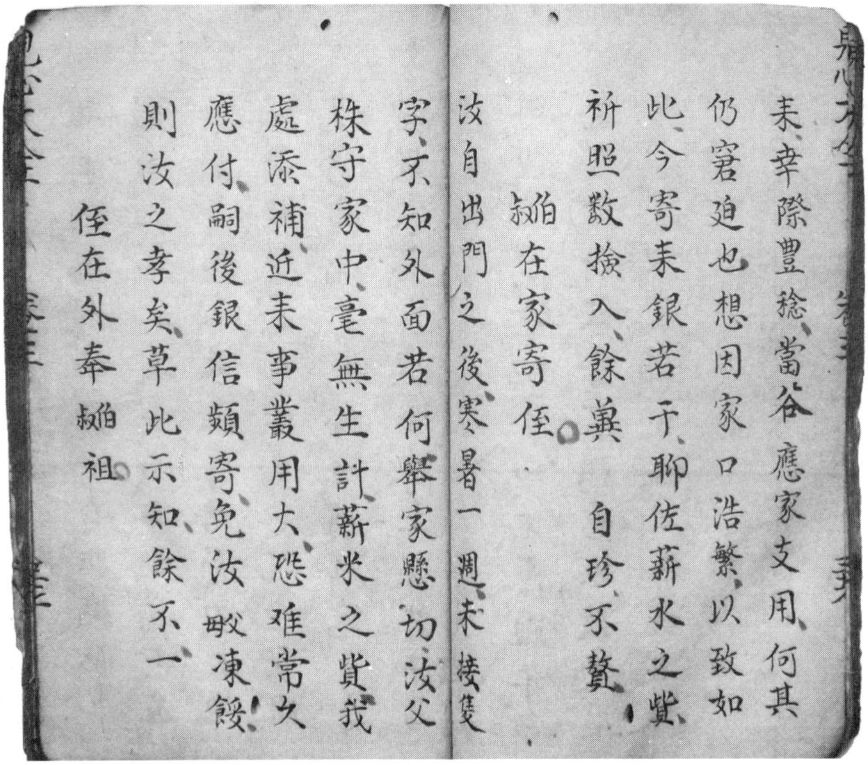
未幸際豐稔當谷應家支用何其
仍窘迫也想因家口浩繁以致如
此今寄來銀若干聊佐薪水之費
祈照數撿入餘冀 自珍不贅
叔伯在家寄侄
汝自出門之後寒暑一週未接隻
字不知外面若何舉家懸切汝父
株守家中毫無生計薪米之貲我
處添補近來事叢用大恐难常久
應付嗣後銀信頻寄免汝㪍凍餒
則汝之孝矣草此示知餘不一
侄在外奉叔伯祖

段莘乡官坑村 4-44 · 同治元年 · 书信活套簿 · 裘烈坤记

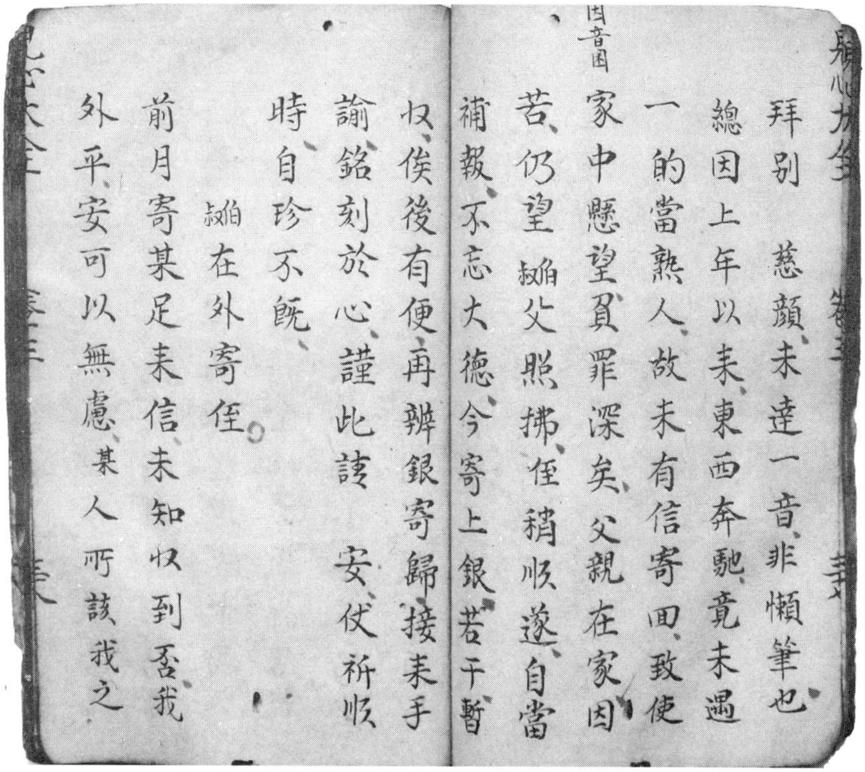
拜别慈顔未達一音非懶筆也總因上年以來東西奔馳竟未遇一的當熟人故未有信寄回致使家中懸望負罪深矣父親在家因苦仍望叔伯父照拂侄稍慰遂自當補報不忘大德今寄上銀若干暫収俟後有便再辦銀寄歸接來手諭銘刻於心謹此請安伏祈收時自珍不旣

叔伯在外寄侄

前月寄某足來信未知収到否我外平安可以無慮某人所該我之

段莘乡官坑村 4-45 · 同治元年 · 书信活套簿 · 裘烈坤记

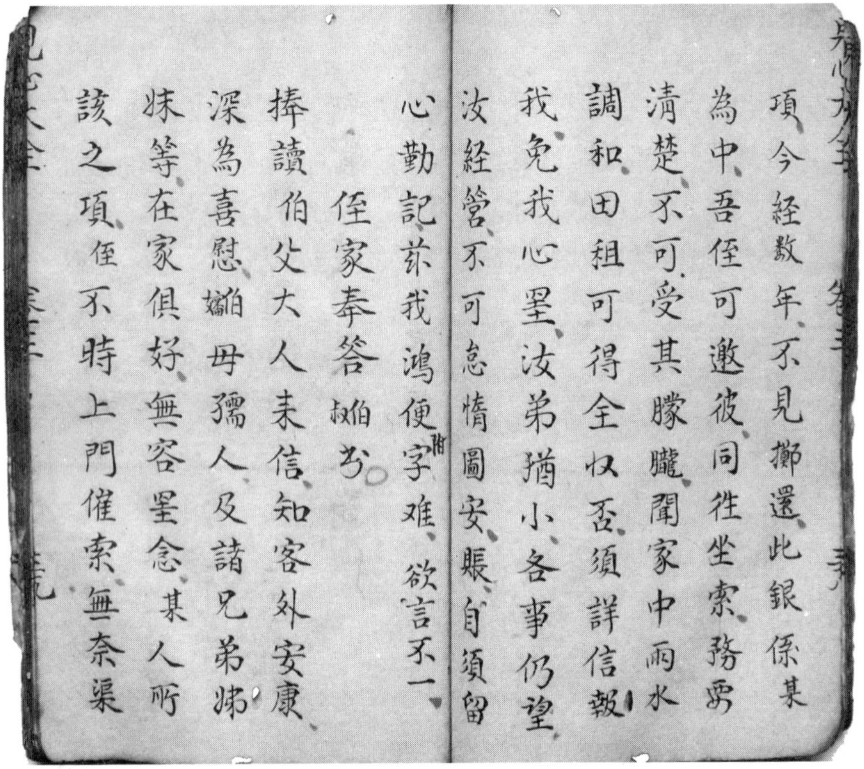

項今經數年不見擲還此銀係某
為中吾侄可邀彼同往坐索務要
清楚不可受其朦朧聞家中雨水
調和田租可得全收否須詳信報
我免我心望汝弟猶小各事仍望
汝經營不可怠惰圖安賬自須留
心勤記荪我鴻便字难 欲言不一
侄家奉答伯叔书
捧讀伯父大人來信知客外安康
深為喜慰嬸母孺人及諸兄弟姊
妹等在家俱好無容望念某人所
該之項侄不時上門催索無奈渠

段莘乡官坑村 4-46 · 同治元年 · 书信活套簿 · 裘烈坤记

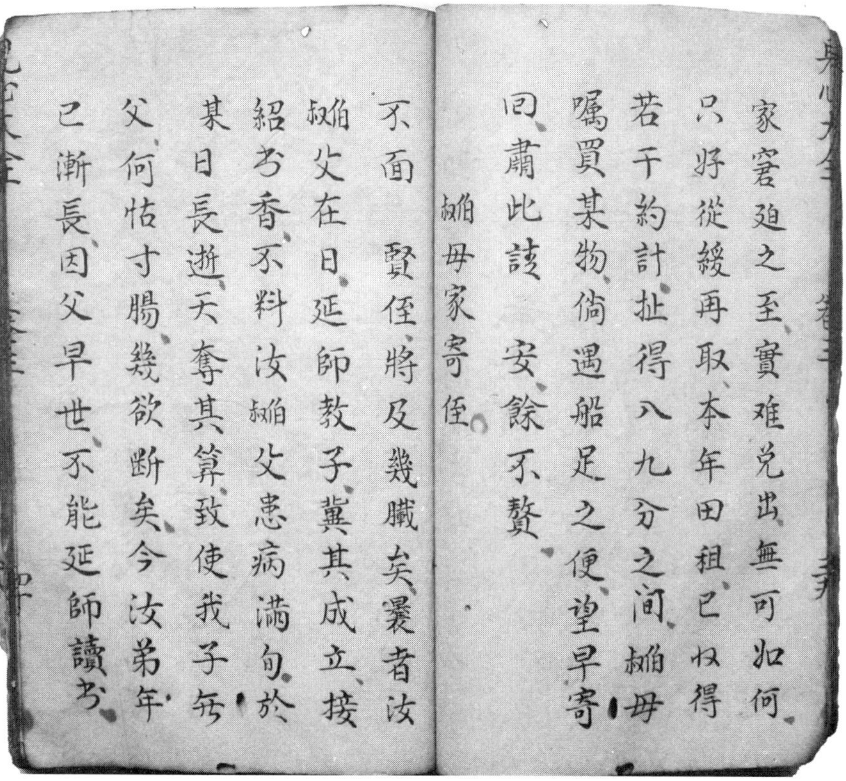

家窘廹之至實难兑出無可如何
只好從緩再取本年田租已收得
若干約計扯得八九分之间叔伯母
囑買某物倘遇船足之便望早寄
回肅此該 安餘不贅
叔伯母家寄侄

不面 賢侄將及幾膱矣曩者汝
叔伯父在日延師教子冀其成立接
紹书香不料汝叔伯父患病满旬於
某日長逝天奪其算致使我子無
父何怙寸腸幾欲斷矣今汝弟年
已漸長因父早世不能延師讀书

段莘乡官坑村 4-47 · 同治元年 · 书信活套簿 · 裘烈坤记

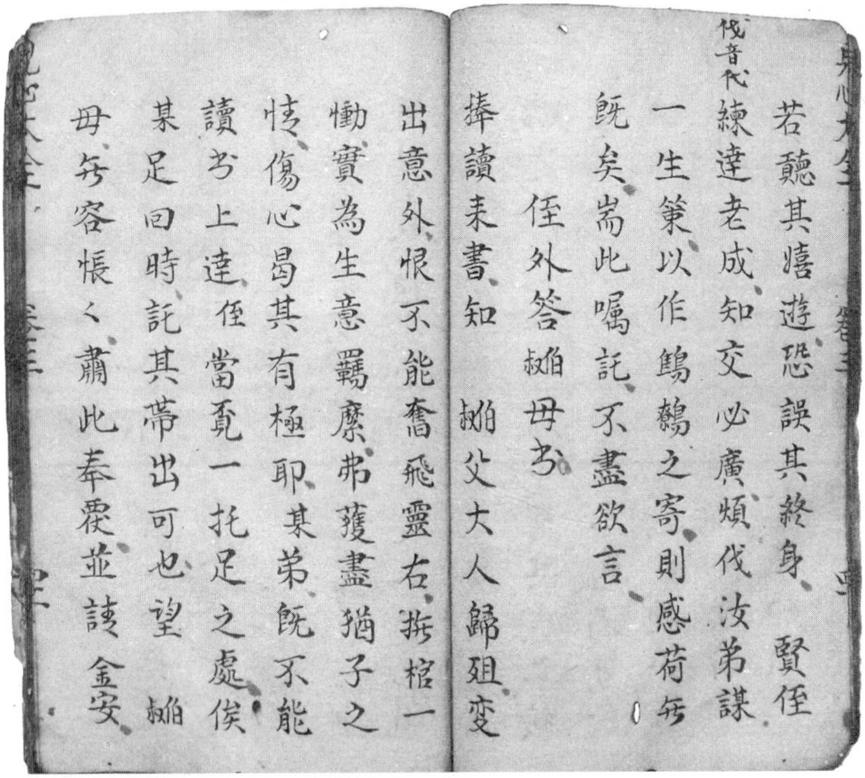

若聽其嬉遊恐誤其終身　賢侄
伐音代
練達老成知交必廣煩伐汝弟謀
一生策以作鶺鴒之寄則感荷冇
既矣耑此囑託不盡欲言

侄外答　姻伯母书

捧讀来書知　姻父大人歸殂变
出意外恨不能奮飛靈右拆棺一
慟實為生意羈縻弗獲盡猶子之
情傷心曷其有極耶　某弟既不能
讀书上達　侄當覓一托足之處俟
某足回時託其帶出可也望　姻
母冇容悵〻肅此奉覆並請　金安

段莘乡官坑村 4-48 · 同治元年 · 书信活套簿 · 裘烈坤记

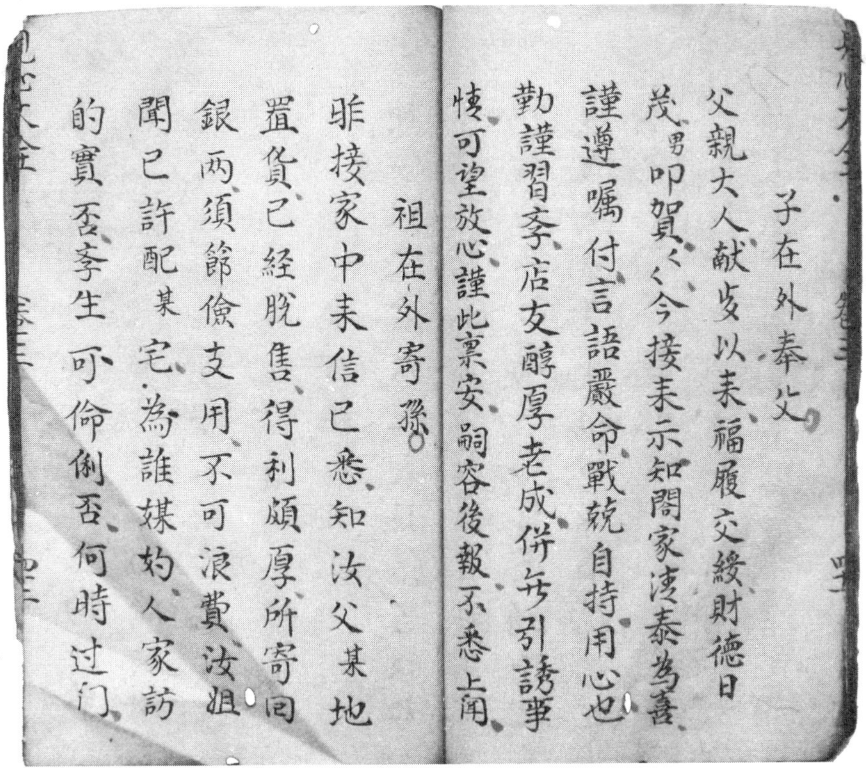

子在外奉父
父親大人献岁以来福履交綏財德日
茂男叩賀〻〻今接来示知閤家清泰為善
謹遵嘱付言語嚴命戰兢自持用心也
勤謹習斈店友醇厚老成併无引誘事
情可望放心謹此稟安餘容後報不悉上聞

祖在外寄孫
昨接家中来信已悉知汝父某地
置貨已経脫售得利頗厚所寄回
銀两須節儉支用不可浪費汝姐
聞已許配某宅為誰媒妁人家訪
的實否斈生可伶俐否何時过门

段莘乡官坑村 4-49 · 同治元年 · 书信活套簿 · 裘烈坤记

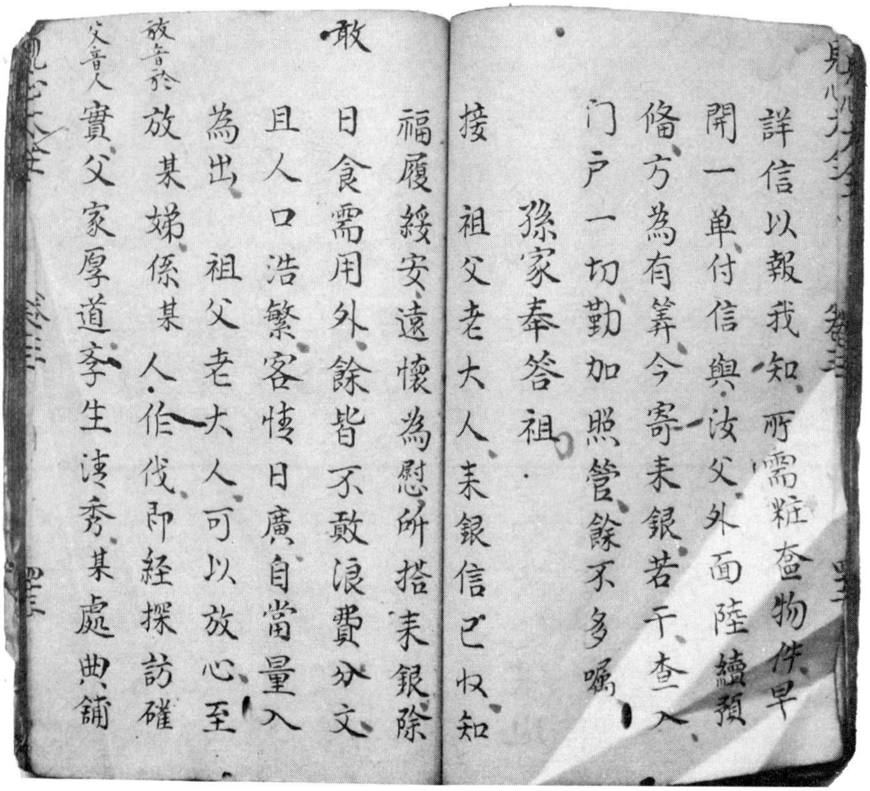

見心大全　卷三

詳信以報我知所需粧奩物件早
開一单付信與汝父外面陸續預
備方為有算今寄来銀若干查入
门户一切勤加照管餘不多嘱
孫家奉答祖
接　祖父老大人来銀信已収知

敢
福履綏安遠懷為慰所搭来銀除
日食需用外餘皆不敢浪費分文
且人口浩繁客愽日廣自當量入
為出　祖父老大人可以放心至
放音於
放某娣係某人作伐即経採訪確
父音人
實父家厚道李生凄秀某處典舗

見心大全　卷三

段莘乡官坑村 4-50 · 同治元年 · 书信活套簿 · 裘烈坤记

生理云至耒年冬间过門奁具從

客音客客辨置䒭適某足之便肅此稟上

孫外奉祖母

不肖孫叩違尊顏倏幾歲月矣侍奉

踈濶罪莫大焉惟有望風遥祝而

已祖母金体康寧則此心寬慰

孫在外兢〻戒守諸事儉約托賴

履吉無容掛懷本欲回家奈事未

楚賬亦难清故不能回俟冬耒初

春或可完結便當速歸䒭因人便

肅筆奉稟并付某物乞為查入餘稟不盡

祖母家寄孫

段莘乡官坑村 4-51 · 同治元年 · 书信活套簿 · 裘烈坤记

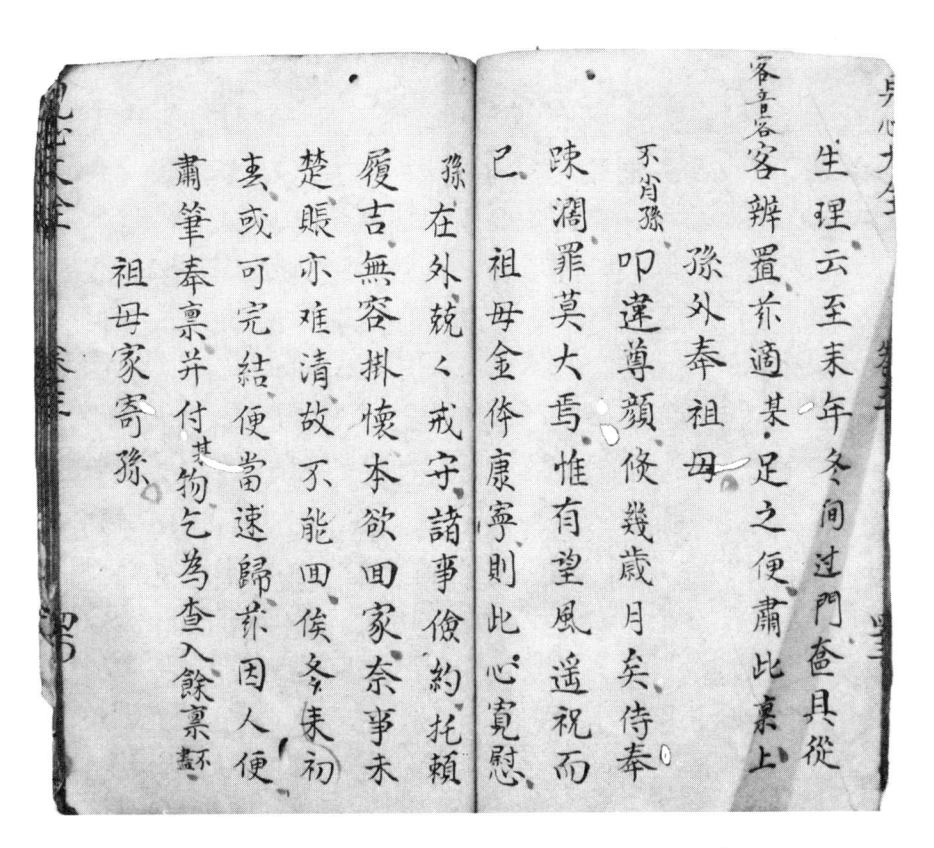

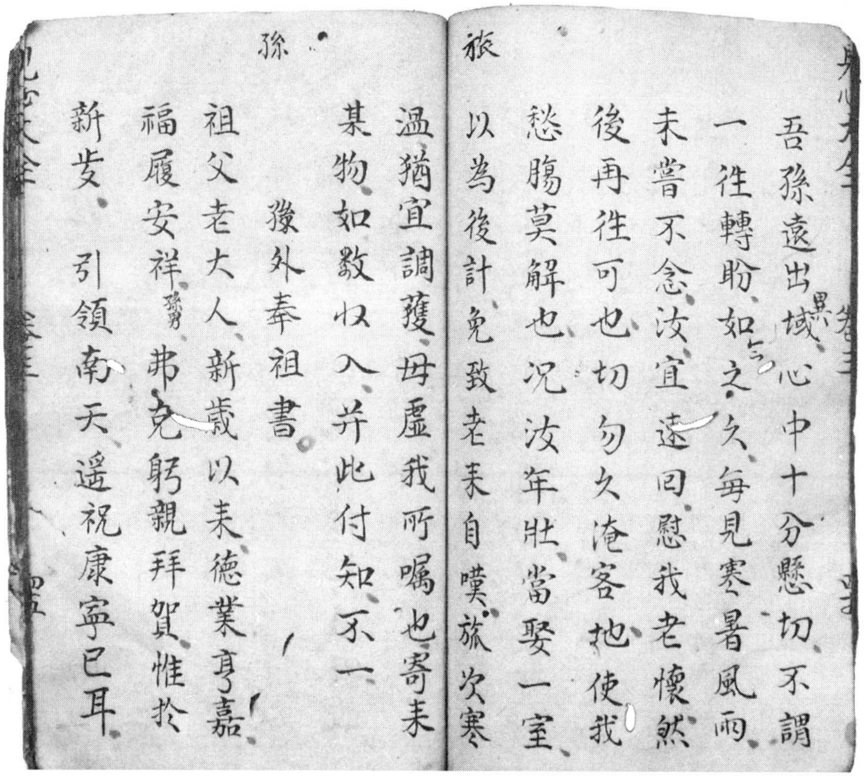
旅

吾孫遠出異域心中十分懸切不謂一徃轉盼如之久每見寒暑風雨未嘗不念汝宜速回慰我老懷然後再徃可也切勿久淹客地使我愁腸莫解也况汝年壯當娶一室以為後計免致老来自嘆旅次寒温猶宜調護毋虛我所囑也寄来某物如數收入并此付知不一

孫

孫外奉祖書

祖父老大人新歲以来德業亨嘉福履安祥孫男弗克躬親拜賀惟於新歲引領南天遙祝康寧已耳

段莘乡官坑村 4-52 · 同治元年 · 书信活套簿 · 裘烈坤记

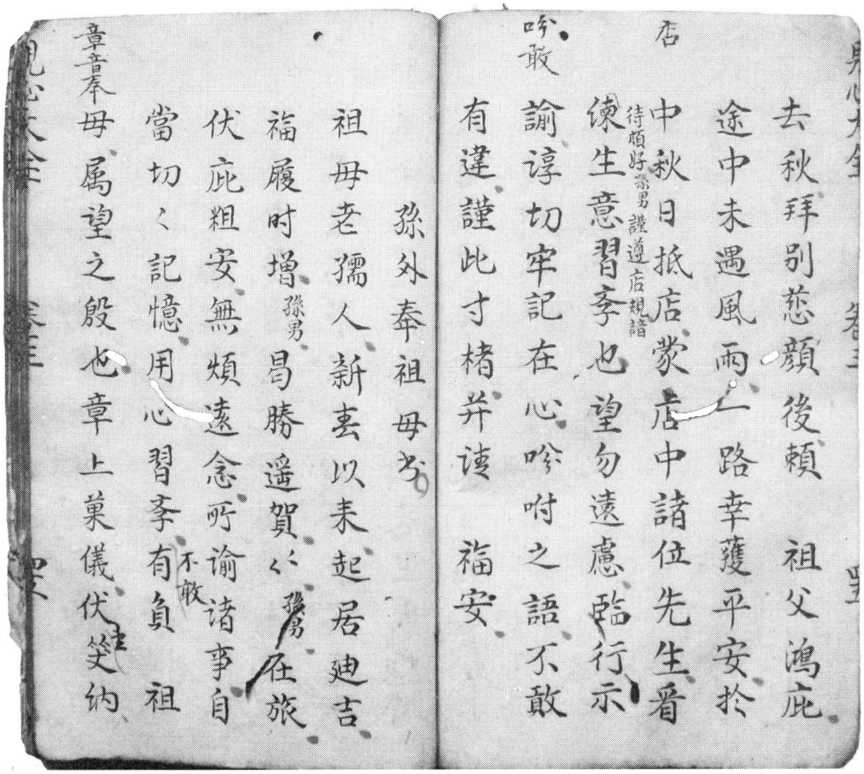

店
吩敢
去秋拜别慈顏後賴 祖父鴻庇
途中未遇風雨一路幸獲平安於
中秋日抵店蒙店中諸位先生看
待頗好孫男謹遵店規諳
傢生意習李也望勿遠慮臨行示
諭諄切牢記在心吩咐之語不敢
有違謹此寸椿并請 福安

孫外奉祖母书
祖母老孺人新春以來起居迪吉
福履时增孫男昌勝遥賀〻孫男在旅
伏庇祖安無煩遠念所諭諸事自
當切〻記憶用心習李有負 祖不敢
章音奉母屬望之殷也章上稟儀伏笑纳

段莘乡官坑村 4-53 · 同治元年 · 书信活套簿 · 裘烈坤记

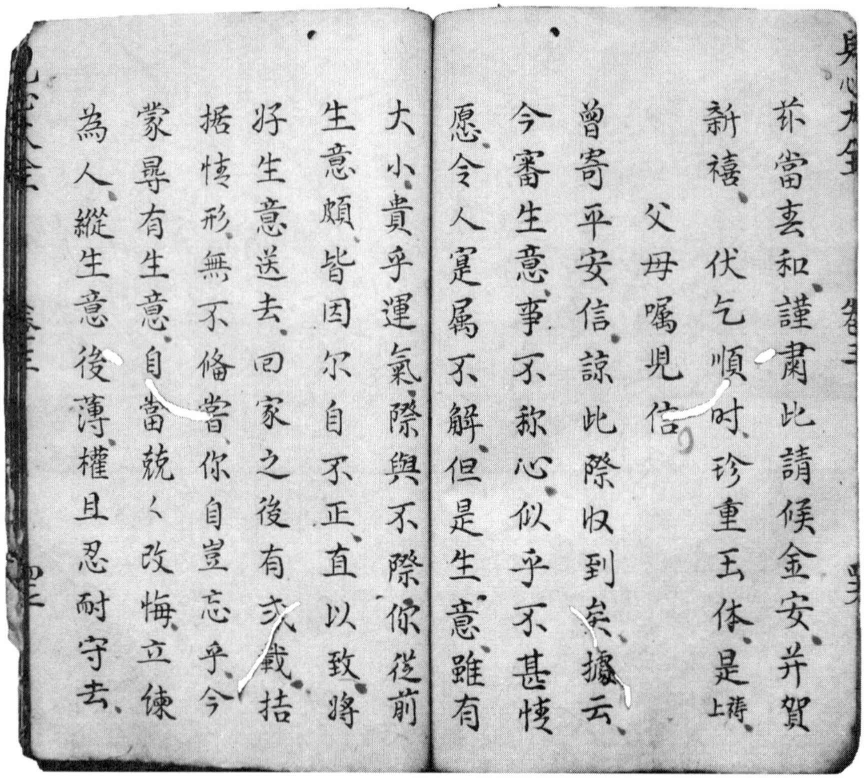
荪當耑和謹肅此請候金安并賀
新禧伏乞順时珍重玉体是上禱
父母囑兒信
曾寄平安信諒此際收到矣據云
今審生意事不称心似乎不甚愫
愿令人寔屬不解但是生意雖有
大小貴乎運氣際與不際你從前
生意頗皆因尔自不正直以致將
好生意送去回家之後有弍載拮
据情形無不備嘗你自豈忘乎今
蒙尋有生意自當兢〻改悔立俅
為人縱生意後薄權且忍耐守去

段莘乡官坑村 4-54 · 同治元年 · 书信活套簿 · 裘烈坤记

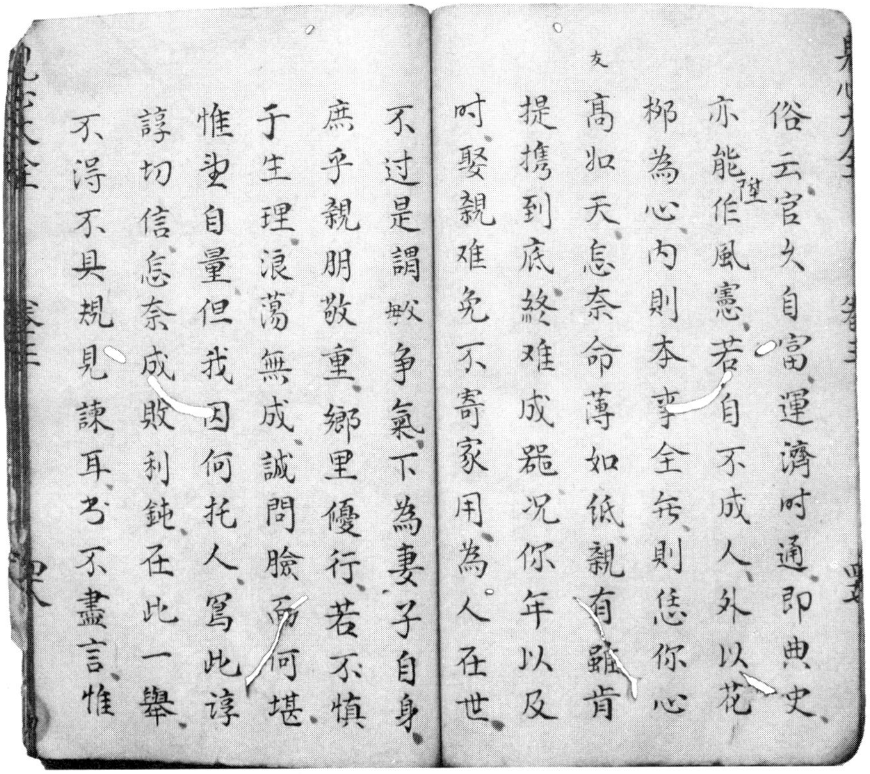
俗云官久自富運濟时通即典史
亦能陞作風憲若自不成人外以花
栁為心内則本事全無則恁你心
友
高如天怎奈命薄如紙親有雖肯
提携到底終难成器况你年以及
时娶親难免不寄家用為人在世
不过是謂[illegible]争氣下為妻子自身
庶乎親朋敬重鄉里優行若不慎
于生理浪蕩無成誠問臉面何堪
惟望自量但我因何托人寫此諄
諄切信怎奈成敗利鈍在此一舉
不得不具規見諫耳书不盡言惟

段莘乡官坑村 4–55 · 同治元年 · 书信活套簿 · 裘烈坤记

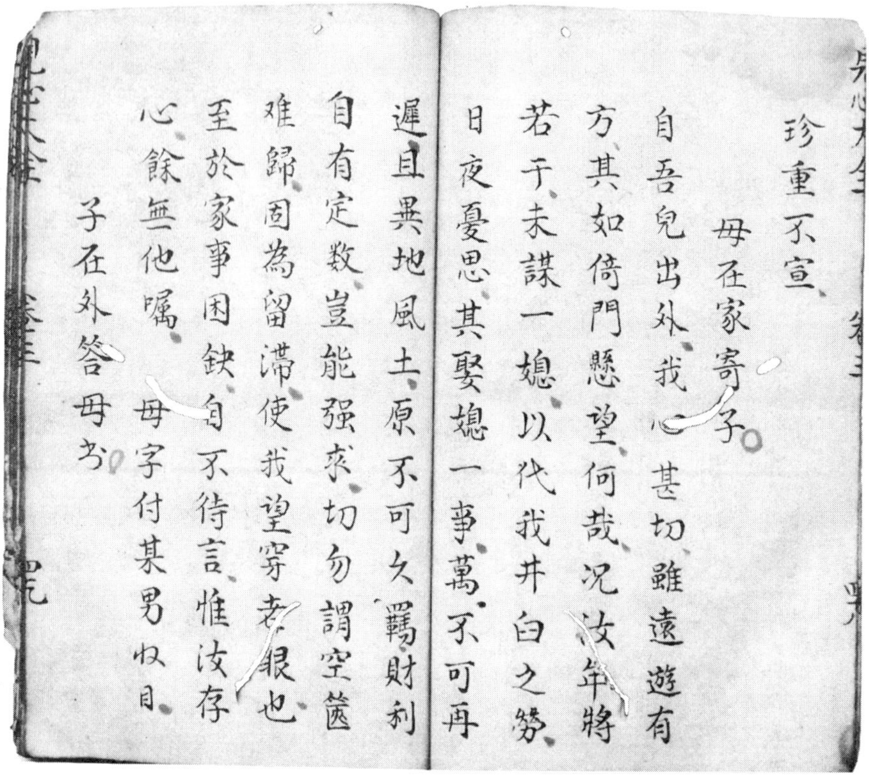
兒心大全 卷三 兒

珍重不宣

母在家寄子

自吾兒出外我心甚切雖遠遊有方其如倚門懸望何哉況汝年將若干未謀一媳以代我井臼之勞日夜憂思其娶媳一事萬不可再遲且異地風土原不可久羈財利自有定數豈能強求切勿謂空箧难歸因為留滯使我望穿老眼也至於家事困鈌自不待言惟汝存心餘無他囑 母字付某男收目

子在外答母书

兒心大全 卷三 兒

段莘乡官坑村 4-56 · 同治元年 · 书信活套簿 · 裘烈坤记

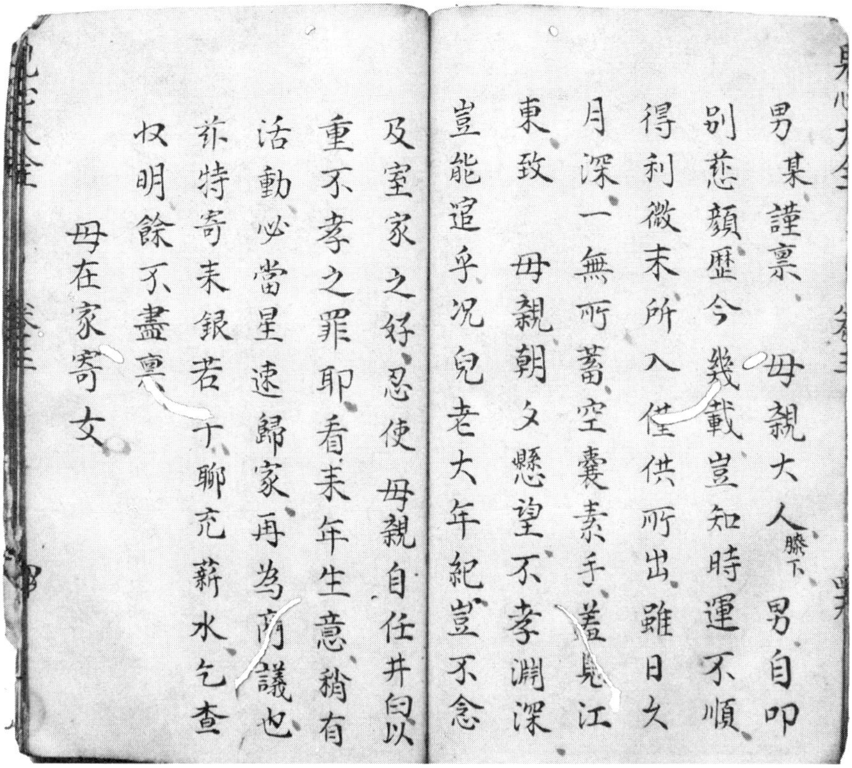
男某謹禀　母親大人膝下　男自叩
别慈顔歴今幾載豈知時運不順
得利微末所入估供所出雖日久
月深一無所蓄空囊素手羞見江
東致　母親朝夕懸望不孝淵深
豈能逭乎况兒老大年紀豈不念
及室家之好忍使　母親自任井臼以
重不孝之罪耶看来年生意稍有
活動必當星速歸家再為商議也
亦特寄来銀若干聊充薪水乞查
收明餘不盡禀
母在家寄文

段莘乡官坑村 4-57 · 同治元年 · 书信活套簿 · 裘烈坤记

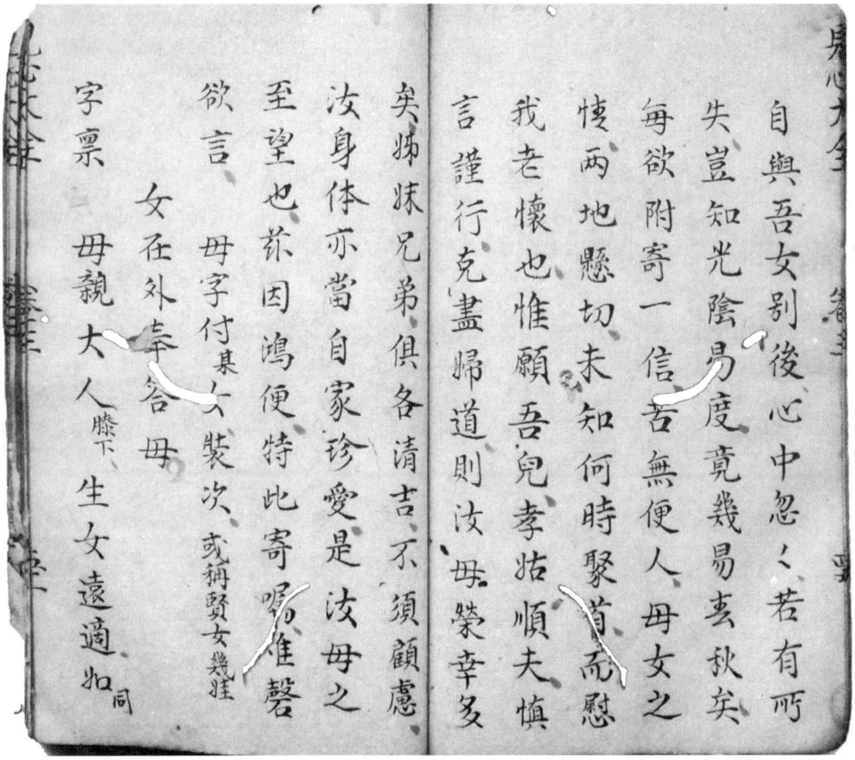
自與吾女别後心中忽〻若有所失豈知光陰易度竟幾易寒秋矣每欲附寄一信苦無便人母女之情兩地懸切未知何時聚首而慰我老懷也惟願吾兒孝姑順夫慎言謹行克盡婦道則汝母榮幸多矣姊妹兄弟俱各清吉不須顧慮汝身体亦當自家珍愛是汝母之至望也茲因鴻便特此寄囑难罄欲言

母字付某女裝次、或稱賢女幾娃

女在外奉答母字禀

母親大人膝下 生女遠適如同

段莘乡官坑村 4-58 · 同治元年 · 书信活套簿 · 裘烈坤记

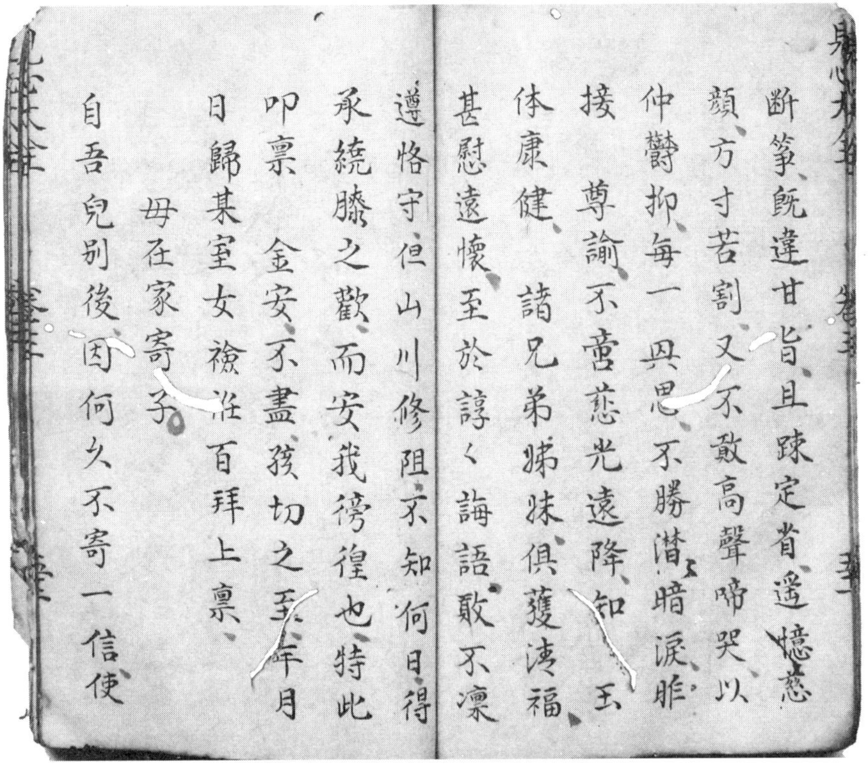
斷箏既違甘旨且踈定省遥憶慈
顔方寸若割又不敢高聲啼哭以
仲鬱抑每一興思不勝潛暗淚脈
接 尊諭不啻慈光遠降知 玉
体康健 諸兄弟姊妹俱獲清福
甚慰遠懷至於諄々誨語敢不凜
遵恪守但山川修阻不知何日得
承繞膝之歡而安我徬徨也特此
叩禀 金安不盡孩切之至年月
日歸某室女襝衽百拜上禀
母在家寄子
自吾兒别後因何久不寄一信使

段莘乡官坑村 4-59 · 同治元年 · 书信活套簿 · 裘烈坤记

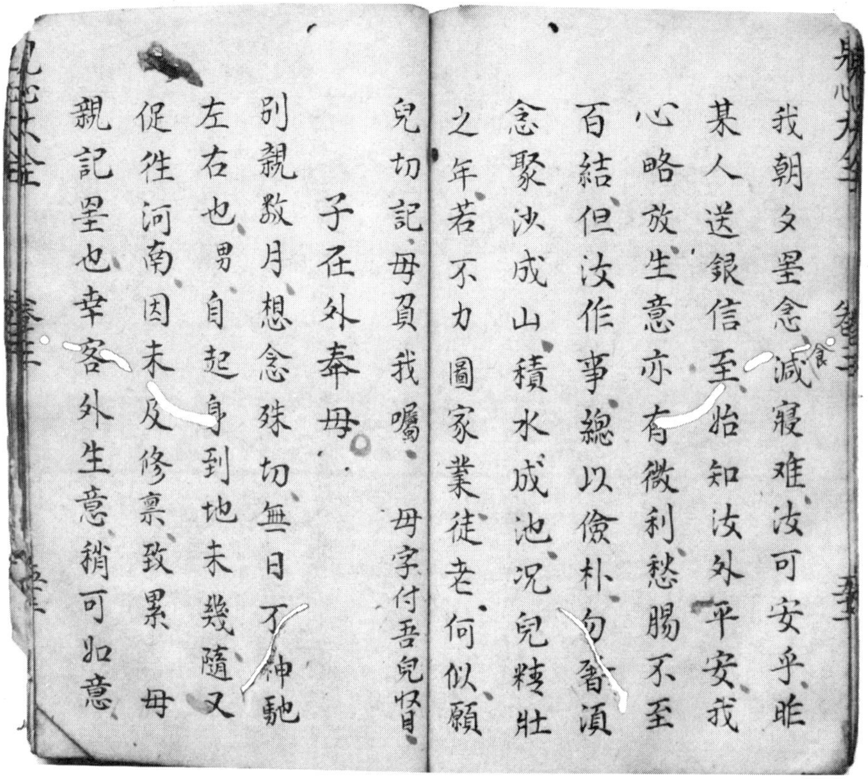
我朝夕罣念減寢食难汝可安乎昨
某人送銀信至始知汝外平安我
心略放生意亦有微利愁腸不至
百結但汝作事總以儉朴勿奢須
念聚沙成山積水成池况兒精壯
之年若不力圖家業徒老何似願
兒切記毋負我囑 母字付吾兒賢
子在外奉母
別親數月想念殊切無日不神馳
左右也男自起身到地未幾隨又
促往河南因未及修稟致累 母
親記罣也幸客外生意稍可如意

段莘乡官坑村 4-60 · 同治元年 · 书信活套簿 · 裘烈坤记

決不靡費分文使老母切齒但媳婦
年輕孫兒襁褓幸賴吋加教益指
綬早晚賬目得清即行馳歸料理
萬望　母親勿憂玉体千祈保重
耑此叩稟　並請金安不一
　母在家寄子

兒為逐利遠出雖曰有方而毋心
想念未嘗刻忘昨得吾兒來銀信
知外面無恙且聞和氣待人皆
歡悅不勝快慰但生意之道須要
有長性俗謂宮久自富不可因一
時清淡遂无高興不肯操練再身

段莘乡官坑村 4-61 · 同治元年 · 书信活套簿 · 裘烈坤记

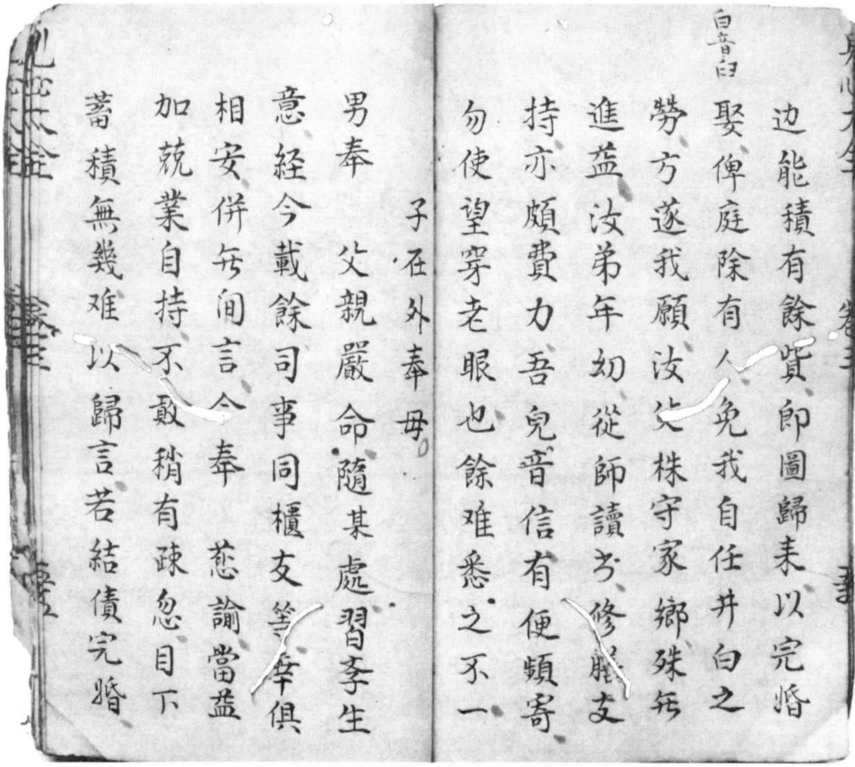
白音白
边能積有餘貲卽圖歸来以完婚
娶俾庭除有人免我自任井臼之
勞方遂我願汝父株守家鄉殊乏
進益汝弟年幼從師讀书修脯支
持亦頗費力吾兒音信有便頻寄
勿使望穿老眼也餘难悉之不一
子在外奉母
男奉 父親嚴命隨某處習斈生
意経今載餘司事同櫃友等俱
相安併無间言今奉 慈諭當益
加兢業自持不敢稍有疎忽目下
蓄積無幾难以歸言若結債完婚

段莘乡官坑村 4-62 · 同治元年 · 书信活套簿 · 裘烈坤记

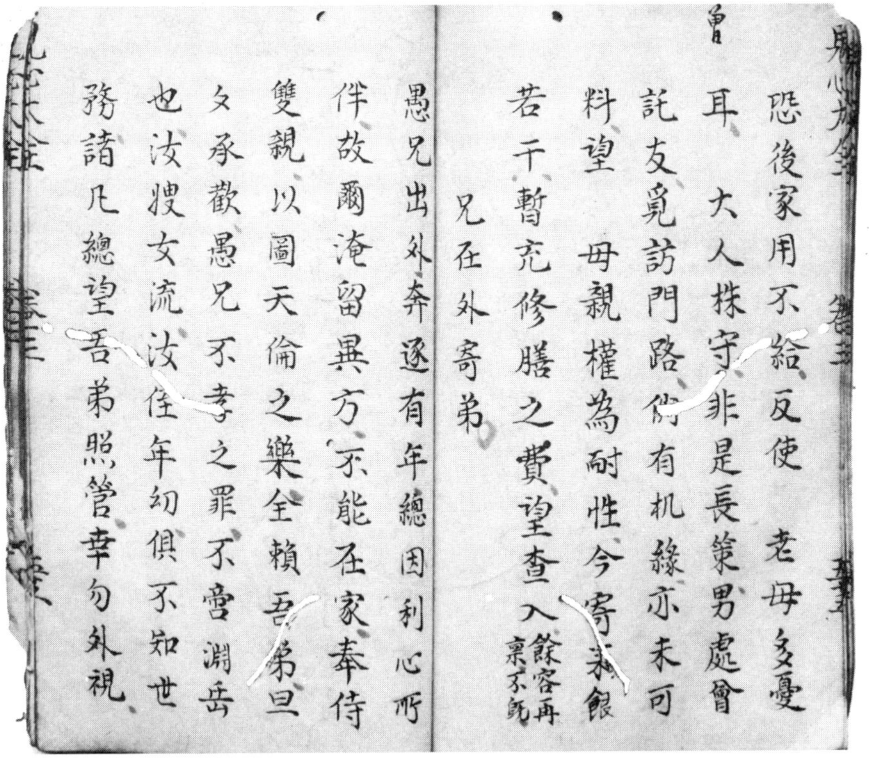
曾
恐後家用不給反使　老母多憂
耳　大人株守非是長策男處曾
託友覔訪門路倘有机緣亦未可
料望　母親權為耐性今寄来銀
若干暫充修膳之費望查入餘容再稟不既
兄在外寄弟
愚兄出外奔逐有年總因利心所
伴故爾淹留異方不能在家奉侍
雙親以圖天倫之樂全賴吾弟旦
夕承歡愚兄不孝之罪不啻淵岳
也汝嫂女流汝侄年幼俱不知世
務諸凡總望吾弟照管幸勿外視

段莘乡官坑村 4-63 · 同治元年 · 书信活套簿 · 裘烈坤记

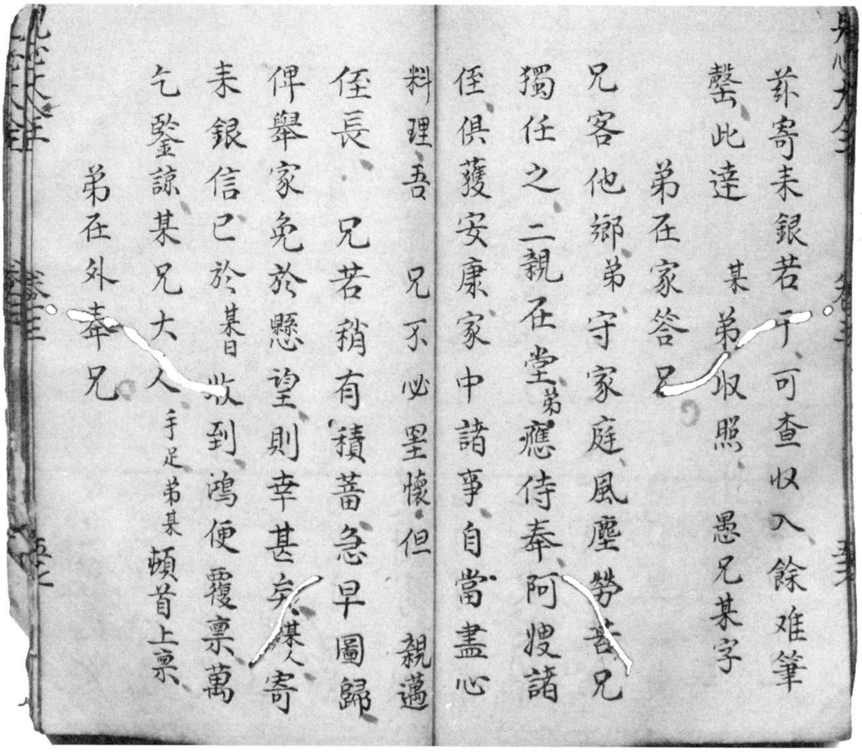
茲寄来銀若干可查收入餘难筆
罄此達　某弟收照　愚兄某字
弟在家答兄
兄客他鄉弟守家庭風塵勞苦兄
獨任之二親在堂弟應侍奉阿嫂諸
侄俱獲安康家中諸事自當盡心
料理吾　兄不必罣懷但　親邁
侄長　兄若稍有積蓄急早圖歸
俾舉家免於懸望則幸甚矣某人寄
来銀信已於某日收到鴻便覆稟萬
乞鑒諒某兄大人　手足弟某　頓首上稟
弟在外奉兄

段莘乡官坑村 4-64 · 同治元年 · 书信活套簿 · 裘烈坤记

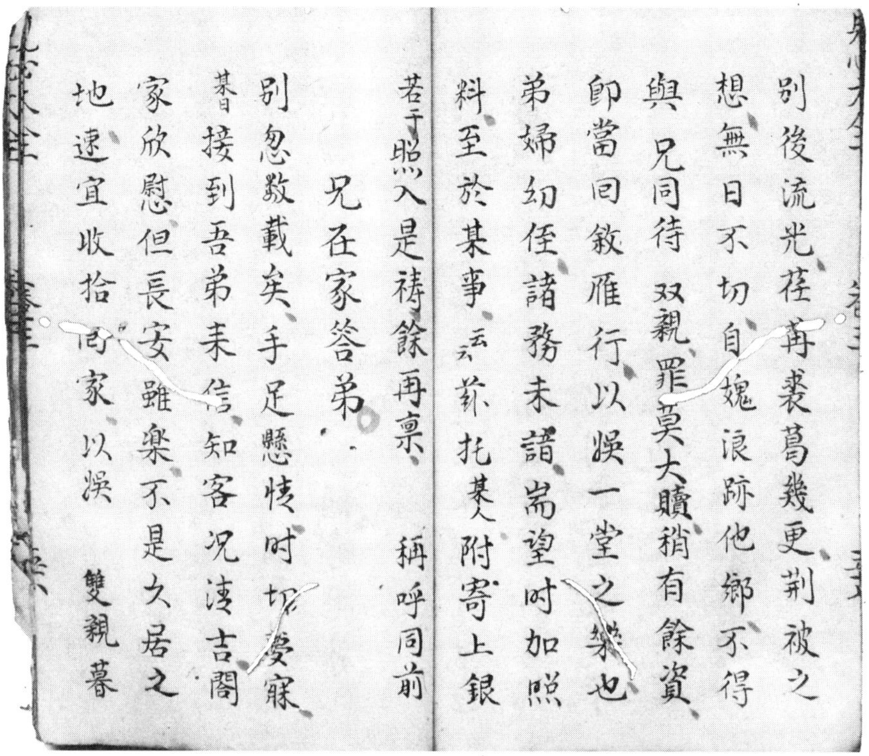
别後流光荏苒裘葛幾更荊被之
想無日不切自媿浪跡他鄉不得
與　兄同待　双親罷莫大贖稍有餘資
即當回敘雁行以娱一堂之樂也
弟婦幼侄諸務未諳尚望时加照
料至於某事云云茲托某人附寄上銀
若干照入是祷餘再稟　稱呼同前
兄在家答弟
别忽数載矣手足懸情时切夢寐
替接到吾弟来信知客况凄吉阁
家欣慰但長安雖樂不是久居之
地速宜收拾回家以娱　雙親暮

段莘乡官坑村 4-65 · 同治元年 · 书信活套簿 · 裘烈坤记

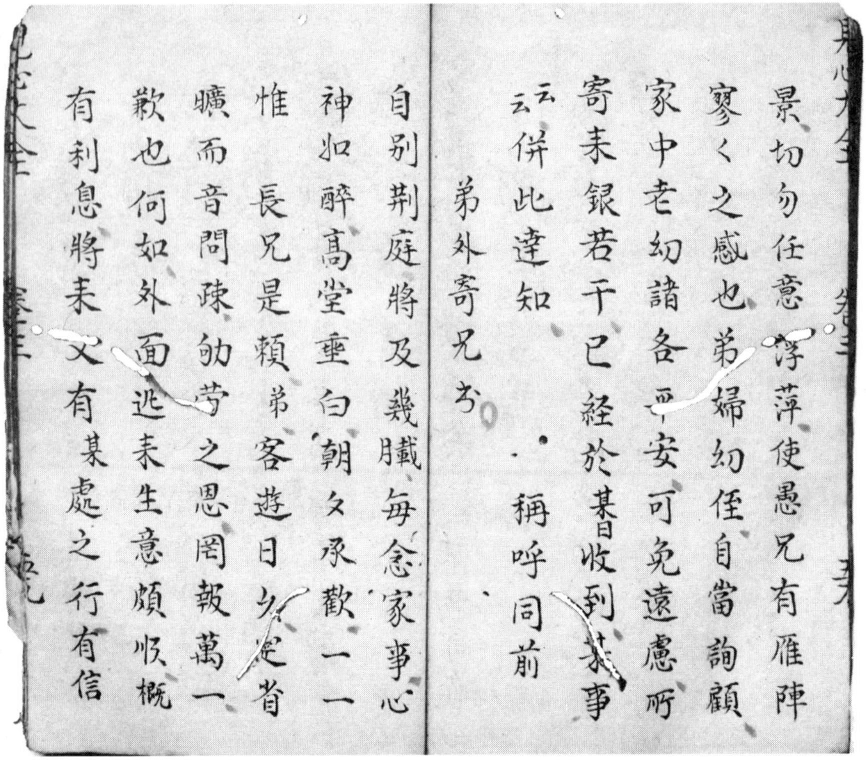

景切勿任意浮萍使愚兄有雁陣
寥々之感也弟婦幼侄自當詢顧
家中老幼諸各平安可免遠慮所
寄来銀若干已經於著收到其事
云云併此達知　稱呼同前
弟外寄兄书

自别荆庭將及幾朧每念家事心
神如醉高堂垂白朝夕承歡一一
惟長兄是賴　弟客遊日久定省
曠而音問疎劬劳之恩罔報萬一
歉也何如外面逃来生意頗收概
有利息將来又有某處之行有信

段莘乡官坑村 4-66 · 同治元年 · 书信活套簿 · 裘烈坤记

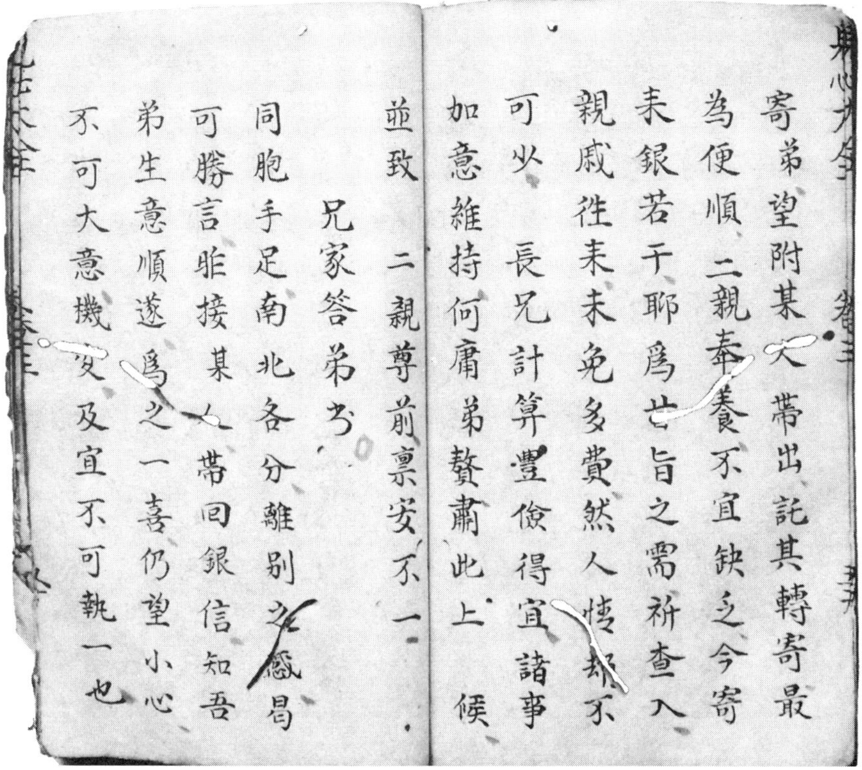

寄弟望附某人帶出託其轉寄最為便順　二親奉養不宜缺乏今寄来銀若干聊爲廿旨之需祈查入親戚往来未免多費然人情却不可以　長兄計算豐儉得宜諸事加意維持何庸弟贅肅此上　候並致　二親尊前稟安不一

兄家答弟书

同胞手足南北各分離別之感曷可勝言昨接某人帶回銀信知吾弟生意順遂爲之一喜仍望小心不可大意機變及宜不可執一也

段莘乡官坑村 4-67 · 同治元年 · 书信活套簿 · 裘烈坤记

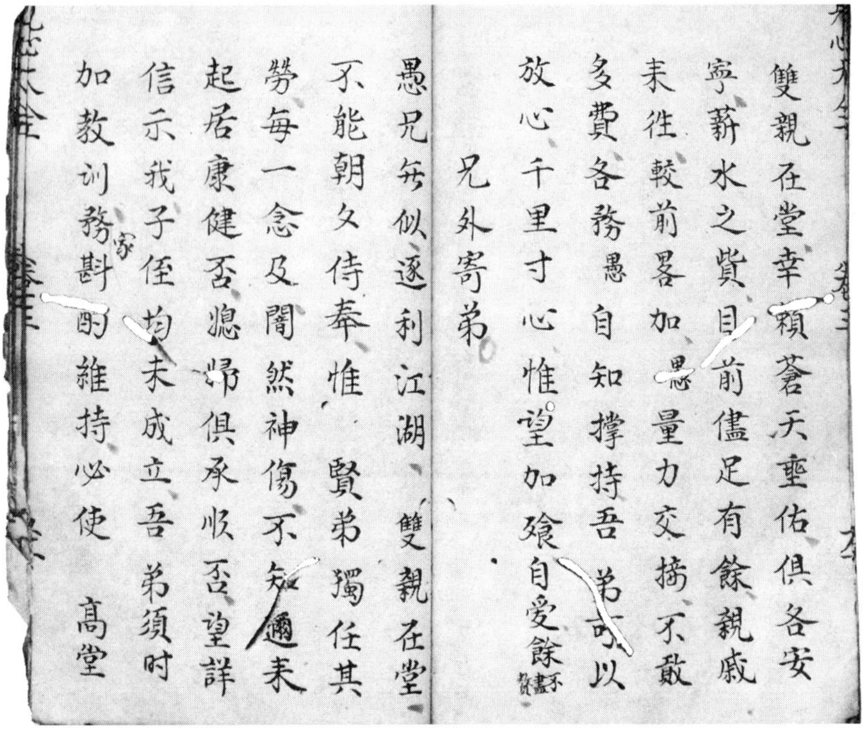

雙親在堂幸賴蒼天垂佑俱各安寧薪水之資目前儘足有餘親戚來往較前畧加愚量力交接不敢多費各務愚自知撑持吾弟可以放心千里寸心惟望加飱自愛餘不盡贅

兄外寄弟

愚兄年似逐利江湖雙親在堂不能朝夕侍奉惟賢弟獨任其勞每一念及闇然神傷不知邇來起居康健否媳婦俱承順否望詳信示我子侄均未成立吾弟須时加教训務家斟酌維持必使高堂

段莘乡官坑村 4-68 · 同治元年 · 书信活套簿 · 裘烈坤记

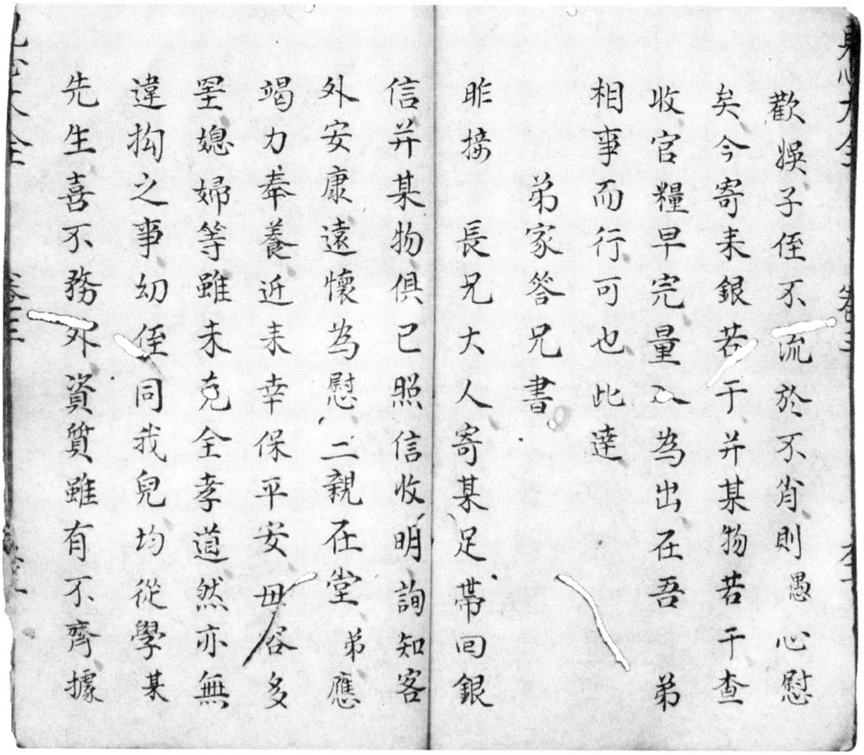
歡娛子侄不流於不肖則愚心慰
矣今寄来銀若干并某物若干查
收官糧早完量入為出在吾弟
相事而行可也此達
弟家答兄書
昨接 長兄大人寄某足帶回銀
信并某物俱已照信收明詢知客
外安康遠懷為慰二親在堂弟應
竭力奉養近来幸保平安毋容多
罣媳婦等雖未克全孝道然亦無
違拗之事幼侄同我皃均從學某
先生喜不務外資質雖有不齊據

段莘乡官坑村 4-69 · 同治元年 · 书信活套簿 · 裘烈坤记

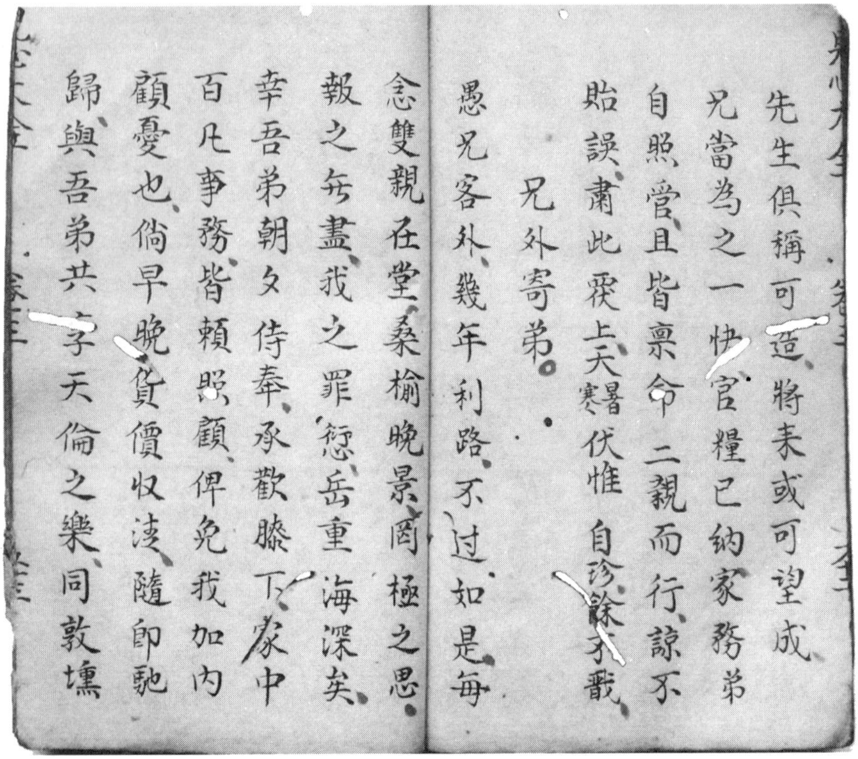
先生俱稱可造將来或可望成
兄當為之一快官糧已納家務弟
自照管且皆禀命二親而行諒不
貽誤肅此稟上天暑寒伏惟自珍餘不戩

兄外寄弟

愚兄客外幾年利路不过如是每
念雙親在堂桑榆晚景罔極之恩
報之無盡我之罪愆岳重海深矣
幸吾弟朝夕侍奉承歡膝下家中
百凡事務皆賴照顧俾免我加内
顧憂也倘早晚貨價收清隨即馳
歸與吾弟共享天倫之樂同敦壎

段莘乡官坑村 4-70 · 同治元年 · 书信活套簿 · 裘烈坤记

篪之雅豈不以為快耑此預達

弟家答兄

兄客他鄉老親無日不思客舍風
塵累　兄獨任但思老親已累入
桑榆兼之体弱病多弟時刻焦思
吾　兄雖外体念諒同倘早晚賑
即下賜目歸落即歸鞭共娛親老舉家不
致懸々耑此上達

弟外奉兄

叩別荊庭屢遷歲月弟自愧浪迹
江湖不得與兄朝夕奉侍雙親罪
深淵海無可追也惟是舞綵承歡

段莘乡官坑村 4-71 · 同治元年 · 书信活套簿 · 裘烈坤记

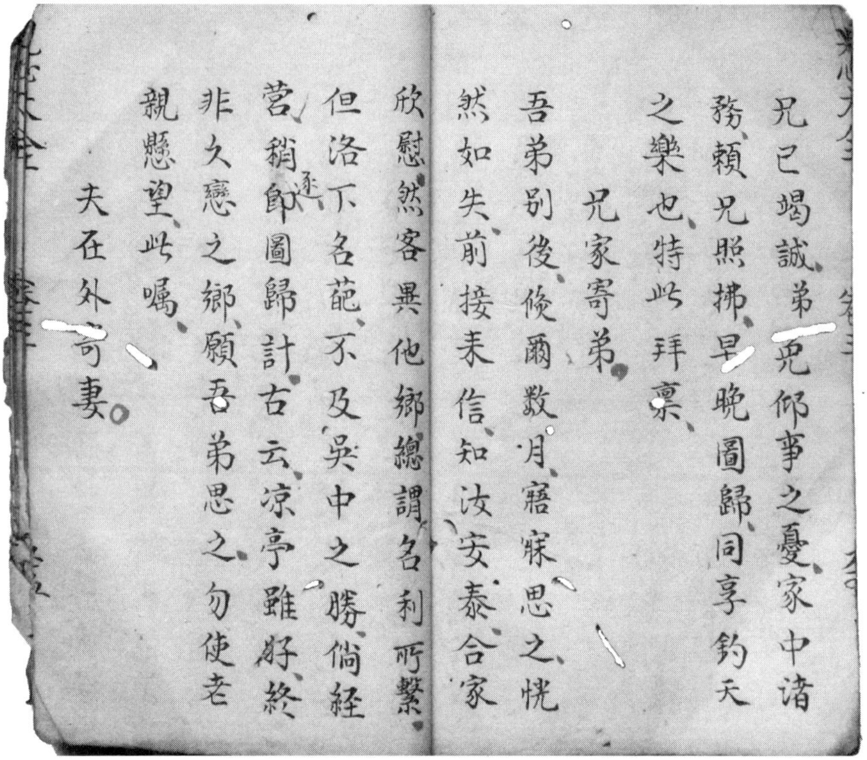
兄已竭誠弟兄仰事之憂家中諸務賴兄照拂早晚圖歸同享鈞天之樂也特此拜稟

兄家寄弟

吾弟別後倏爾數月寤寐思之恍然如失前接來信知汝安泰合家欣慰然客異他鄉總謂名利所繫但洛下名葩不及吳中之勝倘經營稍即圖歸計古云涼亭雖好終非久戀之鄉願吾弟思之勿使老親懸望此囑

夫在外寄妻

段莘乡官坑村 4-72 · 同治元年 · 书信活套簿 · 裘烈坤记

遠遊客地忽爾幾時想念家事心
神如醉望(怀)老親在堂幼子在抱皆
賴賢妻維持調護寒暑如一毋致
父母有不孝之怒子女失教誨之
方則賢妻功高而恩深矣經紀略
归意卽整裝歸來無庸掛念茲因
某人順便特此寄慰外附來銀若
客
干可收明家用後客再寄不盡所言

妻在家答夫

捧君來翰知近体清和舉家欣
幸信内付銀若干已归数收入至若
高堂中饋家務紛紜妥理應料理

段莘乡官坑村 4-73 · 同治元年 · 书信活套簿 · 裘烈坤记

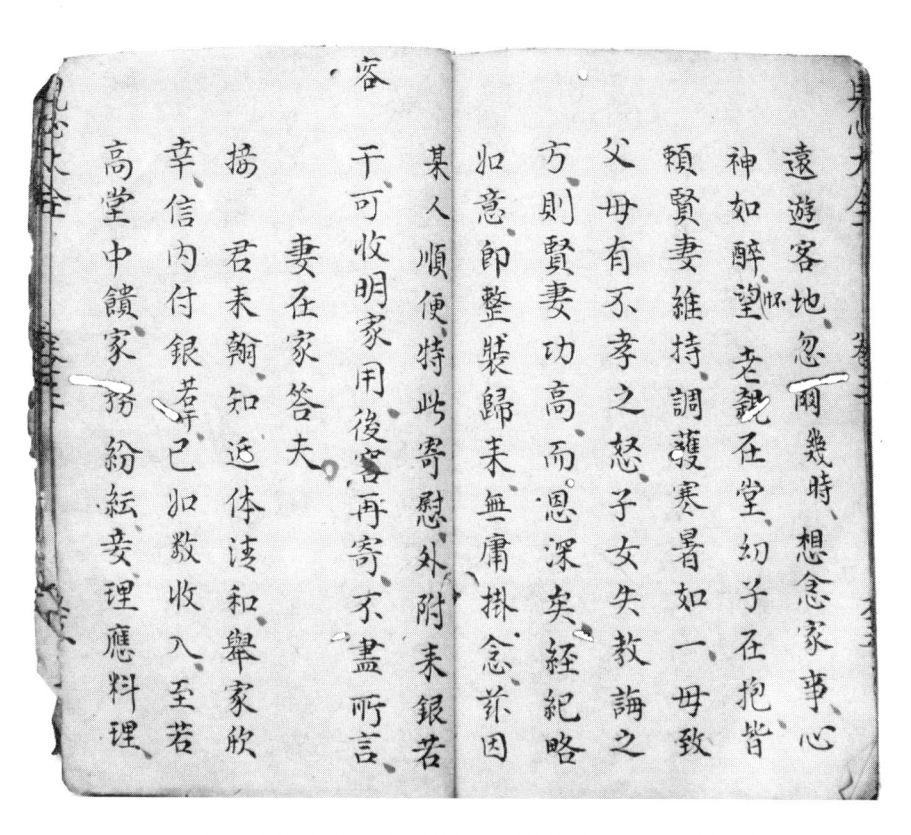

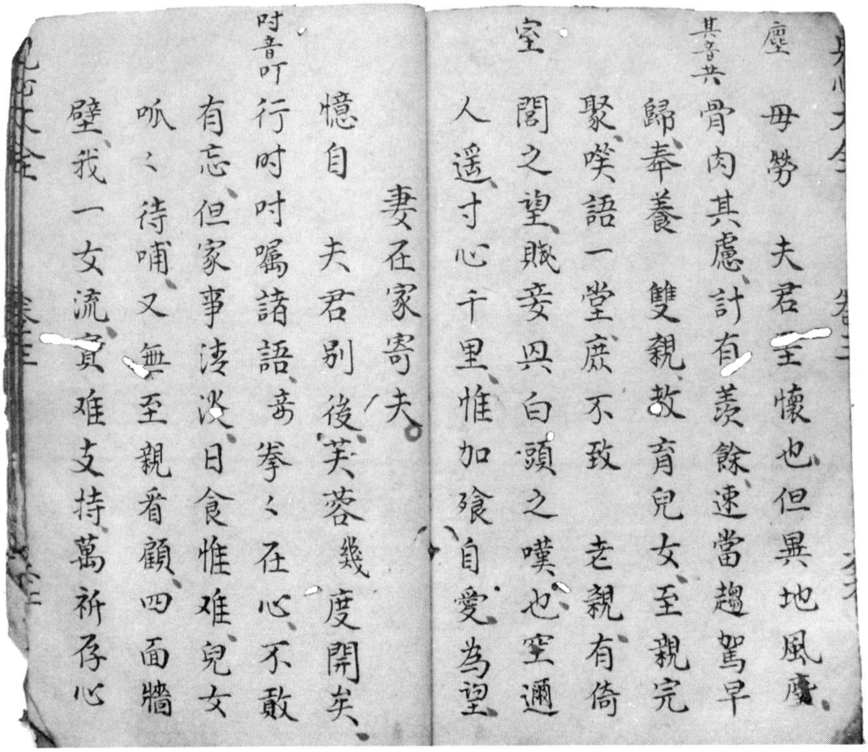
塵 母勢 夫君[illegible]懷也但異地風塵
其音共
骨肉其慮計有羨餘速當趨駕早
歸奉養 雙親教育兒女至親完
聚嘆語一堂庶不致 老親有倚
室 閭之望賤妾與白頭之嘆也室邇
人遙寸心千里惟加飧自愛為望

妻在家寄夫
憶自 夫君別後芙蓉幾度開矣
吋音叮
行吋吋囑諸語竒拳々在心不敢
有忘但家事淒淡日食惟难兒女
呱々待哺又無至親看顧四面牆
壁我一女流貧难支持萬祈存心

段莘乡官坑村 4-74 · 同治元年 · 书信活套簿 · 裘烈坤记

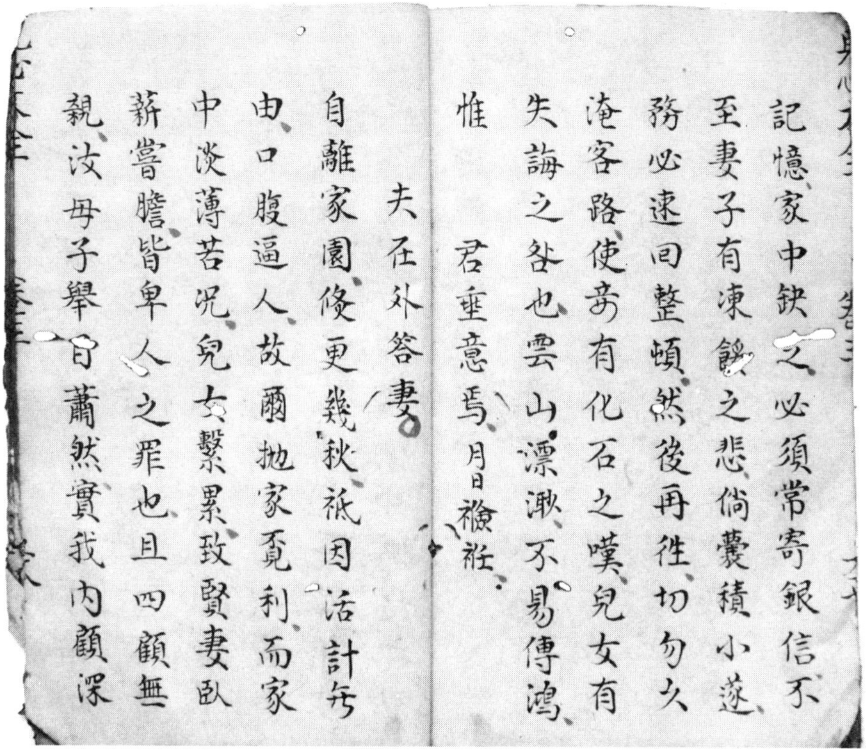
記憶家中缺之必須常寄銀信不
至妻子有凍餒之悲倘囊積小遂
務必速回整頓然後再往切勿久
淹客路使妻有化石之嘆兒女有
失誨之咎也雲山漂渺不易傳鴻
惟 君垂意焉 月日稟祈

夫在外答妻
自離家園倏更幾秋祗因活計[illegible]
由口腹逼人故爾拋家覓利而家
中淡薄苦況兒女繫累致賢妻臥
薪嘗膽皆卑人之罪也且四顧無
親汝母子舉目蕭然實我內顧深

段莘乡官坑村 4-75 · 同治元年 · 书信活套簿 · 裘烈坤记

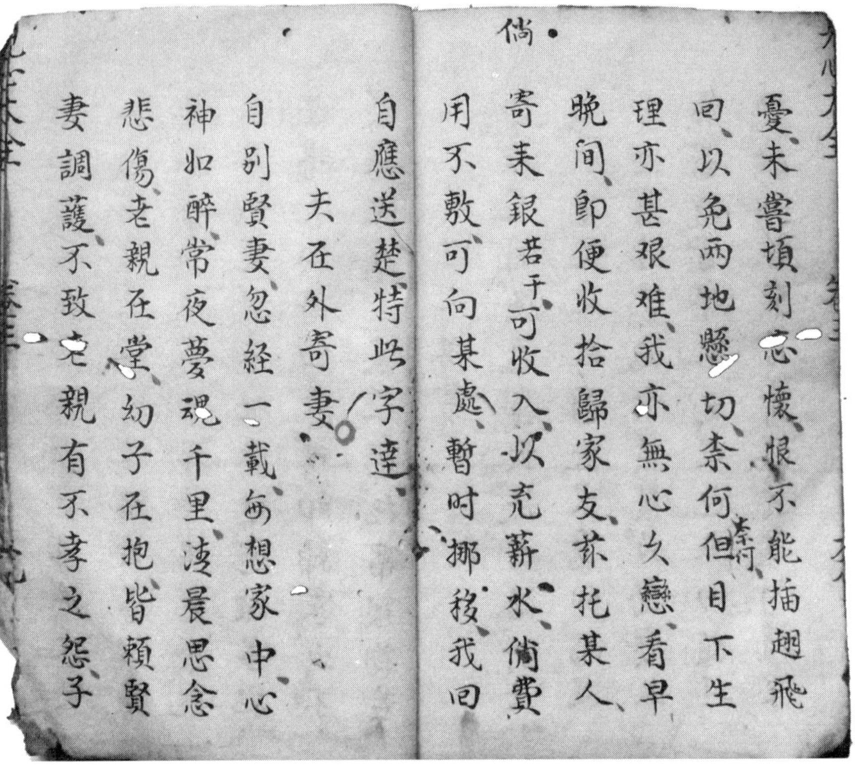

倘
憂未嘗頃刻忘懷恨不能插翅飛回以免兩地懸切奈何但目下生理亦甚艱难我亦無心久戀看早晚間即便收拾歸家支苏托某人寄來銀若干可收入以充薪水備費用不敷可向某處暫时挪移我回自應送楚特此字達

夫在外寄妻

自别賢妻忽經一載每想家中心神如醉常夜夢䰟千里凌晨思念悲傷老親在堂幼子在抱皆賴賢妻調護不致老親有不孝之怨子

段莘乡官坑村 4-76 · 同治元年 · 书信活套簿 · 裘烈坤记

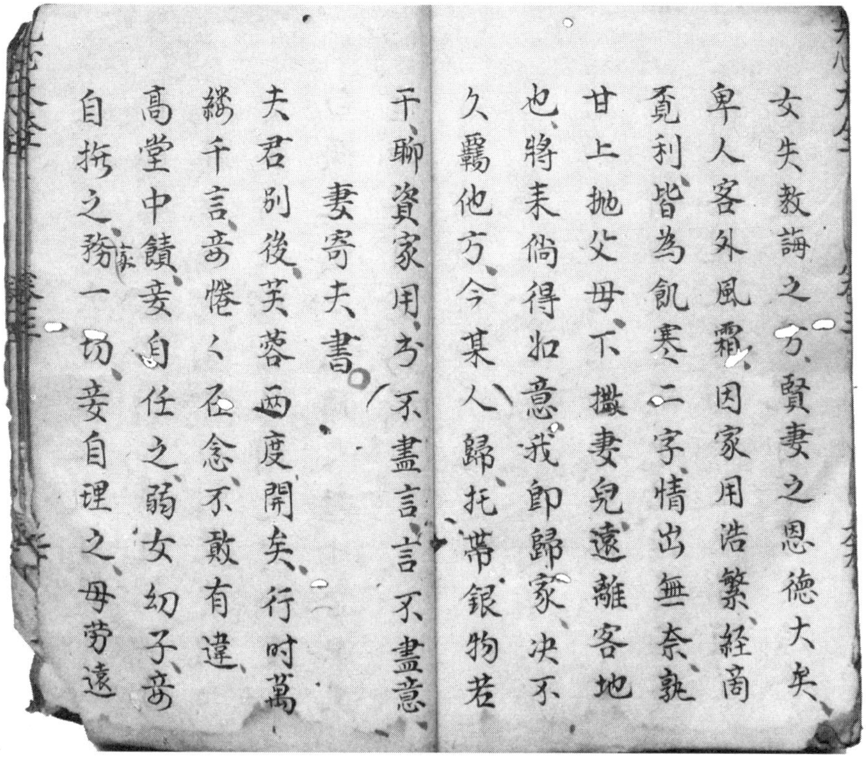
女失教誨之方，賢妻之恩德大矣。卑人客外風霜，因家用浩繁，經商覔利，皆為飢寒二字，情出無奈，孰甘上抛父母，下撇妻兒，遠離客地也。將来倘得如意，我即歸家，决不久羈他方。今某人歸，托帶銀物若干，聊資家用。书不盡言，言不盡意。

妻寄夫書

夫君別後，芙蓉兩度開矣。行时萬緒千言，妾惓惓在念，不敢有違。高堂中饋，妾自任之；弱女幼子，妾自拆之；務家一切，妾自理之。毋劳遠

段莘乡官坑村 4-77 · 同治元年 · 书信活套簿 · 裘烈坤记

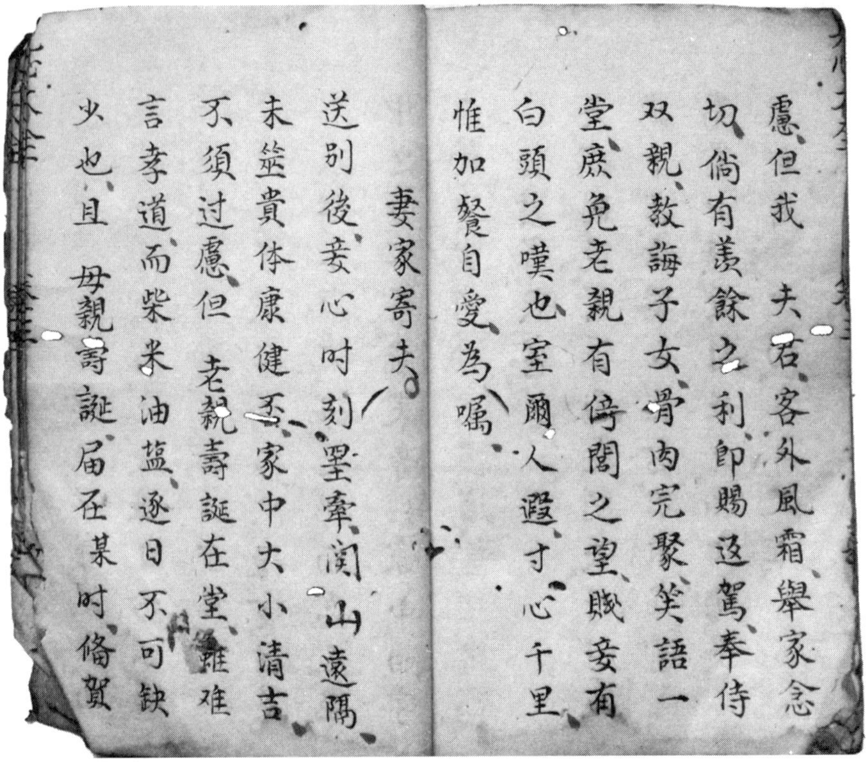
慮但我　夫君客外風霜舉家念
切倘有羨餘之利即賜返駕奉侍
双親教誨子女骨肉完聚笑語一
堂庶免老親有倚閭之望賤妾有
白頭之嘆也室爾人遐寸心千里
惟加餐自愛為囑

妻家寄夫

送別後妾心时刻罣牽関山遠隔
未筮貴体康健否家中大小清吉
不須过慮但　老親壽誕在堂雖难
言孝道而柴米油盐逐日不可缺
少也且　母親壽誕屆在某时備賀

段莘乡官坑村 4-78 · 同治元年 · 书信活套簿 · 裘烈坤记

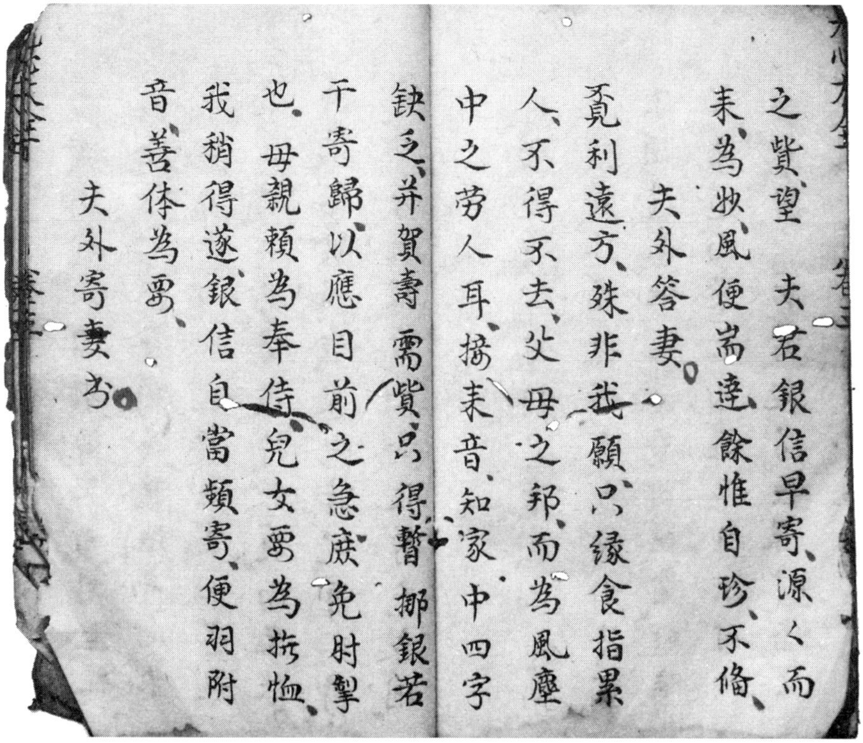
之貲望　夫若銀信早寄源〻而
来為收風便嵩達餘惟自珍不備
夫外答妻
覔利遠方殊非我願只缘食指果
人不得不去父母之郭而為風塵
中之劳人耳據来音知家中四字
缺乏并賀壽需貲只得暫挪銀若
干寄歸以應目前之急庶免肘掣
也母親賴為奉侍兒女要為抚恤
我稍得遂銀信自當頻寄便羽附
音善体為要
夫外寄妻书

段莘乡官坑村 4-79 · 同治元年 · 书信活套簿 · 裘烈坤记

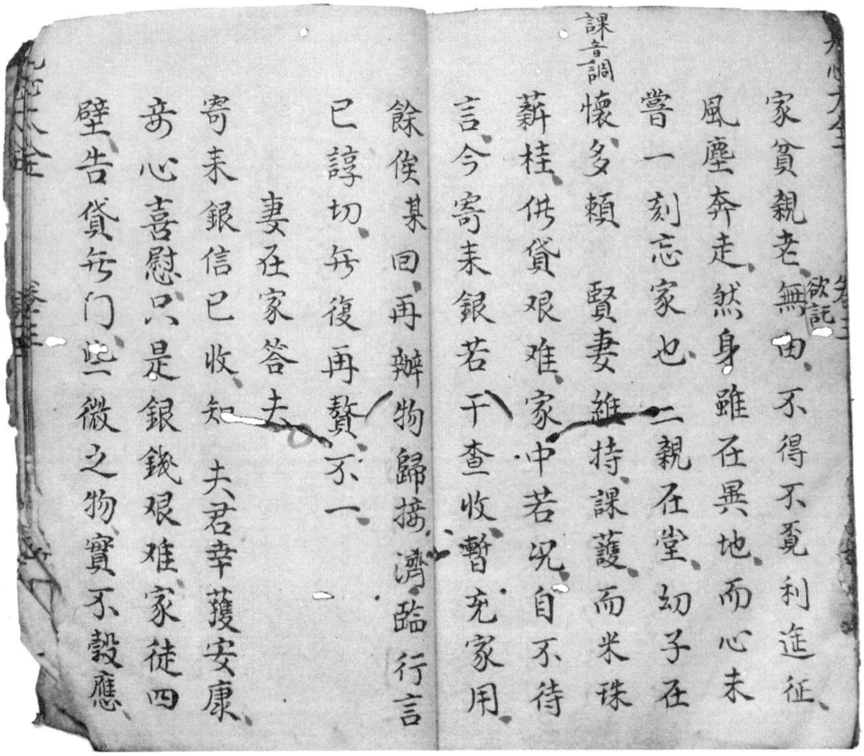

課音調

家貧親老無由不得不覓利遠征（欲記）
風塵奔走然身雖在異地而心未
嘗一刻忘家也 二親在堂幼子在
懷多賴 賢妻維持課護而米珠
薪桂供貸艱難家中若况自不待
言今寄來銀若干查收暫充家用
餘俟某回再辦物歸接濟臨行言
已諄切毋復再贅不一

妻在家答夫

寄來銀信已收知 夫君幸獲安康
吾心喜慰只是銀錢艱難家徒四
壁告貸無门些微之物實不穀應

段莘乡官坑村 4-80 · 同治元年 · 书信活套簿 · 裘烈坤记

苦

伏望設法續寄家用至於事舅
姑撫兒女此爲分內之事各盡其
道無煩夫君顧慮也餘情縷縷
筆不能盡
婆寄媳
老身一生命蹇自帰爾翁之門上
奉老親下撫子女不辭劳苦受盡
艱辛幸子成家冀圖安享餘年以
終吾老豈汝夫經营客外樂業他
方忽又撤去吾媳使老身左右無
依旦夕悲思我命何此之苦當此
暮年尚不能安汝翁又病衰不起

段莘乡官坑村 4-81 · 同治元年 · 书信活套簿 · 裘烈坤记

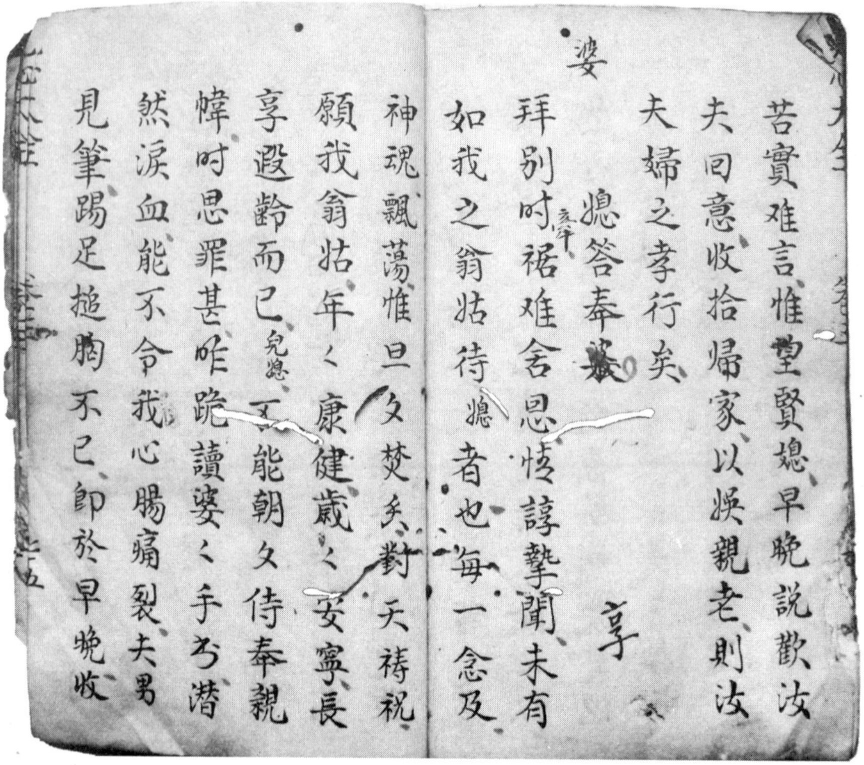
苦實难言惟望賢媳早晚説歡汝
夫回意收拾帰家以娯親老則汝
夫婦之孝行矣
媳答奉婆
享
婆
拜别时裾难舍恩情諄摯聞未有
如我之翁姑待媳者也每一念及
神魂飄蕩惟旦夕焚香對天祷祝
願我翁姑年々康健歳々安寧長
享遐齡而已兒媳又能朝夕侍奉親
幃时思罷甚昨跪讀婆々手書潜
然淚血能不令我心腸痛裂夫男
見筆踢足搥胸不已卽於早晚收

段莘乡官坑村 4-82 · 同治元年 · 书信活套簿 · 裘烈坤记

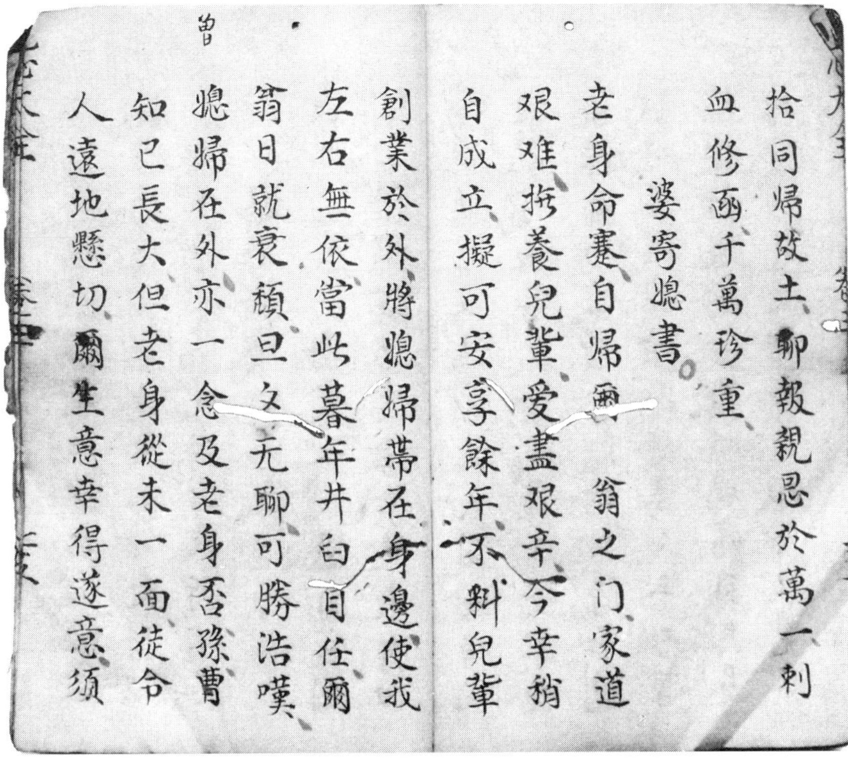

曾

拾同歸故土聊報親恩於萬一刺
血修函千萬珍重
婆寄媳書
老身命蹇自歸爾 翁之门家道
艰难拷養兒輩愛盡艰辛今幸稍
自成立擬可安享餘年不料兒輩
創業於外將媳歸帶在身邊使我
左右無依當此暮年井臼自任爾
翁日就衰頹旦夕无聊可勝浩嘆
媳歸在外亦一念及老身否孫曹
知已長大但老身從未一面徒令
人遠地懸切爾生意幸得遂意須

段莘乡官坑村 4-83 · 同治元年 · 书信活套簿 · 裘烈坤记

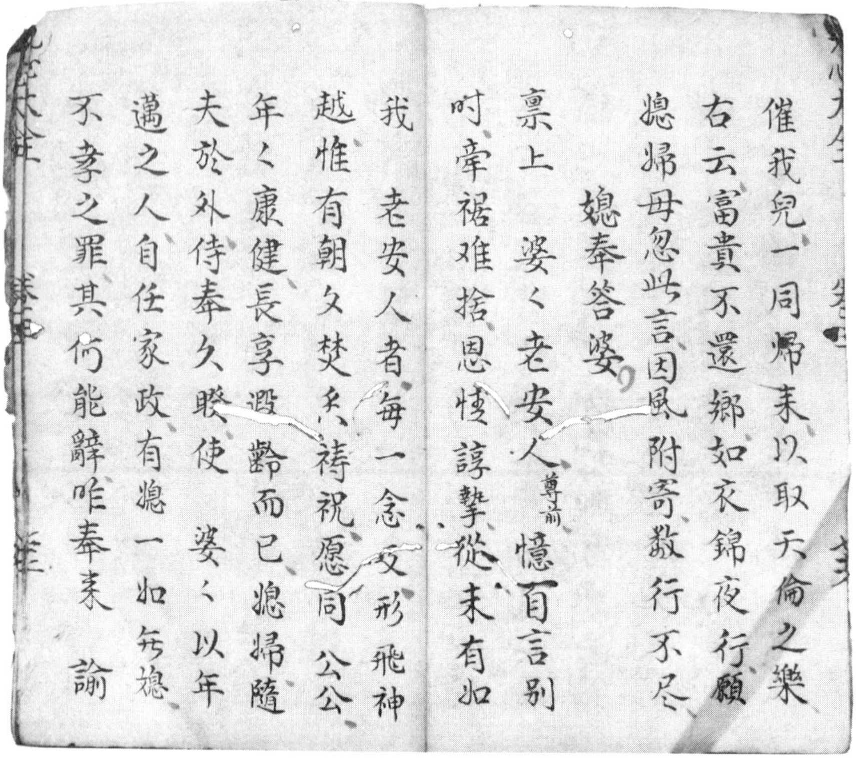

催我兒一同歸來以取天倫之樂
右云富貴不還鄉如衣錦夜行願
媳婦毋忽此言因風附寄數行不尽
媳奉答婆
稟上 婆々老安人尊前 憶自言別
时牽裾难捨恩情諄摯從未有如
我 老安人者每一念及形飛神
越惟有朝夕焚香祷祝愿同 公公
年々康健長享遐齡而已媳婦隨
夫於外侍奉久睽使 婆々以年
邁之人自任家政有媳一如無媳
不孝之罪其何能辭唯奉來 諭

段莘乡官坑村 4-84 · 同治元年 · 书信活套簿 · 裘烈坤记

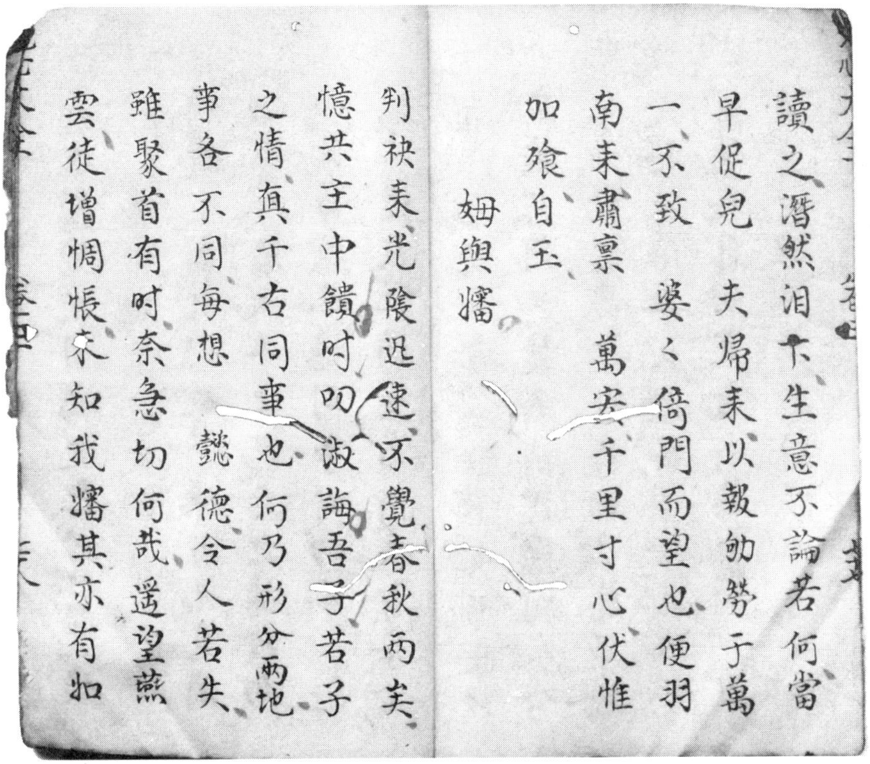
讀之潸然泪下生意不論若何當
早促兒夫歸来以報劬勞于萬
一不致 婆〻倚門而望也便羽
南来肅禀 萬安千里寸心伏惟
加飧自玉
姆與嬸

判袂来光陰迅速不覺春秋兩矣
憶共主中饋时叨淑誨吾子若子
之情真千古同事也何乃形分兩地
事各不同每想 懿德令人若失
雖聚首有时奈急切何哉遥望燕
雲徒增惆悵不知我嬸其亦有如

段莘乡官坑村 4-85 · 同治元年 · 书信活套簿 · 裘烈坤记

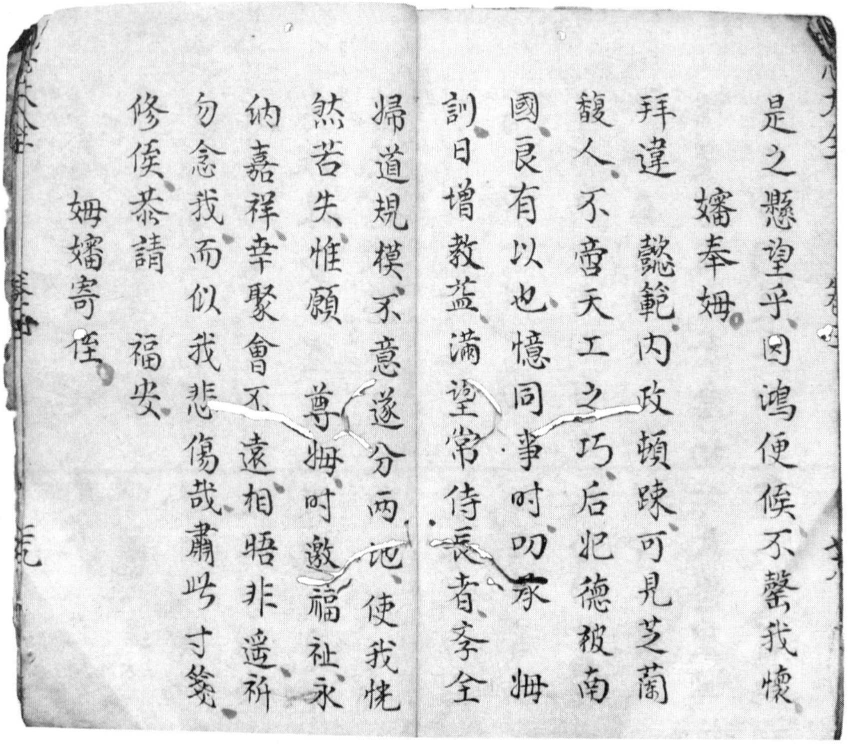
是之懸望乎因鴻便候不罄我懷
壻奉姆
拜違　懿範内孜頓踈可見芝蘭
馥人不啻天工之巧后妃德被南
國良有以也憶同事吋叨家　姆
訓日增教益滿望常侍長者夸全
歸道規模不意遂分兩地使我恍
然若失惟願　尊姆时邀福祉永
納嘉祥幸聚會不遠相晤非遥祈
匀念我而似我悲傷哉肅此寸箋
修候恭請　福安
姆壻寄侄

段莘乡官坑村 4-86 · 同治元年 · 书信活套簿 · 裘烈坤记

字啟某侄英杲自汝（叔伯）不幸之後忽已幾載矣失志冰操克盡婦道拆鞠汝弟今幸長成則無愧汝（叔伯）于九原矣我之所不放心者未與汝弟謀娶一室甚為懸念然饔餐尚急何暇思（及）至此徒自一嘆耳倘先人有靈祐汝弟運通利達再得賢侄竭力一助汝弟則有家矣便鴻附達不盡欲言

侄奉侮瀋

侄某叩稟（叔伯）母大人（尊前）因侄命蹇致傷骨肉令我悲哀腸斷痛何忍

段莘乡官坑村 4-87 · 同治元年 · 书信活套簿 · 裘烈坤记

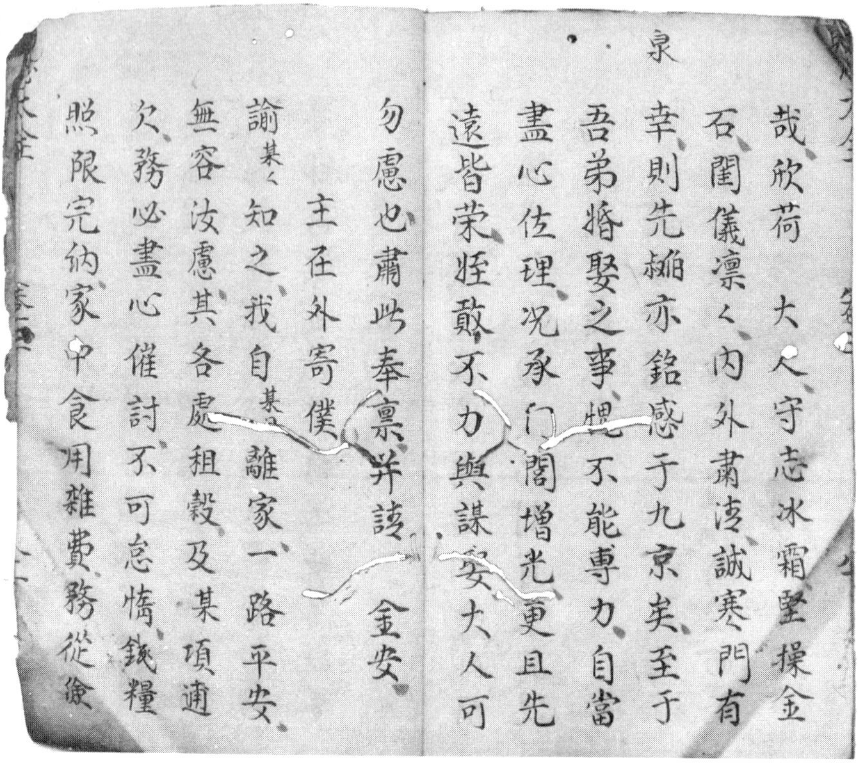
泉
哉欣荷 大人守志冰霜堅操金
石閨儀凛々内外肅清誠寒門有
幸則先絈亦銘感于九京矣至于
吾弟婚娶之事愧不能專力自當
盡心佐理况承门閭增光更且先
遠皆荣姪敢不力與謀安大人可
勿慮也肅此奉禀并請 金安

主在外寄僕
諭某々知之我自某日離家一路平安
無容汝慮其各處租穀及某項逋
欠務必盡心催討不可怠惰錢糧
照限完納家中食用雜費務從儉

段莘乡官坑村 4-88 · 同治元年 · 书信活套簿 · 裘烈坤记

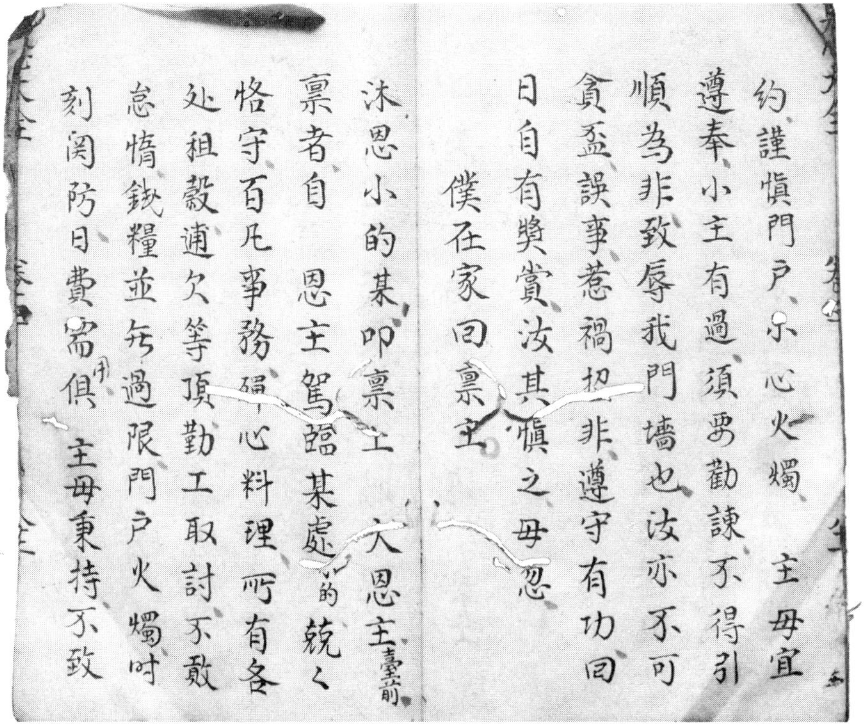
約謹慎門戶小心火燭　主母宜
遵奉小主有過須要勸諫不得引
順為非致辱我門墻也汝亦不可
貪盃誤事惹禍招非遵守有功回
日自有獎賞汝其慎之毋忽
僕在家回稟主
沐恩小的某叩稟大恩主臺前
稟者自　恩主駕蹈某處的兢々
恪守百凡事務竭心料理所有各
处祖穀逋欠等項勤工取討不敢
怠惰鉄糧並無過限門戶火燭時
刻関防日費需用俱　主母秉持不致

段莘乡官坑村 4-89 · 同治元年 · 书信活套簿 · 裘烈坤记

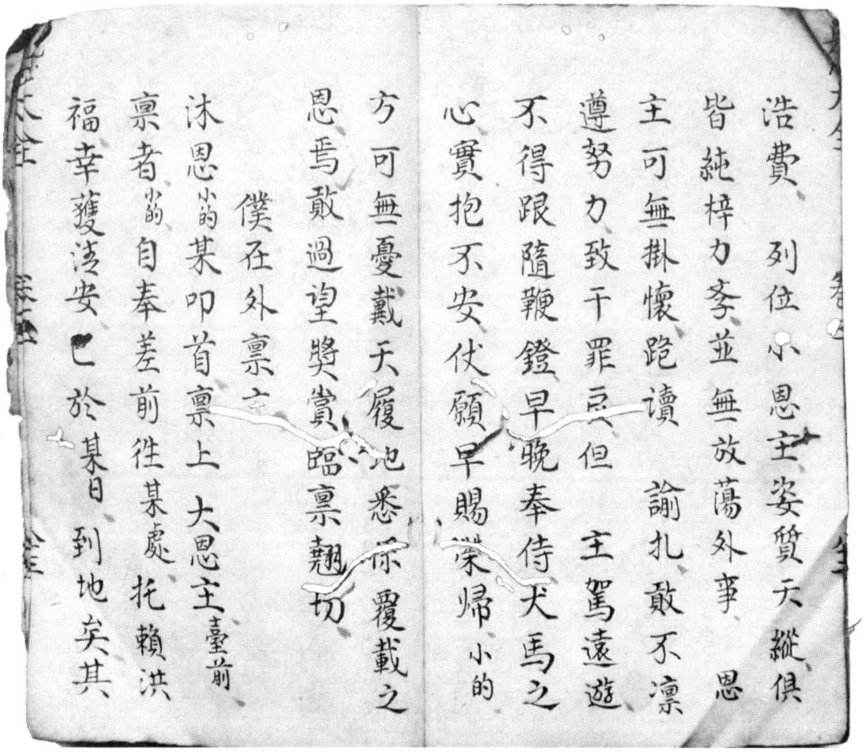

浩費 列位小恩主姿質天縱俱
皆純梓力孝並無放蕩外事 恩
主可無掛懷跪讀 諭扎敢不凜
遵努力致干罪戾但 主駕遠遊
不得跟隨鞭鐙早晚奉侍犬馬之
心實抱不安伏願早賜榮帰小的
方可無憂戴天履地悉原覆載之
恩焉敢過望奬賞臨稟翹切
僕在外稟安
沐恩小的某叩首稟上 大恩主臺前
稟者小的自奉差前往某處托賴洪
福幸獲清安已於某日到地矣其

段莘乡官坑村 4-90 · 同治元年 · 书信活套簿 · 裘烈坤记

各項所欠銀两俱已湊楚惟有某人
处尚未完结所有應辦之事俱遵
命陸續料理將次明白旦夕間候
某項湊楚某事云云即可以帰家復
命矣僕媳僕男伏乞时加恩恤披
肝獻胆自當克盡勤勞以便肅禀
叩請　金安併請　主母及列位
相公福祉不勝悚惶之至
　主在家與僕
示某知悉自命汝到某处　辦買物
件及取討各項賬目起身之後我
心甚懸得汝来禀知汝云云方慰我

段莘乡官坑村 4-91 · 同治元年 · 书信活套簿 · 裘烈坤记

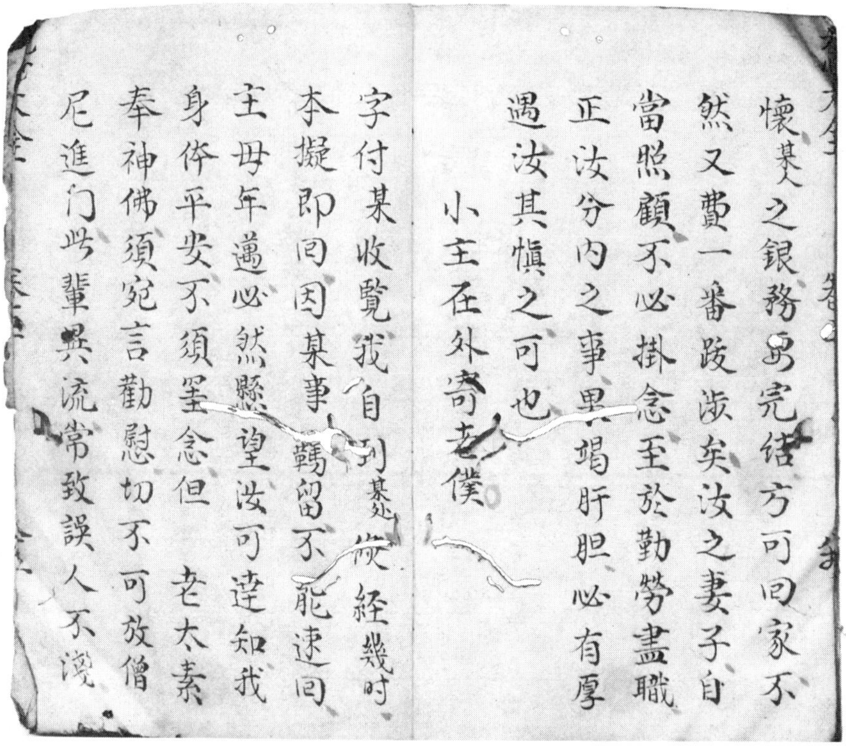
懷某人之銀務要完結方可回家不
然又費一番跋涉矣汝之妻子自
當照顧不必掛念至於勤勞盡職
正汝分內之事果竭肝胆必有厚
遇汝其慎之可也
小主在外寄老僕
字付某收覽我自到某處經幾时
本擬即回因某事羈留不能速回
主母年邁必然懸望汝可達知我
身体平安不須罣念但老太素
奉神佛須究言勸慰切不可放僧
尼進门些輩異流常致誤人不淺

段莘乡官坑村 4-92 · 同治元年 · 书信活套簿 · 裘烈坤记

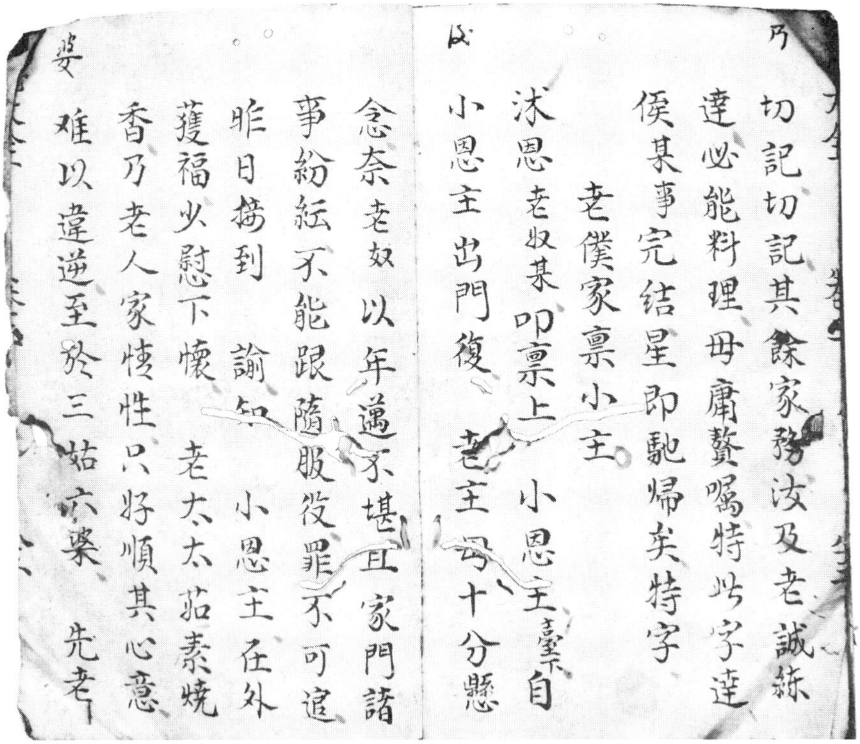

乃
切記切記其餘家務汝及老誠練
達必能料理毋庸贅囑特此字達
俟某事完结星即馳帰矣特字
　老僕家禀小主
沐恩老奴某叩禀上　小恩主臺下自
小恩主出門復　老主母十分懸
念奈老奴以年邁不堪且家門諸
事紛紜不能跟隨服役罪不可逭
昨日接到　諭知　小恩主在外
獲福必慰下懷　老太太茹素燒
香乃老人家情性只好順其心意
难以違逆至於三姑六婆　先老

段莘乡官坑村 4-93 · 同治元年 · 书信活套簿 · 裘烈坤记

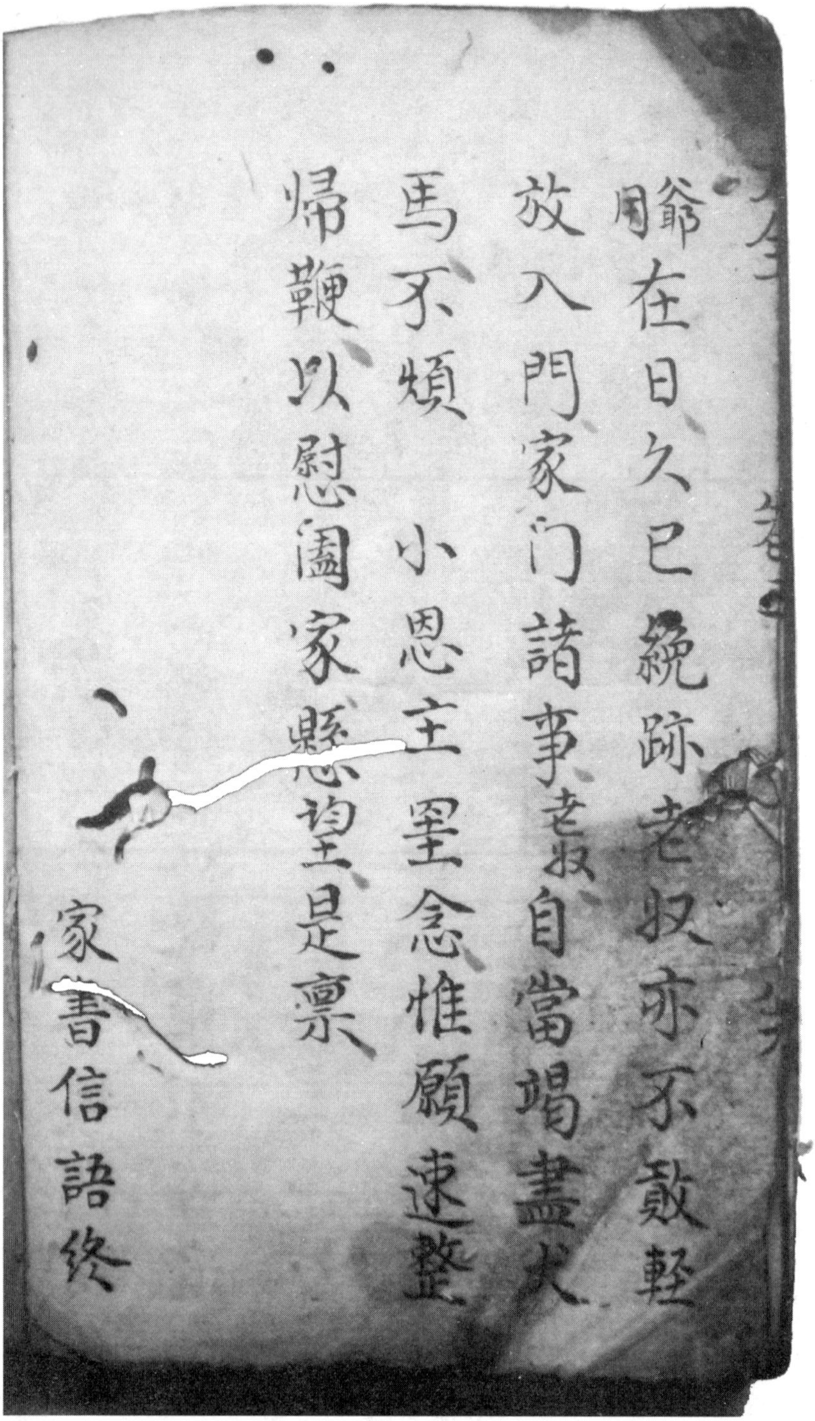

周爺在日久已絕跡老奴亦不敢輕
放入門家门諸事老叔自當竭盡犬
馬不煩小恩主罣念惟願速整
歸鞭以慰闔家懸望是禀

家書信語終

段莘乡官坑村 4-94 · 同治元年 · 书信活套簿 · 裘烈坤记

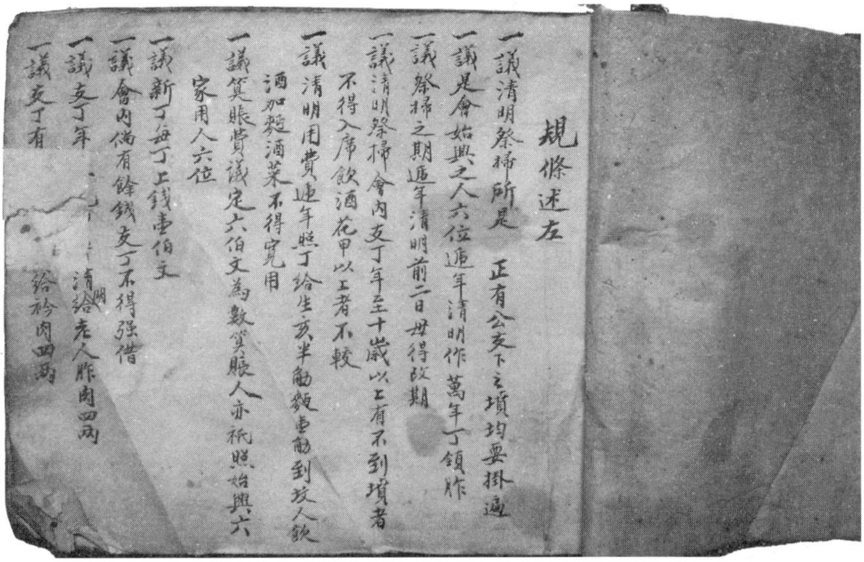

規條述左

一議清明祭掃所是　正有公支下之墳均要掛遍

一議是會始興之人六位逓年清明作萬年丁領胙

一議祭掃之期逓年清明前二日毋得改期

一議清明祭掃會內支丁年至十歲以上有不到墳者
不得入席飲酒花甲以上者不較

一議清明用費逓年照丁給生豕半觔麪壹觔到墳人飲
酒加麪酒菜不得寬用

一議算賬費議定六伯文為數算賬人亦祇照始興六
家用人六位

一議新丁每丁上錢壹伯文

一議會內備有餘錢支丁不得强借

一議支丁年　　清明給老人胙肉四兩

一議支丁有　　給衿肉四兩

段莘乡官坑村 12-1 · 光绪二年至三十一年 · 流水账

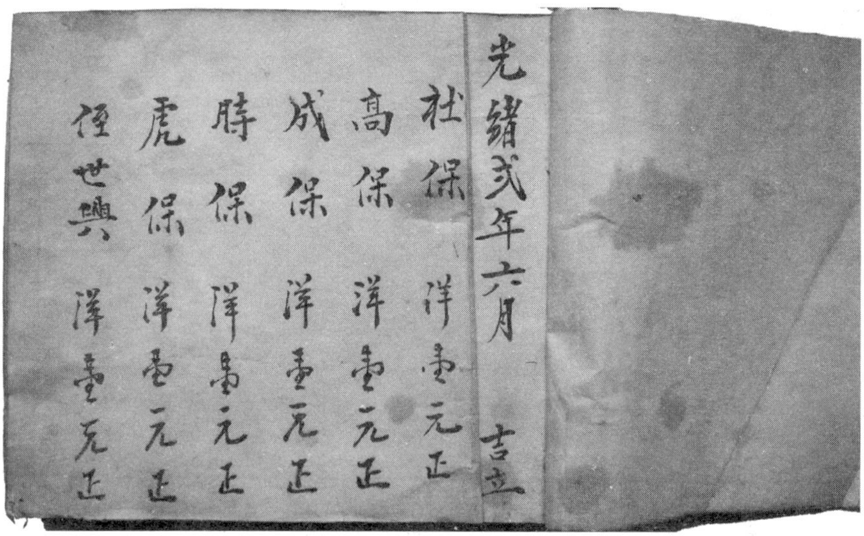
光绪弍年六月　吉立
社保　洋壹元正
高保　洋壹元正
成保　洋壹元正
時保　洋壹元正
虎保　洋壹元正
徑世興　洋壹元正

段莘乡官坑村 12-2 · 光绪二年至三十一年 · 流水账

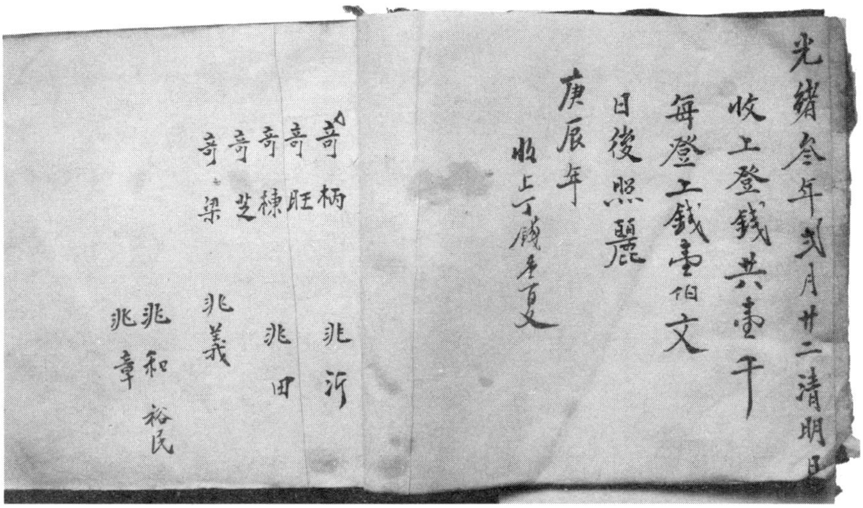
光緒叁年弍月廿二清明日
收工登钱共壹千
每登工錢壹伯文
日後照麗
庚辰年
收上千减壹百文
奇柄 兆沂
奇旺 兆田
奇棟
奇芝 兆義
奇梁 兆和 兆章 裕民

段莘乡官坑村 12-3・光绪二年至三十一年・流水账

光緒六年收兆和長子丁錢壹伯文
光緒壬年牧奇枝長子丁錢壹百文
光緒十二年收兆和次子丁錢壹佰文
光緒又收兆義長子丁錢壹伯文
光緒西年收兆和三子丁錢壹伯文
收兆沂長子丁壹伯文
光緒十五年收奇枝次子丁錢壹伯文
光緒支年收兆田長子丁壹伯文
光緒十九年收兆沂次子丁錢可文
廿六年和兆義次子丁錢甲文

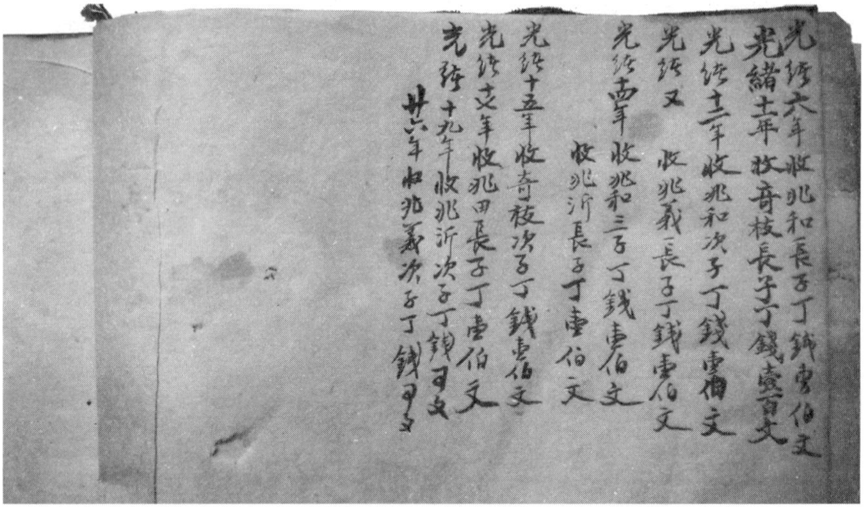

段莘乡官坑村 12-4·光绪二年至三十一年·流水账

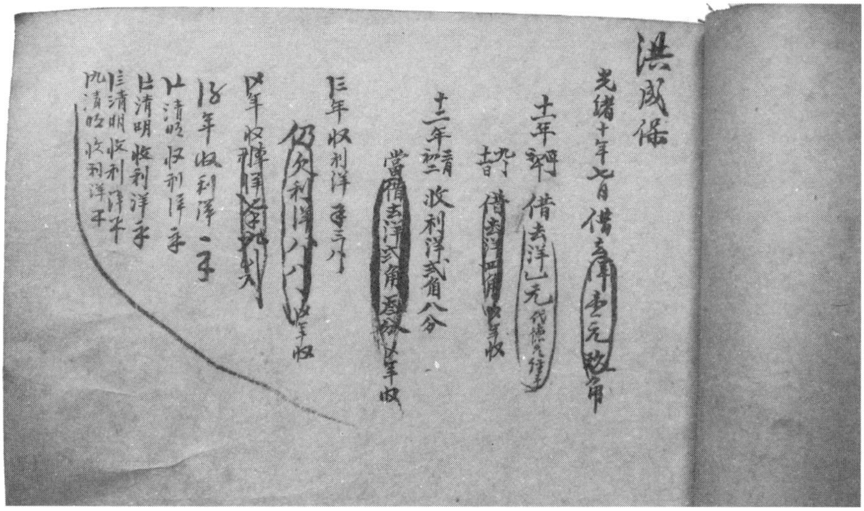

段莘乡官坑村 12-5 · 光绪二年至三十一年 · 流水账

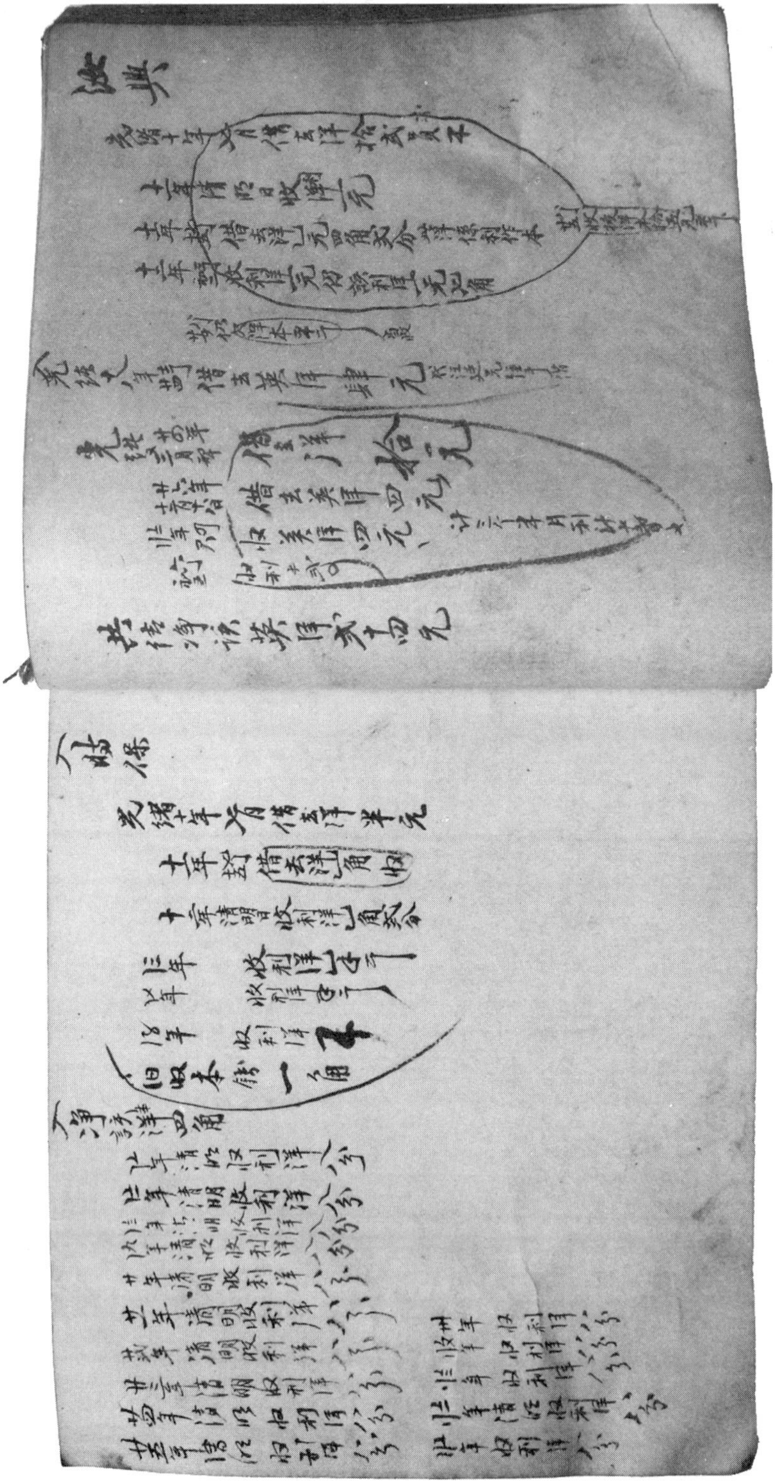

段莘乡官坑村 12-6 · 光绪二年至三十一年 · 流水账

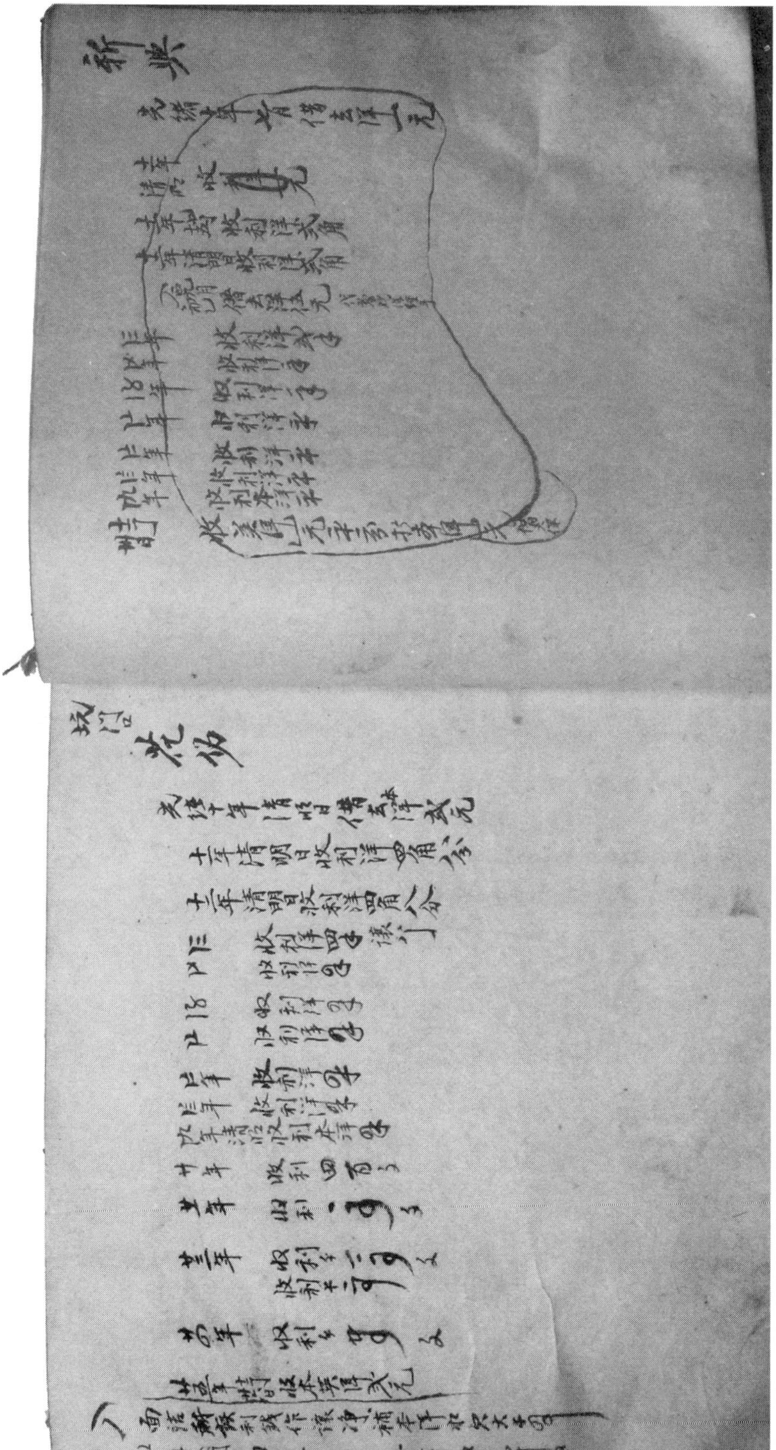

段莘乡官坑村 12-7 · 光绪二年至三十一年 · 流水账

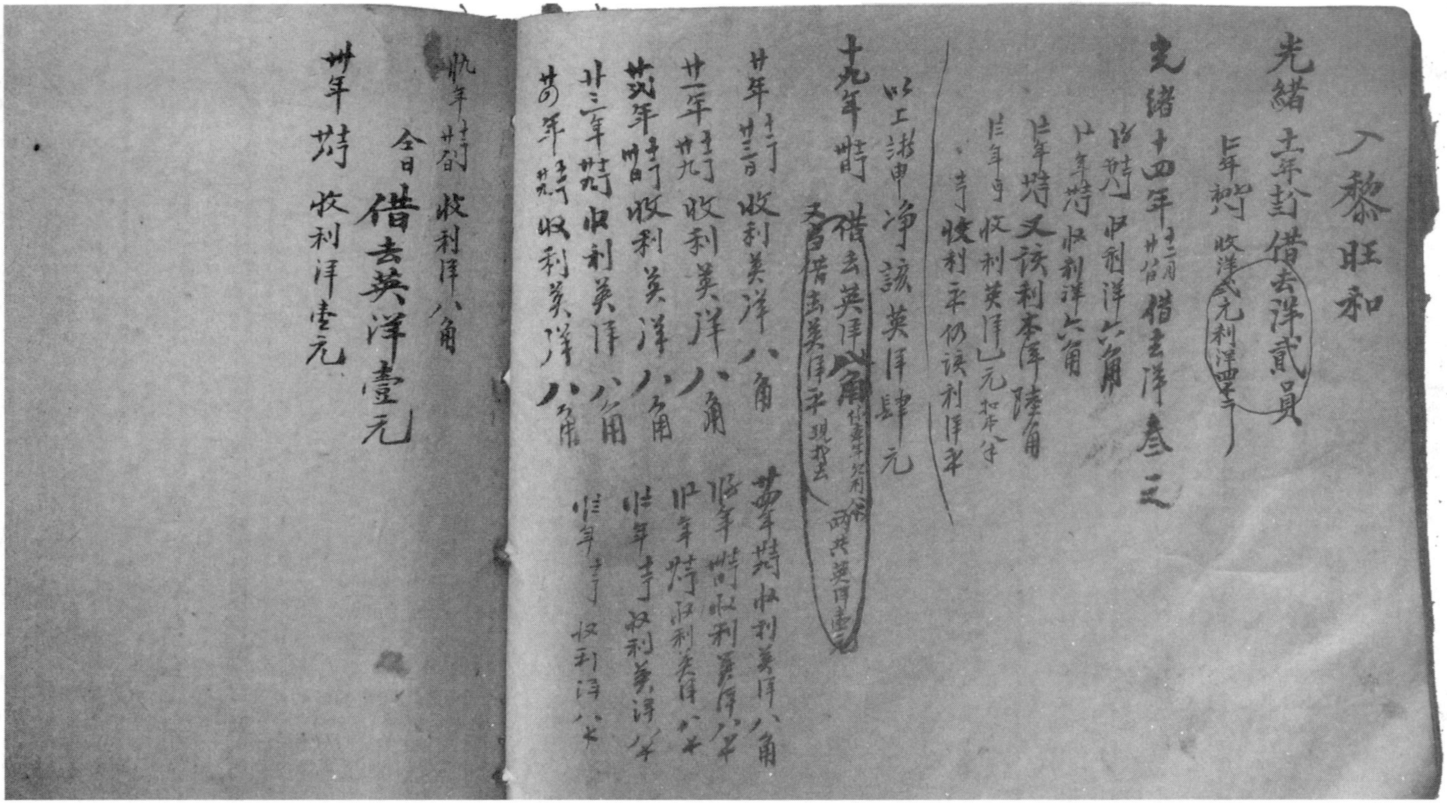

段莘乡官坑村 12-8 · 光绪二年至三十一年 · 流水账

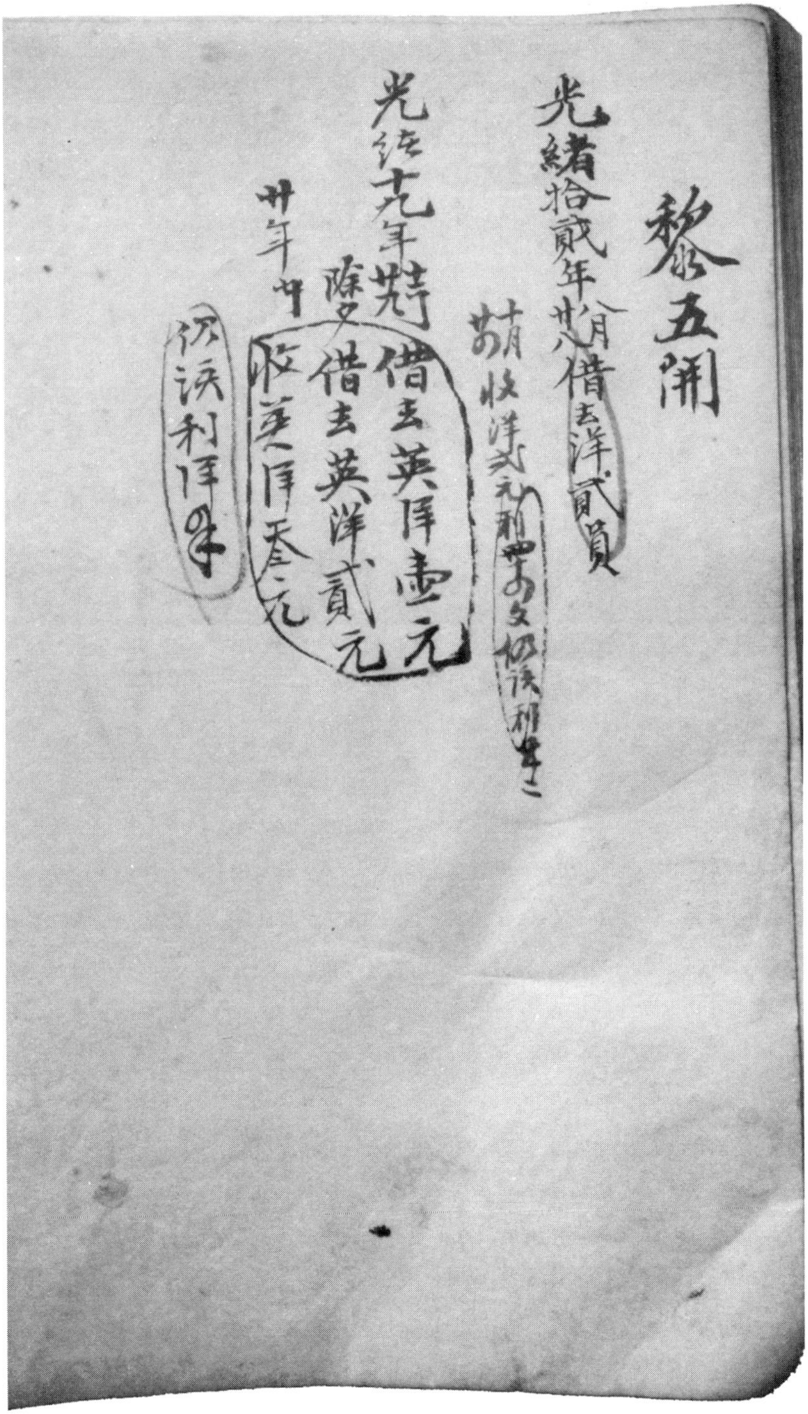
黎五開
光緒拾貳年廿八月借去洋貳員
廿九年十月收洋弍元利廿年又收清利洋三
光緒十九年特借去英洋壹元
陳又借去英洋貳元
廿年中收英洋叁元
收清利洋半

段莘乡官坑村 12-9 · 光绪二年至三十一年 · 流水账

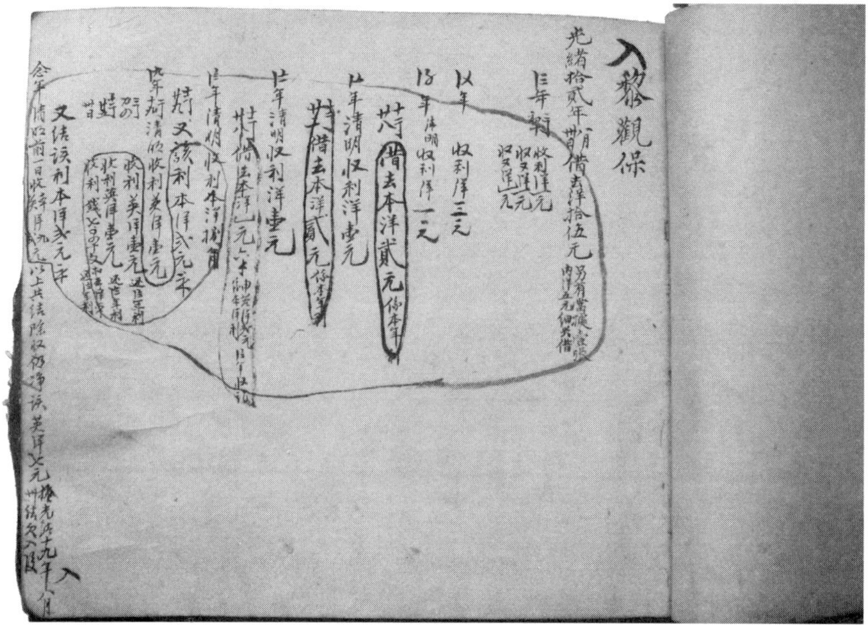

段莘乡官坑村 12-10 · 光绪二年至三十一年 · 流水账

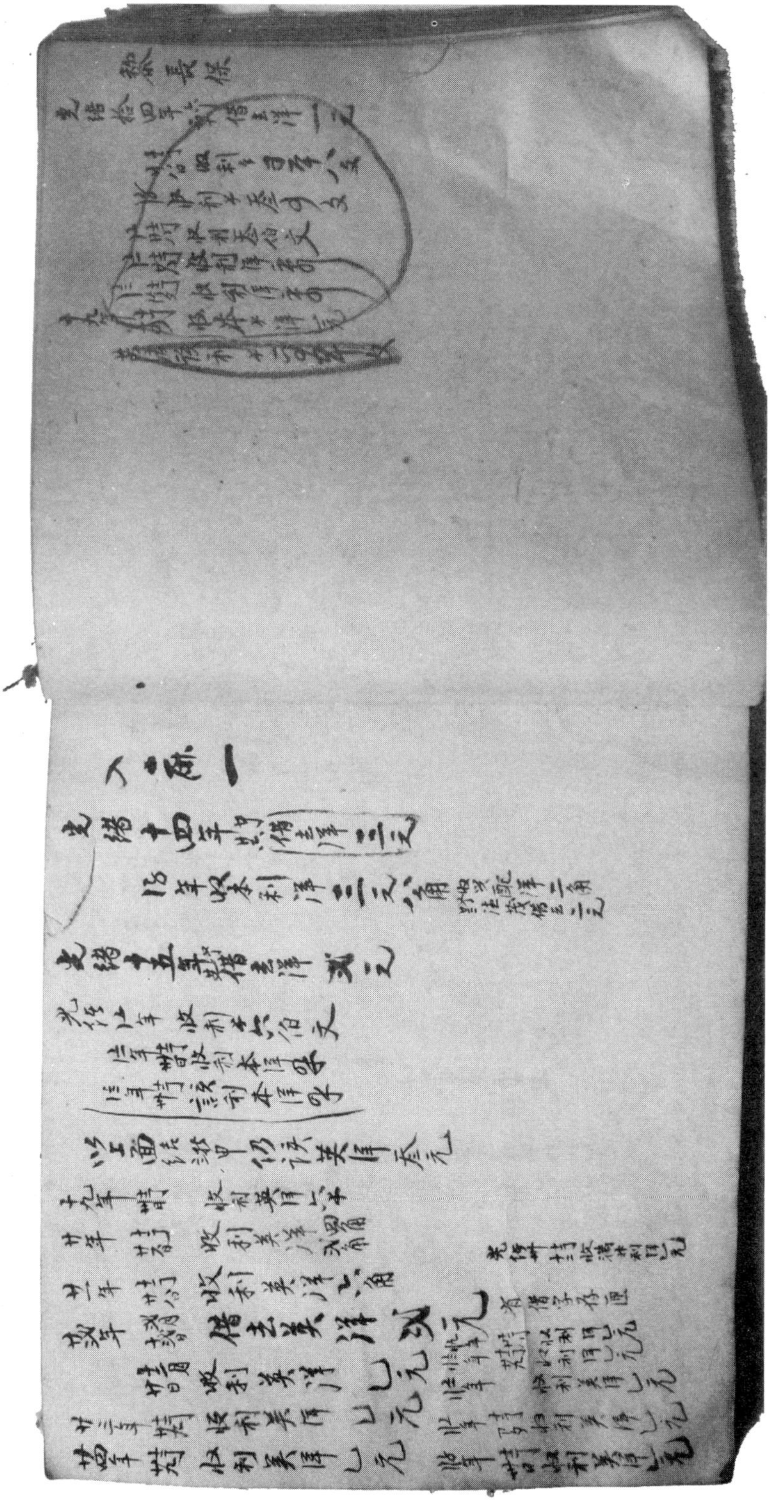

段莘乡官坑村 12-11 · 光绪二年至三十一年 · 流水账

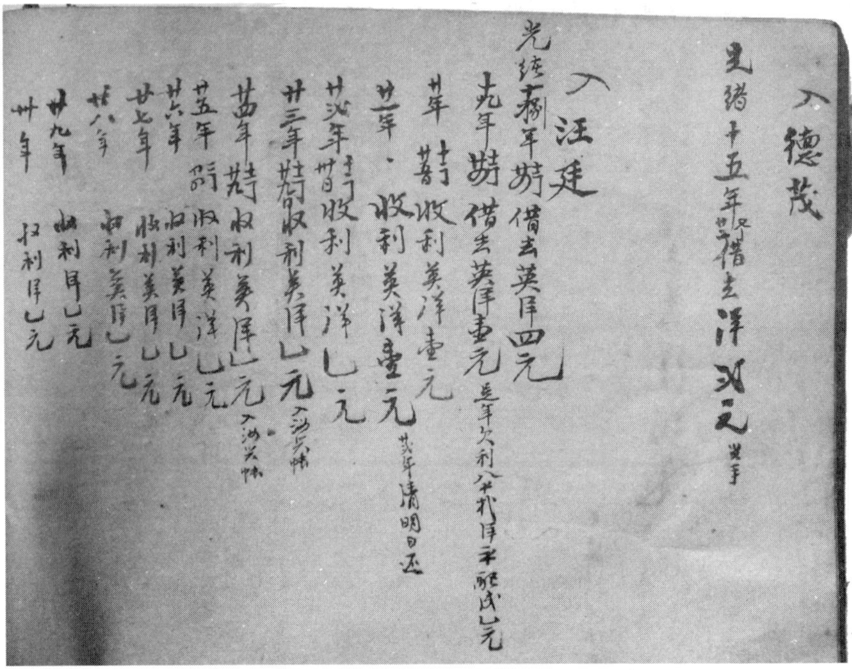

入 德茂

光绪十五年[illegible]借去洋[illegible]元 [illegible]

入 汪廷

光绪[illegible]年[illegible]借去英洋四元

[illegible]年[illegible]借去英洋壹元 是年欠利[illegible]

廿年 [illegible]收利英洋壹元

廿一年 收利英洋壹元 [illegible]清明日还

廿二年[illegible]收利英洋[illegible]元

廿三年[illegible]收利英洋[illegible]元 [illegible]

廿四年[illegible]收利英洋[illegible]元 [illegible]

廿五年[illegible]收利英洋[illegible]元

廿六年 收利英洋[illegible]元

廿七年 收利英洋[illegible]元

廿八年 收利英洋[illegible]元

廿九年 收利洋[illegible]元

卅年 收利洋[illegible]元

段莘乡官坑村 12-12 · 光绪二年至三十一年 · 流水账

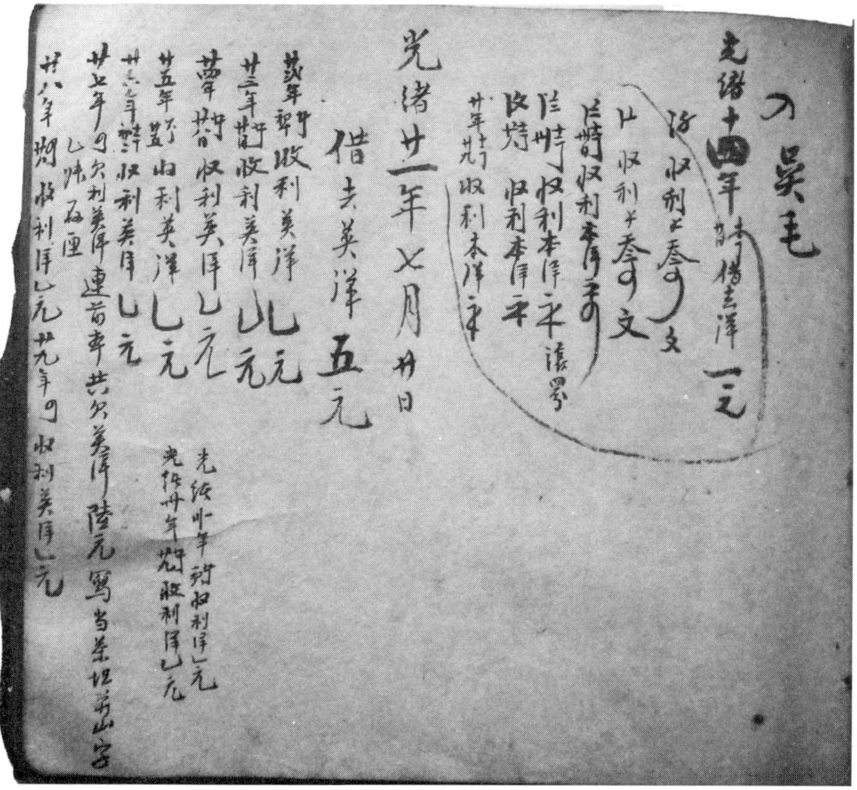
刀吴毛
光绪十四年[illegible]借去洋 一元
除收利[illegible]文
又收利[illegible]文
[illegible]收利本洋[illegible]
[illegible]收利本洋[illegible]
[illegible]收利本洋[illegible]
廿年[illegible]收利本洋[illegible]
光绪廿一年七月廿日
借去英洋五元
[illegible]收利英洋[illegible]元
廿三年[illegible]收利英洋[illegible]元
[illegible]收利英洋[illegible]元
廿五年[illegible]收利英洋[illegible]元
廿六年[illegible]收利英洋[illegible]元
廿七年[illegible]欠利英洋连前本共欠英洋陆元写当[illegible]字
[illegible]
廿八年[illegible]收利洋[illegible]元 廿九年[illegible]收利英洋[illegible]元
光绪卅年[illegible]收利洋[illegible]元
光绪卅年[illegible]收利洋[illegible]元

段莘乡官坑村 12-13 · 光绪二年至三十一年 · 流水账

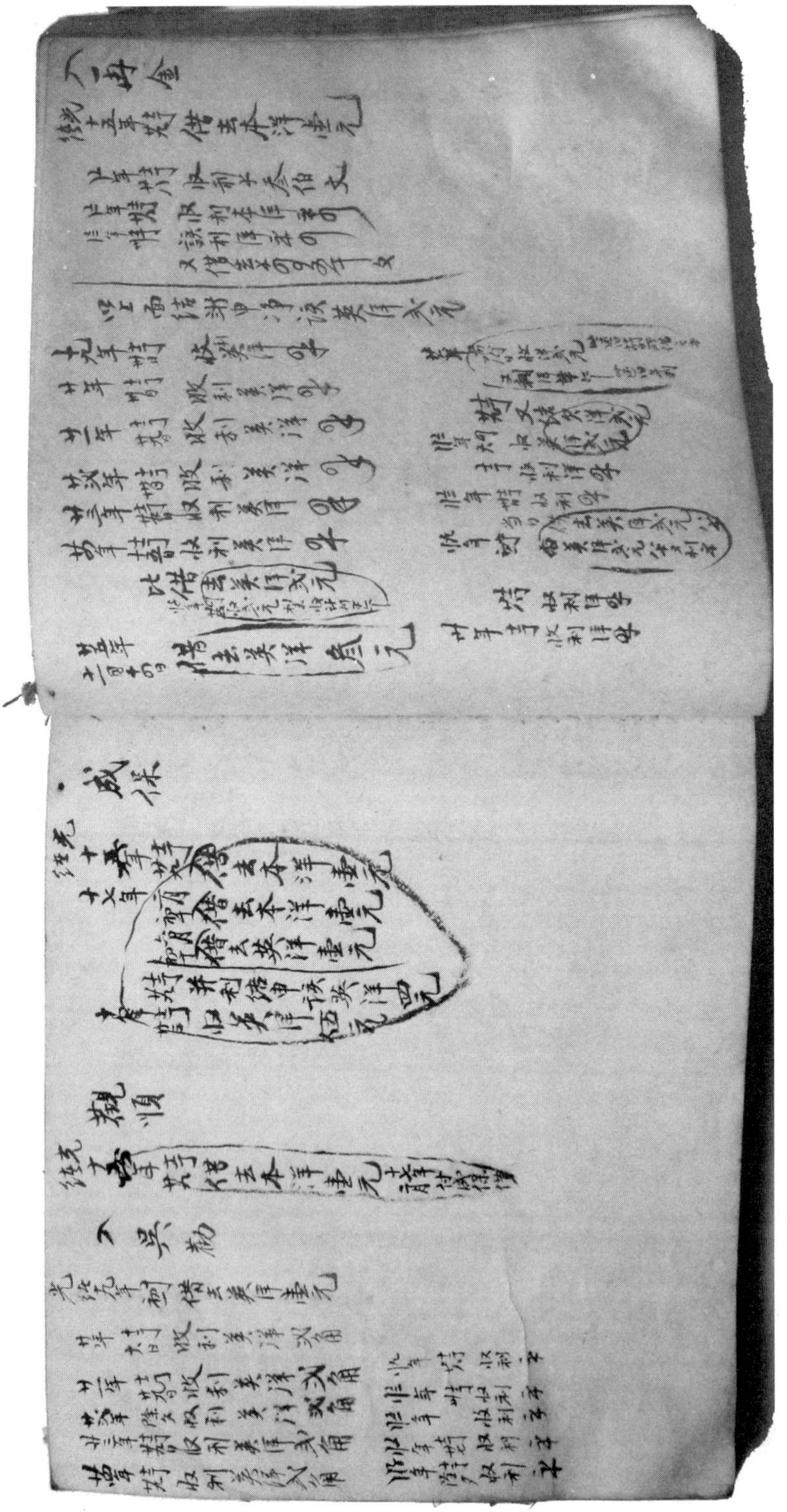

段莘乡官坑村 12-14 · 光绪二年至三十一年 · 流水账

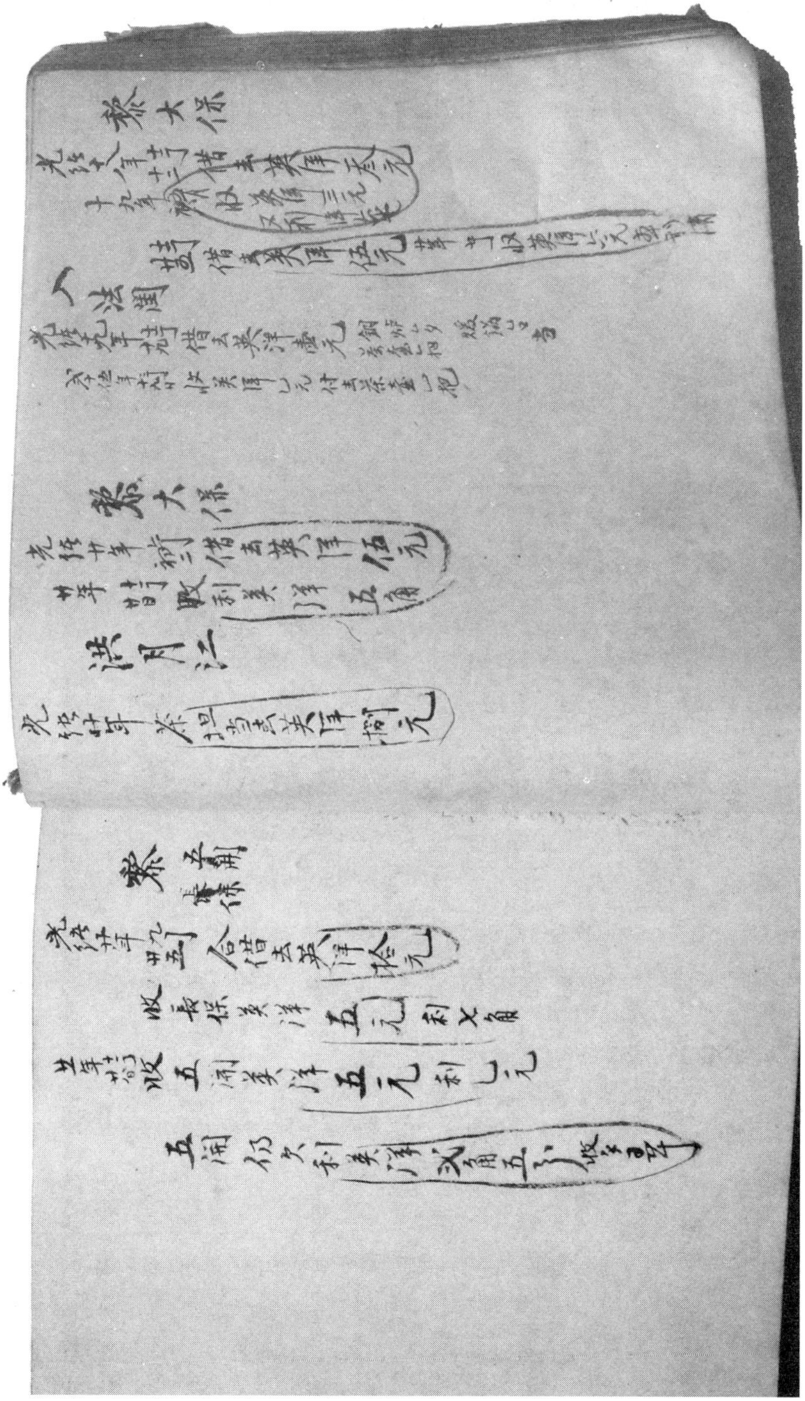

段莘乡官坑村 12-15 · 光绪二年至三十一年 · 流水账

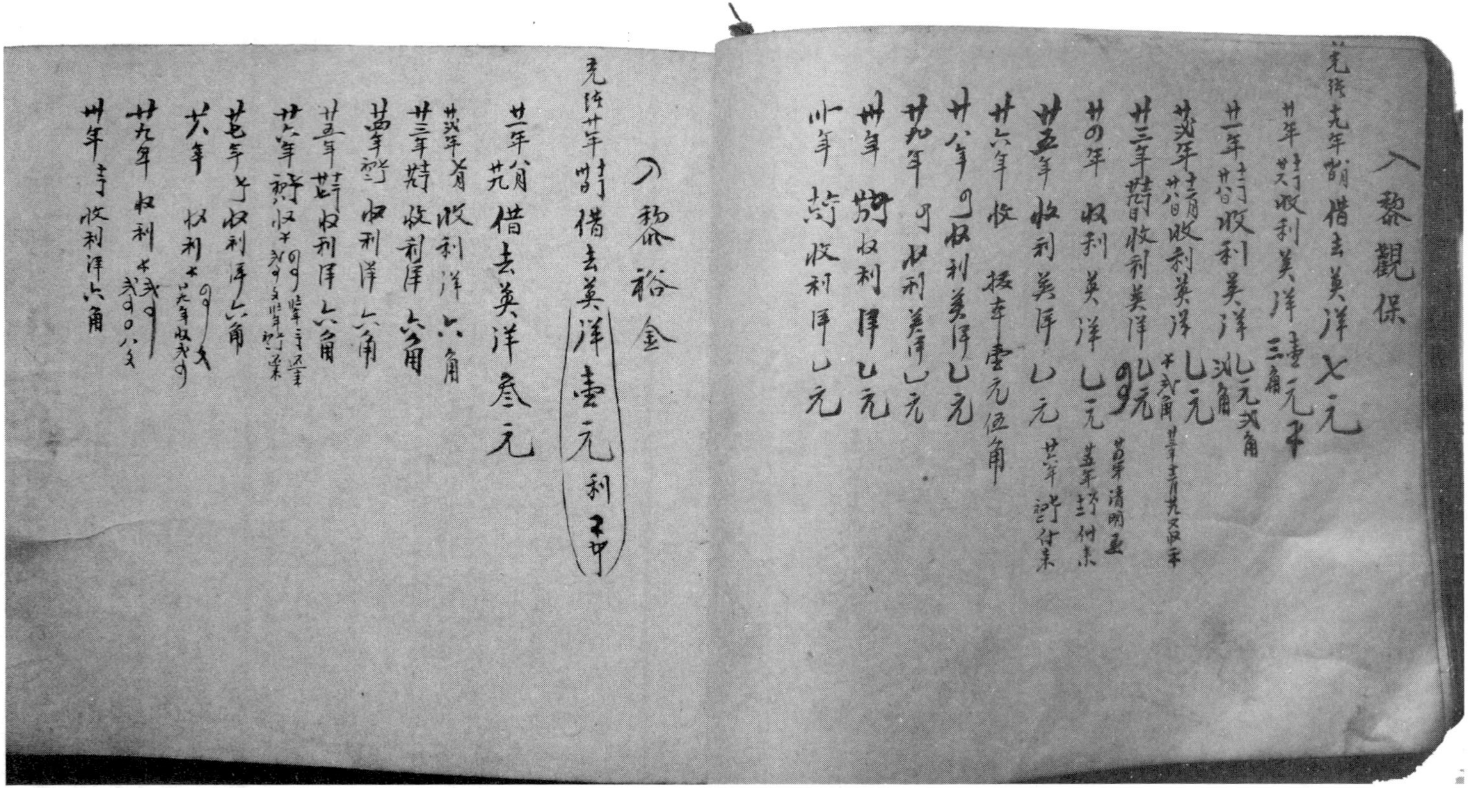

段莘乡官坑村 12-16・光绪二年至三十一年・流水账

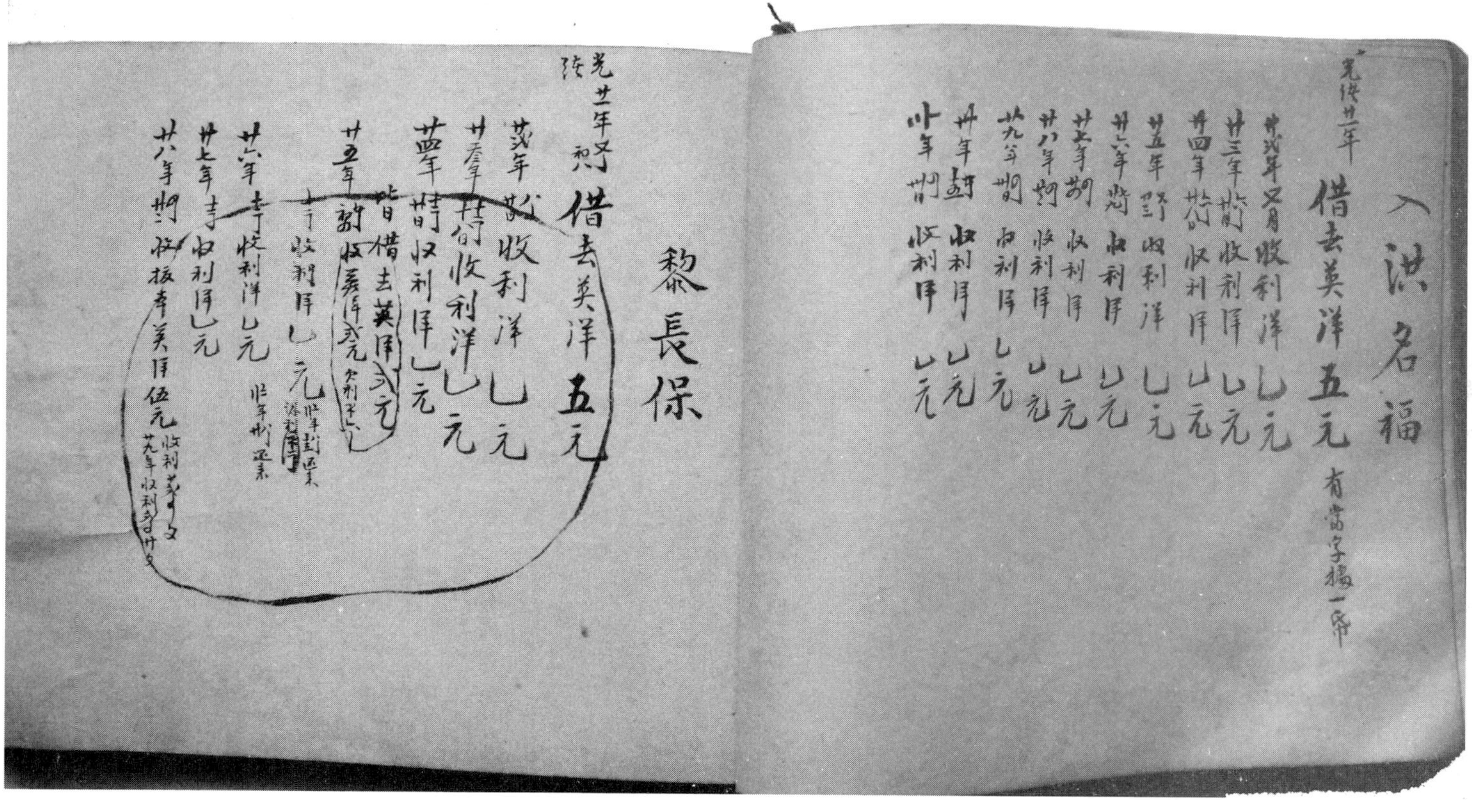

段莘乡官坑村 12-17 · 光绪二年至三十一年 · 流水账

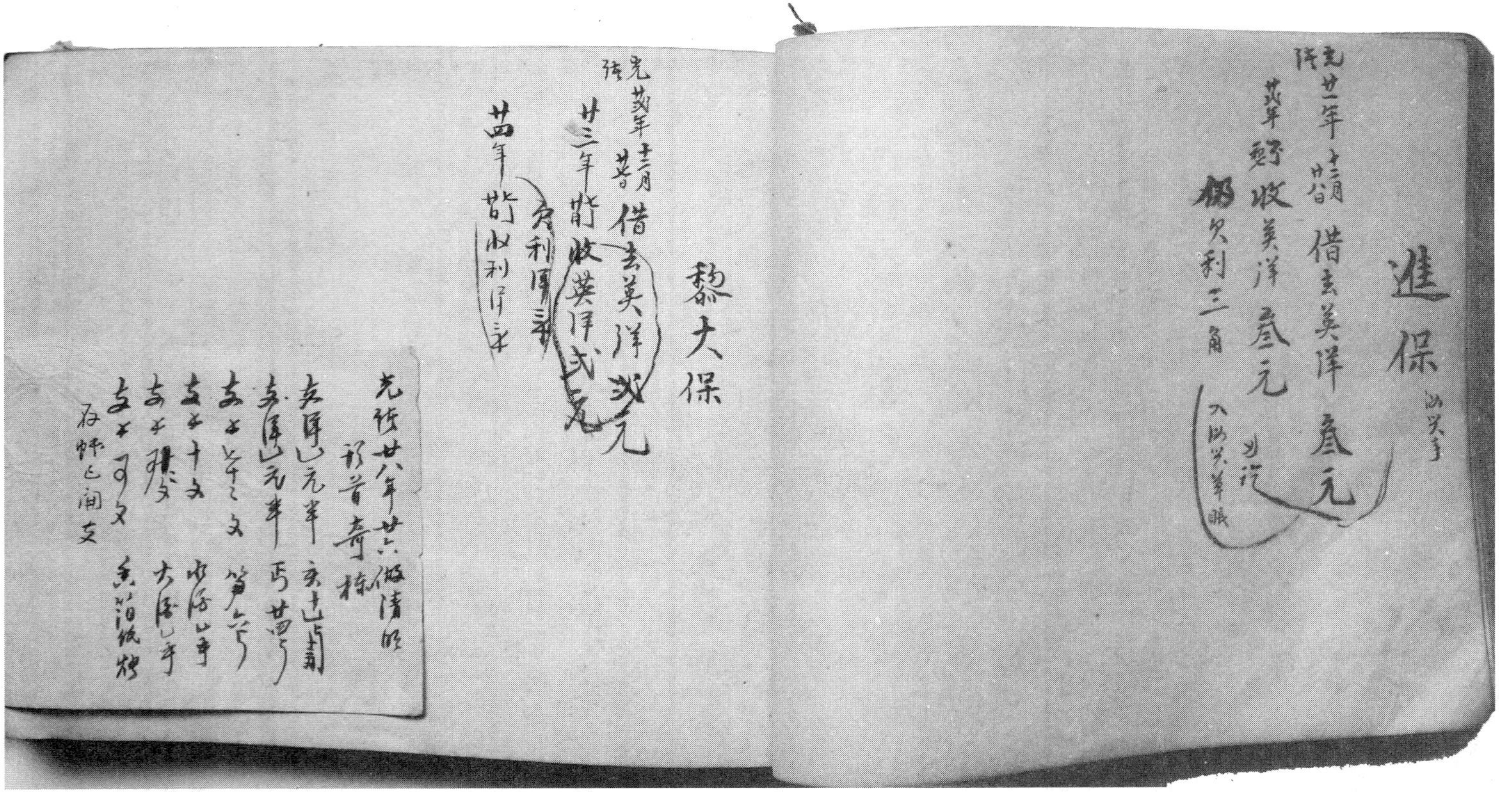

段莘乡官坑村 12-18 · 光绪二年至三十一年 · 流水账

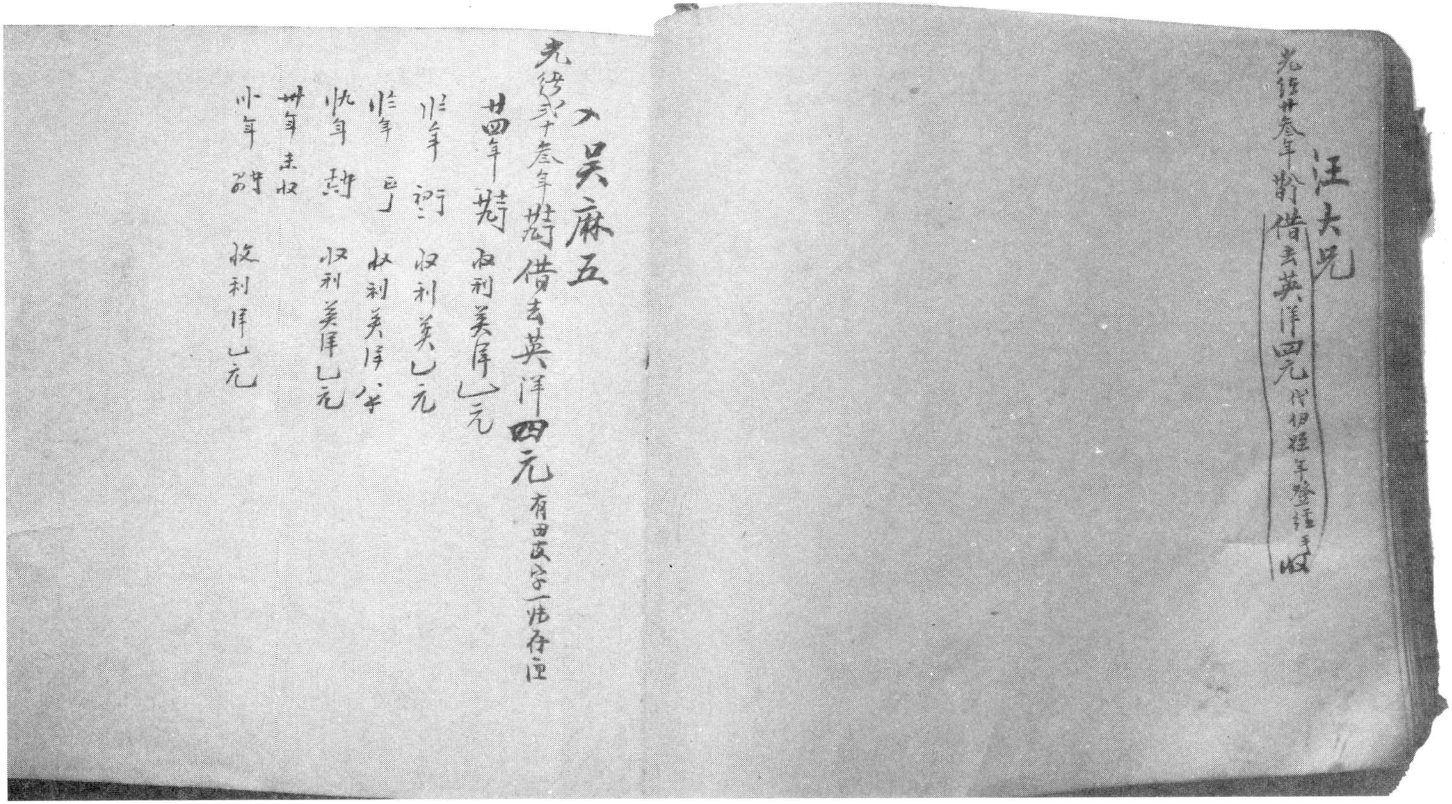

段莘乡官坑村 12-19 · 光绪二年至三十一年 · 流水账

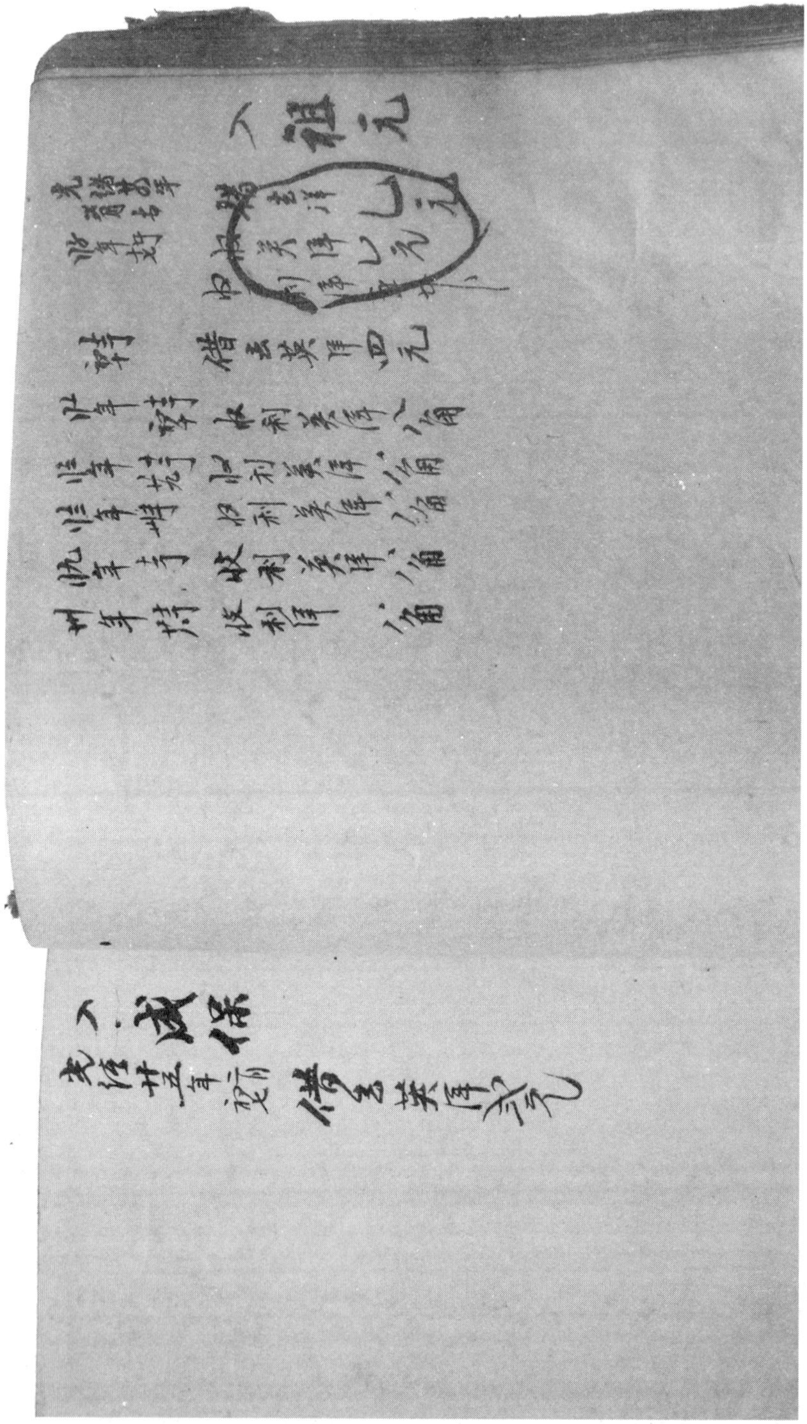

段莘乡官坑村 12-20 · 光绪二年至三十一年 · 流水账

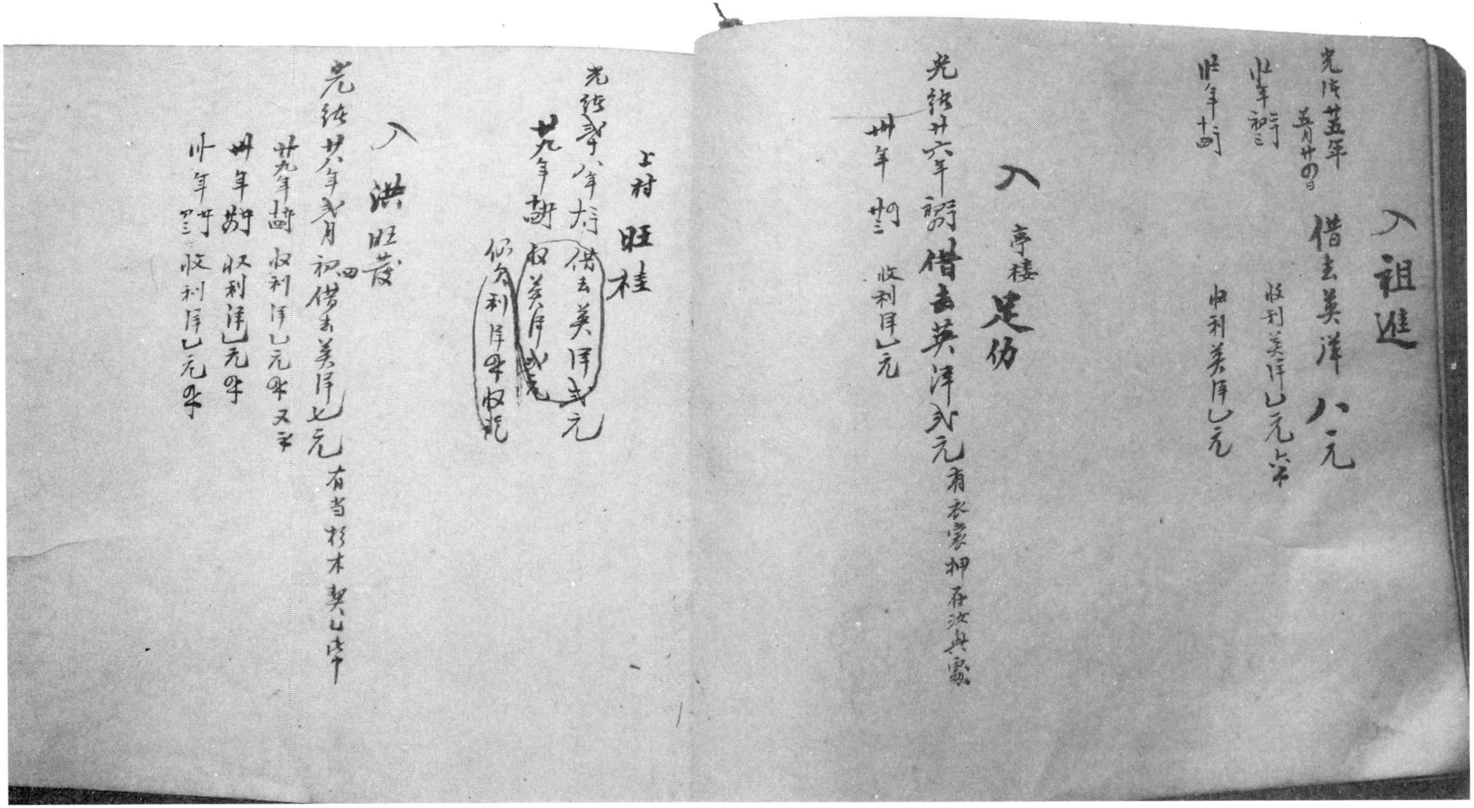

段莘乡官坑村 12-21 · 光绪二年至三十一年 · 流水账

黎春林

光绪廿八年䊨借去英洋叁元
茂年均收英洋三元
收利于三（？）

入祖元

光绪卅二年䊨借去英洋拾元

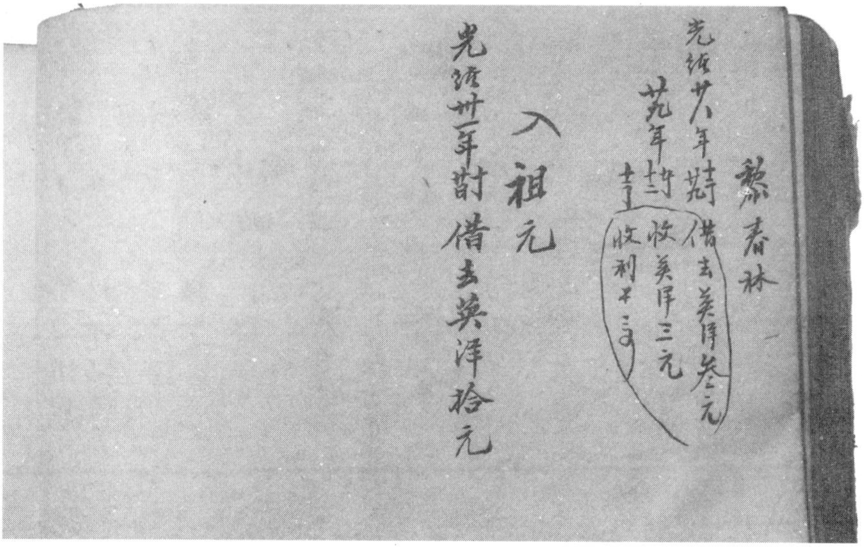

段莘乡官坑村 12-22·光绪二年至三十一年·流水账

汝興

光緒廿年共浩借去英洋弍十四元

收利洋四元八角

廿一年到收利洋四元八角

廿二年到收利洋七元

段莘乡官坑村 12-23 · 光绪二年至三十一年 · 流水账

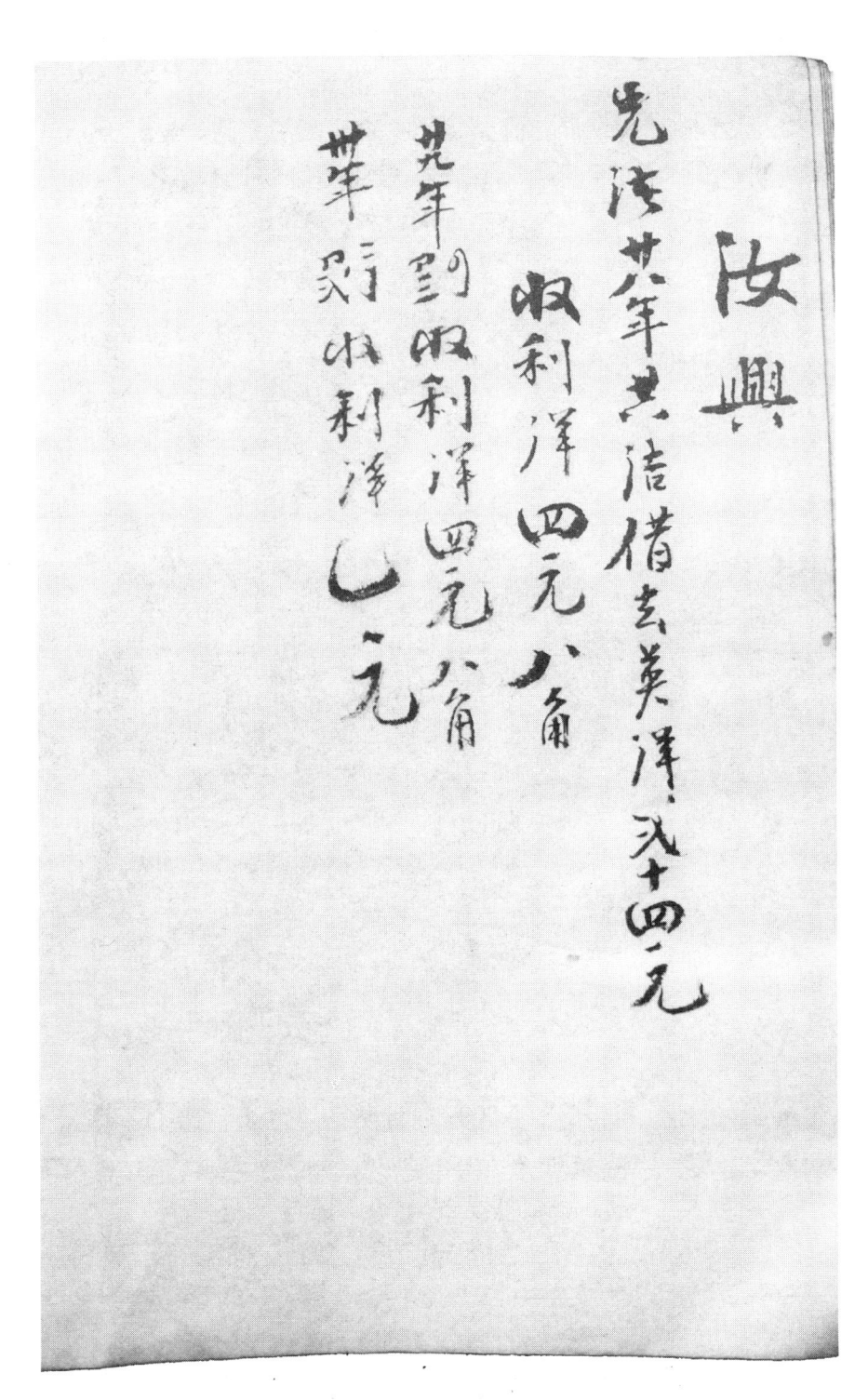

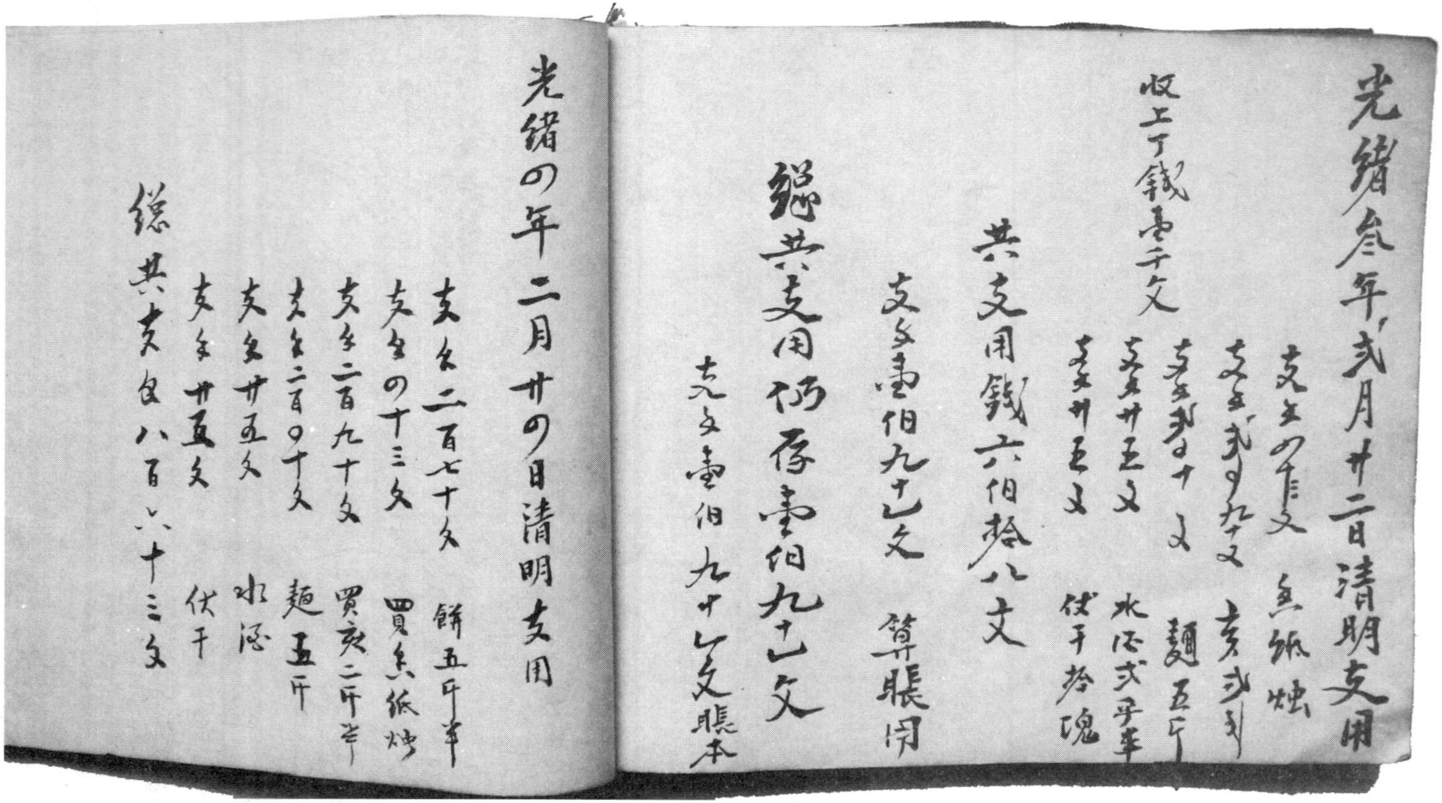

光绪叁年弍月廿二日清明支用

支钱[illegible]文 香纸烛

支钱[illegible]文 香引

支钱[illegible]文 麺五斤

支钱廿五文 水烟弍斤半

支钱廿五文 伏干拾块

收上丁钱壹千文

共支用钱六佰拾八文

支钱壹佰九十七文 算账用

总共支用拆存壹佰九十七文

支钱壹佰九十七文 账本

光绪四年二月廿四日清明支用

支钱二百七十文 饼五斤半

支钱四十三文 买香纸烛

支钱二百九十文 买肉二斤半

支钱二百四十文 麺五斤

支钱廿五文 水烟

支钱廿五文 伏干

总共支钱八百六十三文

段莘乡官坑村 12-24・光绪二年至三十一年・流水账

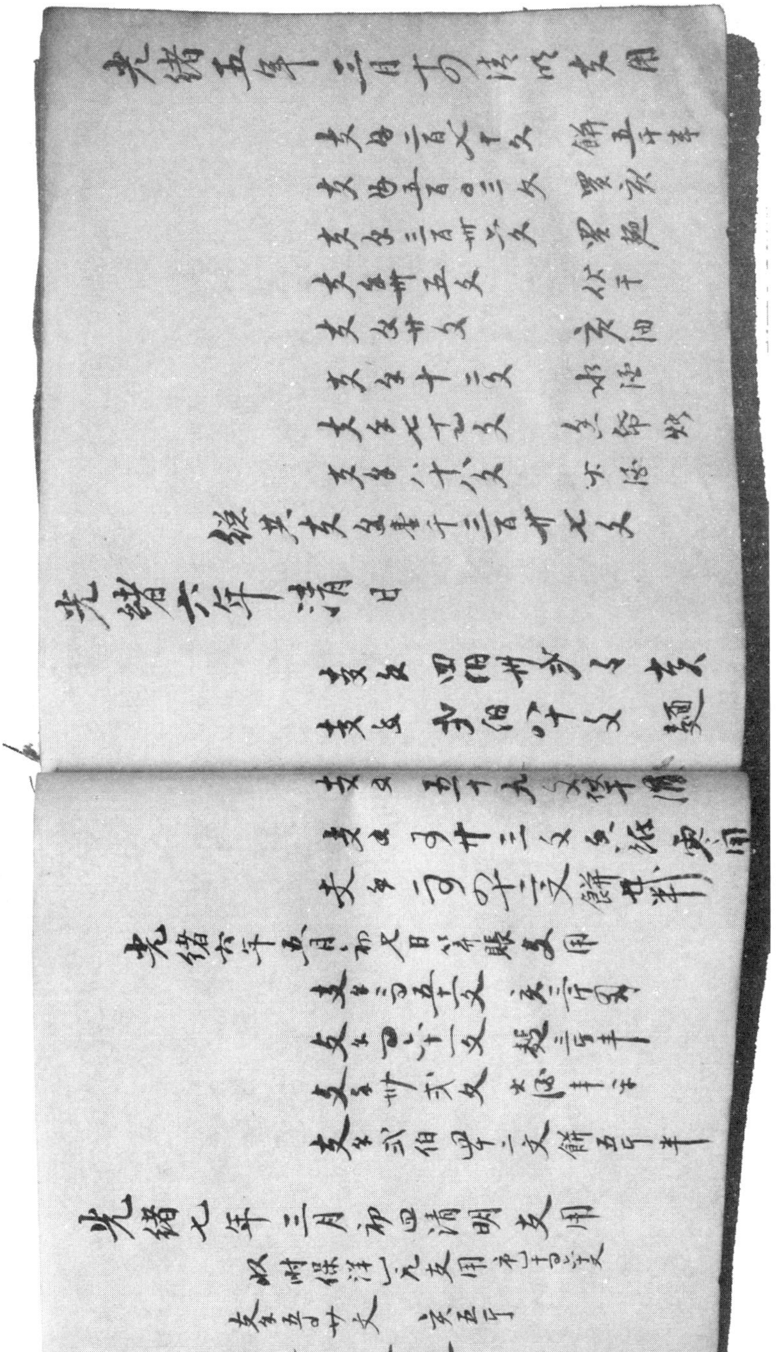

段莘乡官坑村 12-25 · 光绪二年至三十一年 · 流水账

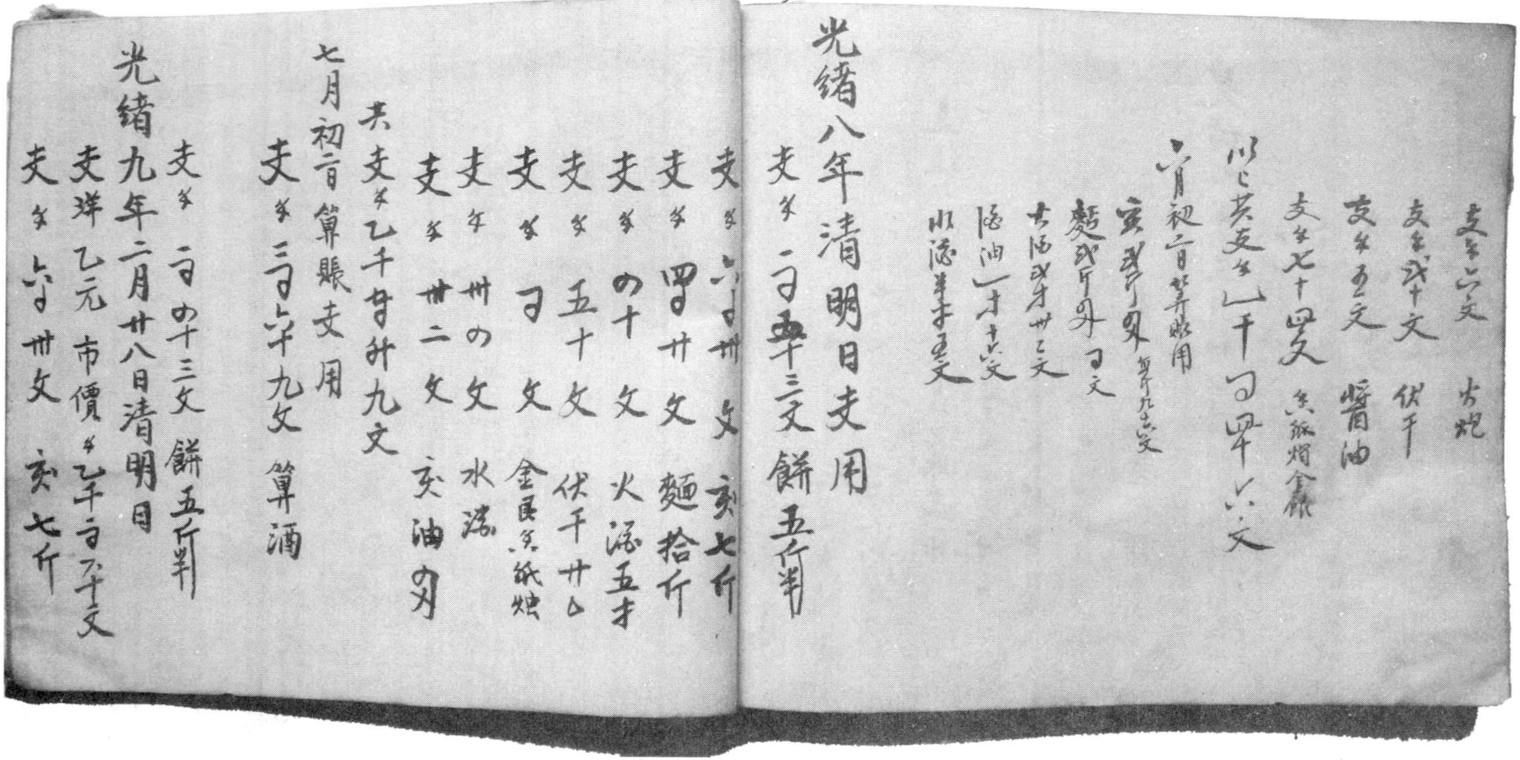

段莘乡官坑村 12-26 · 光绪二年至三十一年 · 流水账

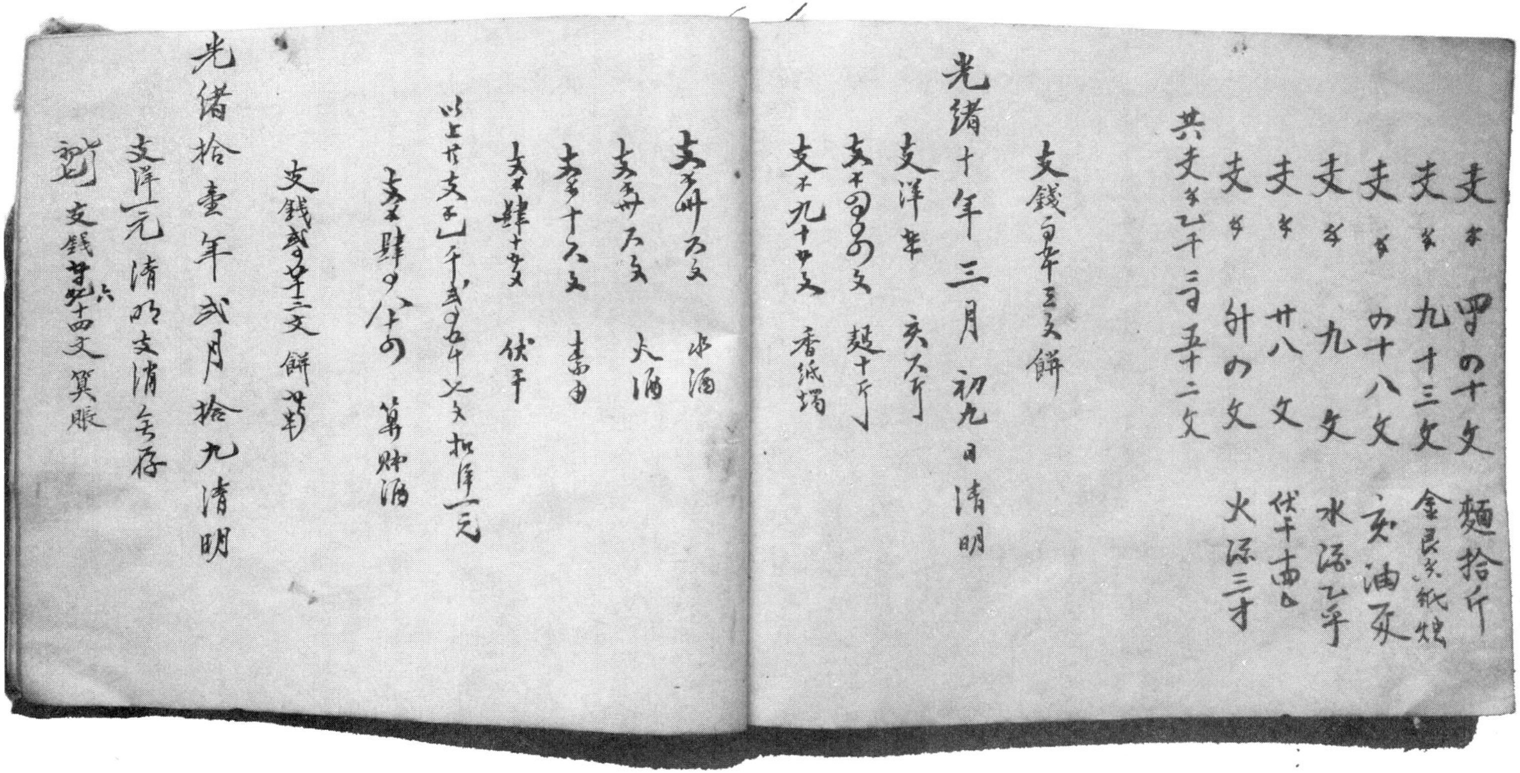

段莘乡官坑村 12-27·光绪二年至三十一年·流水账

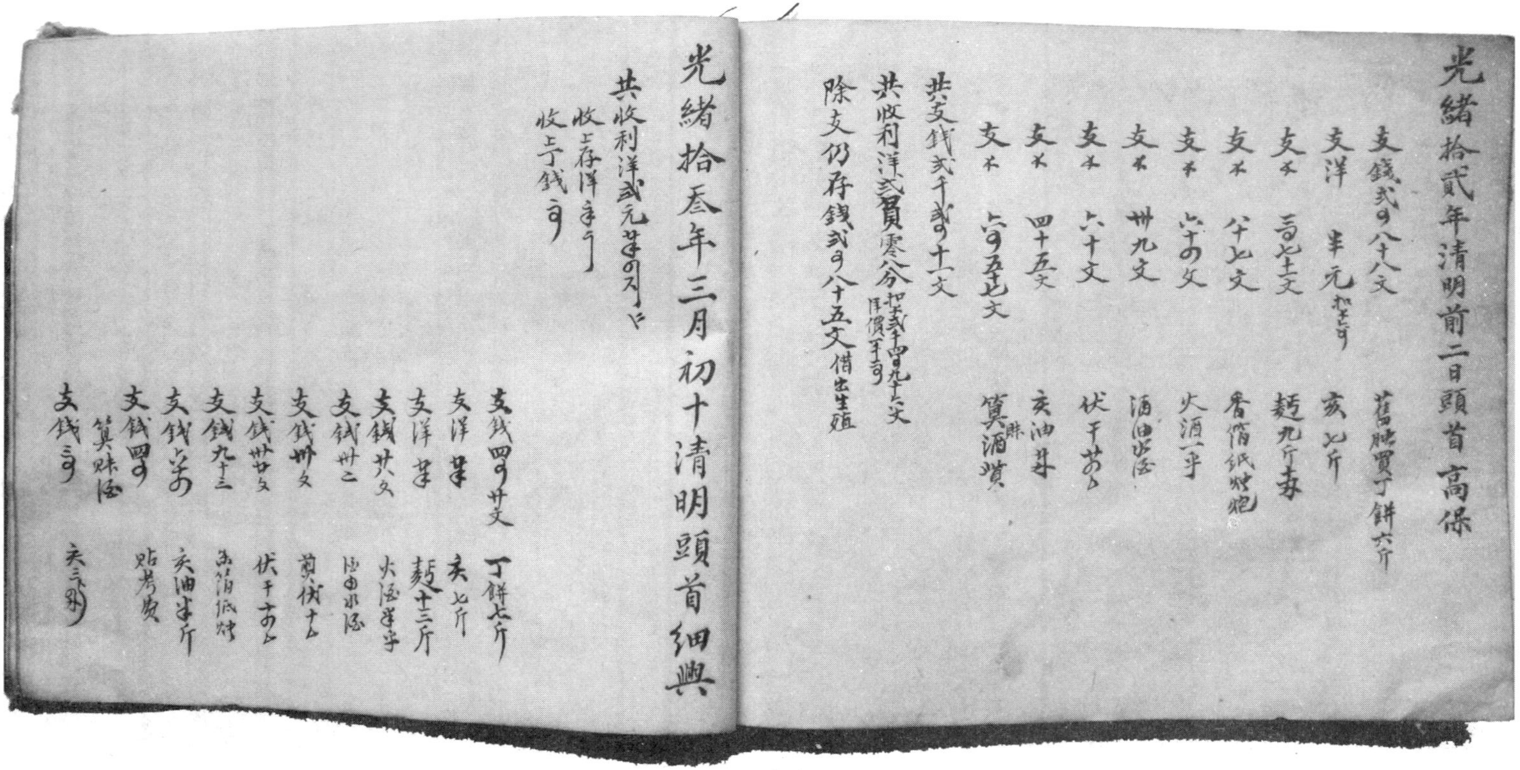

段莘乡官坑村 12-28 · 光绪二年至三十一年 · 流水账

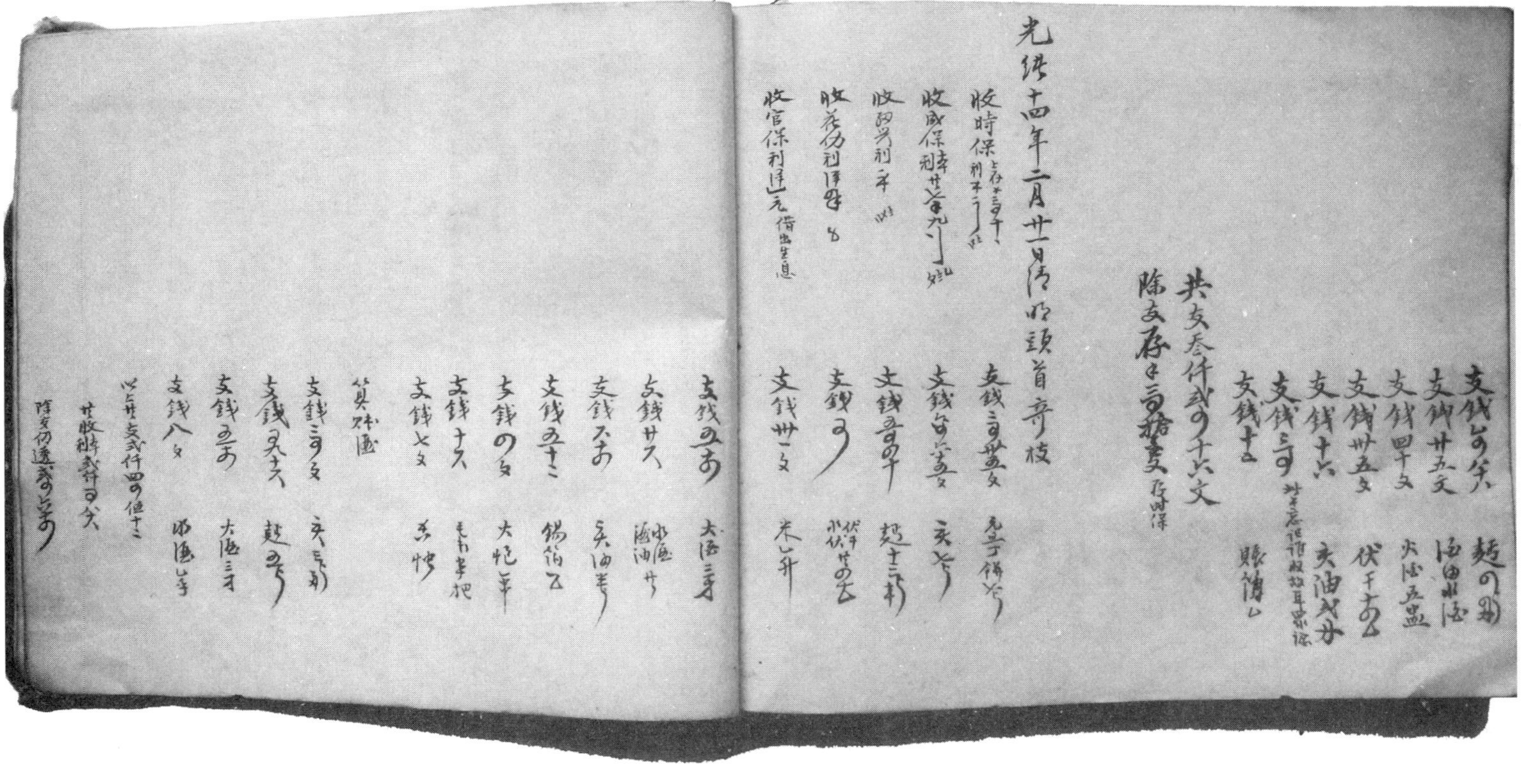

段莘乡官坑村 12-29 · 光绪二年至三十一年 · 流水账

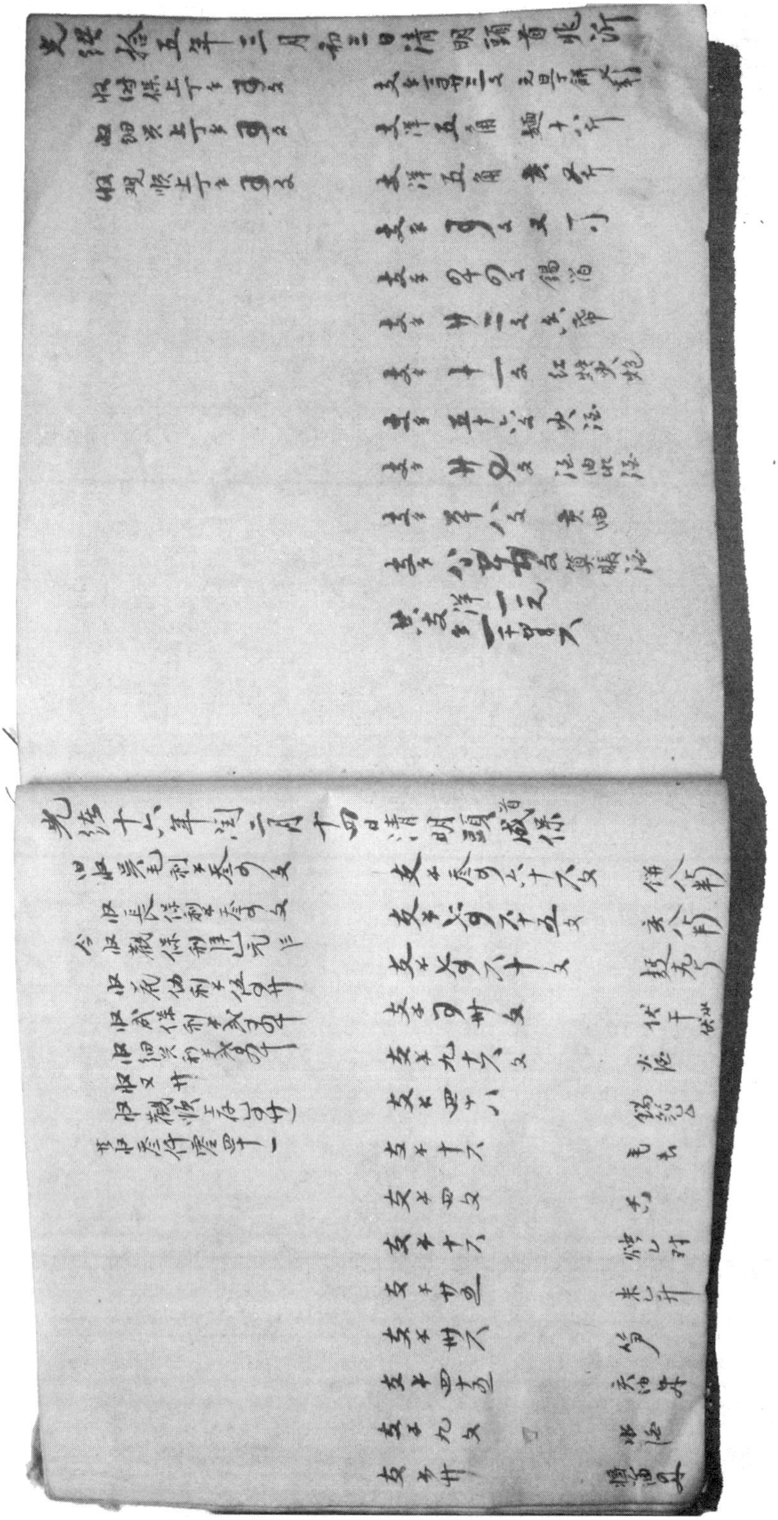

段莘乡官坑村 12-30・光绪二年至三十一年・流水账

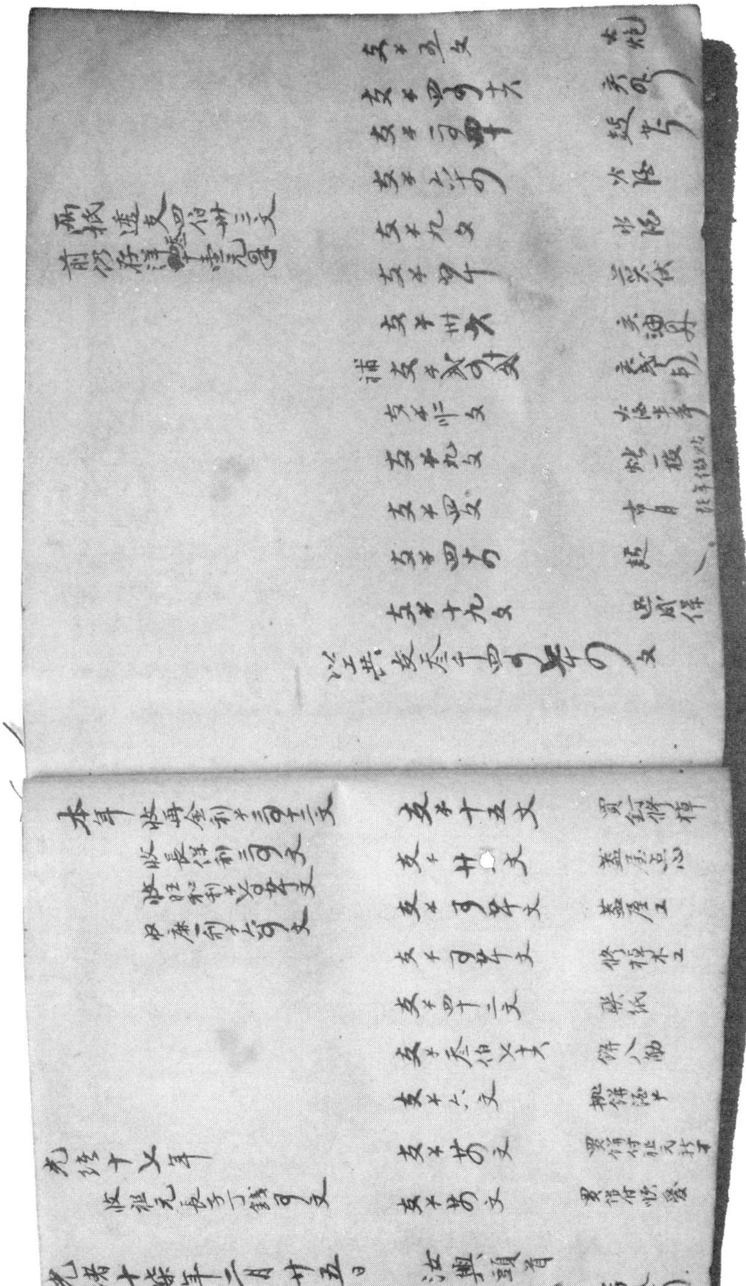

段莘乡官坑村 12-31 · 光绪二年至三十一年 · 流水账

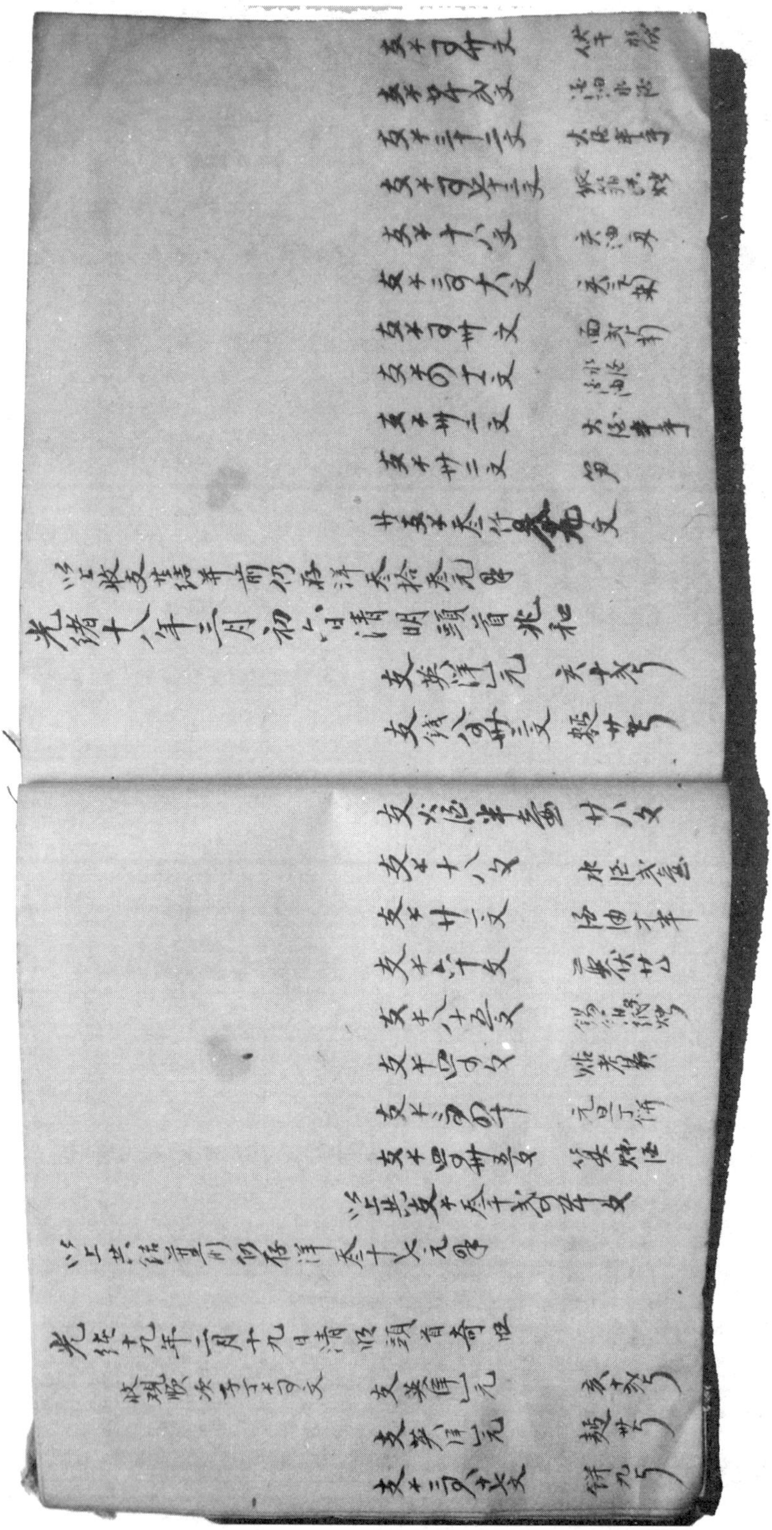

段莘乡官坑村 12-32 · 光绪二年至三十一年 · 流水账

支本四百文　陽法
支本七十文　毛筆刃
支本四十文　天燈
支本四十文　八仙渡海
支本廿三文　六炮
支本六十五文　其他
共支本弍元○四○文

光緒廿年弍月廿八清明頭首兆鵑

支本四百〇八文　丁餅
支共洋一元　戲
支共洋一元　鼓
支本四十文　鑼炮
支本十八文　地瓜
支本廿八文　毛筆紙
支本十文　賞孩

支本四十文　火炮
支本七十五文　戲袱巾
支本四十六文　小炮紙
支本十八文　茶油
支本二十二文　其睛周
共支共洋弍元四百七十九文

光緒弍拾二年三月清明頭首兆沂

支共洋三元一毛六丁餅
支共洋一元　喜黃其一
支共洋一元　鼓
支本四百文　鑼炮
支本六文　毛筆其
支本廿文　炝已
支本廿十文　炮
支本三十文　柱子廿

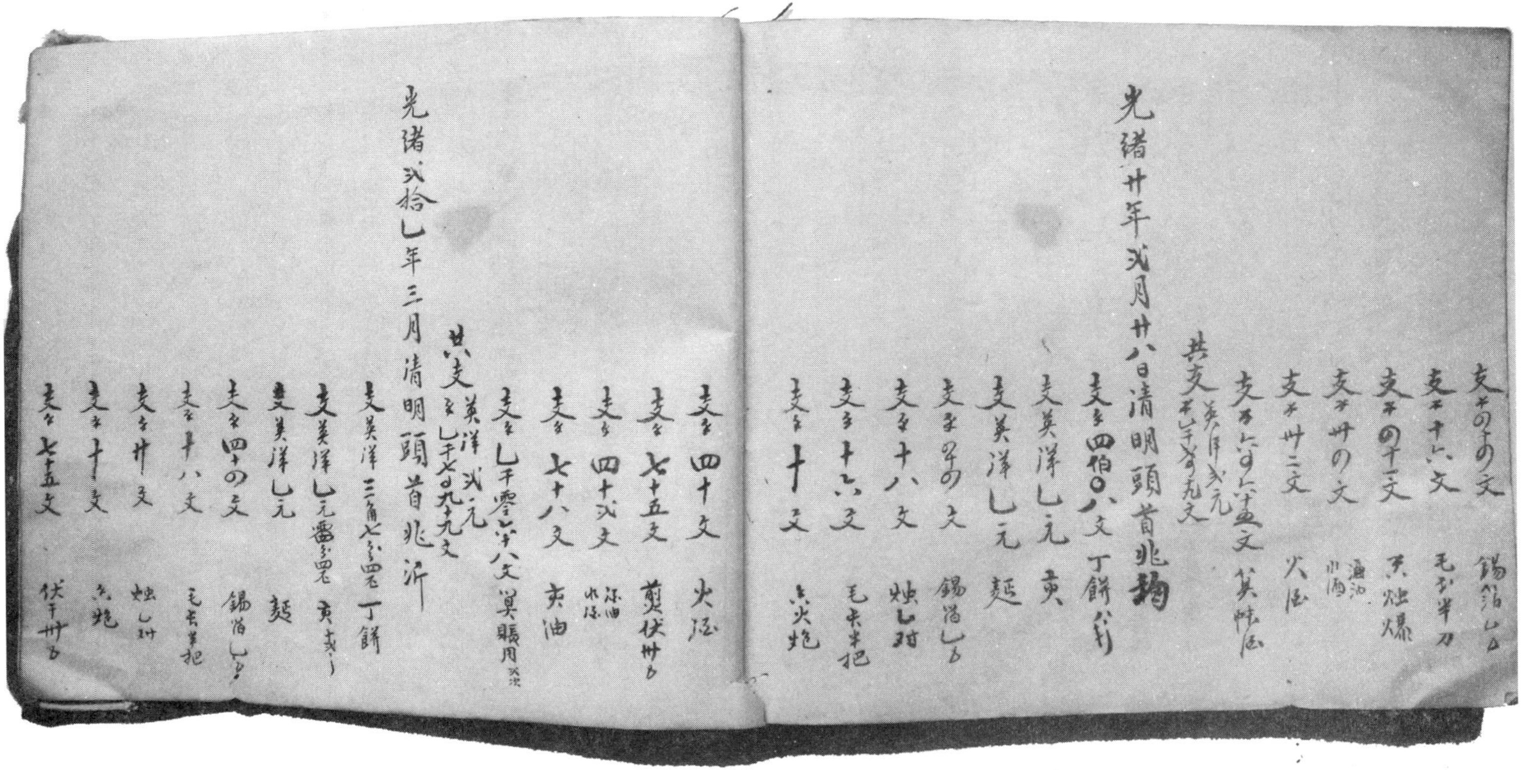

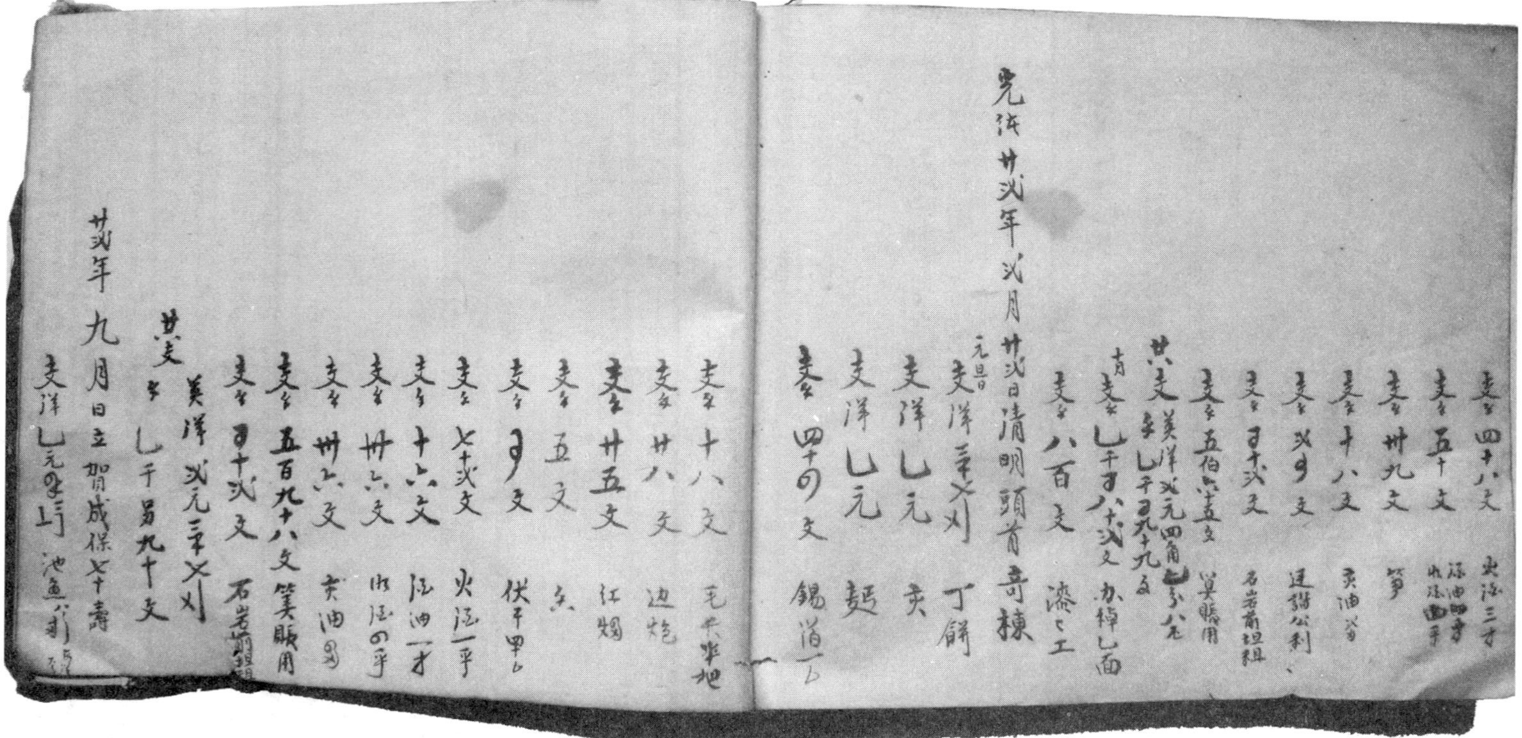

段莘乡官坑村 12-34 · 光绪二年至三十一年 · 流水账

支洋□□文 麦
支洋□□文 馬
支五□文 头沽
支洋□五文 □□
支洋□九文 洋□成煎
  支 洋□□○次文 □□□□

光绪廿三年三月清明头首奇标

 支洋□文刘丁锣钱
 支洋□五麦文麦□钱
 支洋□五羮小 □□□□
 支□四十四 佛□□
 支 册次 毛共笔刀
 支 廿次 毛□
 支十次文 贴□

支□竹 篓
支九十 扶手
支五□ 收油泛□手
支五十 次泛□挑
支四十 实账用提祖
支 四次 光芳打提祖

支 做洋虎元□三□ □
十月河支洋票元生计 修□打板
                    应五□树

光绪廿四年三月十三清明头首兆和
 支洋 十四□ 元幸□ 丁□□
 支洋 七元 豆□八□ □□□□
 支饼□ □元六毛 抺子□□

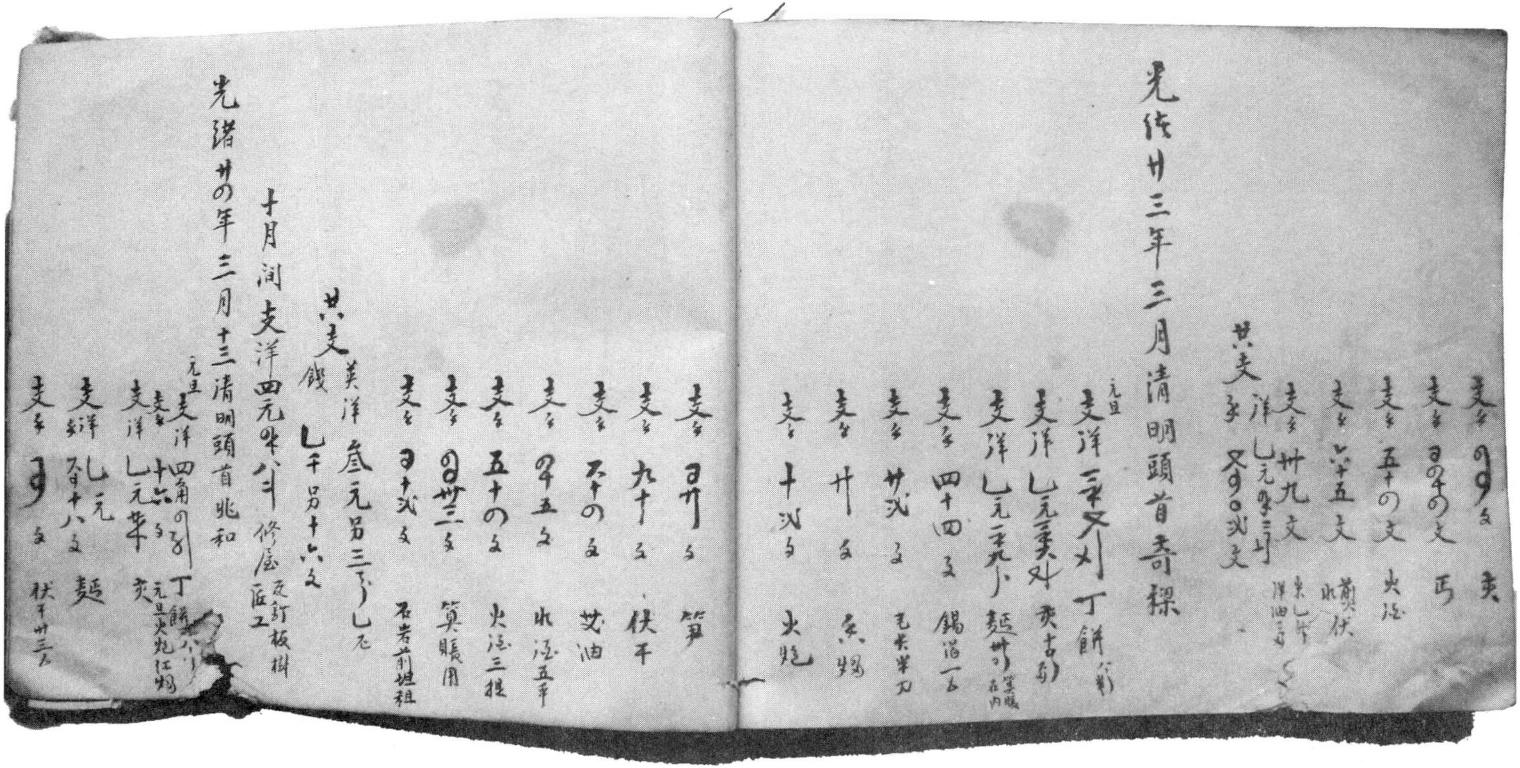

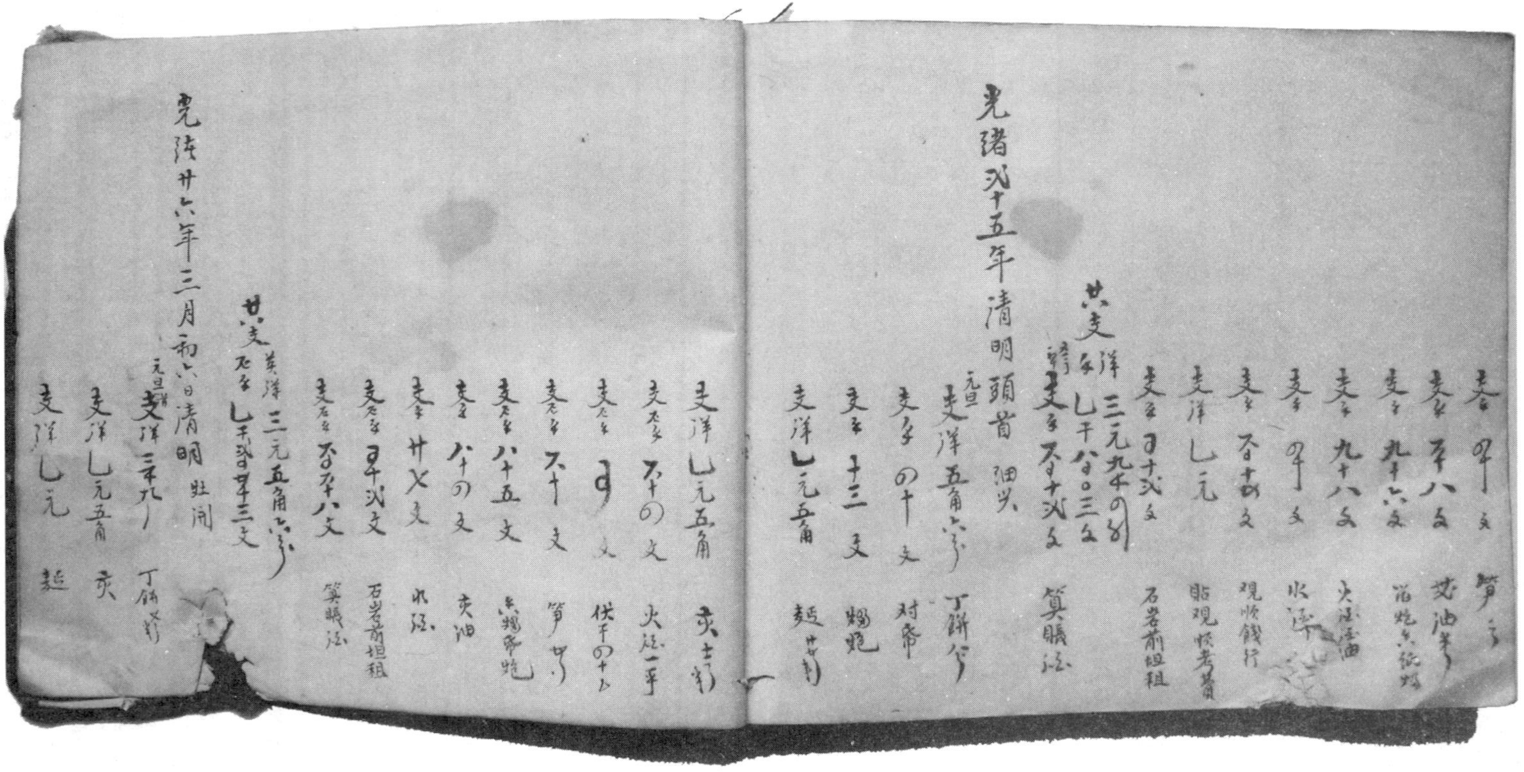

段莘乡官坑村 12-36 · 光绪二年至三十一年 · 流水账

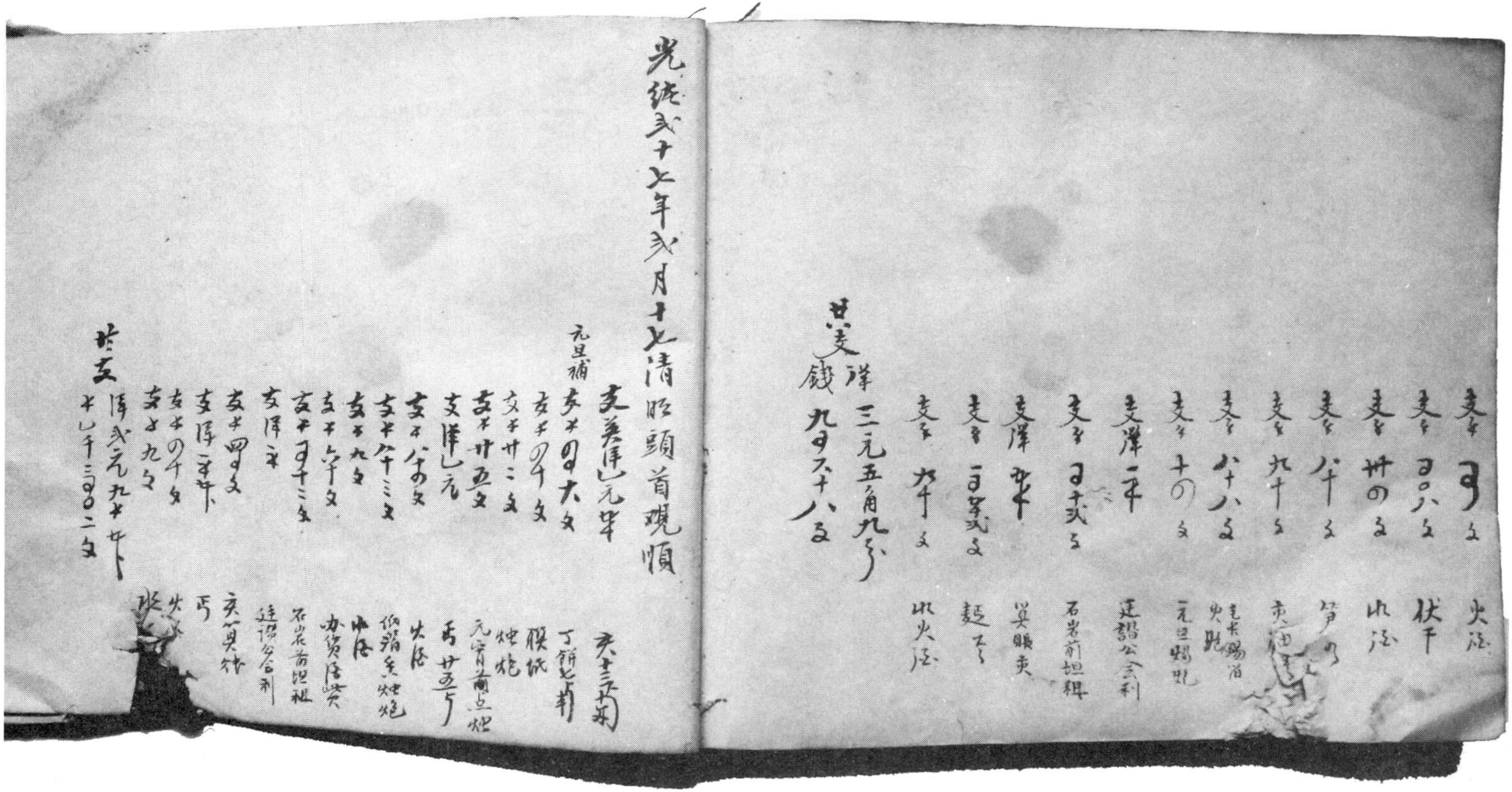

段莘乡官坑村 12-37・光绪二年至三十一年・流水账

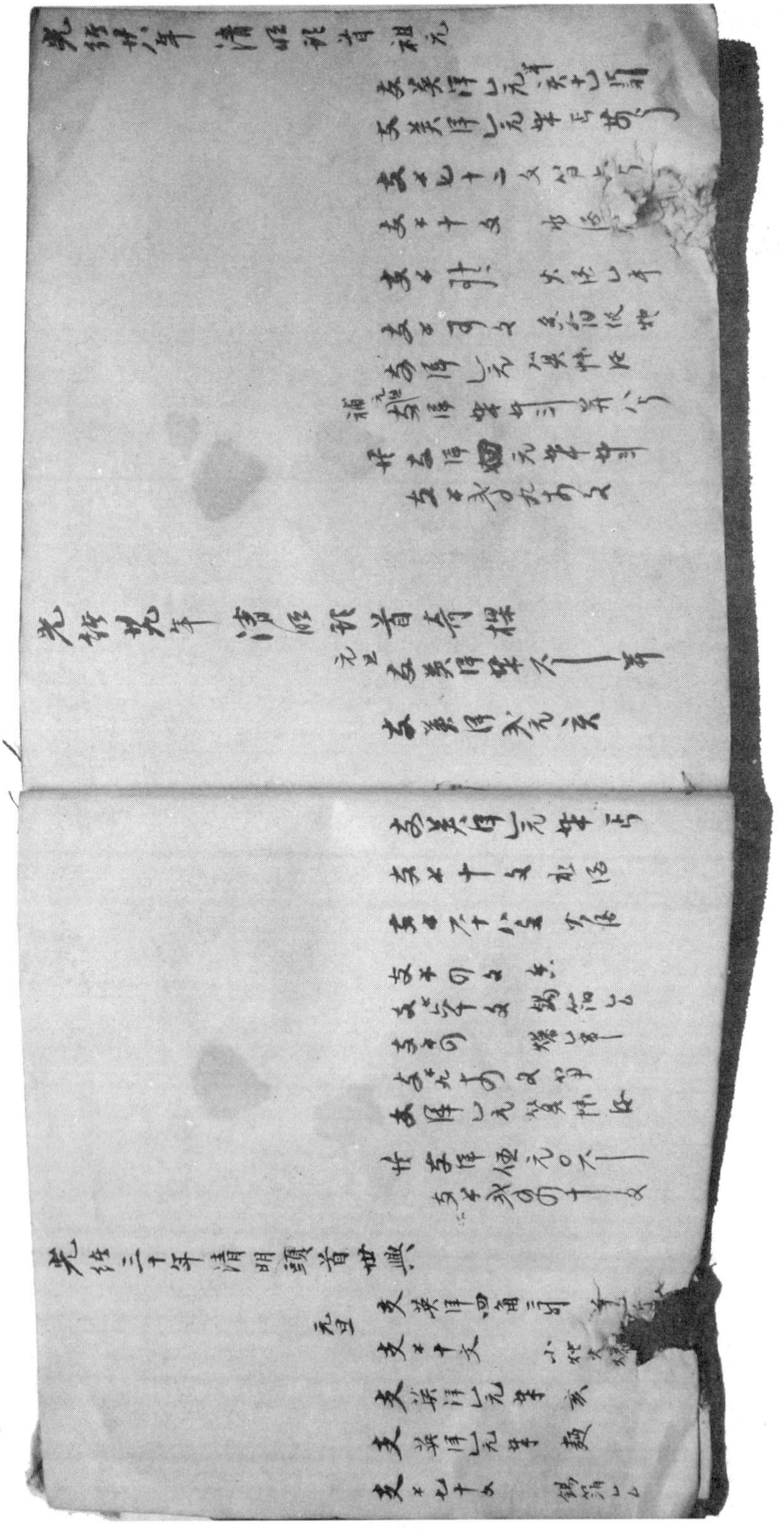

段莘乡官坑村 12-38・光绪二年至三十一年・流水账

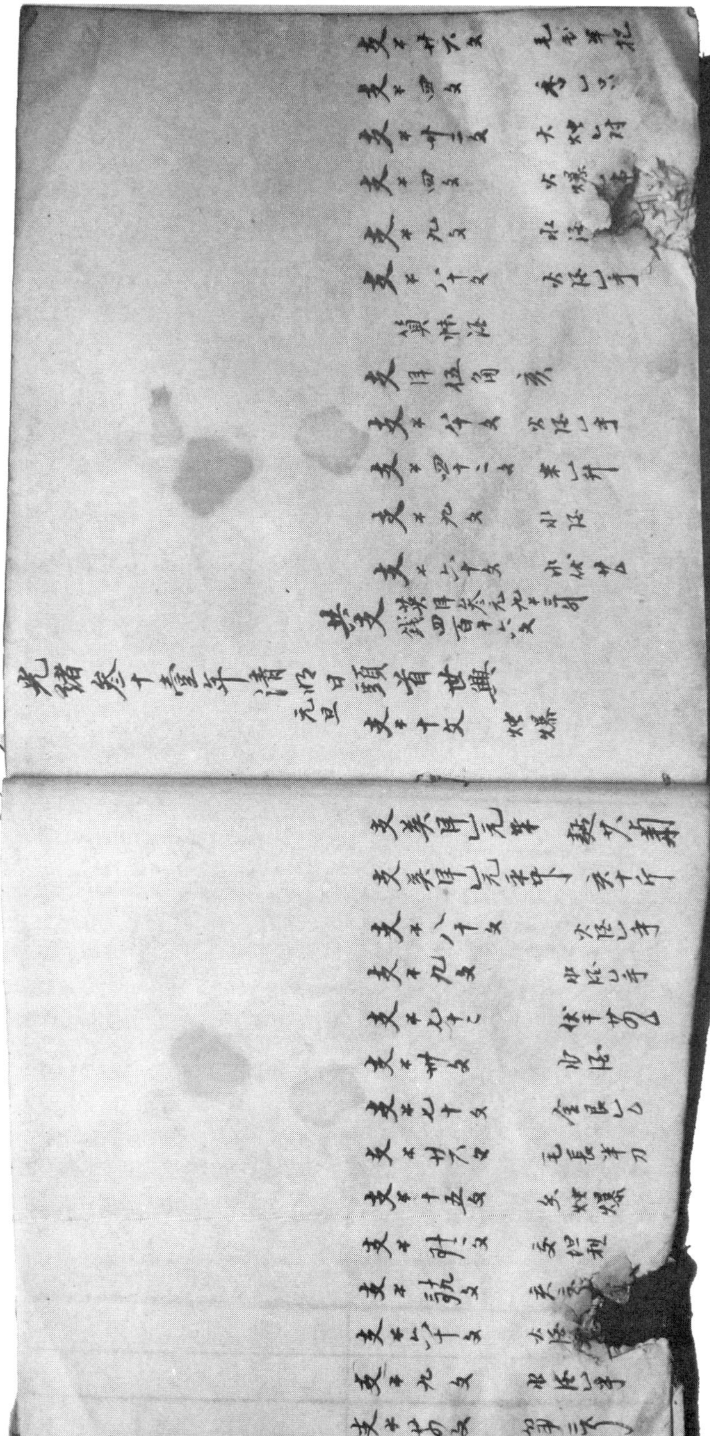

段莘乡官坑村 12-39 · 光绪二年至三十一年 · 流水账

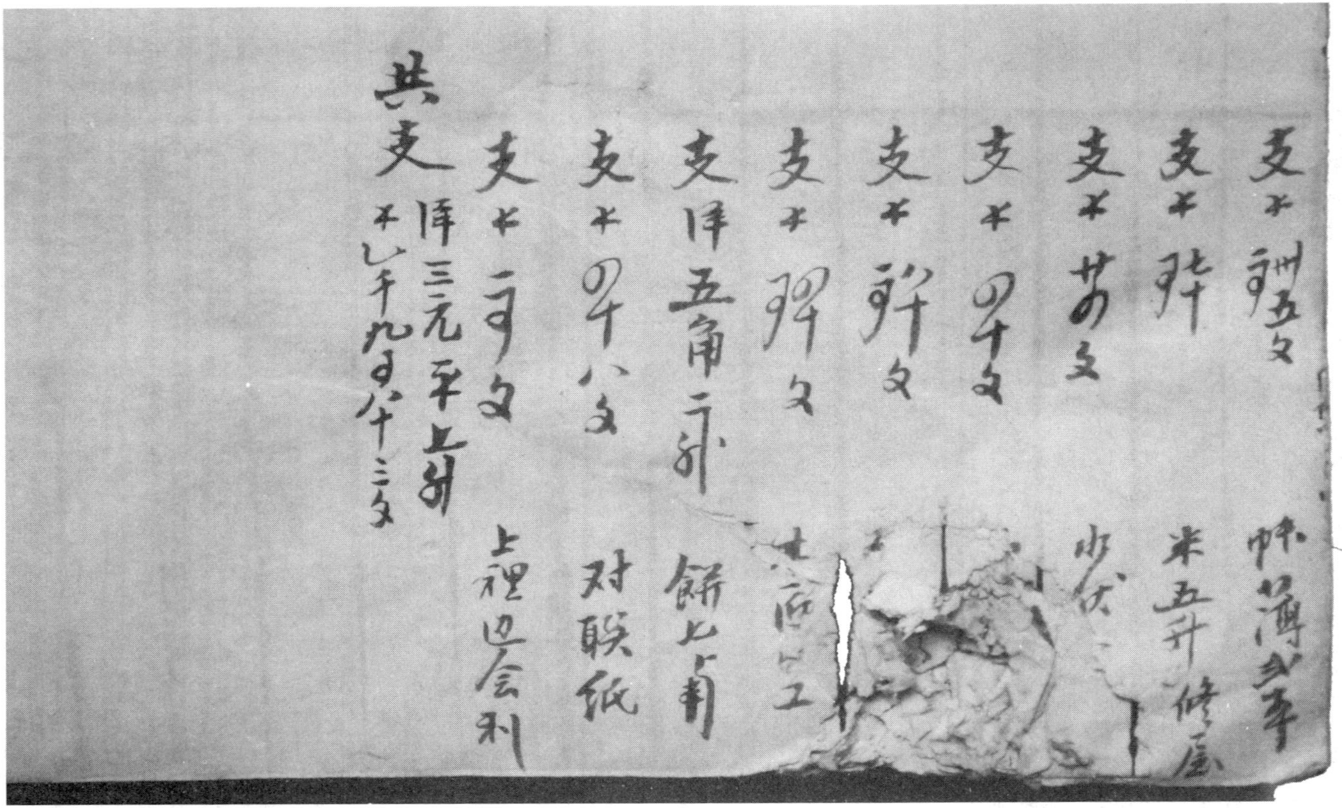

段莘乡官坑村 12-40 · 光绪二年至三十一年 · 流水账

段莘乡官坑村 11-1 · 民国元年至三十五年 · 会产经营收支簿

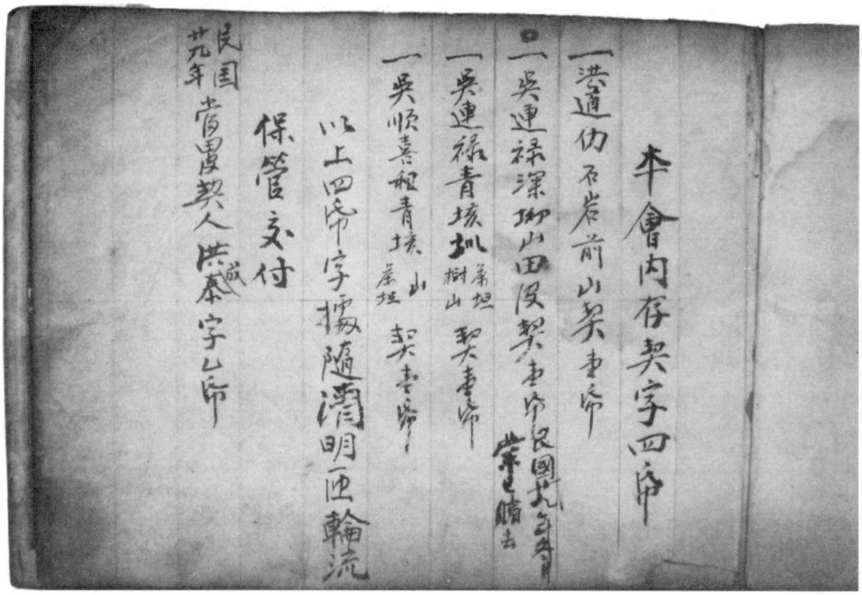
本會内存契字四帋
一洪道仂石岩前山契壹帋
一吳連禄深坳山田俀契壹帋 民国卅九年參月 業已贈去
一吳連禄青坑坮 茶坦樹山 契壹帋
一吳順喜和青坑 山座坦 契壹帋
以上四帋字據随清明匣輪流
保管交付
民国卅九年 當買契人洪成泰字山帋

段莘乡官坑村 11-2 · 民国元年至三十五年 · 会产经营收支簿

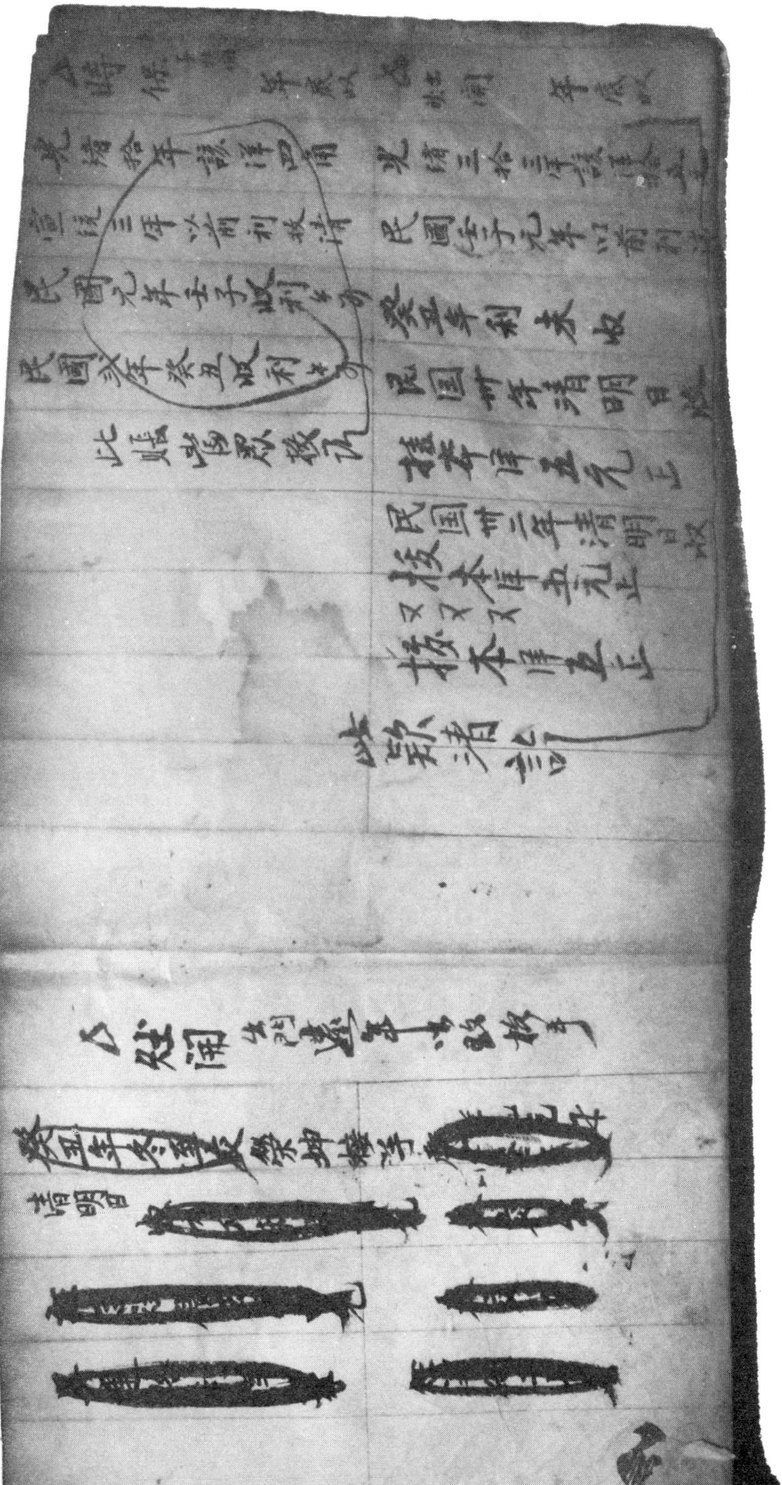

段莘乡官坑村 11-3 · 民国元年至三十五年 · 会产经营收支簿

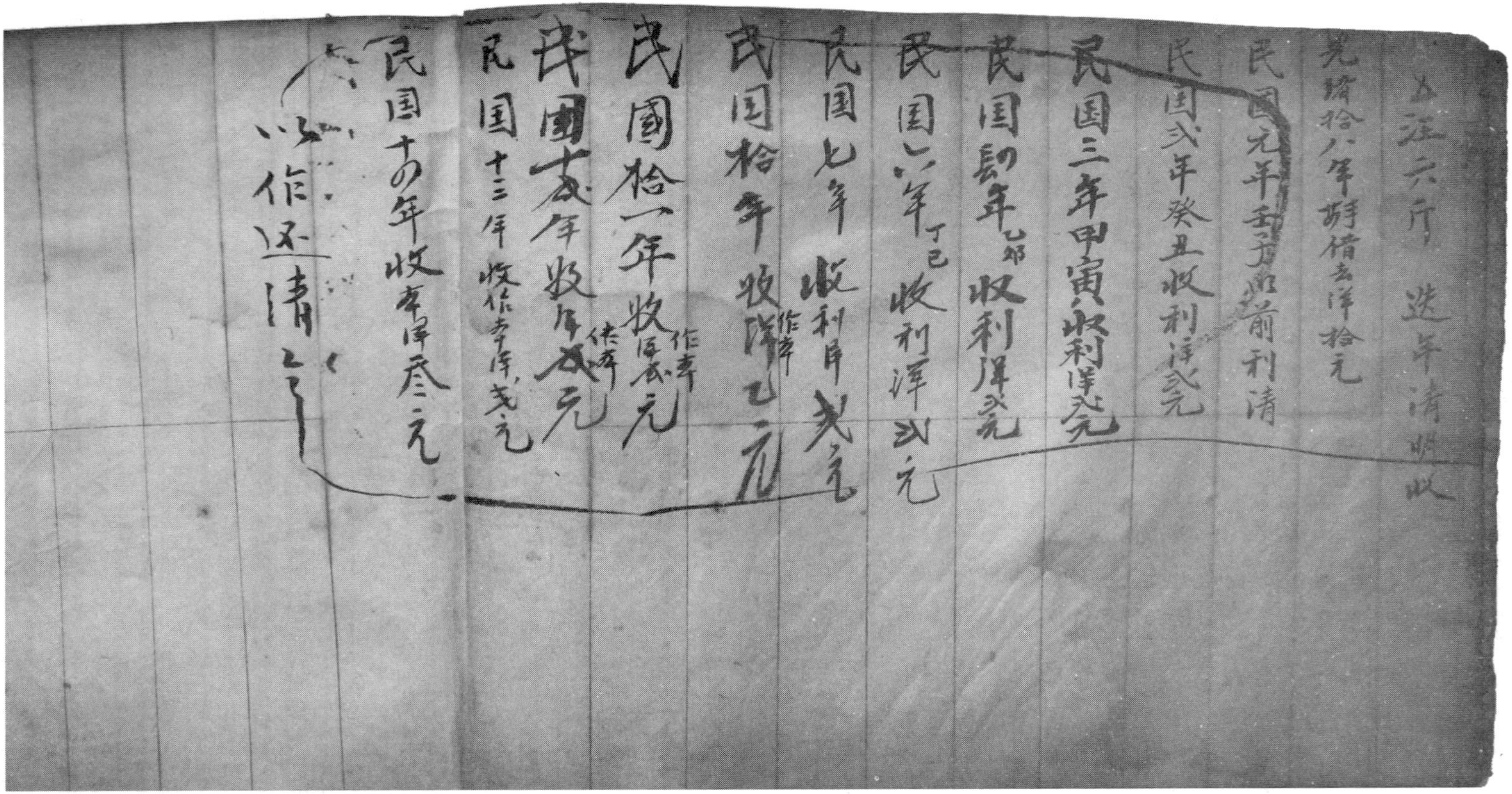

又汪六斤　迭年清收
光绪拾八年手借去洋拾元
民国元年壬子收前利清
民国弍年癸丑收利洋弍元
民国三年甲寅收利洋弍元
民国肆年乙卯收利洋弍元
民国六年丁巳收利洋弍元
民国七年收利洋弍元
作本
民国拾年收洋乙元
民国拾一年收作本洋弍元
民国十贰年收作本洋弍元
民国十三年收作本洋弍元
民国十四年收本洋叁元
以上作还清了

段莘乡官坑村 11-4 · 民国元年至三十五年 · 会产经营收支簿

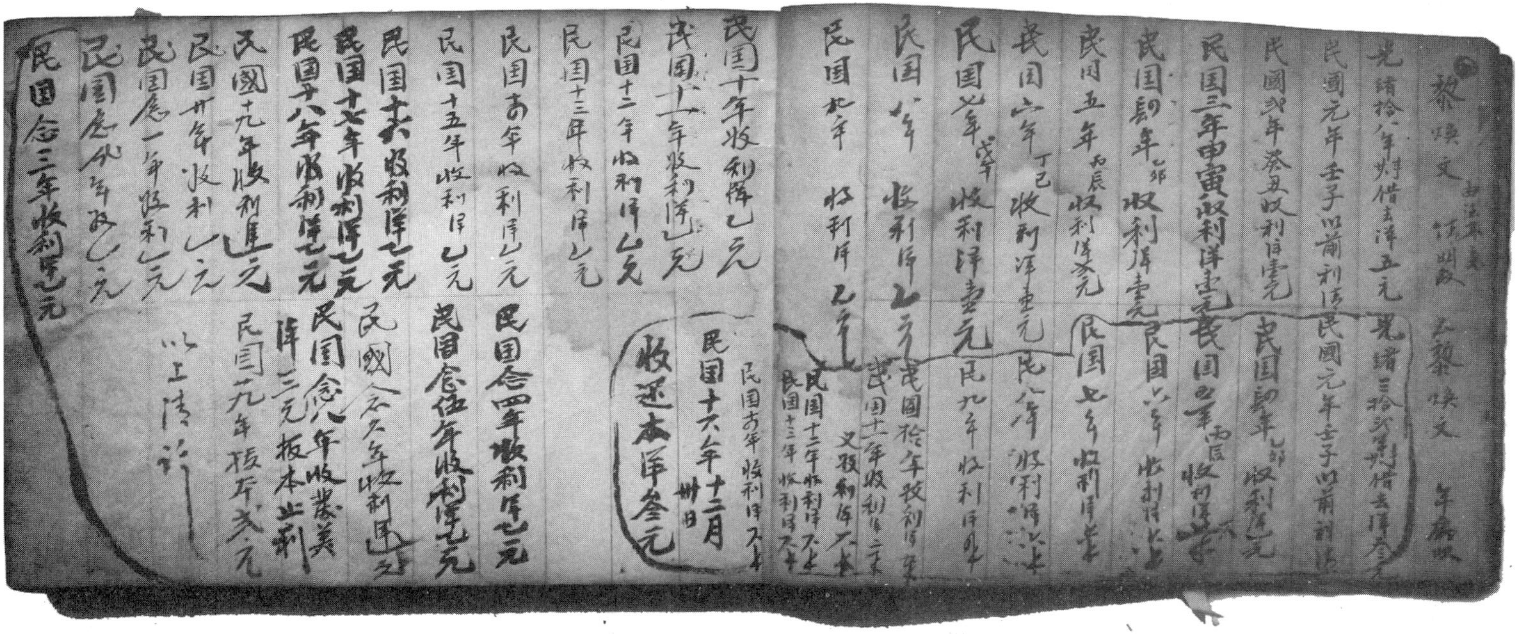

黎焕文

光绪拾八年借去洋五元

民国元年壬子以前利清

民国贰年癸丑收利洋壹元

民国三年甲寅收利洋壹元

民国肆年乙卯收利洋壹元

民国五年丙辰收利洋叁元

民国六年丁巳收利洋壹元

民国七年收利洋壹元

民国八年收利洋山元

民国九年收利洋乙元

民国十年收利洋乙元

民国十一年收利洋山元

民国十二年收利洋山元

民国十三年收利洋山元

民国十四年收利洋山元

民国十五年收利洋山元

民国十六年收利洋乙元

民国十七年收利洋乙元

民国十八年收利洋乙元

民国十九年收利洋乙元

民国廿年收利山元

民国念一年收利山元

民国念三年收利洋乙元

民国十六年十二月卅日 收还本洋叁元

民国念四年收利洋乙元

民国念伍年收利洋乙元

以上清讫

段莘乡官坑村 11-5 · 民国元年至三十五年 · 会产经营收支簿

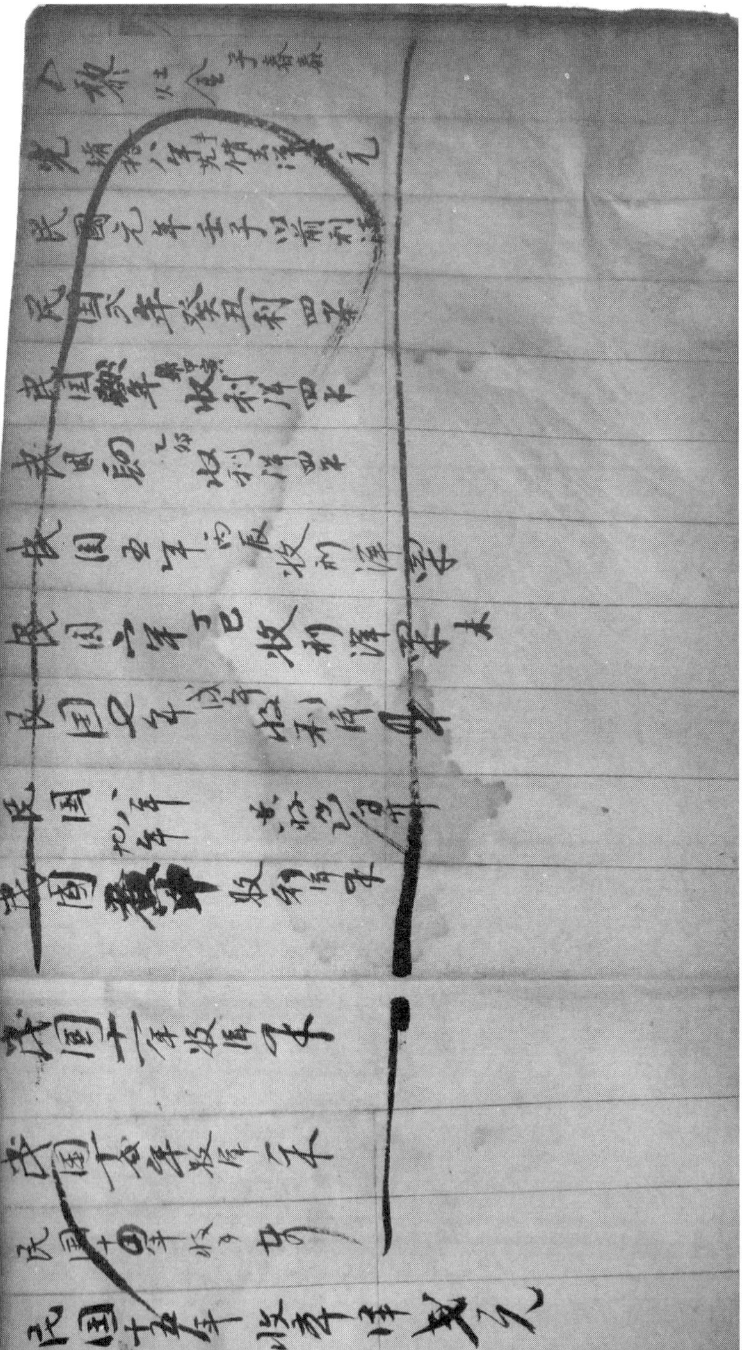

段莘乡官坑村 11-6 · 民国元年至三十五年 · 会产经营收支簿

民國元年收利澤壹元
民國貳年收利澤壹元
民國叄年收利澤壹元
民國四年收利澤壹元
民國五年戊午歲收利澤壹元
民國六年己未歲收利澤壹元
民國七年庚申歲收利澤壹元
民國八年收利澤壹元
民國九年收利澤壹元
民國十年收利澤壹元
民國十一年收利澤壹元

民國十二年十月初日收匯本降五元

民國拾叄年正月望身拜澤拾元

拾四年收利澤貳元

民國拾五年收利澤貳元

民國拾六年六月初二日收匯本洋拾元

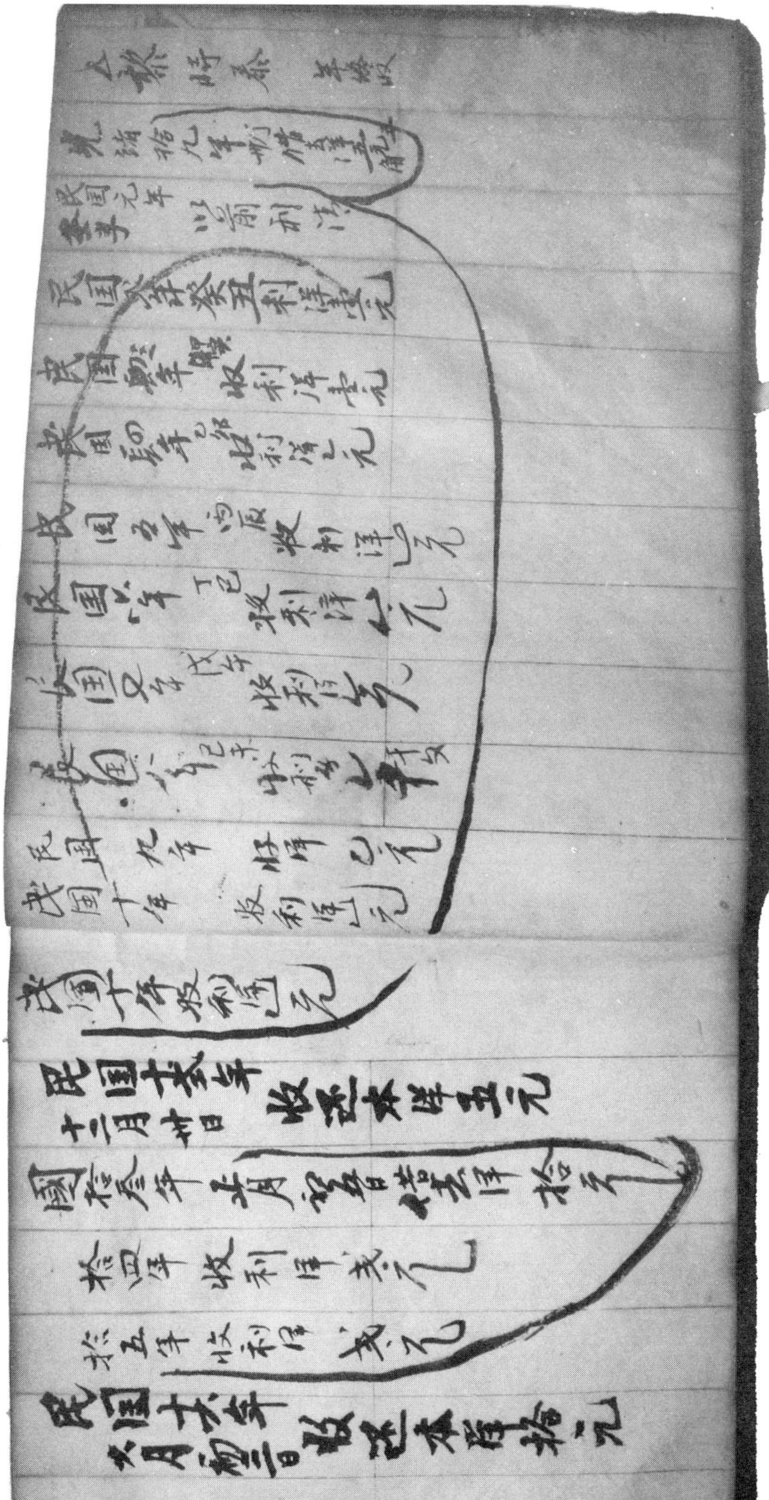

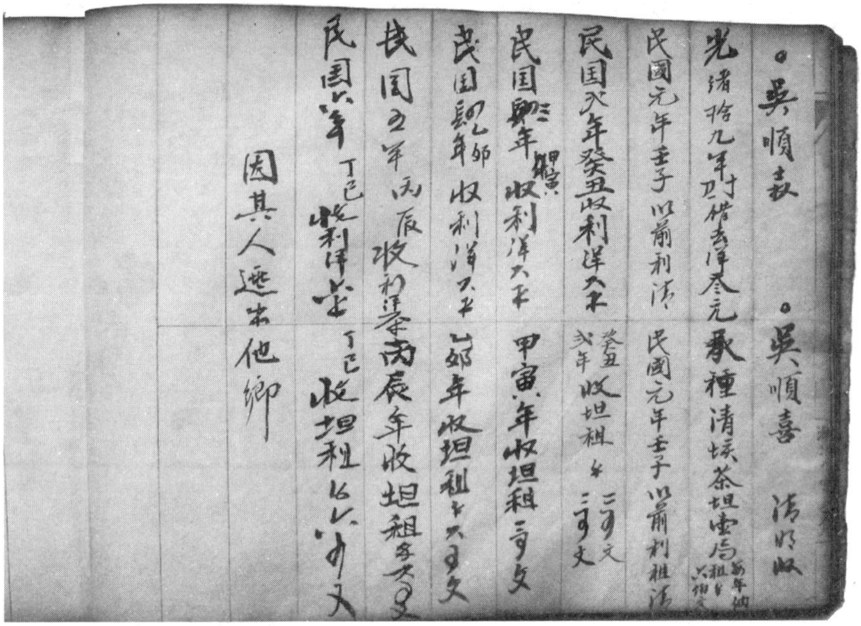
○吴顺熬　○吴顺喜　清明收
光绪拾九年[illegible]借去洋叁元，承种清坑茶坦壹片（每年纳[illegible]）
民国元年壬子以前利清　民国元年壬子以前利租清
民国贰年癸丑收利洋大平　癸丑贰年收坦租[illegible]文
民国叁年甲寅收利洋大平　甲寅年收坦租[illegible]文
民国肆年乙卯收利洋大平　乙卯年收坦租[illegible]文
民国五年丙辰收利洋[illegible]　丙辰年收坦租[illegible]文
民国六年丁巳收利洋[illegible]　丁巳收坦租[illegible]文
因其人迁出他乡

段莘乡官坑村 11-8 · 民国元年至三十五年 · 会产经营收支簿

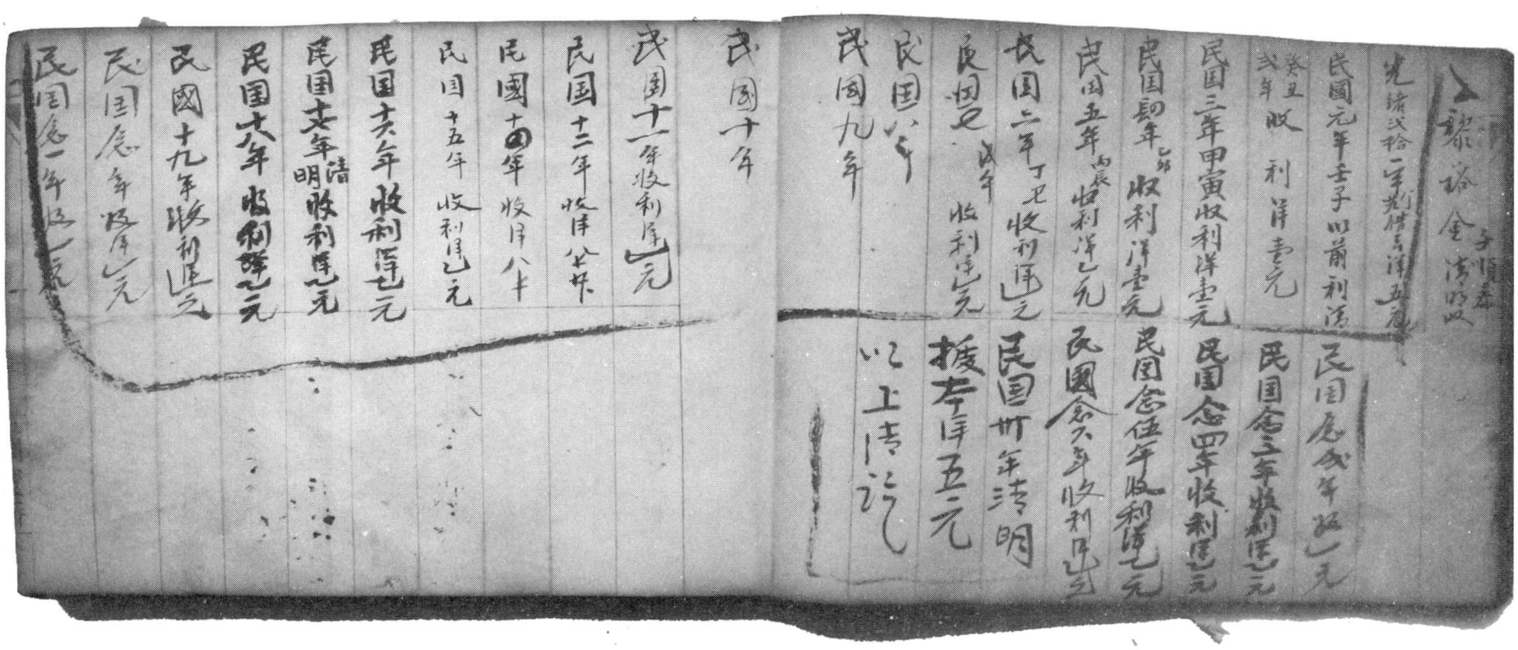

段莘乡官坑村 11-9 · 民国元年至三十五年 · 会产经营收支簿

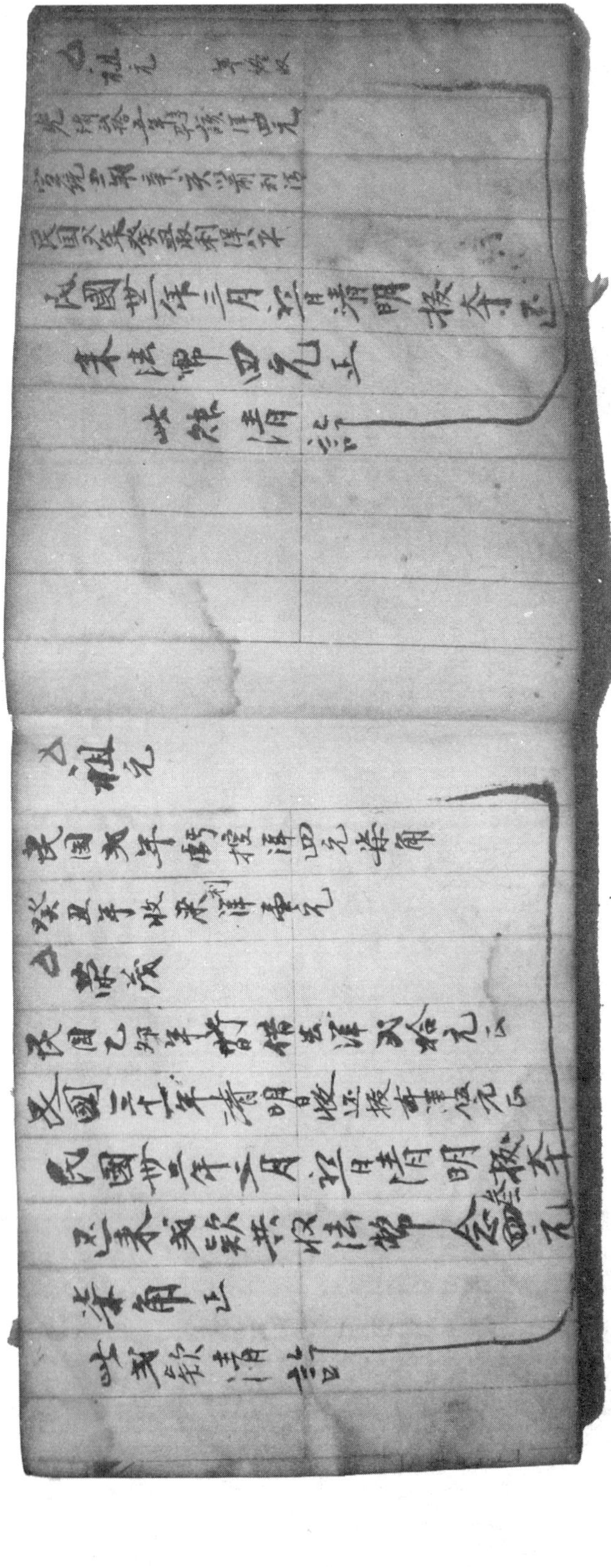

段莘乡官坑村 11-10 · 民国元年至三十五年 · 会产经营收支簿

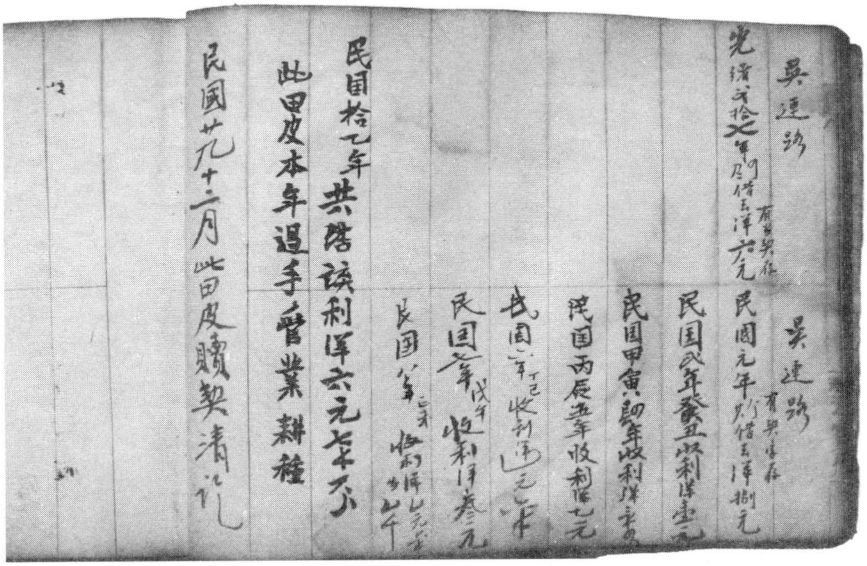

段莘乡官坑村 11-11 · 民国元年至三十五年 · 会产经营收支簿

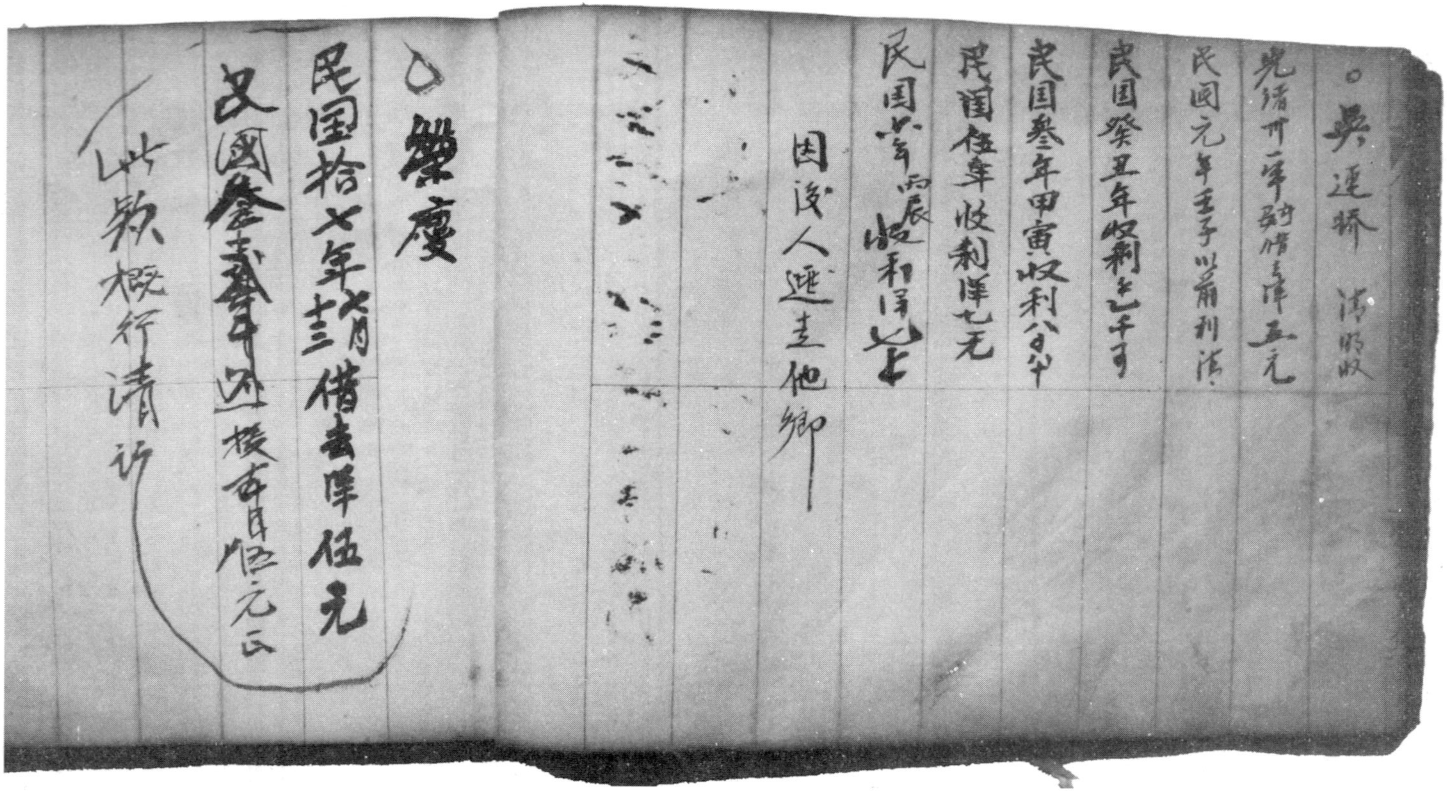

段莘乡官坑村 11-12 · 民国元年至三十五年 · 会产经营收支簿

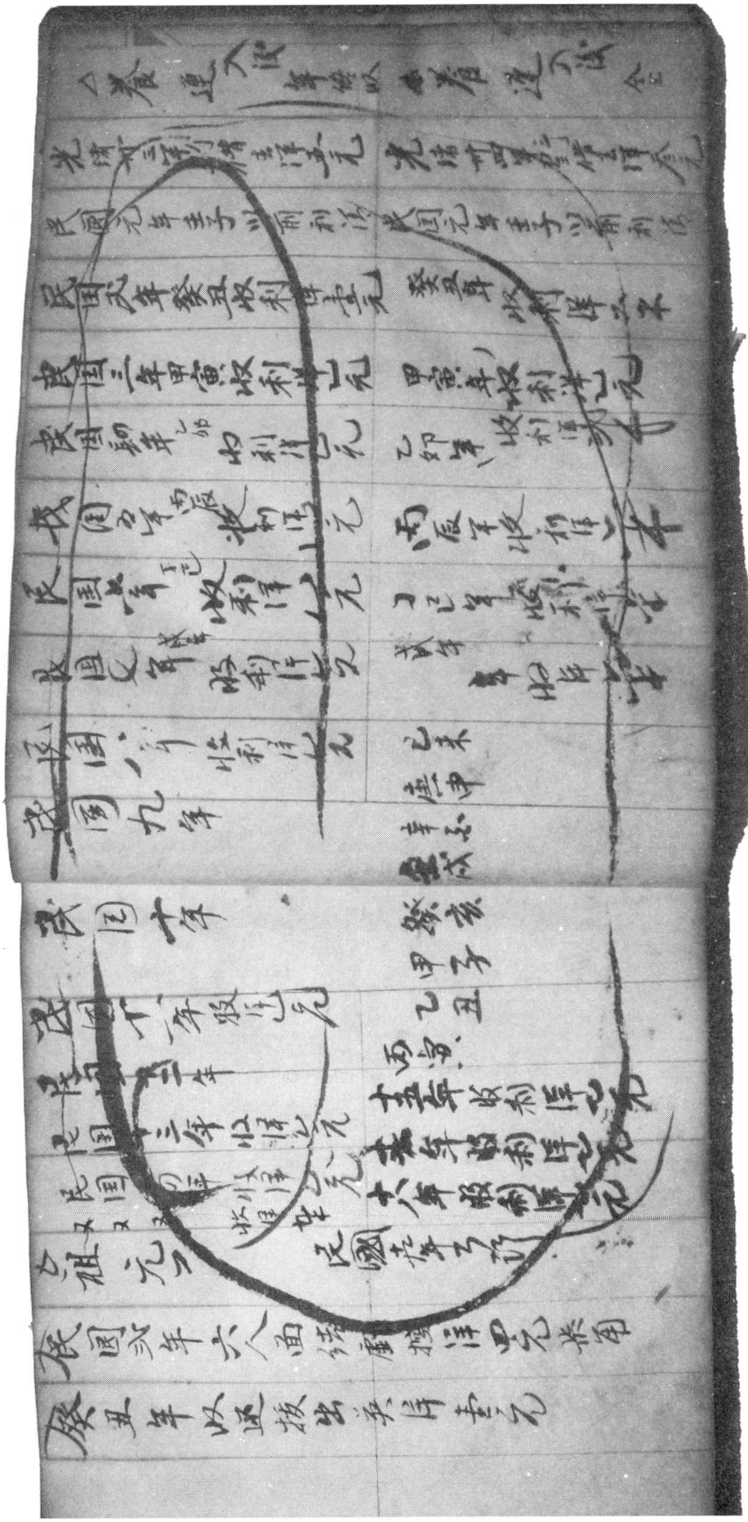

段莘乡官坑村 11-13・民国元年至三十五年・会产经营收支簿

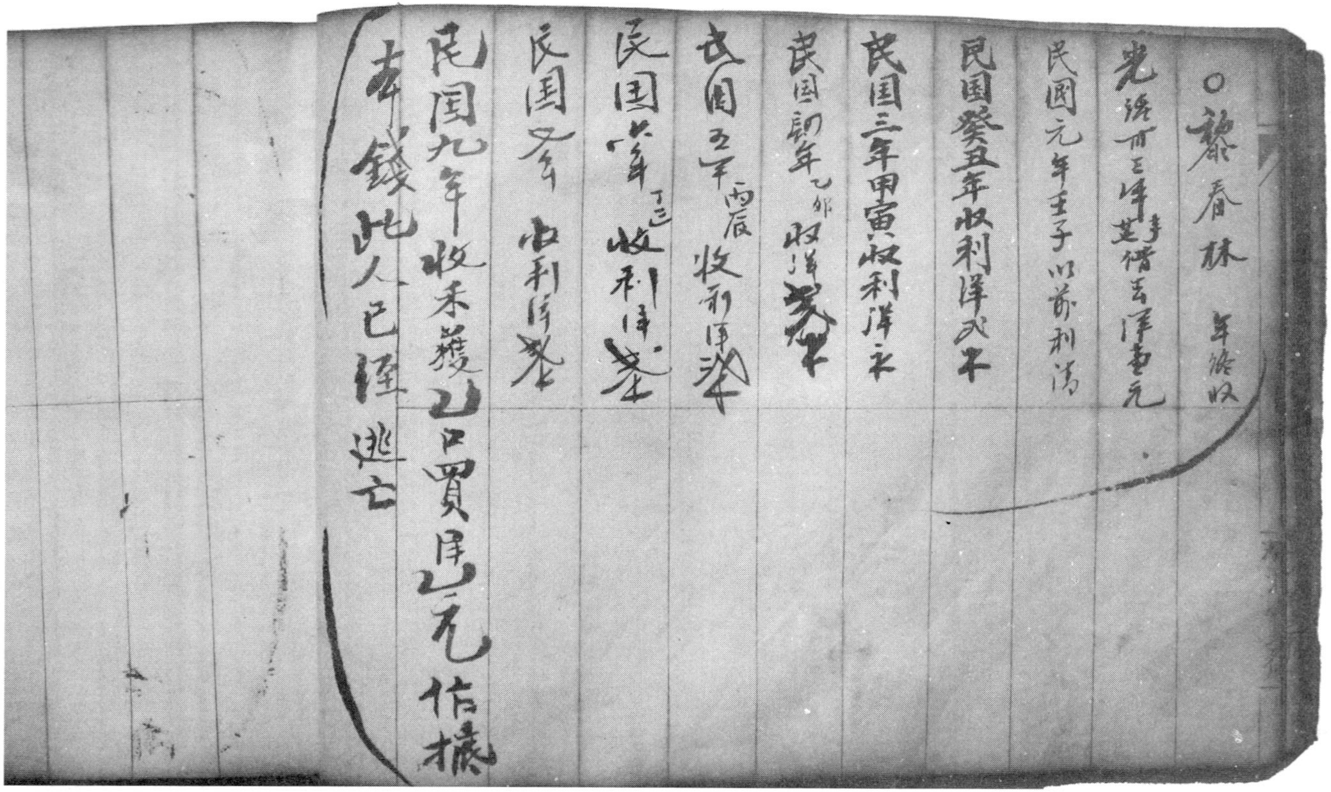
○黎春林 年給收
光緒卅三年借去洋壹元
民国元年壬子以前利清
民国癸丑年收利洋弍角
民国三年甲寅收利洋弍角
民国四年乙卯收洋叁角
民国五年丙辰收利洋叁角
民国六年丁巳收利洋叁角
民国七年 收利洋叁角
民国九年收禾穫山口買洋二元作抵
本錢此人已經逃亡

段莘乡官坑村 11-14 · 民国元年至三十五年 · 会产经营收支簿

光□□年□□收□借□洋□元
民國元年壬子□前利洛
民國癸丑年收利洋壹元
民國三年甲寅收利洋壹元
民國四年□收利洋□元
民國五年□收利洋壹元
民國六年□收利洋壹元
民國七年收利洋壹元
民國八年收利洋壹元
民國九年收瓦□元

民國十年□收利洋□元
民國十或年收返本洋五元
十月廿四 又收利洋乙元

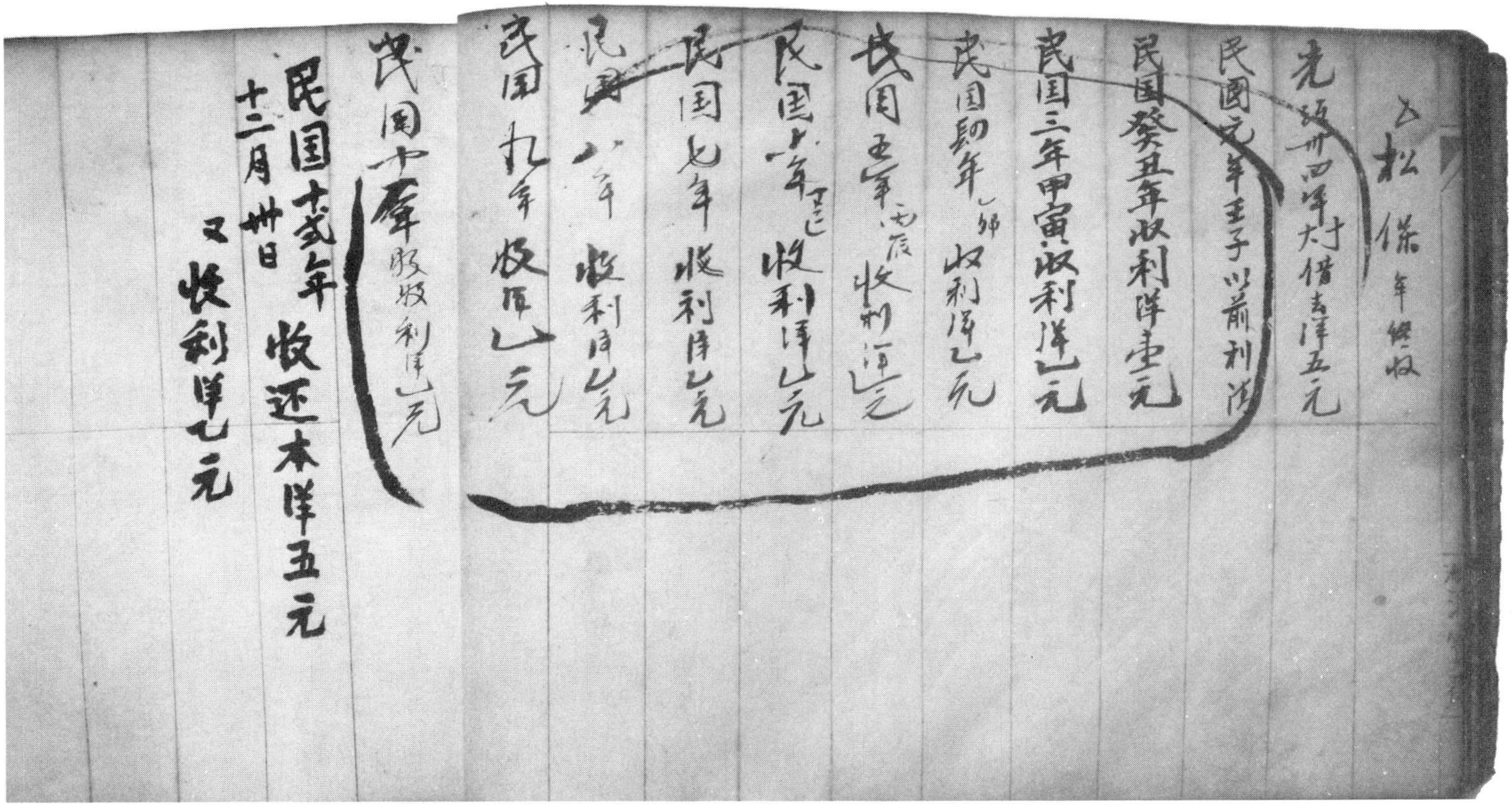

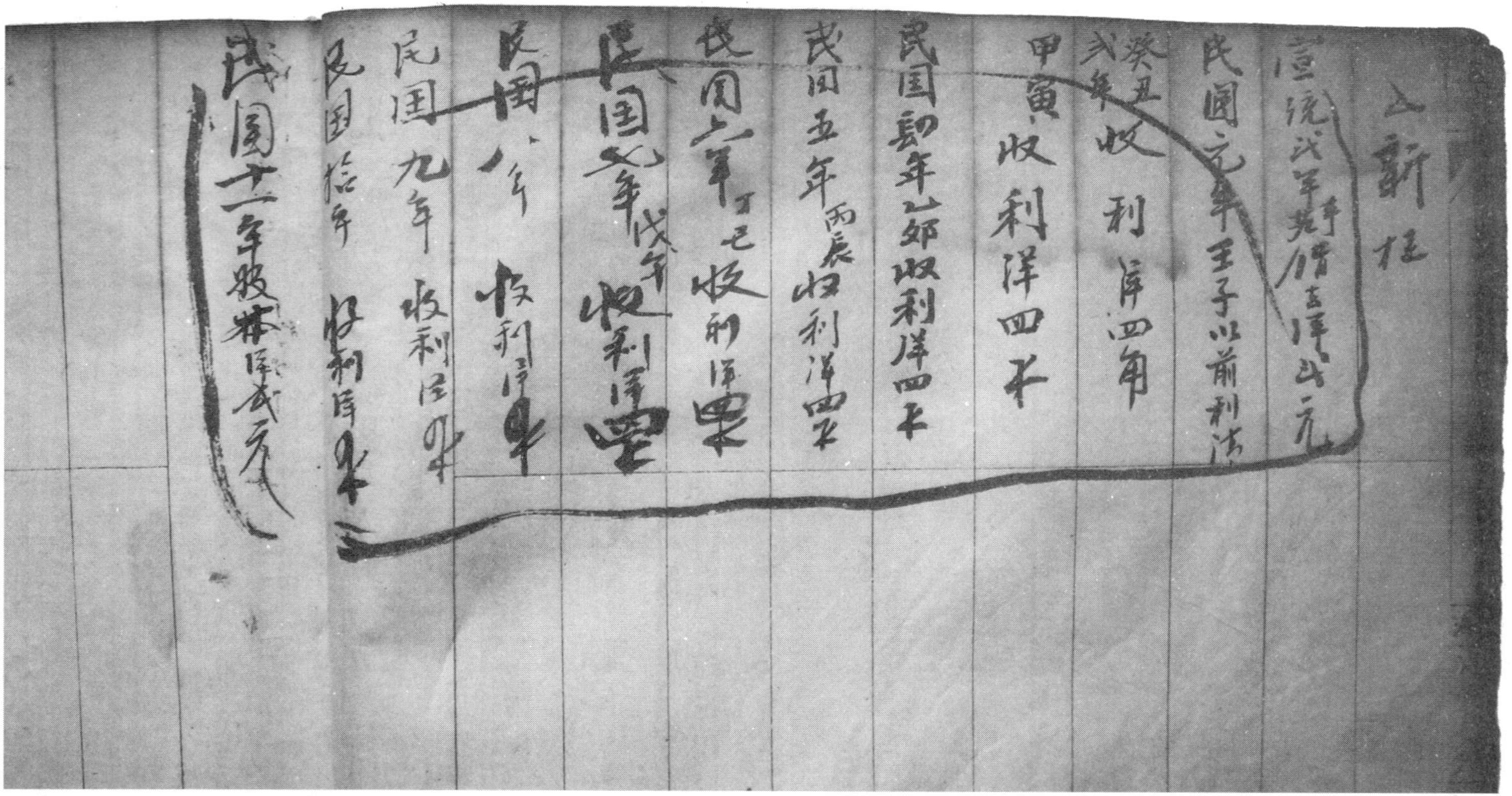

山新桂

宣统弍年[illegible]借去洋[illegible]元

民国元年壬子以前利清

癸丑弍年收利洋四角

甲寅收利洋四[illegible]

民国四年乙卯收利洋四[illegible]

民国五年丙辰收利洋四[illegible]

民国六年丁巳收利洋四[illegible]

民国七年戊午收利洋四[illegible]

民国八年收利洋四[illegible]

民国九年收利洋四[illegible]

民国拾年收利洋四[illegible]

民国十二年收林洋弍元

段莘乡官坑村 11-16 · 民国元年至三十五年 · 会产经营收支簿

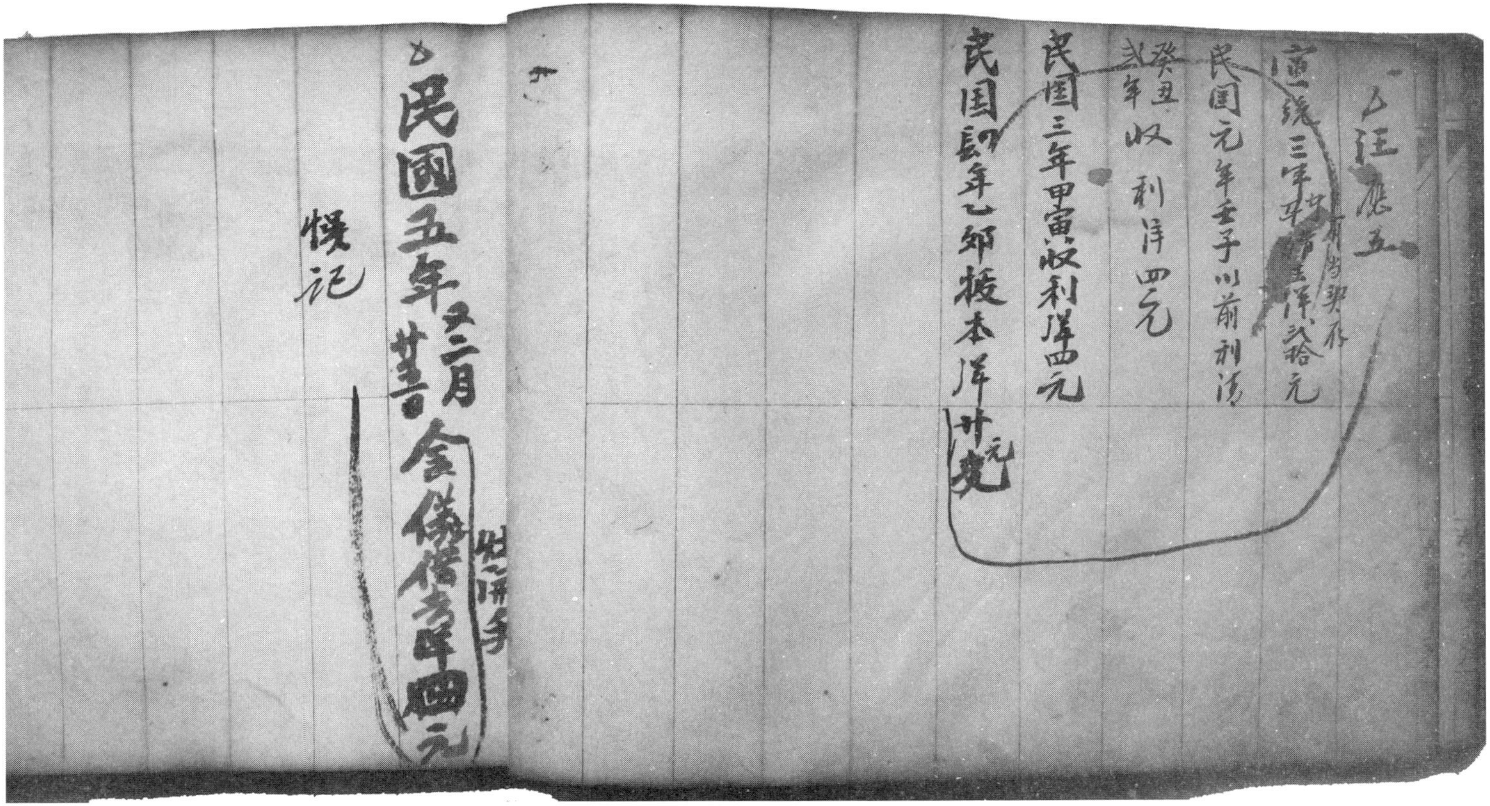

段莘乡官坑村 11-17 · 民国元年至三十五年 · 会产经营收支簿

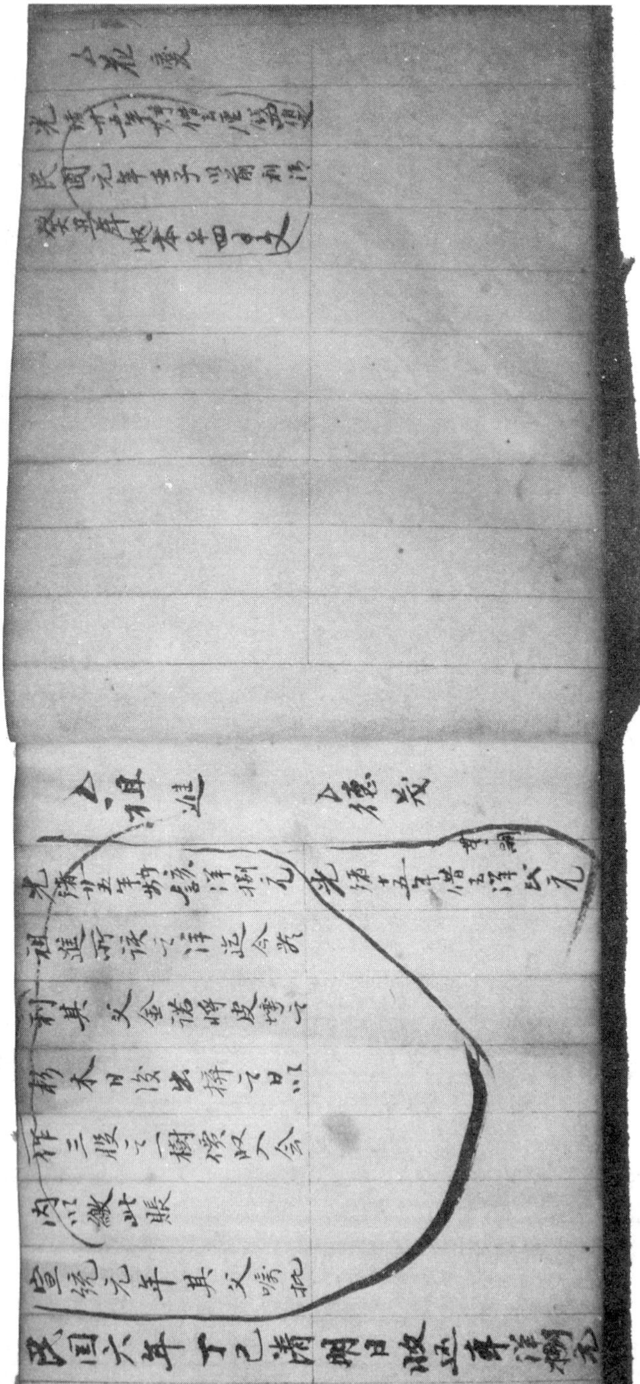

段莘乡官坑村 11-18・民国元年至三十五年・会产经营收支簿

△汪太仂

民国元年壬子年借去英洋壹元

癸丑年收利洋弍角

△汪政嗣

民国元年壬子年借去洋壹元

廿艮

段莘乡官坑村 11-19 · 民国元年至三十五年 · 会产经营收支簿

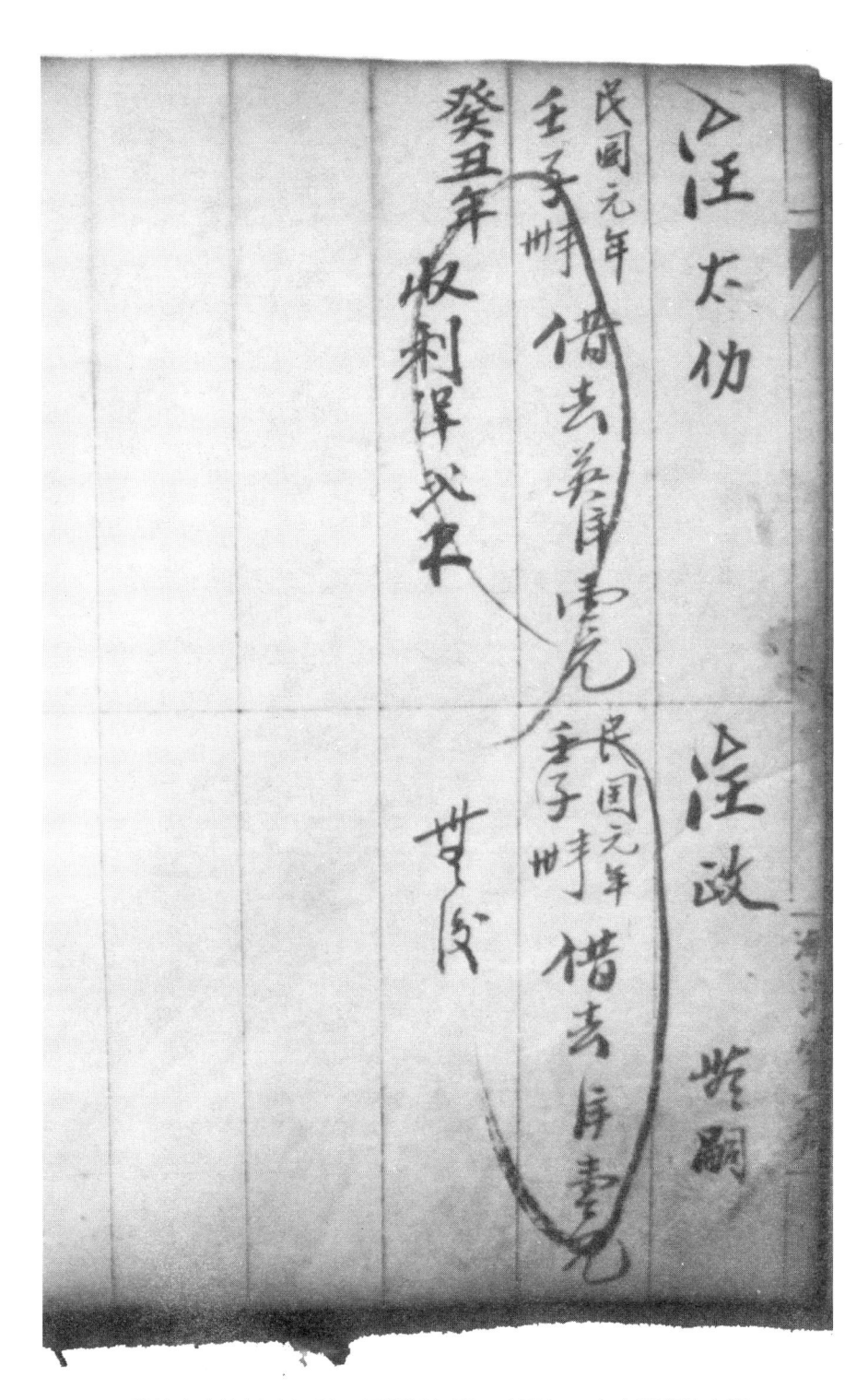

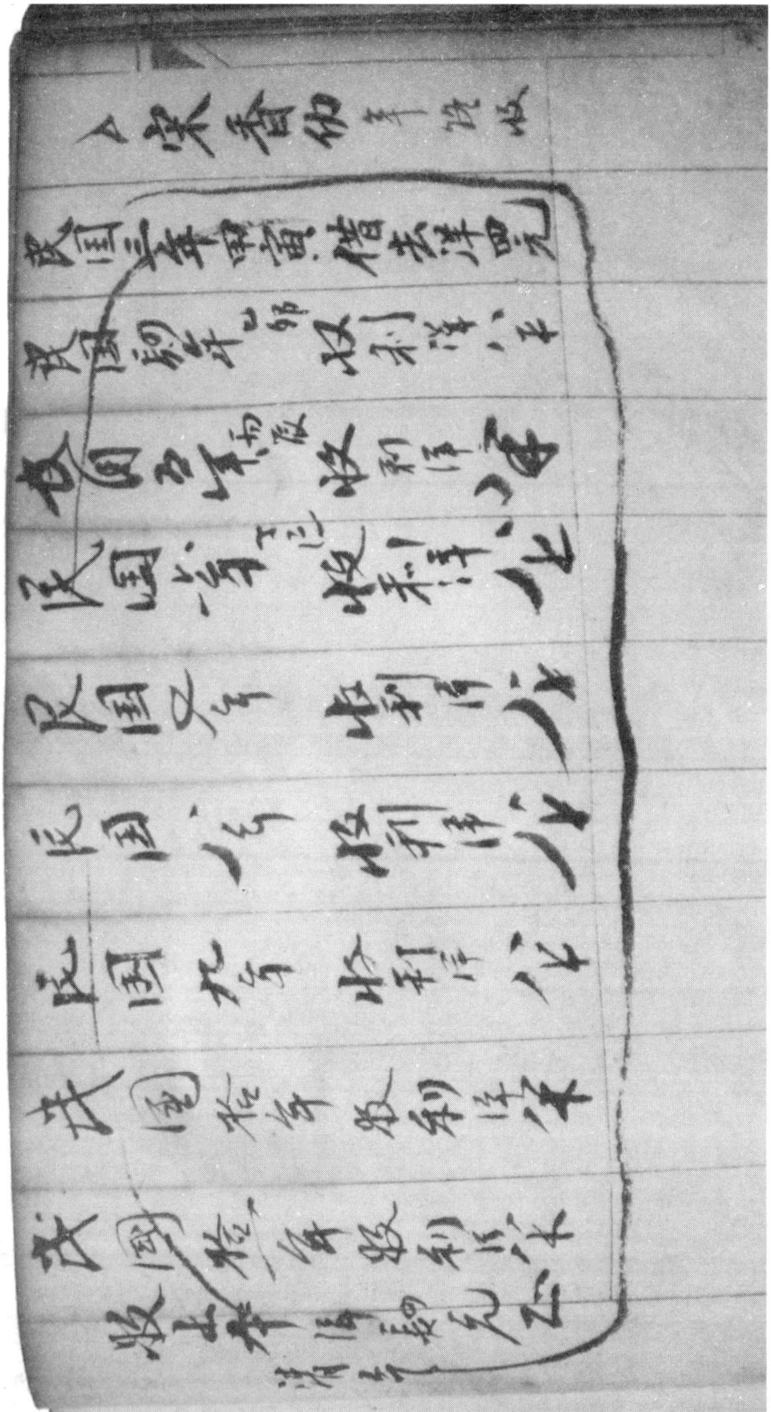

段莘乡官坑村 11-20 · 民国元年至三十五年 · 会产经营收支簿

△荣茂　已領並入前户

民国乙卯年於借去洋廿元正

段莘乡官坑村 11-21 · 民国元年至三十五年 · 会产经营收支簿

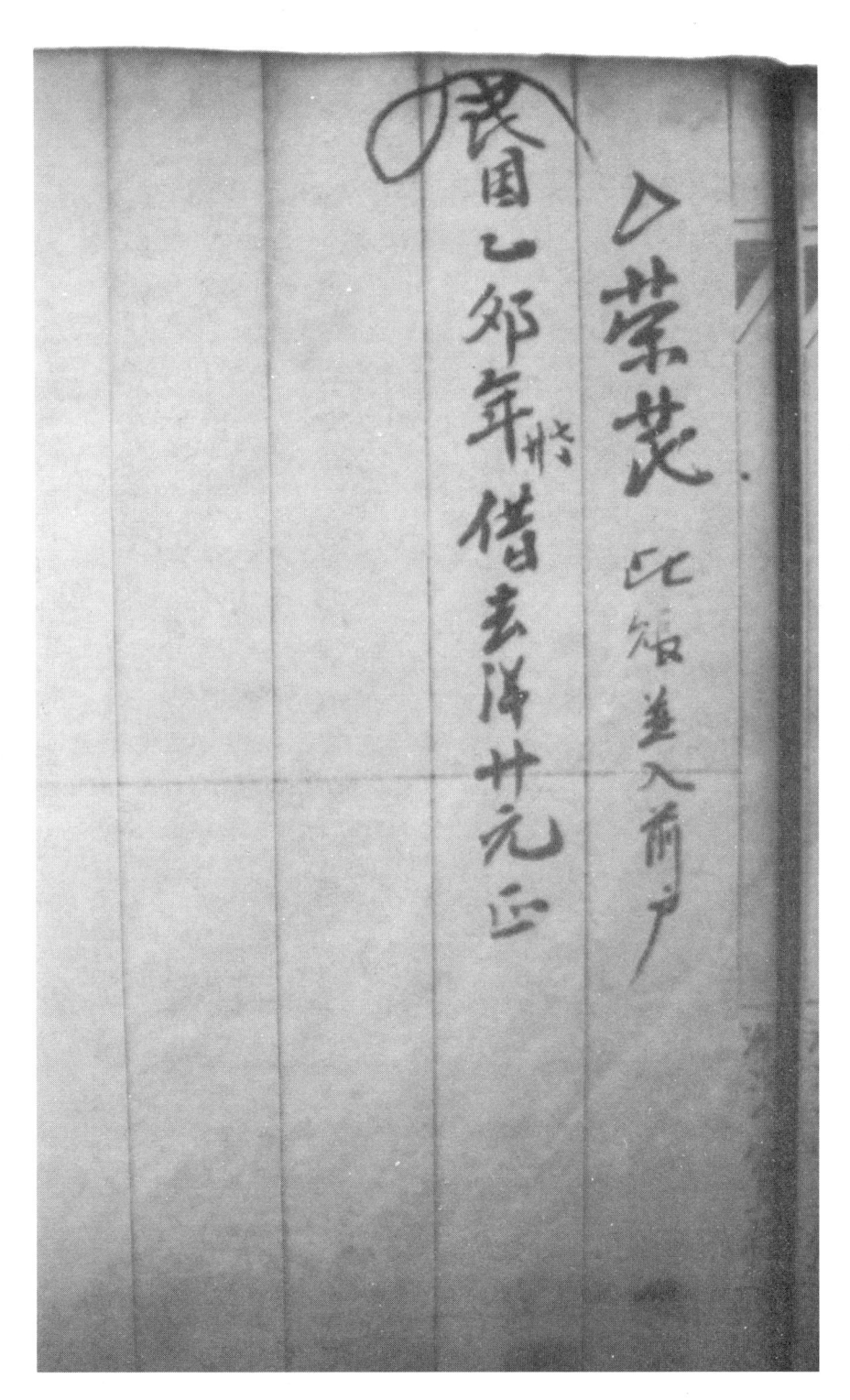

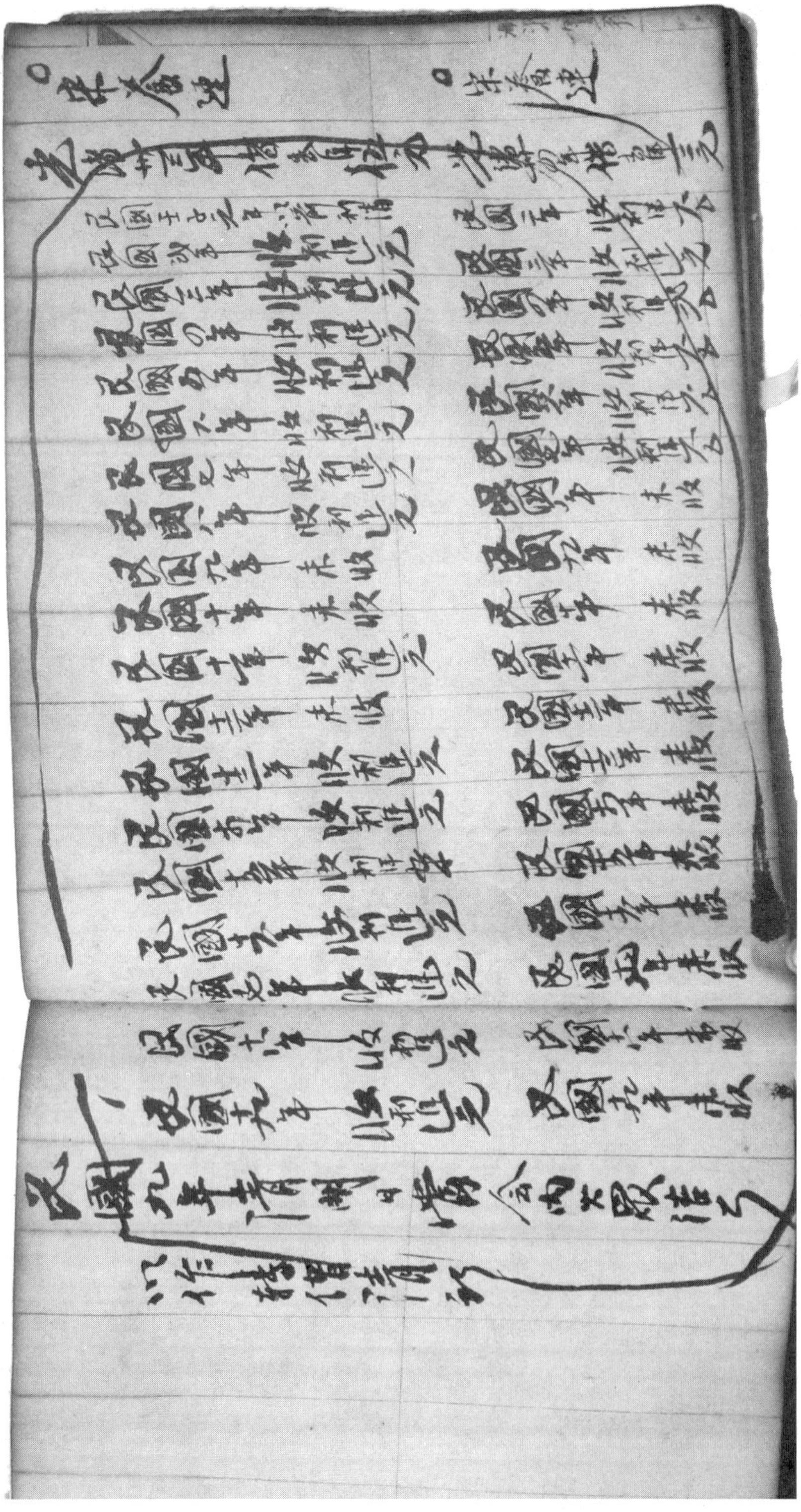

段莘乡官坑村 11-22 · 民国元年至三十五年 · 会产经营收支簿

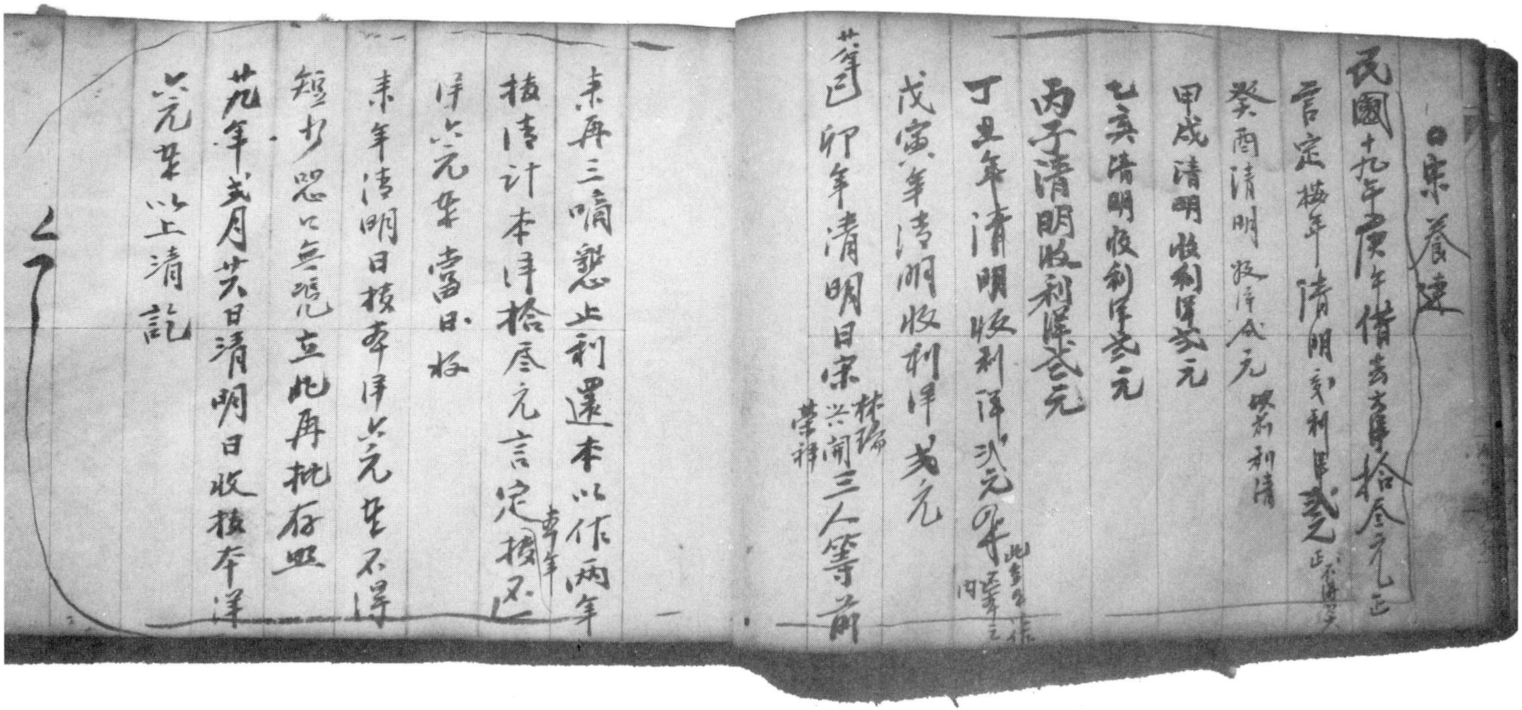
□宗養達
民國十九年庚午借去大洋拾叁元正
言定次年清明利洋貳元正
癸酉清明收洋伍元
甲戌清明收利洋叁元
乙亥清明收利洋叁元
丙子清明收利洋叁元
丁丑年清明收利洋弍元
戊寅年清明收利洋貳元
己卯年清明日宗 林瑞 興開 常祥 三人等前
來再三嘀懇止利還本以作兩年
接清計本洋拾叁元言定次年接足
洋六元其當日收
來年清明日接本洋六元其不得
短少恐口無憑立此再批存照
庚辰年貳月廿日清明日收接本洋
六元其以上清訖

段莘乡官坑村 11-23 · 民国元年至三十五年 · 会产经营收支簿

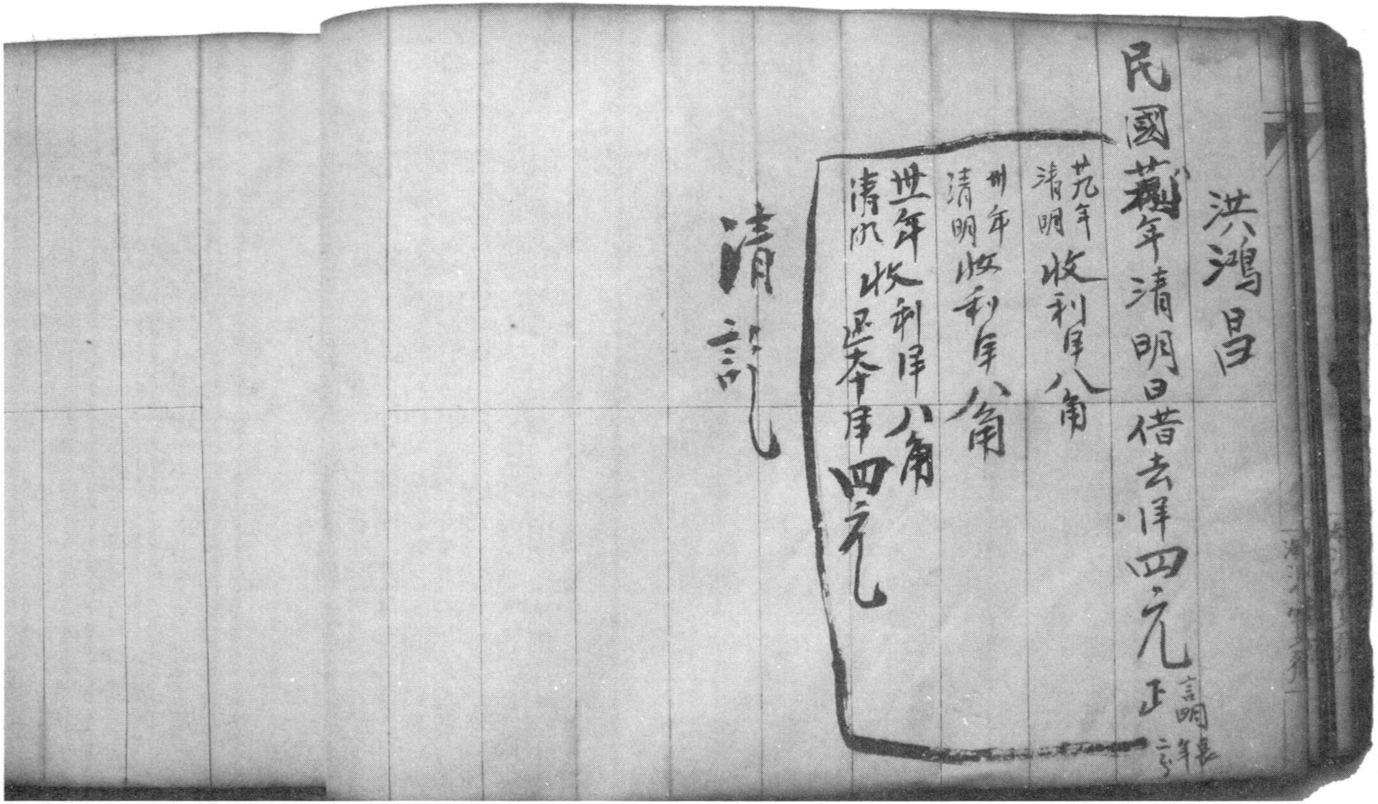
洪鴻昌
民國廿八年清明日借去洋四元正 言明年息二分
廿九年清明收利洋八角
卅年清明收利洋八角
卅一年清明收退本洋四元
清訖

段莘乡官坑村 11-24·民国元年至三十五年·会产经营收支簿

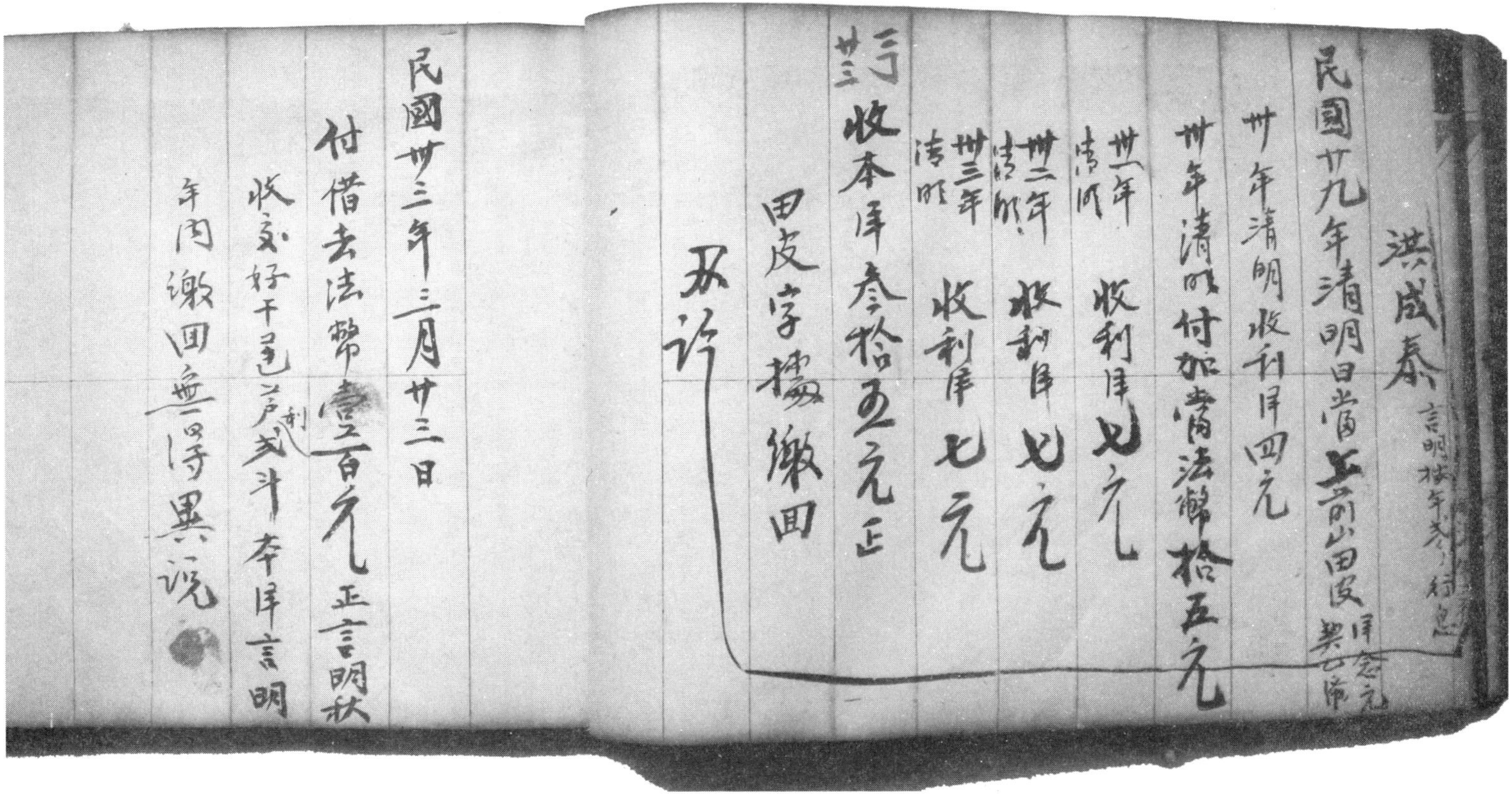

洪成泰

民國廿九年清明日當上前山田皮 洋[illegible]元

卅年清明收利洋四元

卅年清明付加當法幣拾五元

卅一年清明 收利洋七元

卅二年清明 收利洋七元

卅三年清明 收利洋七元

卅三年 收本洋叁拾五元正

田皮字據繳回

取訖

民國卅三年三月廿三日

付借去法幣壹百元正言明秋

收谷[illegible]斗本利言明

年內繳回無得異說

段莘乡官坑村 11-25 · 民国元年至三十五年 · 会产经营收支簿

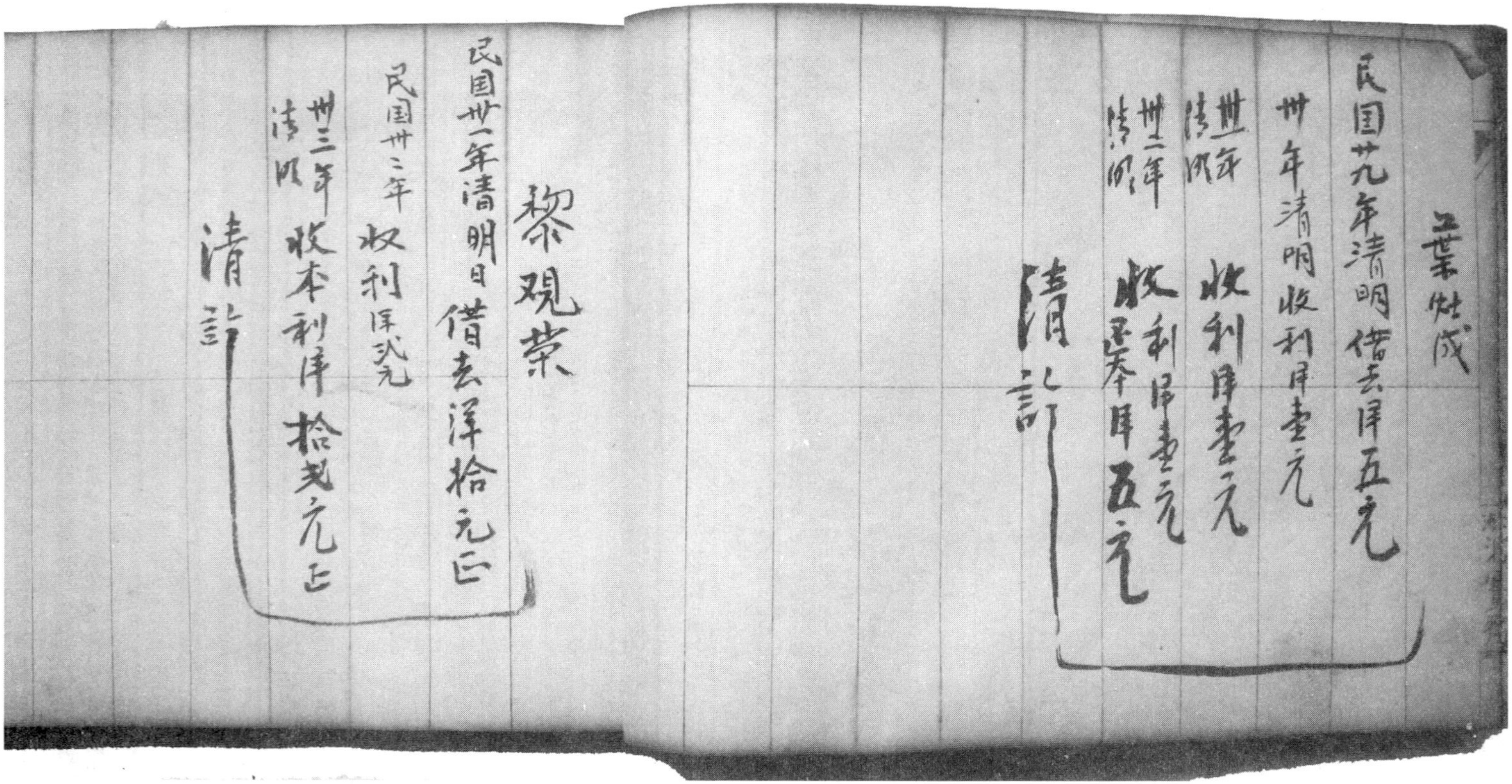

葉灶成
民国廿九年清明借去洋五元
卅年清明收利洋壹元
卅一年清明 收利洋壹元
卅二年清明 收利洋壹元
还本洋五元
清訖

黎观荣
民国卅一年清明日借去洋拾元正
民国卅二年收利洋弍元
卅三年清明 收本利洋拾弍元正
清訖

段莘乡官坑村 11-26 · 民国元年至三十五年 · 会产经营收支簿

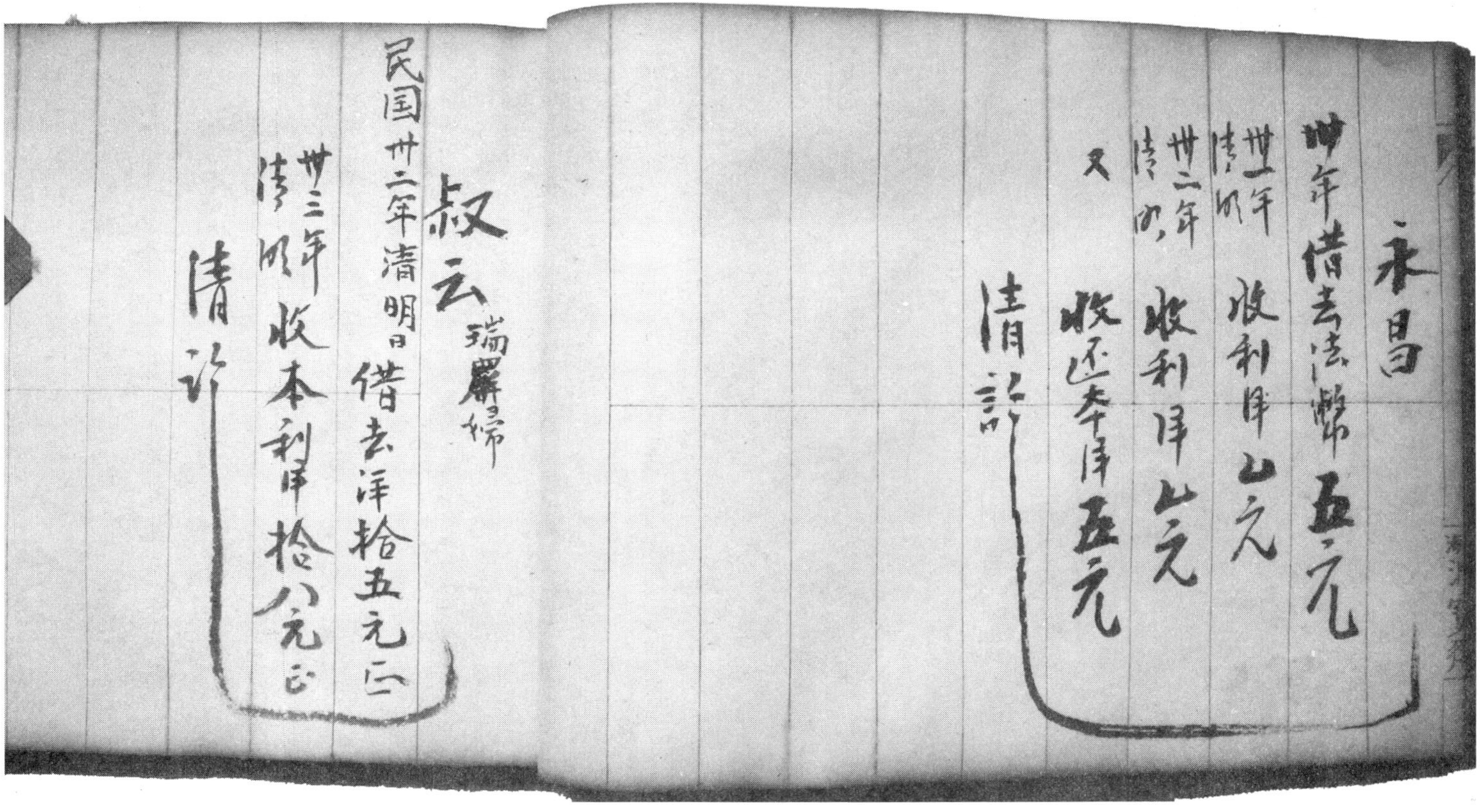
永昌
卅年借去法币五元
卅一年清明 收利洋山元
卅二年清明 收利洋山元
又 收还本洋五元
清讫
叔云 瑞麟婦
民国卅二年清明日 借去洋拾五元正
卅三年清明 收本利洋拾八元正
清讫

段莘乡官坑村 11-27 · 民国元年至三十五年 · 会产经营收支簿

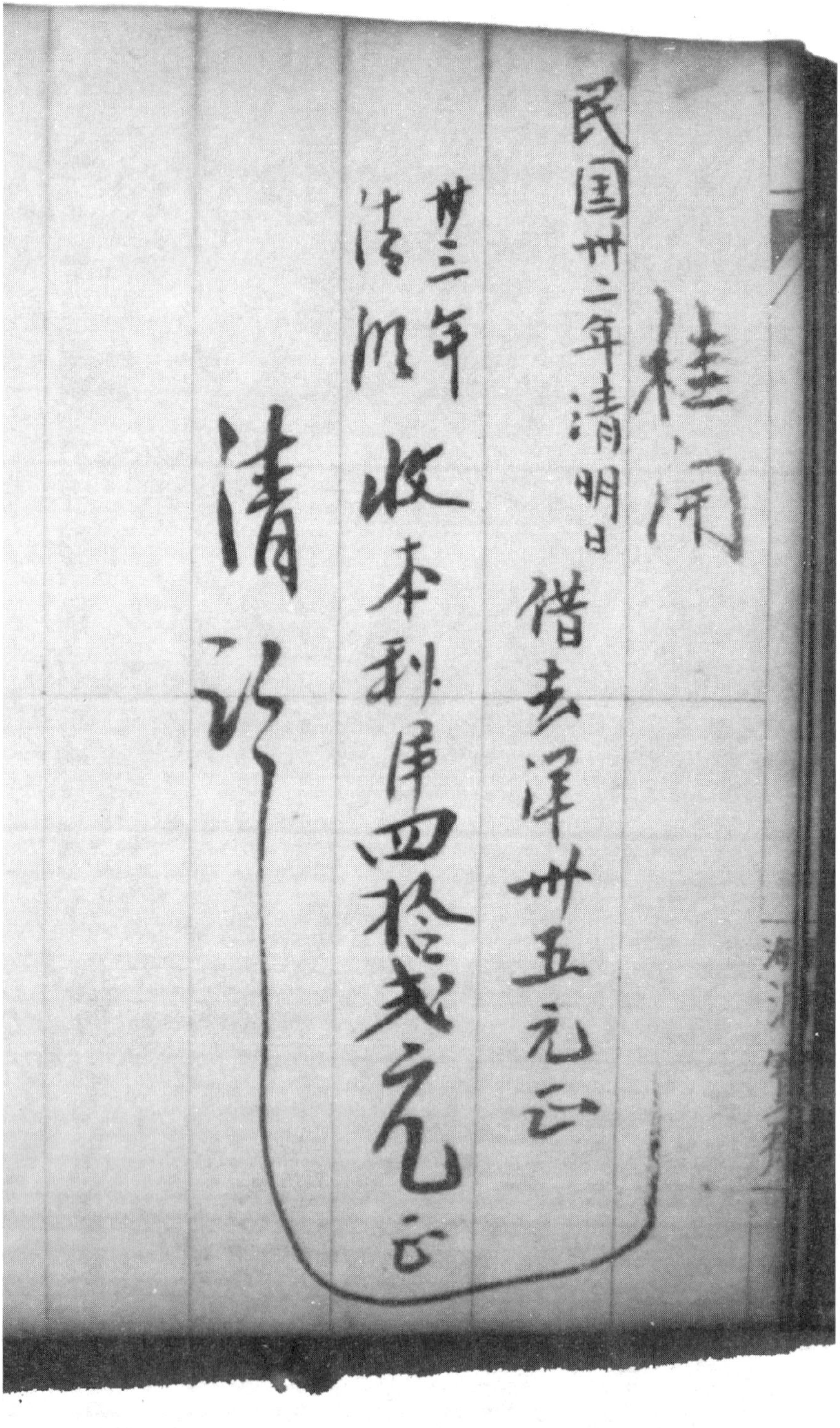
桂闲
民国卅二年清明日　借去洋卅五元正
卅三年清明　收本利洋四拾贰元正
清讫

段莘乡官坑村 11-28 · 民国元年至三十五年 · 会产经营收支簿

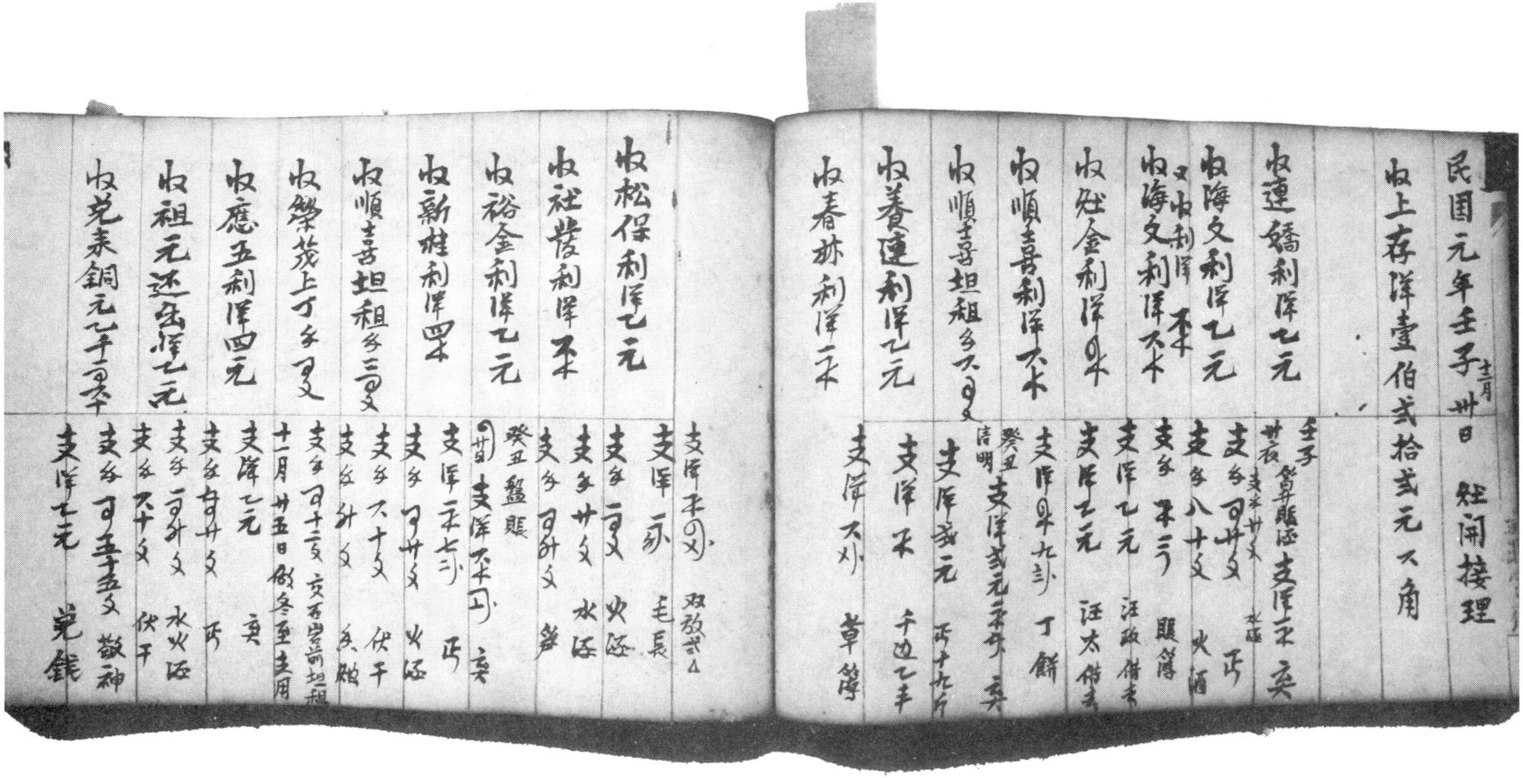

段莘乡官坑村 11-29 · 民国元年至三十五年 · 会产经营收支簿

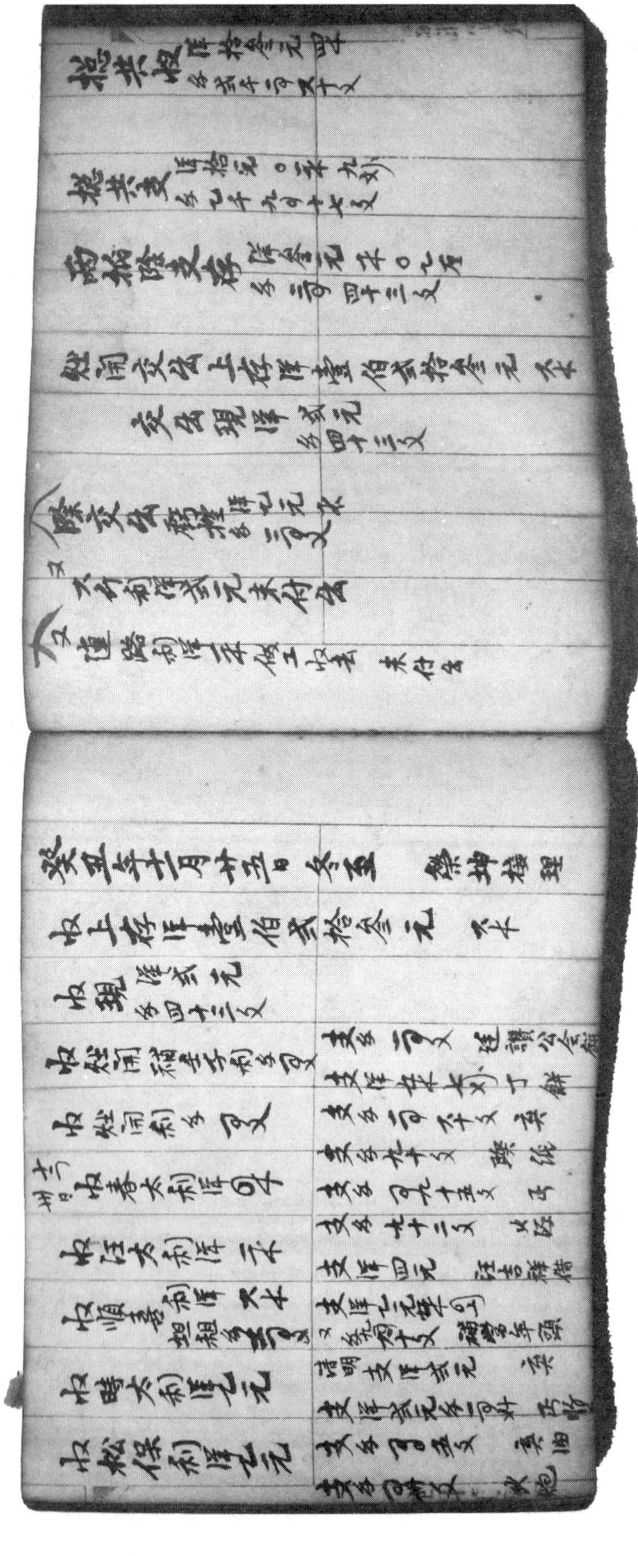

段莘乡官坑村 11-30 · 民国元年至三十五年 · 会产经营收支簿

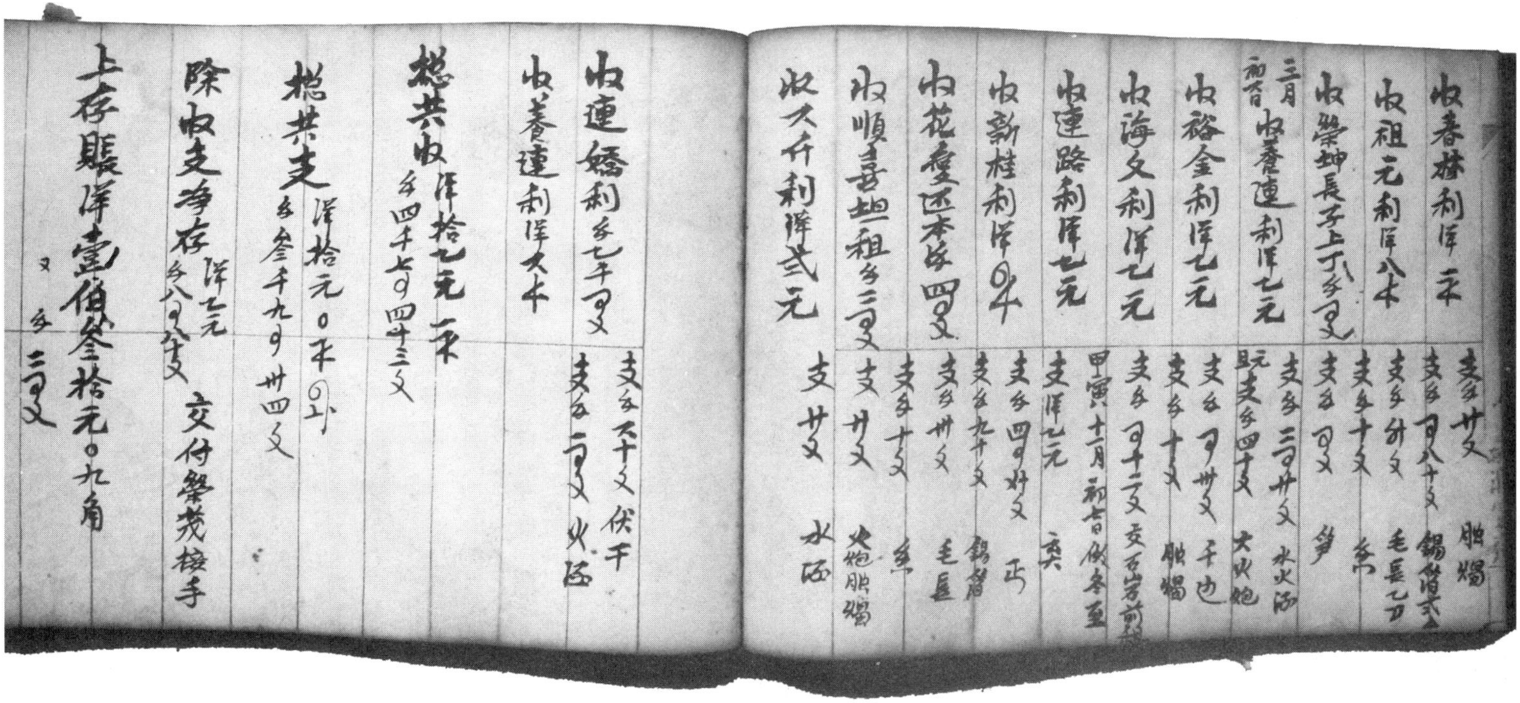

段莘乡官坑村 11-31 · 民国元年至三十五年 · 会产经营收支簿

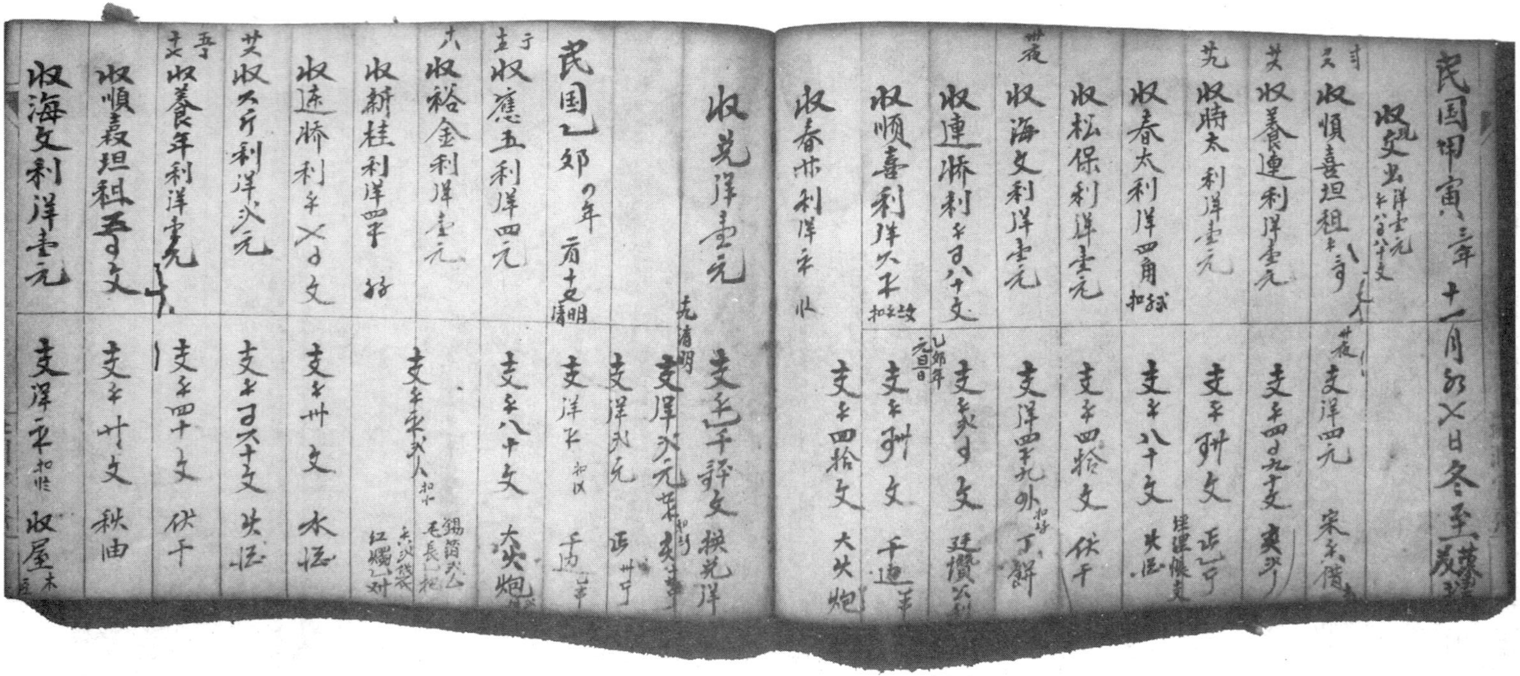

段莘乡官坑村 11-32 · 民国元年至三十五年 · 会产经营收支簿

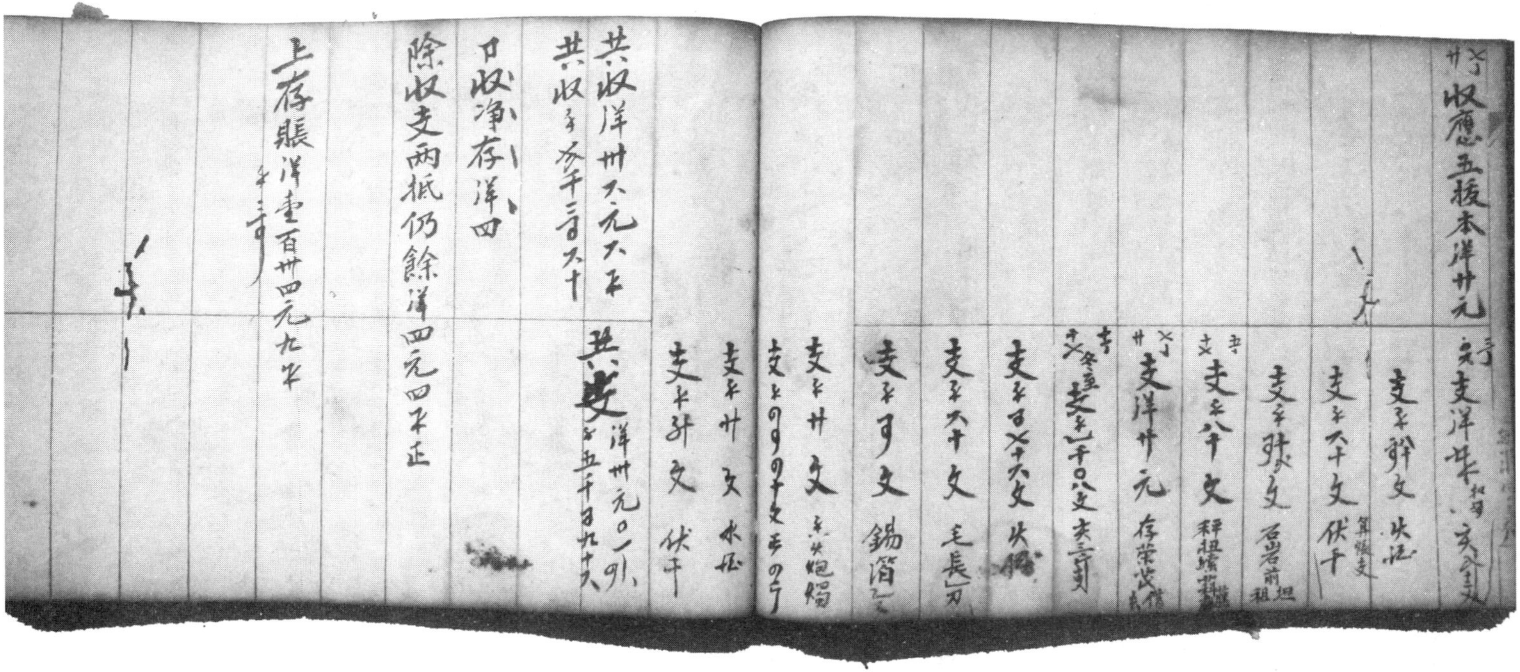

段莘乡官坑村 11-33 · 民国元年至三十五年 · 会产经营收支簿

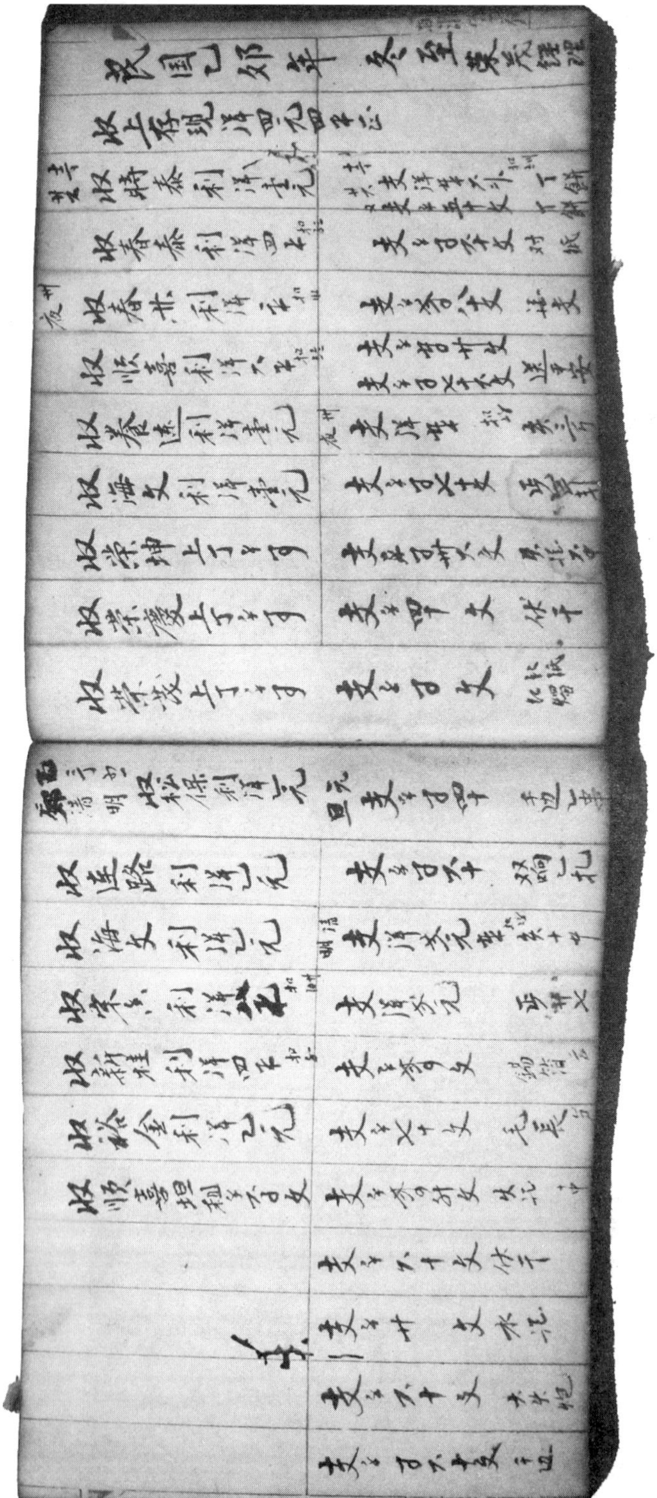

段莘乡官坑村 11-34・民国元年至三十五年・会产经营收支簿

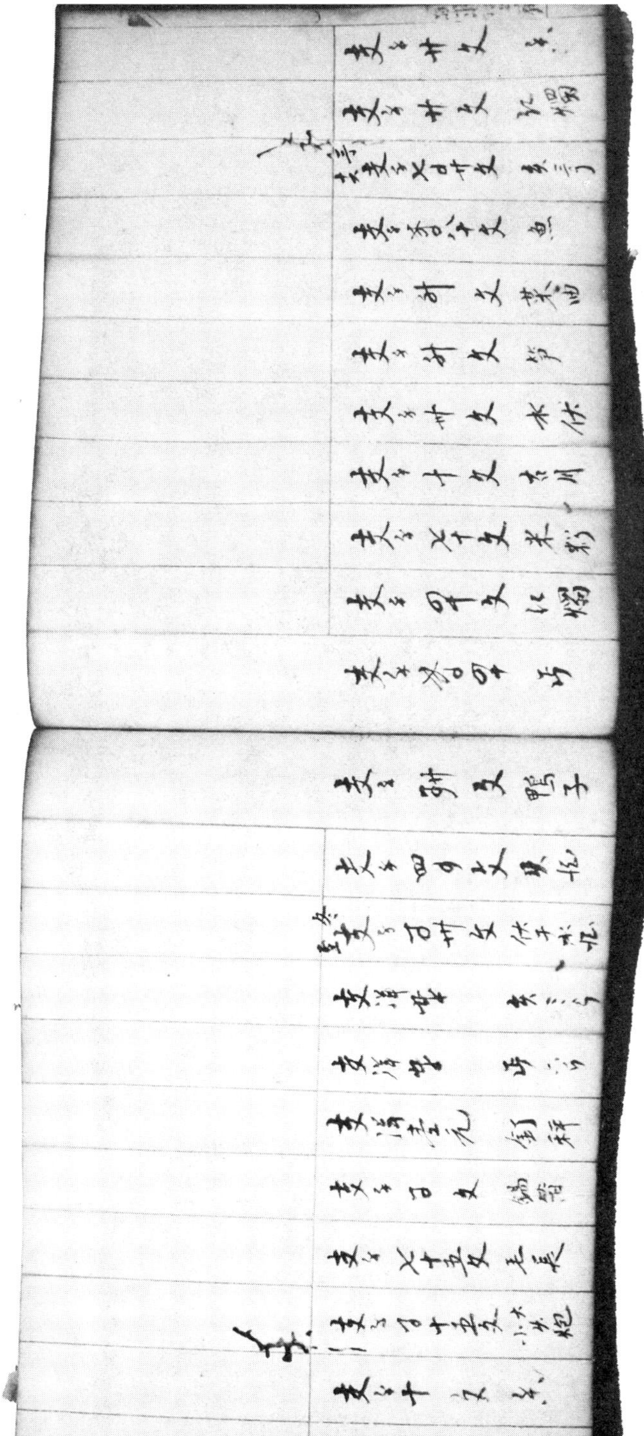

段莘乡官坑村 11-35 · 民国元年至三十五年 · 会产经营收支簿

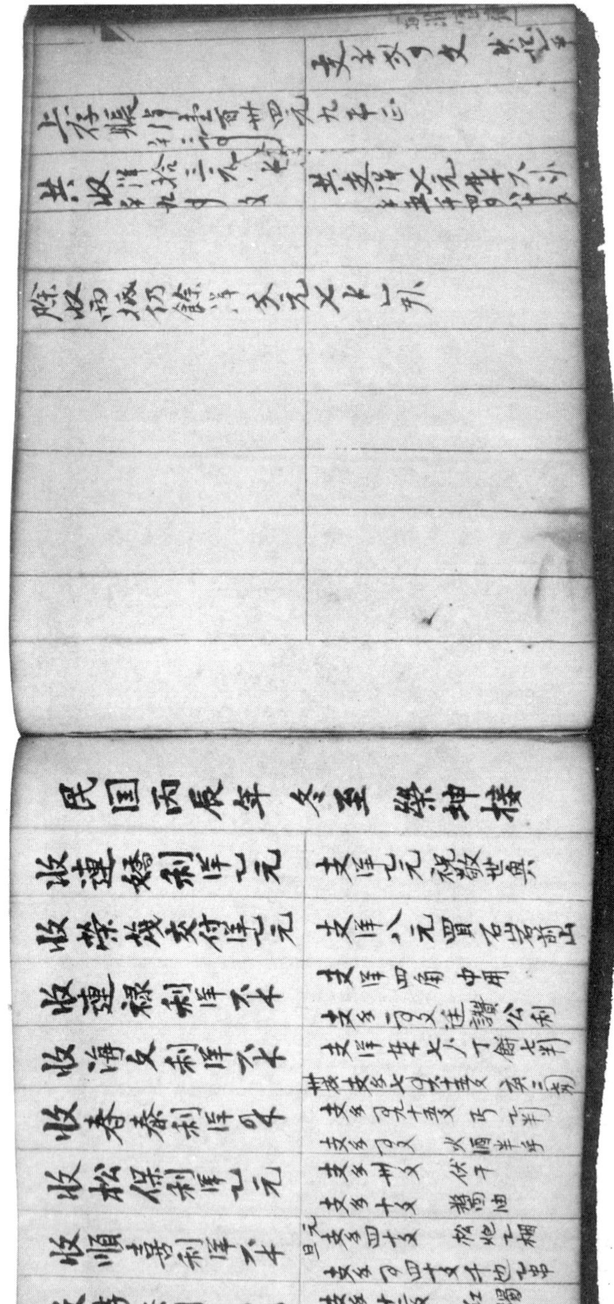

段莘乡官坑村 11-36・民国元年至三十五年・会产经营收支簿

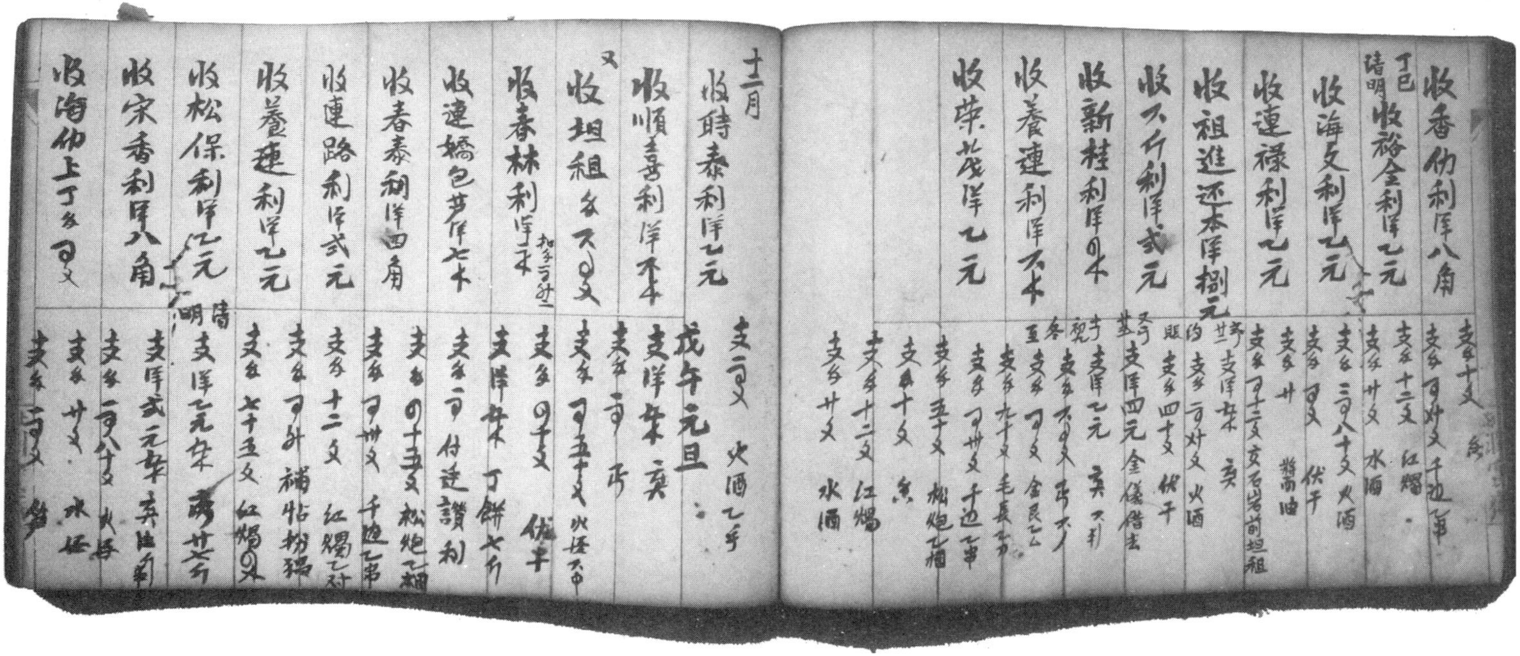

段莘乡官坑村 11-37 · 民国元年至三十五年 · 会产经营收支簿

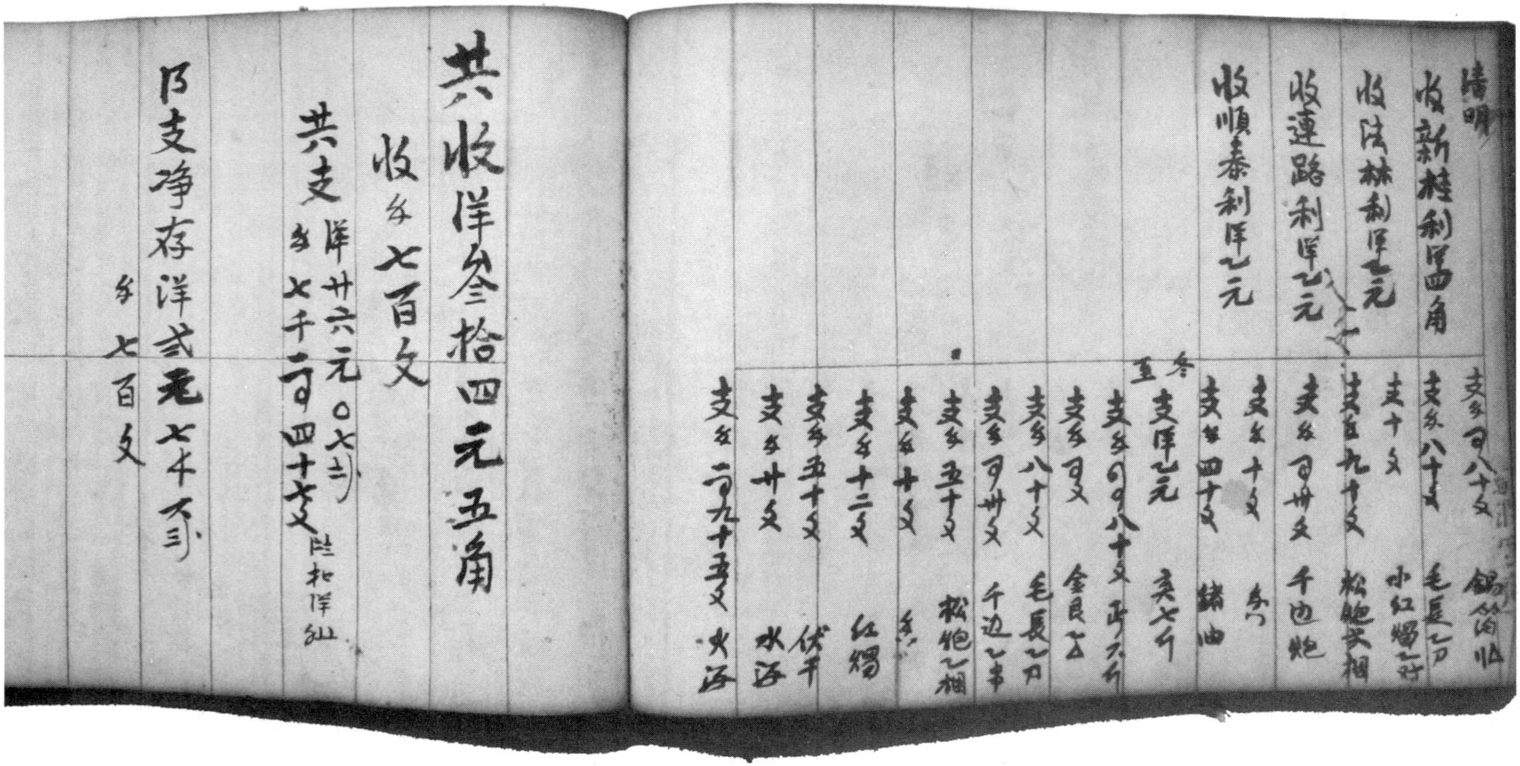
清明
收新桂利洋四角
收法林利洋一元
收連路利洋一元
收順泰利洋一元
支钱百八十文 錫箔
支钱八十文 毛豆
支十文 小红烛
支钱九十文 松炮
支钱百卅文 千边炮
支钱十文 香
支钱四十文 蜡烛
冬至 支洋一元 灰七斤
支钱[illegible]八十文 [illegible]
支钱百文 金银
支钱八十文 毛長
支钱百卅文 千边
支钱五十文 松炮
支钱十文 香
支钱十二文 红烛
支钱五十文 伏千
支钱卅文 水酒
支钱一百九十五文 火酒
共收洋叁拾四元五角
收钱七百文
共支洋廿六元〇七[illegible]
钱七千一百四十文 [illegible]
除支净存洋式元七十[illegible]
钱七百文

段莘乡官坑村 11-38 · 民国元年至三十五年 · 会产经营收支簿

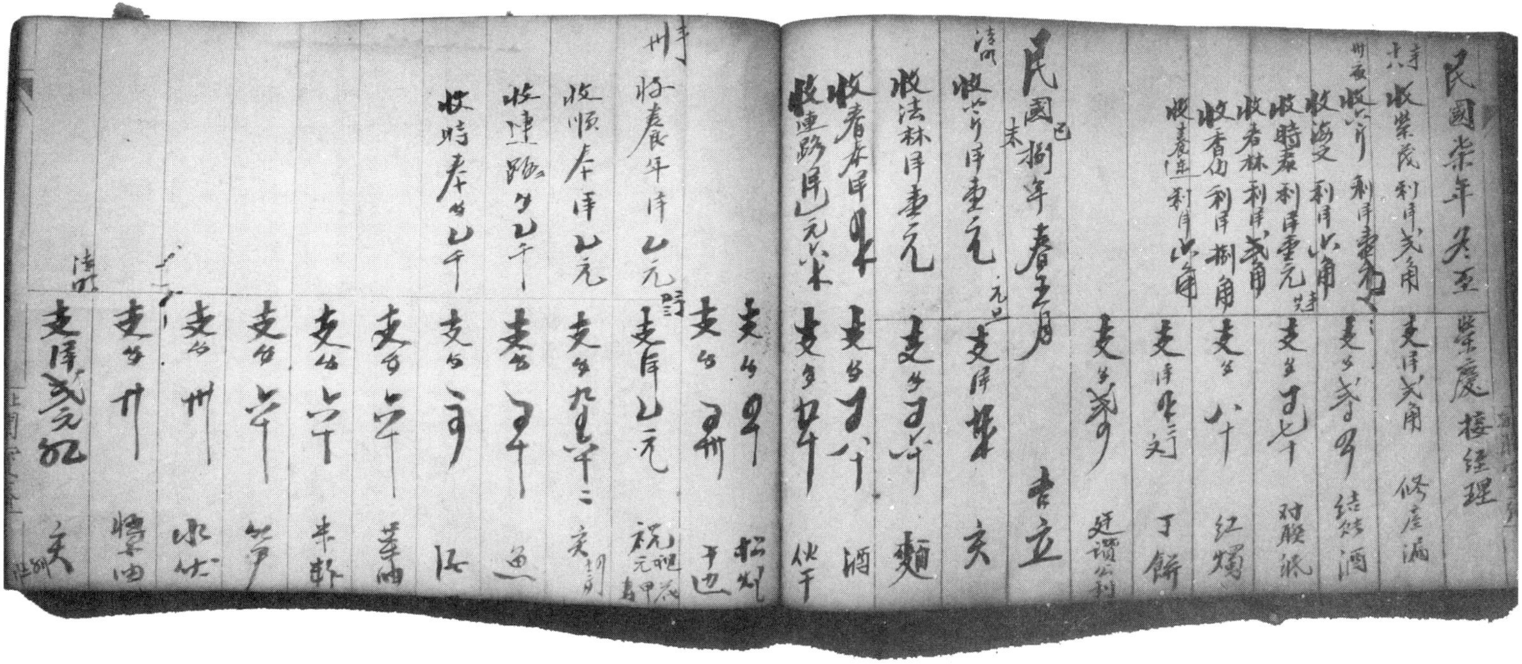

段莘乡官坑村 11-39・民国元年至三十五年・会产经营收支簿

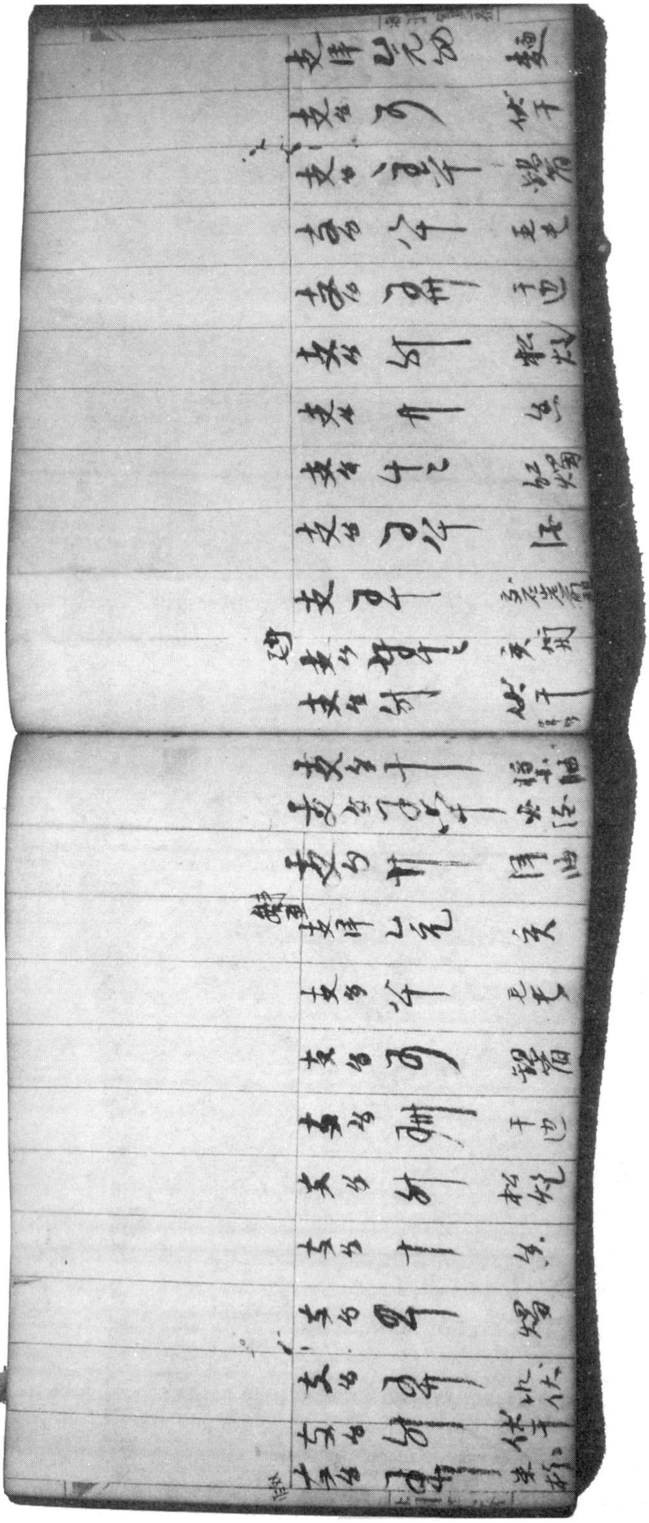

段莘乡官坑村 11-40 · 民国元年至三十五年 · 会产经营收支簿

段莘乡官坑村 11-41 · 民国元年至三十五年 · 会产经营收支簿

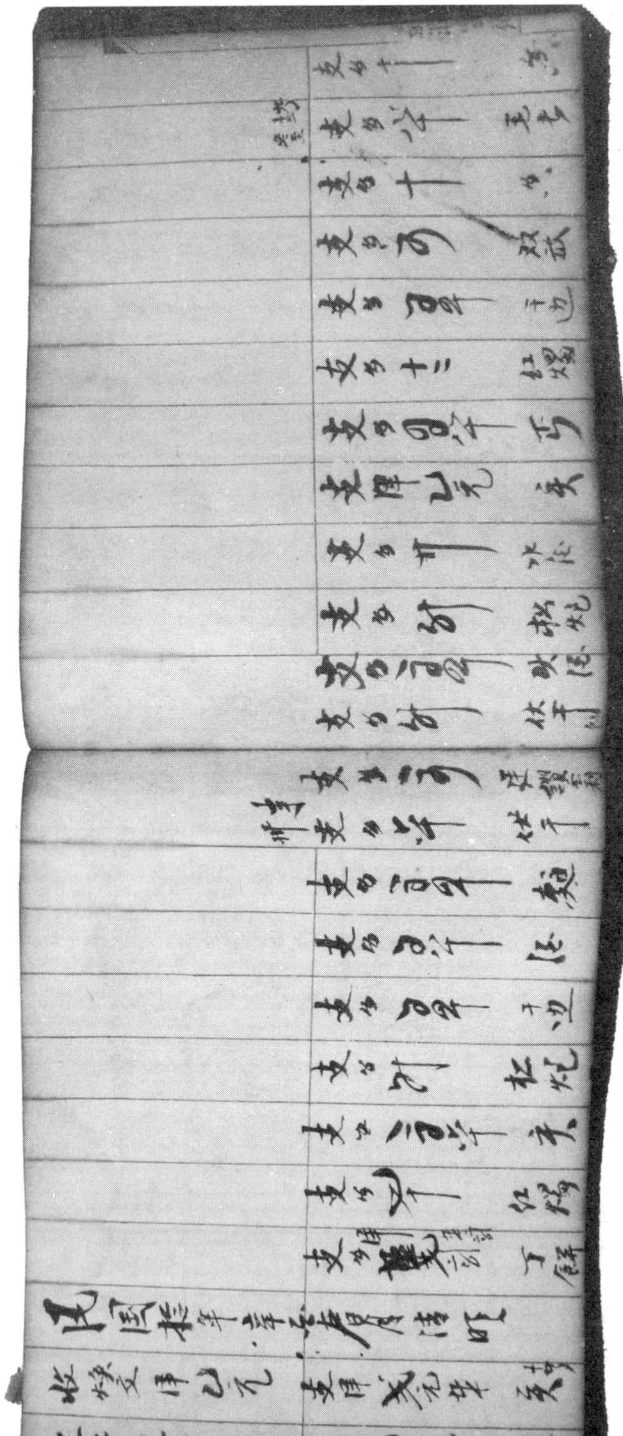

段莘乡官坑村 11-42 · 民国元年至三十五年 · 会产经营收支簿

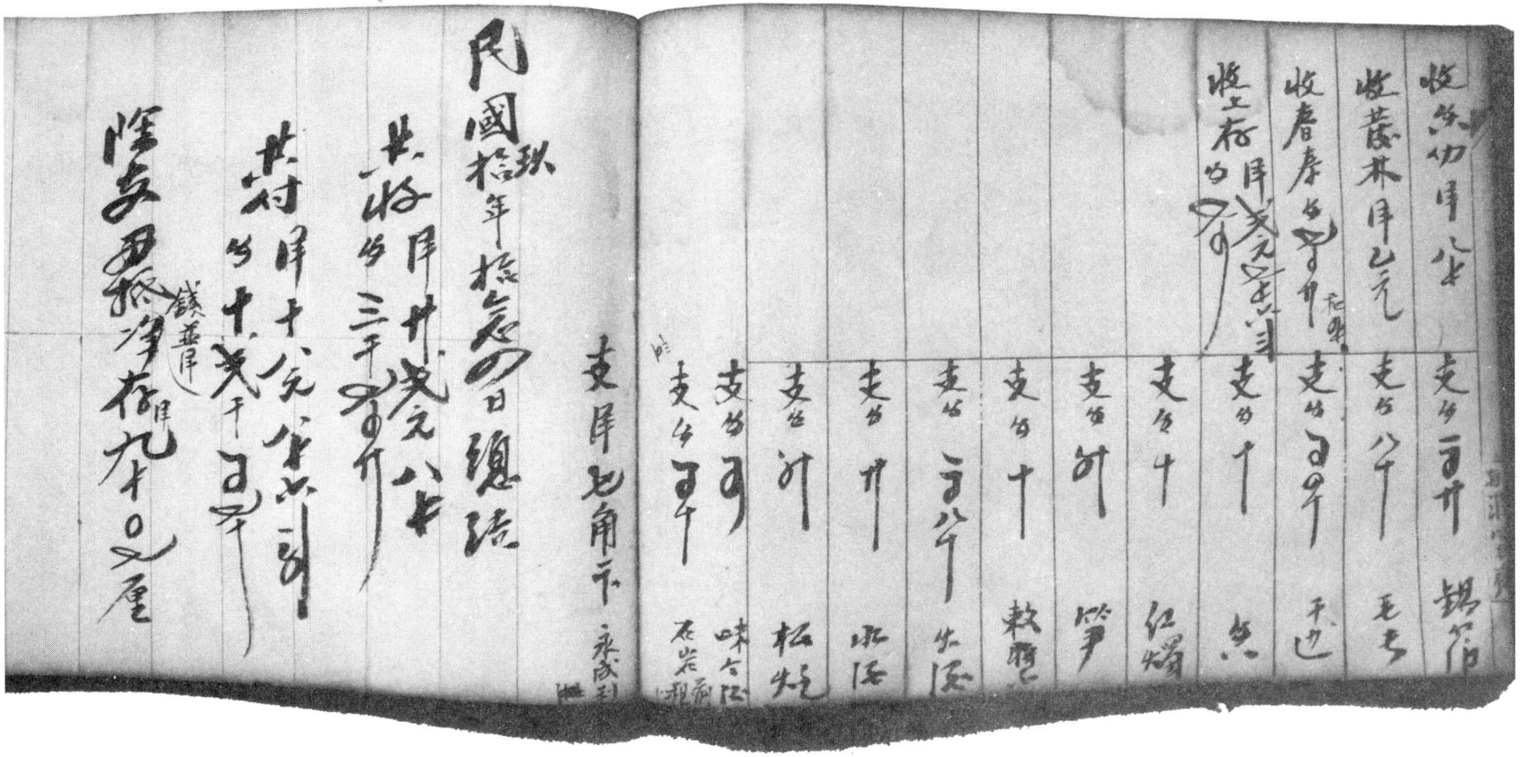

段莘乡官坑村 11-43 · 民国元年至三十五年 · 会产经营收支簿

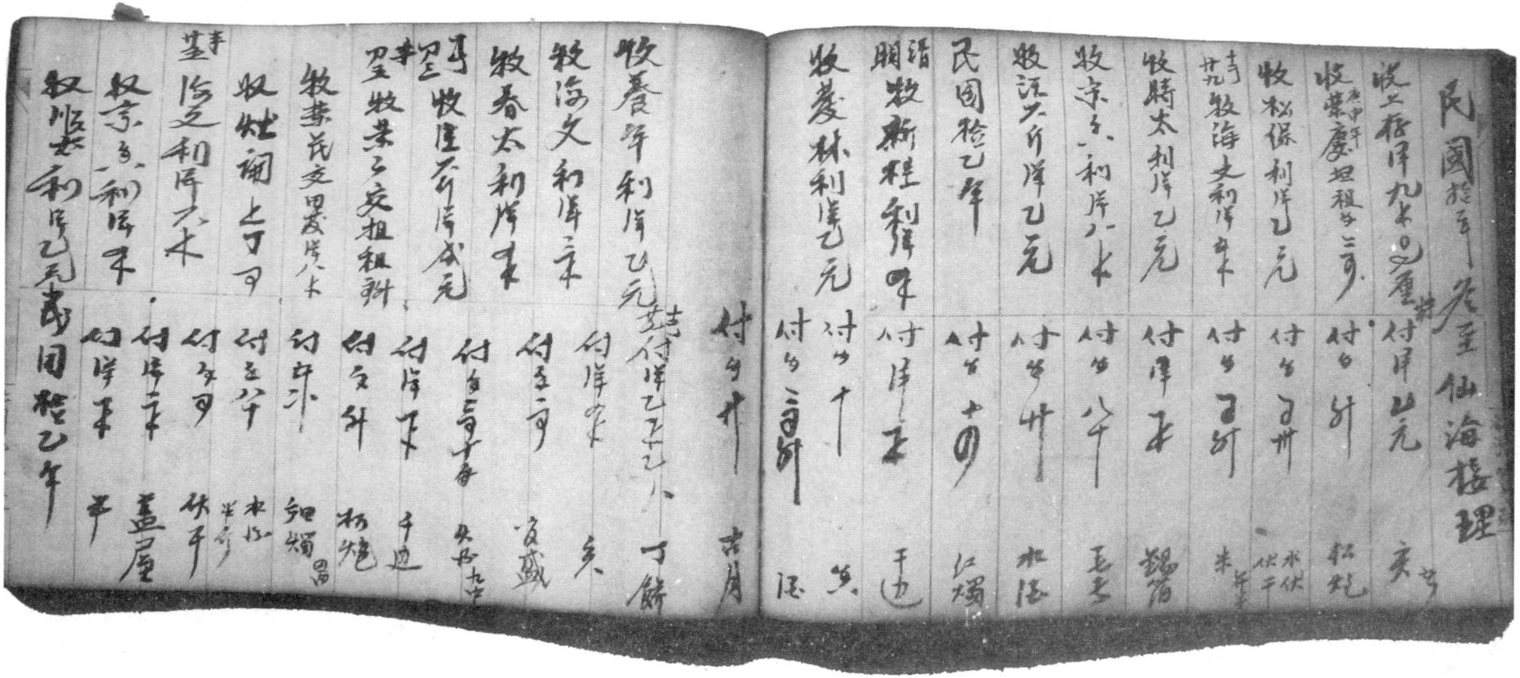

段莘乡官坑村 11-44 · 民国元年至三十五年 · 会产经营收支簿

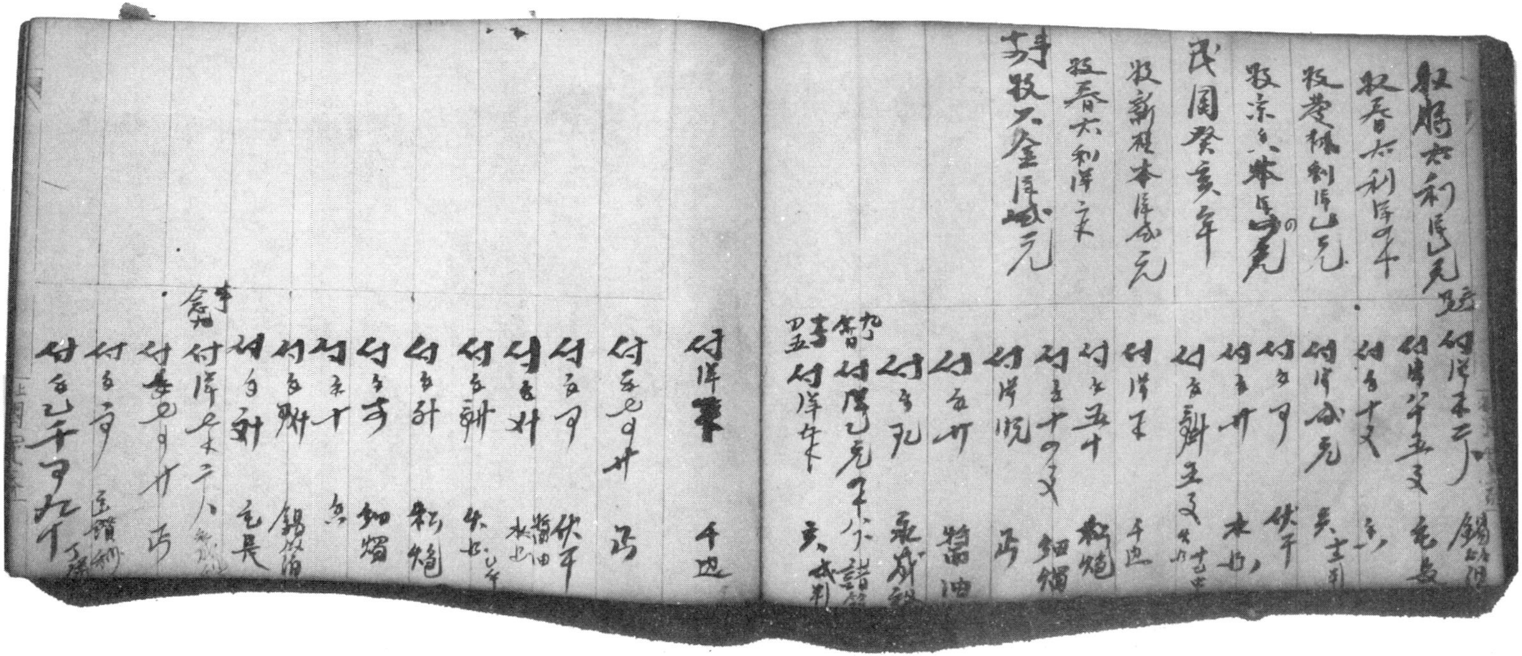

段莘乡官坑村 11-45・民国元年至三十五年・会产经营收支簿

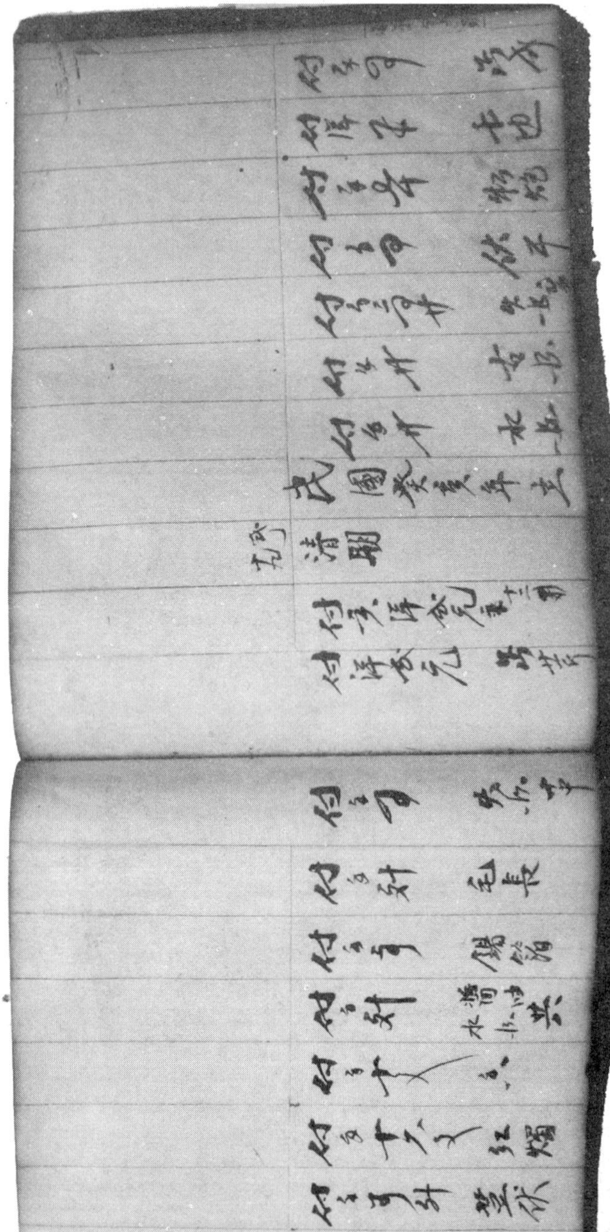

段莘乡官坑村 11-46・民国元年至三十五年・会产经营收支簿

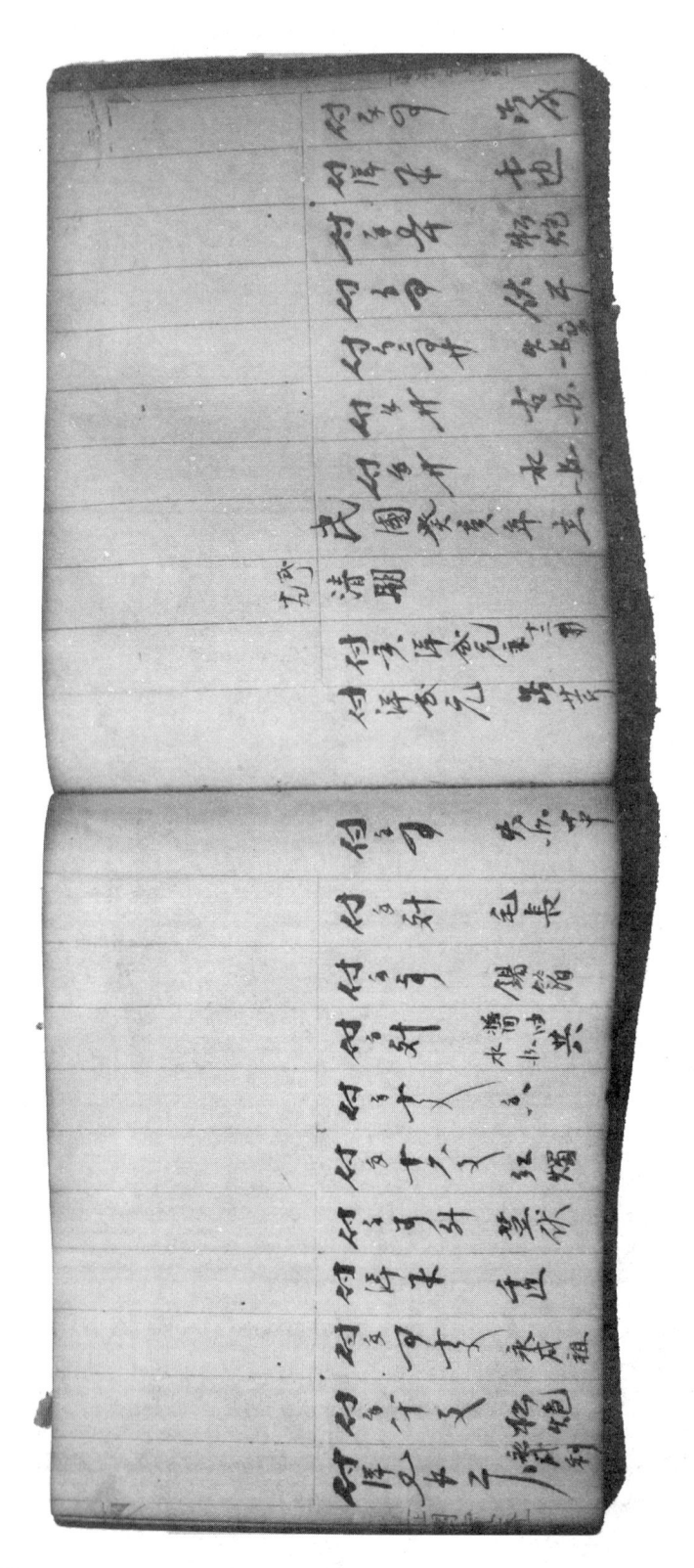

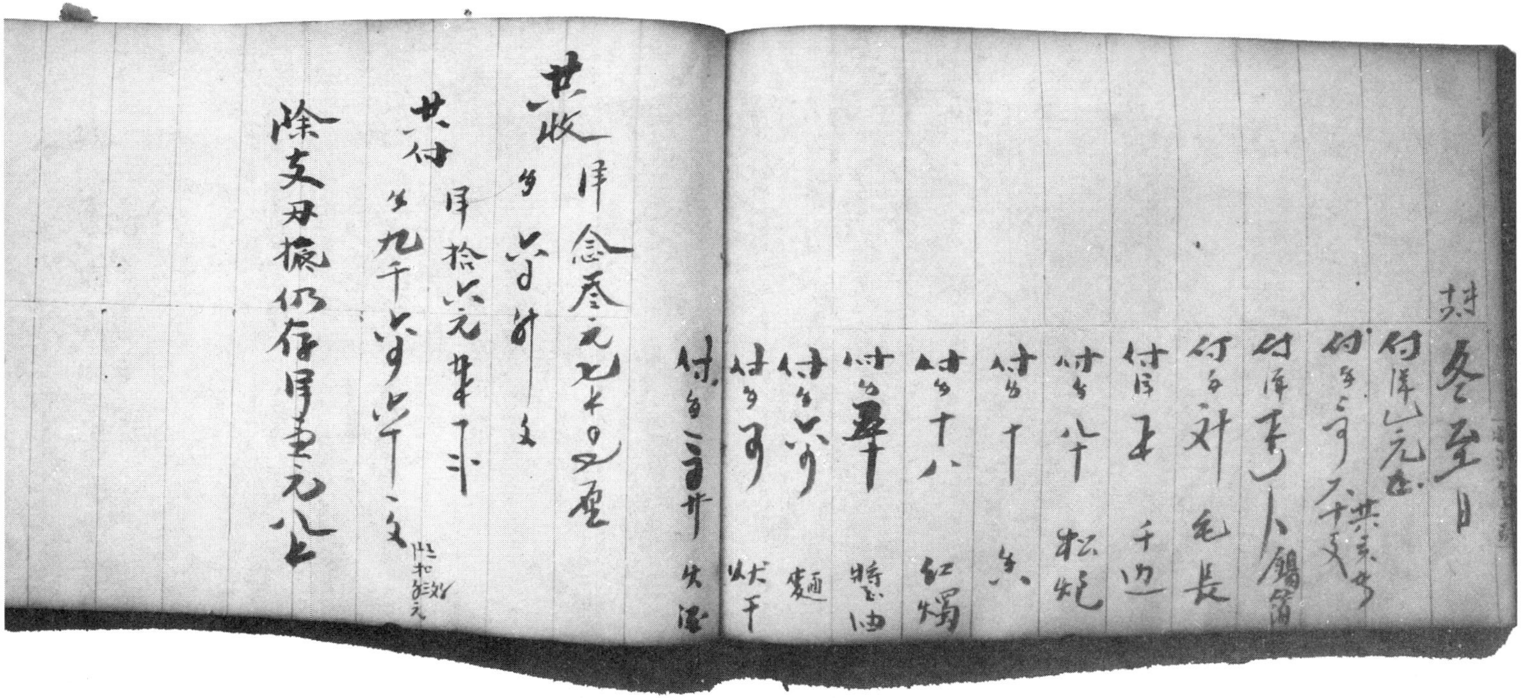

段莘乡官坑村 11-47 · 民国元年至三十五年 · 会产经营收支簿

民國拾贰年壹是算掉捏理

此存美洋〇〇元 支洋壹拾可辨公
收浮改田穀洋□□ 支洋□□文 建譜會
収松條証本澤壹元 支洋□□□文 □
収利洋乙元 支洋□千文 給炮迢
収時春証本澤壹元 支洋四千文 巧長竹
収陽文利洋□元 支洋三百文 文酒□
収順泰利澤□元 十三年長月初壹□
明清収浩松利洋□元 支洋拾元 時養傅□
収春泰利洋□元 初甘清明
収養建利洋乙元 支洋三元□□□
  支洋三元□□□
  支洋四百文 □□□
収順泰利洋□元 支洋四百文 金貝
青月収條松成贝 支洋九十文 毛長垣
洋乙元 支洋四百文 千紙炮
  支洋十文 松炮
  支洋十五文 紅糖魚
  支洋四百文 佐手
  支洋三百文 文酒
  支洋八文 糖油
  支洋四百文 交龍錢
  支洋元 佃栰物差辺屋至
  支洋三百文 □□酒
  重支洋六文 凜三包
  支洋□□文 巧苧
  支洋元 金員五
  支洋四百文 毛長□
  支洋四文 多

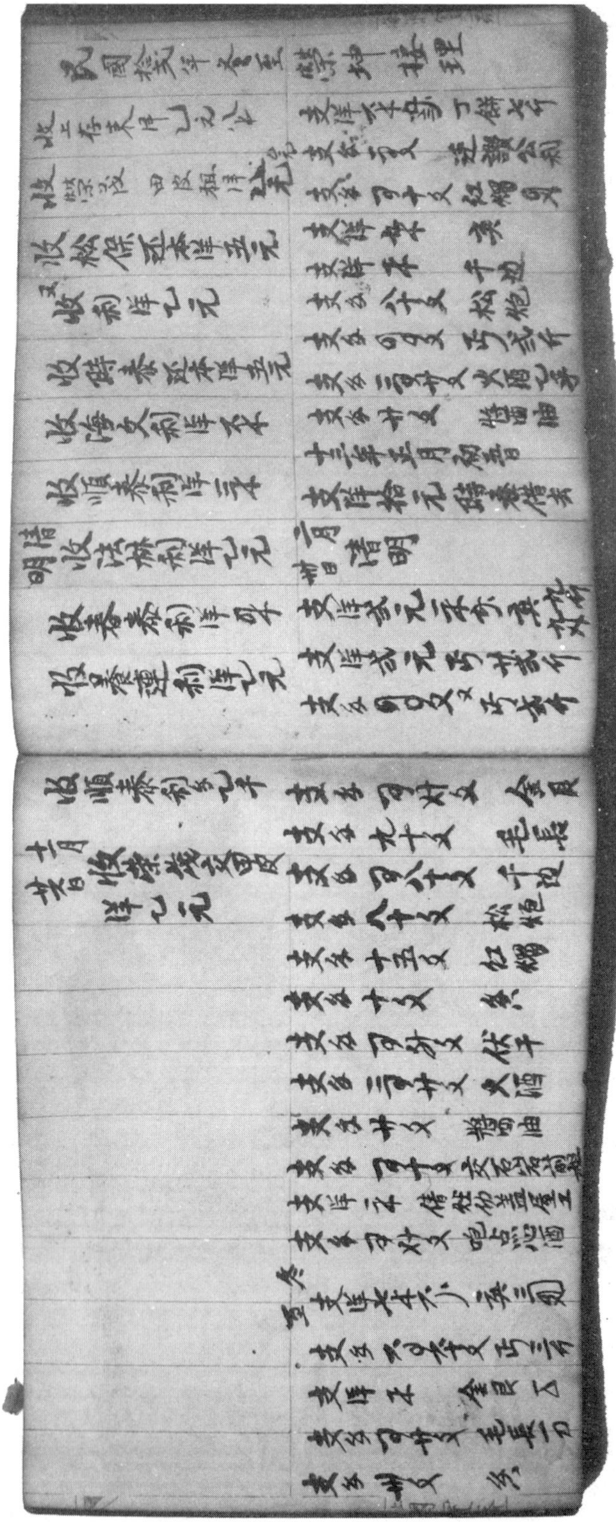

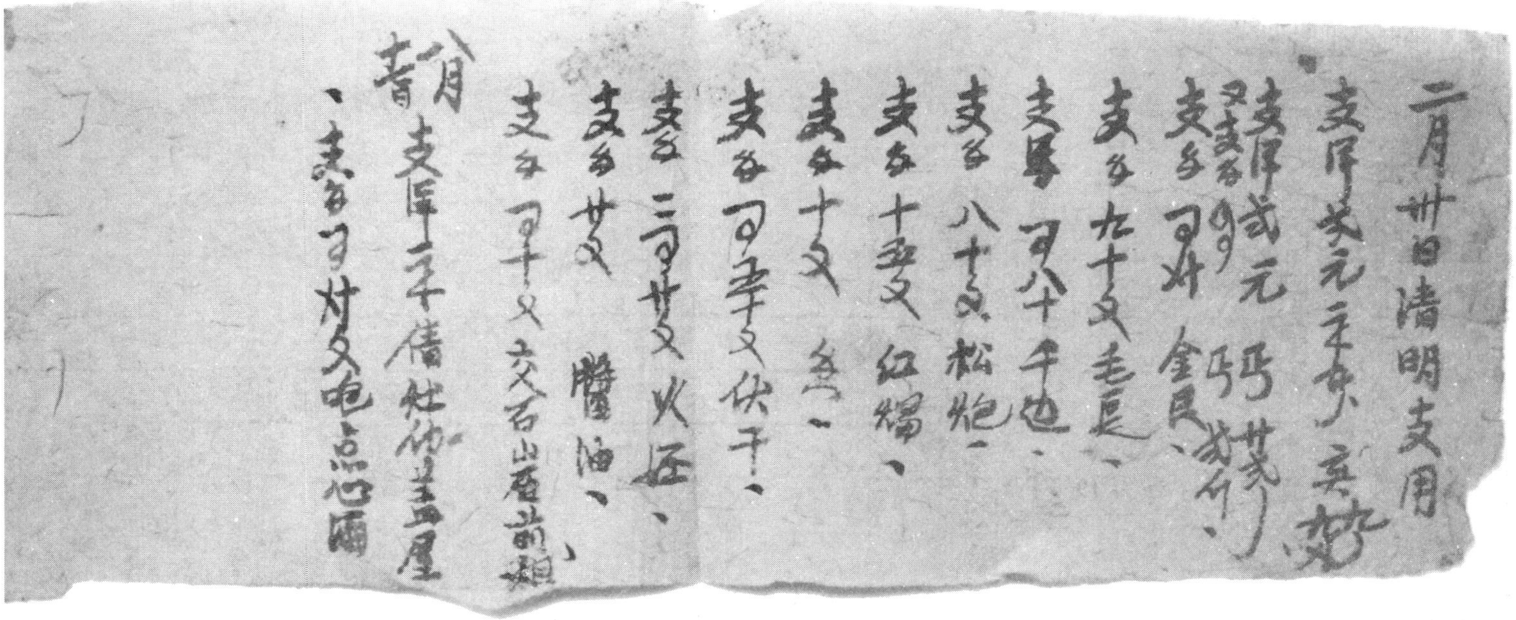

段莘乡官坑村 11-49 · 民国元年至三十五年 · 会产经营收支簿

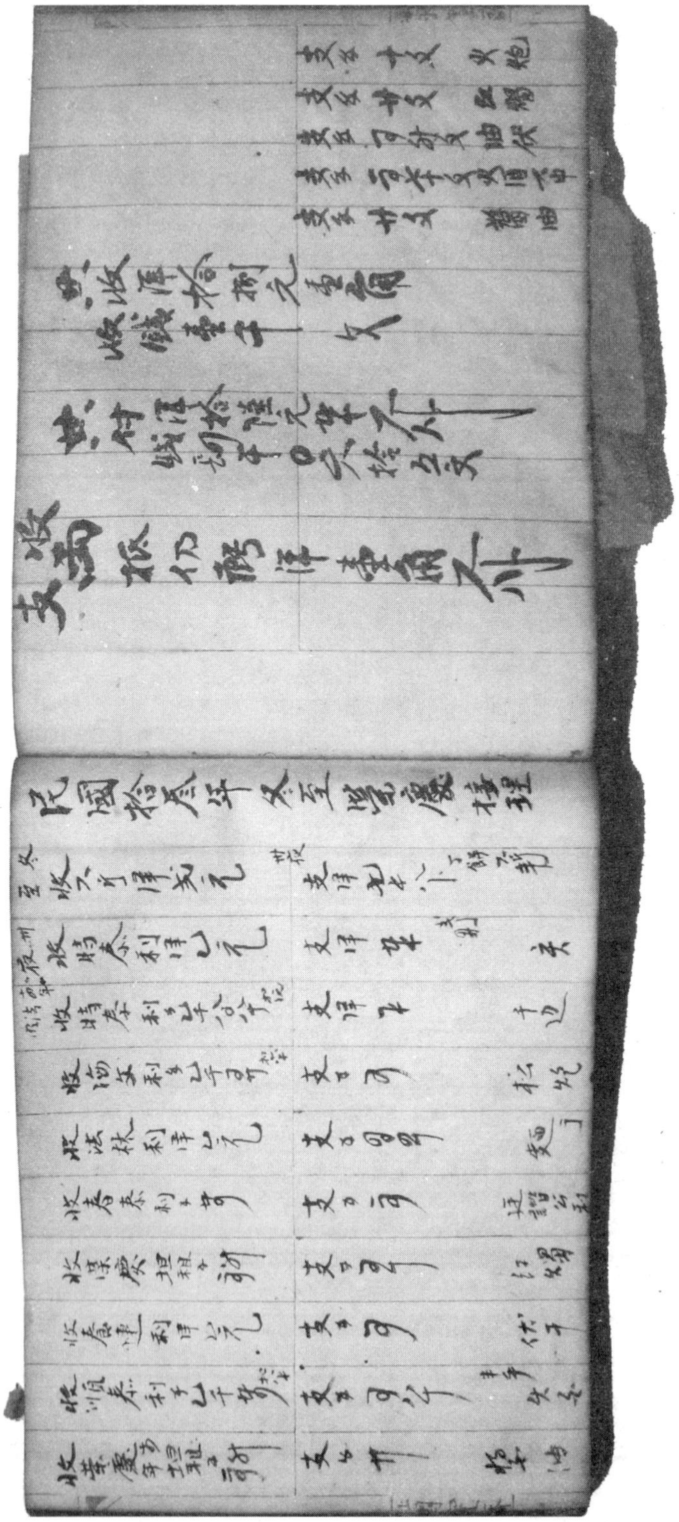

段莘乡官坑村 11-50 · 民国元年至三十五年 · 会产经营收支簿

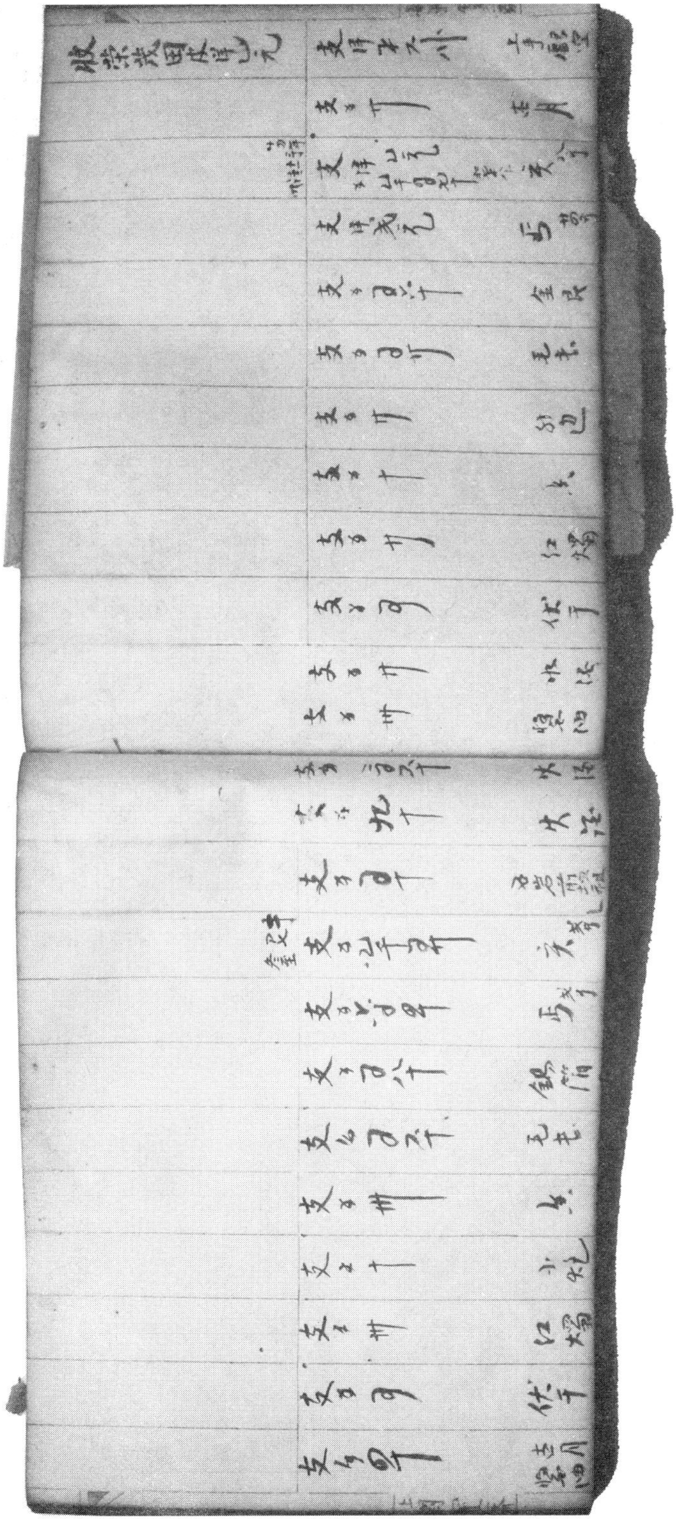

段莘乡官坑村 11-51 · 民国元年至三十五年 · 会产经营收支簿

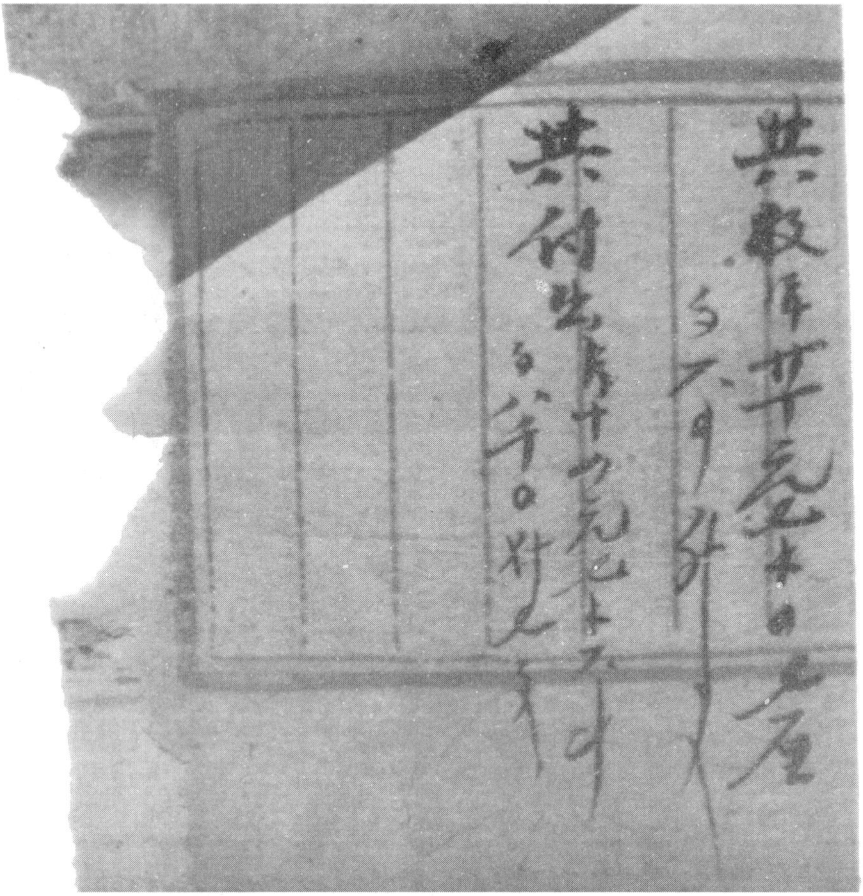

段莘乡官坑村 11-52 · 民国元年至三十五年 · 会产经营收支簿

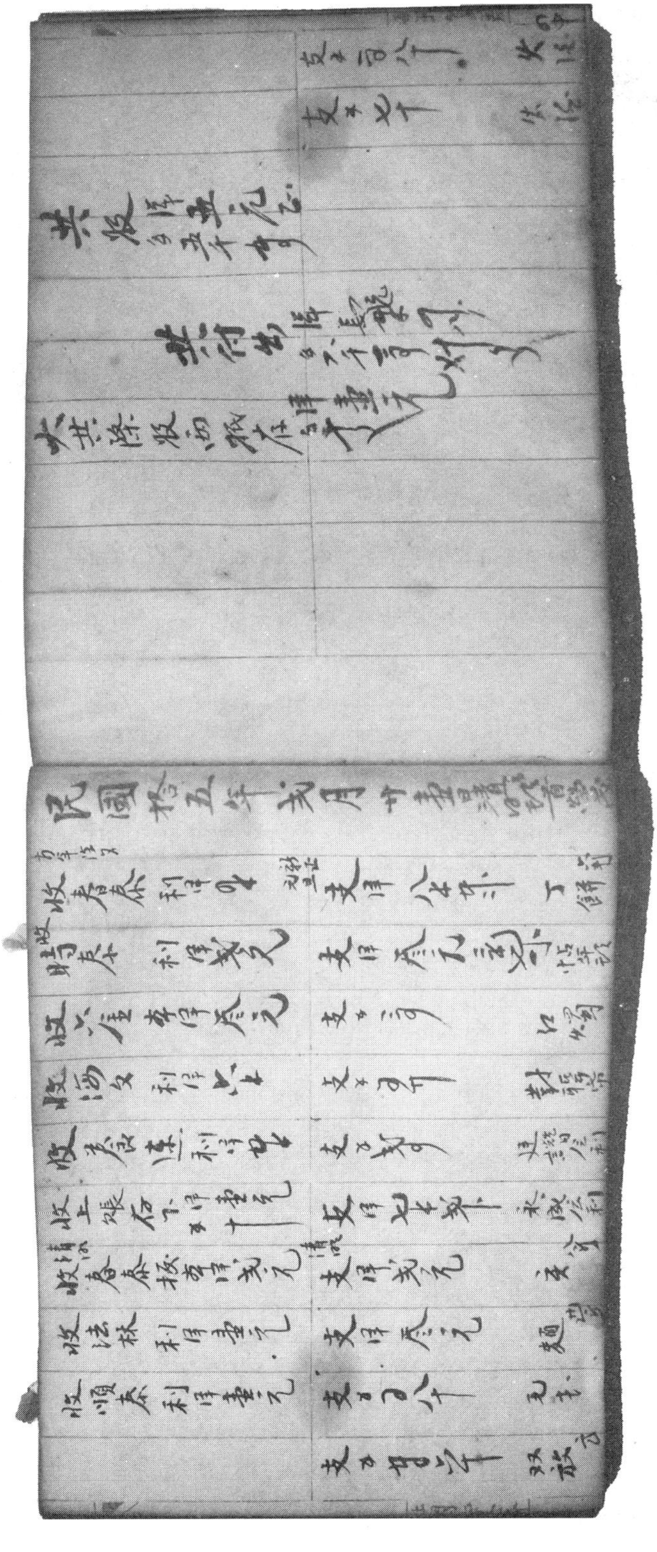

段莘乡官坑村 11-53・民国元年至三十五年・会产经营收支簿

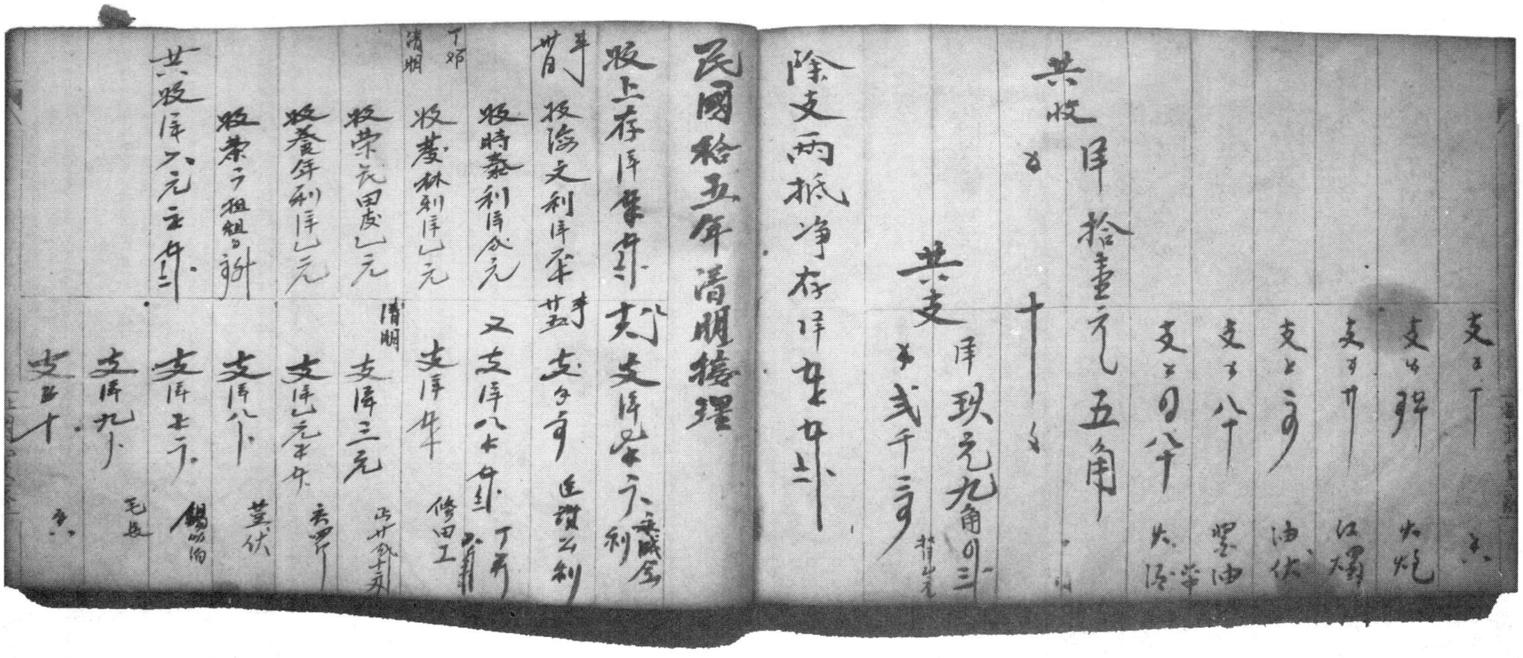

段莘乡官坑村 11-54 · 民国元年至三十五年 · 会产经营收支簿

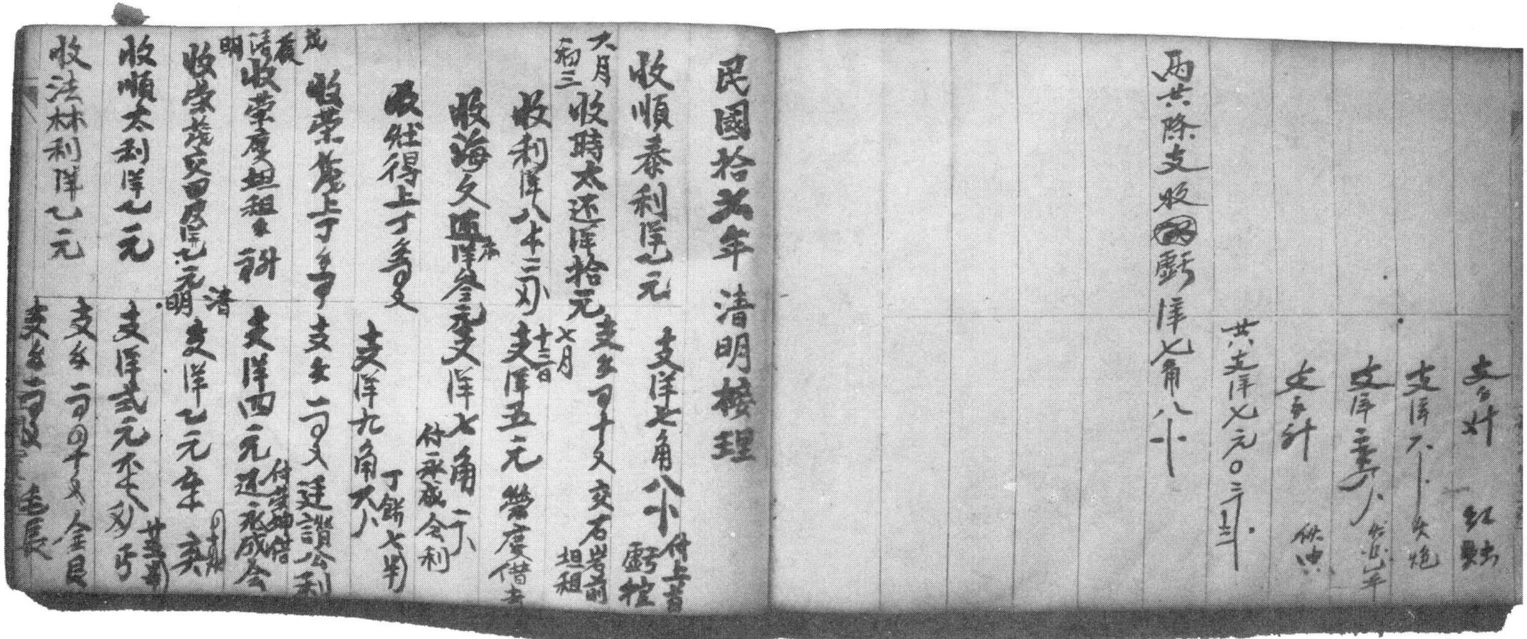

段莘乡官坑村 11-55 · 民国元年至三十五年 · 会产经营收支簿

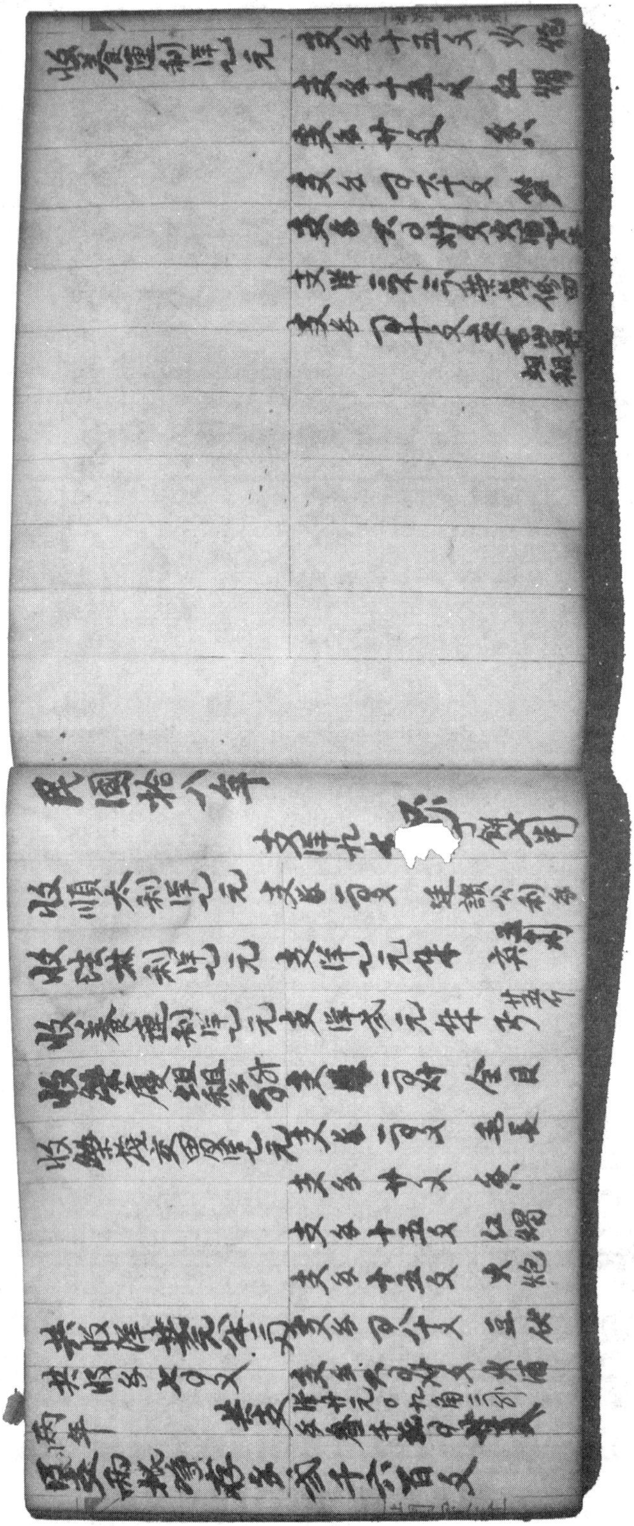
民国拾八年

段莘乡官坑村 11-56 · 民国元年至三十五年 · 会产经营收支簿

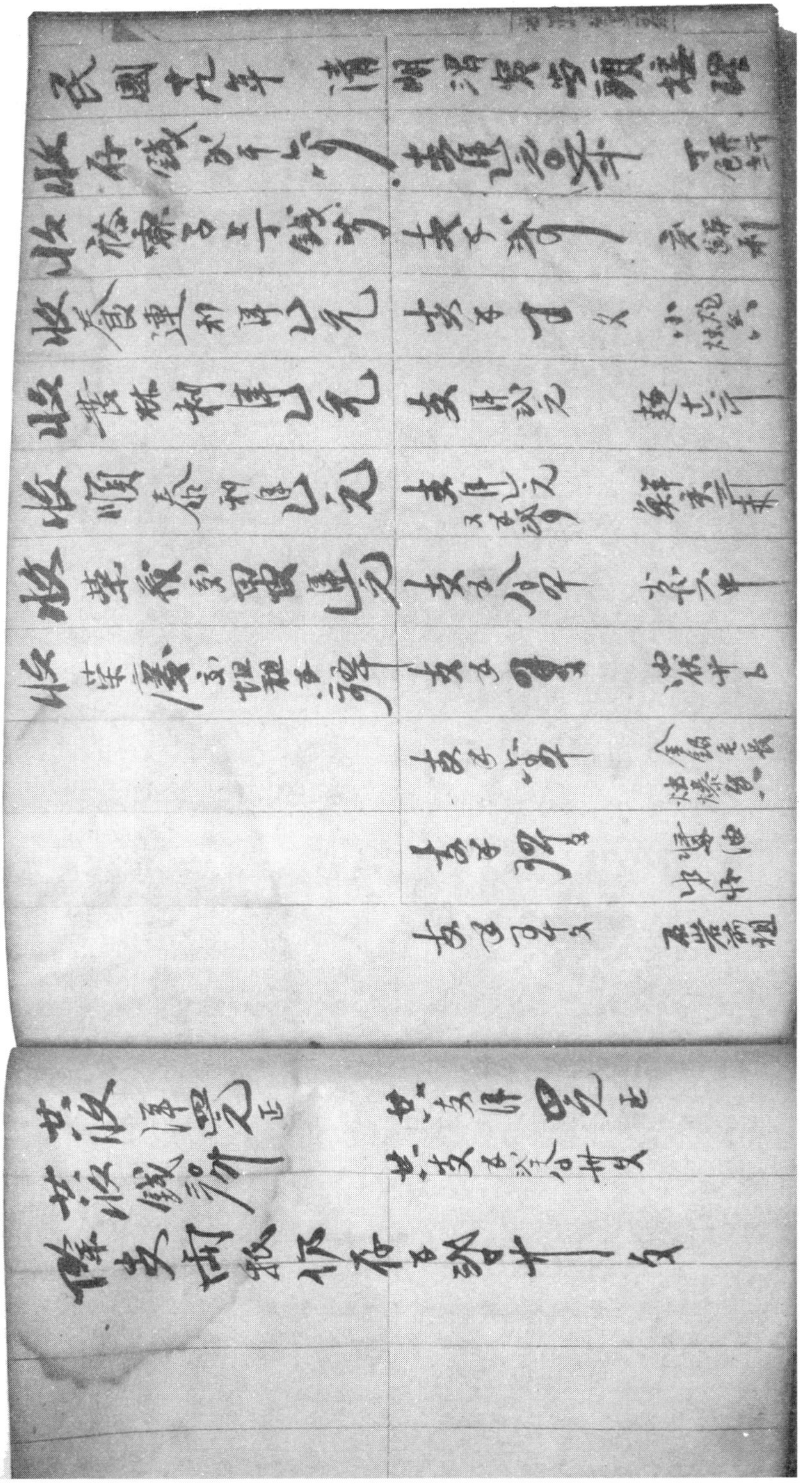

段莘乡官坑村 11-57 · 民国元年至三十五年 · 会产经营收支簿

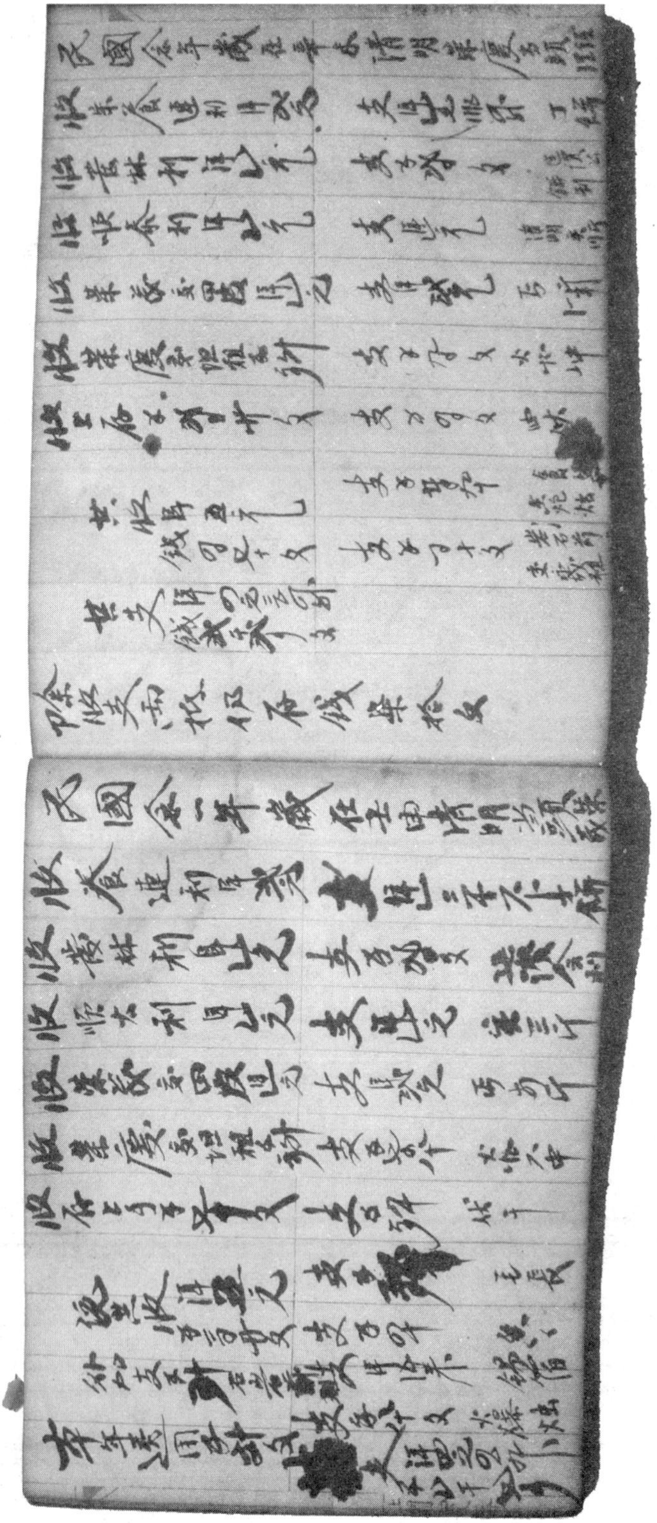

段莘乡官坑村 11-58 · 民国元年至三十五年 · 会产经营收支簿

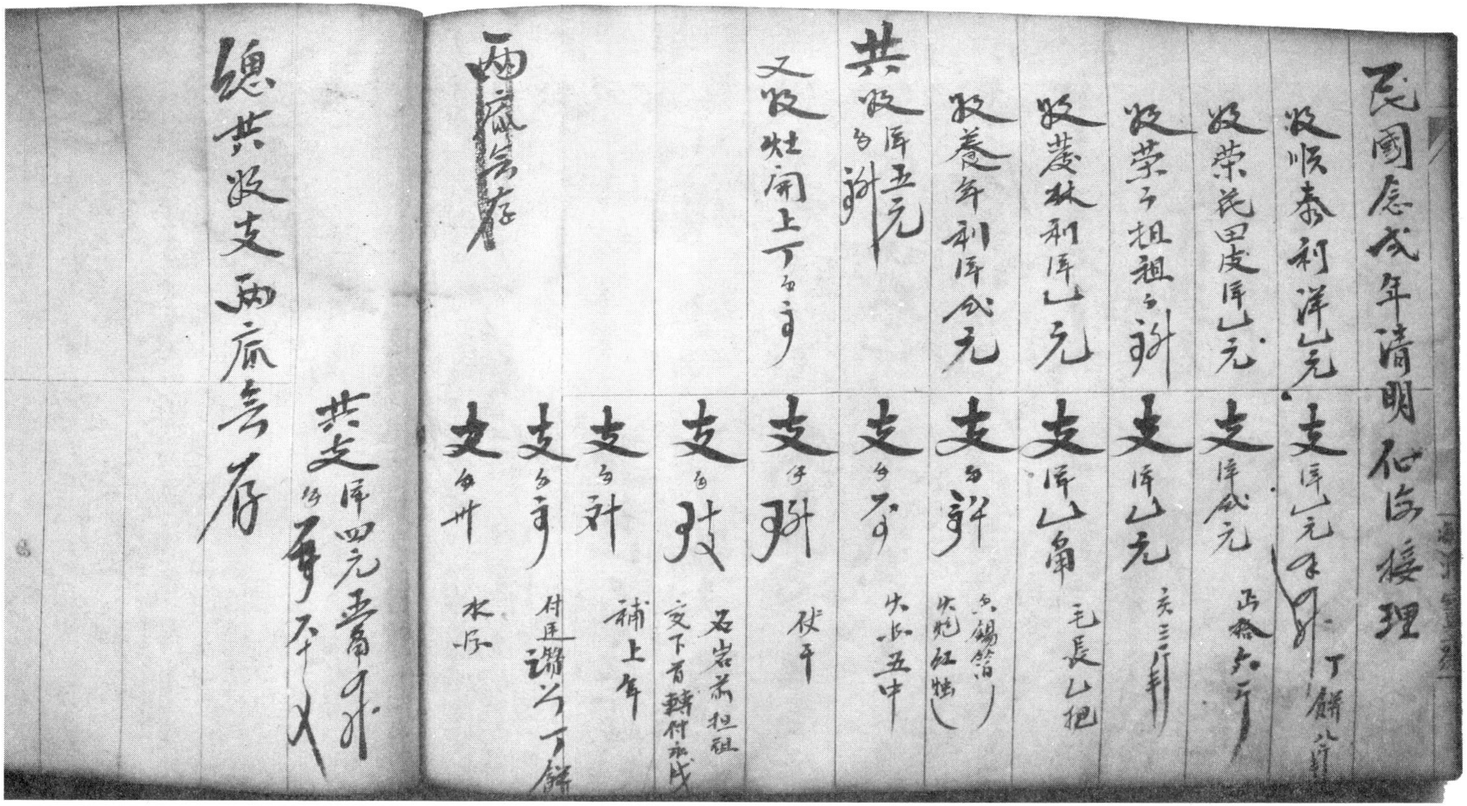

段莘乡官坑村 11-59 · 民国元年至三十五年 · 会产经营收支簿

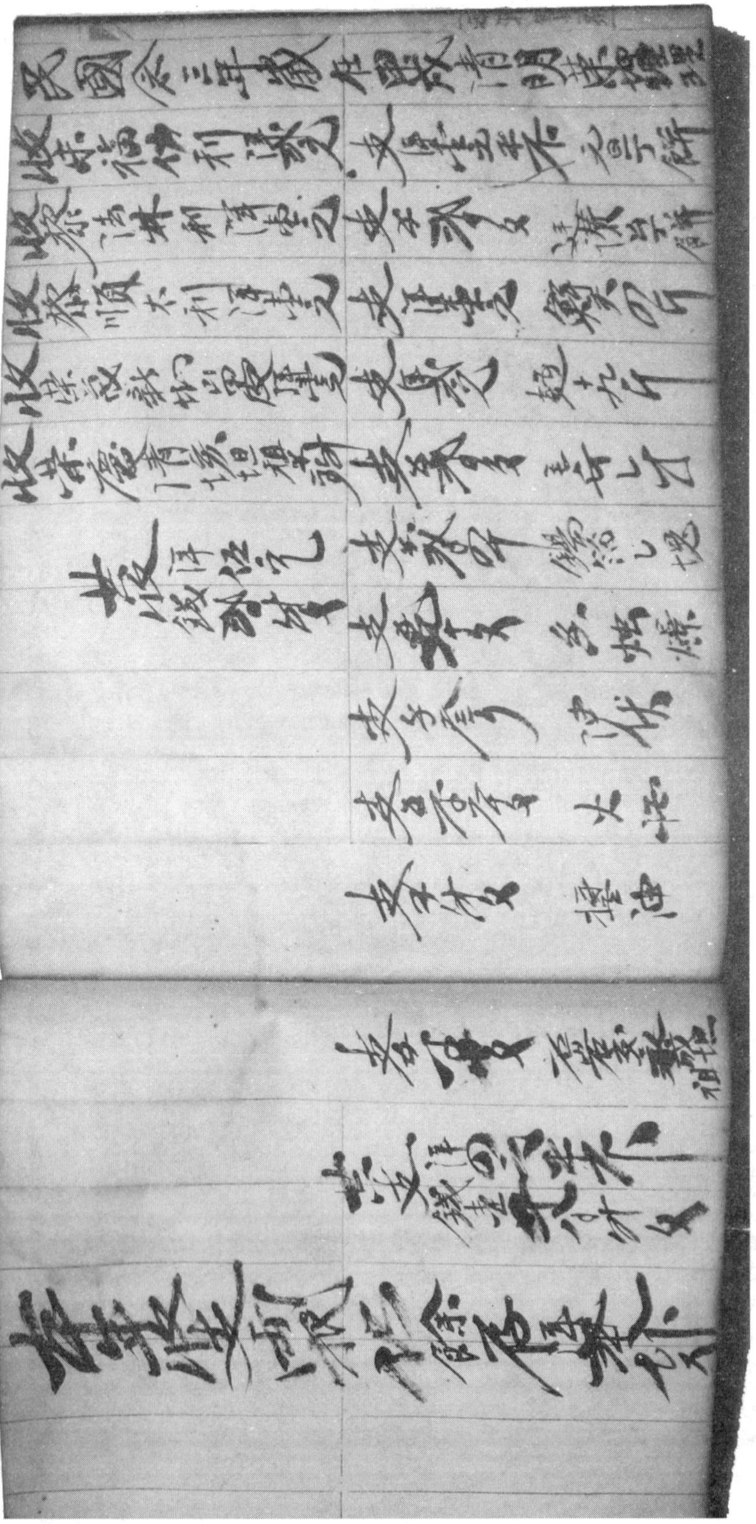

段莘乡官坑村 11-60 · 民国元年至三十五年 · 会产经营收支簿

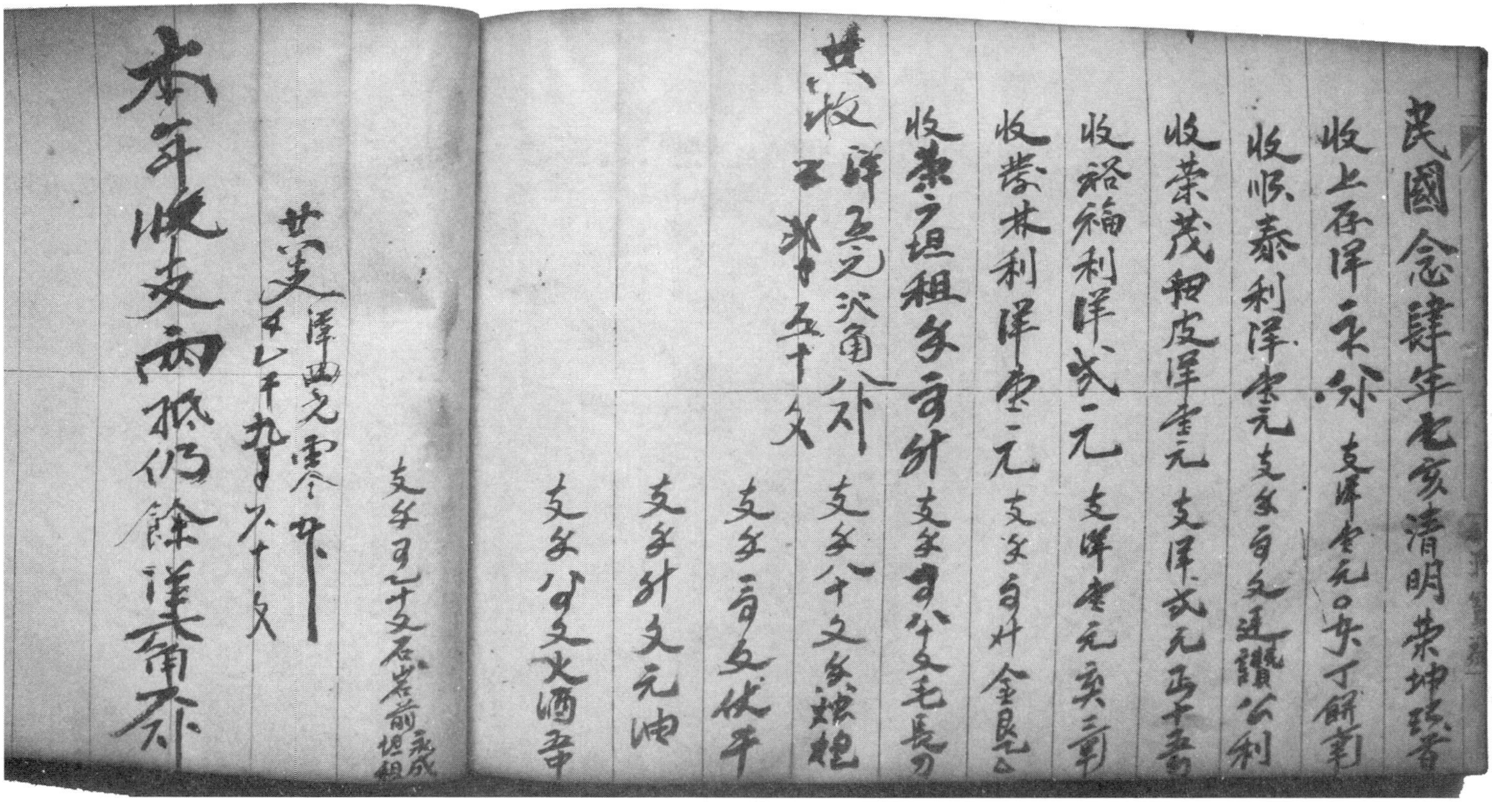

段莘乡官坑村 11-61 · 民国元年至三十五年 · 会产经营收支簿

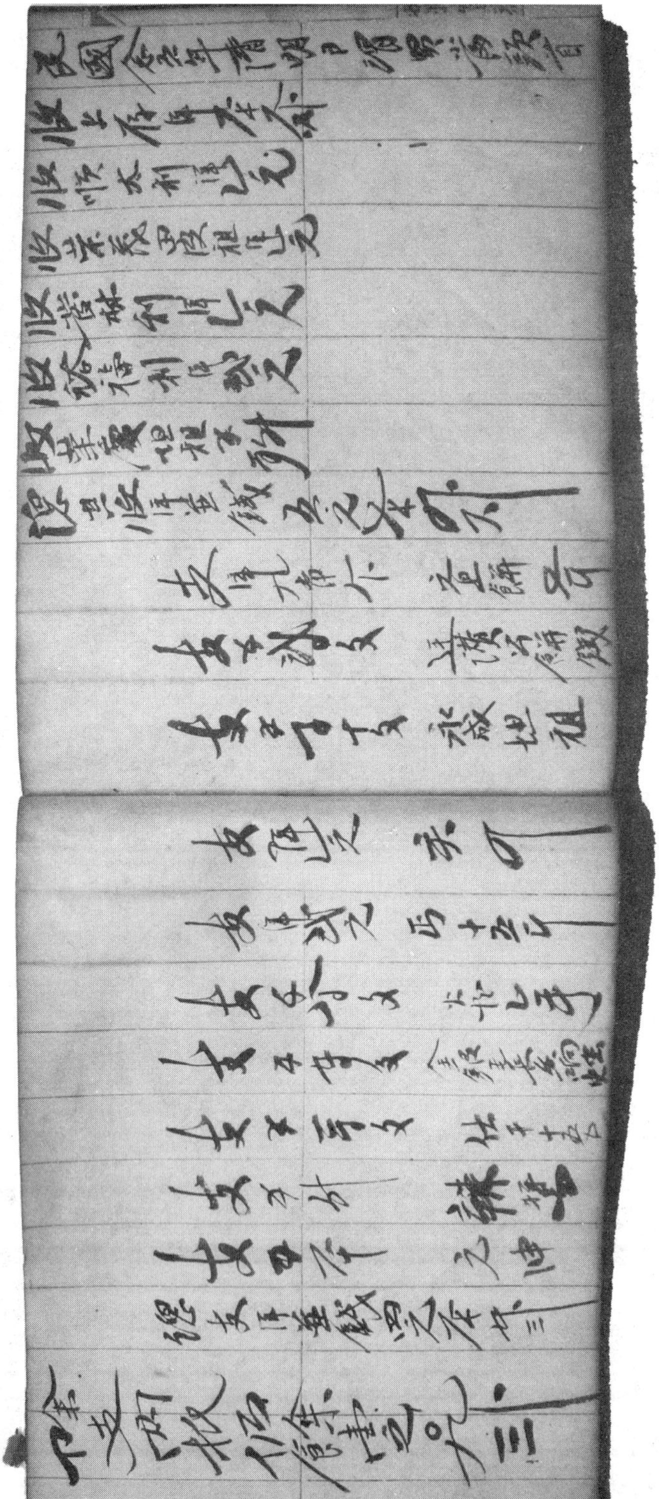

段莘乡官坑村 11-62・民国元年至三十五年・会产经营收支簿

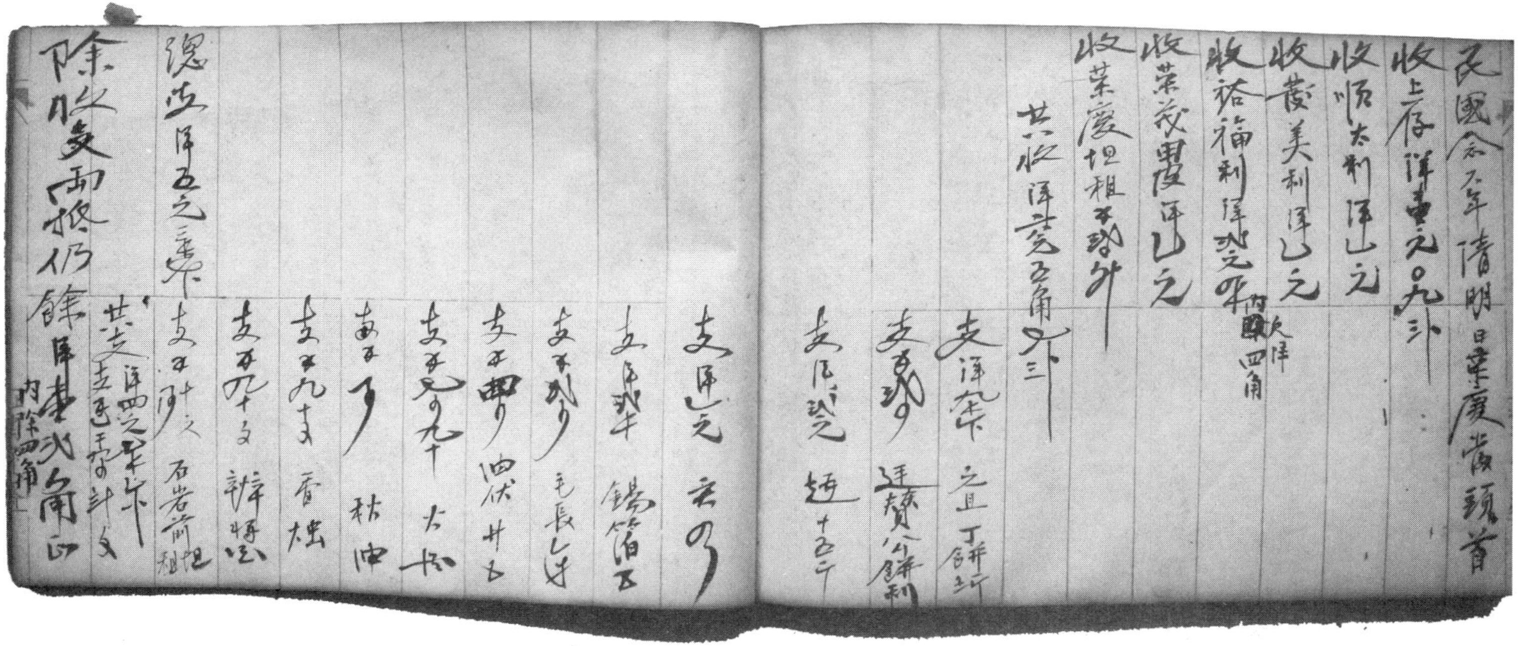

段莘乡官坑村 11-63 · 民国元年至三十五年 · 会产经营收支簿

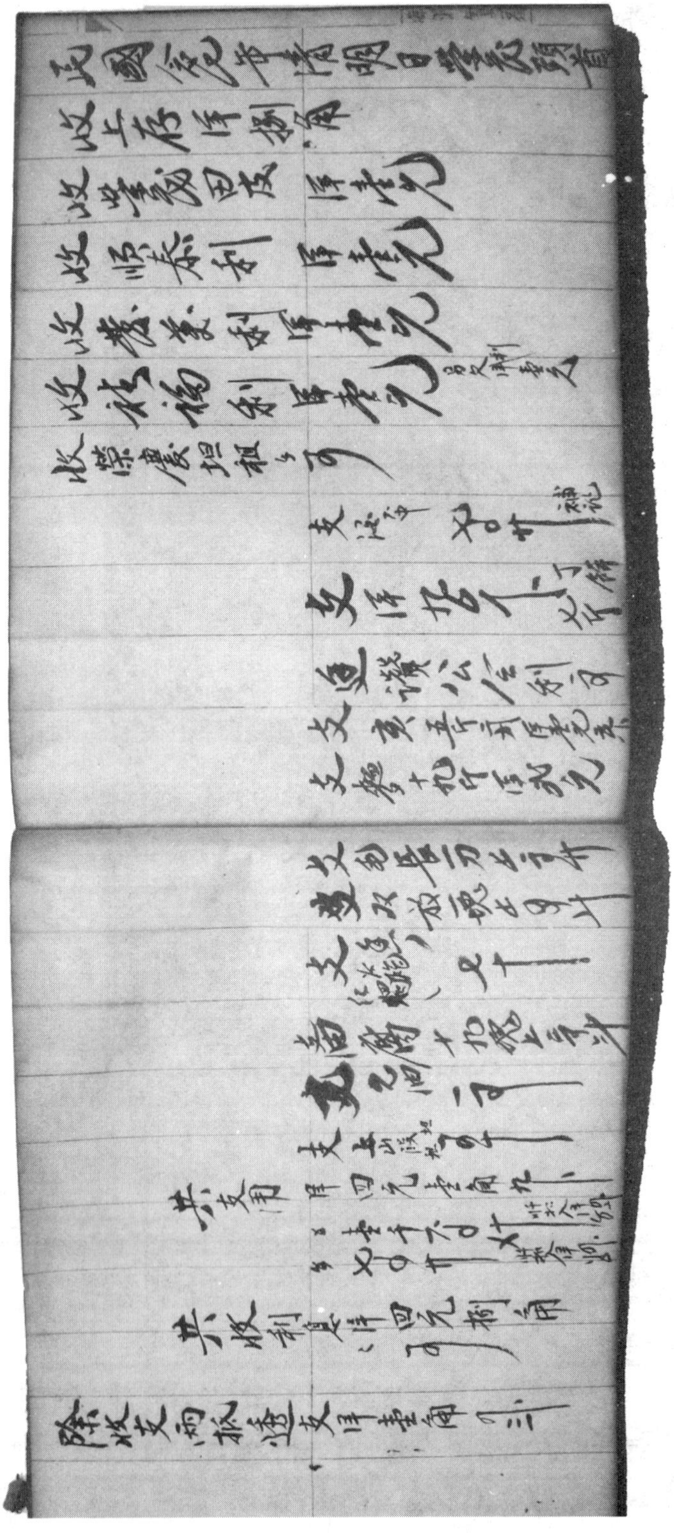

段莘乡官坑村 11-64 · 民国元年至三十五年 · 会产经营收支簿

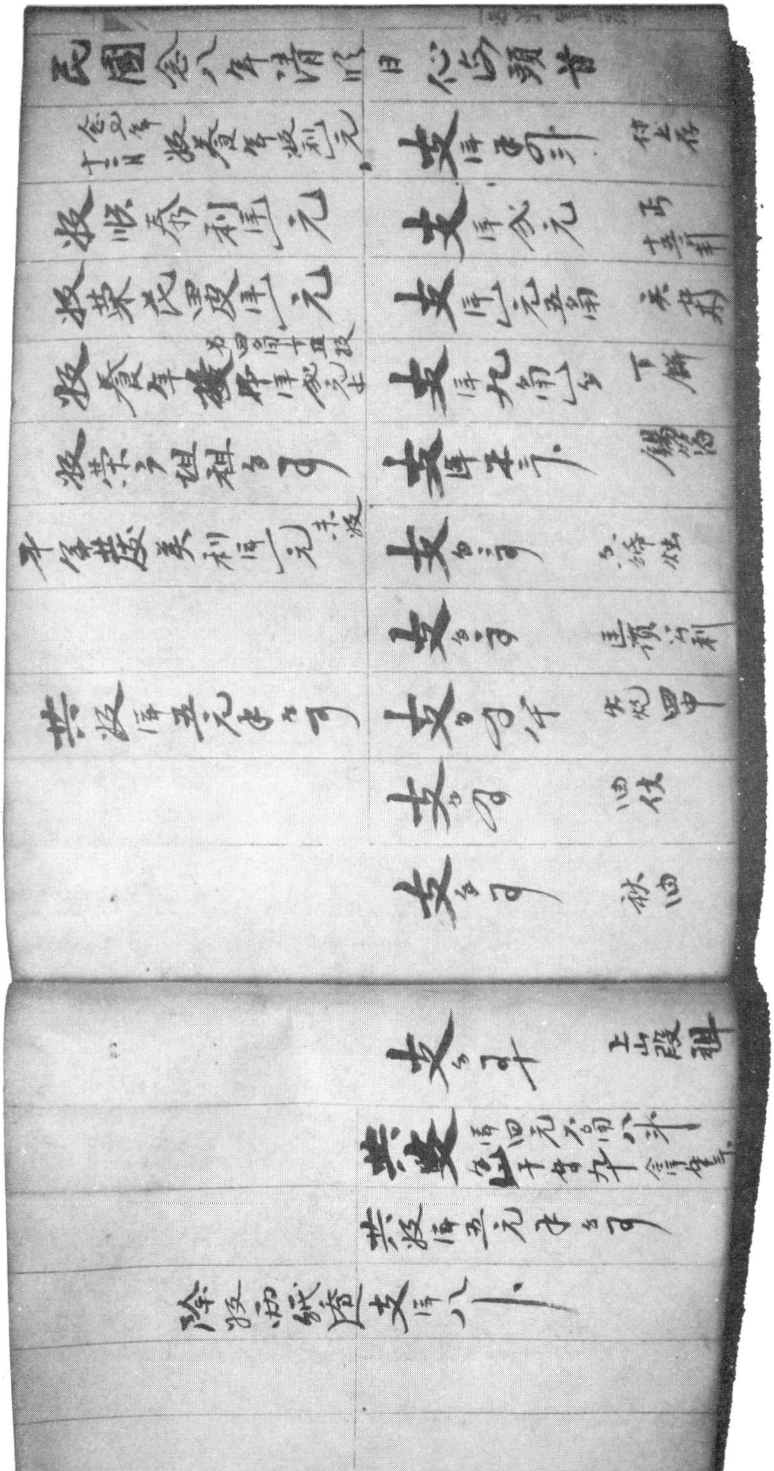

段莘乡官坑村 11-65 · 民国元年至三十五年 · 会产经营收支簿

念八年
六月十六日收養年救本洋四元
清明日支洋四元鴻昌借去

支洋八元付上年透支

民國念八年十八收養美洋叁元

段莘乡官坑村 11-66 · 民国元年至三十五年 · 会产经营收支簿

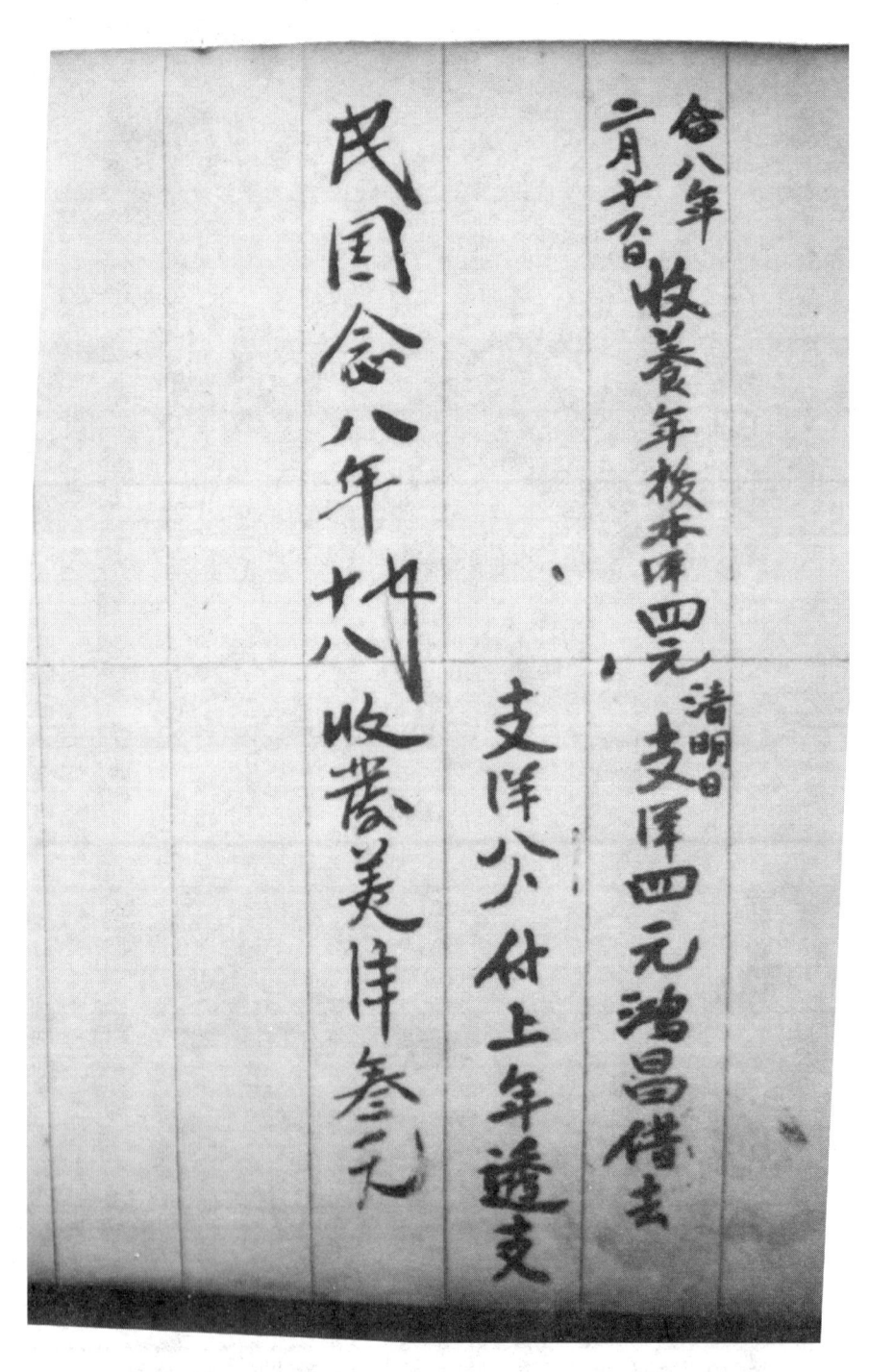

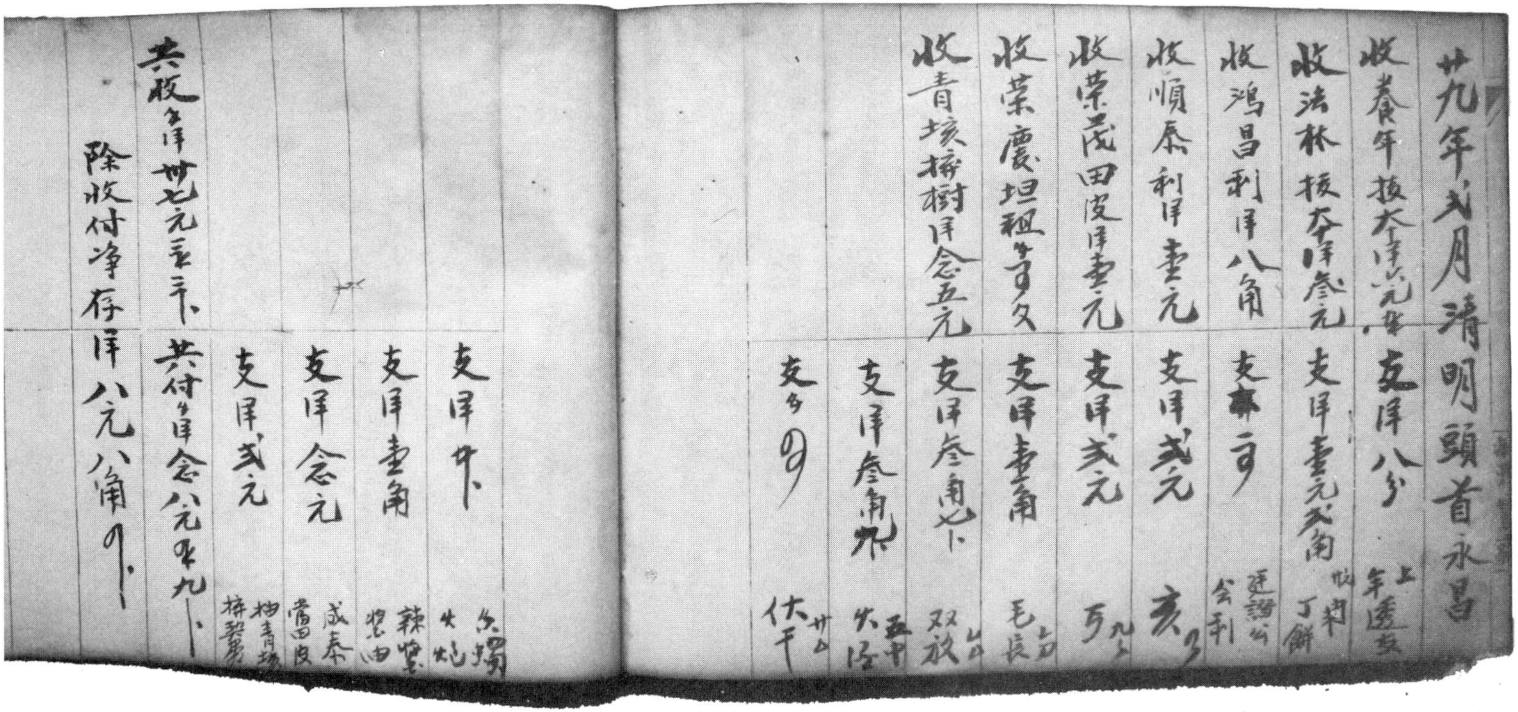

廿九年弍月清明頭首永昌

收養年接大洋[illegible] 支洋八分 上年透支

收法林 接本洋叁元 支洋壹元弍角 [illegible]丁餅

收鴻昌利洋八角 支[illegible] 廷謌公会利

收順泰利洋壹元 支洋弍元 [illegible]

收榮茂田皮洋壹元 支洋弍元 [illegible]

收榮慶坦租[illegible] 支洋壹角 毛良

收青垓揀樹洋念五元 支洋叁角[illegible] 双放

支洋叁角[illegible] [illegible]

支[illegible] 伙[illegible]

支洋[illegible] [illegible]燭

支洋壹角 [illegible]

支洋念元 成泰當田良

支洋弍元 [illegible]

共收洋[illegible]

共付洋念八元[illegible]

除收付净存洋八元八角[illegible]

段莘乡官坑村 11-67・民国元年至三十五年・会产经营收支簿

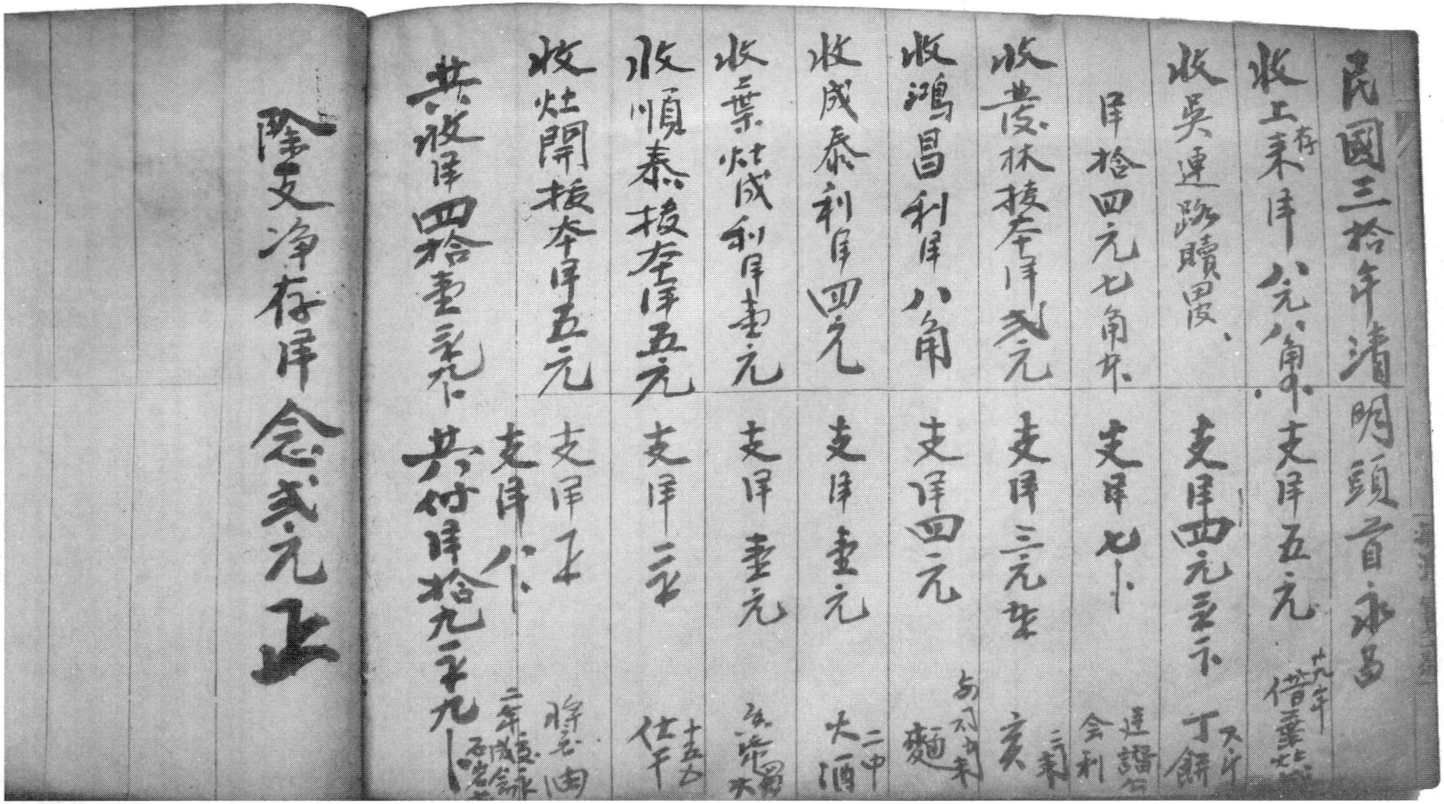

民國三拾年清明頭首永昌

收上來存洋[illegible] 支洋五元 [illegible]

收吳運路贖田段 支洋[illegible] [illegible]

洋拾四元七角[illegible] 支洋[illegible] [illegible]

收豊林接本洋[illegible] 支洋[illegible] [illegible]

收鴻昌利洋八角 支洋四元 [illegible]

收成泰利洋四元 支洋壹元 [illegible]

收葉灶成利洋壹元 支洋壹元 [illegible]

收順泰接本洋五元 支洋[illegible] [illegible]

收灶開接本洋五元 支洋[illegible] [illegible]

共收洋四拾壹[illegible] 共付洋拾九[illegible] [illegible]

除支净存洋念弍元正

段莘乡官坑村 11-68・民国元年至三十五年・会产经营收支簿

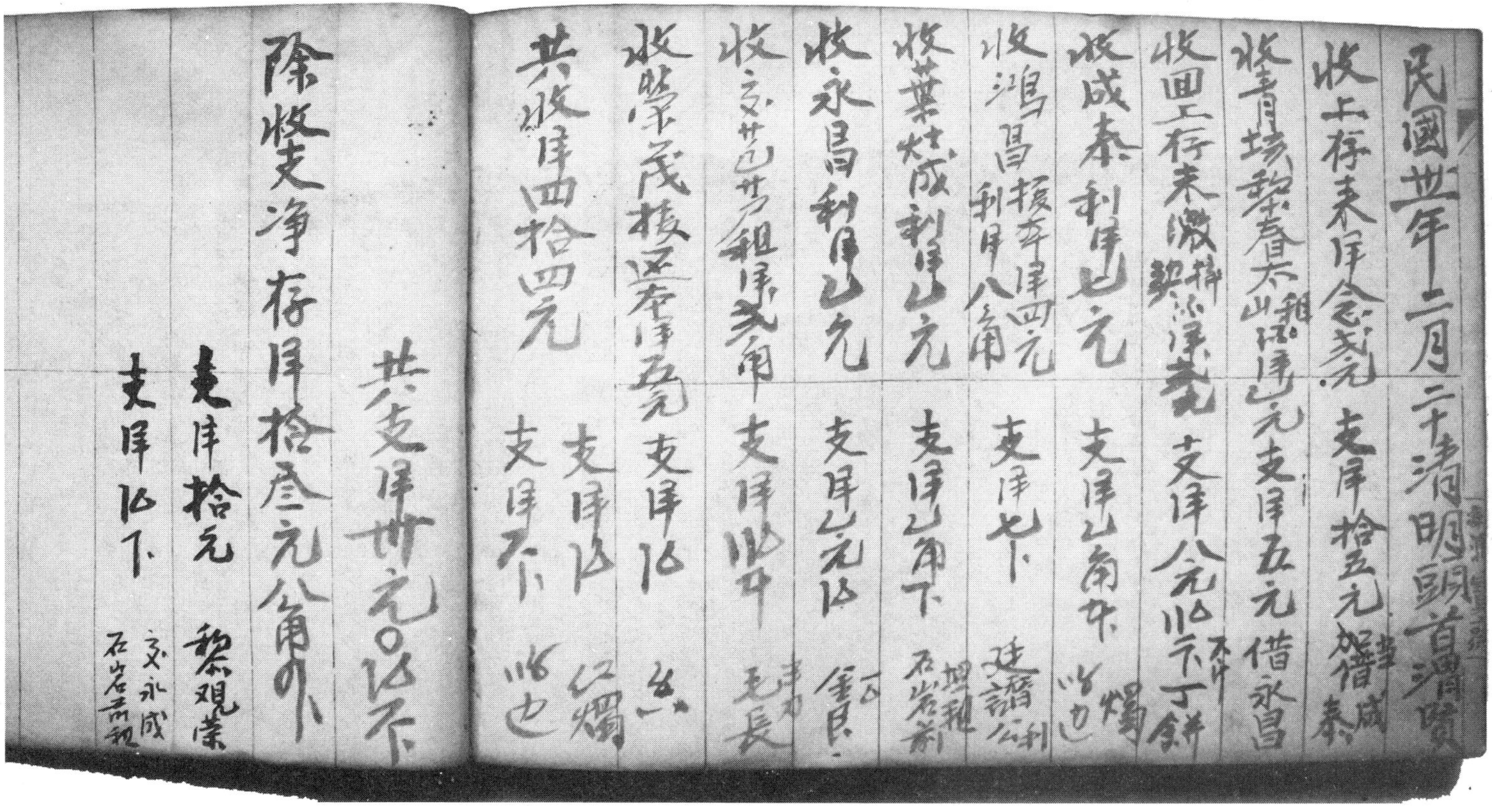

段莘乡官坑村 11-69 · 民国元年至三十五年 · 会产经营收支簿

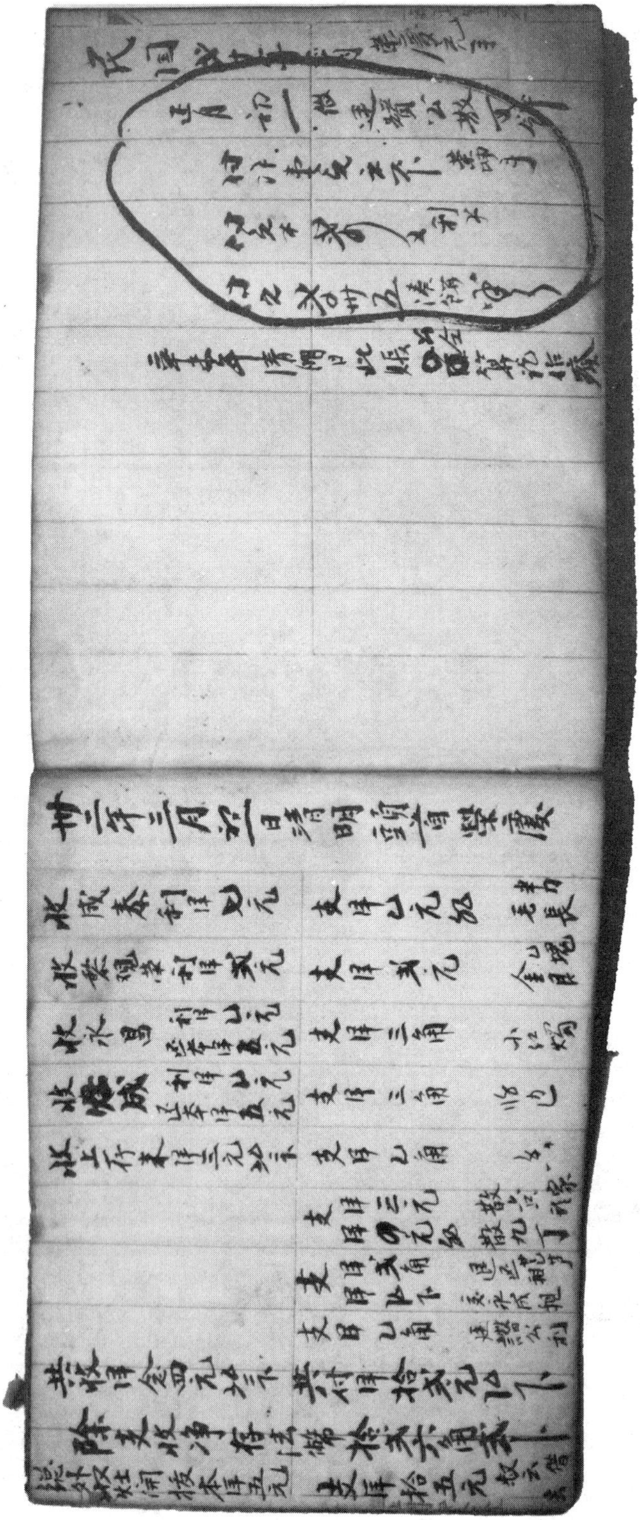

段莘乡官坑村 11-70 · 民国元年至三十五年 · 会产经营收支簿

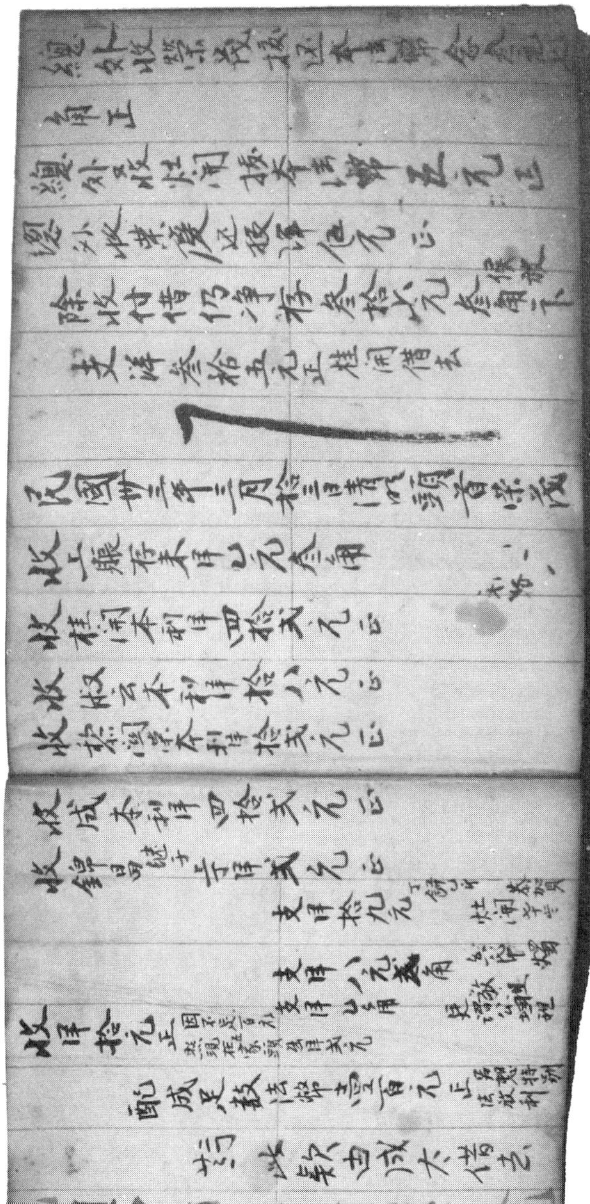

段莘乡官坑村 11-71 · 民国元年至三十五年 · 会产经营收支簿

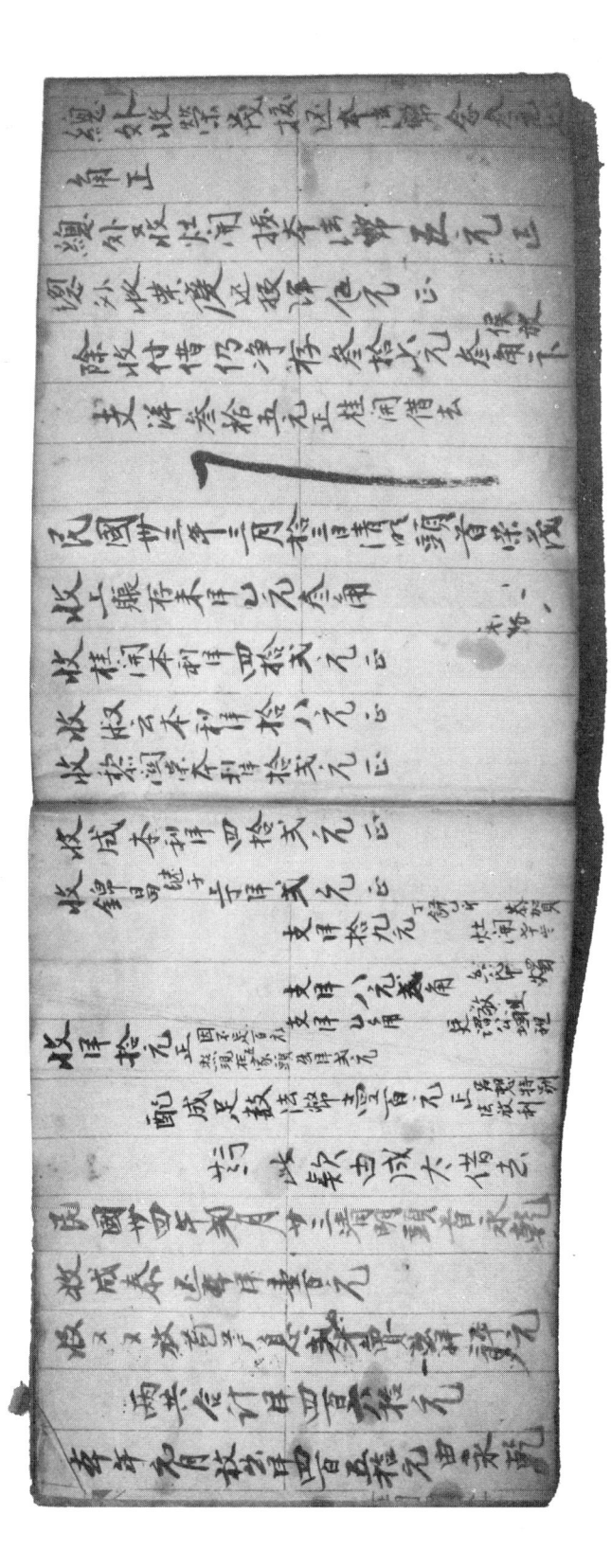

借去言执收交芭产利五斗米得经少
连本归清待候明春再敛此批
付金良父净译拾元
付交不足数译卅六元
由五家摊派卒出
异处元敬祖用
民国卅五年三月初四清明头首耀祖
收永乾李译卅六算 付永分译子卅元
收又□ 利译卅六年算 付金良译子廿元
付烛蜡烟条 共译付元
此译見数永考云

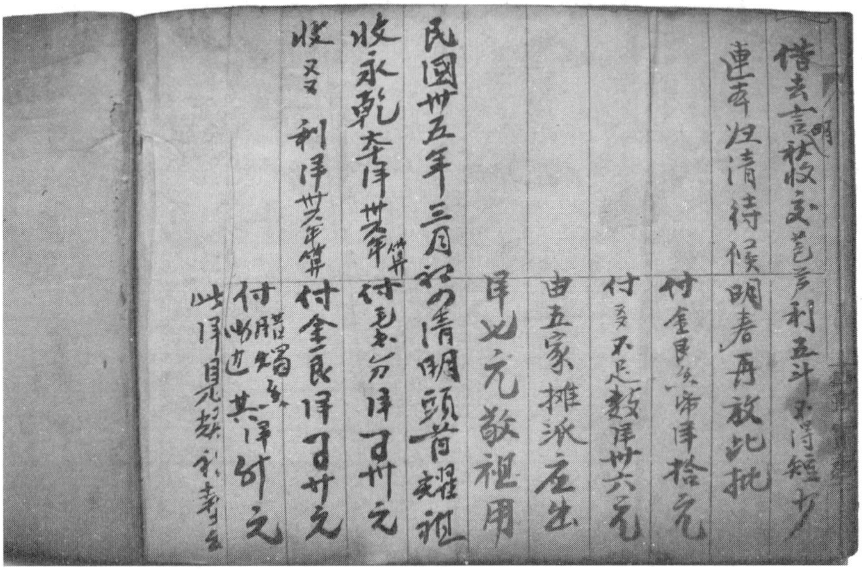

段莘乡官坑村 1-1 · 民国八年 · 剧本《畅叙曲情》· 焕章吴记

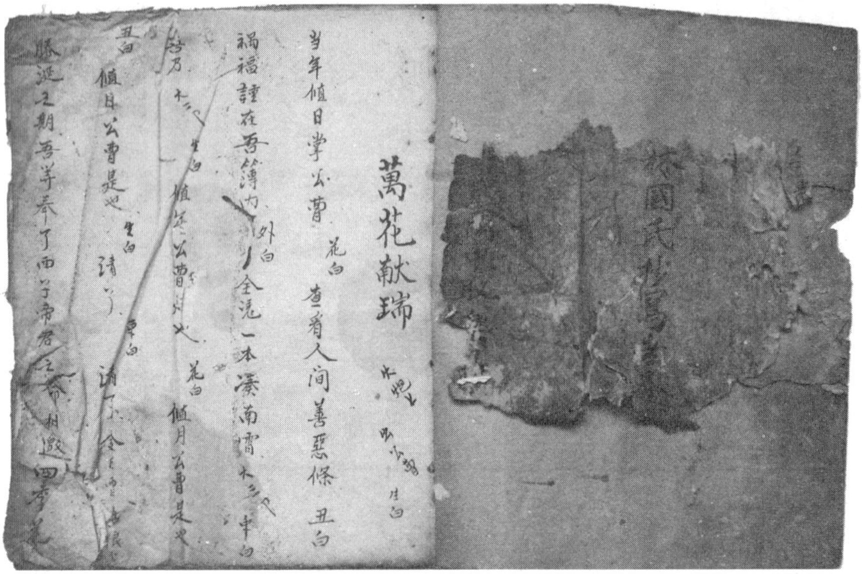

段莘乡官坑村 1-2 · 民国八年 · 剧本《畅叙曲情》· 焕章吴记

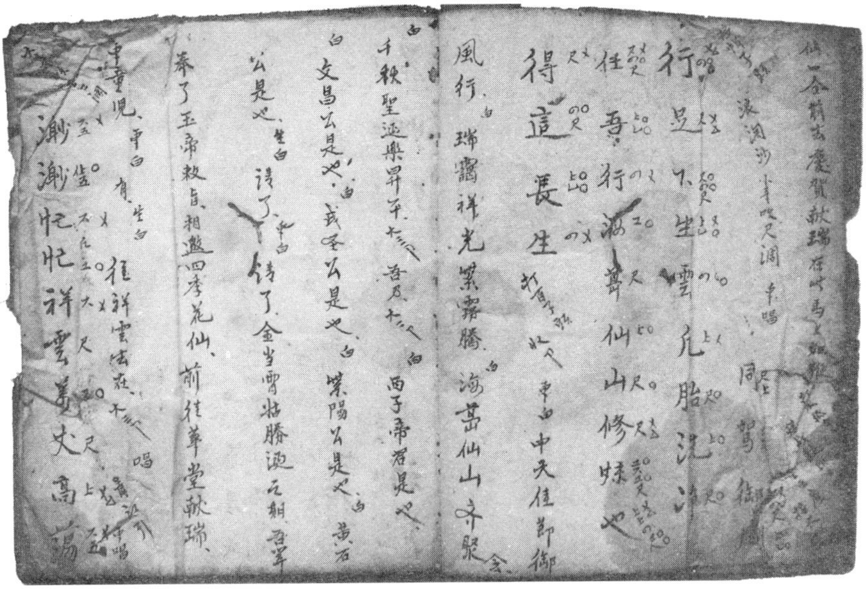

段莘乡官坑村 1-3 · 民国八年 · 剧本《畅叙曲情》· 焕章吴记

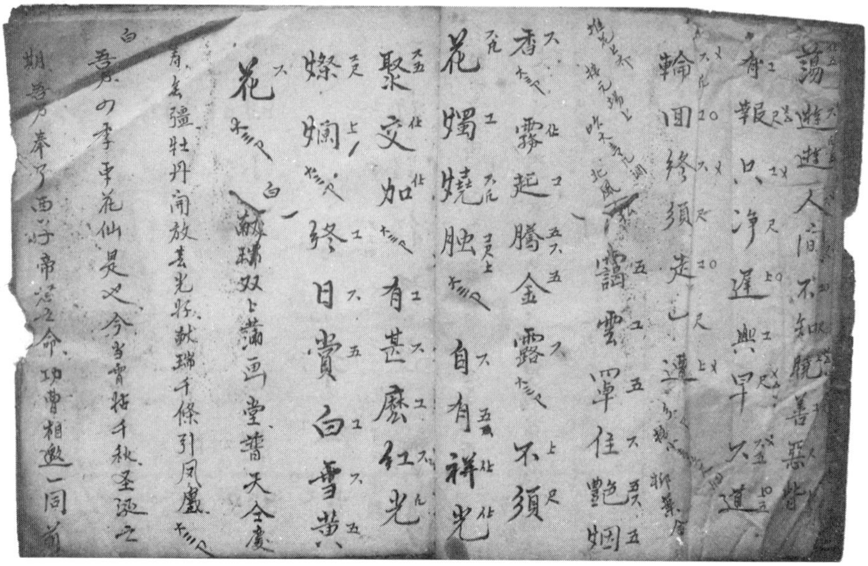

段莘乡官坑村 1-4 · 民国八年 · 剧本《畅叙曲情》· 焕章吴记

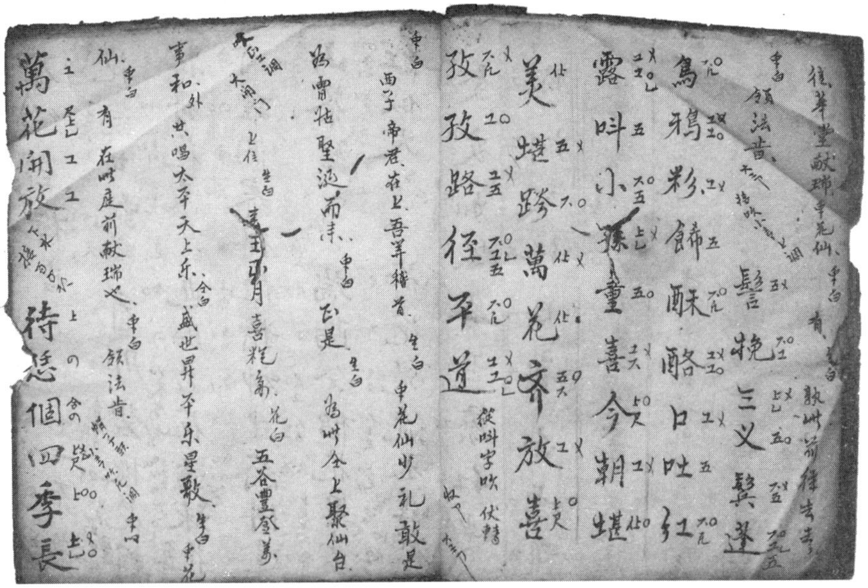

段莘乡官坑村 1-5 · 民国八年 · 剧本《畅叙曲情》· 焕章吴记

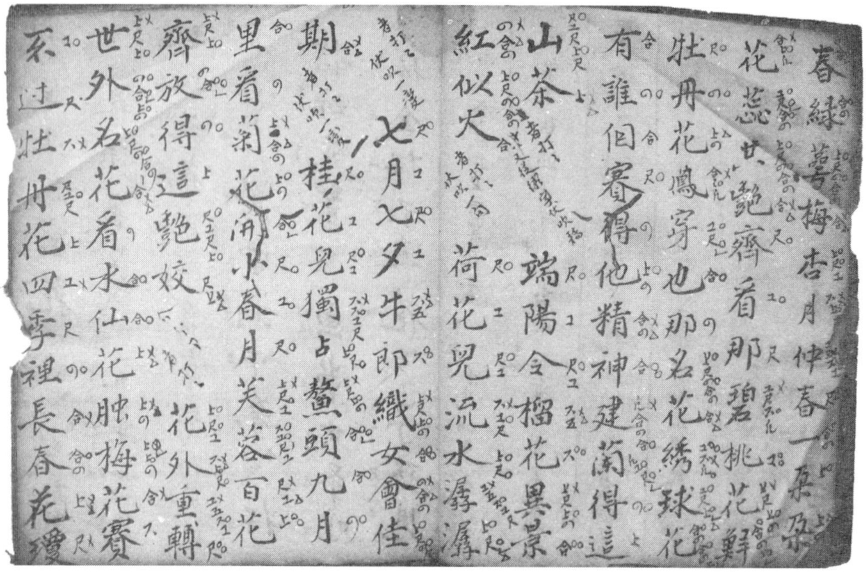

段莘乡官坑村 1-6 · 民国八年 · 剧本《畅叙曲情》· 焕章吴记

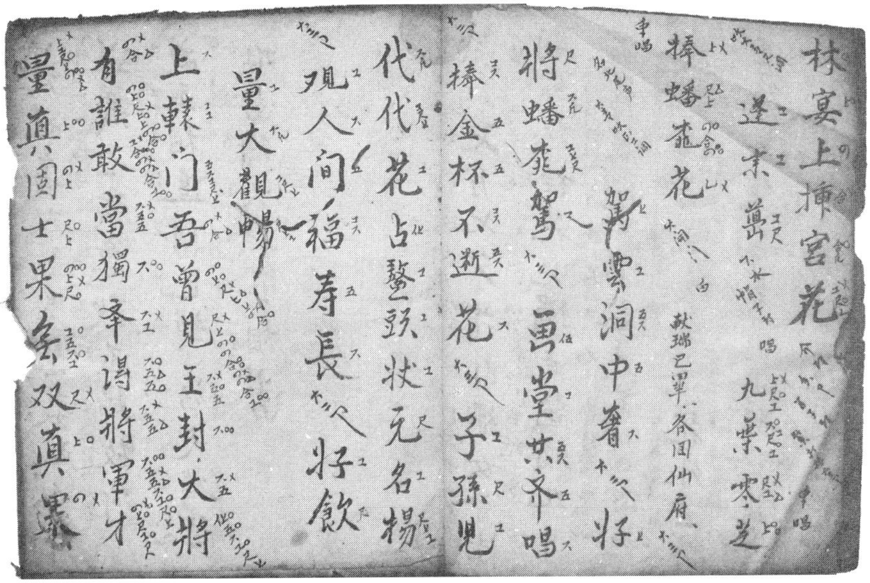

段莘乡官坑村 1-7 · 民国八年 · 剧本《畅叙曲情》· 焕章吴记

是也会双悲歌起人都
道我亡我意欲还归故卿
咸西相追留色奖好大将恐
难当拜大将各相当

祝寿遐龄 唉吁

祝寿遐長〔唱七村唱〕
齡鶴算〔唱打眼〕
丹宵上
善恶昭彰〔唱〕尉禄洽天降 削〔唉此打眼〕
〔唱〕紫霞衣衫铺春雲清隐山書小象文明月在天
朱凤云夜深吹哟玉楼屋 角〕 東華
玉帝是也今有蟠桃大会之时萬壬朝中之日作有
功曹将撤奉上帝勅旨下界 汁〕与長庚星華誕大朱
群仙駕起祥雲往福地去青 〔唉此打眼此唉吃哦不眼〕

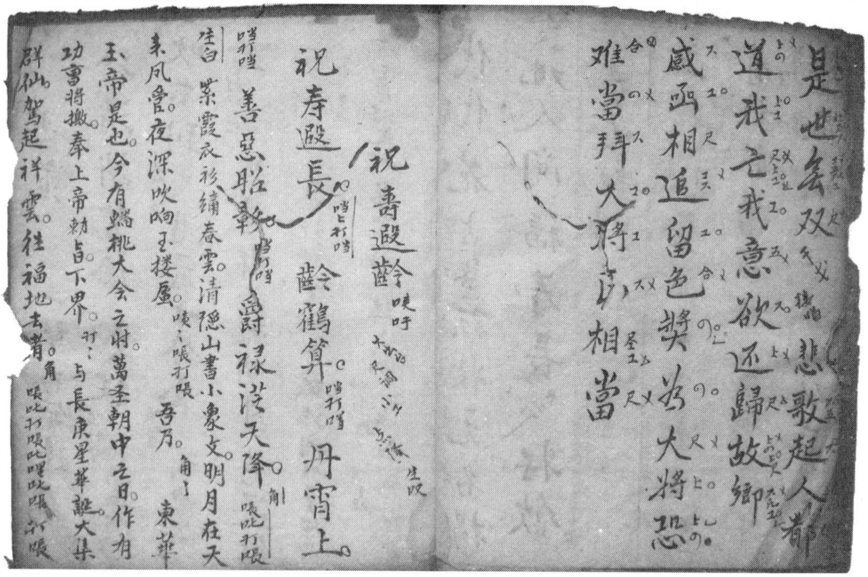

段莘乡官坑村 1-8 · 民国八年 · 剧本《畅叙曲情》· 焕章吴记

光芒泛 打照場打唱 一望香無邊 喂軒喂

冷消消碧添 如靛 喂呔喂 罡風

吹不到 浩氣十分全 玄也么

玄 喂呔喂 只見那也輪明月 為運傳

祥雲繞繞瑞雲飄方瓶漆南推屋揾西

池王母蟠龍獻蓬島群仙捧上瑤 呦打 大調

寶讃 呦打 珠栩芙蓉輩自在逍遙

霞明云錦鮮舞鶴翔鸞玉楼金

殿 味呦打呦 呌台 小仙海神星是也

末白 福德星君是也 拜童帝君是也 淨白 俺天禄星是也

請子請 昌 吾等浪苑道運遠州今当蜍蚍大会吾等

一令前往有理 呦打

尾 十丈岸峰蓮青笏

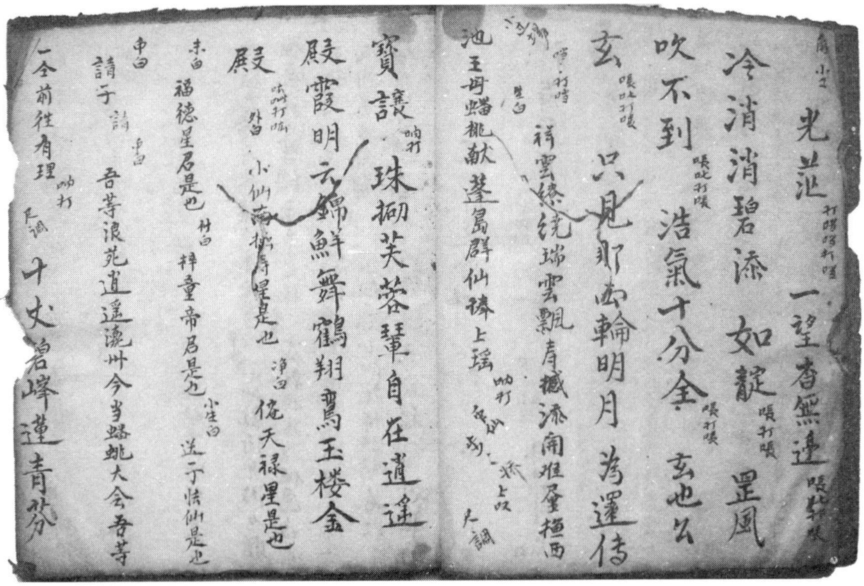

段莘乡官坑村 1-9 · 民国八年 · 剧本《畅叙曲情》· 焕章吴记

暗引香消散

帝启在上吾等稽首列位

礼 请问帝启为何惨愁云端 今有长庚星再送
列位有何物为赠 请 外呈 南极老人就将寿轴为
赠但愿福寿无疆海屋添筹 净为 小仙就将斗门为赠
但愿许世罾缨永享天禄 当 小仙就将为赠但愿为意
祯祥受享万福 郁 小生为 仙就将丹书帖卷为赠但愿文运
天闲书香满郁 小生为 小但愿小仙就将旗麟为赠
但愿子孙苾福备天爵禄

俺为着碧澄澄一派壶天四远排
迴且自盘旋况兼的巨阙非遥
群仙来集遨玩云烟怎德价
到瀛洲蓬莱浪苑清肴这
大界三千水远山连集庆
迎祥福禄寿天上三仙

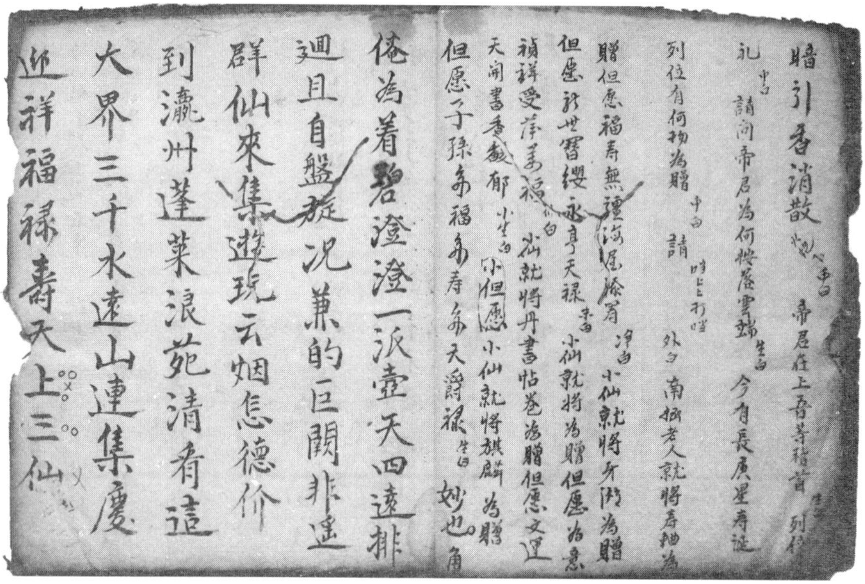

段莘乡官坑村 1-10・民国八年・剧本《畅叙曲情》・焕章吴记

請問帝君有何物為贈生□□□□有萬写百花仙□□
君曰何不將花就在莲前跳舞一番□□□□
□□就在莲前跳舞□□□□□□□□□□

百花就在莲前跳舞（唐初試）劇領法諭
有何台諭。□□有長庚星君誕你等将就□□

梅占百花魁春到頂先放　想當初夢引羅浮怎德似鄧家常
傍到二月春光旋騎衣具應雨重
瑶飄蕩木妖尭三月如浪譜刋
院郎反佛先降穏不如牡丹當
貴瑞和号北王象子市榴
做作瑞陽象蒲艾今欢暢嗳愛
荷花在青蓮之上好似樂人

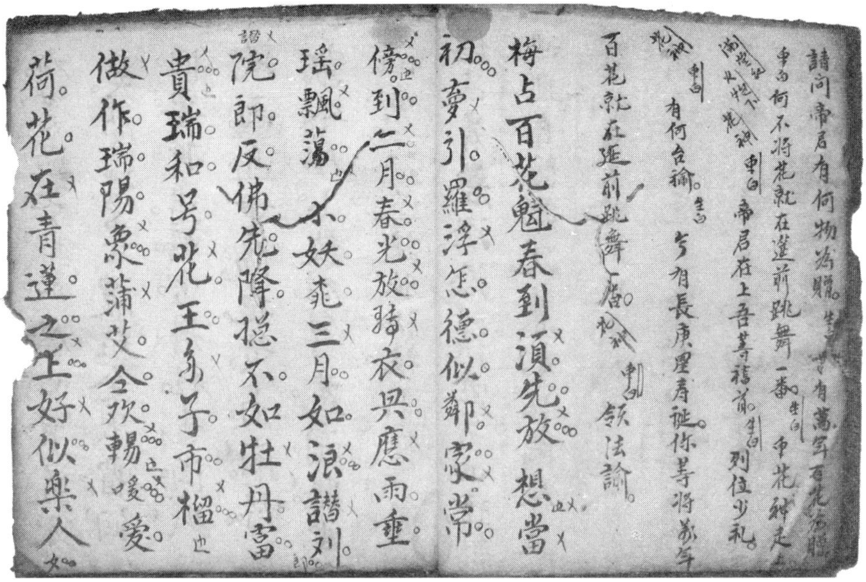

有蕙過七節起厚心良近水
芙蓉淡星濃粧金風霜佃
佃要折得蟾宮丹桂香滿城
風雨近重陽把黃菊閙停
當冬月數難算花閙賬雪
滿寒江还讓朏梅枝上 妙吓
好一派美景 萬花齊獻瑞光霞
尽放慶生長邑年與鶴算仙家
臨赴蟠蚖会長生世飲不老丹若
不是仙家星君上天堂怎德介
瀛州逍遥蓬萊島喜喜迋前文
墨登金榜一文一武俱是星君樣

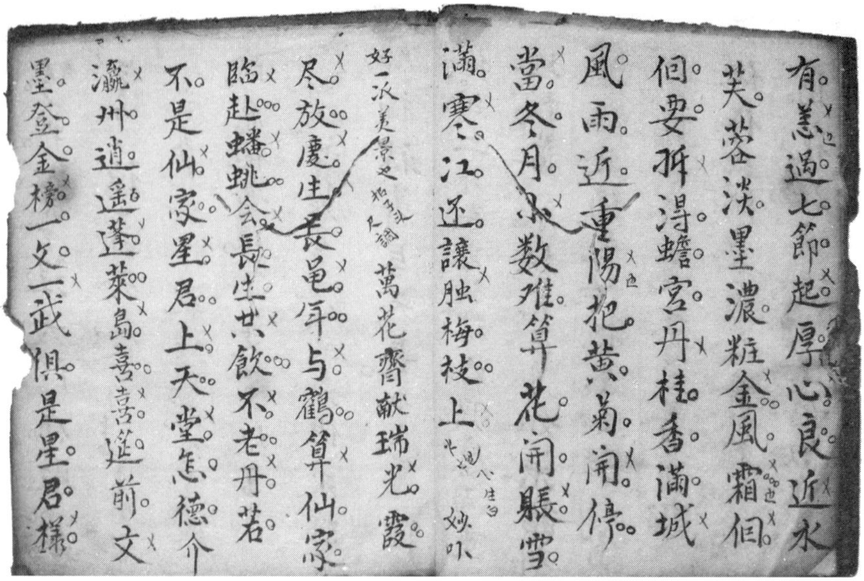

段莘乡官坑村 1-12·民国八年·剧本《畅叙曲情》·焕章吴记

今朝好事遂天降愿取四季平安福壽天長。
回转天宫庆贺己畢
愿他壽疆 文墨继書香
祝壽遊戲 遂天降
世代登金榜 只羡他永绵
綿福禄壽与天長。

百忍圖

貧道下山來黄花满地開
東仙来今贫道今许仙山德匹真人是也
只因传公業九侯不分樂善好施吾壽玉帝賜旨
指引支他童児
下得山來果然一派红塵器景也
君王有道兴各楊祖上陰功積德昌若飛我
的文才好精善元家状元郎

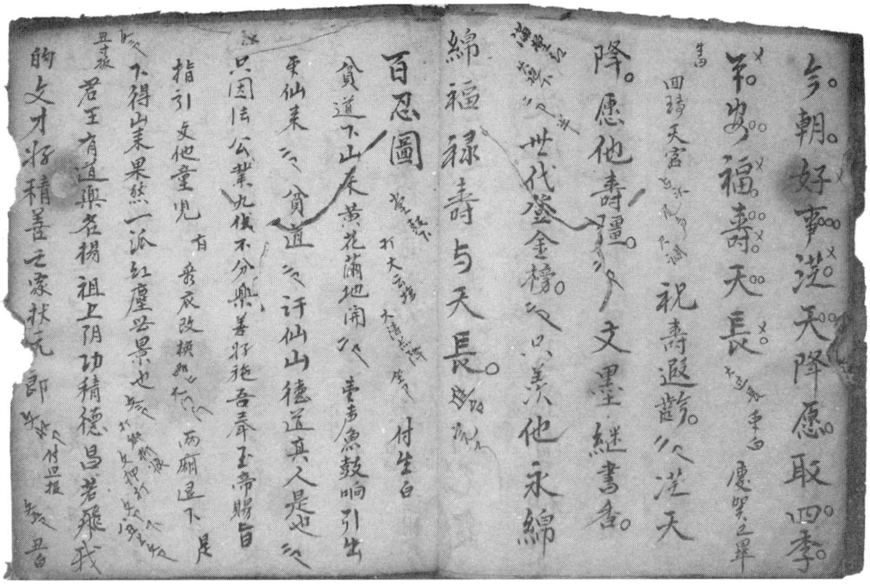

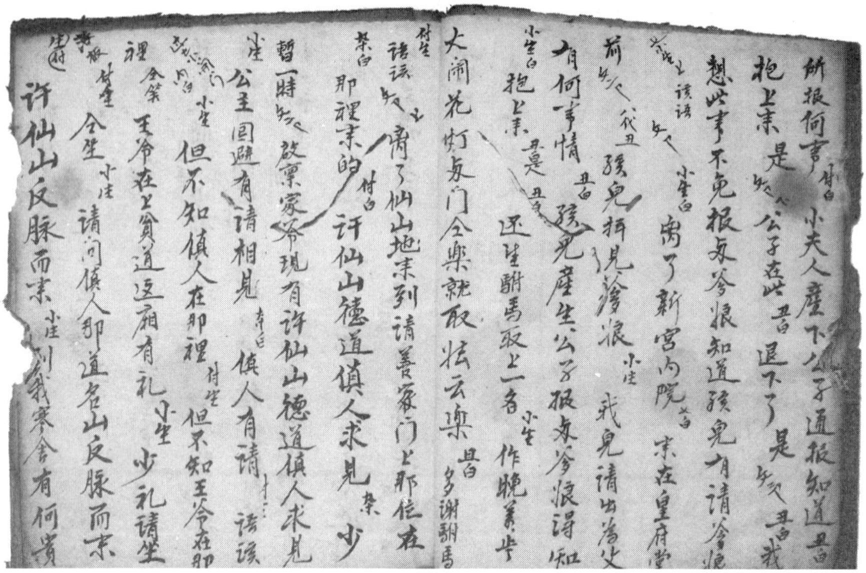

段莘乡官坑村 1-14 · 民国八年 · 剧本《畅叙曲情》· 焕章吴记

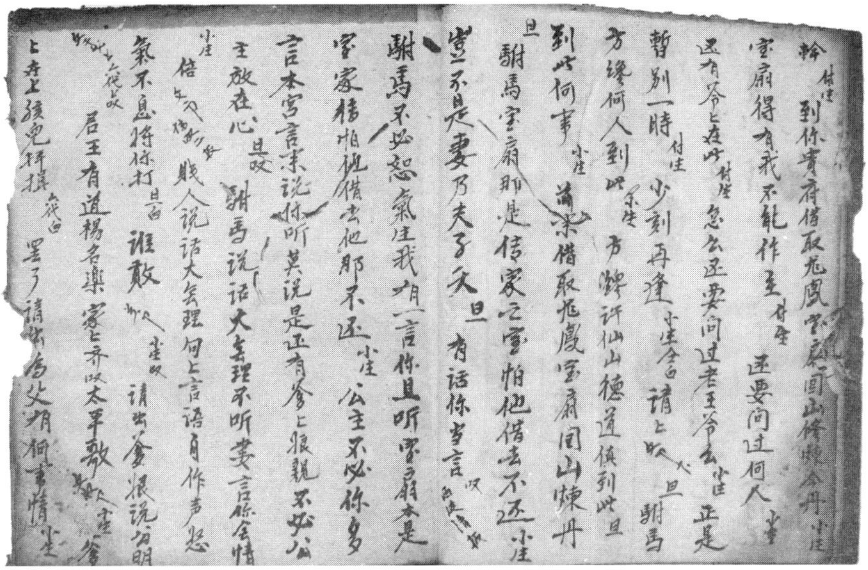

段莘乡官坑村 1-15 · 民国八年 · 剧本《畅叙曲情》· 焕章吴记

堆坐有宗名如凤请和条
厚花良规汪案情桂花

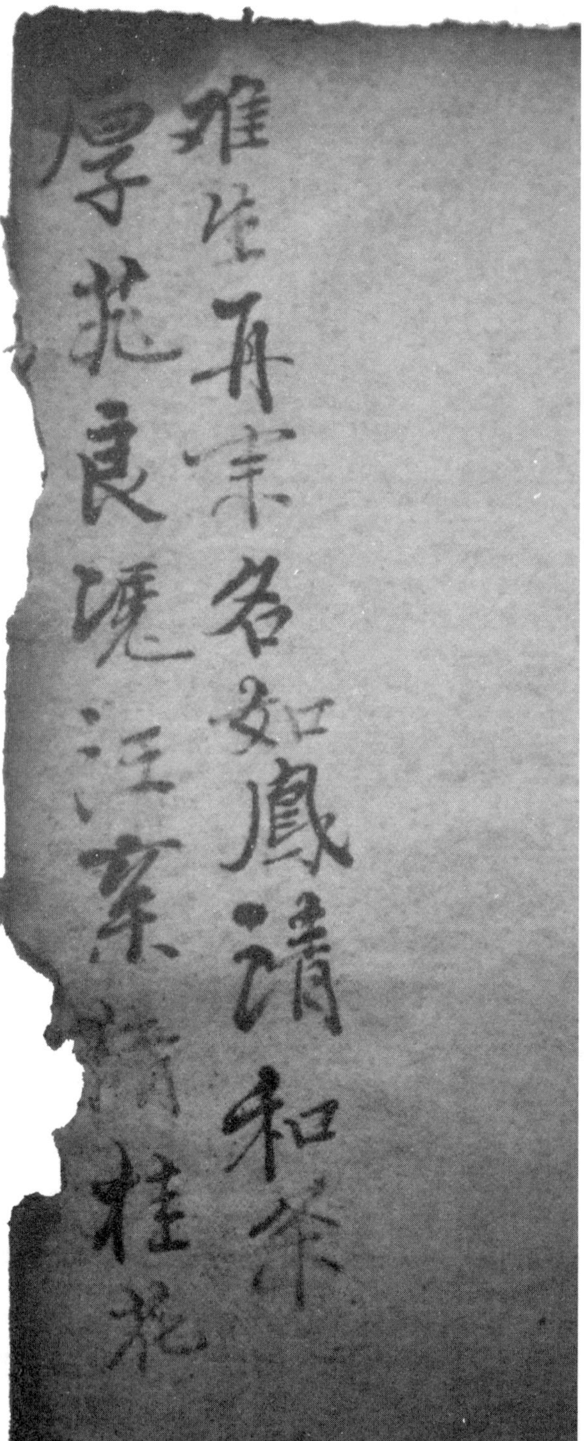

段莘乡官坑村 1-16・民国八年・剧本《畅叙曲情》・焕章吴记

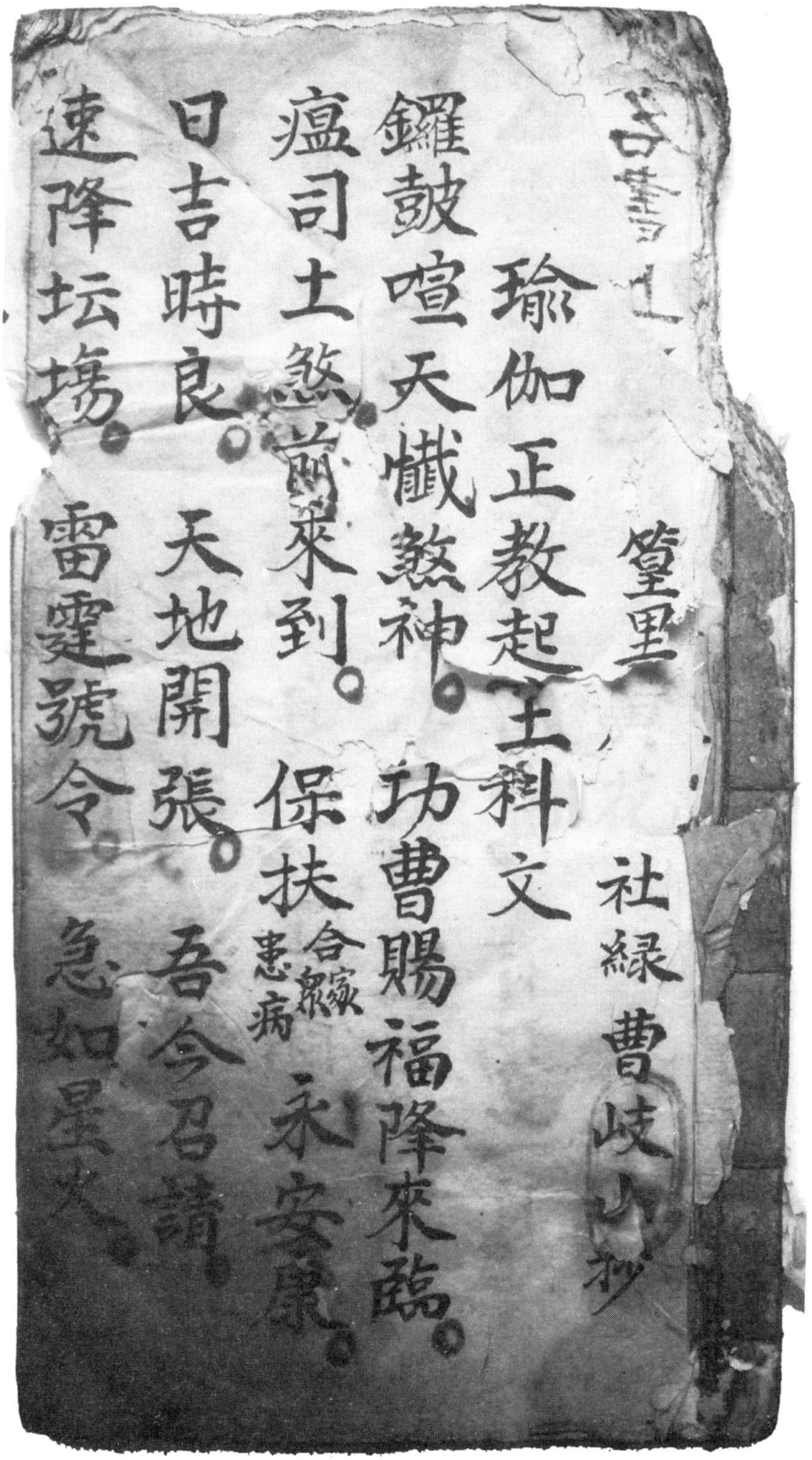

吉書山 篁里 社緑 曹岐山抄

瑜伽正教起主科文

鑼鼓喧天懺煞神 功曹賜福降來臨

瘟司土煞前來到 保扶合家患病永安康

日吉時良 天地開張 吾今召請

速降坛場 雷霆號令 急如星火

段莘乡官坑村 7-1 · 民国九年 · 瑜伽正教起主科文 · 曹岐山抄

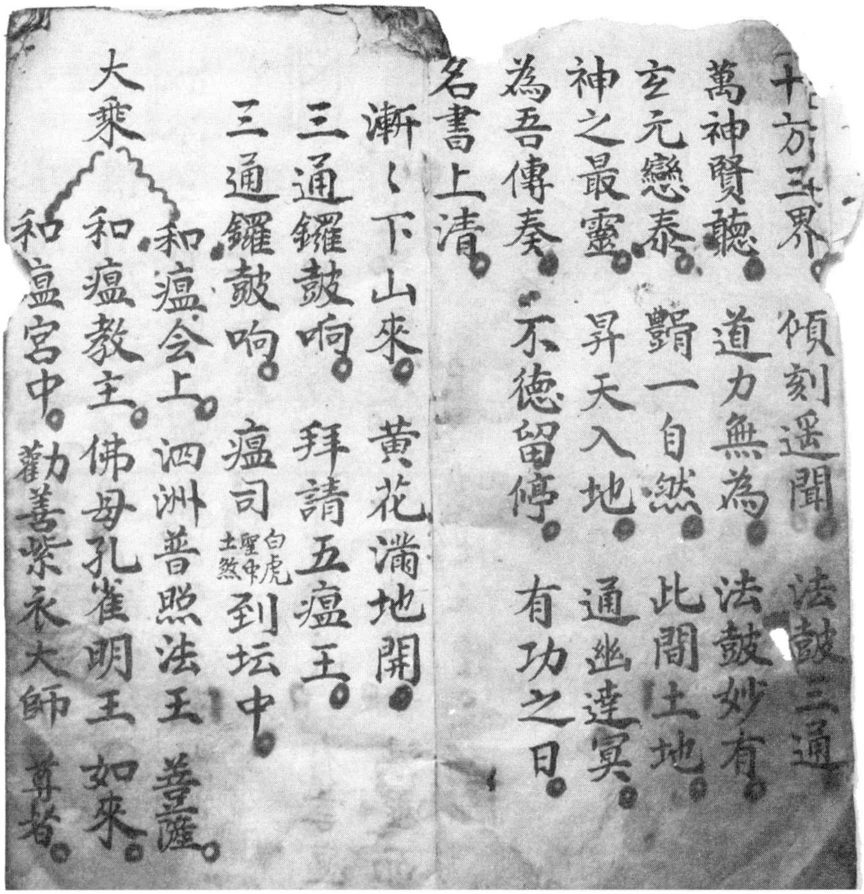
十方三界。傾刻遥聞。法鼓三通。
萬神賢聽。道力無為。法鼓妙有。
玄元戀恭。黯一自然。此間土地。
神之最靈。昇天入地。通幽達冥。
為吾傳奏。不德留停。有功之日。
名書上清。
漸〻下山來。黄花満地開。
三通鑼鼓响。拜請五瘟王。
三通鑼鼓响。瘟司白虎聖中土煞到坛中。
和瘟会上。泗洲普照法王。菩薩。
大乘　和瘟教主。佛母孔雀明王。如來。
和瘟宫中。勸善紫衣大師。尊者。

段莘乡官坑村 7-2 · 民国九年 · 瑜伽正教起主科文 · 曹岐山抄

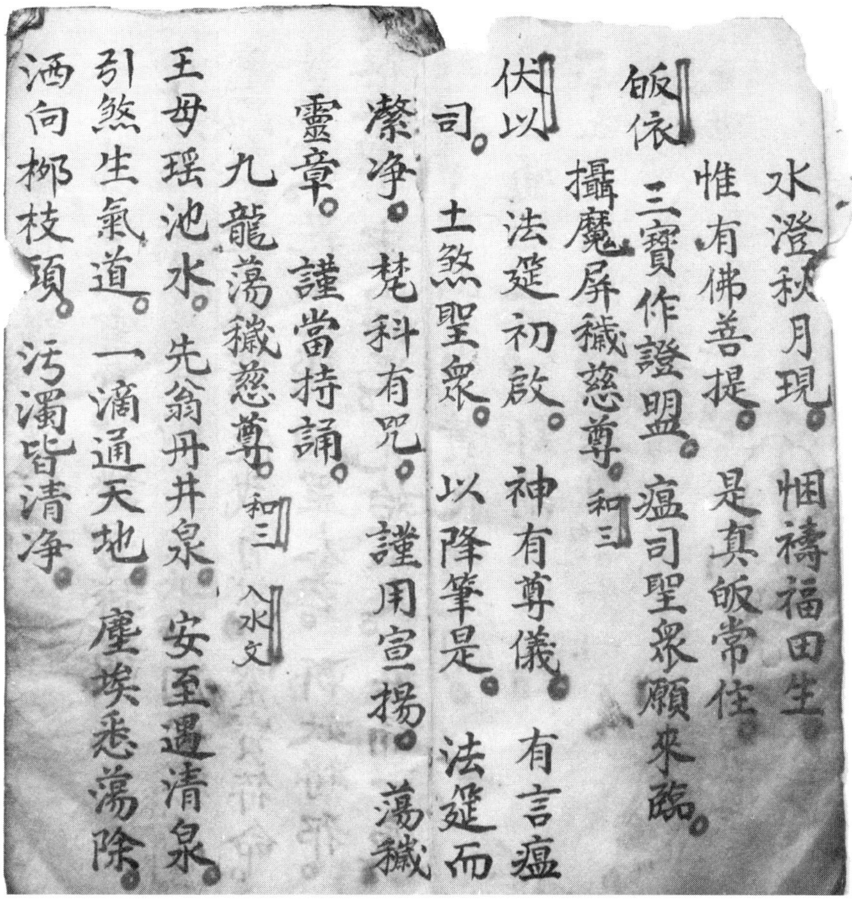
水澄秋月現。悃禱福田生。
惟有佛菩提。是真皈常住。
皈依 三寶作證盟。瘟司聖衆願來臨。
攝魔屏穢慈尊。和三
伏以 法筵初啟。神有尊儀。有言瘟
司。土煞聖衆。以降筆是。法筵而
潔净。梵科有咒。謹用宣揚。蕩穢
靈章。謹當持誦。
九龍蕩穢慈尊。和三 入水文
王母瑶池水。先翁丹井泉。安至遇清泉。
引煞生氣道。一滴通天地。塵埃悉蕩除。
洒向柳枝頭。污濁皆清净。

段莘乡官坑村 7-3 · 民国九年 · 瑜伽正教起主科文 · 曹岐山抄

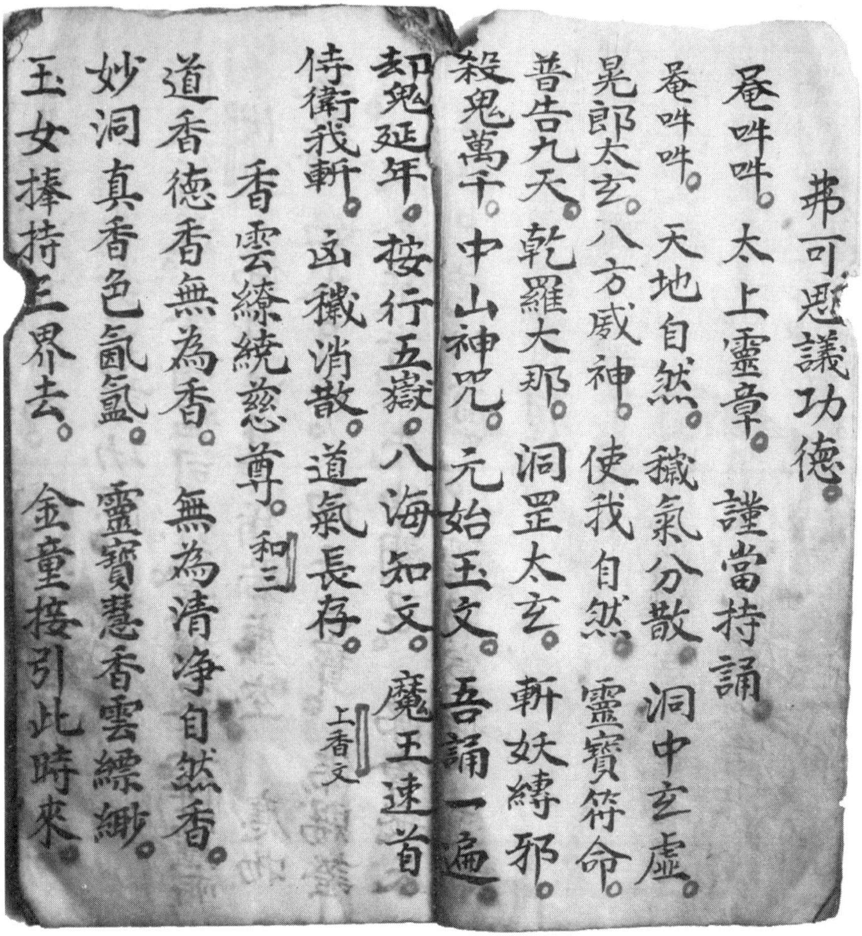
弗可思議功德
唵吽吽。太上靈章。謹當持誦
唵吽吽。天地自然。穢氣分散。洞中玄虛。
晃郎太玄。八方威神。使我自然。靈寶符命。
普告九天。乾羅大那。洞罡太玄。斬妖縛邪。
殺鬼萬千。中山神咒。元始玉文。吾誦一遍。
却鬼延年。按行五嶽。八海知文。魔王速首
侍衛我斬。凶穢消散。道氣長存。上香文
香雲繚繞慈尊。和三
道香德香無為香。無為清淨自然香。
妙洞真香色氤氳。靈寶慧香雲縹緲。
玉女捧持三界去。金童接引此時來。

段莘乡官坑村 7-4 · 民国九年 · 瑜伽正教起主科文 · 曹岐山抄

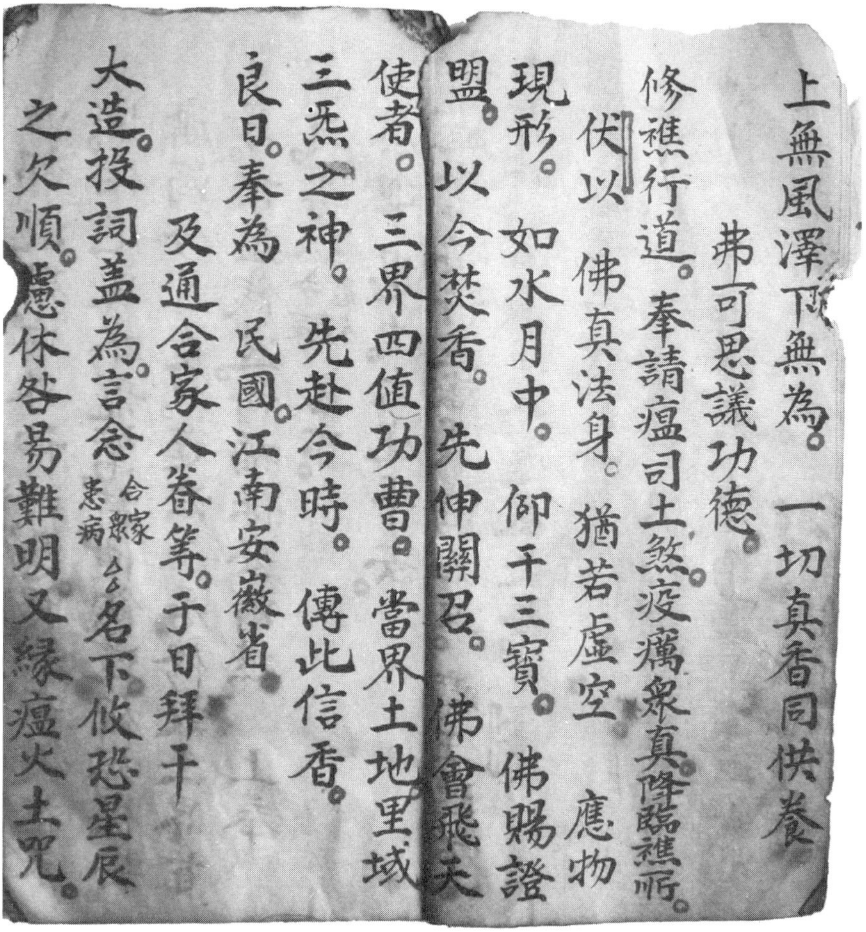

上無風澤下無為。一切真香同供養

弗可思議功德。

修禳行道。奉請瘟司土煞疫癘衆真降臨禳所。

伏以 佛真法身。猶若虛空 應物

現形。如水月中。仰干三寶。佛賜證

盟。以今焚香。先伸關召。佛會飛天

使者。三界四值功曹。當界土地里域

三炁之神。先赴今時。傳此信香。

良日。奉為 民國江南安徽省

及通合家人眷等。于日拜干

大造。投詞蓋為言念合家衆患病ㄙㄙ名下攸恐星辰

之欠順。慮休咎易難明。又緣瘟火土咒。

段莘乡官坑村 7-5 · 民国九年 · 瑜伽正教起主科文 · 曹岐山抄

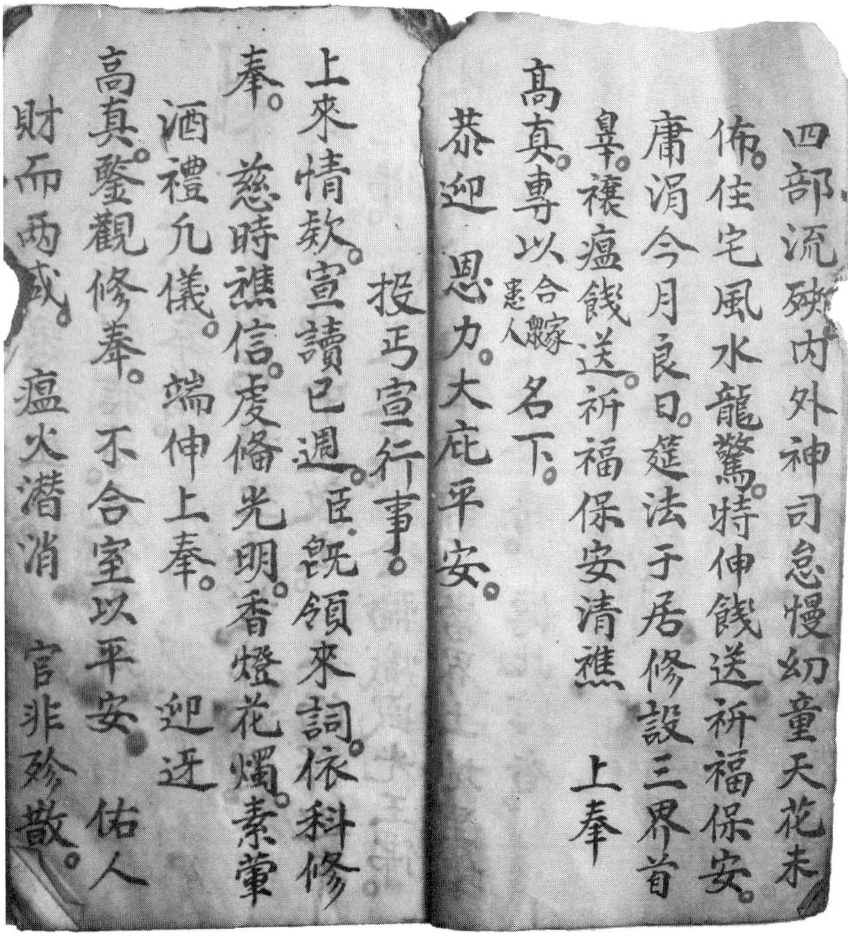
四部流殃内外神司怠慢幼童天花未
佈。住宅風水龍驚。特伸餞送祈福保安。
庸涓今月良日。筵法于居修設三界首
皐。禳瘟餞送祈福保安清醮 上奉
高真。專以 合家患人 名下。
恭迎 恩力。大庇平安。
投丐宣行事。
上來情欵。宣讀已週。臣既領來詞。依科修
奉。慈時禮信。虔脩光明香燈花燭素葷
酒禮凢儀。 端伸上奉。 迎迓
高真。鑒觀修奉。不合室以平安 佑人
財而丙戍。 瘟火潜消 官非殄散。

段莘乡官坑村 7-6 · 民国九年 · 瑜伽正教起主科文 · 曹岐山抄

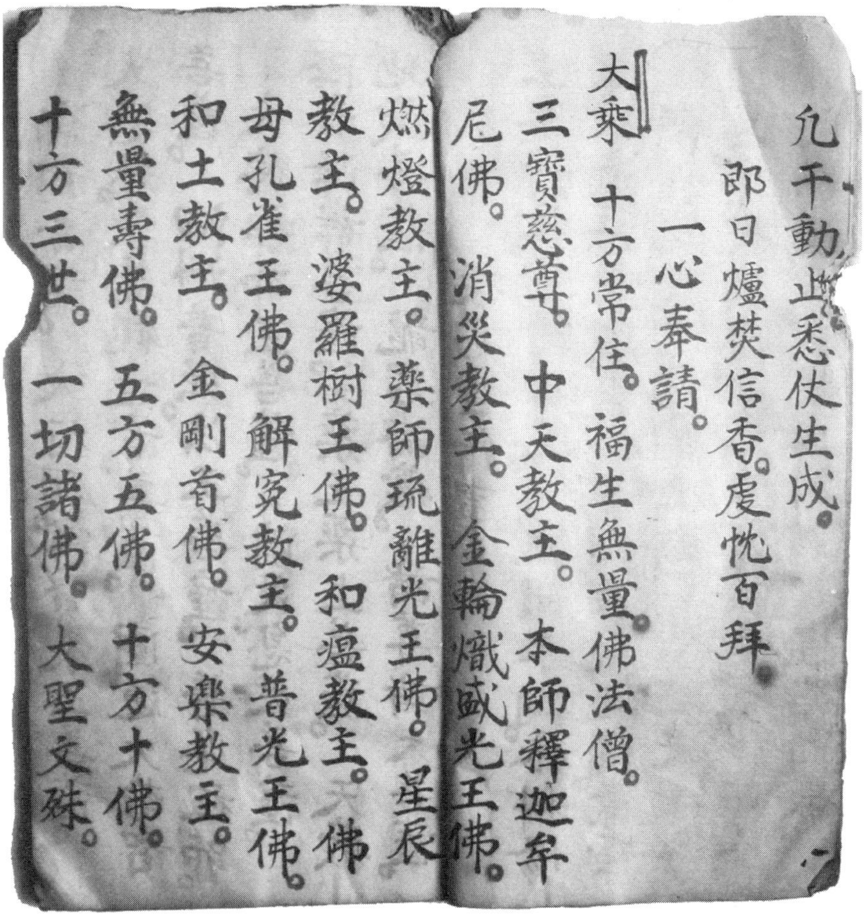
凡干動止悉仗生成。
即日爐焚信香。虔忱百拜
一心奉請。
大乘 十方常住。福生無量佛法僧。
三寶慈尊。中天教主。本師釋迦牟
尼佛。消災教主。金輪熾盛光王佛。
燃燈教主。藥師琉離光王佛。星辰
教主。娑羅樹王佛。和瘟教主。佛
母孔雀王佛。解冤教主。普光王佛。
和土教主。金剛首佛。安樂教主。
無量壽佛。五方五佛。十方十佛。
十方三世。一切諸佛。大聖文殊。

段莘乡官坑村 7-7 · 民国九年 · 瑜伽正教起主科文 · 曹岐山抄

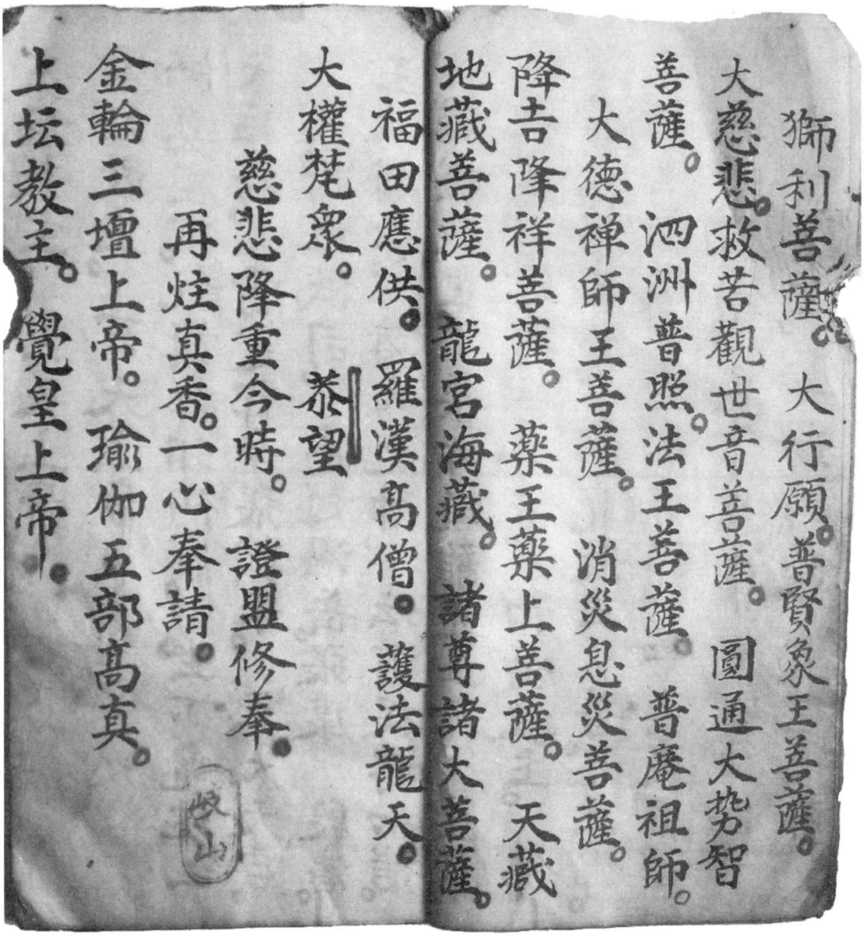

獅利菩薩。大行願普賢象王菩薩。
大慈悲救苦觀世音菩薩。圓通大勢智
菩薩。泗洲普照法王菩薩。普庵祖師。
大德禅師王菩薩。消災息災菩薩。
降吉降祥菩薩。藥王藥上菩薩。天藏
地藏菩薩。龍宮海藏。諸尊諸大菩薩。

福田應供。羅漢高僧。護法龍天。
大權梵衆。恭望
慈悲降重今時。證盟修奉。
再炷真香。一心奉請
金輪三壇上帝。瑜伽五部高真。
上坛教主。覺皇上帝。

岐山

段莘乡官坑村 7-8 · 民国九年 · 瑜伽正教起主科文 · 曹岐山抄

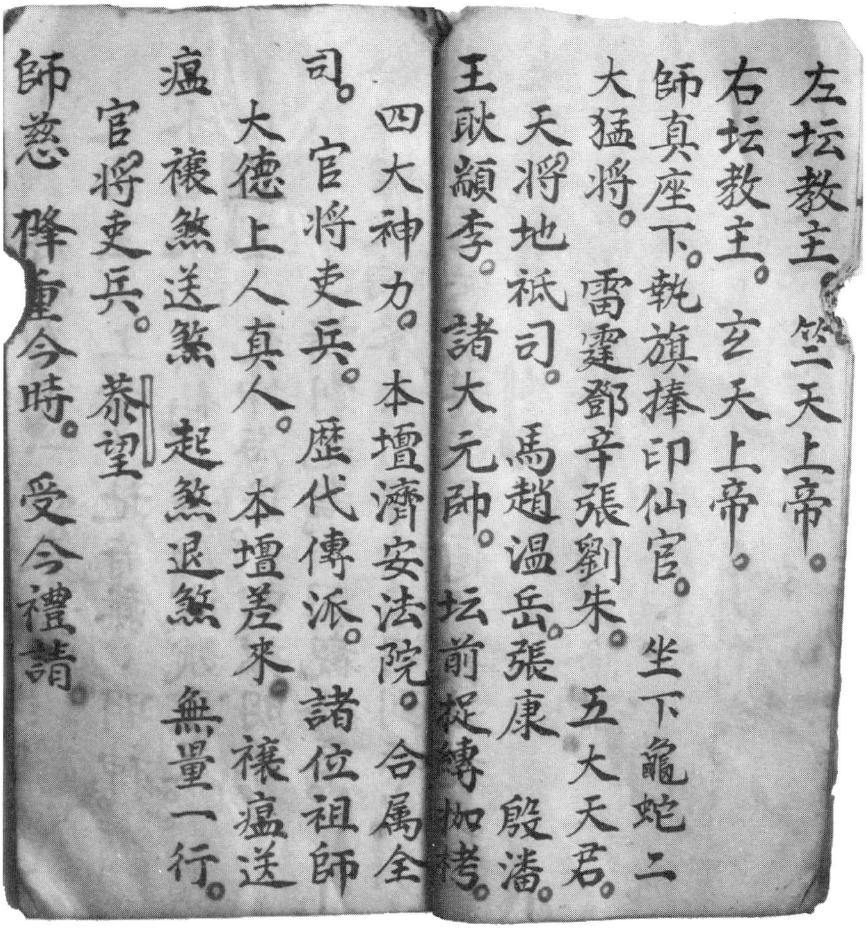
左坛教主。竺天上帝。
右坛教主。玄天上帝。
師真座下。執旗捧印仙官。坐下龜蛇二
大猛將。雷霆鄧辛張劉朱。五大天君。
天将地祇司。馬趙温岳張康殷潘。
王耿顥李。諸大元帥。坛前捉縛枷拷。
司。四大神力。本壇濟安法院。合属全
官將吏兵。歷代傳派。諸位祖師
大德上人真人。本壇差來禳瘟送
瘟禳煞送煞起煞退煞無量一行。
官将吏兵。恭望
師慈降臨今時。受今禮請

段莘乡官坑村 7-9 · 民国九年 · 瑜伽正教起主科文 · 曹岐山抄

再炷真香一心奉請

天府皇々上帝。地府赫々明神。水宮浪苑真仙。嶽府威娥聖眾。

恭望 乾坤海嶽。四部明神。同觀修奉。

今時鑼鼓響鏊々。拜請瘟司到壇中。請到光臨。

收瘟攝毒回天界。禳瘟餞送回天界。祈保合境病早安康。

再炷真香一心奉請。光臨法會醮筵中。

三界主瘟。五皇上帝。主瘟正一靖明。

上德真人。黃門老伏。匡阜先生。

都天大力。金容元帥。赤天大力鬼王。

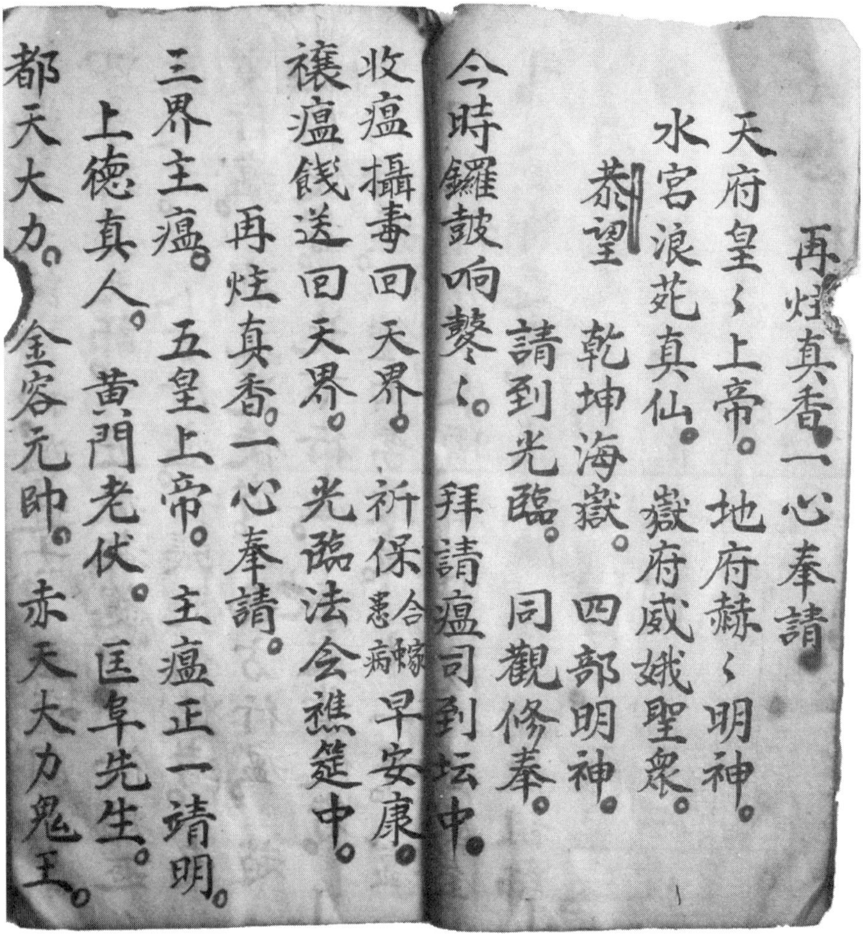

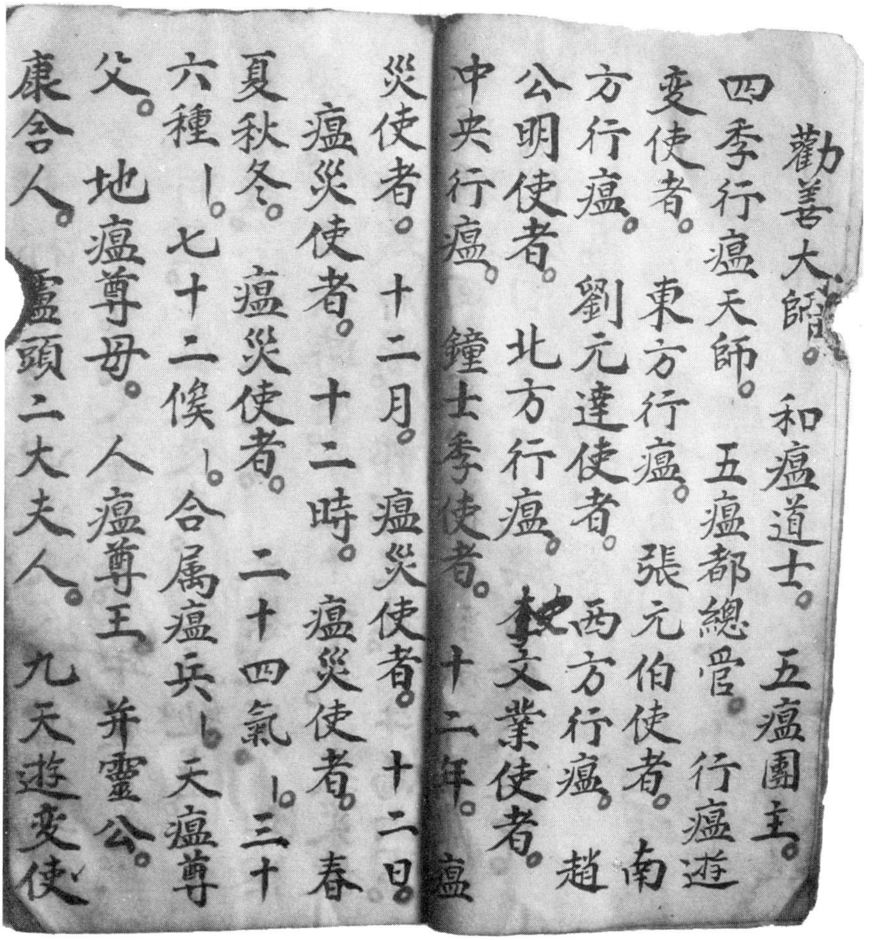
勸善大師。和瘟道士。五瘟園主。四季行瘟天師。五瘟都總管。行瘟遊变使者。東方行瘟。張元伯使者。南方行瘟。劉元達使者。西方行瘟。趙公明使者。北方行瘟。史文業使者。中央行瘟。鐘士季使者。十二年。瘟災使者。十二月。瘟災使者。十二日瘟災使者。十二時。瘟災使者。春夏秋冬。瘟災使者。二十四氣。三十六種。七十二候。合屬瘟兵。天瘟尊父。地瘟尊母。人瘟尊王。并靈公。康舍人。瘟頭二大夫人。九天遊变使

段莘乡官坑村 7-11 · 民国九年 · 瑜伽正教起主科文 · 曹岐山抄

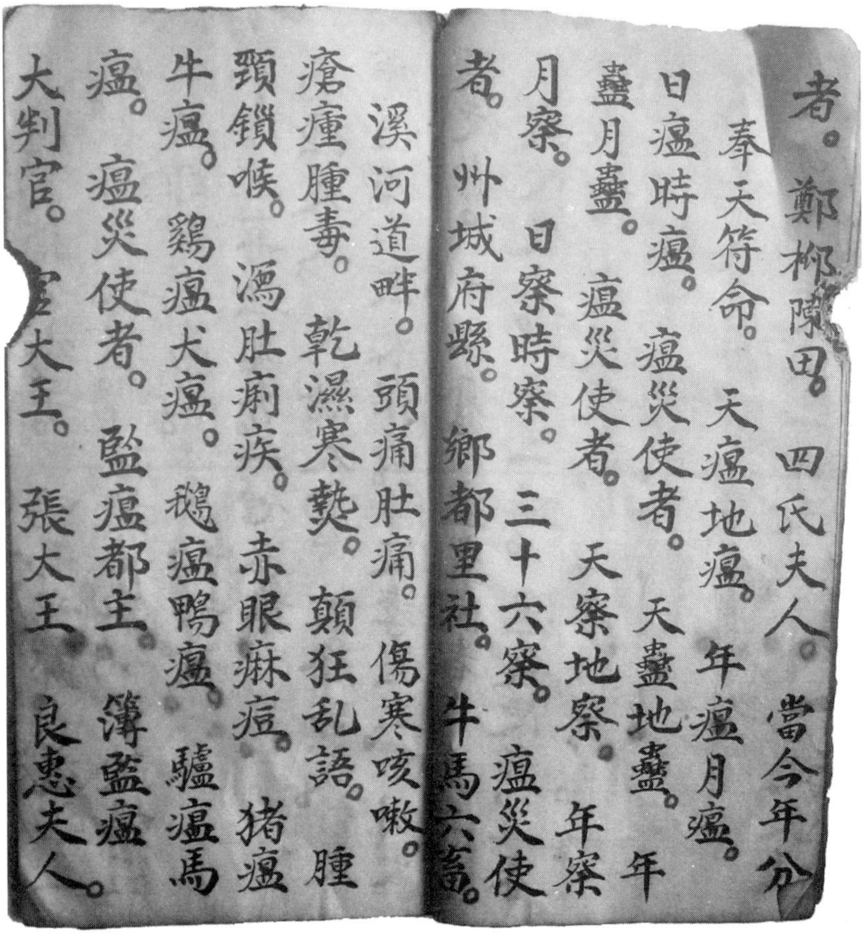
者。鄭郴陳田。四氏夫人。當今年分
奉天符命。天瘟地瘟。年瘟月瘟。
日瘟時瘟。瘟災使者。天蠱地蠱。年
蠱月蠱。瘟災使者。天瘵地瘵。年瘵
月瘵。日瘵時瘵。三十六瘵。瘟災使
者。州城府縣。鄉都里社。牛馬六畜。
溪河道畔。頭痛肚痛。傷寒咳嗽。
瘡瘇腫毒。乾濕寒熱。顛狂乱語。腫
頸鎖喉。瀉肚痢疾。赤眼痳瘟。猪瘟
牛瘟。鷄瘟犬瘟。鵝瘟鴨瘟。驢瘟馬
瘟。瘟災使者。監瘟都主。簿監瘟
大判官。官大王。張大王。良惠夫人。

段莘乡官坑村 7-12 · 民国九年 · 瑜伽正教起主科文 · 曹岐山抄

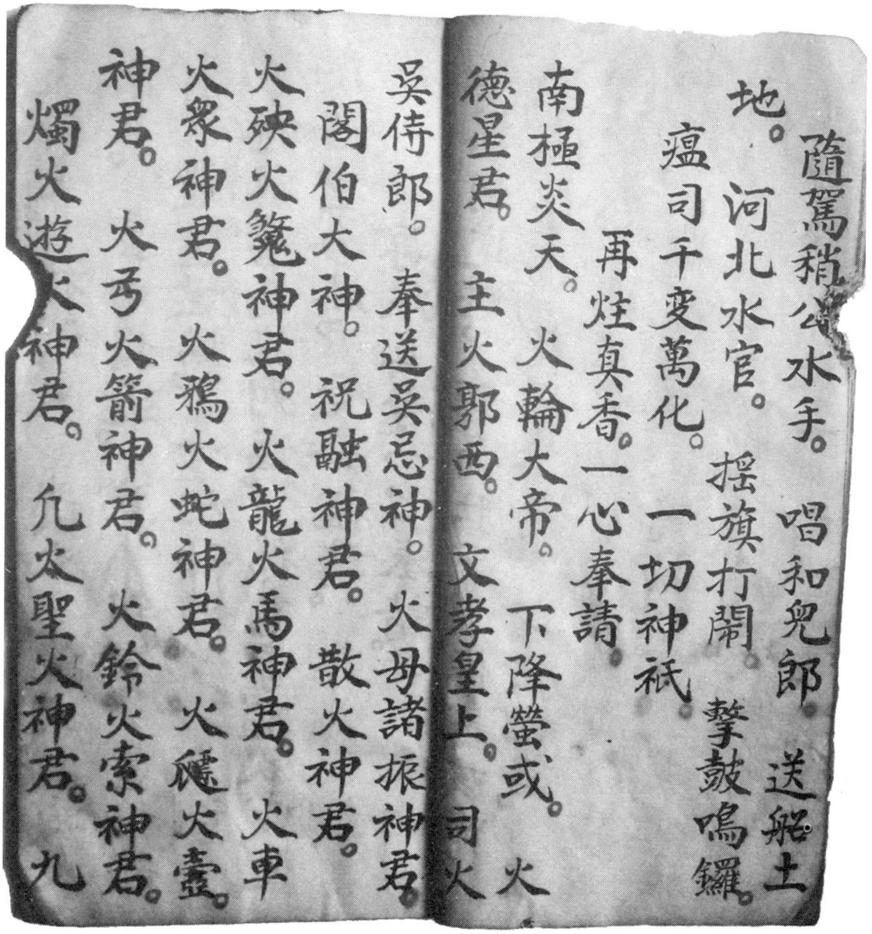
隨駕稍公水手。唱和兒郎。送船上
地。河北水官。摇旗打鬧 擎鼓鳴鑼。
瘟司千变萬化。一切神祇。
再炷真香。一心奉請
南極炎天。火輪大帝。下降螢惑。火
德星君。主火鄧西。文孝皇上。司火
吴侍郎。奉送吴忌神。火母諸振神君
閻伯大神。祝融神君。散火神君。
火殃火竈神君。火龍火馬神君。火車
火衆神君。火鴉火蛇神君。火飈火壺。
神君。火弓火箭神君。火鈴火索神君。
燭火遊火神君。九太聖火神君。九

段莘乡官坑村 7-13 · 民国九年 · 瑜伽正教起主科文 · 曹岐山抄

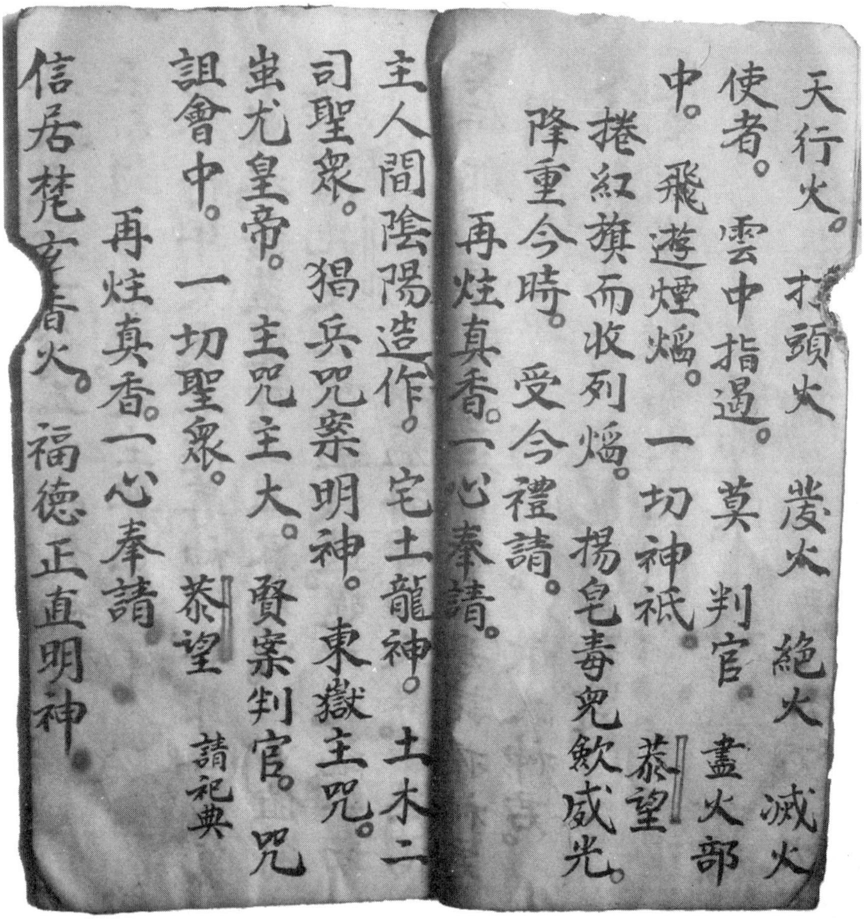

天行火。打頭火　𤆵火　絶火　滅火
使者。雲中指遏。莫判官　盡火部
中。飛遊煙熖。一切神祇　恭望
捲紅旗而收列熖。揚皂毒兜歛威光。
降重今時。受今禮請。
再炷真香。一心奉請。

主人間陰陽造作。宅土龍神。土木二
司聖衆。猖兵咒案明神。東嶽主咒。
蚩尤皇帝。主咒主大。賢案判官。咒
詛會中。一切聖衆。恭望　請祀典
再炷真香。一心奉請
信居梵玄香火。福德正直明神

段莘乡官坑村 7-14 · 民国九年 · 瑜伽正教起主科文 · 曹岐山抄

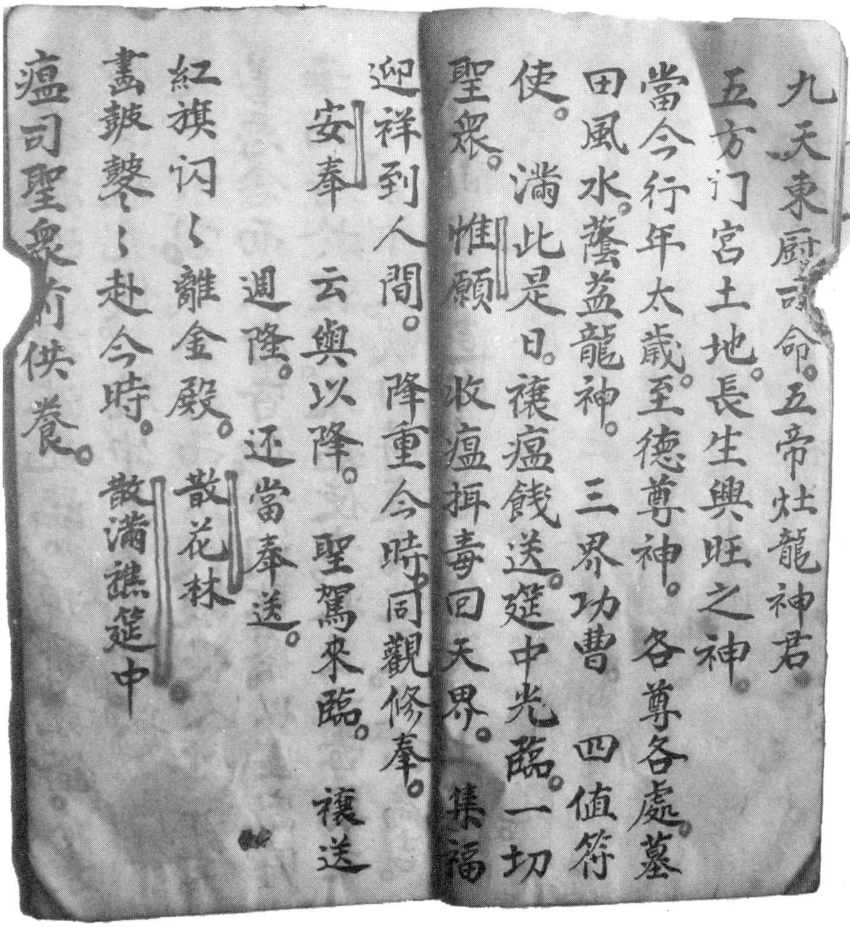
九天東廚司命。五帝灶龍神君
五方门宮土地。長生與旺之神
當今行年太歲。至德尊神。各尊各處墓
田風水。蔭益龍神。三界功曹　四值符
使。滿此是日。禳瘟錢送筵中光臨一切
聖衆。惟願　收瘟捍毒回天界。集福
迎祥到人間。降重今時同觀修奉。
安奉　云與以降。聖駕來臨。　禳送
週隆。还當奉送。
紅旗闪々離金殿。散花林
盡鼓聲々赴今時。散滿禳筵中
瘟司聖衆前供養。

段莘乡官坑村 7-15 · 民国九年 · 瑜伽正教起主科文 · 曹岐山抄

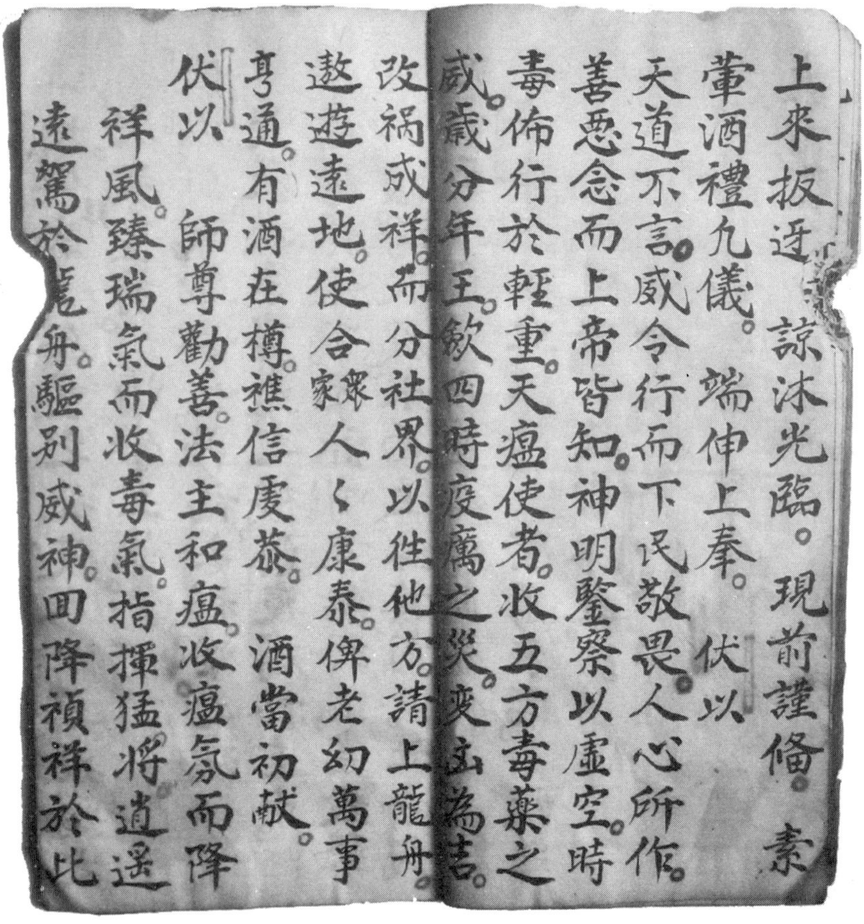
上來扳迓。諒沐光臨。現前謹備。素
葷酒禮九儀。端伸上奉。伏以
天道不言。威令行而下民敬畏。人心所作。
善悪念而上帝皆知。神明鑒察以虛空。時
毒佈行於輕重。天瘟使者。收五方毒藥之
威。歲分年王。歛四時疫癘之災。變凶為吉。
改禍成祥。而分社界。以往他方。請上龍舟
遨遊遠地。使合衆家人人康泰。俾老幼萬事
亨通。有酒在樽。禧信虔恭。酒當初献。
伏以
師尊勸善。法主和瘟。收瘟氛而降
祥風。臻瑞氣而收毒氣。指揮猛將遣送
遠駕於龍舟。驅別威神。回降禎祥於比

段莘乡官坑村 7-16 · 民国九年 · 瑜伽正教起主科文 · 曹岐山抄

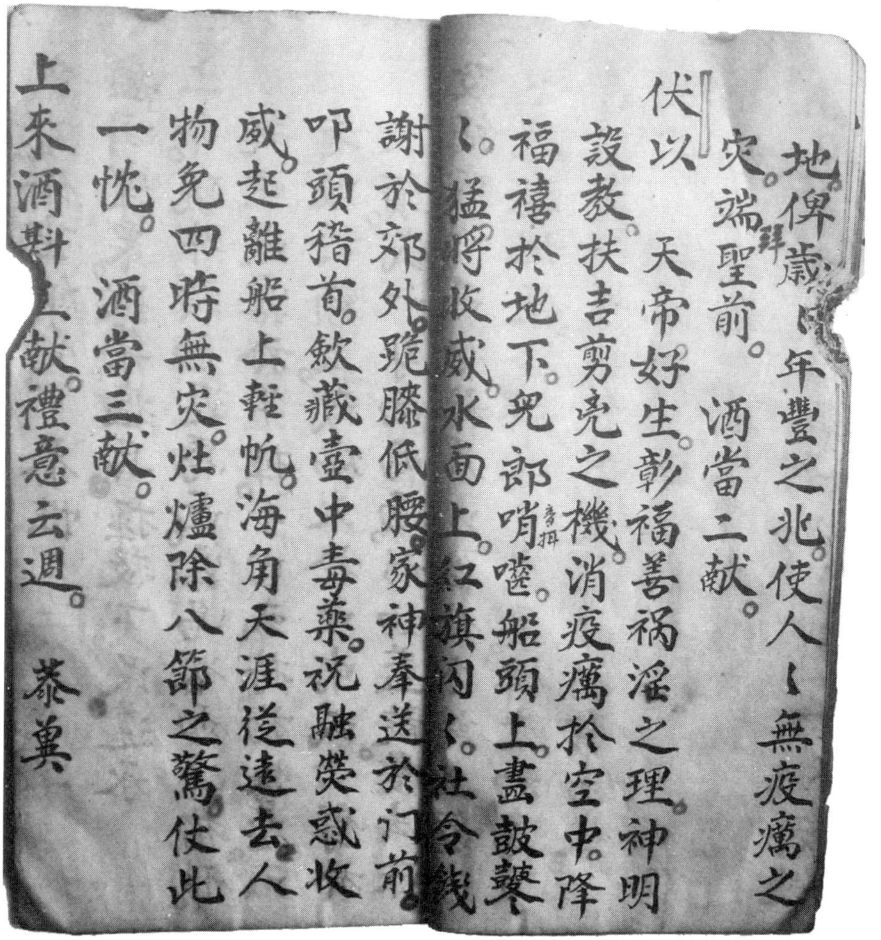

地俾歲々年豐之兆。使人々無疫癘之灾。端拜聖前。酒當二献。

伏以

天帝好生。彰福善禍淫之理。神明設教。扶吉剪兇之機。消疫癘於空中。降福禧於地下。兇郎哨嗟。船頭上畫鼓鼕々。猛將收威。水面上。紅旗閃々。社令錢謝於郊外。跪膝低腰。家神奉送於門前。叩頭稽首。飲藏壺中毒藥。祝融熒惑收威。起離船上。輕帆海角天涯。從遠去人物免四時無灾。灶爐除八節之驚。仗此一忱。酒當三献。

上來酒斟上献。禮意云週。恭奠

段莘乡官坑村 7-17 · 民国九年 · 瑜伽正教起主科文 · 曹岐山抄

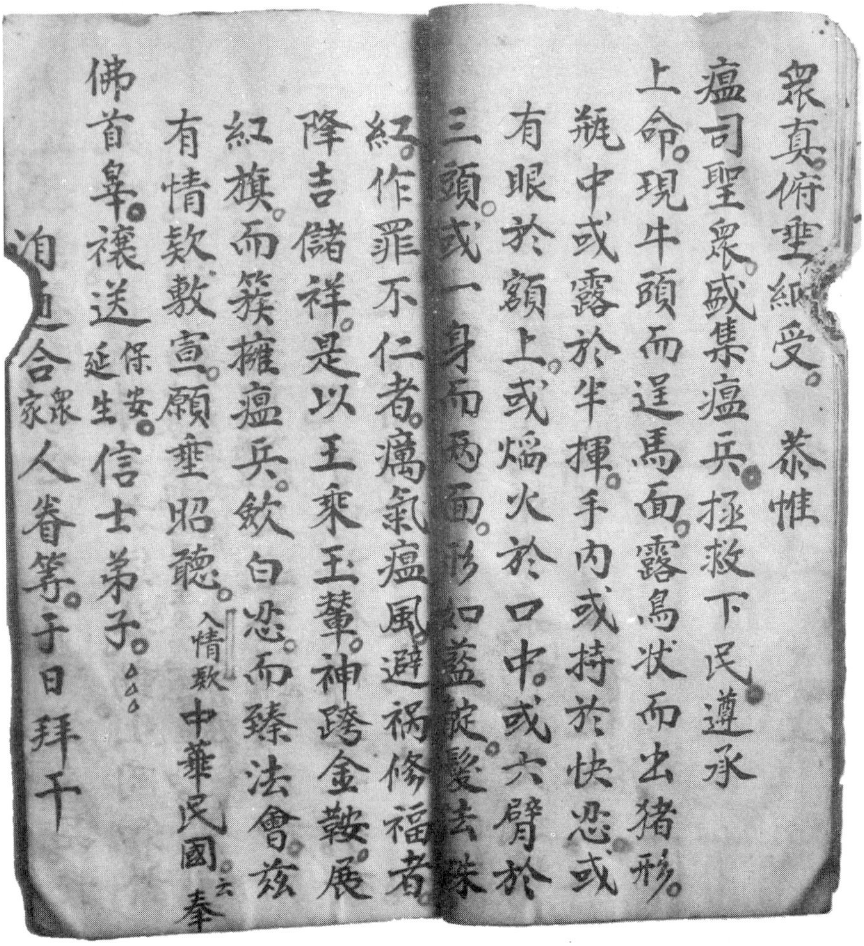

衆真俯垂納受。恭惟
瘟司聖衆。威集瘟兵。拯救下民。遵承
上命。現牛頭而逞馬面。露鳥狀而出猪形。
瓶中或露於半揮。手內或持於快恐。或
有眼於額上。或焰火於口中。或六臂於
三頭。或一身而兩面。形如藍靛。髮注硃
紅。作罪不仁者。癘氣瘟風。避禍修福者。
降吉儲祥。是以王乘玉輦。神跨金鞍。展
紅旗而簇擁瘟兵。欽白恐而臻法會。茲
有情欸數宣。願垂昭聽。入情欸 中華民國六 奉
佛首皋。禳送保安延生。信士弟子。△△△
洎通合衆家人眷等。于日拜干

段莘乡官坑村 7-18 · 民国九年 · 瑜伽正教起主科文 · 曹岐山抄

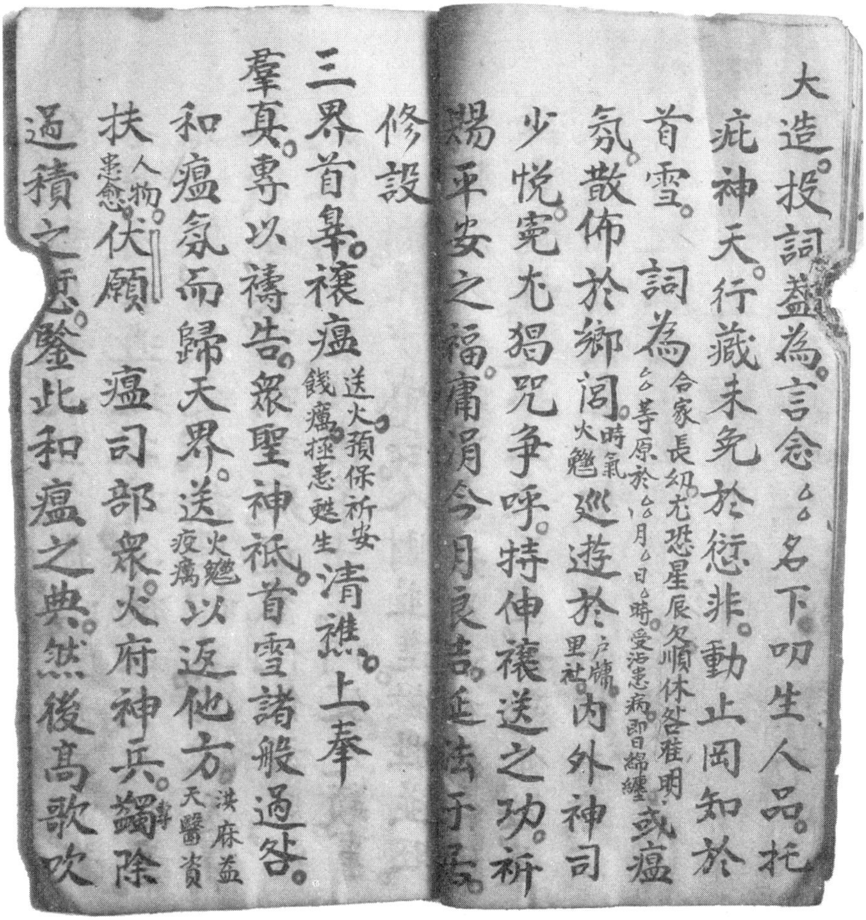

大造。投詞蓋為。言念△△名下叨生人品。托疵神天。行藏未免於愆非。動止罔知於首雪。詞為（合家長幼尤恐星辰冬順休咎准明△△等原於△△月△日△時受沾患病即日綿纏）或瘟氛。散佈於鄉閭（時氣火熖）巡遊於（户牖里社）內外神司少悦寃尤猖咒爭呼。持伸禳送之功。祈賜平安之福。庸涓今月良吉延法于居

修設

三界首皋。禳瘟（送火預保祈安錢癘拯患甦生）清醮。上奉羣真。專以禱告。衆聖神祇首雪諸般過咎。和瘟氛而歸天界。送（火熖疫癘）以返他方（洪痳痘天醫資）扶（人物患愈）伏願瘟司部衆火府神兵。蠲除（毒）過積之愆。鑒此和瘟之典。然後高歌吹

段莘乡官坑村 7-19 · 民国九年 · 瑜伽正教起主科文 · 曹岐山抄

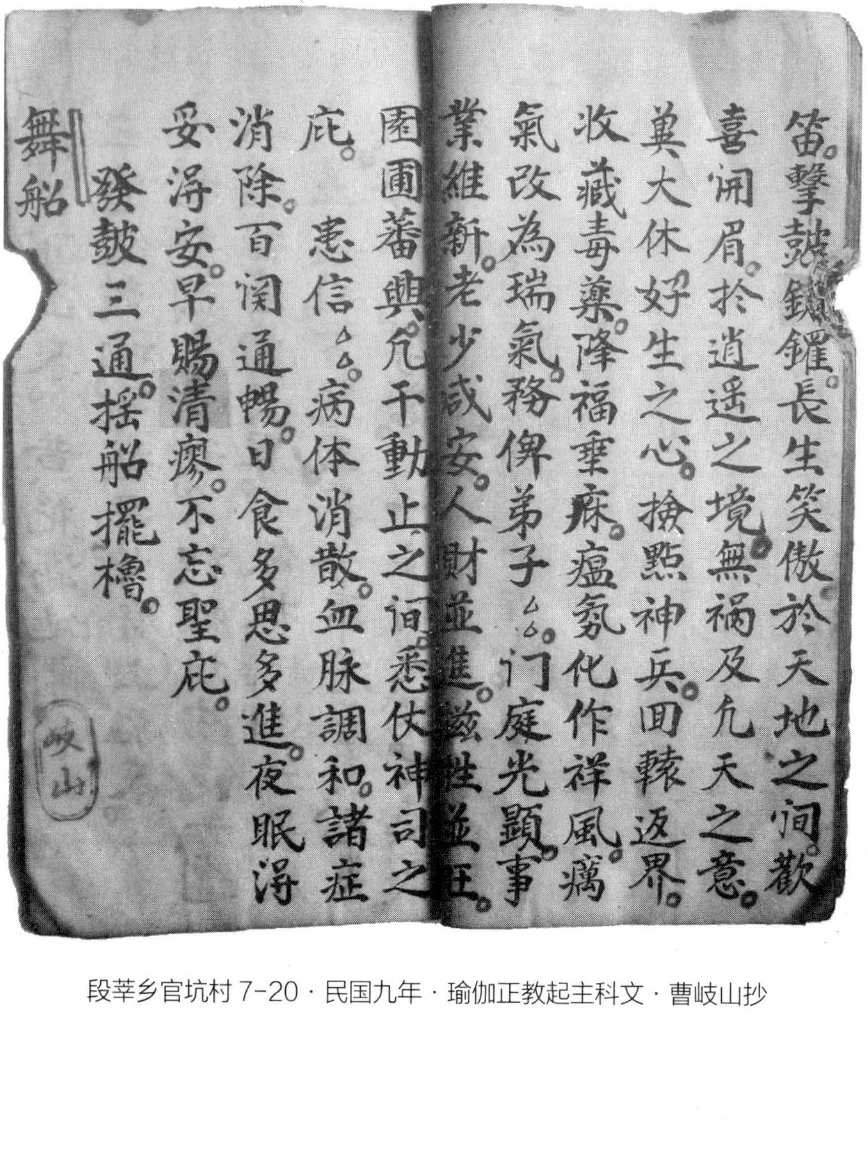
笛。撃鼓鐃鑼長生笑傲於天地之间。歡喜開眉。於逍遥之境。無禍及九天之意。奠大休好生之心。撿點神兵回轅返界。收藏毒藥。降福垂庥。瘟氛化作祥風。癘氣改為瑞氣。務俾弟子△△。门庭光顯。事業維新。老少咸安。人財並進。滋牲益旺。園圃蕃興。凡干動止之间。悉伏神司之庇。患信△△。病体消散。血脉調和。諸症消除。百関通暢。日食多思。多進。夜眠淂妥淂安。早賜清瘳。不忘聖庇。

舞船

發鼓三通。摇船擺櫓。

岐山

段莘乡官坑村 7-20 · 民国九年 · 瑜伽正教起主科文 · 曹岐山抄

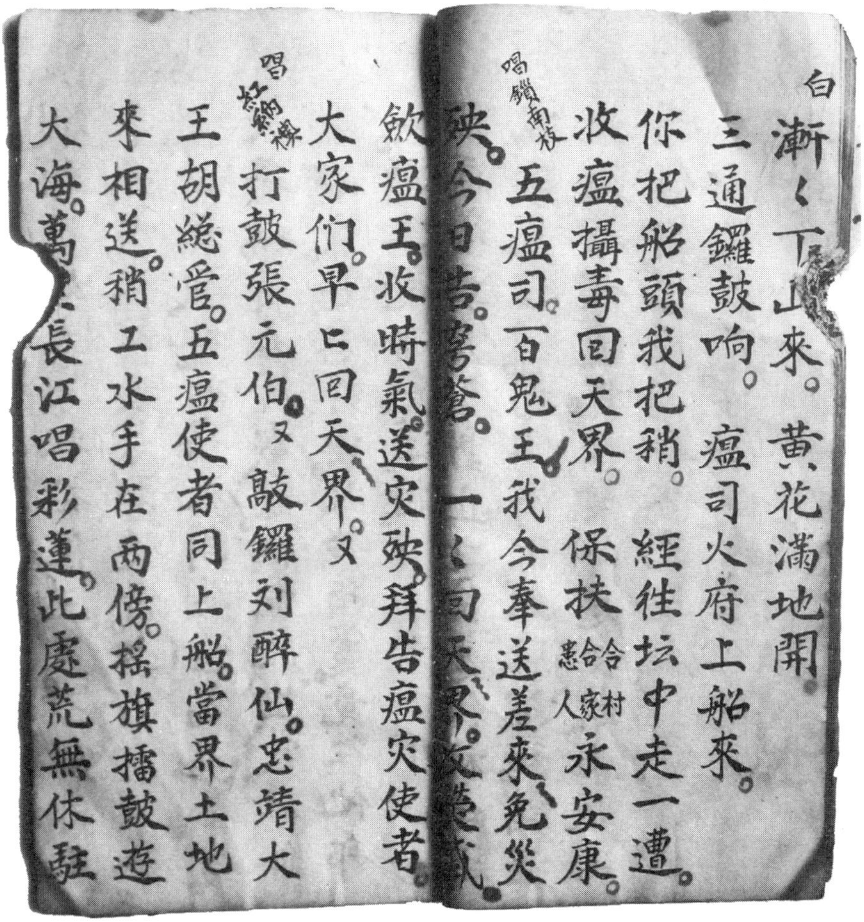

白

漸〻下山來。黃花滿地開

三通鑼鼓响。瘟司火府上船來。

你把船頭我把稍。經往壇中走一遭。

收瘟攝毒回天界。保扶合村合家患人永安康。

唱鎖南枝

五瘟司。百鬼王。我今奉送差來免災

殃。今日告辭蒼。一〻回天界。又送歛

唱紅繡鞋

歛瘟王。收時氣。送災殃。拜告瘟災使者

大家們。早〻回天界〻。又

打鼓張元伯。又敲鑼刘醉仙。忠靖大

王胡総管。五瘟使者同上船。當界土地

來相送。稍工水手在兩傍。揺旗擂鼓遊

大海。萬里長江唱彩蓮。此處荒無休駐

段莘乡官坑村 7–21 · 民国九年 · 瑜伽正教起主科文 · 曹岐山抄

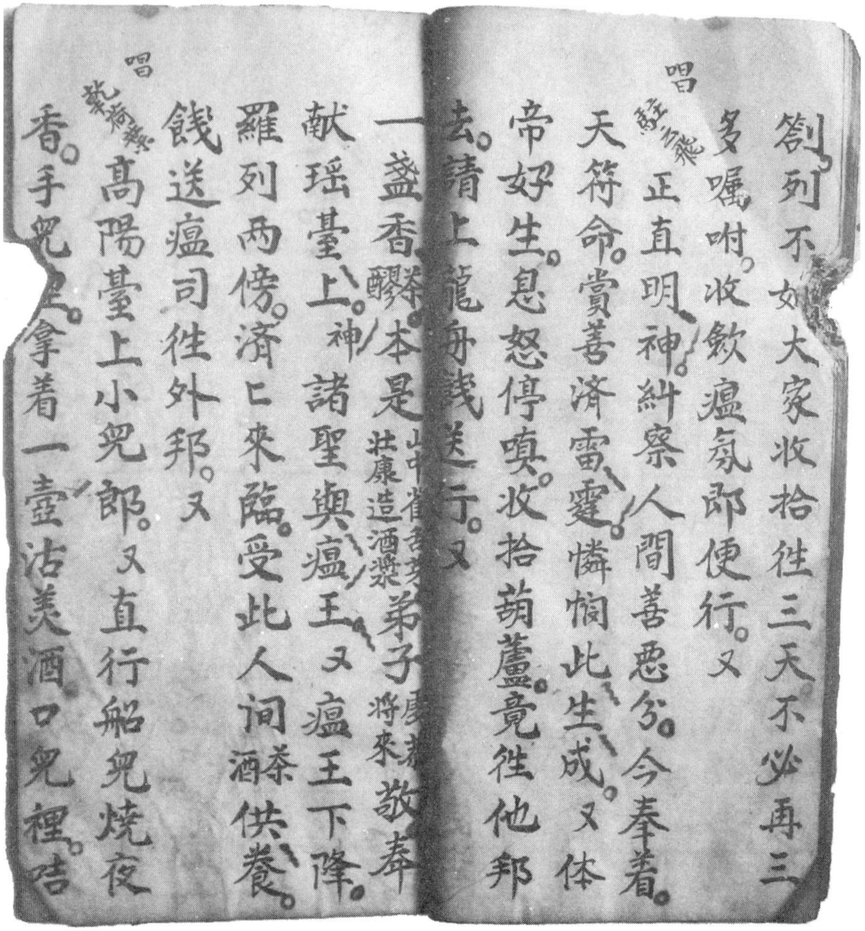

劄列不如大家收拾往三天不必再三
多囑咐。收歛瘟氛郎便行。又
唱 駐雲飛
正直明神糾察人間善悪分。今奉着。
天符命。賞善濟雷霆憐憫此生成。又 体
帝好生。息怒停嗔。收拾葫蘆竟往他邦
去。請上龍舟錢送行。又
一盞香醪醑。本是山中雀舌芽壮康造酒漿弟子虔誠将來敬奉
獻瑤臺上。神 諸聖與瘟王。又 瘟王下降。
羅列兩傍。濟ヒ來臨。受此人间酒茶供養。
錢送瘟司往外邦。又
唱 乾荷葉
高陽臺上小兒郎。又 直行船兒燒夜
香。手兒里拿着一壺沽美酒口兒裡唁

段莘乡官坑村 7-22 · 民国九年 · 瑜伽正教起主科文 · 曹岐山抄

唱

瘟王息怒停真匕，逍遙永年相迎匕。

喇咯呐吨，一套滿庭芳香梆娘又端坐，駐雲飛船兒哥慢匕搖匕過了清江引，又偶遇著臨江仙集賢賓揭哩吩繞過了梅花堂，拜告瘟災使者，大家們請上龍舟回返天堂又

今朝歐意回鄉匕，大家錢送龍船匕，虔忱拜告家神助力于吾门回天界不留停。齊供手出门庭，瘟災去後都消散禎祥福壽降凢塵，不用再三多嚀咐收歛瘟氣便登程，又喝～喝～此處不是稍祀境，下到東家。出门庭。

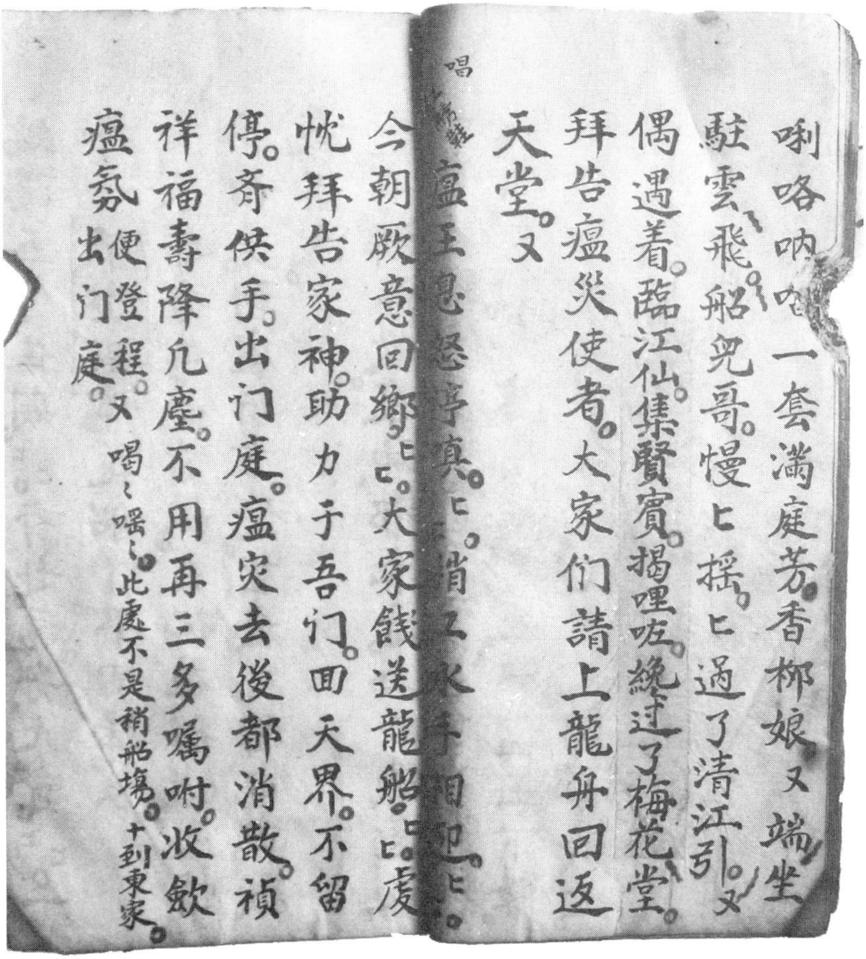

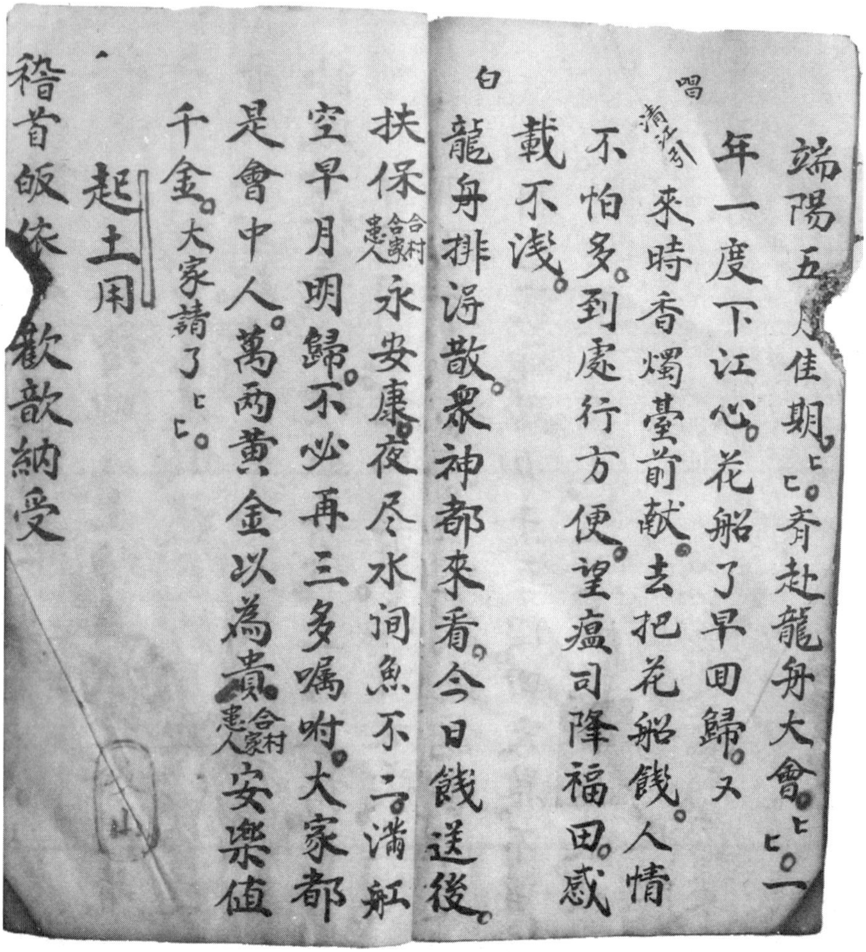

唱
端陽五月佳期々々。齊起龍舟大會々々。一
年一度下江心。花船了早回歸。又
清江引
来時香燭臺前献。去把花船錢。人情
不怕多。到處行方便。望瘟司降福田。感
載不淺。
白
龍舟排浮散。衆神都来看。今日餞送後。
扶保合村合家老人永安康。夜尽水间魚不々灆舡
空早月明歸。不必再三多囑咐。大家都
是會中人。萬两黄金以為貴合村合家老人安樂值
千金。大家請了々々。
起土用
稽首皈依[illegible]歡歆納受

段莘乡官坑村 7-24 · 民国九年 · 瑜伽正教起主科文 · 曹岐山抄

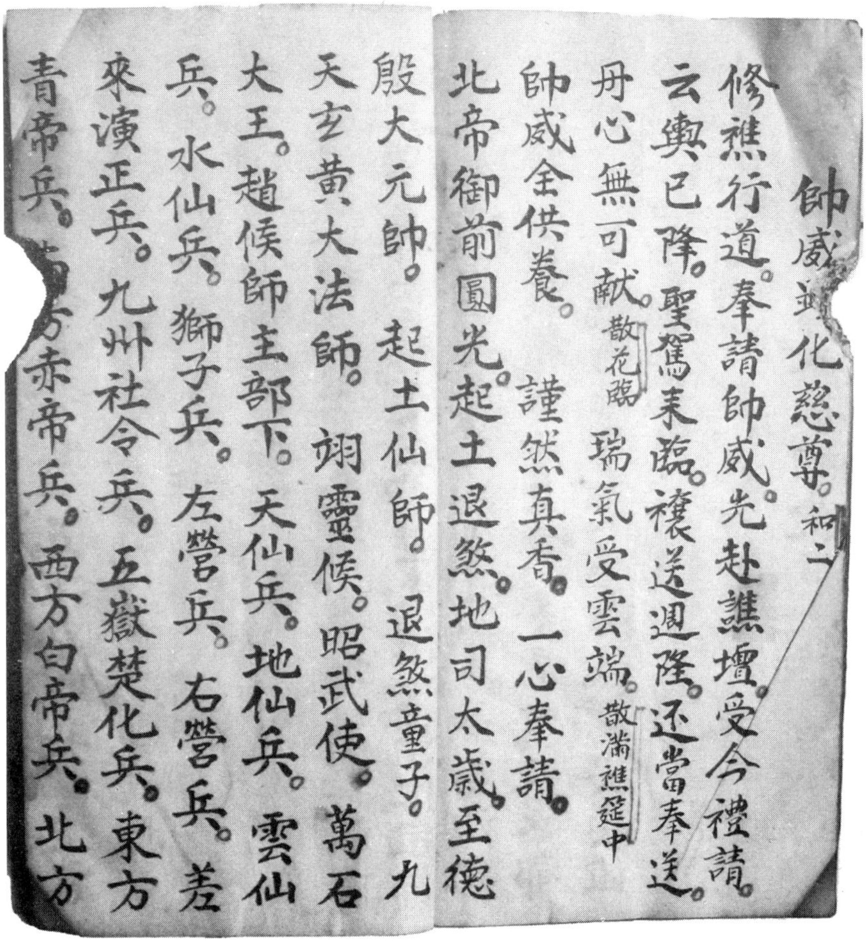
帥威顯化總尊。和二
修醮行道。奉請帥威光赴醮壇。受今禮請。
云輿已降。聖駕来臨。禳送週隆。还當奉送。
丹心無可献 散花臨 瑞氣受雲端。散滿醮筵中
帥威全供養。 謹然真香。 一心奉請。
北帝御前圓光。起土退煞。地司太歲至徳
殷大元帥。 起土仙師。 退煞童子。 九
天玄黃大法師。 翊靈候。 昭武使。 萬石
大王。趙候師主部下。 天仙兵。 地仙兵。 雲仙
兵。水仙兵。 獅子兵。 左營兵。 右營兵。 差
來演正兵。 九州社令兵。 五嶽楚化兵。 東方
青帝兵。 南方赤帝兵。 西方白帝兵。 北方

段莘乡官坑村 7-25 · 民国九年 · 瑜伽正教起主科文 · 曹岐山抄

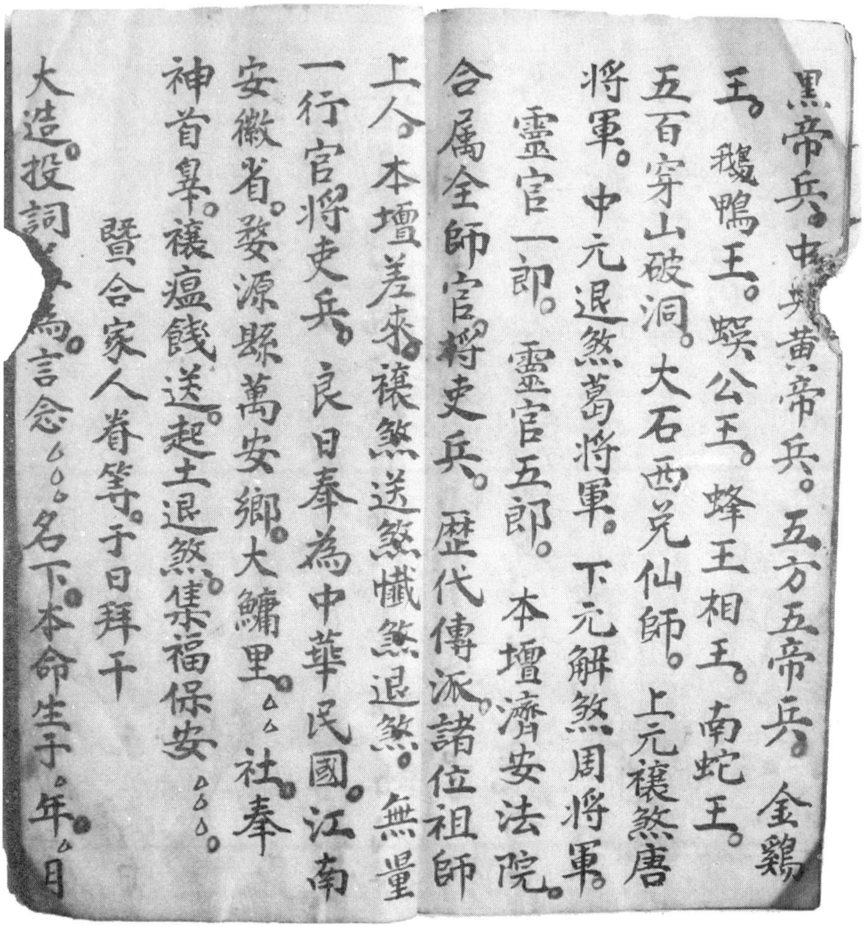
黑帝兵。中央黃帝兵。五方五帝兵。金鷄
王。鵝鴨王。蜈公王。蜂王相王。南蛇王。
五百穿山破洞。大石西兄仙師。上元禳煞唐
将軍。中元退煞葛将軍。下元解煞周将軍。
靈官一郎。靈官五郎。本壇濟安法院。
合属全師官将吏兵。歷代傳派諸位祖師
上今。本壇差來禳煞送煞殲煞退煞。無量
一行官将吏兵。良日奉為中華民國江南
安徽省。婺源縣萬安鄉大鏞里。△△社奉
神首皋。禳瘟錢送。起土退煞集福保安。。。
暨合家人眷等。于日拜干
大造投詞[illegible]為言念。。。名下本命生于。年。月

段莘乡官坑村 7-26 · 民国九年 · 瑜伽正教起主科文 · 曹岐山抄

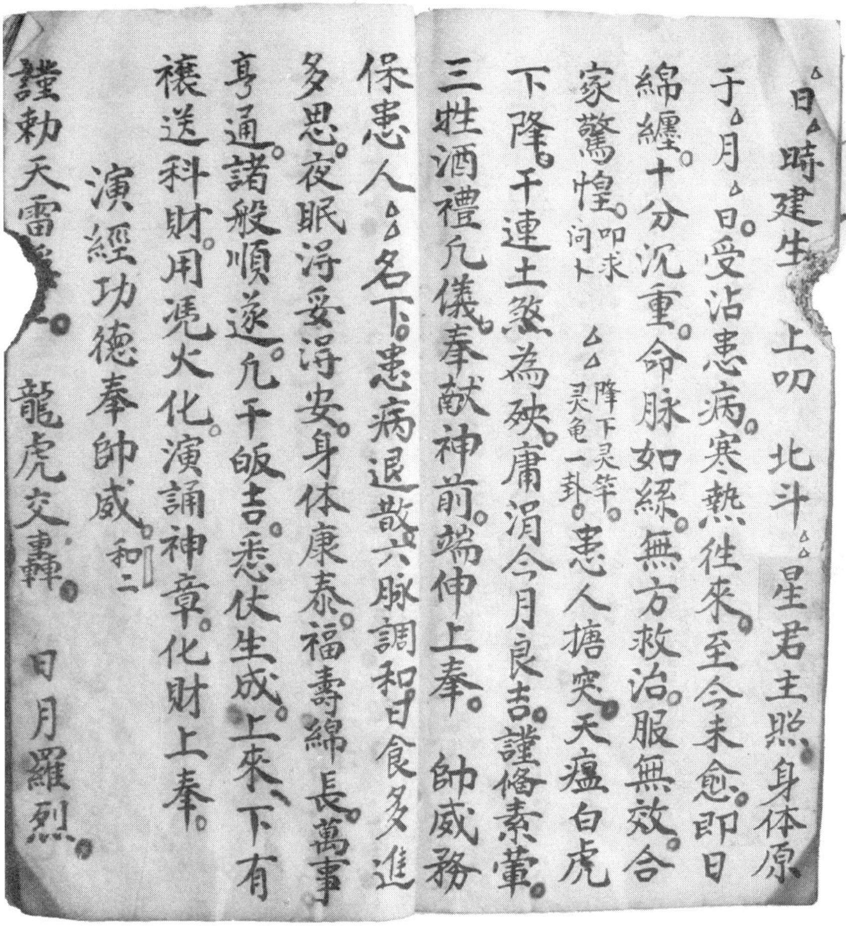

△日△時建生 上叩 北斗△△星君主照身体原
于△月△日受沾患病。寒熱往來。至今未愈。即日
綿纏。十分沉重。命脉如絲。無方救治。服無效。合
家驚惶。叩求问卜 △△ 降下灵竿灵龟一卦。患人搪突天瘟白虎
下降。干連土煞為殃。庸涓今月良吉。謹備素葷。
三牲酒禮凡儀。奉献神前。端伸上奉。 帥威務
保患人△△名下。患病退散。六脉調和。日食多進
多思。夜眠得妥得安。身体康泰。福壽綿長。萬事
亨通。諸般順遂。凡干皈吉。悉仗生成。上來、下有
穰送科財。用凴火化。演誦神章。化財上奉。
演經功德奉帥威。和二
謹勅天雷[illegible]。 龍虎交轟。 日月羅烈。

段莘乡官坑村 7-27 · 民国九年 · 瑜伽正教起主科文 · 曹岐山抄

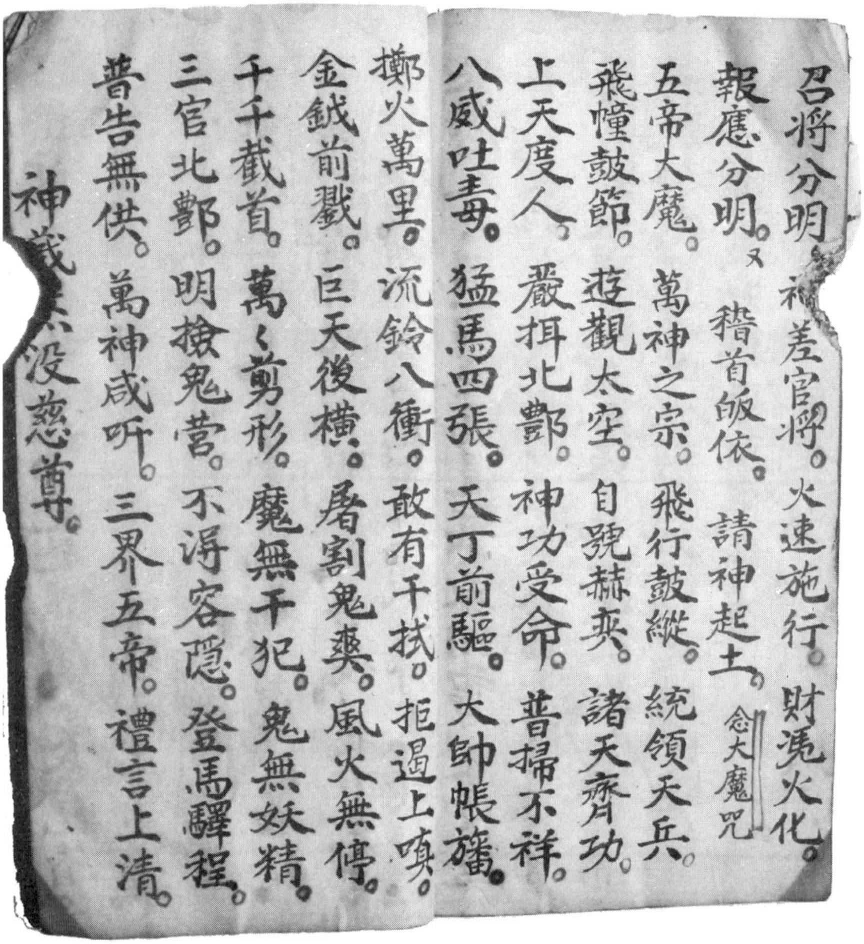
召將分明。神差官將。火速施行。財凴火化。
報應分明。又 稽首皈依。請神起土。念大魔咒
五帝大魔。萬神之宗。飛行鼓縱。統領天兵。
飛幢鼓節。遊觀太空。自號赫奕。諸天齊功。
上天度人。嚴捍北鄷。神功受命。普掃不祥。
八威吐毒。猛馬四張。天丁前驅。大帥帳旛。
擲火萬里。流鈴八衝。敢有千拭。拒遏上嗔。
金鉞前戮。巨天後橫。屠割鬼爽。風火無停。
千千截首。萬〻剪形。魔無干犯。鬼無妖精。
三官北鄷。明檢鬼營。不淂容隱。登馬驛程。
普告無供。萬神咸听。三界五帝。禮言上清。
神[illegible]沒慈尊。

段莘乡官坑村 7-28 · 民国九年 · 瑜伽正教起主科文 · 曹岐山抄

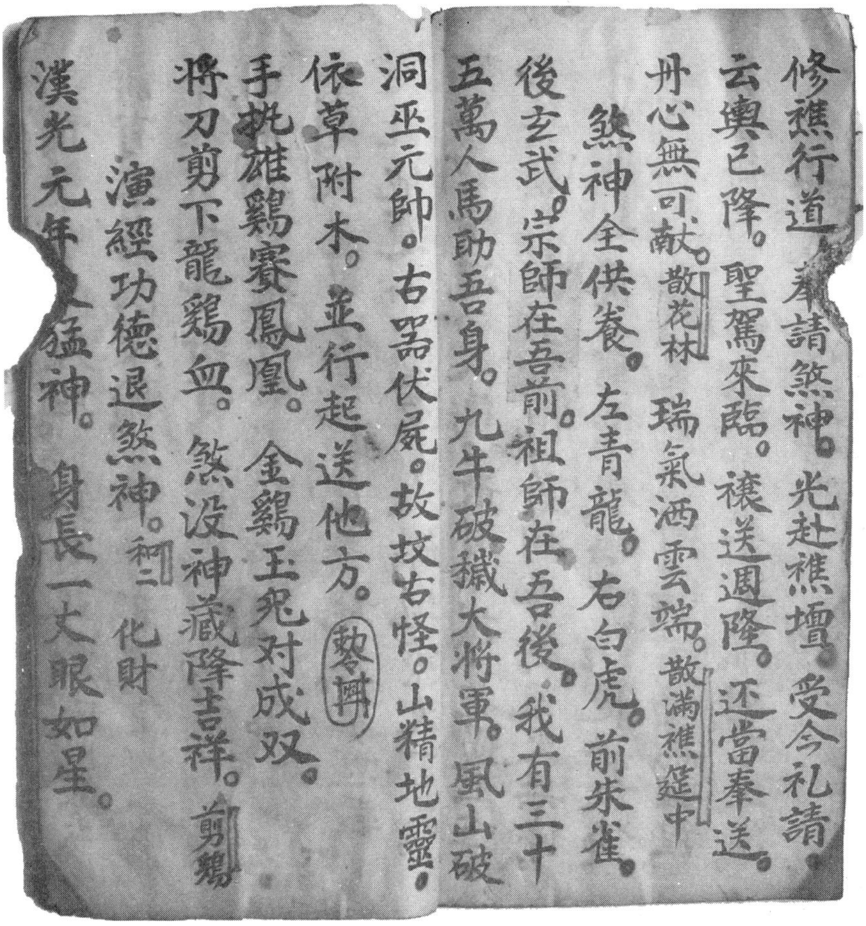

修醮行道。奉請煞神。光赴醮壇。受今礼請

云輿已降。聖駕來臨。禳送週隆。还當奉送。

丹心無可献。散花林 瑞氣洒雲端。散満醮筵中

煞神全供養。左青龍。右白虎。前朱雀。

後玄武。宗師在吾前。祖師在吾後。我有三十

五萬人馬助吾身。九牛破穢大將軍。風山破

洞巫元帥。古器伏屍。故坟古怪。山精地靈。

依草附木。並行起送他方。[illegible]

手挑雄鷄賽鳳凰。金鷄玉兎对成双。

將刀剪下龍鷄血。煞没神藏降吉祥。剪鷄

演經功德退煞神。和三化財

漢光元年[illegible]猛神。身長一丈眼如星。

段莘乡官坑村 7-29 · 民国九年 · 瑜伽正教起主科文 · 曹岐山抄

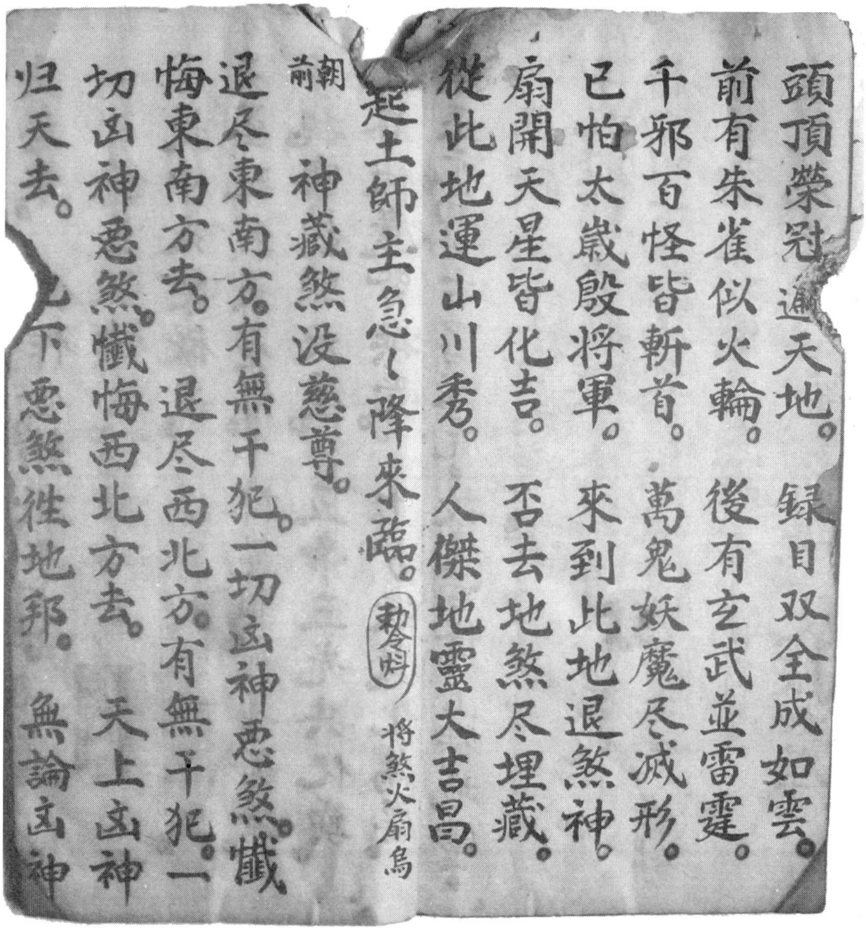
頭頂榮冠遍天地。録目双全成如雲。
前有朱雀似火輪。後有玄武並雷霆。
千邪百怪皆斬首。萬鬼妖魔尽滅形。
已怕太歲殷將軍。來到此地退煞神。
扇開天星皆化吉。否去地煞尽埋藏。
從此地運山川秀。人傑地靈大吉昌。
起土師主急〻降來臨。勅令 將煞火扇鳥
前朝 神藏煞没慈尊。
退尽東南方。有無干犯。一切凶神惡煞。懺
悔東南方去。退尽西北方。有無干犯。一
切凶神惡煞。懺悔西北方去。天上凶神
归天去。地下惡煞往地邦。無論凶神

段莘乡官坑村 7-30 · 民国九年 · 瑜伽正教起主科文 · 曹岐山抄

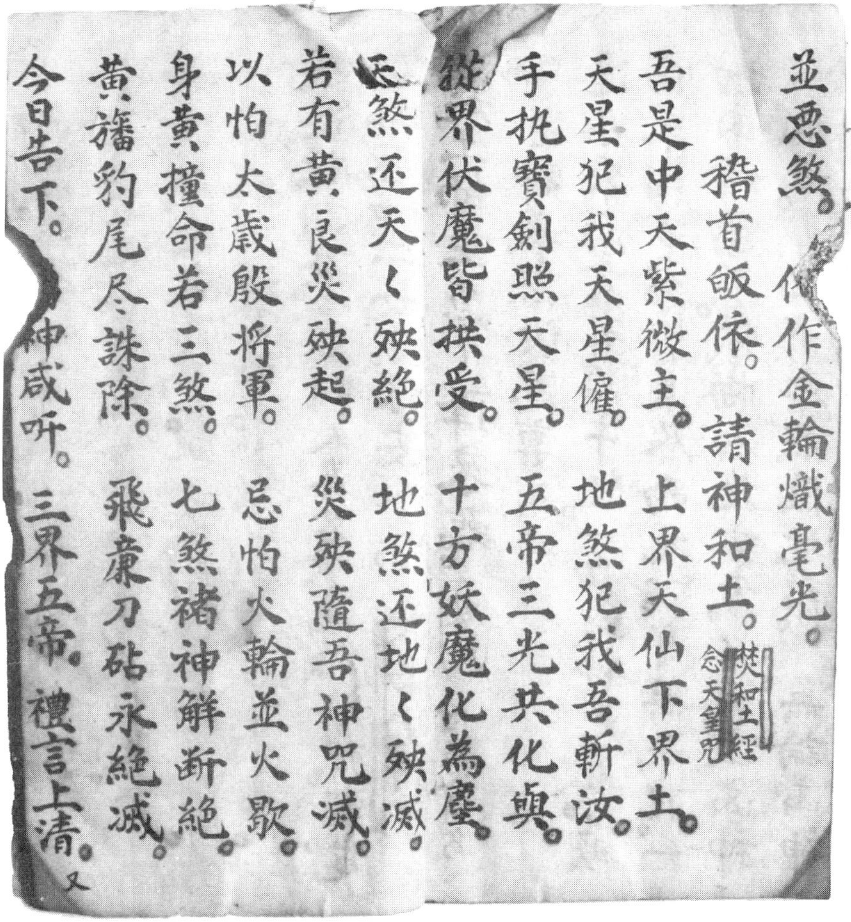

並惡煞。化作金輪熾毫光。

稽首皈依。請神和土。焚和土經念天皇咒

吾是中天紫微主。上界天仙下界土。

天星犯我天星僱。地煞犯我吾斬汝。

手执寶劍照天星。五帝三光共化與。

従界伏魔皆拱受。十方妖魔化為塵。

天煞还天〻殃絶。地煞还地〻殃滅。

若有黄良災殃起。災殃隨吾神咒滅。

以怕太歲殷將軍。忌怕火輪並火歇。

身黄撞命若三煞。七煞諸神解斷絶。

黄旛豹尾尽誅除。飛廉刀砧永絶滅。

今日告下。神威听。三界五帝。禮言上清。又

段莘乡官坑村 7-31 · 民国九年 · 瑜伽正教起主科文 · 曹岐山抄

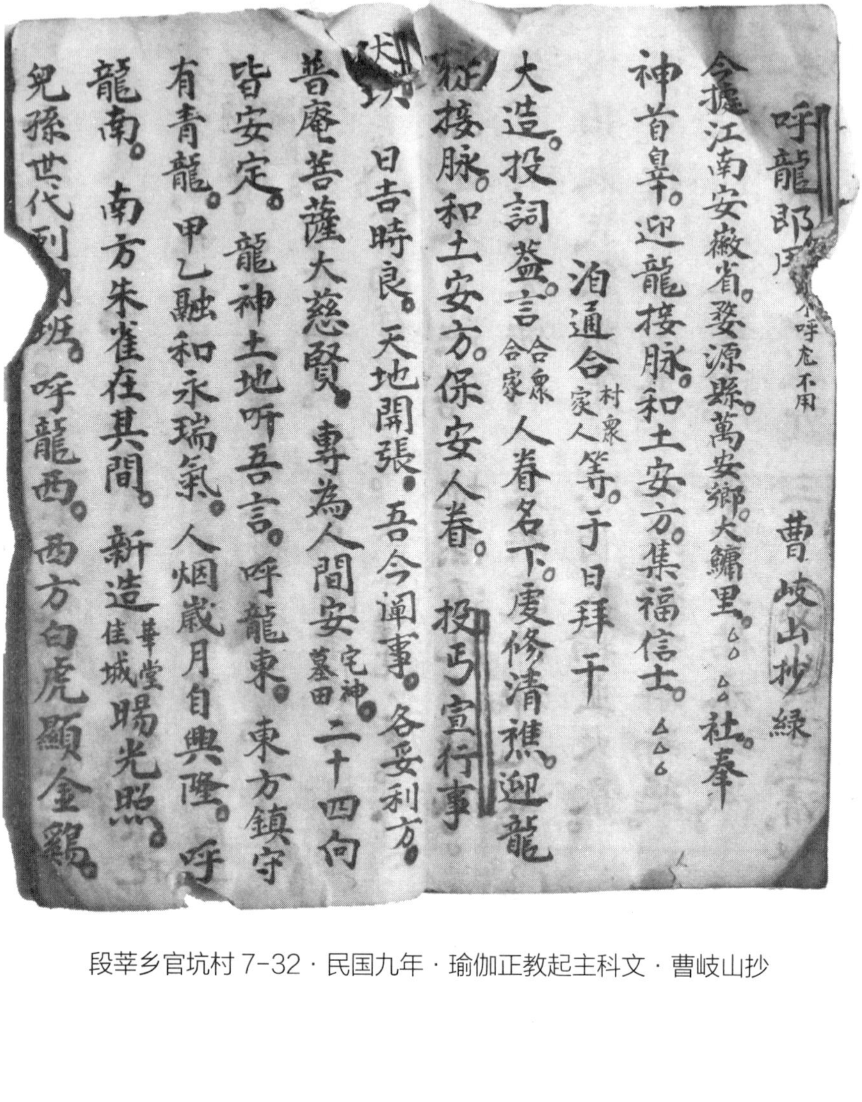
呼龍郎 不呼虎不用　曹岐山抄録
今據江南安徽省。婺源縣。萬安鄉。大鏞里。△△　△△社。奉
神首皋。迎龍接脉。和土安方。集福信士。△△△
泊通合 村衆家人 等。于日拜干
大造。投詞螽言 合衆合家 人眷名下。虔修清醮。迎龍
[illegible]接脉。和土安方。保安人眷。　投丐宣行事
日吉時良。天地開張。吾今闡事。各要利方。
普庵菩薩大慈賢。專為人間安 宅神墓田 二十四向
皆安定。　龍神土地听吾言。呼龍東。東方鎮守
有青龍。甲乙融和永瑞氣。人烟歲月自興隆。呼
龍南。南方朱雀在其間。新造 華堂佳城 賜光照。
兒孫世代列[illegible]班。呼龍西。西方白虎顯金鷄

段莘乡官坑村 7-32 · 民国九年 · 瑜伽正教起主科文 · 曹岐山抄

白虎伏藏形伏位。人人福壽与天齊。呼龍北。北方玄武多喜色。至灵壬癸發生男。、長穿紫袍金帶客。呼龍中。玉德星君鎮堂中。皇天后土傾恩命。富貴榮華与天長。左青龍。進田進地。右白虎。招貴招財。前朱雀。消除無妄之災。後玄武。常納有疆之福。吾今慶宅安妥之後。一要長命富貴。二要金玉滿堂。三要五男二女。四要七子成名。五要五經科甲。六要福壽綿長。七要粮税多進。八要庫廩盈倉。九要子孫興旺。十要萬事亨通。龍、龍生龍子。鳳、鳳生鳳兒。伏願天地開泰。人眷存歿沾恩。曰富曰貴曰康寧。長作九疇之樂。多子多孫多基業。永為萬代之昌。

段莘乡官坑村 7-33 · 民国九年 · 瑜伽正教起主科文 · 曹岐山抄

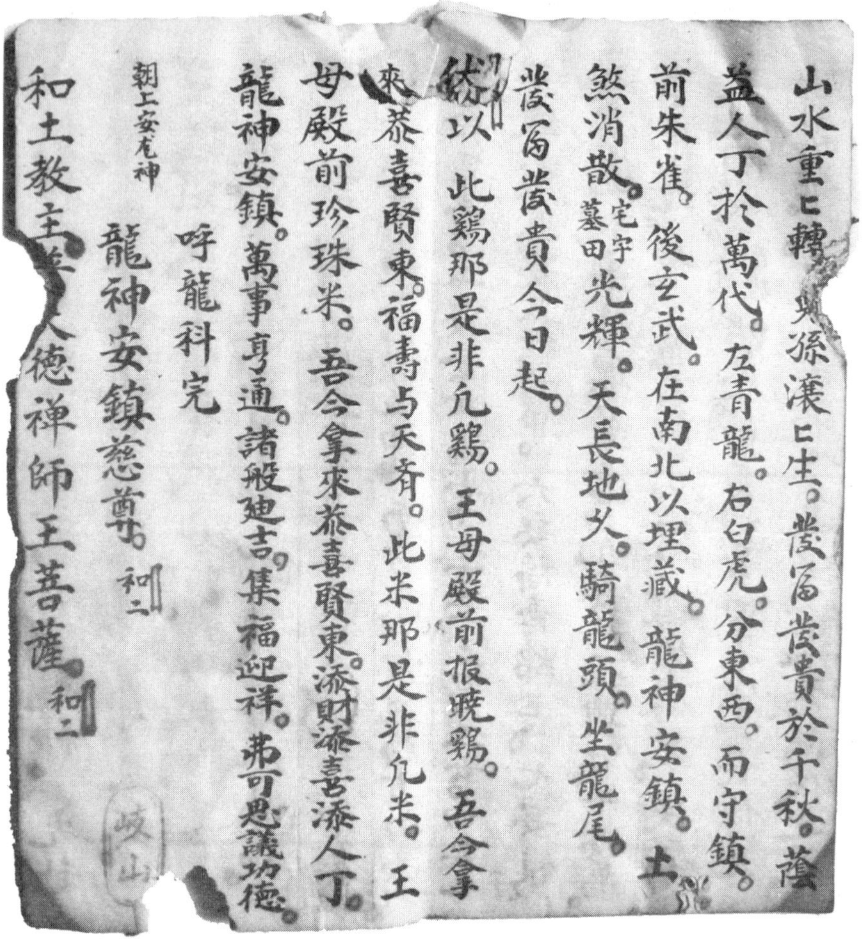

山水重〻轉，兒孫滚〻生。榮富貴於千秋。蔭
益人丁於萬代。左青龍。右白虎。分東西。而守鎮。土
煞消散。宅守墓田光輝。天長地久。騎龍頭。坐龍尾。
榮富榮貴今日起。
伏以 此鷄那是非凡鷄。王母殿前報曉鷄。吾今拿
來 恭喜賢東。福壽与天齊。此米那是非凡米。王
母殿前珍珠米。吾今拿來恭喜賢東。添財添喜添人丁。
龍神安鎮。萬事亨通。諸般建吉。集福迎祥。弗可思議功德。
呼龍科完
朝上安龙神
龍神安鎮慈尊 和二
和土教主[illegible]人德禅師王菩薩 和二
岐山

段莘乡官坑村 7-34 · 民国九年 · 瑜伽正教起主科文 · 曹岐山抄

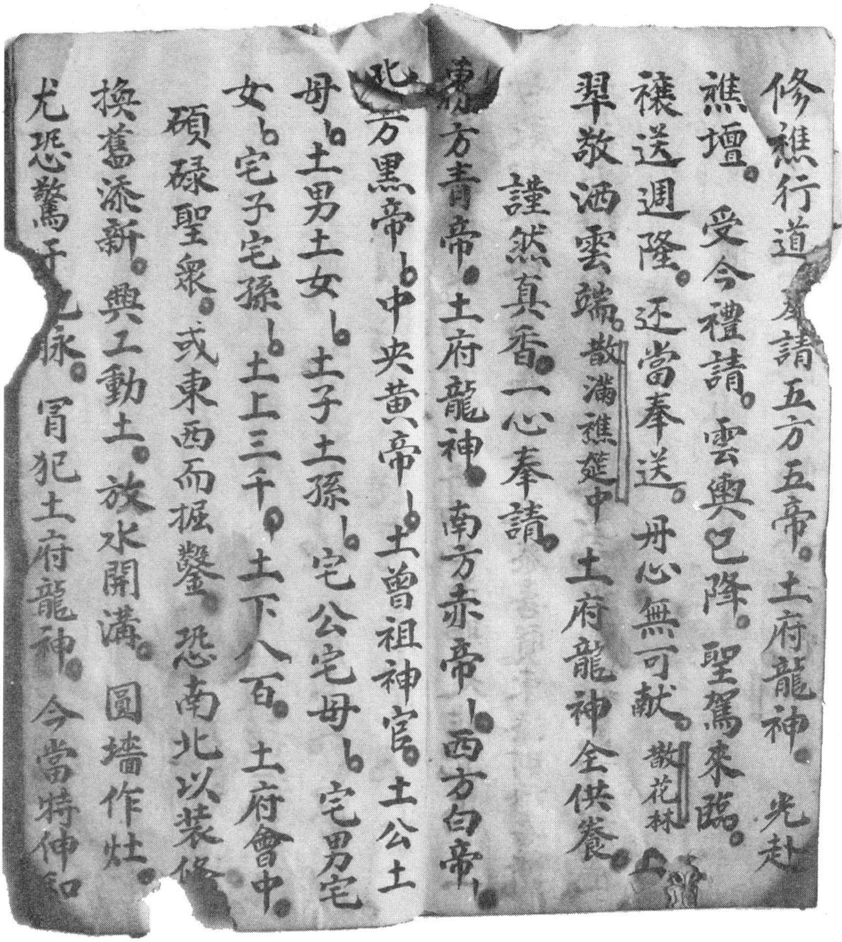

修醮行道。虔請五方五帝。土府龍神。光赴
醮壇。受今禮請。雲輿已降。聖駕來臨。
禳送週隆。迓當奉送。丹心無可献。散花林
翠敬洒雲端。散滿醮筵中。土府龍神全供養。
謹然真香。一心奉請
東方青帝。土府龍神。南方赤帝。西方白帝。
北方黑帝。中央黃帝。土曾祖神官。土公土
母。土男土女。土子土孫。宅公宅母。宅男宅
女。宅子宅孫。土上三千。土下八百。土府會中
碩祿聖衆。或東西而掘鑿。恐南北以裝修
換舊添新。興工動土。放水開溝。圓墻作灶。
尤恐驚于龍脉。冒犯土府龍神。今當特伸和

段莘乡官坑村 7-35 · 民国九年 · 瑜伽正教起主科文 · 曹岐山抄

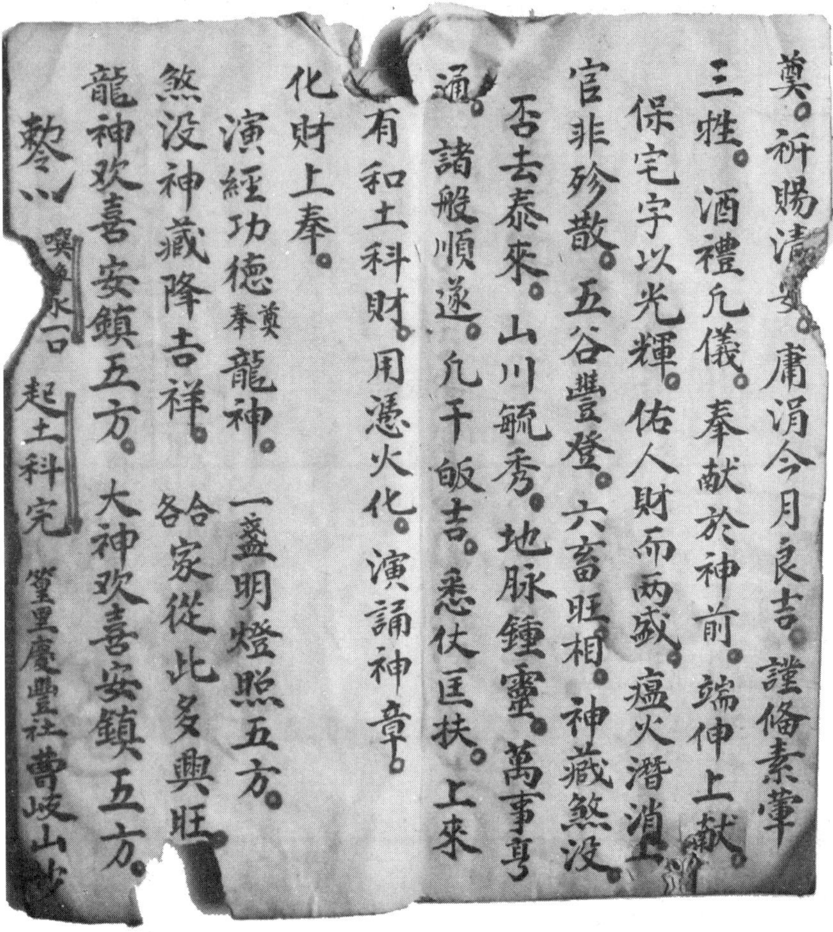
奠。祈賜清安。庸涓今月良吉。謹備素筆
三牲。酒禮凡儀。奉献於神前。端伸上献
保宅宇以光輝。佑人財而兩盛。瘟火潛消
官非殄散。五谷豐登。六畜旺相。神藏煞没
否去泰來。山川毓秀。地脉鍾靈。萬事亨
通。諸般順遂。凡干皈吉。悉仗匡扶。上来
有和土科財。用憑火化。演誦神章。
化財上奉。
演經功德奉奠龍神。 一盞明燈照五方。
煞没神藏降吉祥。 合各家從此多興旺。
龍神欢喜安鎮五方。 大神欢喜安鎮五方。
黎以 嘆水曰 起土科完 篁里慶豐社 曹岐山抄

段莘乡官坑村 7-36 · 民国九年 · 瑜伽正教起主科文 · 曹岐山抄

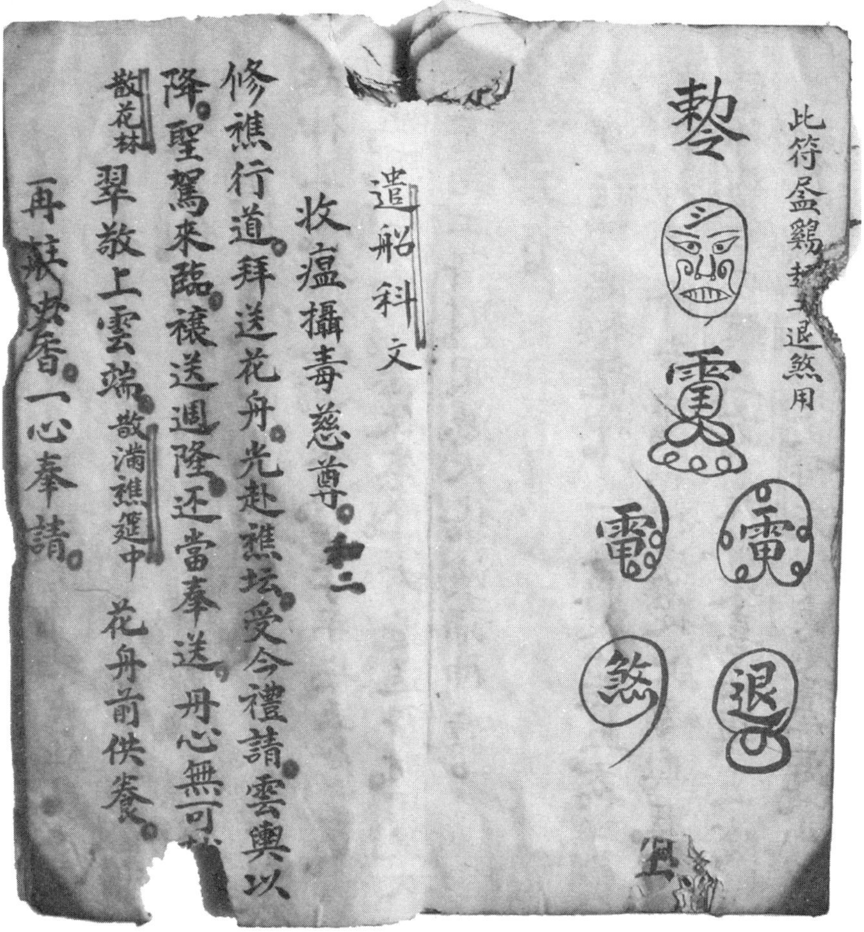

此符蠱鷄封[illegible]退煞用

遣船科文

收瘟攝毒慈尊 和二

修禳行道，拜送花舟，光赴禳坛，受今禮請，雲輿以降，聖駕來臨，禳送週隆，还當奉送，丹心無可…

散花林 翠敬上雲端 散滿禳筵中 花舟前供養

再爇妙香 一心奉請

段莘乡官坑村 7-37 · 民国九年 · 瑜伽正教起主科文 · 曹岐山抄

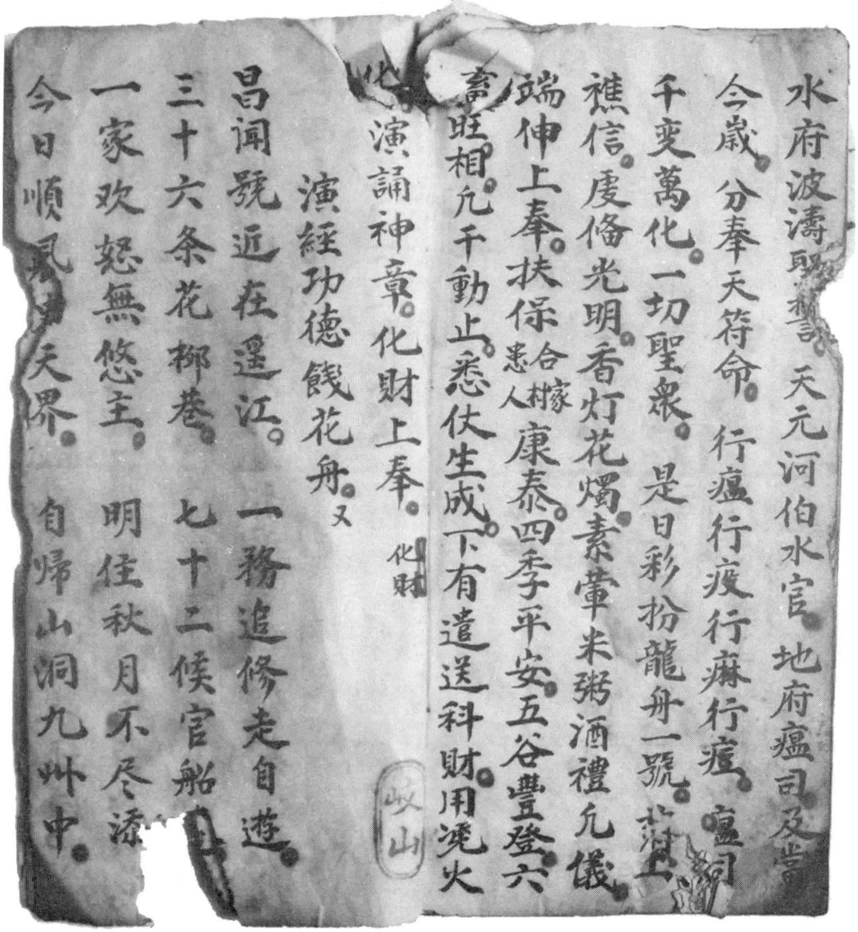

水府波濤聖衆 天元河伯水官 地府瘟司及當
今歲 分奉天符命 行瘟行疫行痲行瘧 瘟司
千变萬化一切聖衆 是日彩扮龍舟一號 装
醮信 虔備光明香灯花燭素葷米粥酒禮凡儀
端伸上奉 扶保合家村患人 康泰四季平安五谷豐登六
畜旺相凡千動止悉仗生成下有遣送科財用泛火
化 演誦神章 化財上奉 化財
演經功德錢花舟 又
昌闻𩨨近在暹江 一務追修走自遊
三十六条花柳巷 七十二候官船
一家欢娛無悠主 明住秋月不尽添
今日順風歸天界 自帰山洞九州中
岐山

段莘乡官坑村 7-38 · 民国九年 · 瑜伽正教起主科文 · 曹岐山抄

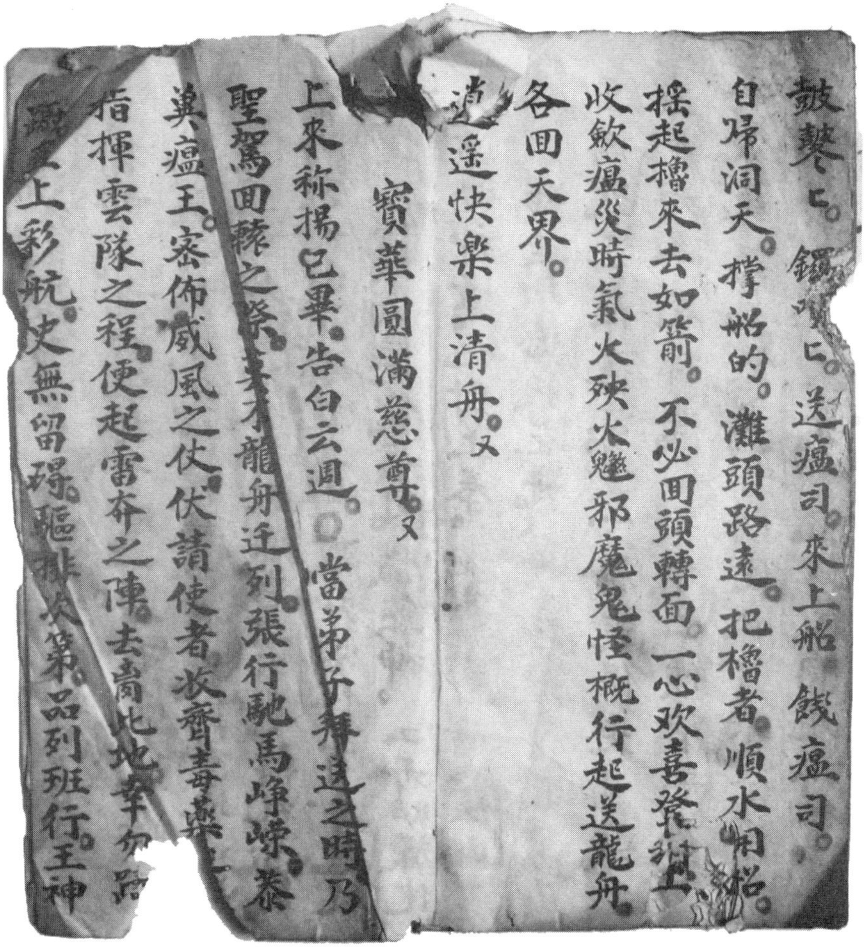

鼓聲〻。鑼聲〻。送瘟司。來上船。餞瘟司。
自歸洞天。撑船的。灘頭路遠。把櫓者。順水開船。
摇起櫓來去如箭。不必回頭轉面。一心欢喜發船上。
收歛瘟災時氣火殃火鬼邪魔鬼怪概行起送龍舟。
各回天界。
逍遥快樂上清舟。又
寶華圓滿慈尊。又
上來称揚已畢。告白云週。當弟子拜送之時。乃
聖駕回鑾之際。恭有龍舟迁列。張行馳馬峥嵘。恭
奠瘟王。寮佈威風之仗。伏請使者收齊毒藥[illegible]
指揮雲隊之程。便起雷奔之陣。去离此地。各分路[illegible]
[illegible]上彩航。史無留碍。驅排[illegible]第品列班行。王神

段莘乡官坑村 7-39 · 民国九年 · 瑜伽正教起主科文 · 曹岐山抄

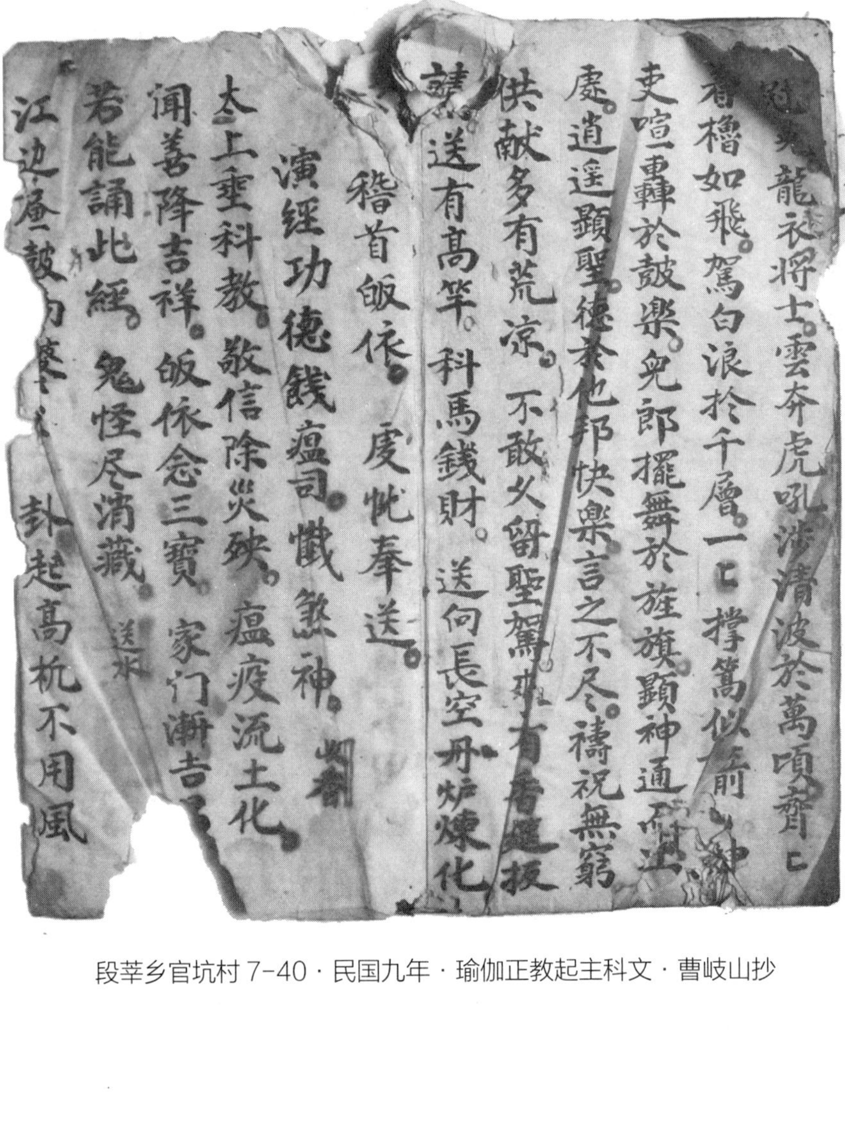

[illegible]龍衣將士。雲奔虎吼，涉清波於萬頃。齊ㄷ
看櫓如飛。駕白浪於千層。一ㄷ 撐篙似箭
吏喧轟於鼓樂。兒郎擺舞於旌旗。顯神通於
處。逍遙顯聖德於他邦。快樂言之不盡。禱祝無窮
供献多有荒凉。 不敢久留聖駕。兹有香筵扳
請送有高竿。科馬錢財。送向長空。丹炉煉化
稽首皈依。 虔恍奉送。
演經功德錢。瘟司。懺煞神。 出香
太上垂科教。敬信除災殃。瘟疫流土化
闻善降吉祥。皈依念三寶。家门漸吉
若能誦此經。鬼怪尽消藏。 送船
江边一鼓力□ 掛起高杌不用風

段莘乡官坑村 7-40 · 民国九年 · 瑜伽正教起主科文 · 曹岐山抄

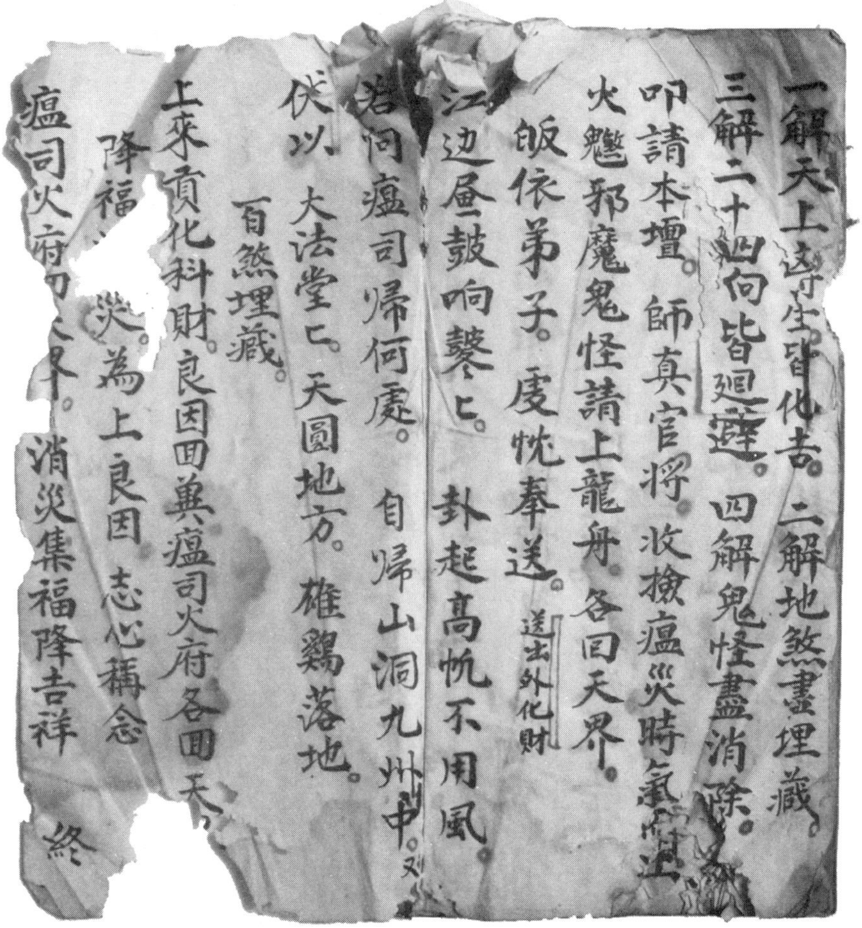
一解天上遊生皆化吉。二解地煞盡埋藏。
三解二十四向皆迴避。四解鬼怪盡消除。
叩請本壇。師真官將。收撿瘟災時氣道
火鬾邪魔鬼怪請上龍舟。各回天界。
皈依弟子。虔忱奉送。送出外化財
江边昼鼓响鼕鼕。扯起高帆不用風。
若問瘟司歸何處。自歸山洞九州中。
伏以 大法堂堂。天圓地方。雄鷄落地。
百煞埋藏。
上來貢化科財。良因田與瘟司火府各回天
降福災。為上良因 志心稱念
瘟司火府回天界。消災集福降吉祥
終

段莘乡官坑村 7-41 · 民国九年 · 瑜伽正教起主科文 · 曹岐山抄

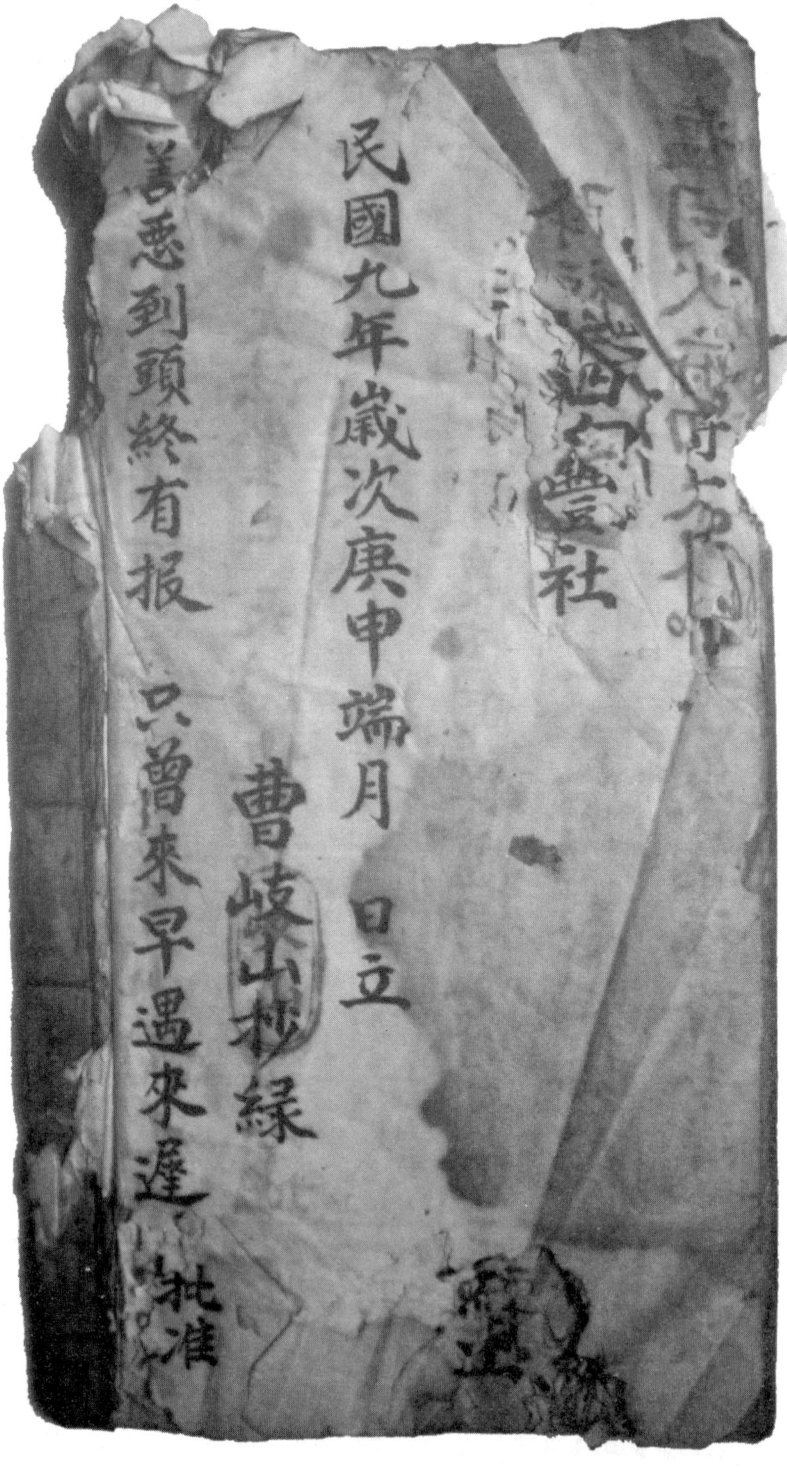
民國九年歲次庚申端月　日立
曹岐山抄録
善惡到頭終有報

段莘乡官坑村 7-42 · 民国九年 · 瑜伽正教起主科文 · 曹岐山抄

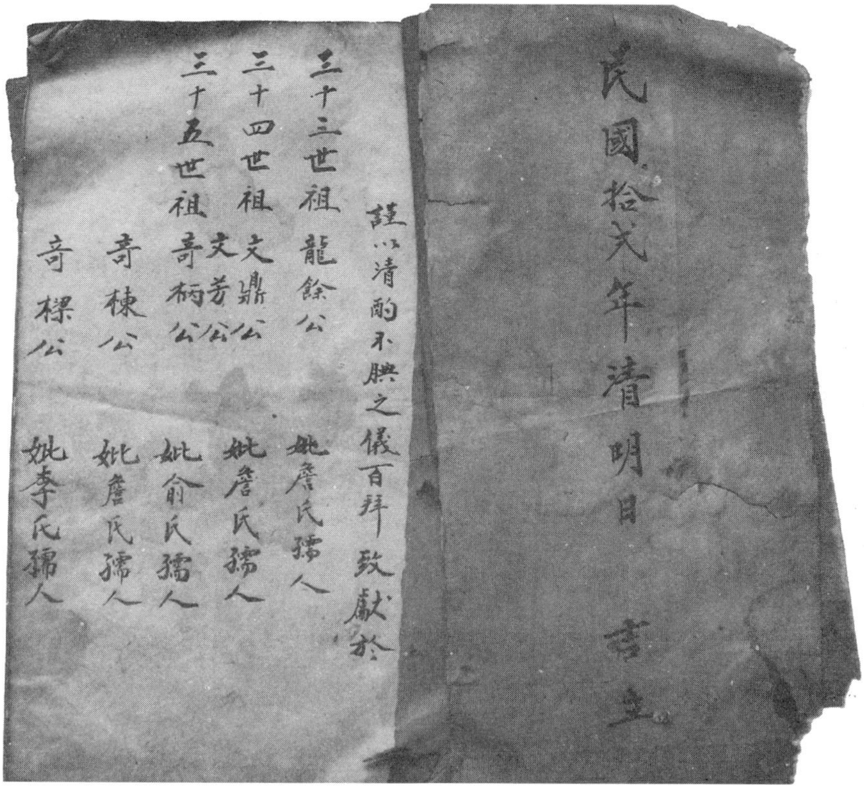
民國拾弍年清明日 書立
謹以清酌不腆之儀百拜致獻於
三十三世祖龍餘公 妣詹氏孺人
三十四世祖文鼎公 文芳公 妣詹氏孺人 妣俞氏孺人
三十五世祖奇柄公 奇棟公 奇樑公 妣詹氏孺人 妣李氏孺人

段莘乡官坑村 10-1 · 民国十二年 · 祭祖配食簿

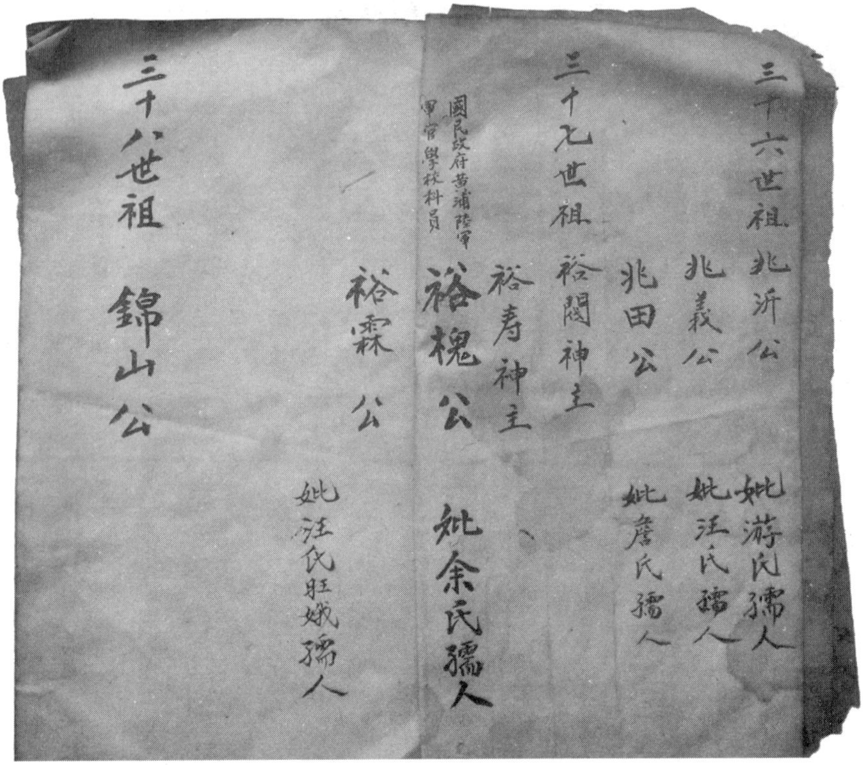
三十六世祖
兆沂公
妣游氏孺人
兆義公
妣汪氏孺人
兆田公
妣詹氏孺人
三十七世祖
裕閥神主
裕寿神主
國民政府黄埔陸軍
軍官學校科員
裕槐公
妣余氏孺人
裕霖公
妣汪氏旺娥孺人
三十八世祖
錦山公

段莘乡官坑村 10-2 · 民国十二年 · 祭祖配食簿

凡屬支裔統祈配食茲當清明節届敬潔粢盛
用申仁孝伏惟來格
尚
饗

段莘乡官坑村 10-3 · 民国十二年 · 祭祖配食簿

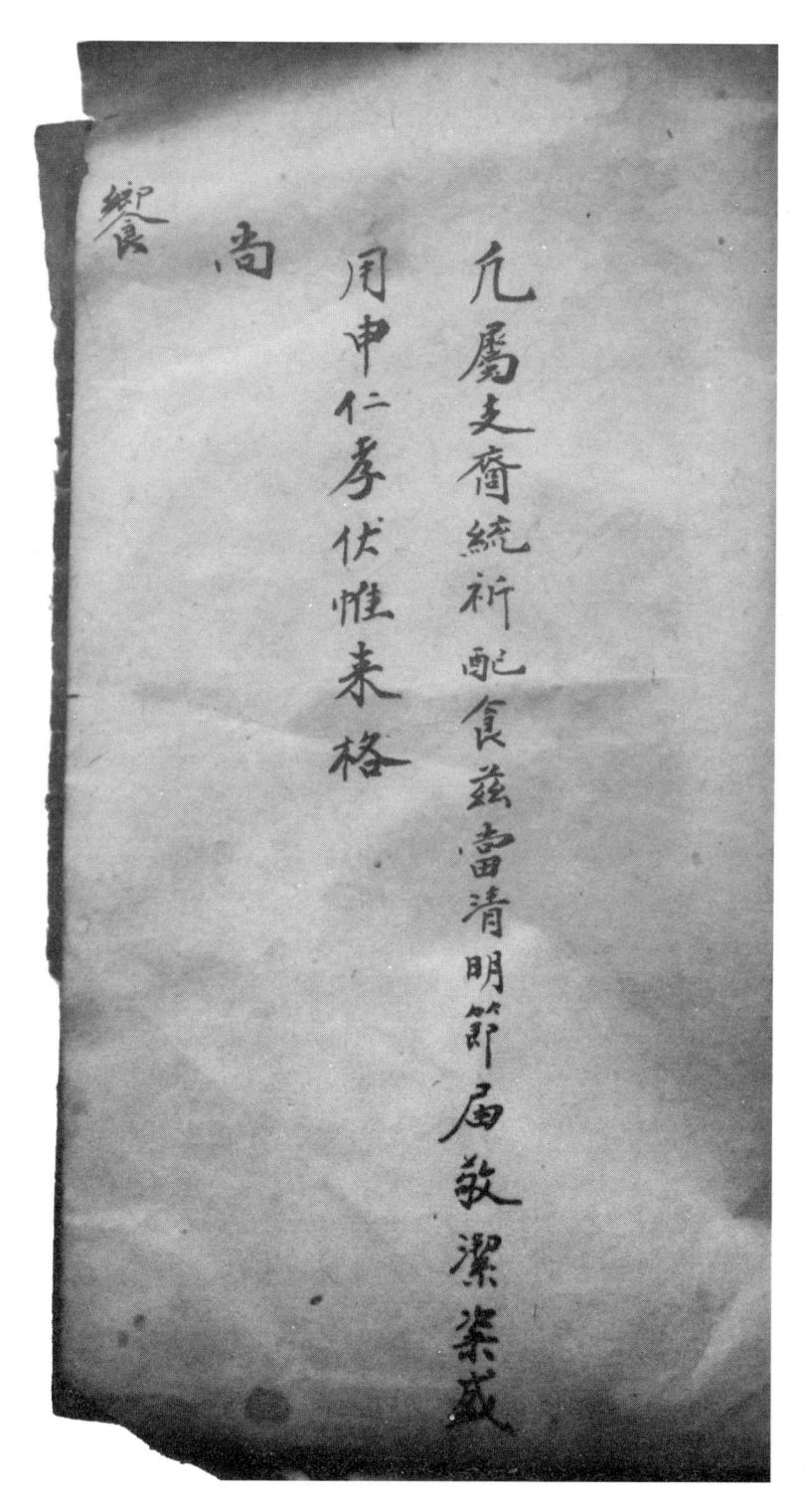

鬮書
長房股

段莘乡官坑村 9-1 · 民国二十七年 · 补立遗产承管阄书（长房股）·
洪荣茂、洪荣庆、洪仙海兄弟

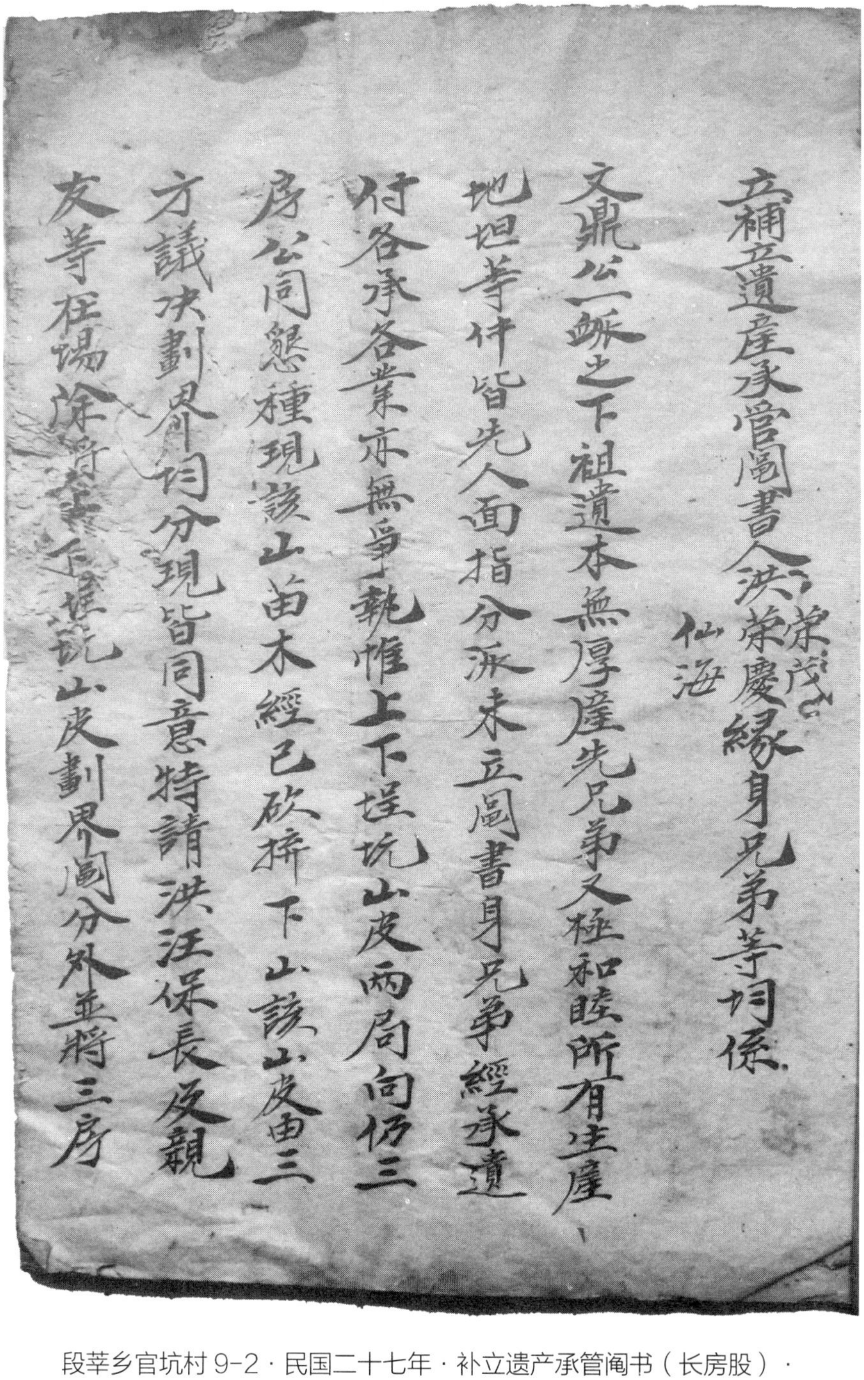

立補立遺產承管鬮書人洪榮慶（榮茂、仙海）緣身兄弟等均係
文鼎公一脈之下祖遺本無厚產先兄弟又極和睦所有之產、
地坦等件皆先人面指分派未立鬮書身兄弟經承遺
付各承各業亦無爭執惟上下堘坑山皮兩局向係三
房公同墾種現該山苗木經已砍掠下山該山皮由三
方議決劃界均分現皆同意特請洪汪保長及親
友等在場除[illegible]上下堘坑山皮劃界鬮分外並將三房

段莘乡官坑村 9-2 · 民国二十七年 · 补立遗产承管阄书（长房股）·
洪荣茂、洪荣庆、洪仙海兄弟

祖遺合座當承金記樹立闔書日後我兄弟各執祖立闔書
為憑今當各置永無爭端惟冀將來各自努力世守勿
替克光先緒其各勉之

民國弎七年三月日立補立遺產承管闔書人 洪榮慶
　　　　　　　　　　　　　　　　　　　洪仙海
　　　　　　　　　　　　　　　　　　　洪榮茂

　　　　　　　　堂兄　洪榮坤
　　　　　　　　堂叔　洪謂賢
　　　　　　　　三房　洪仙海
　　　　　　　　弎房　洪榮茂

　　　族　　　洪觀斌
　　　　　　　洪芝田
　　　　　　　洪鐵坚
　　　　　　　洪靜斋
　　　　　　　洪仲平　洪泽
　　　　　　　洪祖陰

　　譽　　　汪東卿
　　　　　　汪品章

段莘乡官坑村 9-3・民国二十七年・补立遗产承管闇书（长房股）・
洪荣茂、洪荣庆、洪仙海兄弟

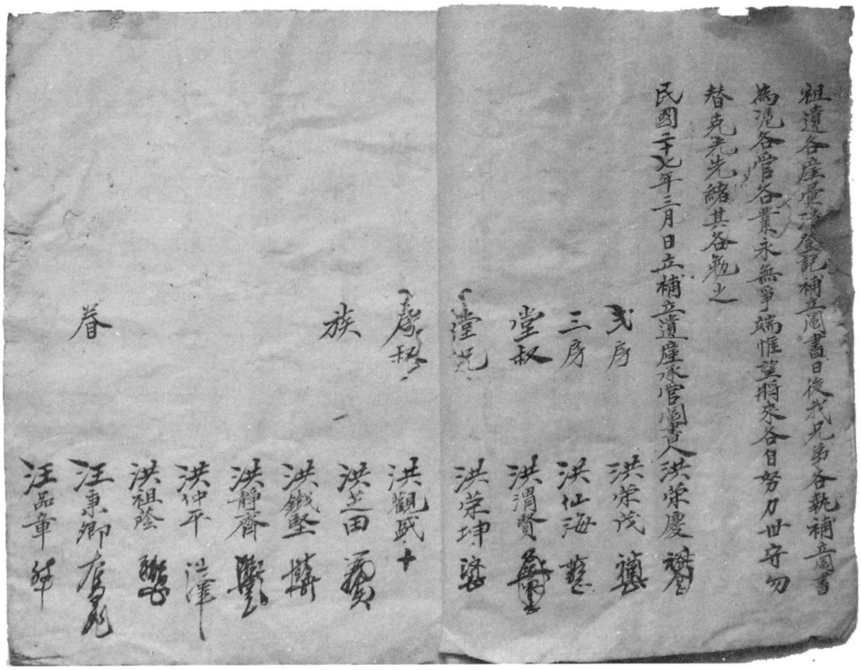

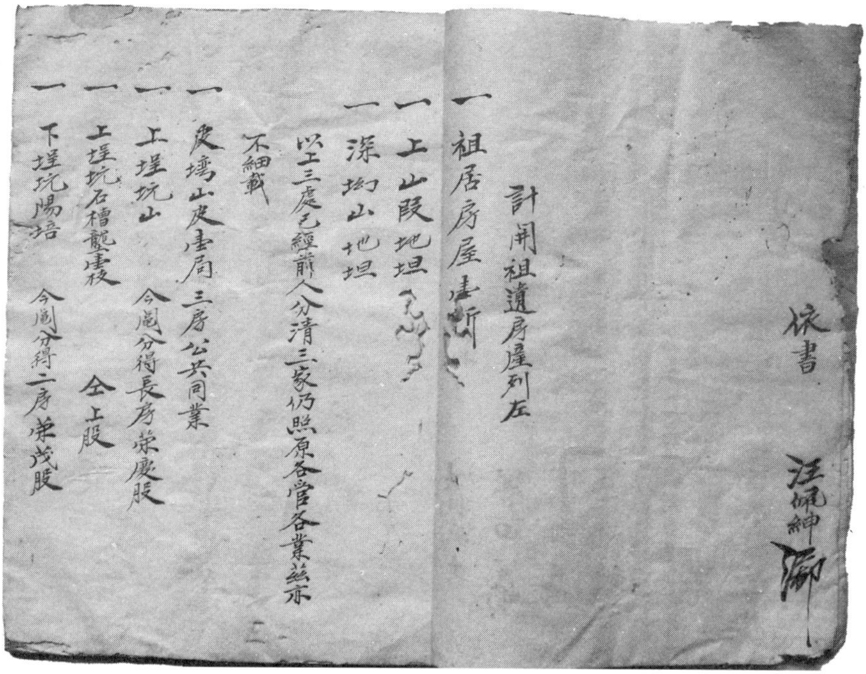

依書

汪佩紳（押）

計開祖遺房屋列左

一 祖居房屋壹所

一 上山段地坦

一 深坳山地坦

以上三處已經前人分清三家仍照原各管各業茲示

不細載

一 足壙山足壹局 三房公共同業

一 上堨坑山 今閹分得長房榮慶股

一 上堨坑石槽龍壹處 仝上股

一 下堨坑陽培 今閹分得二房榮茂股

三

段莘乡官坑村 9-4 · 民国二十七年 · 补立遗产承管阄书（长房股）·
洪荣茂、洪荣庆、洪仙海兄弟

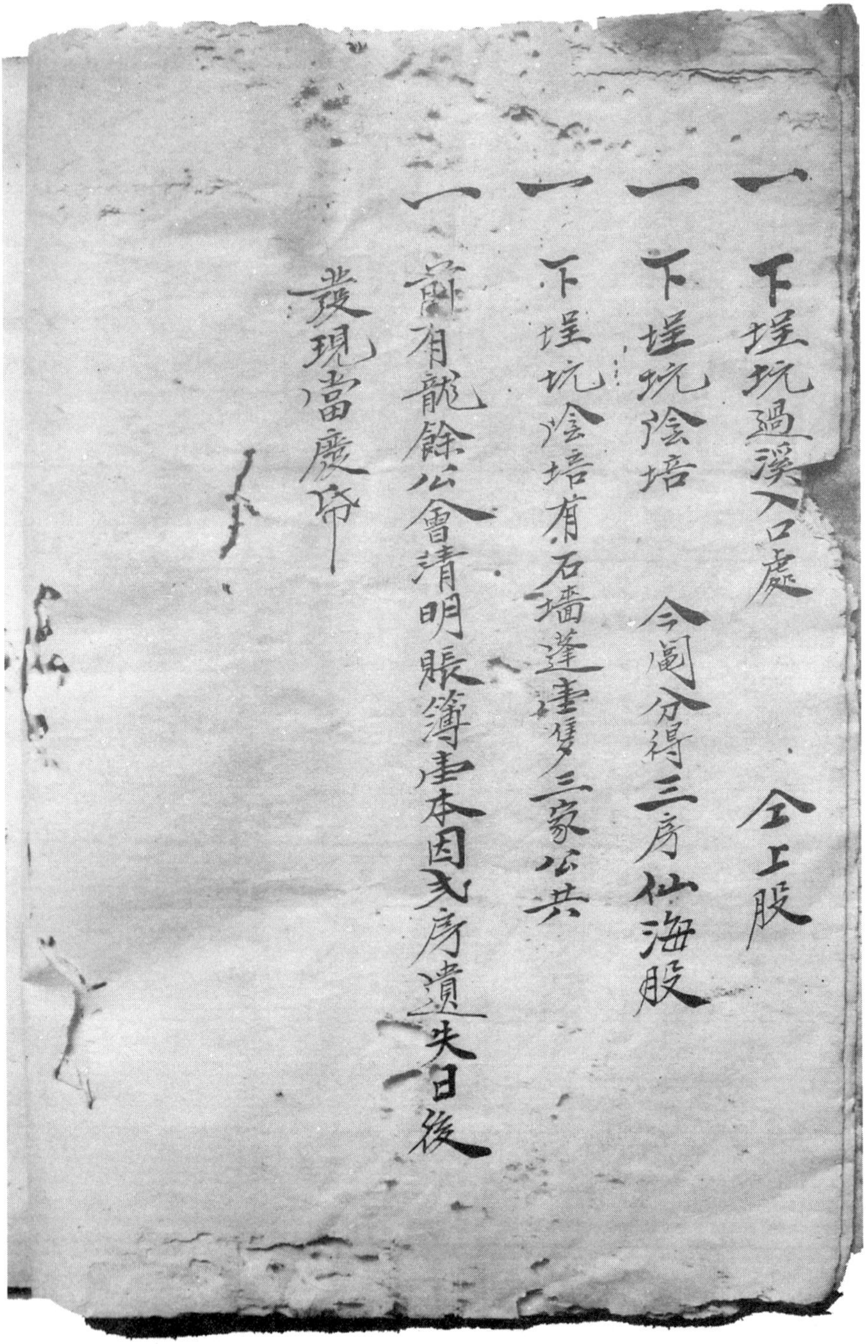
一下埕坑過溪入口處　仝上股
一下埕坑陰培　今阄分得三房仙海股
一下埕坑陰培有石墻蓬達壹隻三家公共
一前有龍餘公會清明賬簿壹本因弍房遺失日後
發現當廢帋

段莘乡官坑村 9-5 · 民国二十七年 · 补立遗产承管阄书（长房股）·
洪荣茂、洪荣庆、洪仙海兄弟

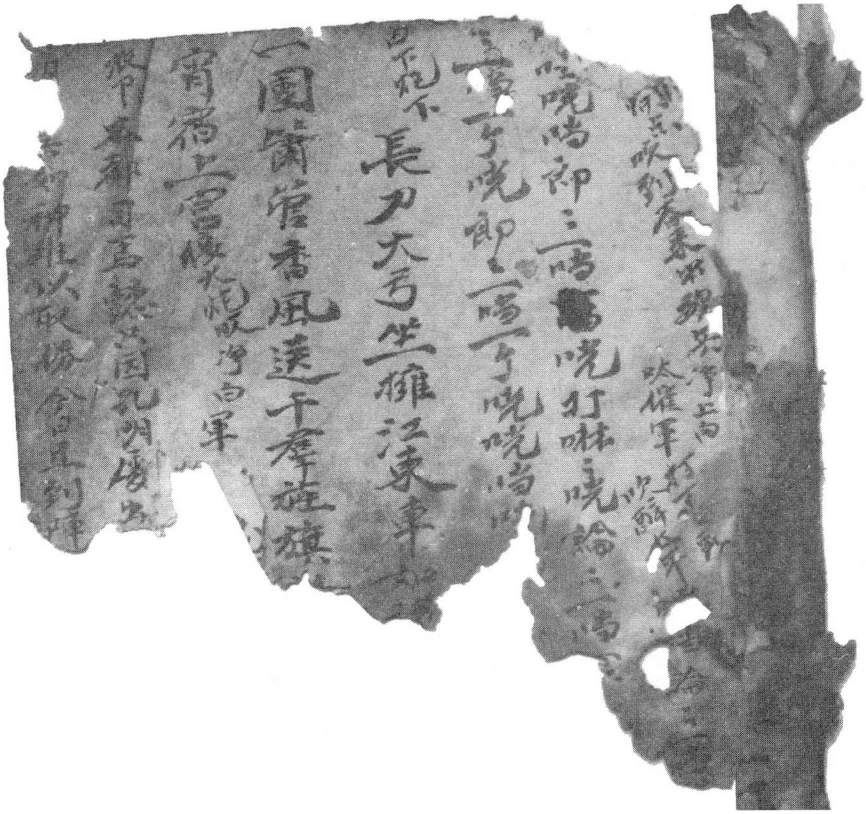

段莘乡官坑村 2-1 · 杂文集

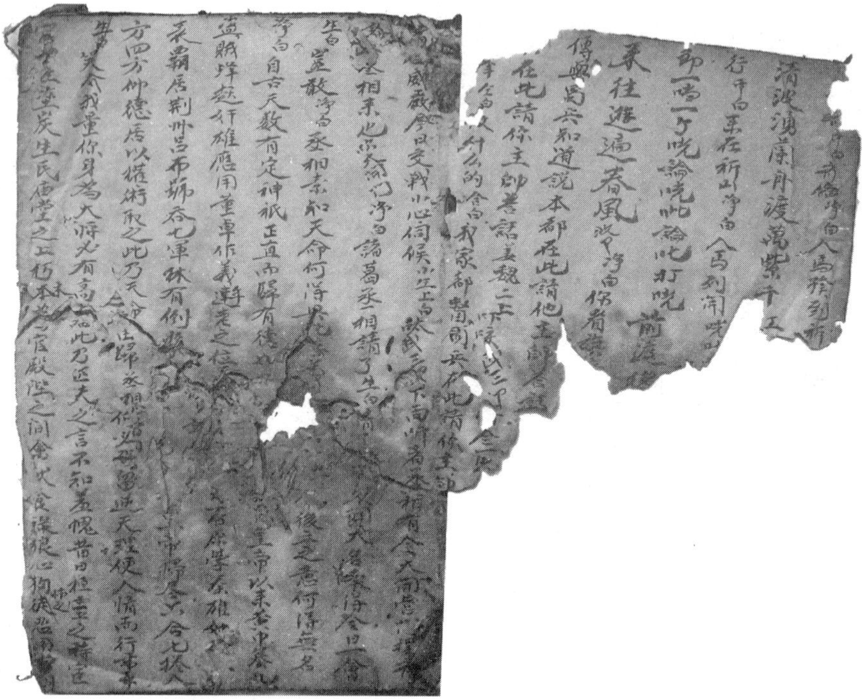

段莘乡官坑村 2-2 · 杂文集

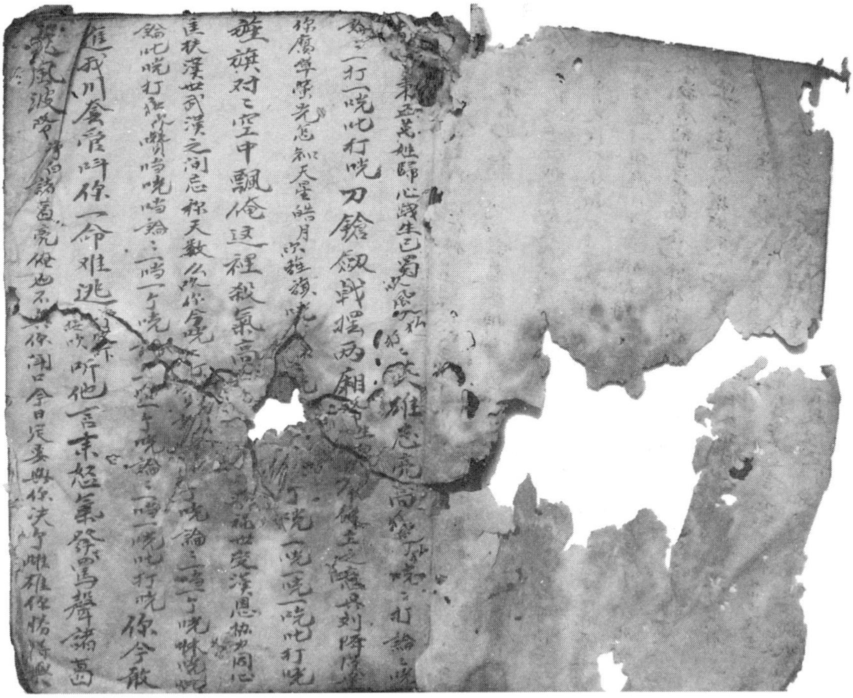

[illegible]孟蒼姓歸心戰生已蜀吹風[illegible][illegible]雄忠亮高[illegible]嘵〻打鈴〻嘵
鈴〻一打一嘵叱打嘵刀鎗劍戟擺兩廂[illegible]條主之臨兵刘降[illegible]
你膺學學光怎知天星皓月吹旌旗嘵[illegible]嘵一嘵嘵一嘵叱打嘵
旌旗对〻空中飄俺这裡殺氣高[illegible]世受漢恩協力同心
匡扶漢世武漢之间忌称天数么[illegible]嘵論〻一嘀一个嘵[illegible]
鈴叱嘵打[illegible]嘀嘵嘀鈴〻一嘀一个嘵[illegible]一个嘵論〻一嘀一嘵叱打嘵你今敢
進我川奮勇將你一命难逃[illegible]聽他言來怒氣發罵聲諸葛
[illegible]風波[illegible]諸葛亮俺也不[illegible]你開口今日定要與你決个雌雄[illegible]

段莘乡官坑村 2-3 · 杂文集

段莘乡官坑村 2-4 · 杂文集

段莘乡官坑村 2-5 · 杂文集

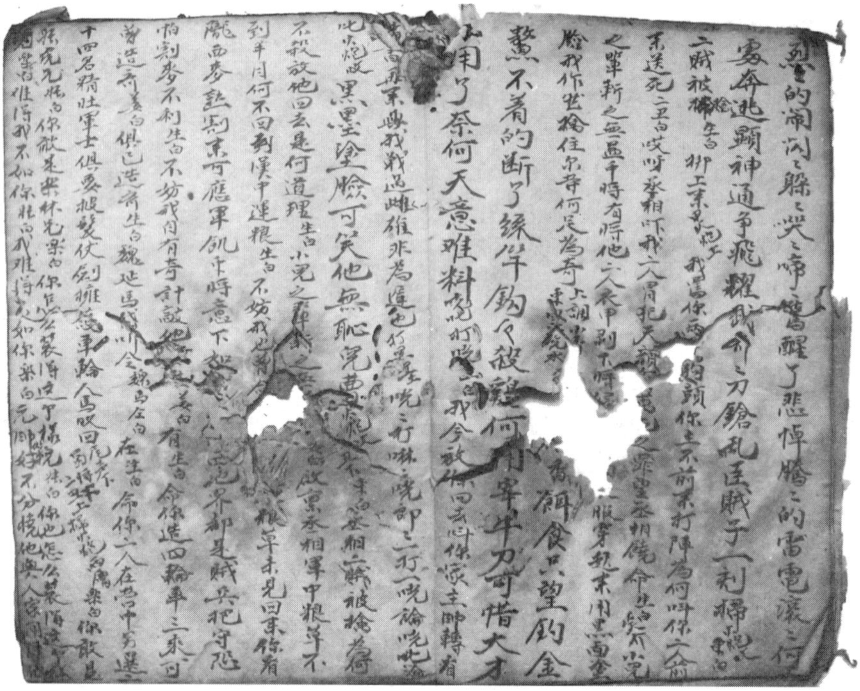

段莘乡官坑村 2-6 · 杂文集

段莘乡官坑村 2-7 · 杂文集

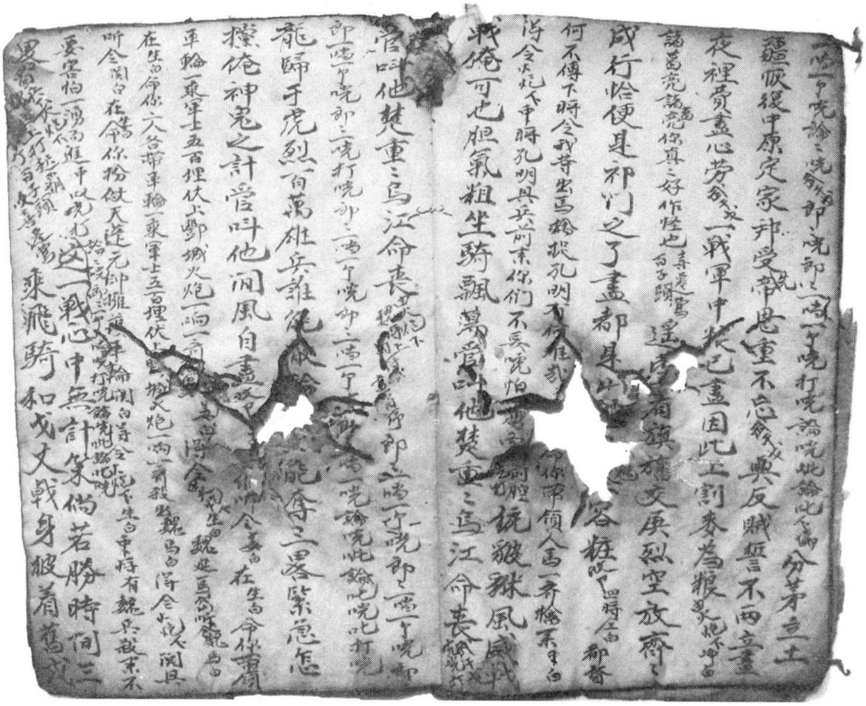

段莘乡官坑村 2-8 · 杂文集

夜口[illegible]看俺斬將擒王手段奇霞叫他喪殘生[illegible]

泥武千戈哈俺俺可也圖畫到麒麟標名[illegible]

哦吧哦吧哦卯嘈[illegible]嘈哦卯嘈一嘈一个哦[illegible]哦卯嘈哦卯嘈哦卯嘈一嘈一个哦[illegible]

哦卯卯一嘈一个哦卯卯一嘈一个哦卯卯一个哦[illegible]一个哦卯卯一嘈一个哦武千戈二个皮

論他法論他法古今稀少休得要[illegible]滅滿職潤轉趣

號兵上场 打武千戈砍刹呐喊

自古前躁啊啊立如飛緊緊提防[illegible]擒活捉量他難逃

哈呀叫下咬哦灯黑路[illegible]陰風滿空飄雲特闹

香[illegible]覓去尋道武千戈卸原來諸葛亮觀身自擺伯

[illegible]狼路上寬家來到武千戈俺這裡走馬提鎗到看鎗了

他耶裡駕高車不懼分毫武千戈[illegible]的是撲灯蛾惹火

燒了梟首級如同割草武千戈[illegible]俺的掌中刀了不

覓的血淋淋頭落地血淋淋頭[illegible]此白孔明前面慢

慢而行我們赶他四十餘里為何赶他不上[illegible]道理中白這有奇中白孔明來了

[illegible]眾將少[illegible]滿金哦吧哦哦嘈哦卯卯一嘈一个哦嘛嘛哦卯卯一嘈一个哦哦嘈哦卯

一嘈一个哦嘈嘛嘛哦卯卯一个哦卯卯一个哦嘛嘛哦卯卯一嘈一个哦嘛嘛哦嘈

哦卯卯一嘈一个哦武千戈 武卿侯果然略高蒼頭怒難脫机

[illegible]不

段莘乡官坑村 2-9 · 杂文集

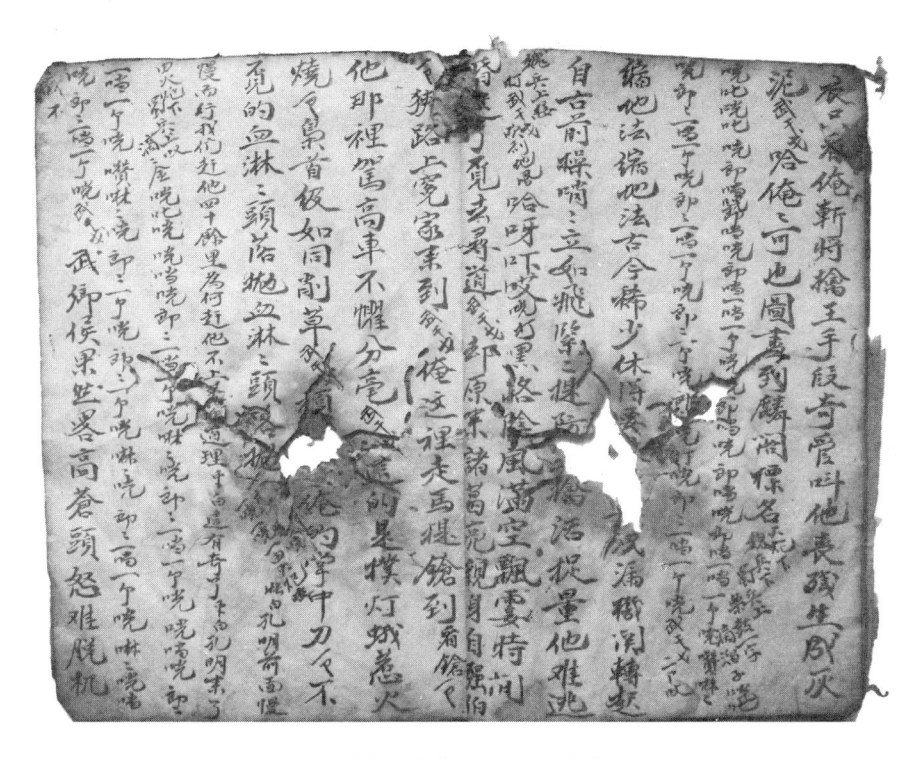

演用巧計神仙难量蜀兵隊令㸃步鬼神相貌四輪車
在左右分急急忙忙埋伏好了[illegible]着笑那蜀寇
强把干戈效力尽江東赵[illegible]
卯卯丁了哓咻咻哓呜哓呜咻咻哓卯[illegible]哓卯卯一了哓哓嚽卯卯
哓論哓論論哓
跨下戰馬如[illegible]却使是闪電
光空耀急忙追趕虎奔[illegible]吼驚的魂飛
魄散[illegible]先前一了孔明趕他不上怎么放出两了孔明來了
孔明[illegible]魏將上[illegible]白孔明車輪慢慢而行我等趕不上[illegible]
慢行本都[illegible]打哓[illegible]哓咻咻哓卯卯一噹一了[illegible]
咻咻哓卯卯一噹一了哓卯卯一噹一了哓[illegible]卯卯一噹哓[illegible]打哓
干戈動揺孔明其兵伐中[illegible]氣概难當相
门遁甲力出山魑鬼相[illegible]白你們追趕
孔明一事如何白孔明車輪慢慢而行我们趕了四十餘里趕他不上何來
交令要時現出两了孔明來了却是為何白你們那里知道孔明有甲兵
神他有六丁六甲遁身乃是天書周面的踈他法你們趕他不上[illegible]
就不錯了白依本都之見趕早收兵恐怕免遭後悔白[illegible]

段莘乡官坑村 2-10 · 杂文集

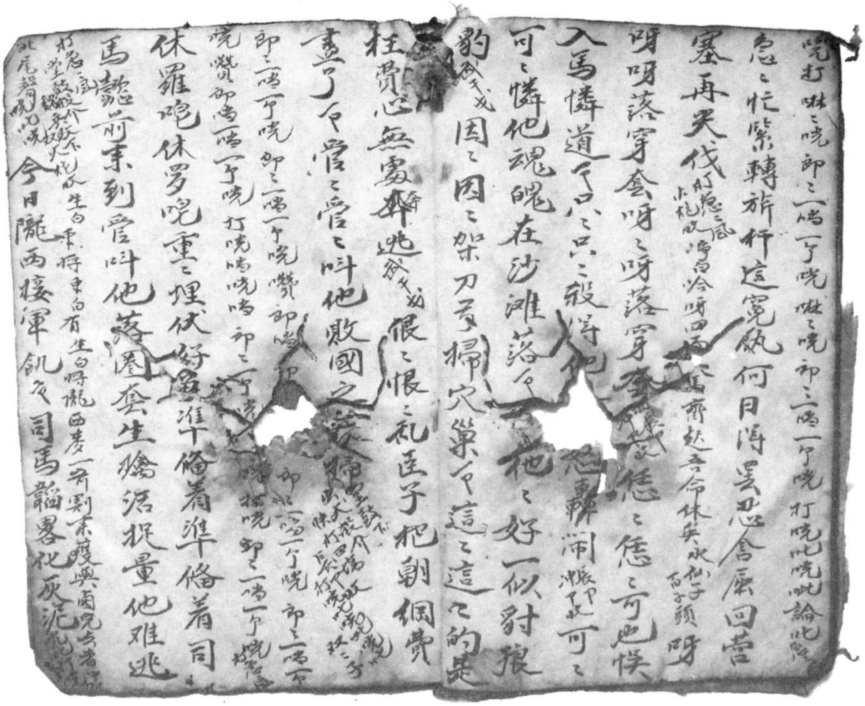

段莘乡官坑村 2-11 · 杂文集

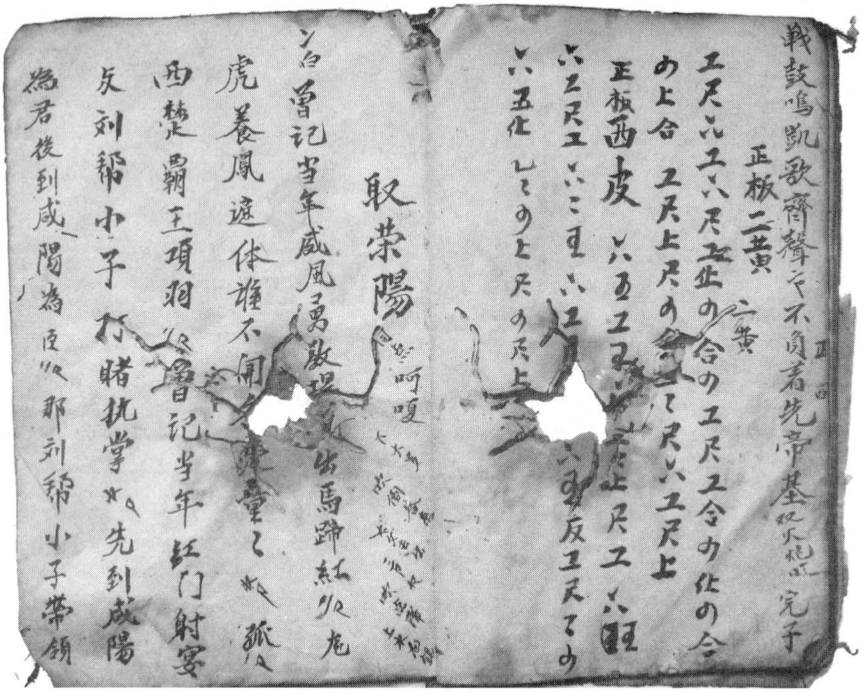
戰鼓鳴凱歌齊聲〻不負着先帝基
正板二黄
正板西皮
取榮陽
曾記當年威風勇敢
虎養鳳遮体誰不聞
西楚霸王項羽 曾記當年紅门射宴
反刘邦小子 先到咸陽
為君後到咸陽為臣 那刘邦小子帶領

段莘乡官坑村 2-12 · 杂文集

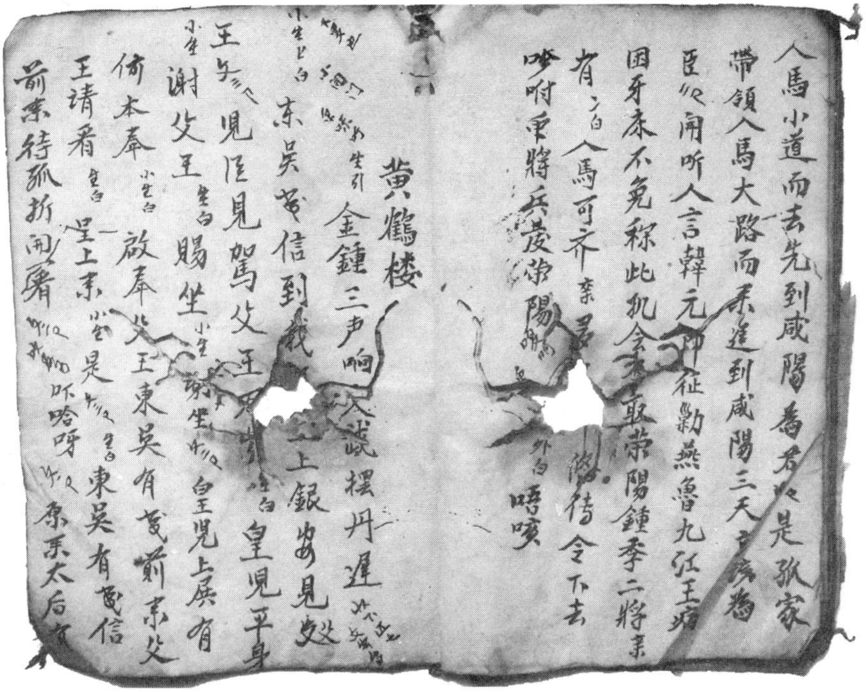
人馬小道而去先到咸陽爲君々是張家
帶領人馬大路而来進到咸陽三天[illegible]爲
臣々聞听人言韓元帥征勦燕魯九江王病
因牙來不免稱此机会[illegible]取荥陽鍾季二將来
有 之白 人馬可齐 棄[illegible] [illegible]傳令下去
吩咐衆將兵发荥陽 外白 啰嗔

黃鶴楼

生引 金鍾三声响[illegible]誤擺丹遲
小生上白 東吳[illegible]信到我[illegible]上銀安見父
王父[illegible]見臣見駕父王[illegible] 生白 皇兒平身
小生 謝父王 生白 賜坐 小生 謝坐 生白 皇兒上殿有
何本奉 小生白 啟奏父王東吳有書前来父
王請看 生白 呈上来 小生 是 生白 東吳有書信
前來待孤拆開看 吓哈呀 東東太后有

段莘乡官坑村 2-13 · 杂文集

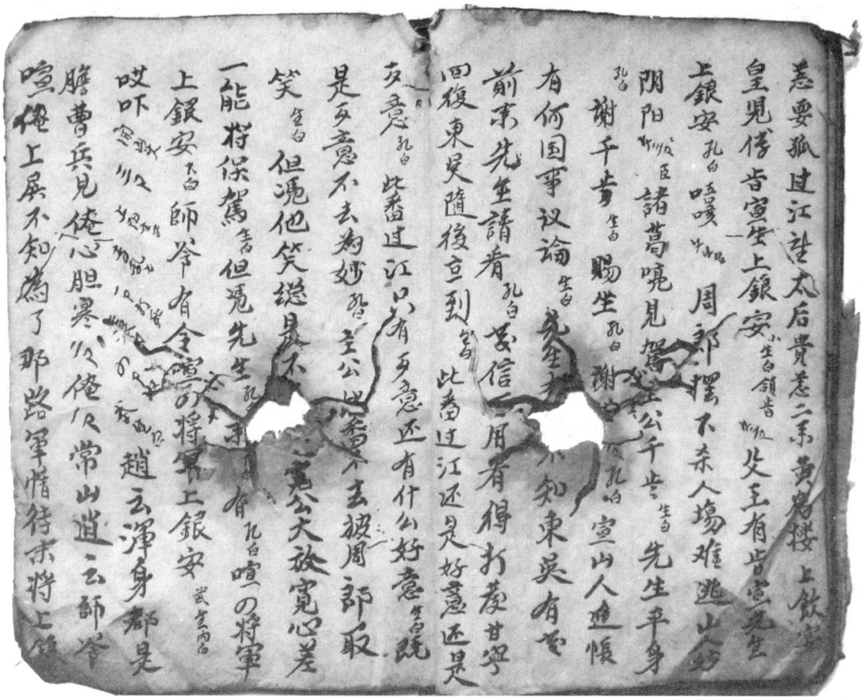
惹要孤过江赴太后貴惹二東黄鹤楼上飲宴
皇兒傳旨宣生上銀安 小生白 領旨 外白 父王有旨宣先生
上銀安 孔白 嗟嘆 外白 周郎擺下杂人場难逃山人妙
陰阳 外白 臣諸葛亮見駕 主公千歲 生白 先生平身
孔白 謝千歲 生白 賜坐 孔白 謝坐 孔白 宣山人進帳
有何国事议論 生白 先生 不知東吳有乜
前來先生請看 孔白 书信 用看得打发甘寧
回復東吳隨後亘到 生白 此番过江还是好意还是
歹意 孔白 此番过江只有歹意还有什么好意 生白 既
是歹意不去为妙 孔白 主公 不去被周郎取
笑 生白 但憑他笑縱是 主公大放宽心差
一能将保駕 生白 但憑先生 孔白 有 孔白 喧的将军
上銀安 大白 師爷有令喧的将军上銀安 武生内白
哎吓 趙云渾身都是
膽曹兵見俺心胆寒 俺 常山道 云師爷
喧俺上展不知為了那路軍情特來将上銀

段莘乡官坑村 2-14 · 杂文集

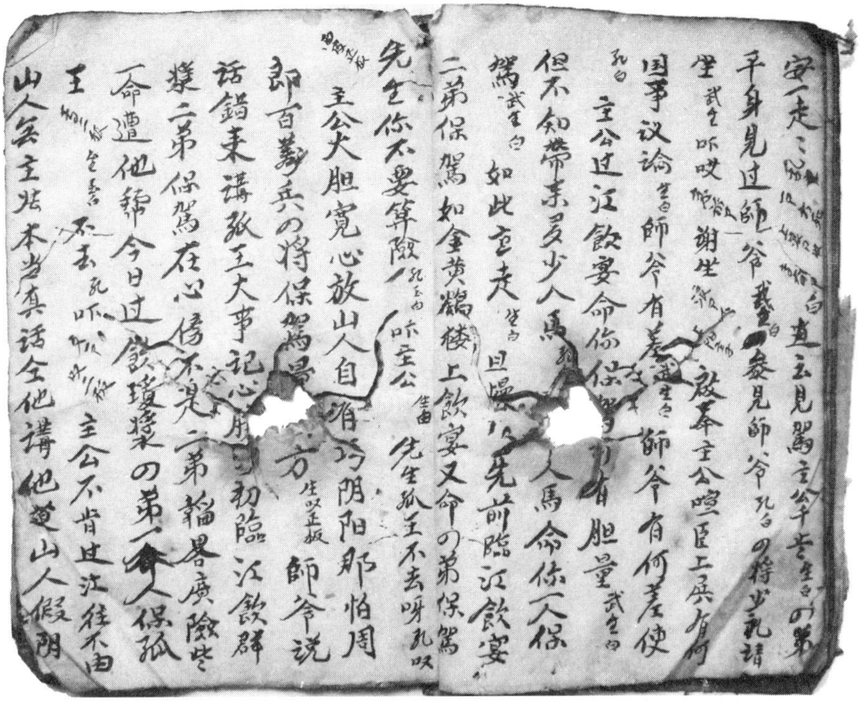

安一走二……白 直去見駕主公千岁 生白 の第
平身見过師爺 武白 參見師爺 孔白 の将少礼请
坐 武生 吓哎 [illegible] 謝坐 [illegible] 啟奉主公喧臣上兵有何
国事议論 生白 師爺有差遣 生白 師爺有何差使
孔白 主公过江飲宴命你保[illegible]有胆量 武生白
但不知帶来多少人馬 [illegible] 人馬命你一人保
駕 武生白 如此旦走 生白 旦慢[illegible]先前臨江飲宴
二弟保駕如金黄鶴楼上飲宴又命の弟保駕
先生你不要算險 孔玉白 吓主公 生白 先生孤王不去呀 孔哎
主公大胆寬心放山人自有妙[illegible]阴阳那怕周
郎百万兵の将保駕号[illegible]方 生哎正扳 師爺说
話錯来講孤王大事記心[illegible]初臨江飲群
㒲二弟保駕在心[illegible]不見二弟輪[illegible]廣險些
一命遭他[illegible]今日过飲[illegible]の弟一个人保孤
王 [illegible] 全哥 不去 孔 吓 [illegible] 主公不肯过江往不由
山人気主张本当真話全他講 他道山人假阴

段莘乡官坑村 2-15 · 杂文集

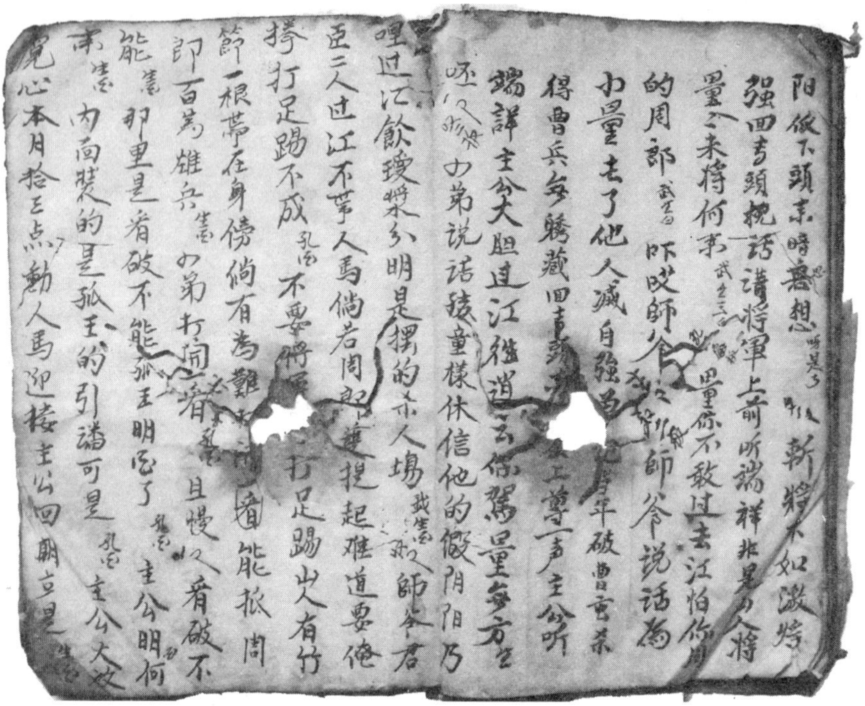
阳欲下頭未時暗想 新將不如激將
强田青頭挽話請將軍上前听端祥非是小人將
量〻来將何事 武生白 量你不敢过去江怕你周
的周郎 武生白 吓吹師爷 師爷说話為
小量去了他人滅自强威 少年破曹要杀
得曹兵多騰藏田青頭 上尊一声主公听
端詳主公大胆过江繼道云你駕量多方生
呸 小弟说話孩童樣休信他的假阴阳乃
哩过江飲瓊漿分明是擺的杀人場 武生白 師爷君
臣二人过江不带人馬倘若周郎 提起难道要俺
擰打足踢不成 孔明白 不要將 打足踢山人有竹
節一根帶在身傍倘有為難 看能抵周
郎百萬雄兵 生白 小弟打開看 且慢 看破不
能 生白 那里是看破不能 孤王明白了 孔明白 主公明何
來 生白 内面裝的是孤王的引諸可是 孔明白 主公大放
寬心本月拾三点動人馬迎接主公回朝立是 生白

段莘乡官坑村 2-16 · 杂文集

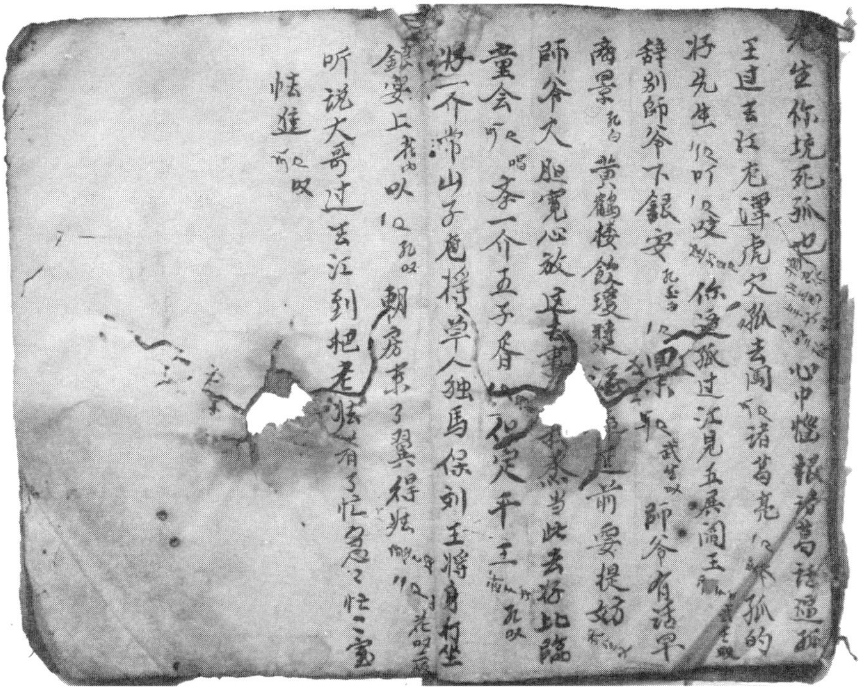
先生你坑死孤也 心中惱 報諸葛諸逼孤
王過去江危潭虎穴孤去閻 諸葛亮 孤的
将先生 听 咬 你逼孤过江見五殿閻王
辞别師爷下銀安 罘 取 師爷有話早
爾景 黄鶴楼餞墁騠過 前要提妨
師爷大胆寬心放 去 當此去将比臨
童会 杀一个五子昏 定平王
将一个常山子龍将草人独馬保刘王将身打坐
銀宴上 朝房東子翼得狂 花
听説大哥过去江到把是 有了忙急忙忙富
怯進

段莘乡官坑村 2-17 · 杂文集

段莘乡官坑村 2-18 · 杂文集

接富　去鲁式工碗贰仝　计[illegible]四伯捌拾文　封七壹仝计[illegible]柒拾文

共计伍伯伍拾叁文以扣除捌角捌分陆厘正

福来　去贰工碗贰仝　白玉红花[illegible]壶乙仝　扣除[illegible]伍[illegible]仝

共计洋捌角叁分捌厘[illegible]扣除壹仟〇玖拾文

福元　去贰工碗壹仝　计[illegible]贰伯捌拾[illegible][illegible]角捌分玖厘

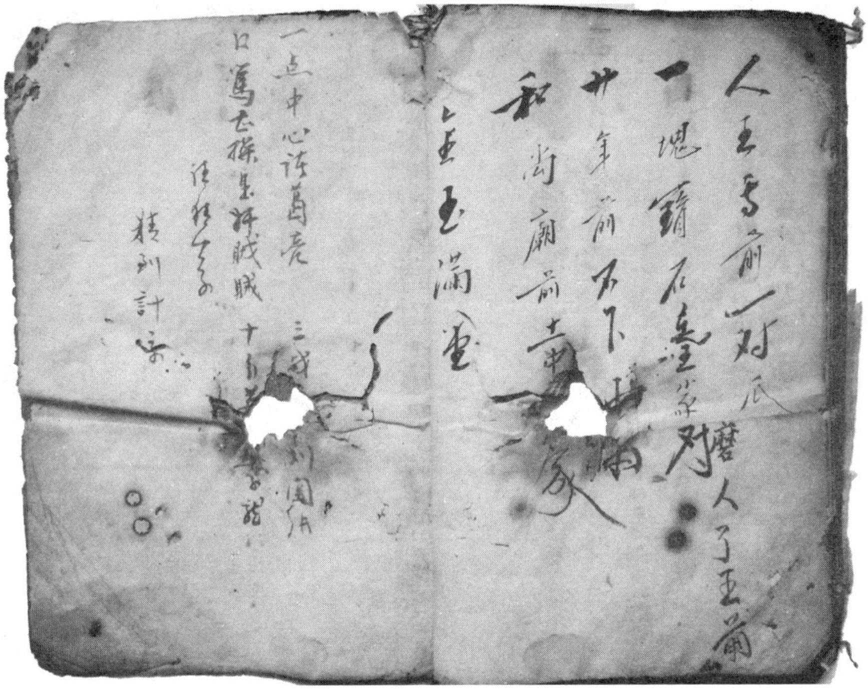

段莘乡官坑村 2-20 · 杂文集

段莘乡官坑村 2-21 · 杂文集

段莘乡官坑村 5-1 · 画符指引册

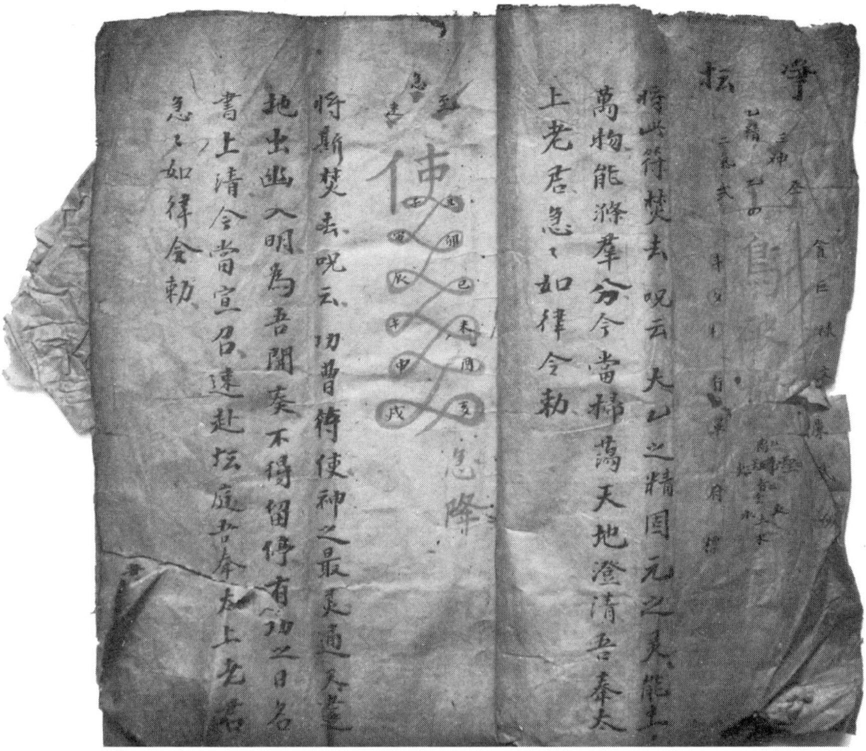

段莘乡官坑村 5-2 · 画符指引册

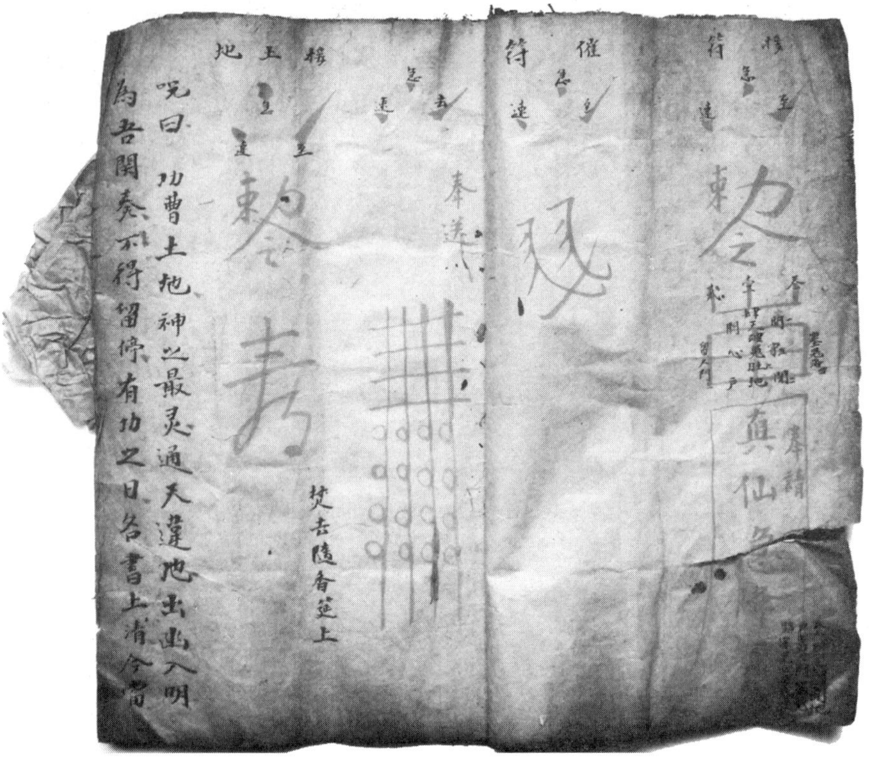

段莘乡官坑村 5-3 · 画符指引册

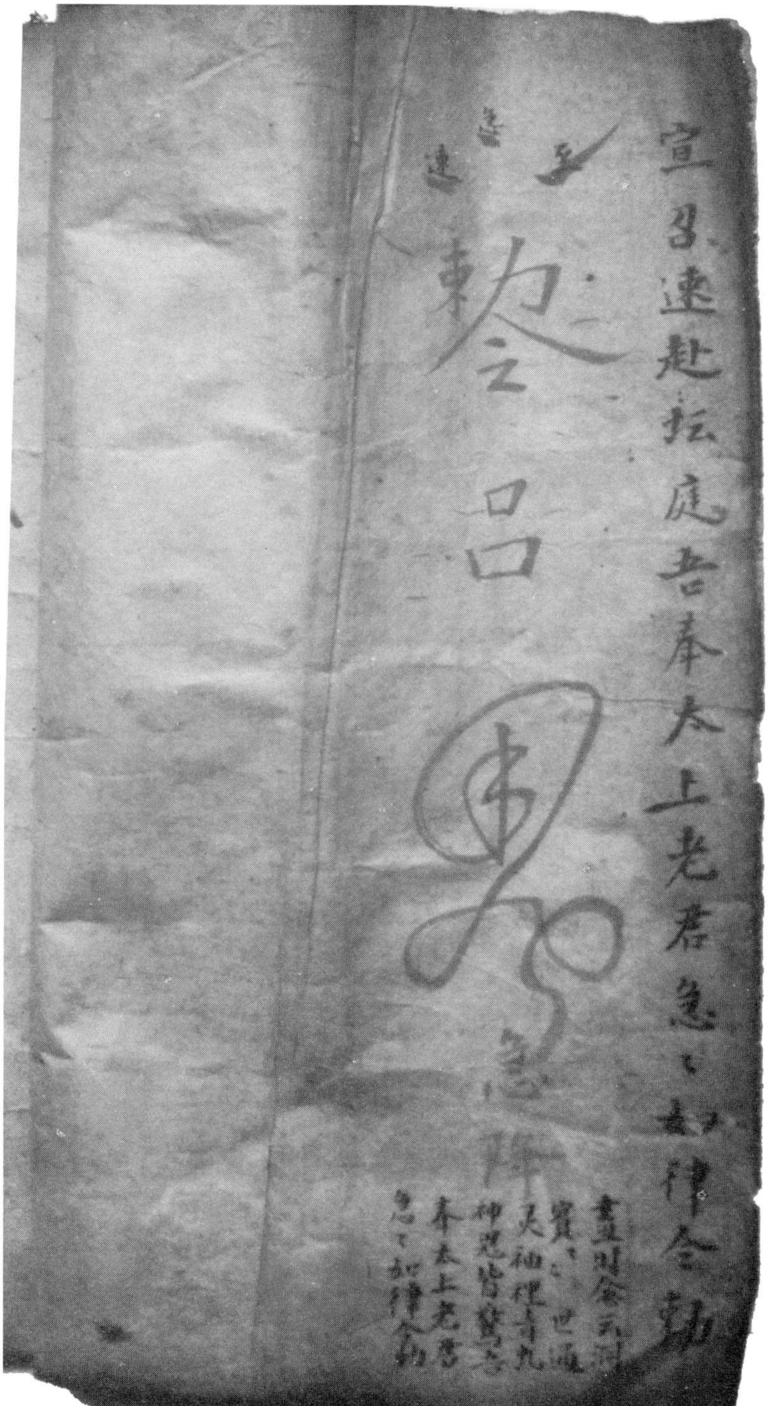
宣召速赴坛庭吾奉太上老君急急如律令勅
奉太上老君
急急如律令勅

段莘乡官坑村 5-4 · 画符指引册

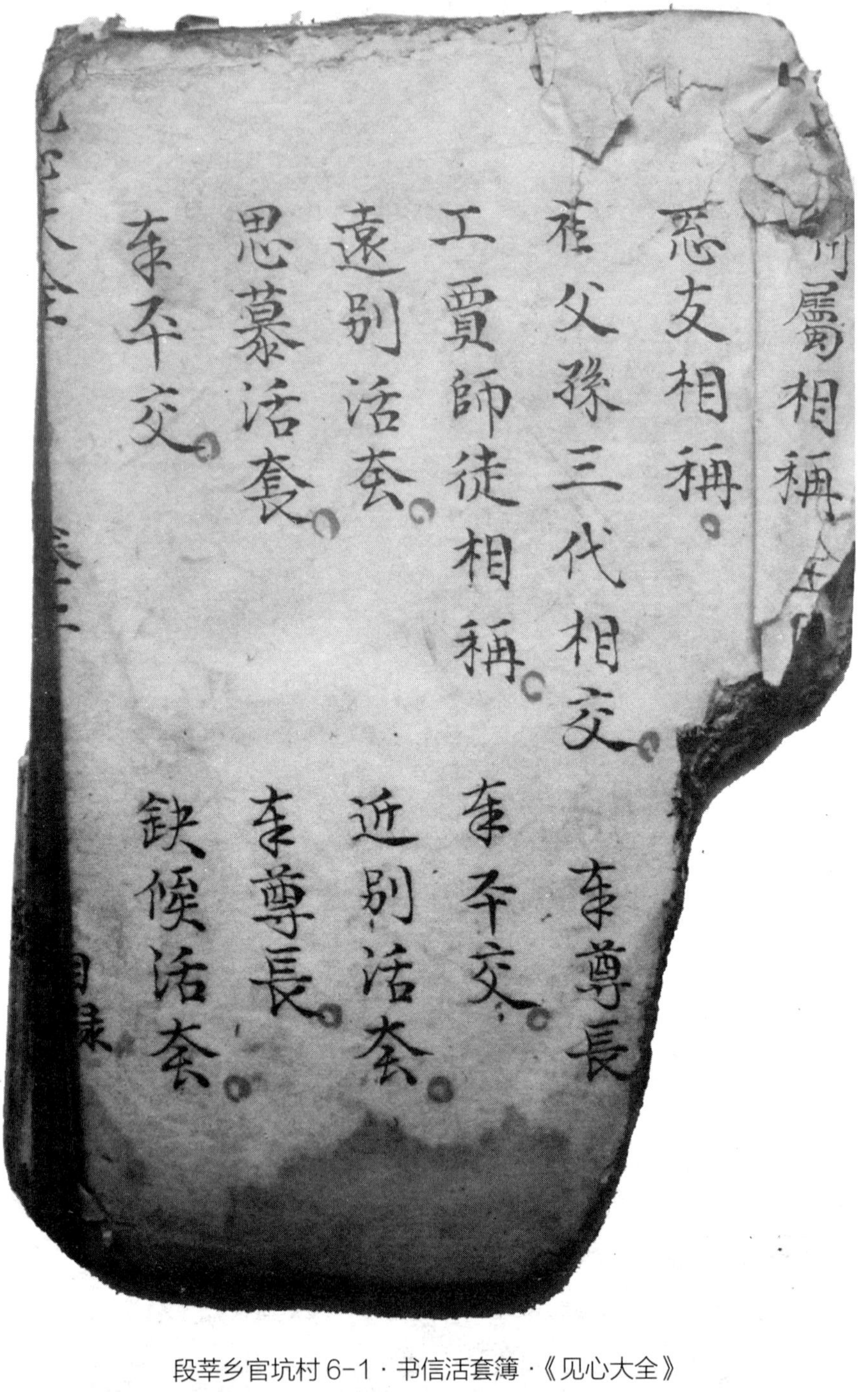

屬相稱
惡友相稱
祖父孫三代相交
工賈師徒相稱
遠別活套
思慕活套
奉平交
奉尊長
奉平交
近別活套
奉尊長
缺候活套

段莘乡官坑村 6-1 · 书信活套簿 ·《见心大全》

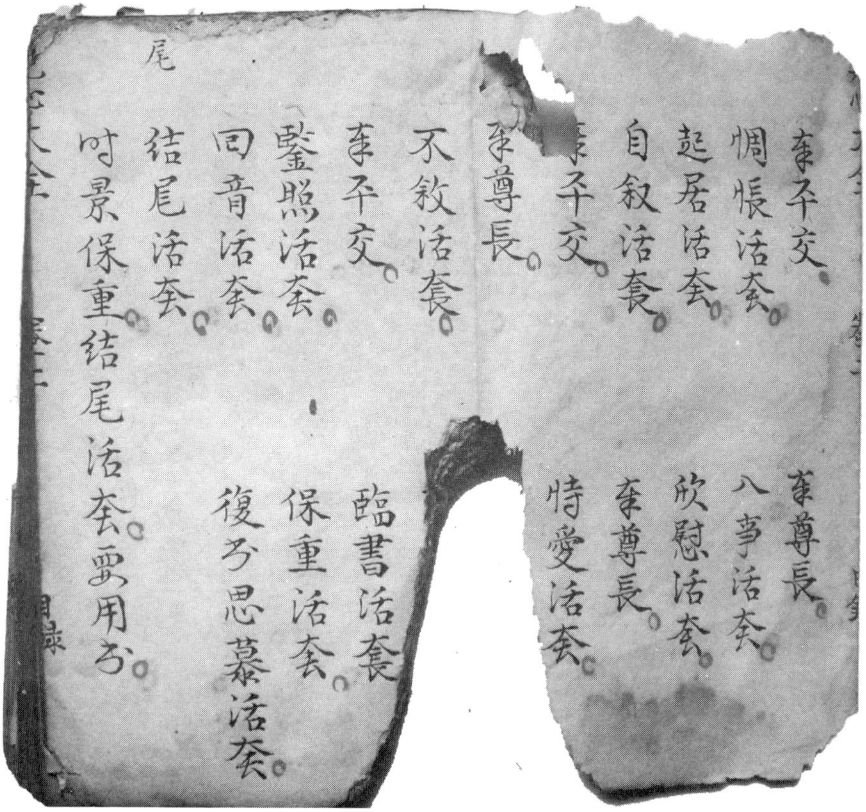
奉平交
惆悵活套
起居活套
自叙活套
奉平交
奉尊長
不敘活套
奉平交
鑒照活套
同音活套
结尾活套
时景保重结尾活套要用字
奉尊長
八事活套
欣慰活套
奉尊長
特愛活套
臨書活套
保重活套
復字思慕活套
尾
見心大全 卷十 目録

段莘乡官坑村 6-2 · 书信活套簿 ·《见心大全》

答復思慕活套。　答候活套。
書後附各寄候活套暮畧
敍遠別活套。　近別活套。
未會活套。　仁會活套。
問候活套。　海洋往來活套。
父子家信摘用
妻夫家信摘用
賀新秊信十三首　回覆新秊信
又賀。　素仰。
邀友经高。　答。
邀友遠行。　又答。
邀友遊西湖。　答。

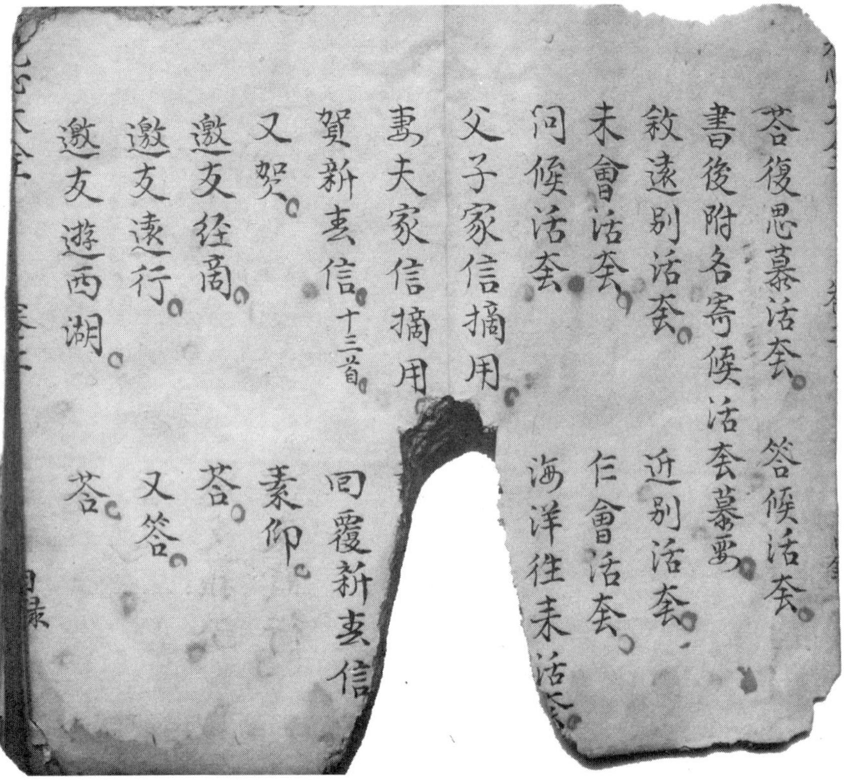

段莘乡官坑村 6-3・书信活套簿・《见心大全》

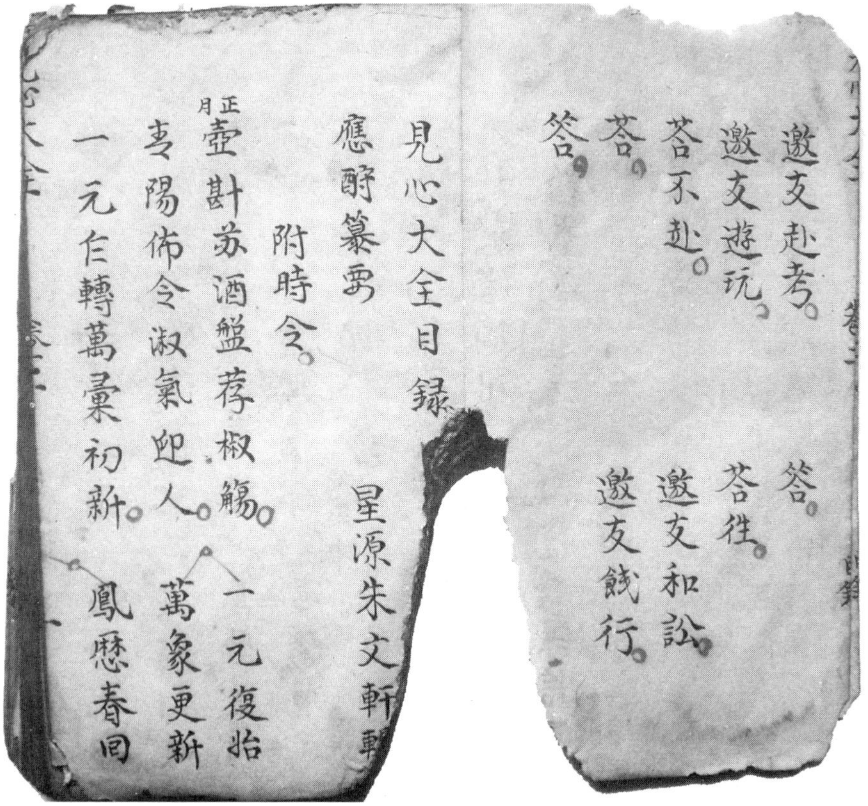

邀友赴考。

答。

邀友遊玩。

答往。

答不赴。

邀友和訟。

答。

邀友餞行。

答。

見心大全目録

應酧纂要

星源朱文軒輯

附時令。

正月

壺斟苏酒盤薦椒觴。

一元復始

青陽佈令淑氣迎人。

萬象更新

一元佇轉萬彙初新。

鳳歷春回

段莘乡官坑村 6-4 · 书信活套簿 ·《见心大全》

梅開舘驛抑拂溪橋。洪鈞氣轉
玄融冰雪媛綻鶯去正朔初頒
弱梛舒風寒梅點雪玉愿更新
玉綻溪梅金樓岸梛 専陽布令
梅粧點玉梛眼舒去 淑氣迎人
椒去頌瑞梅薦□

三陽啟泰萬暈□
火星去樹月照星歌 发律更新
泰谷回春陽啟泰春 ○四序更端
笙歌拂月火樹生去 金竹飛霞
杏林漳約燕羽翱七 風光似綉
鶯喉百轉梛綠千條。 玄氣方殷

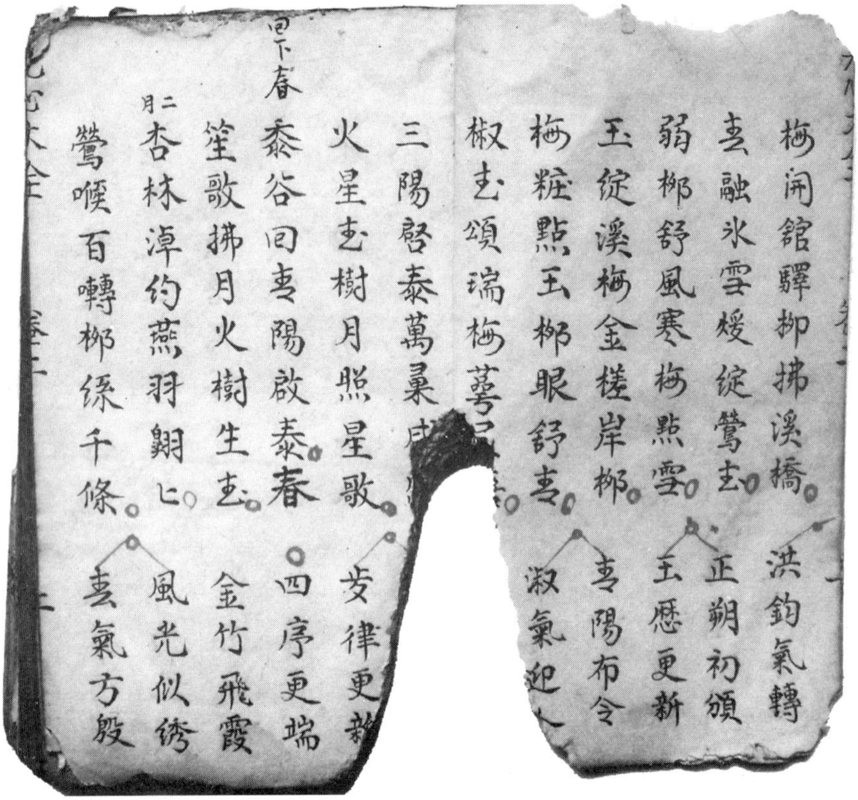

红粉妆退杏脸脂凝
丽日风暄击兮鸟语
穿簾燕语出谷莺歌
杏匀笑脸栁舞鐵腰
岸栁初匀陽击渐永
玳梁迎燕錦樹??
栁眼舒烟桃腮??
鶯梭織栁燕剪击
燕侑舊壘協新筐鶯
日移击影風送鶯聲
水荇牽絲園击耀錦
橋击映日巧燕迎風

惠風布暖
击雨弄睛
棠击遍野
仲春告朔
淑景方中

三击甫学
百刻平分
積雨留寒
野鳥啼击
岸击竝曉
泣

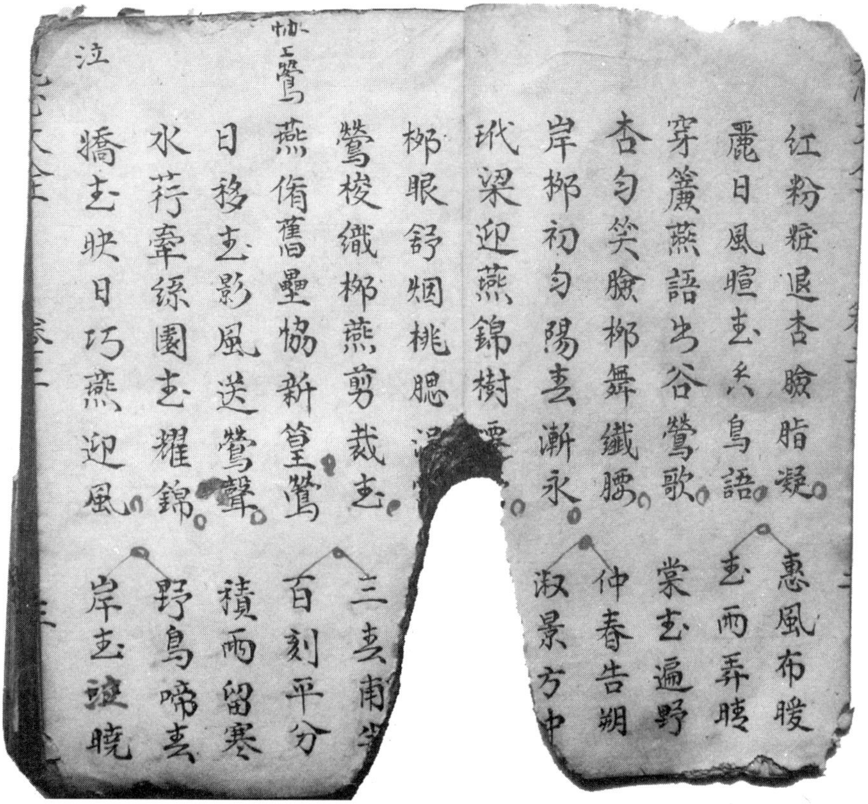

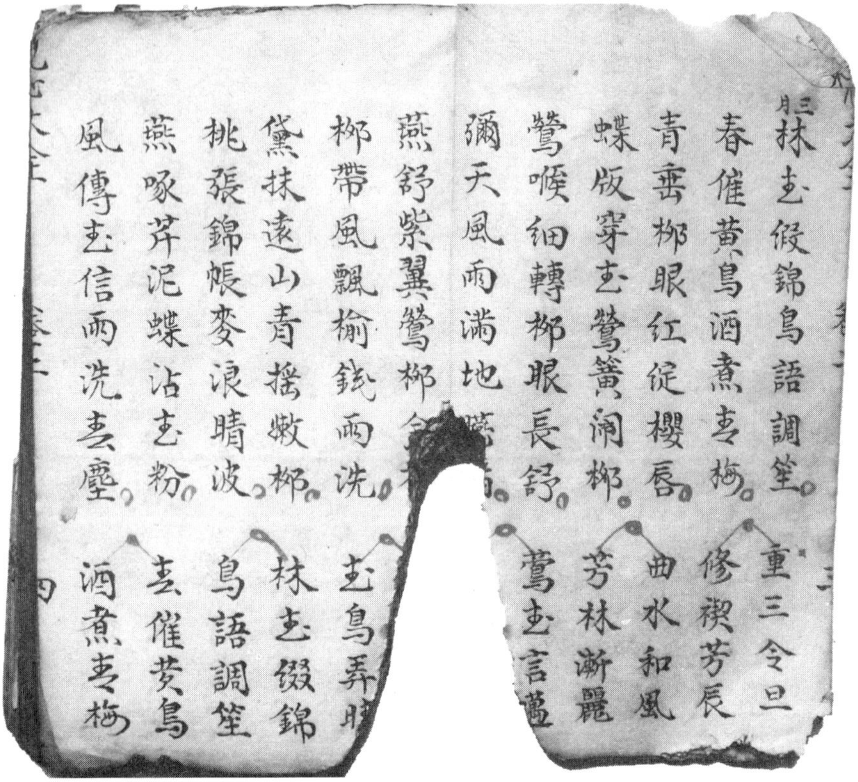
三月
林花假錦鳥語調笙
春催黄鳥酒煮青梅
青垂柳眼紅綻櫻唇
蝶飯穿花鶯簧閙柳
鶯喉細囀柳眼長舒
彌天風雨滿地[illegible]花
燕舒紫翼鶯柳含[illegible]
柳帶風飄榆錢雨洗
黛抹遠山青搖嫩柳
桃張錦帳麥浪晴波
燕啄芹泥蝶沾花粉
風傳花信雨洗青塵
重三令旦
修禊芳辰
曲水和風
芳林漸麗
鶯花言藹
花鳥弄晴
林花綴錦
鳥語調笙
春催黄鳥
酒煮青梅

段莘乡官坑村 6-7 · 书信活套簿 ·《见心大全》

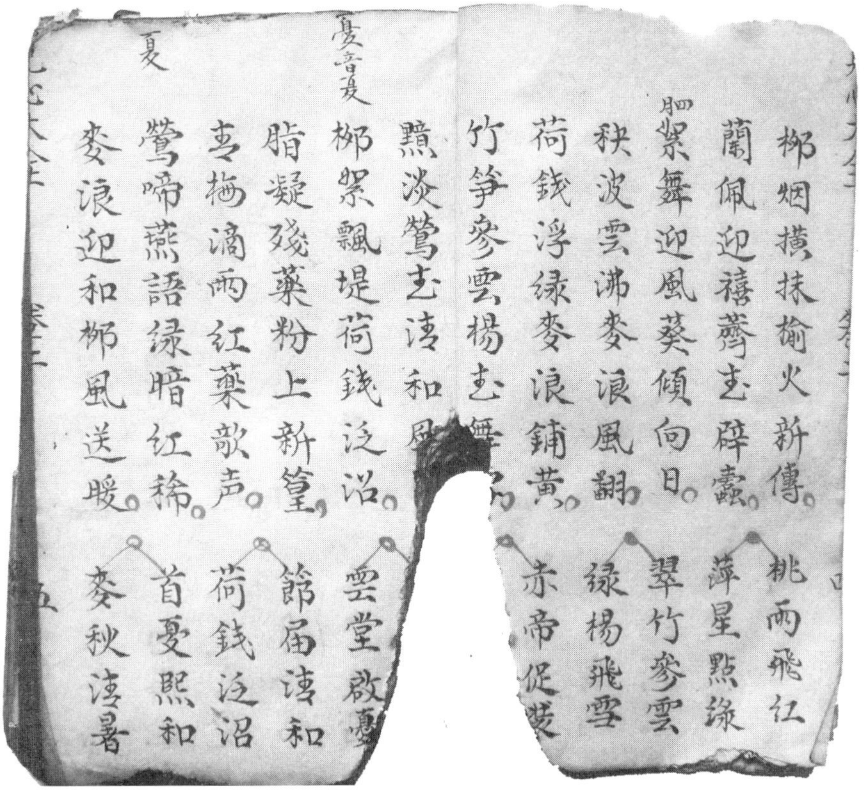

夏音夏 夏

栁烟横抹榆火新傳。蘭佩迎禧薺去辟蠹。絮舞迎風葵傾向日。秧波雲沸麥浪風翻。荷錢浮緑麥浪鋪黃。竹笋參雲楊去舞……黯淡鶯去漣和風……栁絮飄堤荷錢泛沼。脂凝殘藥粉上新篁。㫖梅滴雨紅藥欹声。鶯啼燕語緑暗紅稀。麥浪迎和栁風送暖。

桃雨飛红 萍星點緑 翠竹參雲 緑楊飛雪 赤帝促炎 雲堂啟夏 節届漣和 荷錢泛沼 首夏熙和 麥秋漣暑

段莘乡官坑村 6-8 · 书信活套簿 ·《见心大全》

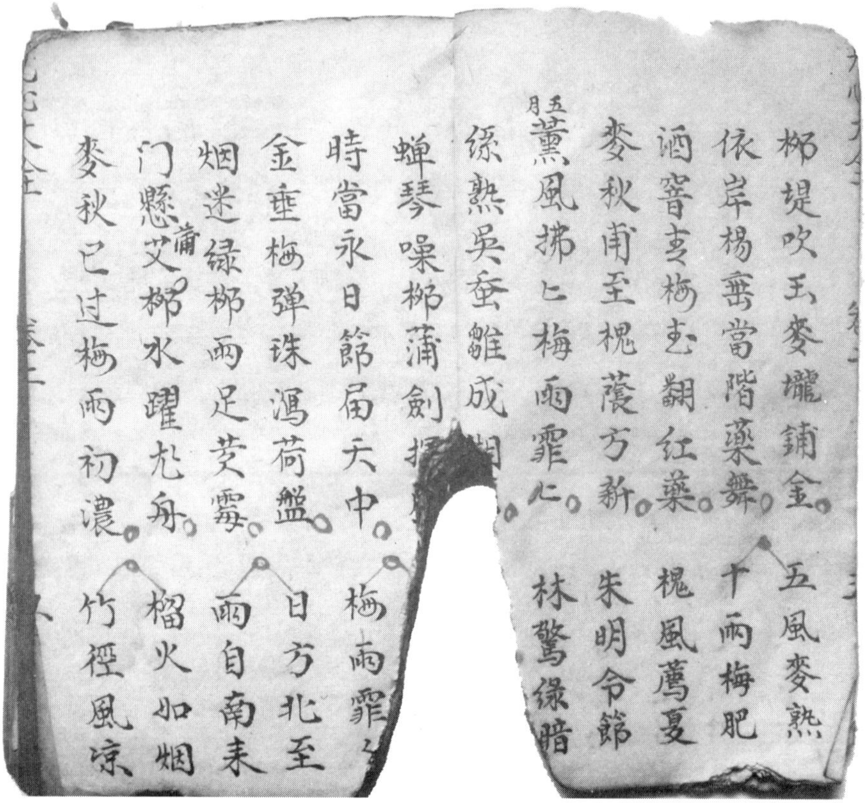

栁堤吹玉麥壠鋪金。
依岸楊垂當階藥舞。
酒窨青梅[illegible]翻紅藥。
麥秋甫至槐蔭方新。
五月薰風拂々梅雨霏々。
綠熟吳蚕雛成[illegible]
蟬琴噪栁蒲劍[illegible]
時當永日節届天中。
金壺梅彈珠瀉荷盤。
烟迷綠栁雨足黄霉。
门懸艾蒲栁水躍龙舟。
麥秋已过梅雨初濃。

五風麥熟
十雨梅肥
槐風薦夏
朱明令節
林鶯綠暗
梅雨霏
日方北至
雨自南来
榴火如烟
竹徑風涼

段莘乡官坑村 6-9 · 书信活套簿 ·《见心大全》

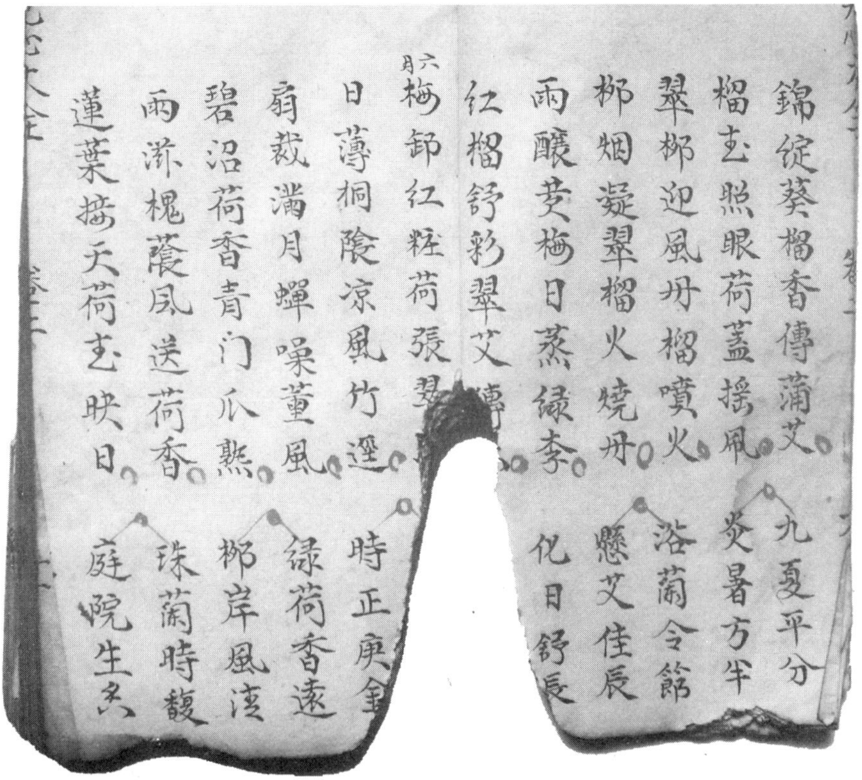

錦綻葵榴香傳蒲艾
榴玉照眼荷蓋搖風
翠榔迎風丹榴噴火
榔烟凝翠榴火燒丹
雨釀黄梅日蒸緑李
红榴舒彩翠艾傳
六月梅節红粧荷張翠
日薄桐陰凉風竹逕
扇裁滿月蟬噪薰風
碧沼荷香青门瓜熟
雨淅槐蔭凤送荷香
蓮葉擎天荷玉映日

九夏平分
炎暑方半
浴蘭令節
懸艾佳辰
化日舒長
時正庚金
緑荷香遠
榔岸風凄
珠蘭時馥
庭院生糸

段莘乡官坑村 6-10 · 书信活套簿 ·《见心大全》

荷花入座梧兩踏池　荔熟狀元
池開雪藕樹摘冰桃　蓮促君子
暑謝錦屏風生紈扇　月律林鐘
酒吸荷筒扇裁蕉葉　天開炎傘
蟬噪樹頭荷香水面　沈李浮瓜
萋草池塘綠陰〇〇
瓜浮玉碗李浸冰〇
芭蕉綠暗蔥蒿紅肥〇　月動秋聲
此金風解籜玉屏飄梧〇　秋開玉宇
雲歛奇峰星傳巧節　律應夷高
月明銀漢梧隆金風　金風漸長
序推白帝節近黄姑　玉露秋澄

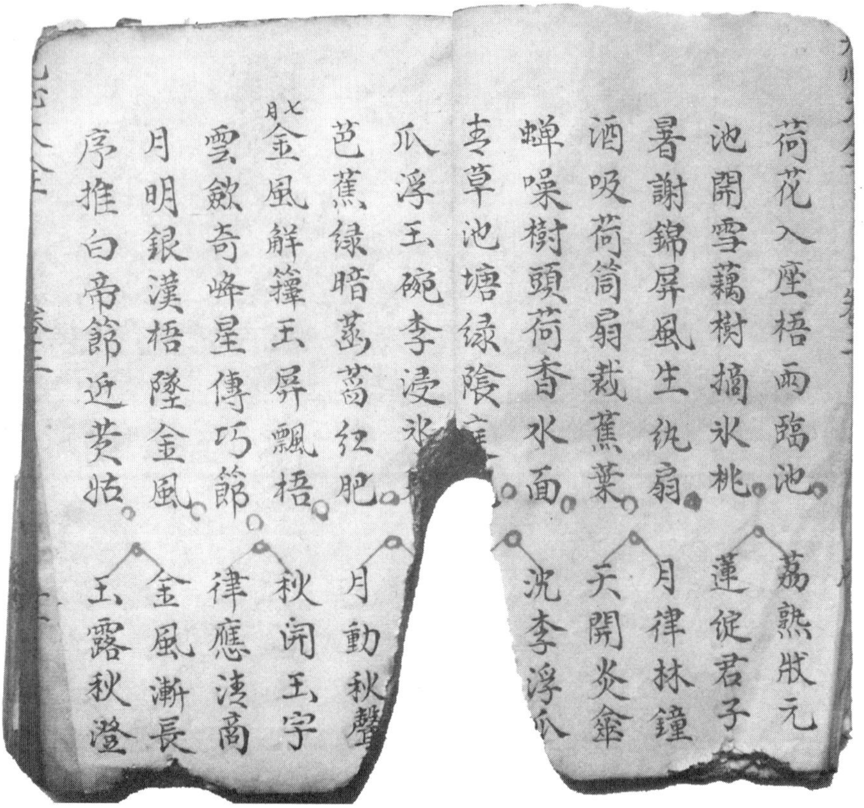

段莘乡官坑村 6-11 · 书信活套簿 ·《见心大全》

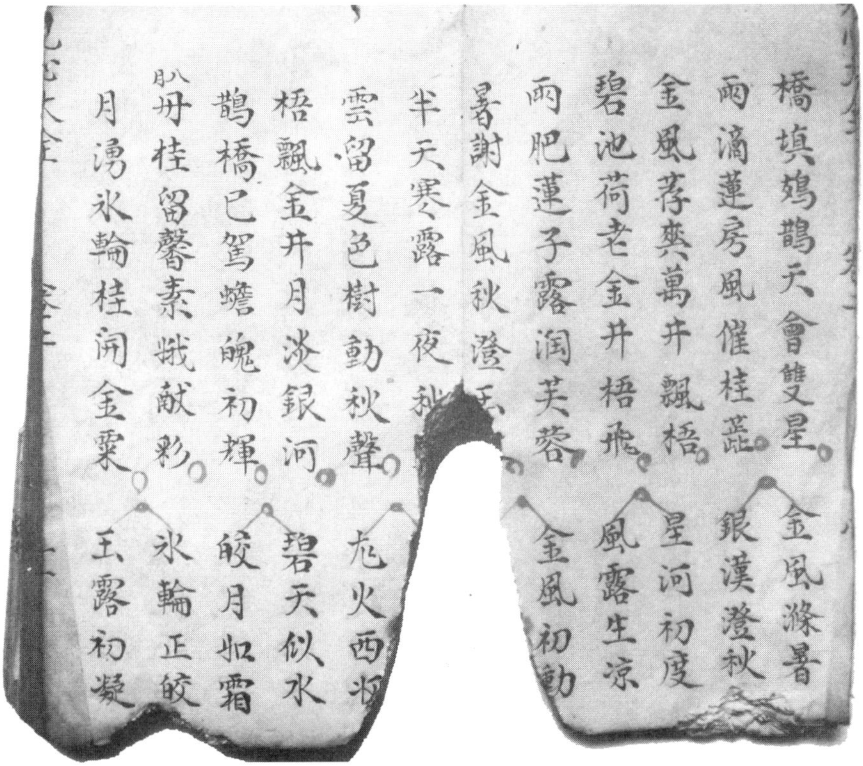
橋填鵁鵲天會雙星
雨滴蓮房風催桂蕊
金風荐爽萬井飄梧
碧池荷老金井梧飛
雨肥蓮子露潤芙蓉
暑謝金風秋澄玉
半天寒露一夜秋
雲留夏色樹動秋聲
梧飄金井月淡銀河
鵲橋已駕蟾魄初輝
八月
丹桂留馨素娥献彩
月湧冰輪桂开金粟
金風滌暑
銀漢澄秋
星河初度
風露生凉
金風初動
尨火西收
碧天似水
皎月如霜
冰輪正皎
玉露初凝

段莘乡官坑村 6-12 · 书信活套簿 ·《见心大全》

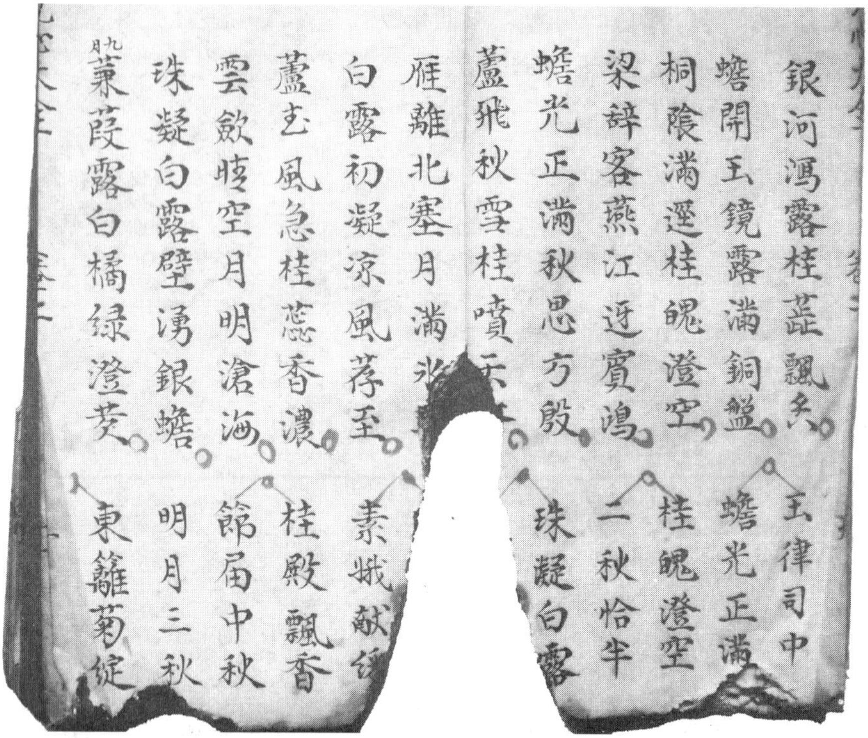
銀河瀉露桂蕊飄香
蟾開玉鏡露滿銅盤
桐陰滿逕桂魄澄空
梁辭客燕江迓賓鴻
蟾光正滿秋思方殷
蘆飛秋雪桂噴天
雁離北塞月滿
白露初凝涼風荐至
蘆去風急桂蕊香濃
雲斂晴空月明滄海
珠凝白露璧湧銀蟾
蒹葭露白橘綠澄黄

玉律司中
蟾光正滿
桂魄澄空
二秋恰半
珠凝白露
素娥献
桂殿飄香
節屆中秋
明月三秋
東籬菊綻

段莘乡官坑村 6-13 · 书信活套簿 ·《见心大全》

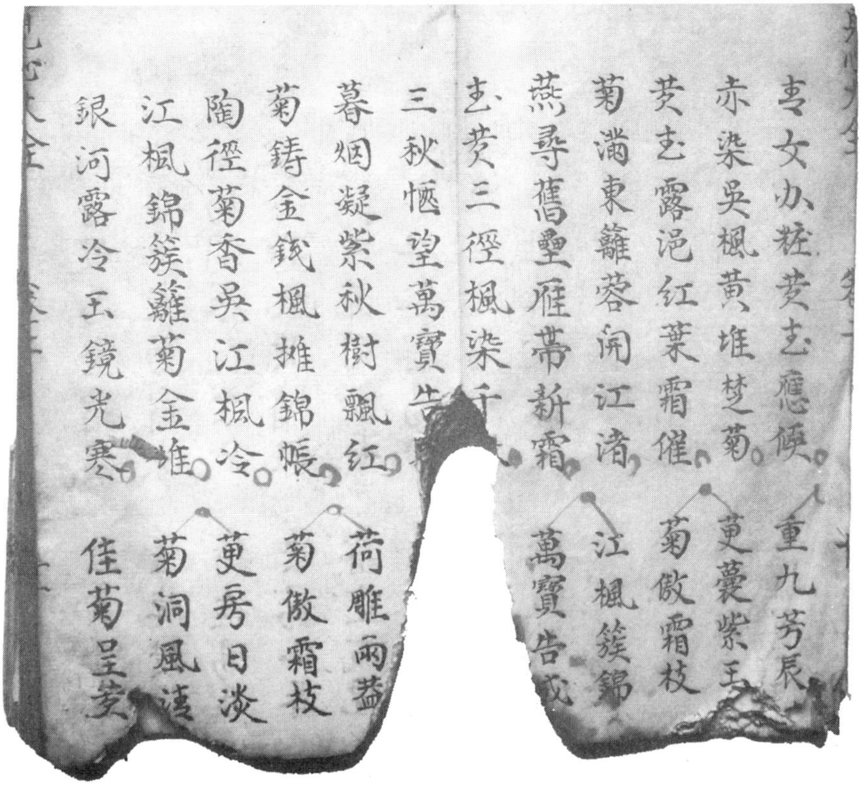
专女办粧芙蓉應候
重九芳辰
赤染吴楓黄堆楚菊
萸囊紫玉
芙蓉露浥红葉霜催
菊傲霜枝
菊満東籬蓉開江渚
江楓簇錦
燕尋舊壘雁帯新霜
萬寶告成
蓉芙三徑楓染千
三秋悵望萬寶告
暮烟凝紫秋樹飄红
荷雕兩盖
菊铸金錢楓攤錦帳
菊傲霜枝
陶徑菊香吴江楓冷
萸房日淡
江楓錦簇籬菊金堆
菊洞風清
鋃河露冷玉鏡光寒
佳菊呈芳

段莘乡官坑村 6-14 · 书信活套簿 ·《见心大全》

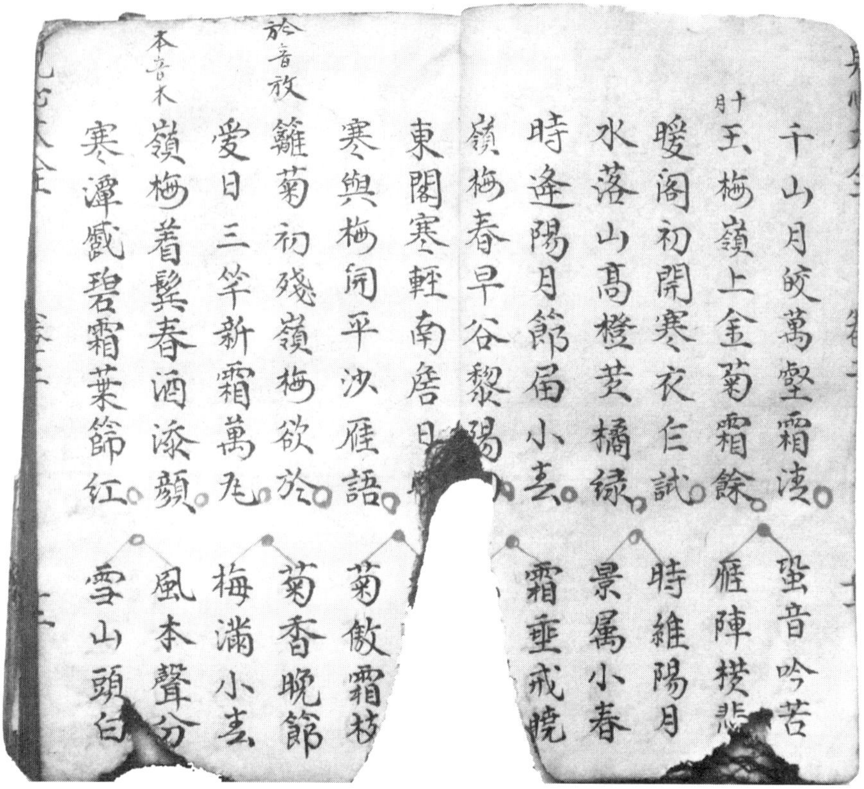
千山月皎萬壑霜凄　蛩音吟苦
十月 玉梅嶺上金菊霜餘　雁陣揆悲
暖閣初開寒衣乍試　時維陽月
水落山高橙黄橘緑　景屬小春
時逢陽月節届小春　霜垂戒曉
嶺梅春早谷黎陽
東閣寒輕南簷日　菊斂霜枝
寒與梅開平沙雁語　菊香晩節
於音放 籬菊初殘嶺梅欲於　梅滿小春
愛日三竿新霜萬瓦　風本聲分
本音木 嶺梅着鬓春酒添顏
寒潭戲碧霜葉飾紅　雪山頭白

段莘乡官坑村 6-15 · 书信活套簿 ·《见心大全》

梅香嶺上菊瘦東籬
暖擁紅爐香傳金橘　元英啟候
眼罷秋壬唇沾春酒　青女司辰
律傳音始梅見天心　平沙鴈諸
溪壯寒冰庭暄愛日　寒輿梅開
冰開碧沼雲煮紅　仲律初回
獵火高林梅盡古
芙鐘律轉宮漆綠線
一陽來復萬象昭同　凍硯呵冰
銅管灰飛玉梅盡透　半憩梅月
遙天紫舞暖閣樽開　一梳松風
春回一線雲度千山　一陽氣轉
　　　　　　　　　六管飛灰

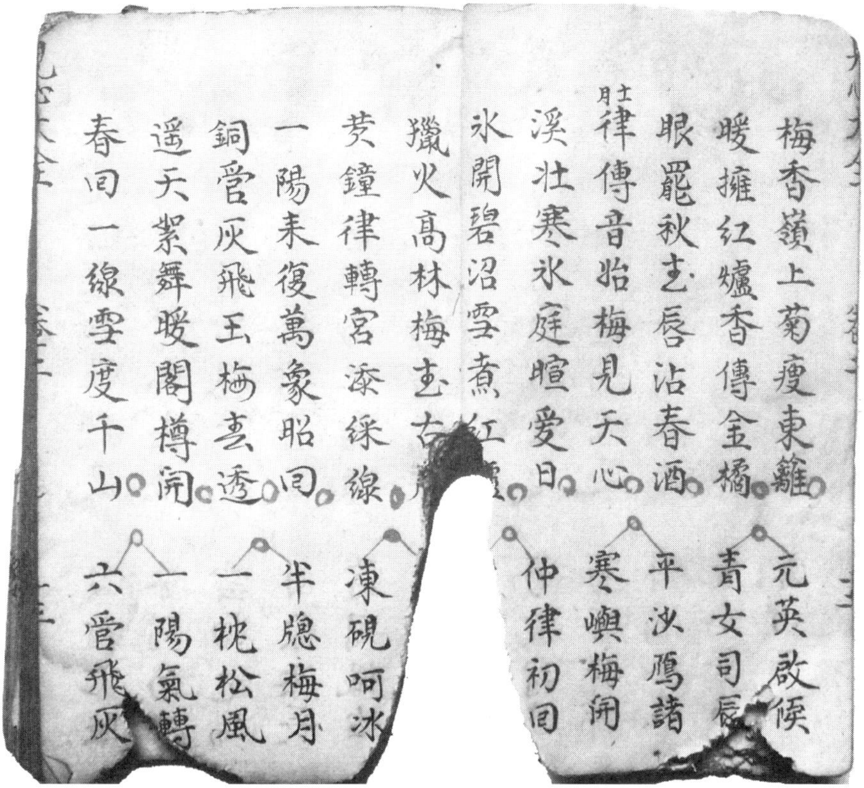

五紋添線六舞飛灰　日行北陸
一陽氣轉六出先飛　春到南枝
梅月午窓松風一枕　雲物紀端
雲霜爭白松竹晉卓　日線添長
野圃梅開高林雪滿　霜洞楓冶
雲賦梁園詩尋灞(?)
鼓催殘臘梅迎新春　入蠟佳長
雲舞瓊玉氷垂玉筯　
雲迷萬井雪滿千山　寒隨臘去
松耐歲寒梅傳春信　暖遂春回
寒隨臘去暖逐春回　梅走獻端
雪迷江上雲滿山中　雪兆豐年

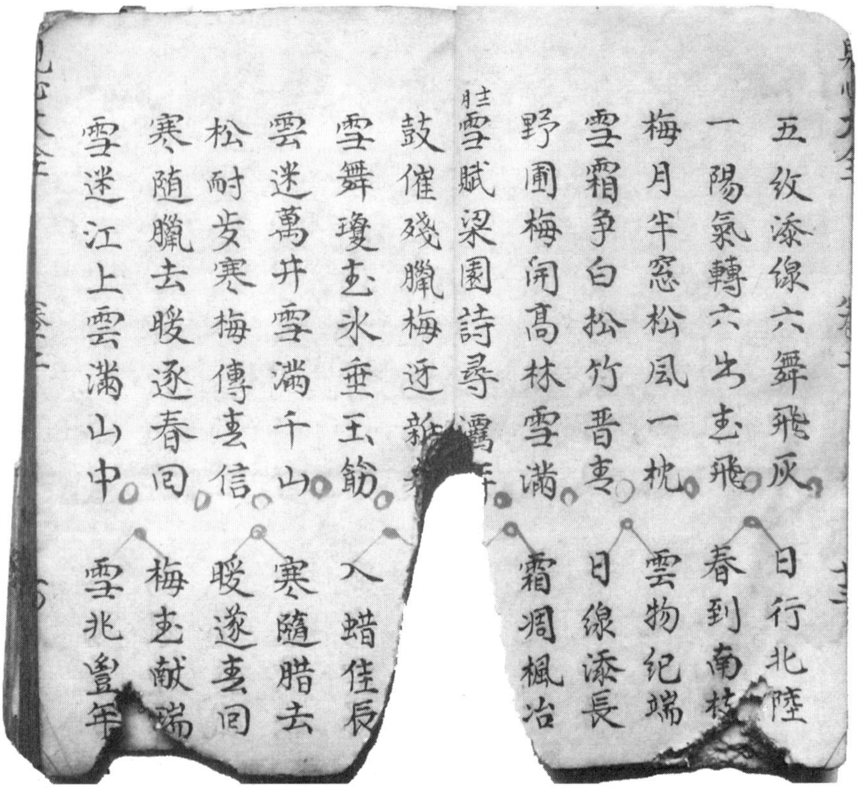

段莘乡官坑村 6-17 · 书信活套簿 · 《见心大全》

梅傳春意雪兆年登三陽送旧
梅影橫窗雪玉鋪逕萬象迎春
雪壓松梢春野梅蓝椒觴餞臘
西山雲霽東閣梅香年催景換
鴻飛北诸鵲噪南枝風慘雲愁
賓鴻敬去乾鵲初□

令節

元旦 觴傳柏葉頌獻椒尊。麟筆紀元
立春 五辛盤熟六字春融。圭疇畫泰
土牛送舊綵燕迎新。岸柳搖金
梅边餞臘草除迎春。宮桃綻錦
人日 額點梅粧釵懸綵勝。元宵 玉漏停催

影斜柔柘宴罷雞豚　金吾弛禁
針日暑方中春光恰半　鈞鼇山掛月
上已　脩禊蘭亭流觴曲水　蛾柳顰風
風光競秀童冠偕春　火樹燒春
寒食　萬井藏烟千門挿栁　銀光夜照
寒食　栁拂輕烟光飛紅
正月閒　歲肇三微月添寒
二月閒　仲春紀閏積雨留寒
三月閒　野鳥啼玄岸光泣曉　重三介旦
明渡　蝴蝶灰飛杜鵑血染　明渡　梨光落院
明渡　漢宮傳臘古塚飄錢　明渡　栁絮傳箋
明渡　栁烟初霽榆火新傳　榆火方新

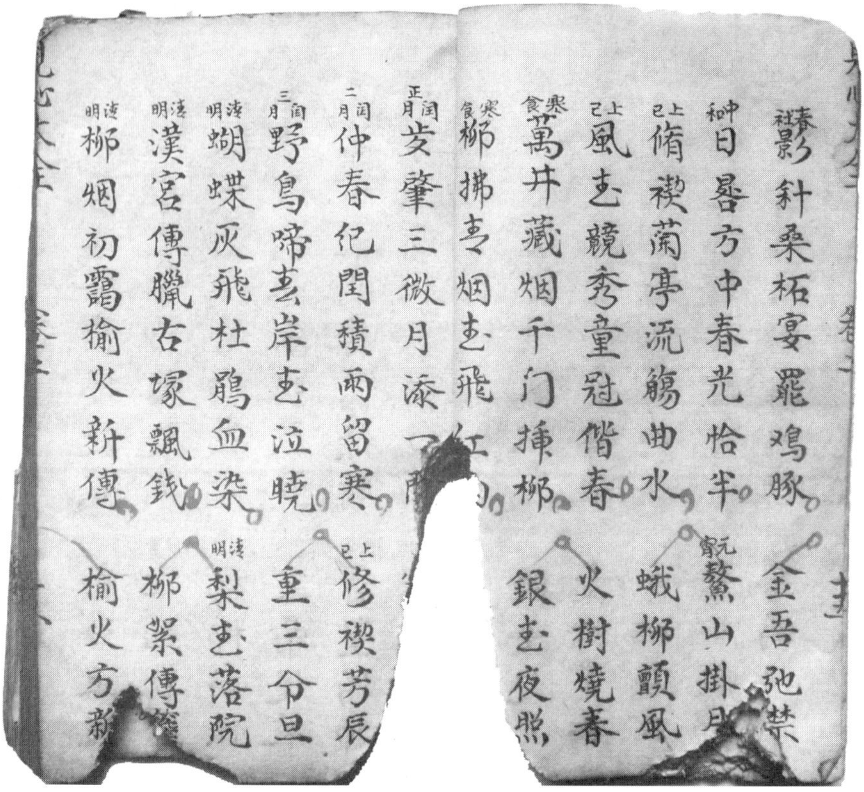

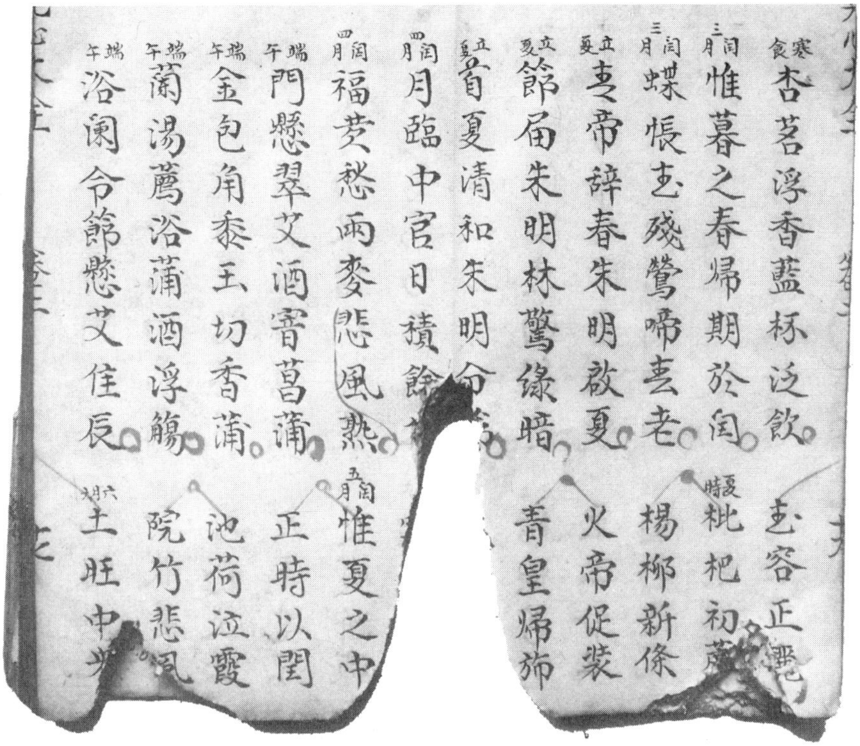
寒食 杏茗浮香藍杯泛飲 春容正
三閏月 惟暮之春歸期於閏 夏時 枇杷初
三閏月 蝶悵春殘鶯啼春老 楊柳新條
立夏 春帝辭春朱明啟夏 火帝促裝
立夏 節届朱明林鶯緣暗 青皇歸旆
立夏 首夏清和朱明令
四閏月 月臨中宮日積餘
四閏月 福茀愁兩麥態風熱 五閏月 惟夏之中
端午 門懸翠艾酒簪菖蒲 正時以閏
端午 金包角黍玉切香蒲 池荷泣霞
端午 蘭湯薦浴蒲酒浮觴 院竹悲風
端午 浴蘭令節懸艾佳辰 六月 土旺中

段莘乡官坑村 6-20 · 书信活套簿 ·《见心大全》

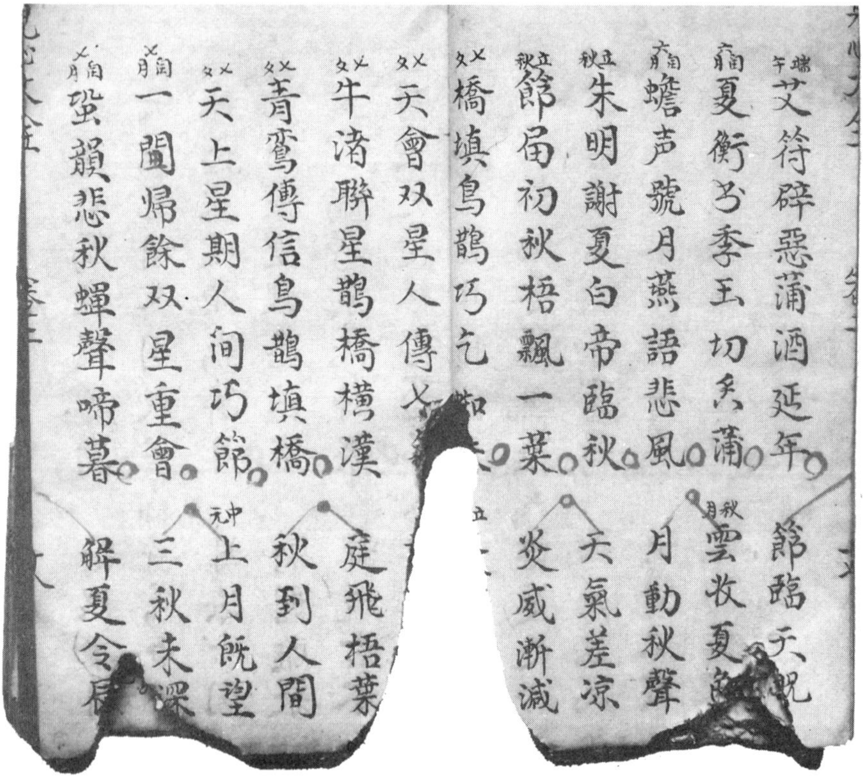
艾符辟惡蒲酒延年
夏衡𢎞季玉切兵蒲
蟾声號月燕語悲風
朱明謝夏白帝臨秋
節届初秋梧飄一葉
橋填鳥鵲巧乞
天會双星人傳
牛渚聯星鵲橋橫漢
青鸞傳信鳥鵲填橋
天上星期人间巧節
一閨帰餘双星重會
蛩韻悲秋蟬聲啼暮
節臨天
雲收夏
月動秋聲
天氣差涼
炎威漸減
庭飛梧葉
秋到人間
上月既望
三秋未深
解夏令

段莘乡官坑村 6-21 · 书信活套簿 ·《见心大全》

仲秋　梧葉風高桂枝月滿
仲秋　新秋半月
仲秋　絃管吹雲壺籟醉月
中秋　月明盡望秋思誰家
中秋　時屬中秋
　　　月湛一閒
秋社　黃雲徧野紫燕辭梁
　　　燕別雕梁
　　　蟬號古木
九日　臂縈萸囊杯樽菊□
九日　白衣送酒帽落風怡情
重陽　催租人遠
重陽　萸囊紫玉菊泛黃金
重陽　佳菊呈芳菊萸試紫
重陽　萸房日淡菊洞風凄
九月旬　月餘一閒日兩重陽

　　　霜華戒曉
　　　梅信傳春
　　　梅傳春意
　　　菊傲霜枝
　　　菊香晚節

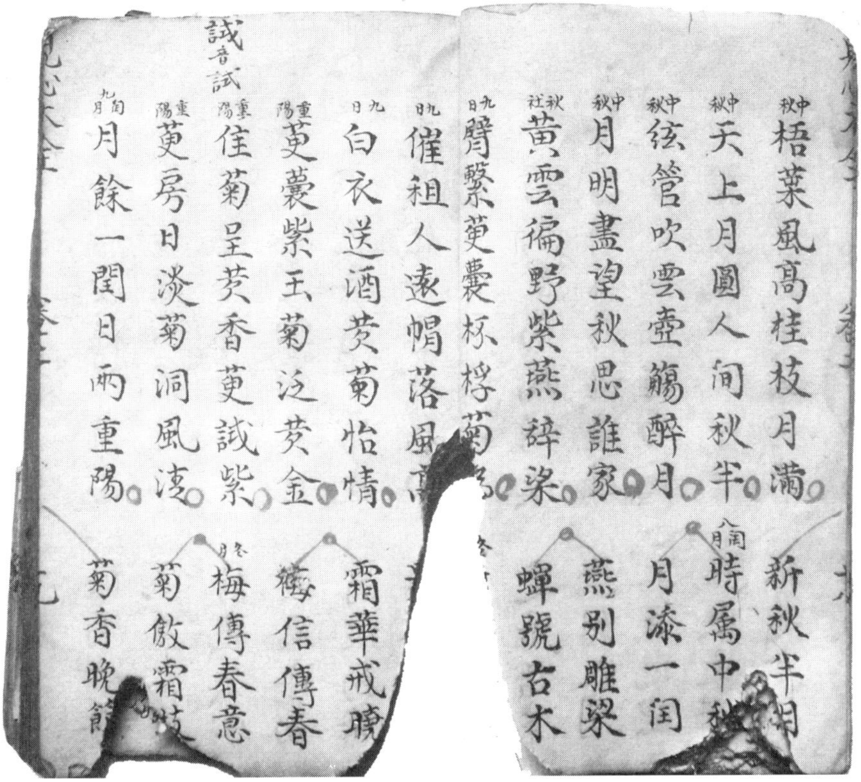

韻　蛩音吟苦雁陣棲悲
叁五 元英啓秀青女司寒　梅見天心
叁五 白帝辞權玄冥司節　璿律回元氣
　　　梅漏小春
紐　霜凌梅蕊雪冷楓林　葭灰縷動
　　　縷線初添
韻　三冬氣序閏月歸餘
韻　風木聲分雲山形句
十月　節臨亙朔月紀餘分
十月　霜凋楓冶月淡梅寒
青月　寒逼週年
冬至　爆竹聲喧屠蘇酒熟
冬除　杯傾栢酒門換桃符
　　　年催景換
冬除　椒花獻頌爆竹迎祥
　　　風憯雲愁
冬陰　椒走賤膠
冬殊　画閣逢春錦筵守歲

令節以全諸時可用 爆竹催春

正月 孟春 太簇 孟陽 首春 上春 發春 發歲 芳歲

二月 仲春 夾鐘 ... 端月 孟陬

三月 季春 姑洗 桃月 晚春 禊月 蠶月 嘉月 梛月 㿗月

如月 仲陽 愚月 ...

四月 孟夏 仲呂 麥秋 正陽 清和 余月 首夏 維夏

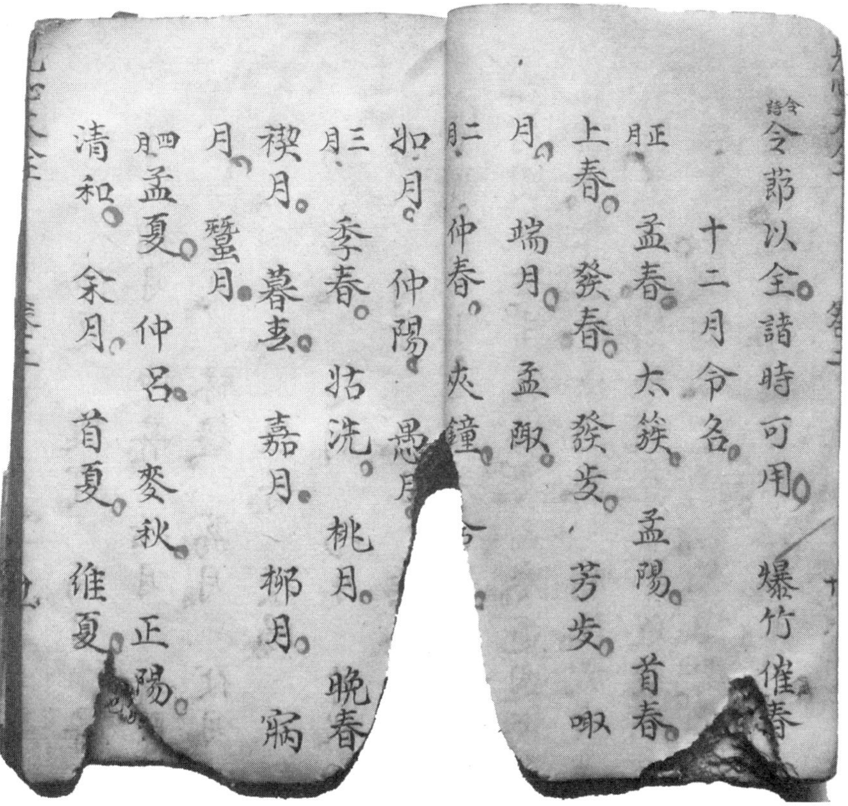

五月、仲夏、蕤賓、蒲月、榴月、仲暑、姤月、端陽

六月、季夏、林鐘、荔月、梭陽、荷月、旦月、徂暑、伏月

七月、孟秋、夷則、巧月、首秋、蘭秋、蘭月、相月

八月、仲秋、南呂、中秋、半秋、瓜月

九月、季秋、無射、牡月、菊月、玄月、桂月、仲高

十月、孟冬、應鐘、陽月、小春、暮高、菱月、霜月、暮秋

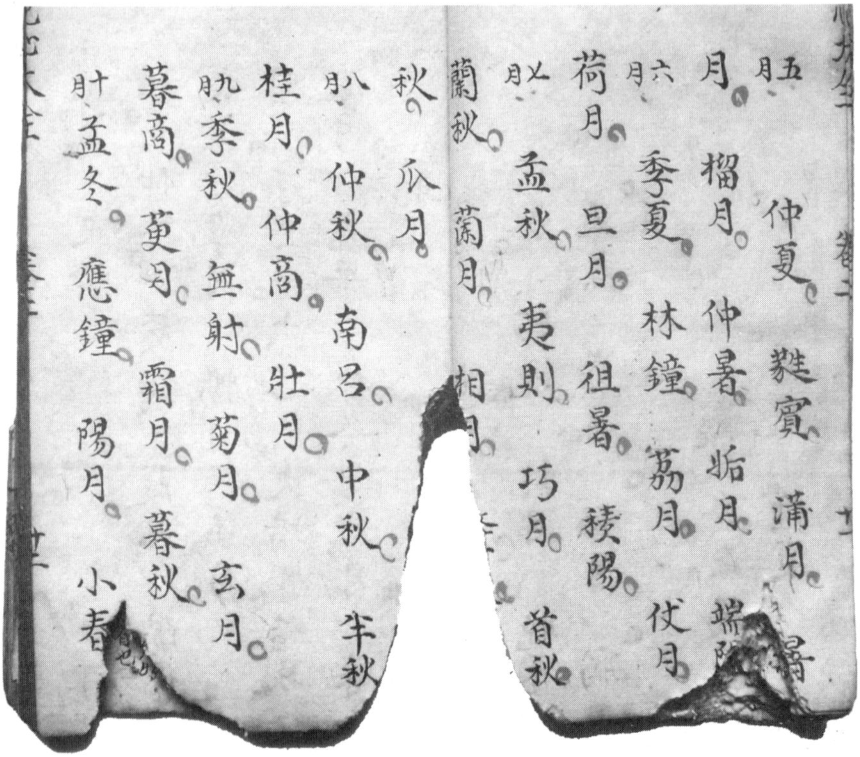

段莘乡官坑村 6-25·书信活套簿·《见心大全》

上冬、正陰。

肚 仲冬、葭鐘、葭月、陽復

長至 辜月、暢月、子月

肚 季冬、大呂、大蜡、蜡月

除月 嘉平、杪冬、臘月、暮

冬、窮紀

稱呼活套

　奉尊長、

台臺、老台臺、台翁、老先生

老伯、老叔、

　自稱呼活套

晚生、小侄、晚侄、晚輩

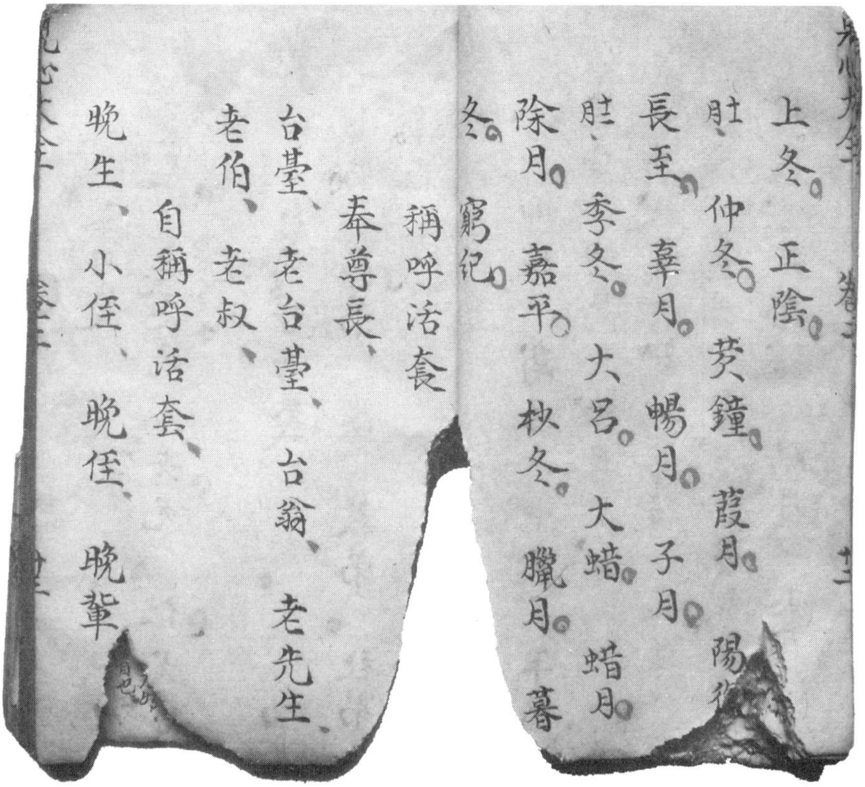

段莘乡官坑村 6-26・书信活套簿・《见心大全》

奉平交

長兄、老長兄、老兄、仁兄、台兄、足下

自稱呼活套

小弟、愚弟、僕、教弟、社弟、辱弟

長幼稱呼

家長付卑幼、

祖父母字付孫男某知之

伯祖字付矣姪孫某知之 叔祖付姪孫亦然

老父母字付儿男某知之

伯父母字付儿姪某知之 或矣姪具名

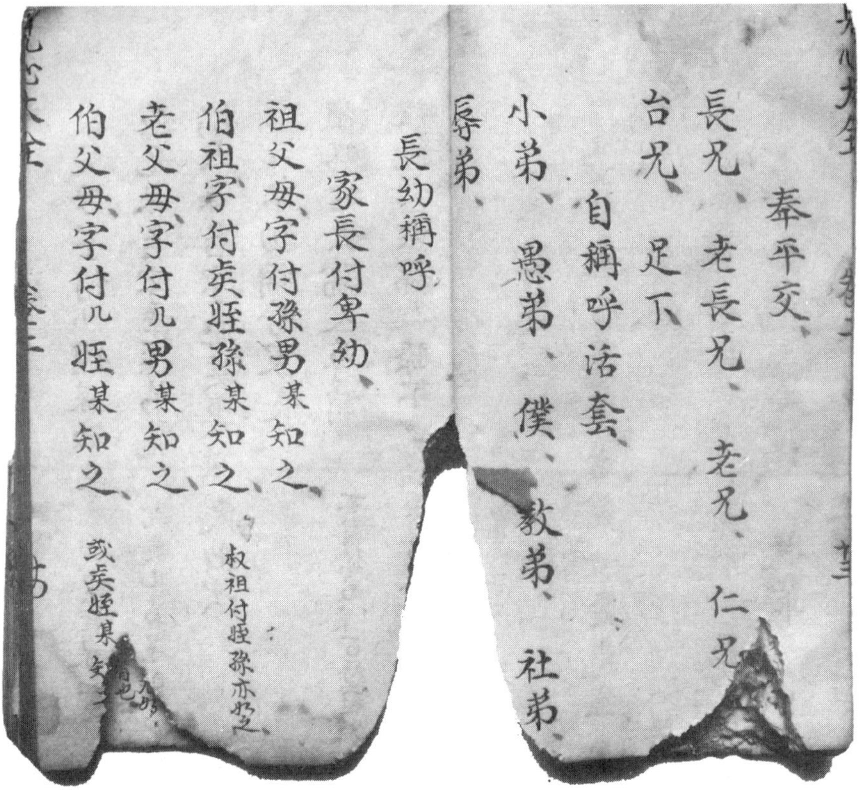

段莘乡官坑村 6-27 · 书信活套簿 ·《见心大全》

叔父母字付凡姪某知之、或与姪某

愚兄某名字達某弟覽、或与几弟某見

拙夫某名字達矣妻某氏妝次

卑幼稱呼家長

祖妣老大孺人尊前

畋親老大孺人膝下　不肖孫男某百拜方禀

伯叔祖老大人台下　愚姪孫某頓首禀

伯叔祖母老孺人懿座　愚姪孫某頓首禀

伯叔父老大人尊前　愚姪某頓首禀

伯叔母老孺人懿座　愚姪某頓首禀

長兄大人侍右　愚弟某頓首禀

長嫂孺人粧次　夫弟某頓首禀

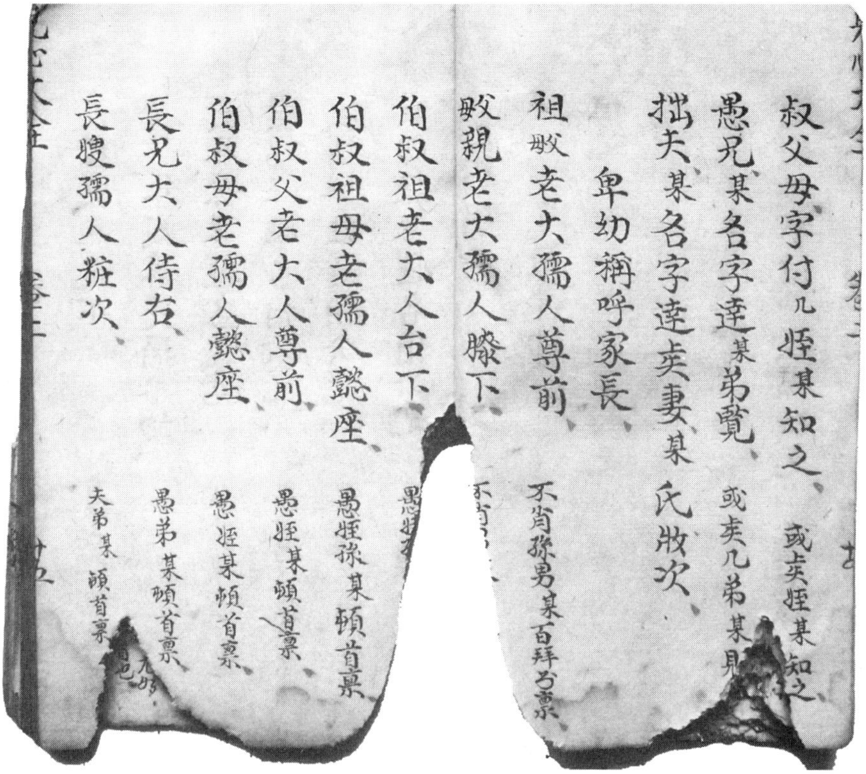

段莘乡官坑村 6-28・书信活套簿・《见心大全》

夫君良人足下、　　　　　　　　　賤妾某氏歛袵拜禀、
　　外戚尊長稱卑幼
矣外孫某姓名親覽、　　　　　　　愚外祖某姓名字述、
矣錫某姓名相公覽、　　　　　　　愚母舅某姓名字申、
矣婿某姓名相公覽、　　　　　　　岳母某姓名拜手方
矣內姪某姓名相公見
矣禄侄某姓名相公見
　　外戚卑幼稱尊長、
外祖某姓老大人台下、　　　　　　愚外孫某姓名百拜乃禀、
外祖母老孺人尊前、　　　　　　　愚外孫某姓名百拜乃禀、
尊母舅某姓老大人前、　　　　　　愚外姪某姓名頓首、
尊舅母老孺人尊前、　　　　　　　愚外姪某姓名頓首、

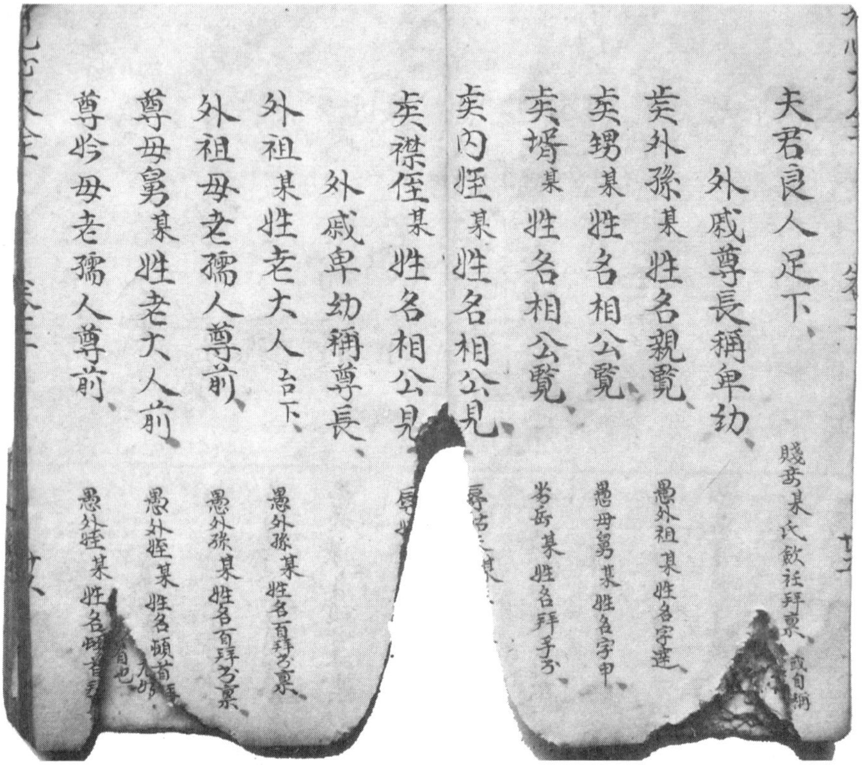

段莘乡官坑村 6-29 · 书信活套簿 ·《见心大全》

岳父老大人台下、愚子婿某姓名百拜沒
岳母老孺人尊前、愚子婿某姓名百拜
伯叔岳老大人尊前、愚侄婿某姓名頓首拜
尊姑丈老大人尊前、愚内侄某姓名頓首拜
尊姑娘老孺人前、愚侄某名頓首拜桌
尊姨丈老大人前、
尊母姨老孺人前、
尊表伯叔老大人前、愚表侄某姓名頓首拜
尊表伯叔母老孺人前、
尊嬋翁某姓名老大人台前、嬋教侄某姓名頓首拜
　　外戚平輩稱呼
尊師文某姓名大人電、愚内弟某姓名

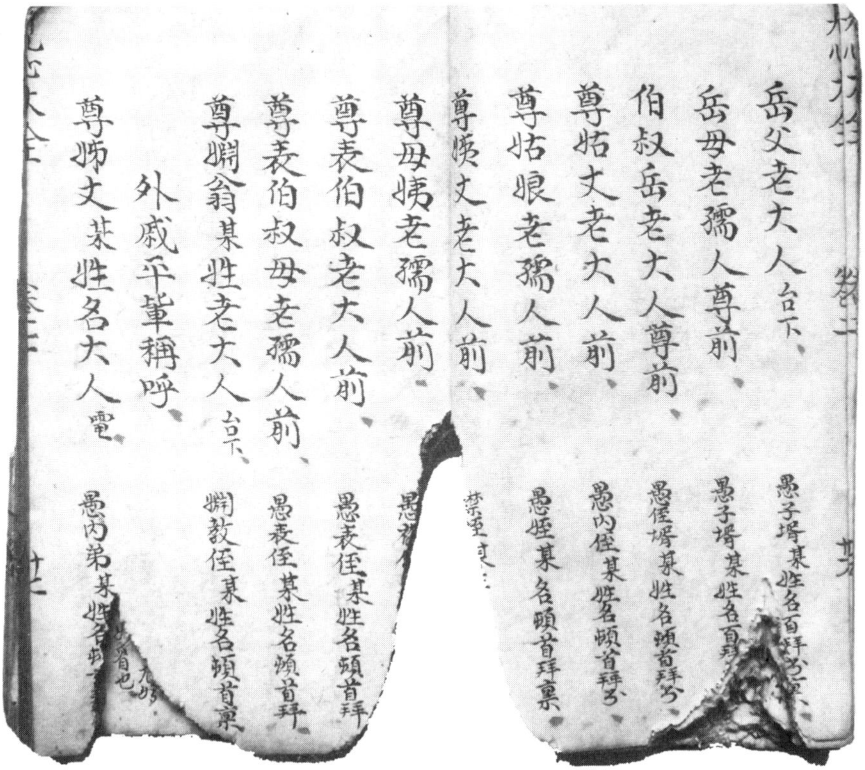

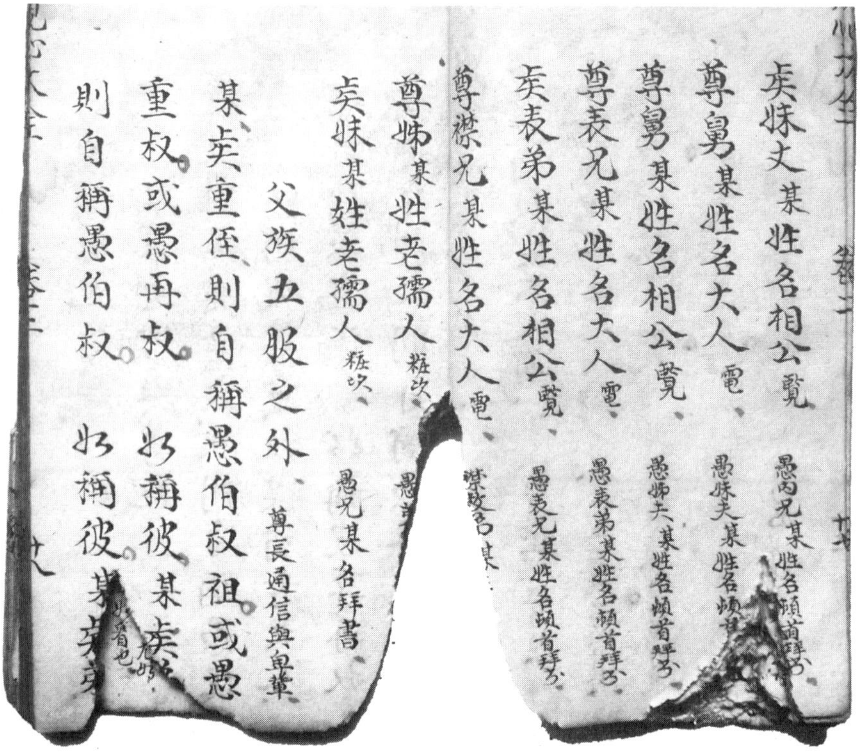

妻妹丈某姓名相公覧　愚内兄某姓名頓首拜上

尊舅某姓名大人電　愚妹夫某姓名頓首拜

尊舅某姓名相公覧　愚姊夫某姓名頓首拜上

尊表兄某姓名大人電　愚表弟某姓名頓首拜上

妻表弟某姓名相公覧　愚表兄某姓名頓首拜上

尊襟兄某姓名大人電　襟弟名某

尊姊某姓老孺人粧次　愚弟

妻妹某姓老孺人粧次　愚兄某名拜書

父族五服之外　尊長通信與卑輩

某妻重侄則自稱愚伯叔祖或愚

重叔或愚再叔　如稱彼某妻姪

則自稱愚伯叔　如稱彼某妻

段莘乡官坑村 6-31 · 书信活套簿 ·《见心大全》

則自稱愚兄
卑輩通信與尊長
伯叔祖某翁老大人則自稱愚侄
孫　如稱彼尊重叔某翁老大人
則自稱愚重侄　如稱彼尊再叔
某翁老大人則自稱愚
稱彼尊伯叔某翁老大
愚侄　如稱彼某尊兄則自稱愚弟
母族畧疏之属
通信與伯叔外祖則自外侄孫
通信與堂母舅則自稱眷外侄
通信與堂表兄弟則自稱眷

段莘乡官坑村 6-32 · 书信活套簿 ·《见心大全》

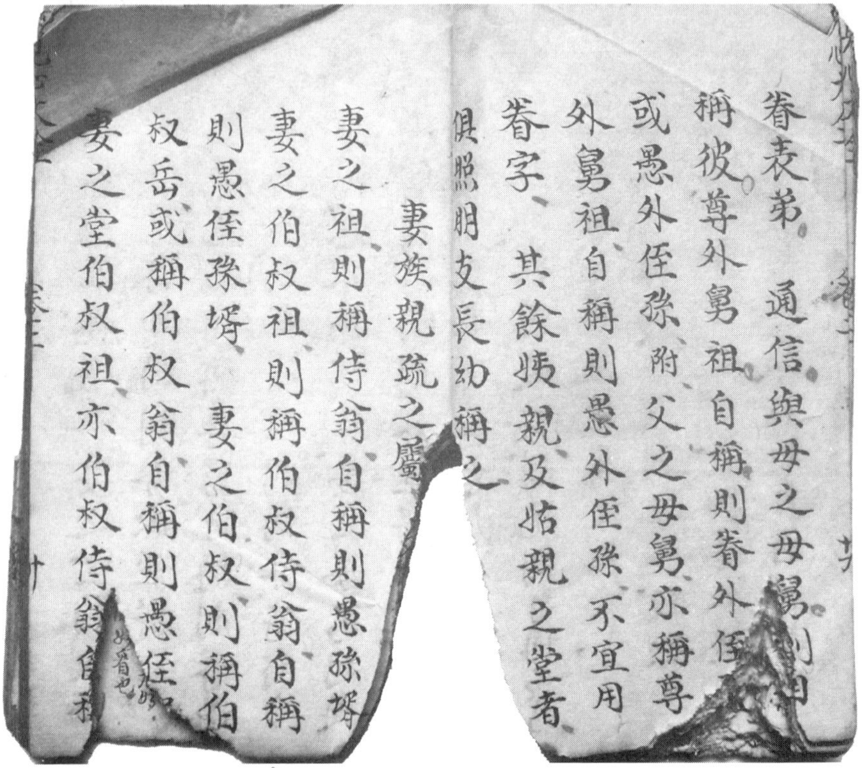
眷表弟　通信與母之母舅則用
稱彼尊外舅祖自稱則眷外侄
或愚外侄孫附父之母舅亦稱尊
外舅祖自稱則愚外侄孫不宜用
眷字　其餘姨親及姑親之堂者
俱照朋友長幼稱之
妻族親疏之屬
妻之祖則稱侍翁自稱則愚孫壻
妻之伯叔祖則稱伯叔侍翁自稱
則愚侄孫壻　妻之伯叔則稱伯
叔岳或稱伯叔翁自稱則愚侄
妻之堂伯叔祖亦伯叔侍翁自稱

段莘乡官坑村 6-33 · 书信活套簿 ·《见心大全》

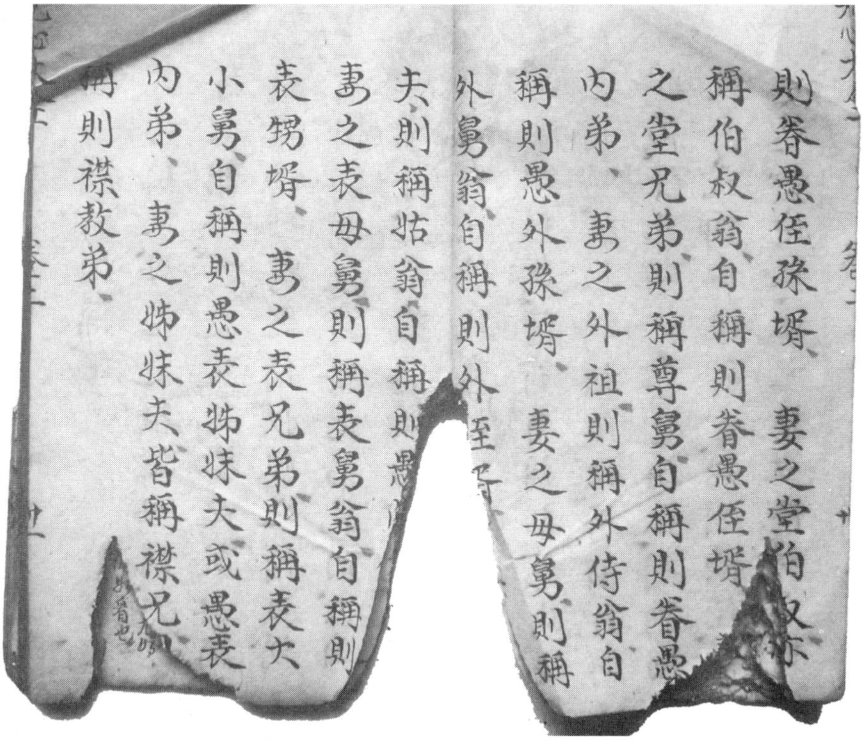
則眷愚侄孫壻　妻之堂伯叔
稱伯叔翁自稱則眷愚侄壻
之堂兄弟則稱尊舅自稱則眷愚
內弟、妻之外祖則稱外侍翁自
稱則愚外孫壻　妻之母舅則稱
外舅翁自稱則外侄
夫則稱姑翁自稱則愚
妻之表母舅則稱表舅翁自稱則
表甥壻　妻之表兄弟則稱表大
小舅自稱則愚表姊妹夫或愚表
內弟、妻之姊妹夫皆稱襟兄
稱則襟教弟

段莘乡官坑村 6-34 · 书信活套簿 ·《见心大全》

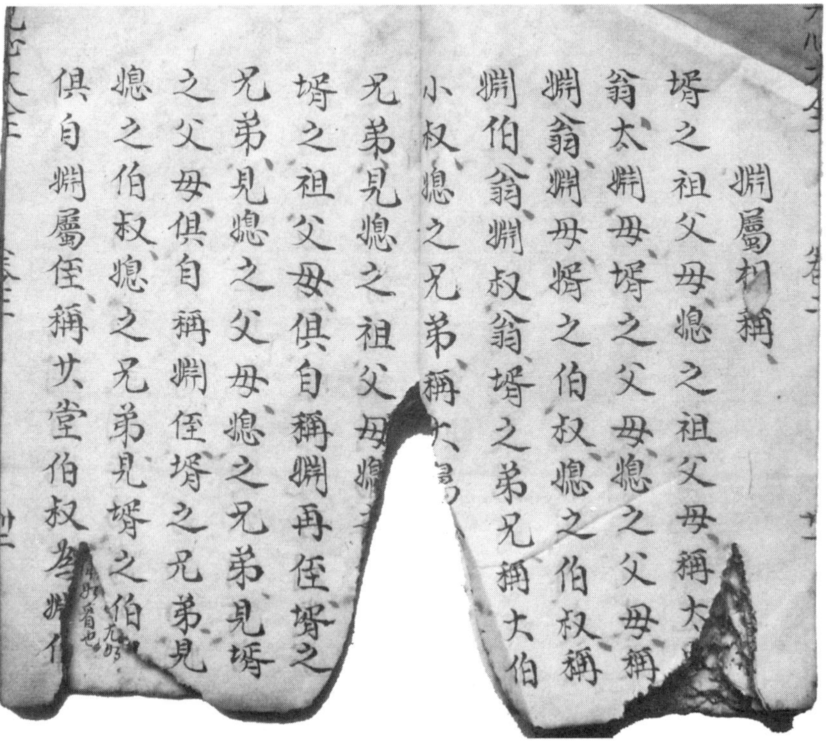

婣屬相稱
壻之祖父母媳之祖父母稱大
翁太婣母壻之父母媳之父母稱
婣翁婣母壻之伯叔媳之伯叔稱
婣伯翁婣叔翁壻之弟兄稱大伯
小叔媳之兄弟稱大舅
兄弟見媳之祖父母媳
壻之祖父母俱自稱婣再侄壻之
兄弟見媳之父母媳之兄弟見壻
之父母俱自稱婣侄壻之兄弟見
媳之伯叔媳之兄弟見壻之伯
俱自婣屬侄稱丈堂伯叔

段莘乡官坑村 6-35 · 书信活套簿 ·《见心大全》

稱同，兩壻家除嫡親若到堂字
翁寫與次輩廿自稱與太壻翁自
二輩則自稱壻侍生，男女兩壻
則自稱壻世弟，或壻侍弟寫與
壻叔，男女大壻翁寫與次上輩

及從字上皆宜稱壻寫□
壻眷至於壻之姉妹夫□
名親則均稱眷教弟此通行之稱
也不可亂以親戚辭之
　儒士師弟相稱
夫子大人　函丈
　某字吾弟　文几　受業門人姓名百拜

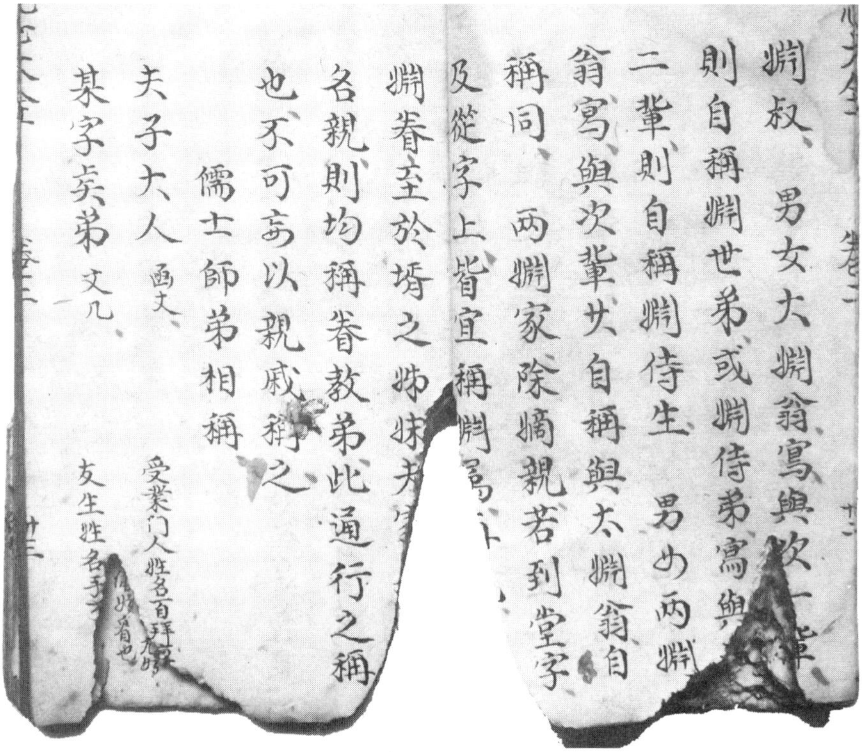

段莘乡官坑村 6-36・书信活套簿・《见心大全》

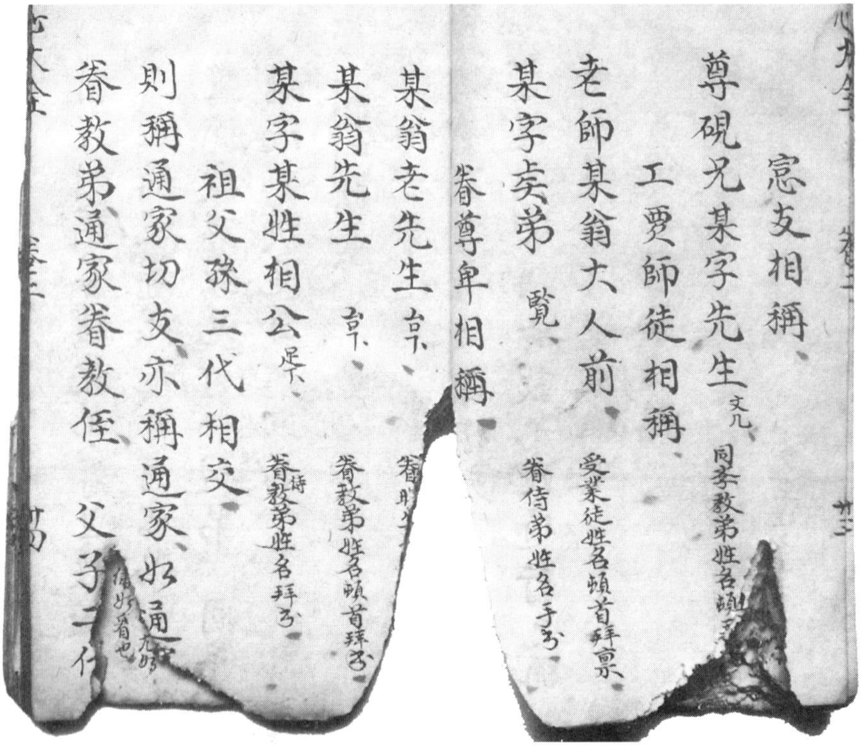
窗友相稱
尊硯兄某字先生 文几
同學教弟姓名頓首
工要師徒相稱
老師某翁大人前
愛業徒姓名頓首拜稟
某字奚弟 覽
眷侍弟姓名手書
眷尊卑相稱
某翁老先生 亨下
某翁先生 亨下
眷教弟姓名頓首拜書
某字某姓相公 足下
眷侍教弟姓名拜書
祖父孫三代相交
則稱通家切支亦稱通家如通
眷教弟通家眷教侄 父子二代

段莘乡官坑村 6-37 · 书信活套簿 ·《见心大全》

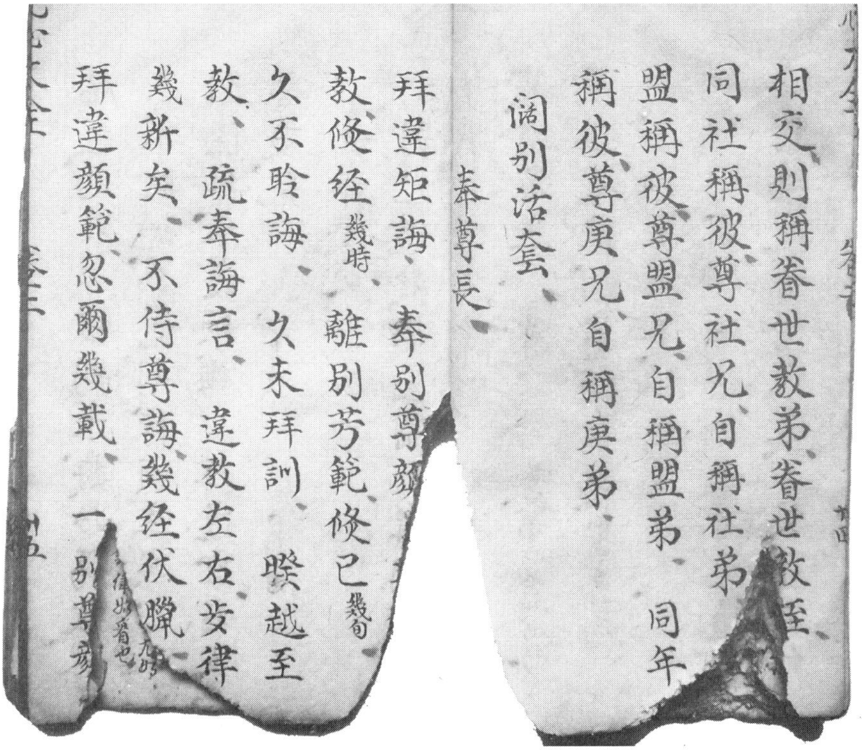

相交則稱沓世教弟沓世教侄
同社稱彼尊社兄自稱社弟
盟稱彼尊盟兄自稱盟弟 同年
稱彼尊庚兄自稱庚弟
闊别活套
奉尊長
拜違矩誨 奉别尊顔
教倏经幾時 離别芳範倏已幾旬
久不聆誨 久未拜訓 睽越至
教 疏奉誨言 違教左右安律
幾新矣 不侍尊誨幾经伏臘
拜違顔範忽爾幾載 一别尊顔

段莘乡官坑村 6-38 · 书信活套簿 ·《见心大全》

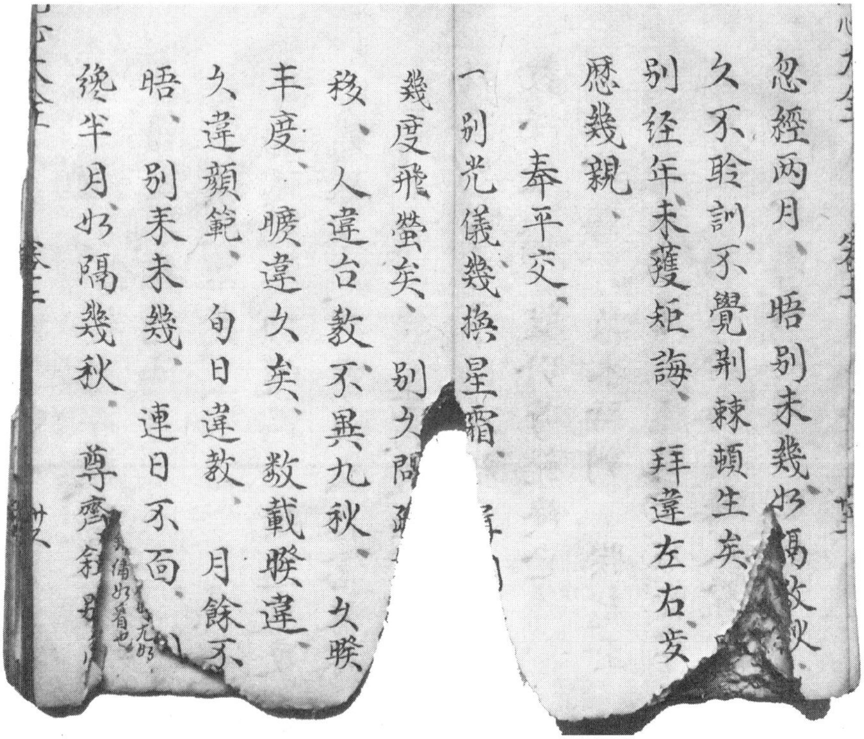

忽經兩月、晤别未幾、如隔數秋、
久不聆訓、不覺荆棘頓生矣、
别經年、未獲矩誨、拜違左右、
歷幾親。
奉平交
一别光儀、幾換星霜、[illegible]
幾度飛螢矣、别久隔[illegible]
移、人違台教、不異九秋、久暌
丰度、暌違久矣、數載暌違、
久違顏範、旬日違教、月餘不
晤、别来未幾、連日不面、[illegible]
绝半月、如隔幾秋、尊齊[illegible]

段莘乡官坑村 6-39 · 书信活套簿 ·《见心大全》

又月餘、不瞻眉宇倏经数月
拜别芝宇瞬间兩月
久違顔範時切懷思、瞬違風度
邈暮殊深、曠違日久慼念殊深
違别丰儀不覺星霜几[...]
光儀倏经幾載、
近别活套
連日阻見、别经信宿、違教旬
日、浃月不面、拜違一日如隔
三秋、不瞻眷字忽经越月
思慕活套

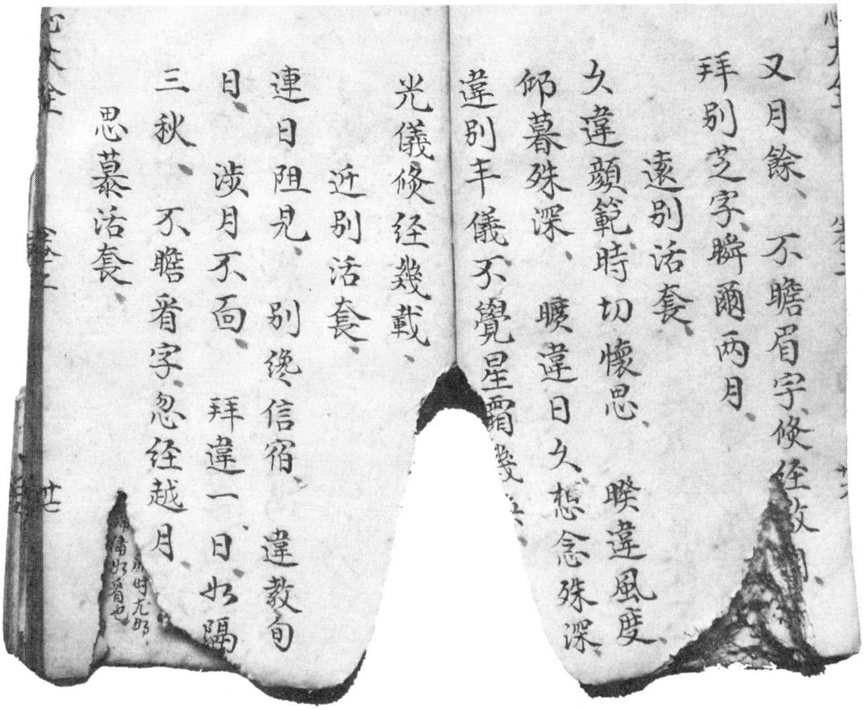

段莘乡官坑村 6-40・书信活套簿・《见心大全》

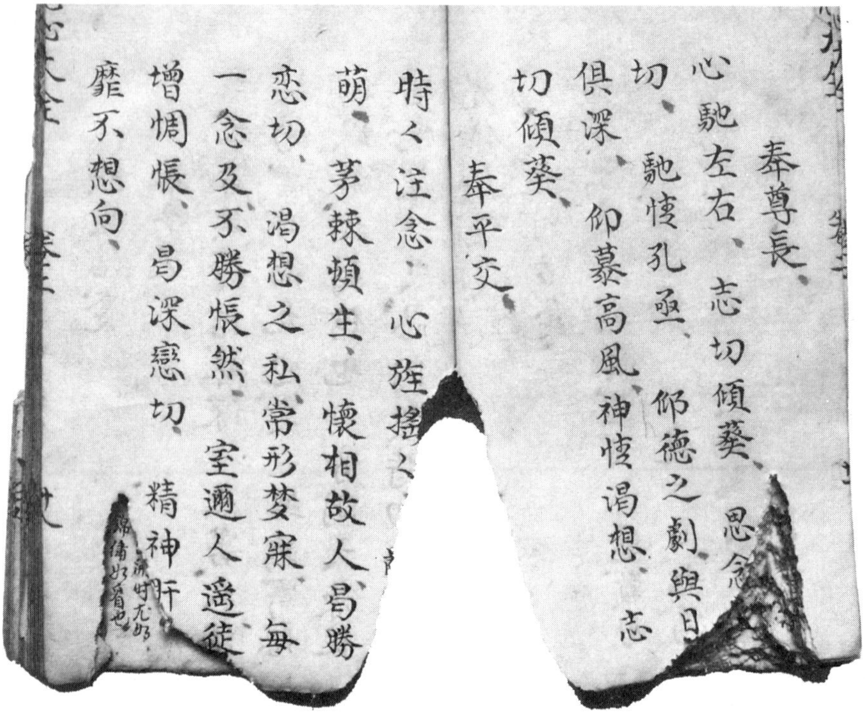
奉尊長
心馳左右 志切傾葵 思念
切 馳悰孔亟 仰德之劇與日
俱深 仰慕高風 神悰渴想 志
切傾葵
奉平交
時々注念 心旌搖々
萌 茅棘頓生 懷相故人曷勝
恋切 渴想之私常形夢寐 每
一念及不勝悵然 室邇人遥徒
增惆悵 曷深戀切 精神
靡不想向

段莘乡官坑村 6-41 · 书信活套簿 ·《见心大全》

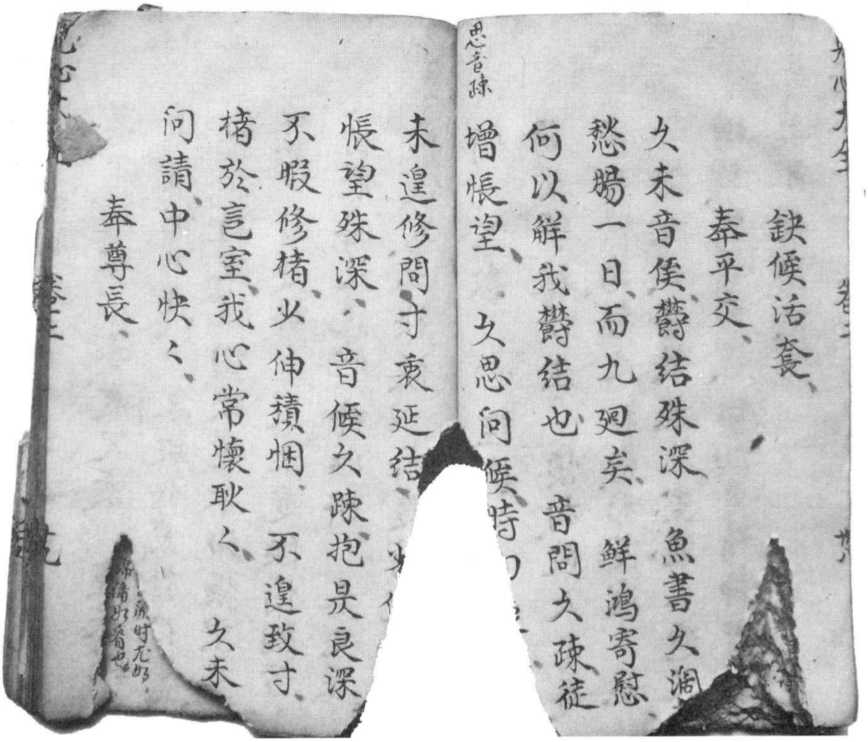

缺候活套

奉平交

久未音候欝结殊深　魚書久涸

愁腸一日而九廻矣　鮮鴻寄慰

何以鮮我欝结也　音問久疎徒

增悵望　久思問候時

未遑修問寸衷延结

悵望殊深　音候久疎抱是良深

不暇修椅以伸積悃　不遑致寸

椅於邑室我心常懷耿耿　久未

問請中心怏怏

奉尊長

段莘乡官坑村 6-42 · 书信活套簿 ·《见心大全》

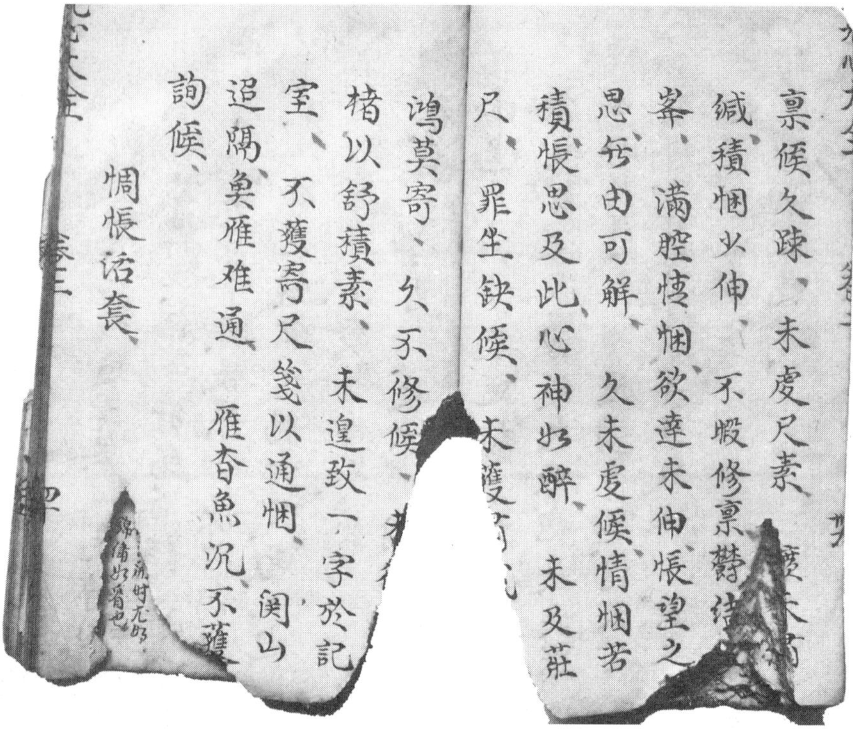

稟候久疎、未虔尺素、[illegible]
緘積悃以伸、不暇修稟鬱結[illegible]
峯、滿腔悽悃欲達未伸悵望之
思無由可解、久未虔候情悃若
積悵思及此、心神如醉、未及莊
尺、罪坐缺候、未獲[illegible]

鴻莫寄、久不修候、[illegible]
楮以舒積素、未遑致一字於記
室、不獲寄尺箋以通悃、閔山
迢隔、奥雁難通、雁杳魚沉不獲
詢候、
惆悵活套、

段莘乡官坑村 6-43 · 书信活套簿 ·《见心大全》

欵衷嶽積、鬱積五峯、建￼
悵、寸衷延結、肝腸百結
々殊深、殊抱悵然、悵也何以
何以解我鬱結、腸一日而九廻
八事活套

祢者、啓者、辰下

此、值此、屆茲、荀￼

云、適者某事云云、衰者、啓
者、邇者、邇来、辰下
起居活套
動定休暢、起居廸吉
臻、起居佳勝、多祉

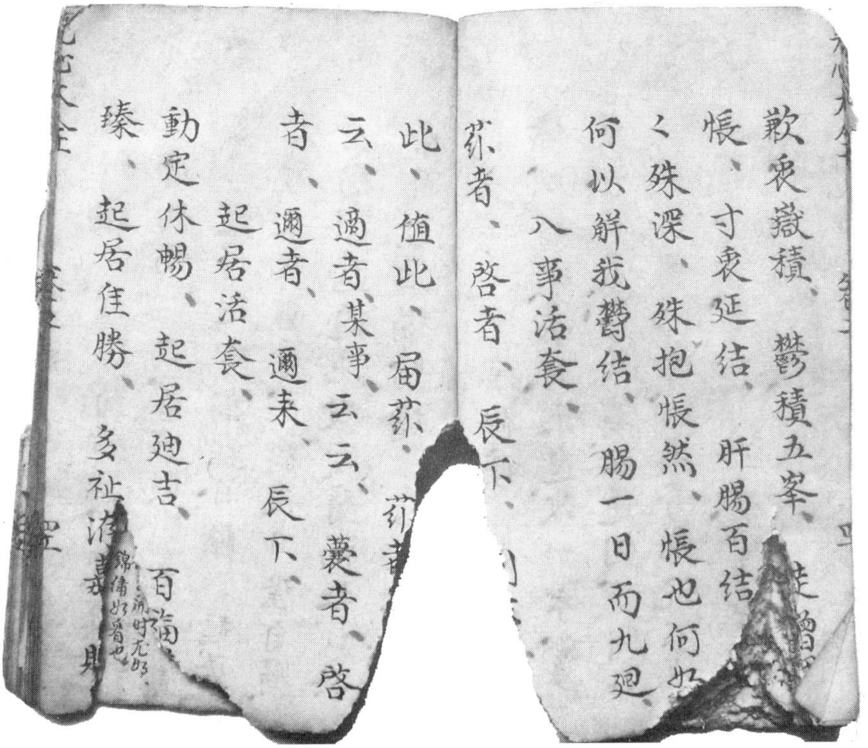

段莘乡官坑村 6-44・书信活套簿・《见心大全》

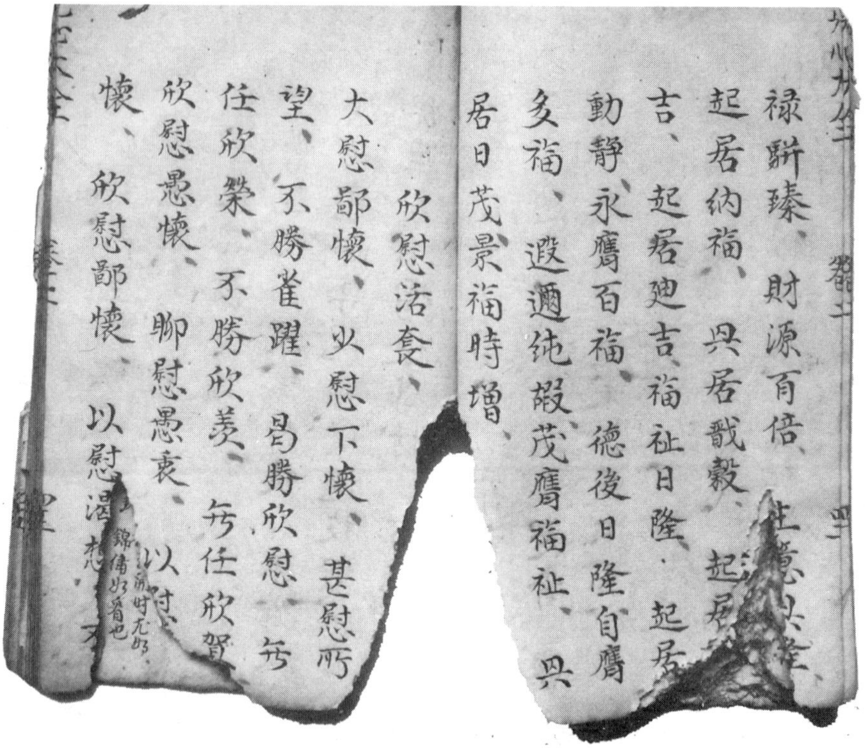
禄駢臻、財源百倍、
起居納福、興居戩穀、
吉、起居廸吉、福祉日隆、起居
動靜永膺百福、德後日隆自膺
多福、遐邇純嘏茂膺福祉、興
居日茂景福時增

欣慰活套
大慰鄙懷、以慰下懷、甚慰所
望、不勝雀躍、曷勝欣慰、無
任欣榮、不勝欣羨、無任欣賀
欣慰愚懷、聊慰愚衷、以慰
懷、欣慰鄙懷、以慰渴想

段莘乡官坑村 6-45 · 书信活套簿 ·《见心大全》

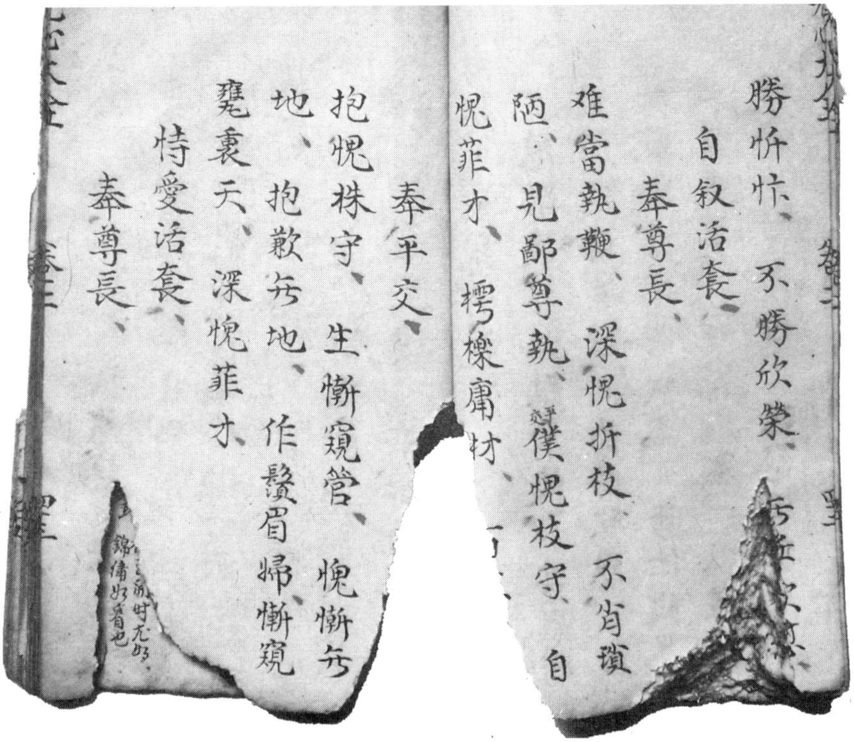

勝忻忭、不勝欣榮、
自叙活套
奉尊長、
难當執鞭、深愧折枝、不肖蹬
陋、見鄙尊執、僕愧枝守、自
愧菲才、樗橡庸材
奉平交、
抱愧株守、生慚窺管、愧慚
地、抱歉地、作發眉歸慚窺
甕裹天、深愧菲才、
恃愛活套、
奉尊長、

段莘乡官坑村 6-46 · 书信活套簿 ·《见心大全》

種荷雲天、雲天高誼、叨庇萬福、叨辱不鄙俯
登龍、素承受育德比二天
奉平交
叨承厚愛、恃在飽知、幸叨莫
逆、恃在至愛、
荷垂眄、幸荷垂青、
叨愛同袍、欣蒙雅愛、
愛、欣荷德薄、德同二天、俯承至
亦敘活套
浄文不教、叨君知已恕不叛
知已不敢寫浄　奉茶其

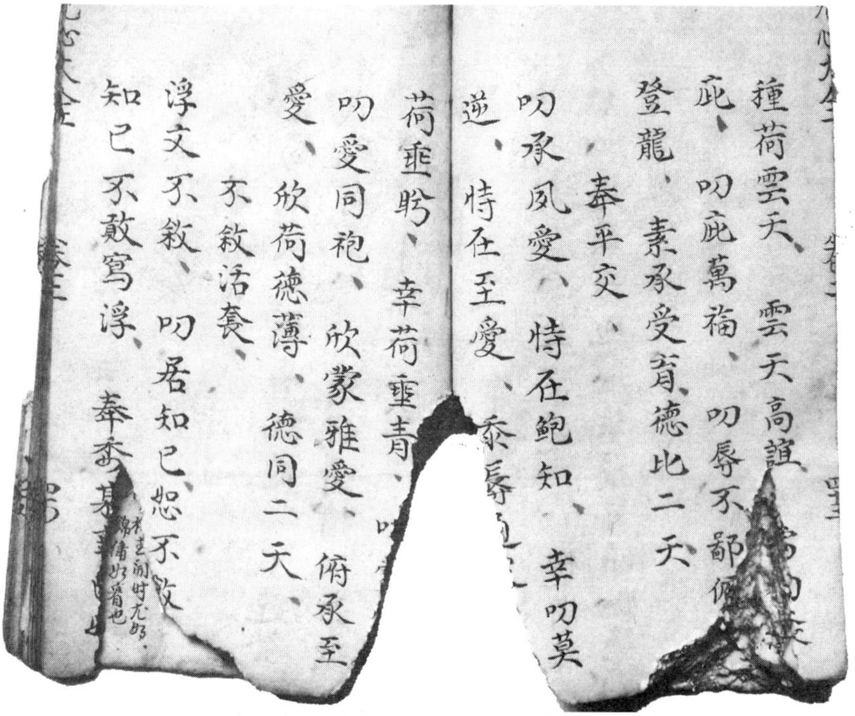

段莘乡官坑村 6-47・书信活套簿・《见心大全》

何、曩者某事云云
于聽活套
奉尊長
冒觸威嚴、塵瀆鈞聽、不避斧
鉞、輒有申懇、肅裁清楮、奉瀆
高軒、冒昧干瀆

奉平交
莊尺奉瀆、蓁修奉啓、肅函奉
瀆、不揣寅瀆、蓁修寸楮、不
揣愚昧、虔修尺素、干冒尊威
尚函謹懇、肅函奉懇
臨書活套

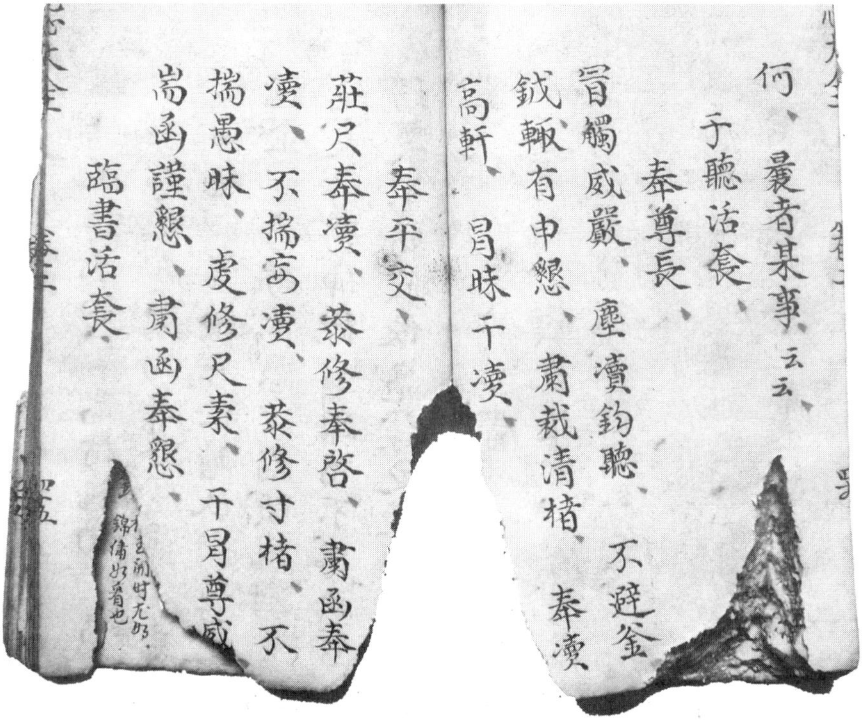

段莘乡官坑村6-48·书信活套簿·《见心大全》

臨楮不勝依切 臨楮遇切
方不勝依人激切屏營之至
任神馳 臨穎夸任瞻依憑題
翹企 昌勝依戀 臨穎馳溯
臨稟昌勝神馳 臨穎馳忭忡
臨稟不勝欣依毫藻之

昌勝望光祝頌之至
悚懷
　鑒照 活套
仰希崇鑒、統祈亟鑒、統冀
月、統祈諒察、伏祈鑒照店
光榮、仰希鶚照幸賜

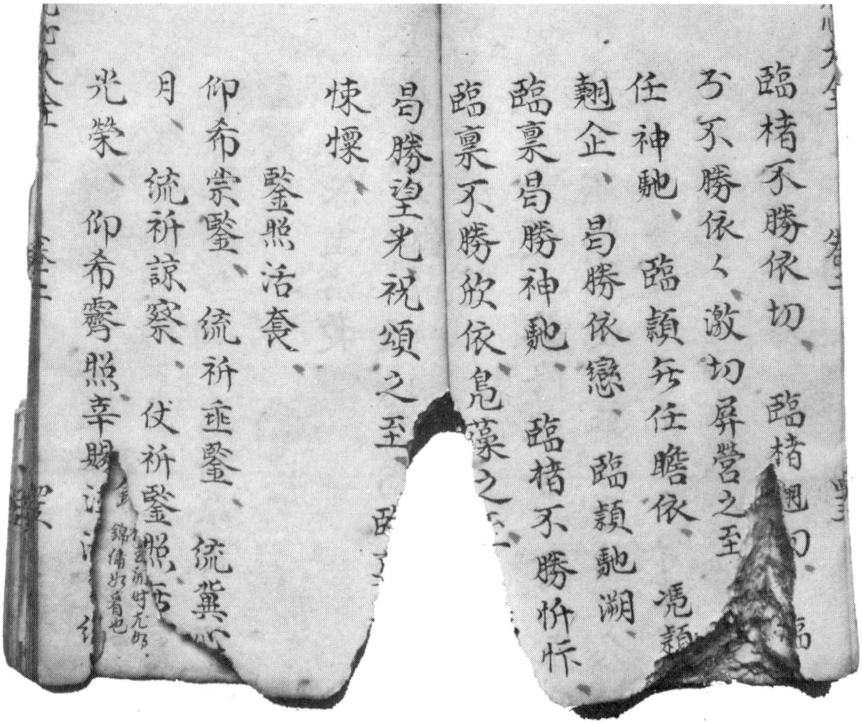

段莘乡官坑村 6-49 · 书信活套簿 ·《见心大全》

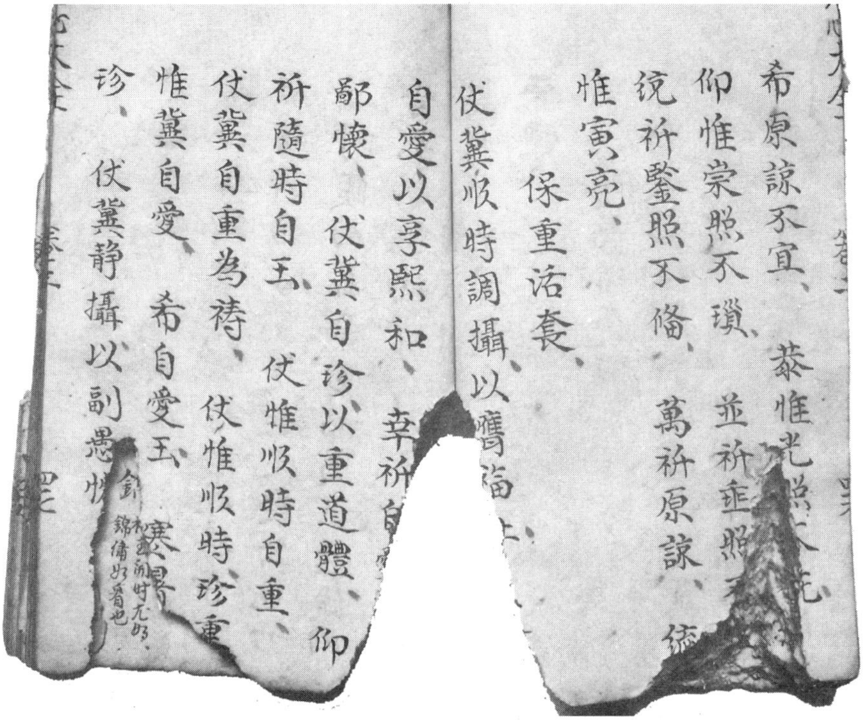
希原諒不宜、 恭惟光照
仰惟崇照不瑣、 並祈垂照
统祈鑒照不備、 萬祈原諒、
惟寅亮、
保重活套、
伏冀順時調攝以膺
自愛以享熙和、 幸祈自
鄙懷、 伏冀自珍以重道體、 仰
祈隨時自玉、 伏惟順時自重、
伏冀自重為禱、 伏惟順時珍重
惟冀自愛、 希自愛玉、 寒暑
珍、 伏冀靜攝以副愚悃

段莘乡官坑村 6-50 · 书信活套簿 ·《见心大全》

回音活套

望賜回丁、拱候鈞示、气[?]音、立候回丁、希惠我好音、幸匆玉而音、雙鯉尺素公也匆鞦竚候回音幸勿鄙吝、企候回音不勝翹切

復書思慕活套

方深懷想忽降瓊音、正愚憶間忽接華翰、馳悚方切蒙賜瑤箋、正深仰慕欣荷翰至、時正修[?]欣降瑤函、欣荷玉愛頒賜[?][?]兩音函捧讀瑤章不勝抱歉

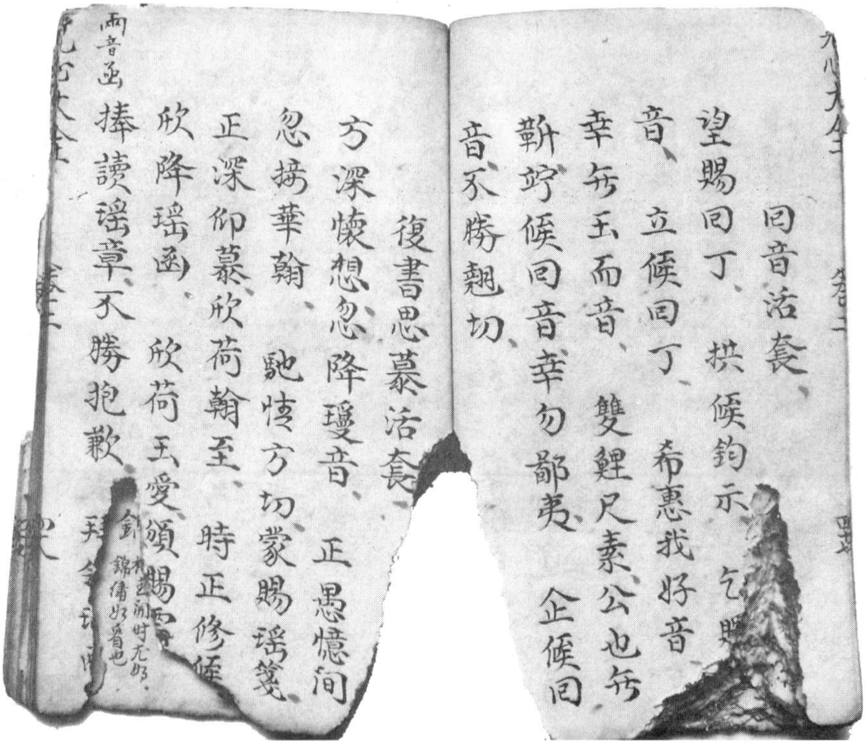

段莘乡官坑村 6-51·书信活套簿·《见心大全》

过荷垂爱，方切瞻依，敬读来翰，思慕方殷，琅函特降，捧读之过荷奖誉，拜读音书，令我心神俱奖，正欲修尺素，欣荷天降瑶章、

结尾活套

不宣、不一、不悉、不既、馨、不赘、临楮不胜眷恋、临书昌胜恳切、临楮不胜眷依、临书不胜悚憬、临楮无任兢惕、临启不尽依切、临书无任瞻依、神驰、临楮不尽依依、不尽欲言

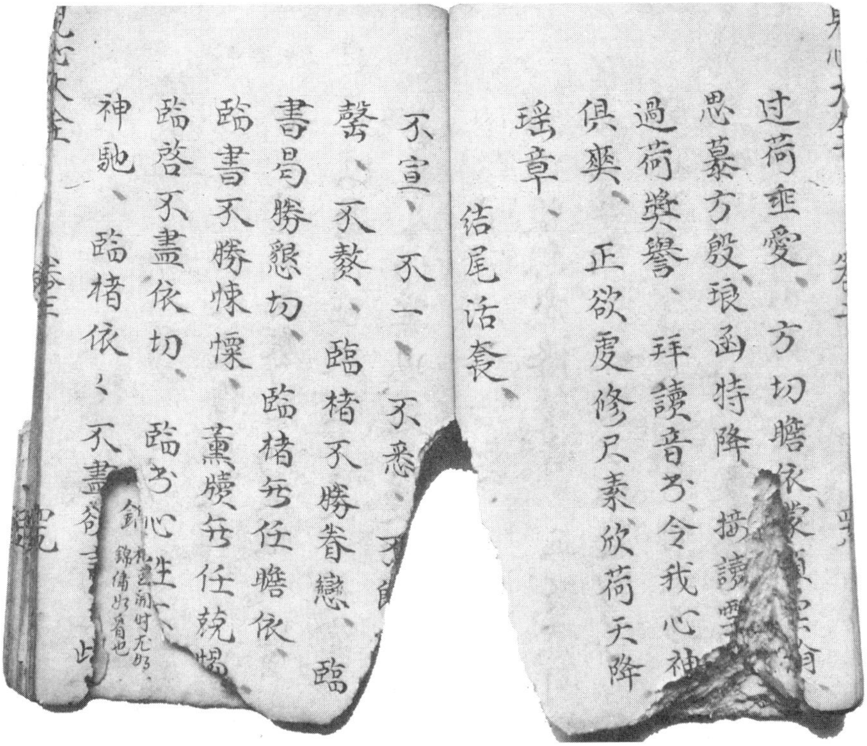

段莘乡官坑村 6-52・书信活套簿・《见心大全》

上、此致、此復、
當此、特上、
時景保重結尾活套
春、時下玄寒猶劇伏惟收時自
土以膺福祉不宣 夏、茲當隆
暑蒸人仰冀以道自愛 司
是望 秋、際此秋高氣爽
自珍調攝為禱 冬、北辰方冬
寒冷侵人伏希收時調攝珍重以
答復思慕活套
正深懷德適降佳音
忽蒙翰教 方切瞻

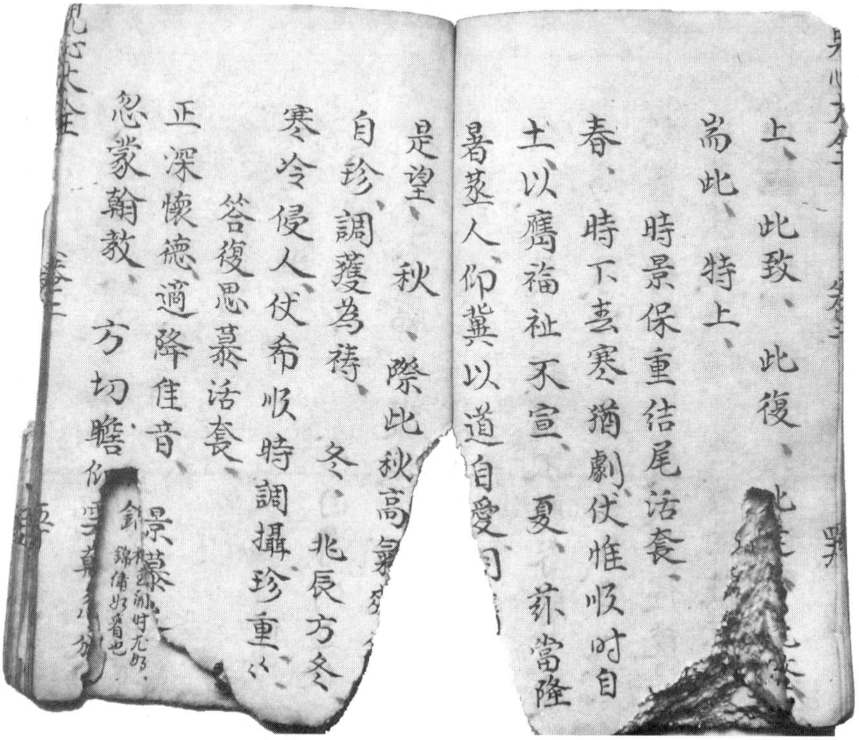

段莘乡官坑村 6-53·书信活套簿·《见心大全》

想暮方毀拜辱琅函、神馳俱爽、馳情方切怨歟
答候活套
俾旋附瓶魚封火伸微忱、弦因尊价之便
返命肅候具居、□寺□
火裁寸楮聊申復候
使便奉候逑居兼伸謝意
書後附各寄候活套
某翁處未及附啓、乞代伸鄙意為感、某丈不暇另啓希叱各致意
某兄未及修札恭候祈為轉致、諸友不及另札錦

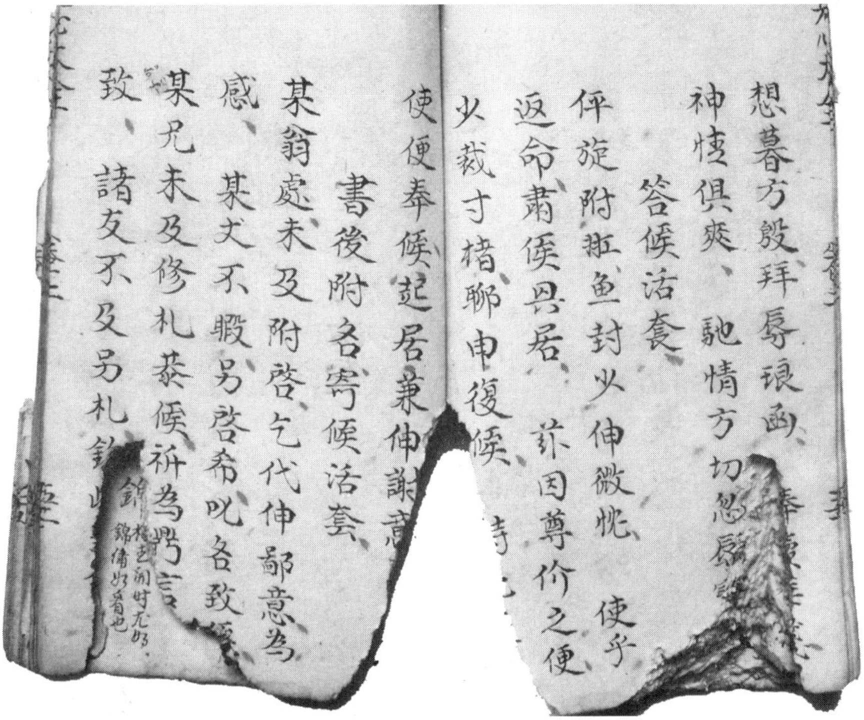

段莘乡官坑村 6-54·书信活套簿·《见心大全》

某作叔不及另札气БЉ
安,某弟侄未及另字祈轉達
祷,家下未及寫信煩為轉達王
托拜托要繁
敘遠別活套

兄方寸中亦曾念我故人
在某處高談晤對時豈為別俊道
途遼邈無從聚首安得壺公縮地
法一吐胸中積悃乎 風南懷
烟雲滿目對此肅條景狀喪具
人益增悲嘆心交如我

以音矣別未久以每日不神馳

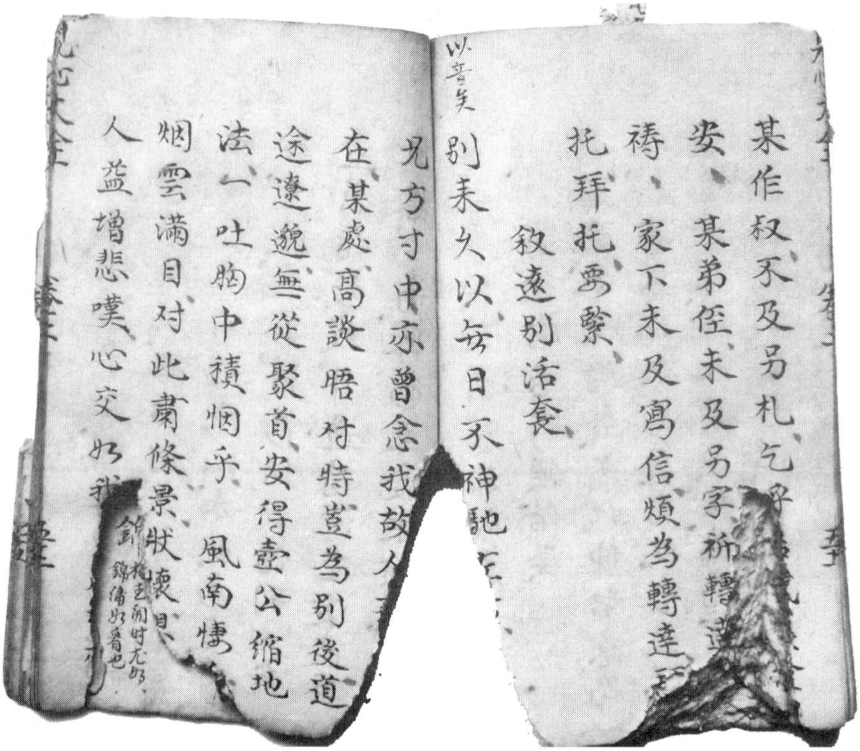

段莘乡官坑村 6-55 · 书信活套簿 · 《见心大全》

同此悵悵悵悵乎、別從
回首杳漠悵也、奈何幸勿以捱
而心志也、列訣以來、幾易春秋
月夕風晨昌勝鬱結、憶別、台
臺屈指幾載日過時流光陰荏苒
懷想、高風每玉發棄食
違俊經幾載追念握手言蒙
天涯各一能不悵然於心耶、別
後幸吞他惡惟故人之思鬱結愁
腸耳、河山迢遞兩地參商念
故人我心如熾正欲修
承瑤翰遠頒捧讀

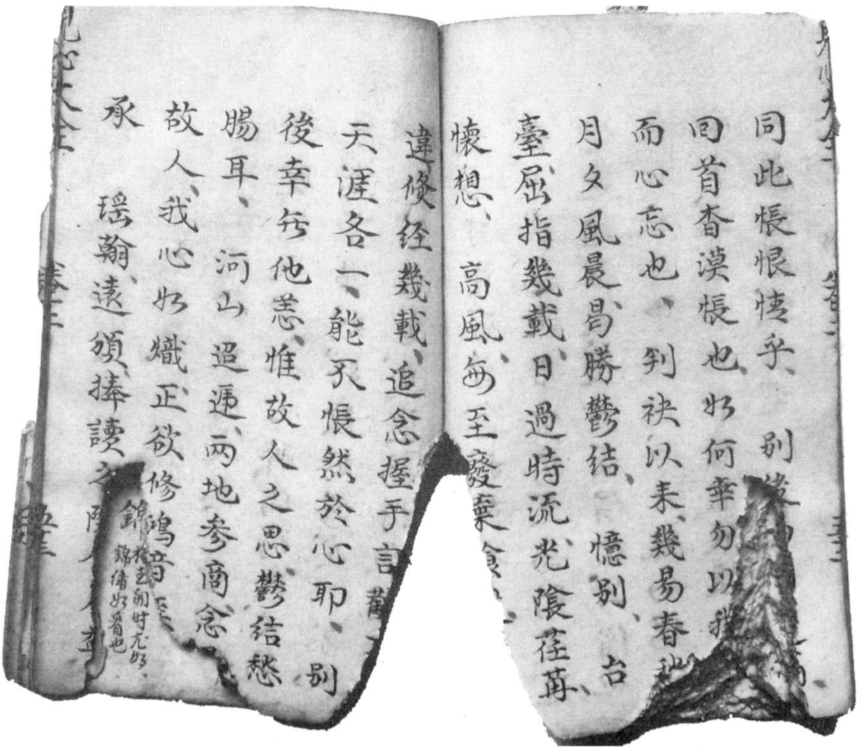

段莘乡官坑村 6-56·书信活套簿·《见心大全》

增友愛之感

近別活套

連日必晤心旌時曳想仁瑩翶
雅度能不令人心醉倘荷珍玉賜
我清言弟則奴飲醇醪矣不覿
叔度忍已旬日望賜指南

寒也 台墓風度浩然雲山
雖暌違未久向慕殊深不知何日
得聆大教耶 半月不面茅茨
頓生而明德之馨襲、正襟帶
矣奴弟磬人庸材執鞭
頻謁台階以漸繁瀆再

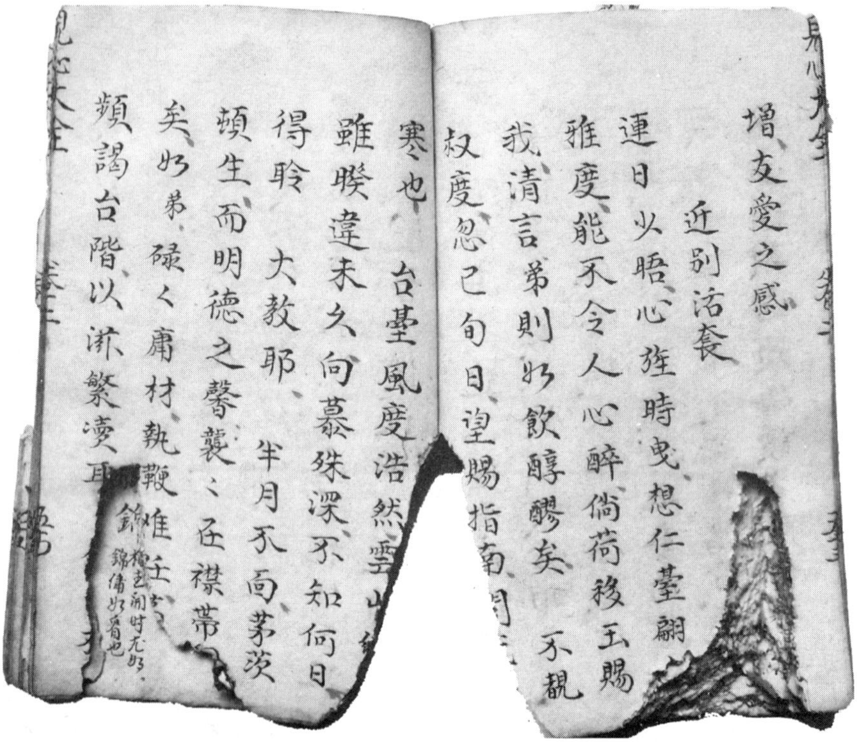

段莘乡官坑村 6-57·书信活套簿·《见心大全》

聆大教不覺茅塞頓開悟矣
我請言頓郎豁然開悟矣
光儀倏经两月,感荷请訓令
每日不神馳左右也,違教旬日
不獲一晤未哉足下能枉玉过
我一談吾,僕以糊口之计

靡寗郎有觀炙之心而势阻弗
为之奈何

未會洽套

台臺清才逸韵,偉抱盈襟,雖未
面覿丰儀然神交久以何詩
慰此渴懷,仰慕高

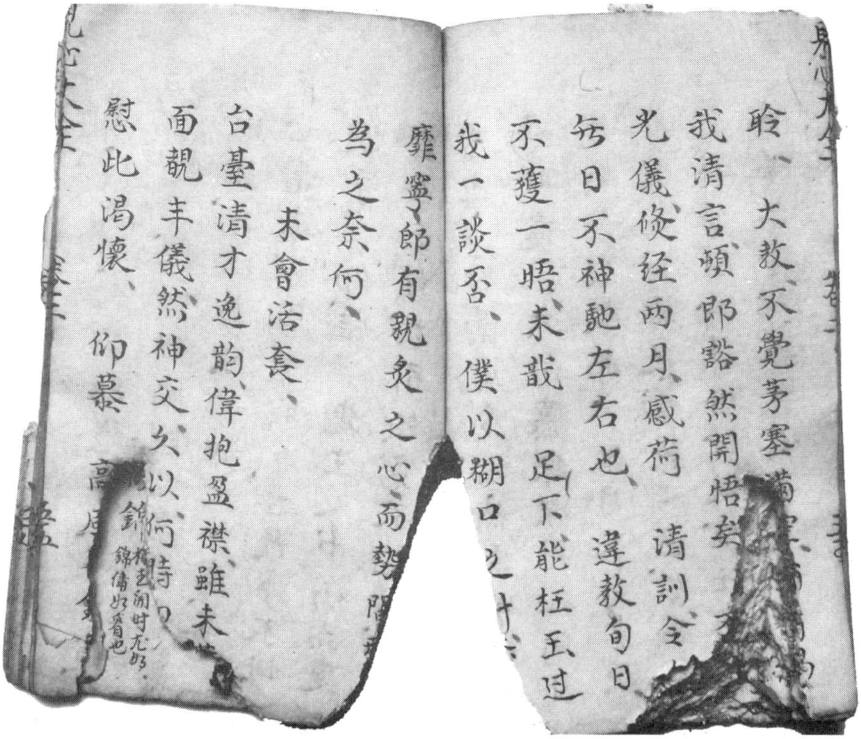

斗神交已久矣奶緣慳何哉、密邇門牆阻於覿見以解此心熱耶、仰企高風心常赤未得一睹台教寧不惆悵乎、仰惟先生人中仙品慶雲在天、頻切引領竟不聞奶徬徨奈何、仰慕鎖嘉未定一奉謦之北斗在天徒塘仰耳在會活套萍水相逢承兄傾盖奶故天惠之矣、絕得倚玉便鍍緣厚幸而叨此光輝也

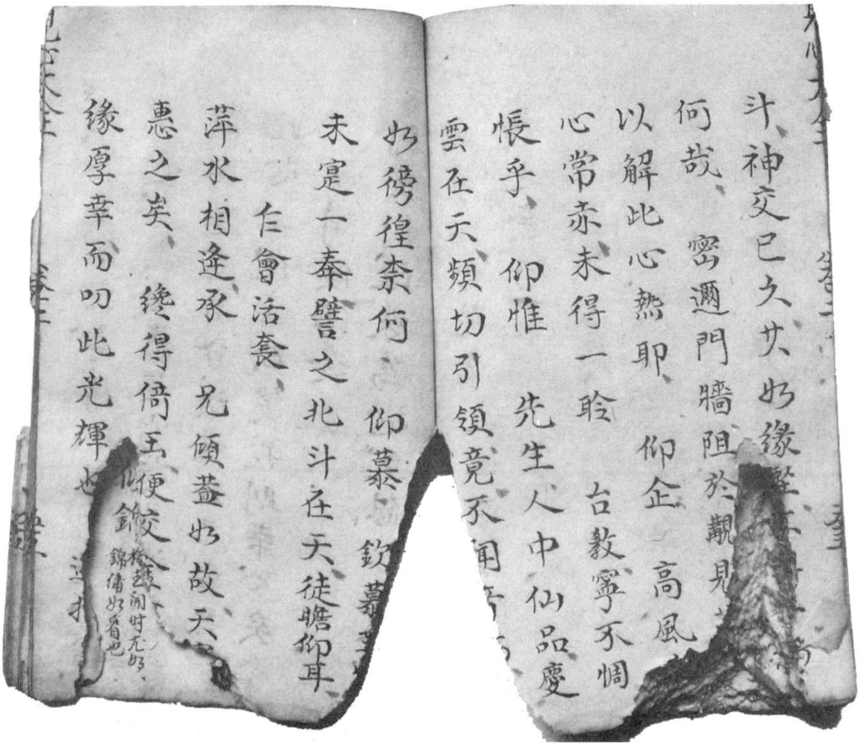

段莘乡官坑村 6-59 · 书信活套簿 · 《见心大全》

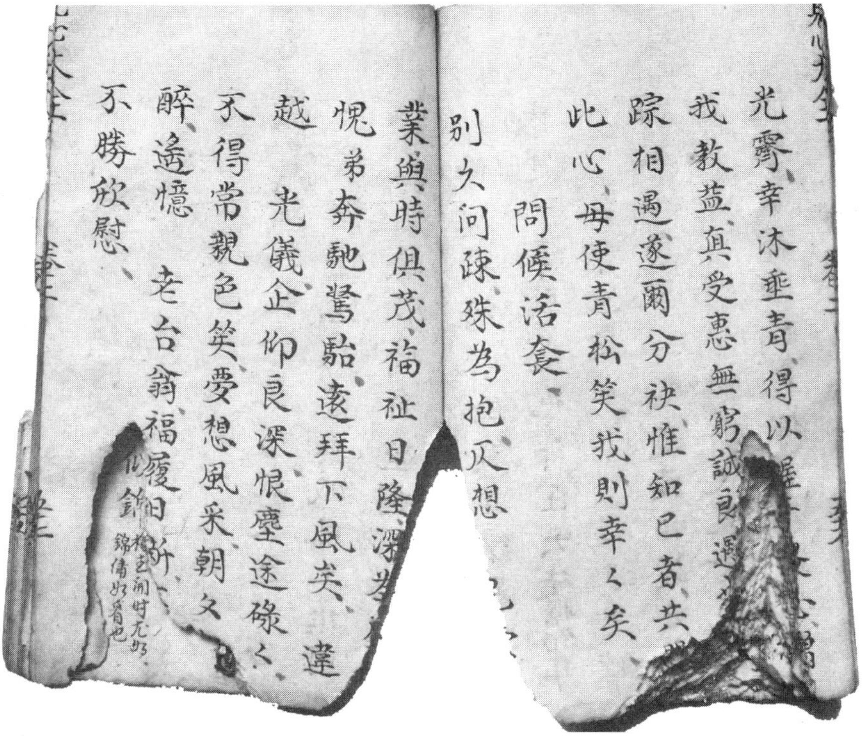

光霽幸沐垂青得以握

我教益真受惠無窮誠良遇

踪相遇遂爾分袂惟知己者共

此心毋使青松笑我則幸〻矣

問候活套

別久問疎殊為抱仄想

業與時俱茂福祉日隆深

愧弟奔馳鶩駘遠拜下風矣違

越光儀企仰良深恨壅途絛〻

不得常覲色笑夢想風采朝夕

醉遙憶老台翁福履日祈

不勝欣慰

段莘乡官坑村 6-60 · 书信活套簿 ·《见心大全》

海洋耒徃活套

海天遼闊不覺時通信息罪美
深而異鄉身體惟宜珍重自愛□
眠晏起強飯加衣乃旅人之大方
法幸祈垂意焉 異域風土非可
久羈惟願順時自重稍可□□

當歸棹母使故人望洋而悵□
阻彼汪洋徒切懷人水天遥遠能
不依人 巨浪千層萍踪必許奔
波飛舸一葉形影相隨天外要□
思維君艾亦同此離別時
走天涯原圖覔利言旋

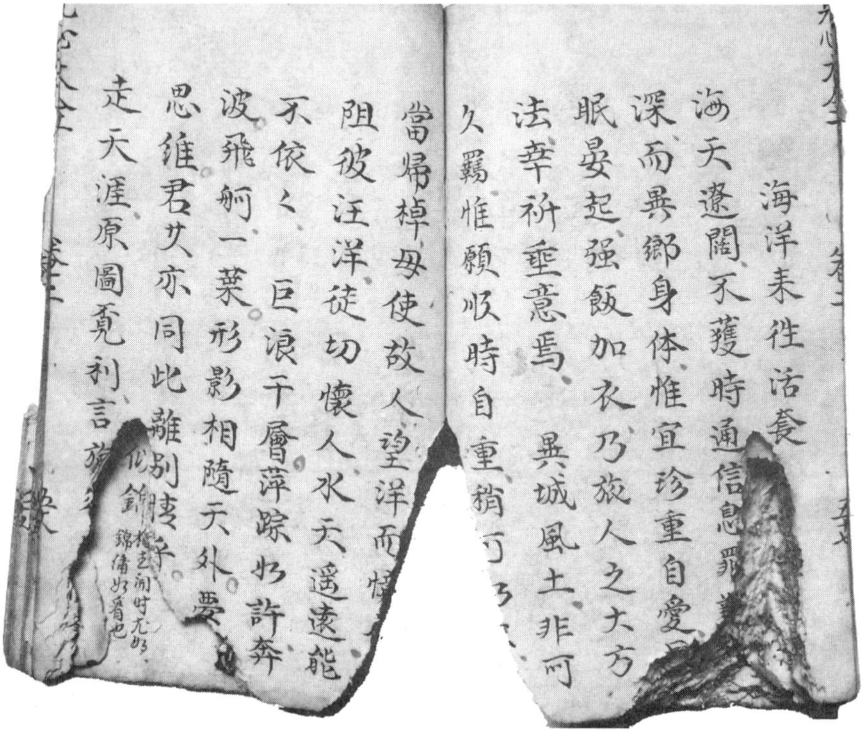

段莘乡官坑村 6-61 · 书信活套簿 ·《见心大全》

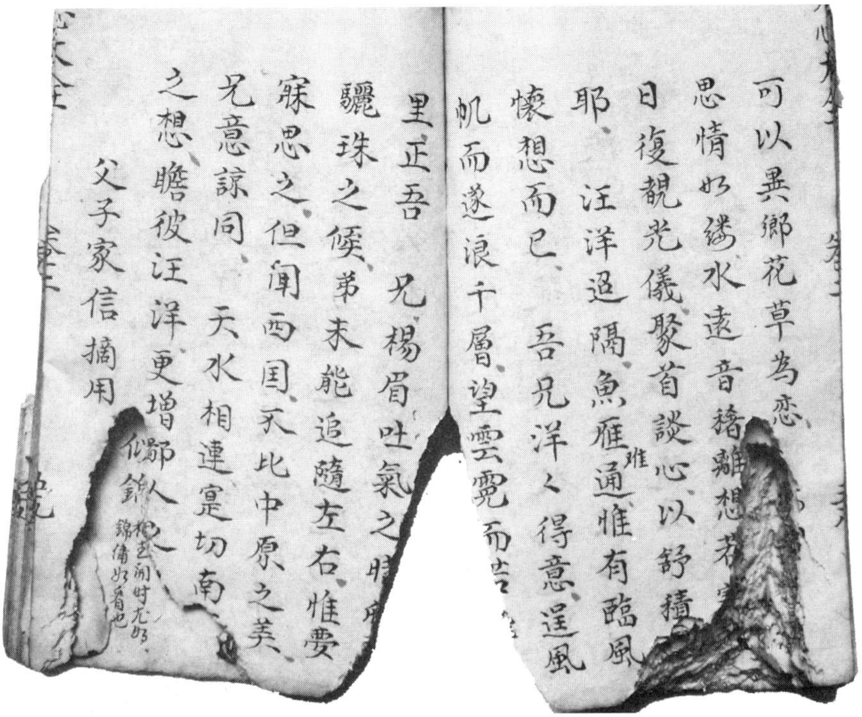

可以異鄉花草為恋
思情如綠水遠音稽難想若
日復覩光儀聚首談心以舒積
耶 汪洋迢隔魚雁通惟有臨風
懷想而已 吾兄洋々得意逞風
帆而遂浪千層望雲霓而
里正吾 兄楊眉吐氣之時
驪珠之候弟未能追隨左右惟要
寐思之但聞西国不比中原之美
兄意諒同 天水相連寔切南
之想瞻彼汪洋更增
父子家信摘用

段莘乡官坑村 6-62 · 书信活套簿 ·《见心大全》

吾兒年已壯長，沙父某[]
亦宜謹慎，粒積留心。汝事[]
沙母不幸辭世，沙父年邁日益
弱。女尚未娶，此心何安乎。媳婦年
已長大，豈可延緩不為完娶計乎。
媳婦年火、未舉一男，斷不可、

客地而貽我老憂也。沙母身
疾病衰弱不堪。吾兒務必速謀歸
計，以體親心。所借某人之債，過
取甚急，必須速々寄還、一門
口，嗷嗷待哺。我一年似一年老之
顧周匝，沙宜速回調弉[]

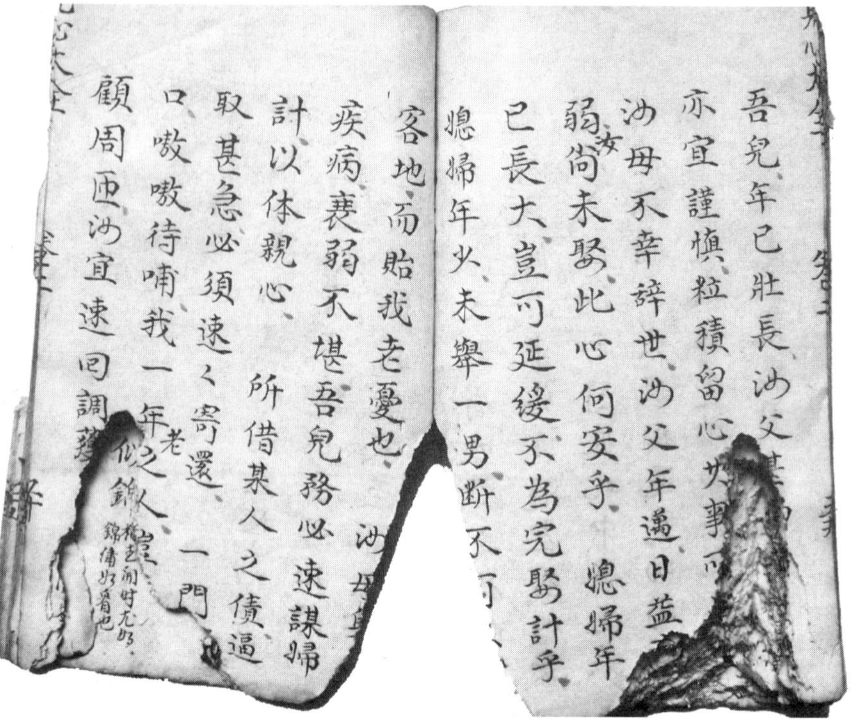

段莘乡官坑村 6-63·书信活套簿·《见心大全》

外揮金如土、不思積□□□高作快心、使我終日愁苦□□之所為哉。聞汝在家不圖生日以賭蕩為事，可惡至極，真堪髮指。但恐傳言亦未可知，有則改之無則加勉，庶不至外□□亦立身之大關著也。吾身雖□外時刻掛念家中諸事，總要勤謹料理，不可疎忽。門戶火燭宜謹慎，既無叔伯終鮮兄弟宜忍雖膝下總因名不逼人似□□早晚得手即當速回侍□

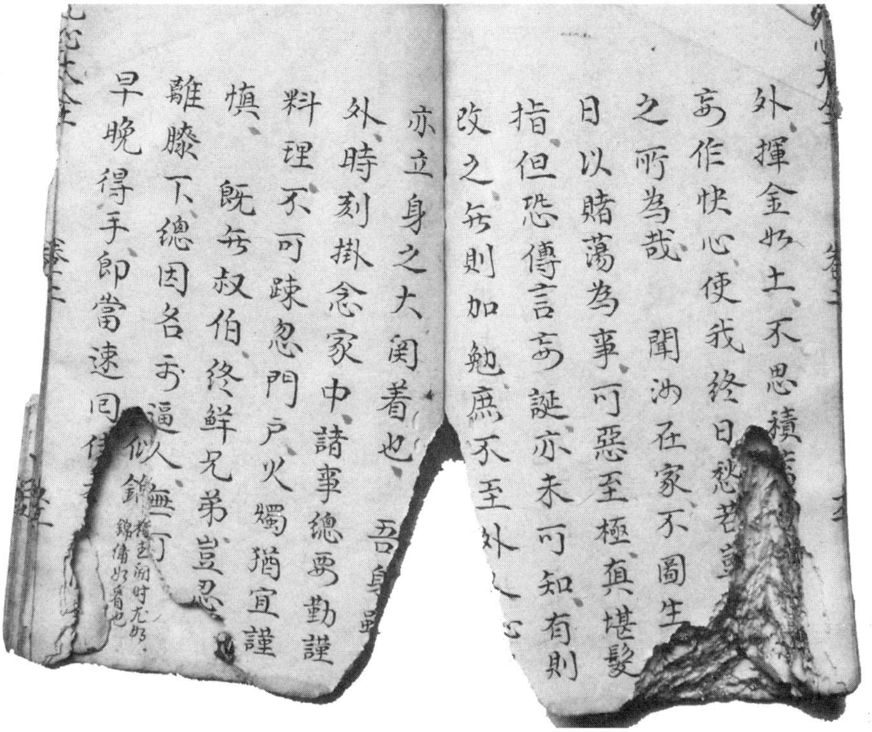

段莘乡官坑村 6-64·书信活套簿·《见心大全》

親在堂定為遊子之□□
遺慮母使憂愁懸繫以重死
罪也親老弟幼豈忍分離乎
口腹難充故爾僕程途略可潤
急刻趨同也想父親年邁獨
受風霜勞頓男不能趨奉晨□

儀音僕年人儀僕江湖不孝之罪握髮難
養兒年壯不能代父經營反使老
莫大焉叩乞俯念家園速賜
數古云男子三十而娶女子
十而嫁沙出外迄今忆雛櫞
不思父母在家倚賴

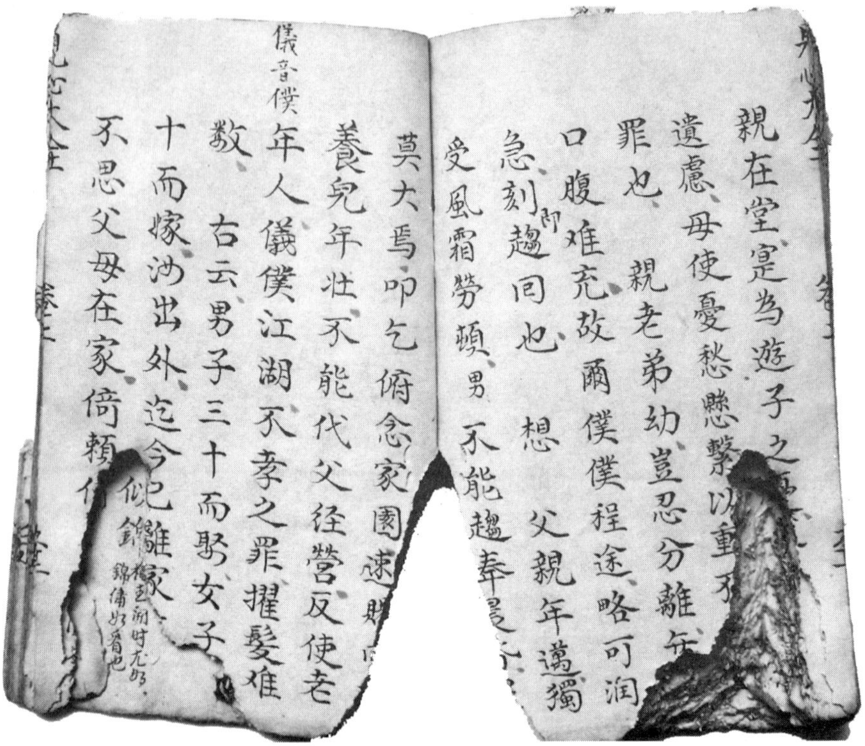

段莘乡官坑村 6-65 · 书信活套簿 · 《见心大全》

聯姻未連次催汝速回
汕母心腸若刺汕竟安歸其
何意也
　兄弟家信摘用
雙親年老，須當承順，不可違忤而
增親憂，且重不孝之罪也。
親骸未歸三尺，焉忍久羈他[鄉]
必速回擇地安葬也，父母墳墓
宜不時巡視，年節忌辰不可廢弛
以重不孝之罪，老母衰邁惟
吾兄弟奉侍，父親皎鑒
常照管則某之心可□

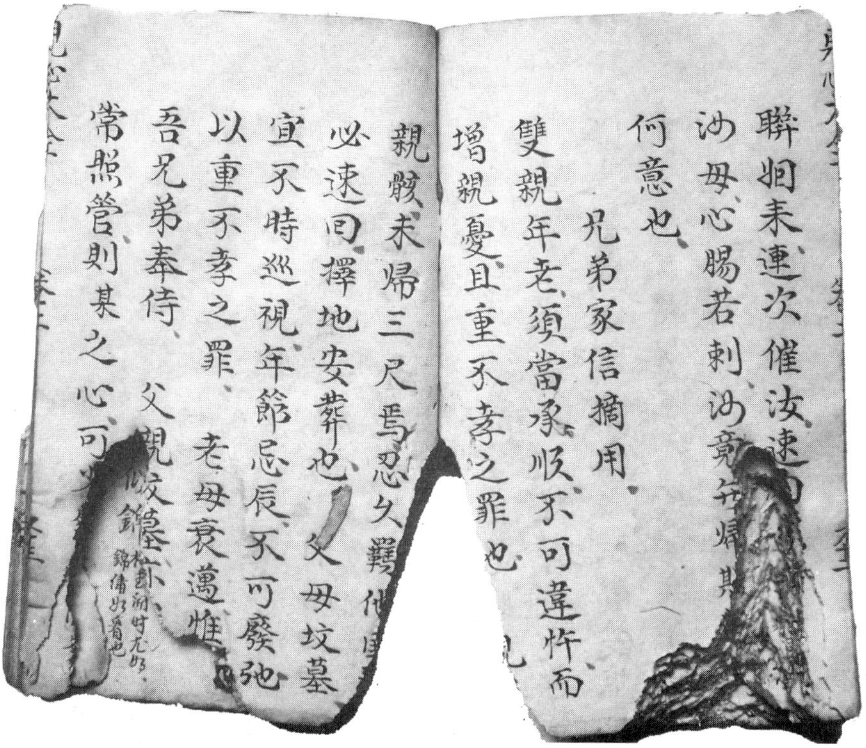

父母身体衰弱時〇〇〇
費某雖竭力計較難以支持
吾兄弟常寄銀信前来以便調
切勿忽ㄣ於懷也 沙嫂女流凡
事不諳諸侄頑務必訓誨切勿
外視是囑。吾兄遠托異囗〇

哥悲雖江山多勝槩終嗟行路
惟 兄諒之早圖歸計為幸 吾
弟遠遊手足之情懸切更深須思
速回以圖荆被之樂萬勿遲ㄣ
道使有鴻雁失羣之戚也
親況在病篤可卽星朝

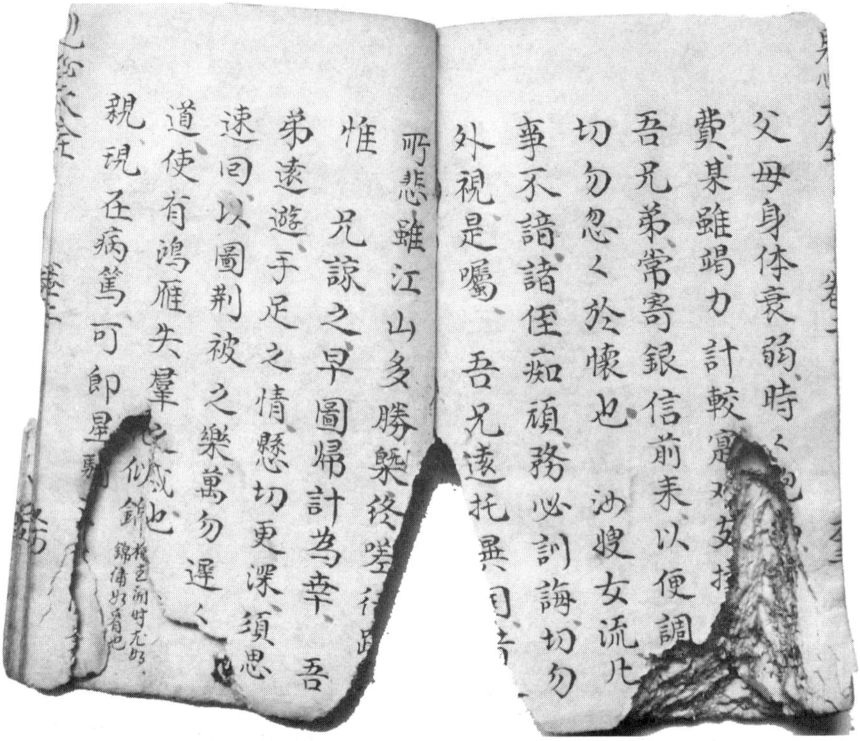

段莘乡官坑村 6-67・书信活套簿・《见心大全》

刻遲、愚兄以祖宗□□□與坟丁饒吾禁令鋤刈牧牲坟塋愚今客外弟操家務但父宜享祖塋宜保忌辰令節祭宜虔肅汕捜諸姪亦皆頗汕、弟歸諸狂不知世務惟 兄長大人□□

挨繹、長兄大人早賜歸蜀以母老、母使老親悲嘆、更父塚雖弟告竣、兄理應主祭亦必慰母親之望以安先父之靈
夫妻家信摘用似錦
以夫婦之情豈不圓□□

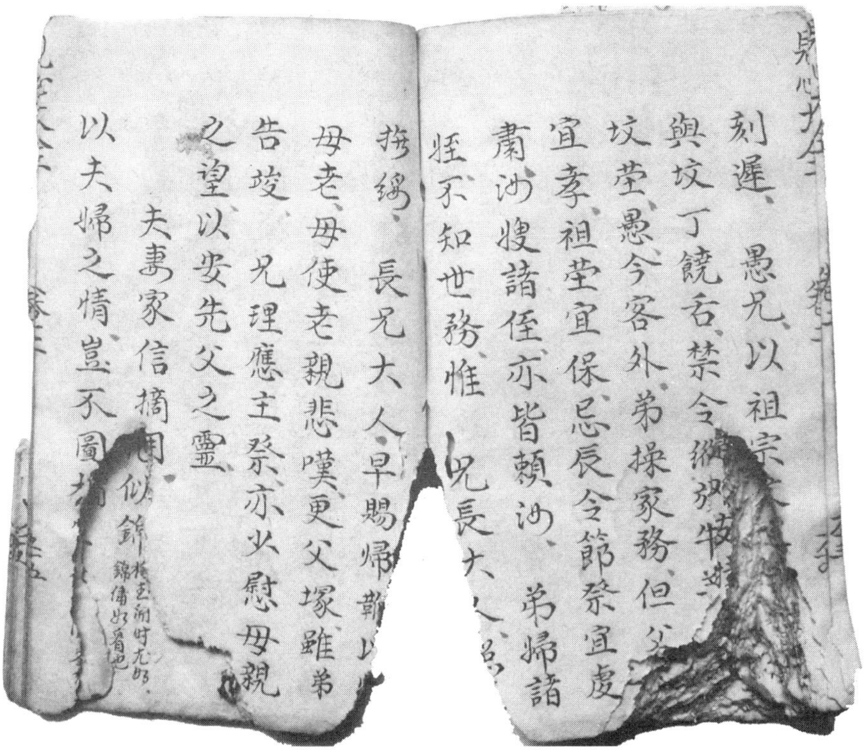

段莘乡官坑村 6-68・书信活套簿・《见心大全》

口腹逼人故就長途□□
若定頼　吾妻支持内治□
當感佩、親老子幼家貧三餐□
慘幸頼吾妻主持則早人可以
放心経營遂方矣　治家勤儉為
人忍耐方為名家之女

悃闈訓自能主治至於薪水之□
自當不時附寄可毋䘏慮也為
丈夫者志在四方遠遊謀可正合
艾宜但家中三餐是切丁祈紉
垂照、毋令尚有釜甑僦鏗□
君大之惠也　斋□□

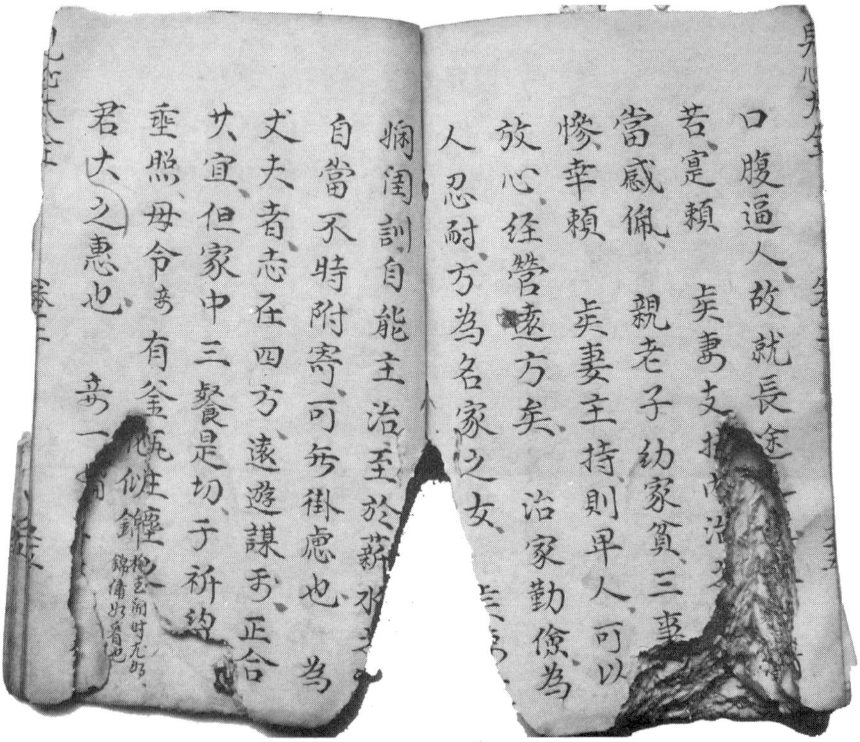

段莘乡官坑村 6-69 · 书信活套簿 ·《见心大全》

稈無人照顧，夫君㐲
心何炎，鼓琴瑟　㐲祭難坡
於何日豈可以異鄉花柳之戀
忘我糟糠歸哉，自適君門屈指
幾載本擬調琴和瑟，豈為兩地一
天家中苦況君豈不知為乞之

豈可置之外愛而茫然不顧乎
世情冷煖尤薄如紙，啼飢號寒誰
憐苦況。君須意念速回主持方
好。翁姑既老子女尚幼岳一
子豈能撐持門戶傾做錦國
水旱道途萬祈格外輔

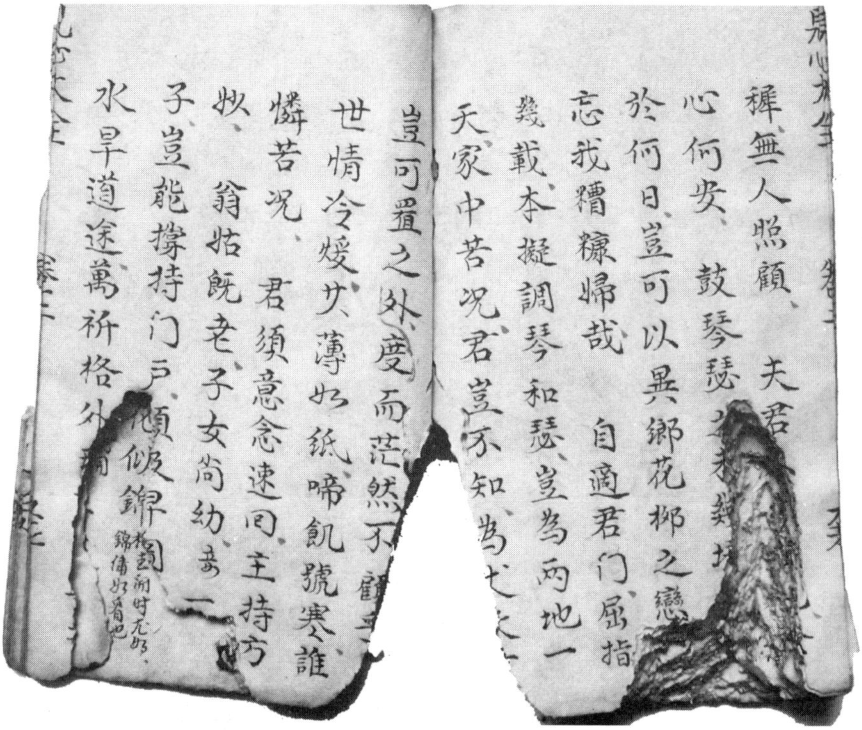

段莘乡官坑村6-70·书信活套簿·《见心大全》

別後家中苦況一言難盡
夫可以家間事休養□度外
然不顧耶自夫離家之後日
維艱苦況倍增使妾日則多愁夜
則多病邇來愈重死生莫測更兼
兒𡛔呱々惟誰見怙哉

註解信語

发華左轉 又轉新年末也 花事方新百花俱開又是
大塊文章 天地之景色也 最堪賞矣麥天景致是
惟某老大人新发以来自新年到
富之奇謀 撰言人笑計好舍 慢騎鑄
持等是拿穩 桃玄開時无奶 鑄傳好看吧
勝美是莘空 宜艾無往不

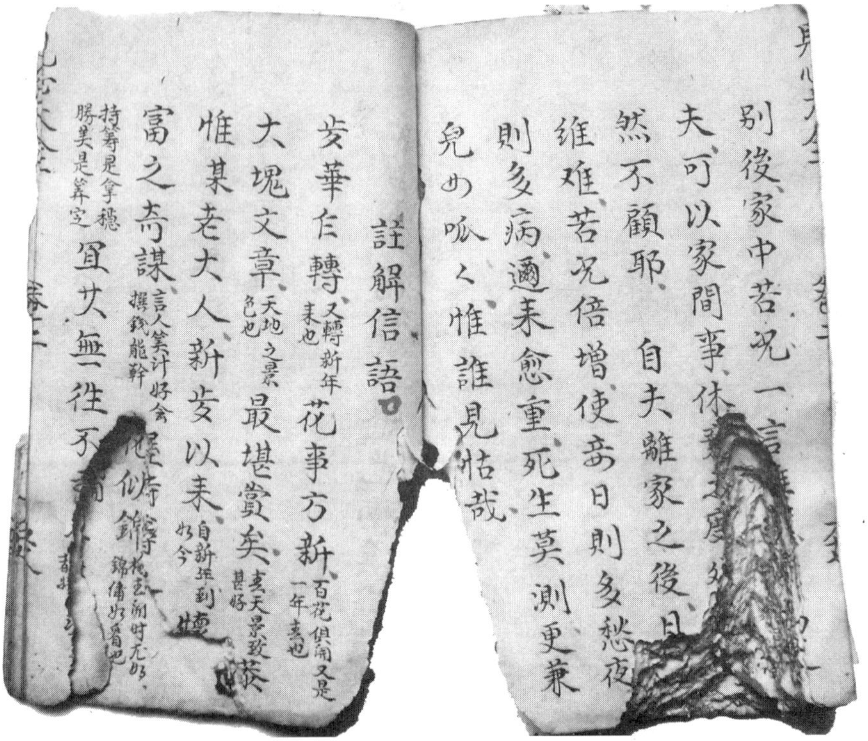

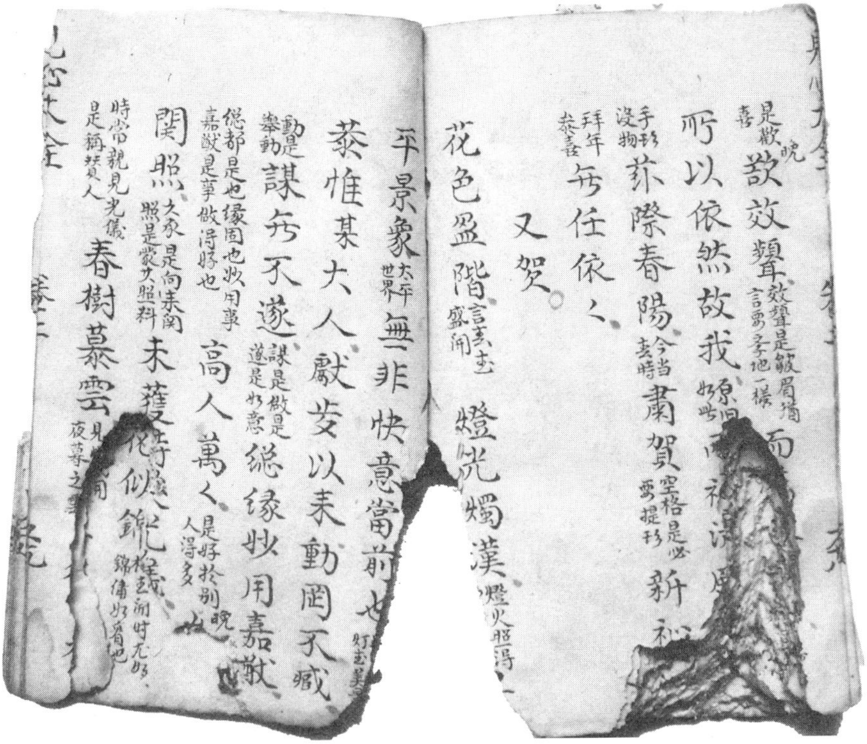

段莘乡官坑村 6-72 · 书信活套簿 ·《见心大全》

驰,往人是時常神,念他馳是心裡想封信也
肅函申覆右左,右左是想到之䁔

春回发首,去爆燈明泰惟某
景色又煥然一新矣,新年来又所之俱新 臻玉也
父大人獻爱以来福臻祥集
又賀。

何暢如之
不獲時灸休光 弟以山川修阻
向承關注 情殷雲樹
生意诸事 自當効命
習李不敢違也
又賀。

段苹乡官坑村 6-73·书信活套簿·《见心大全》

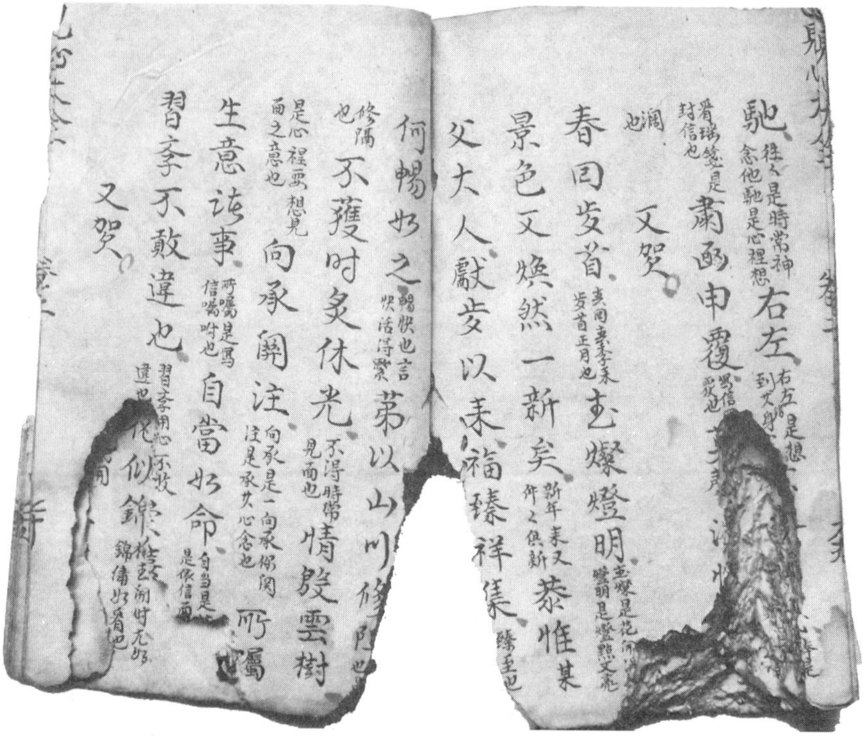

花闲锦绣 以以
泰惟某亲臺入 篇也
隆 春天津言人之
昌胜欣蕙年以远隔吴越不获躬
贺 新禧歇瓦买似 容冬承寄 某物具

领 拜领是收
谢 写信鸣谢
信来多蒙 併候不戬
又贺
风暄日丽
惟某老台翁先生
交绥 行坐 昌胜欣贺

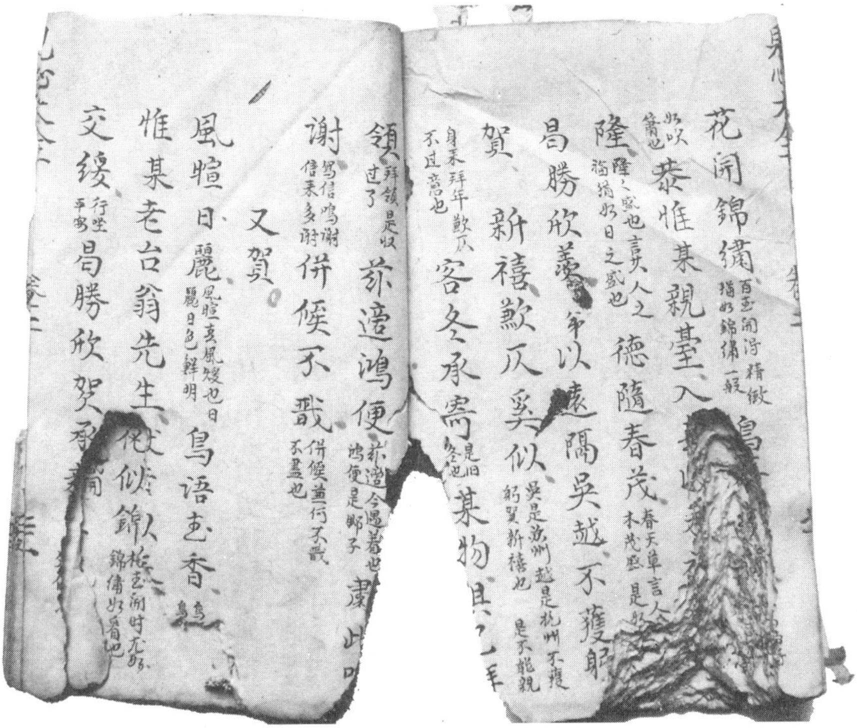

段莘乡官坑村 6-74·书信活套簿·《见心大全》

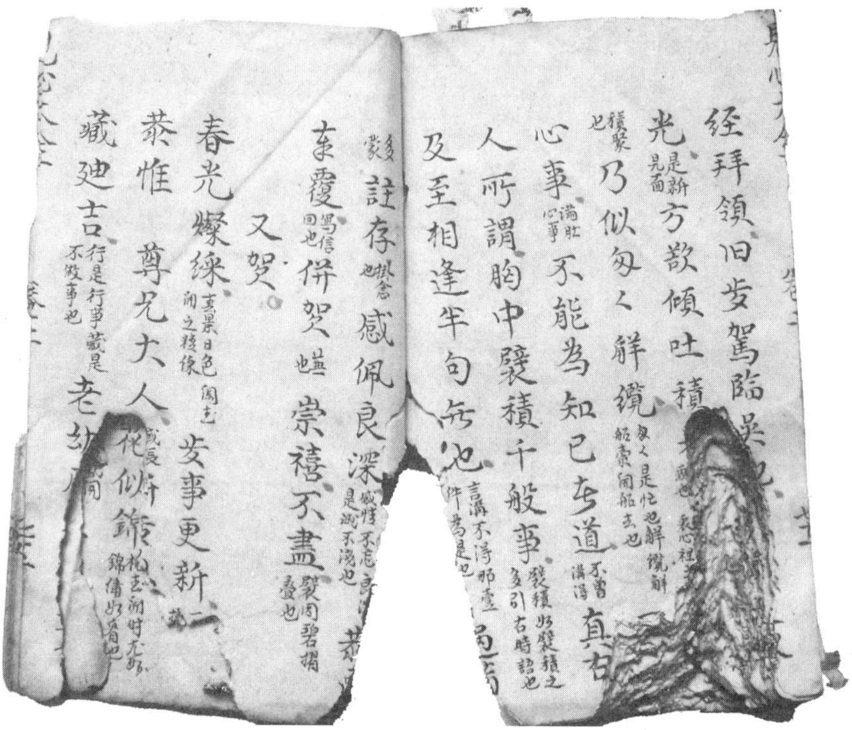

段莘乡官坑村 6-75 · 书信活套簿 ·《见心大全》

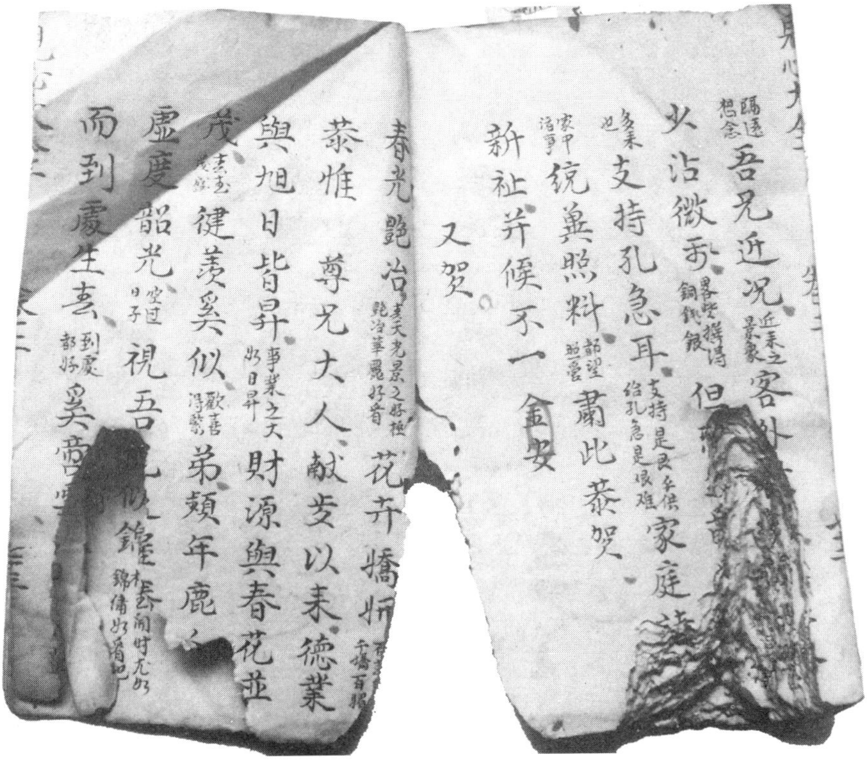

段莘乡官坑村 6–76 · 书信活套簿 ·《见心大全》

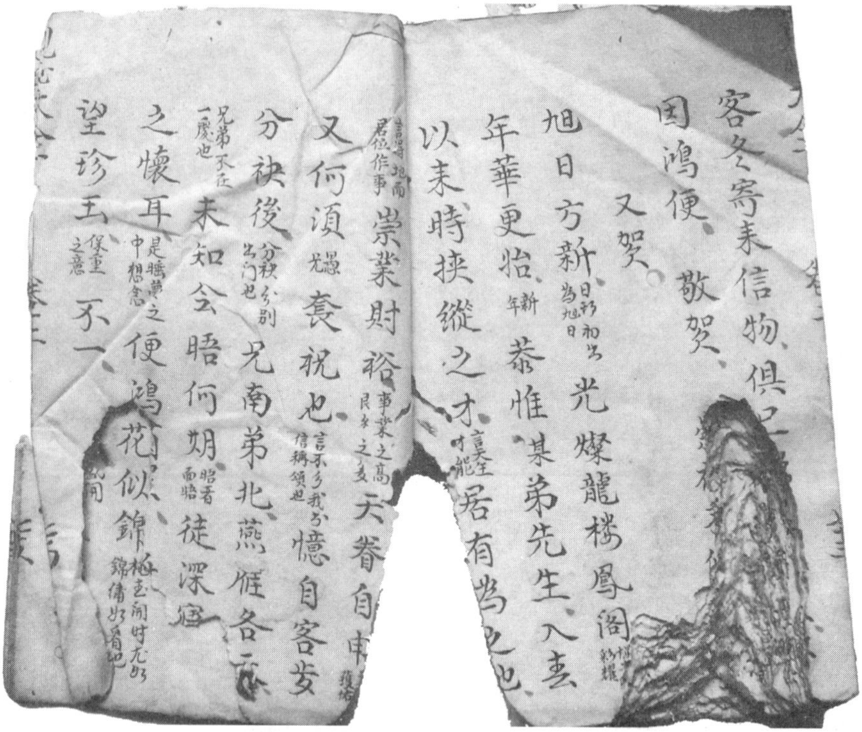

段莘乡官坑村 6-77 · 书信活套簿 ·《见心大全》

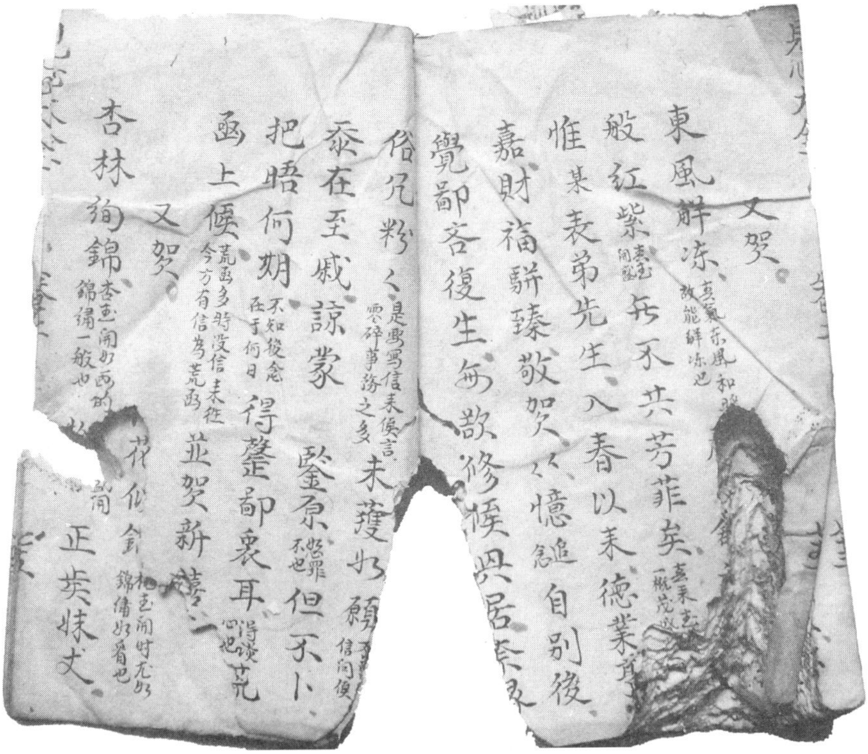
又賀
東風解凍、（春氣東風和暖故能解凍也）般紅紫（春來花開）無不共芳菲矣（春來一概花發）惟某表弟先生入春以來德業育[illegible]嘉財福駢臻敬賀〻〻憶（追憶）自別後覺鄙吝復生無款修候興居奈[illegible]
俗冗紛〻（是要寫信來候言零碎事務之多）未獲少顧（信問候）忝在至戚諒蒙鑒原（恕罪不也）但不卜把晤何期（不知幾念在于何日）得罄鄙衷耳（得談心也）乞函上候（荒函多時没信來往今方有信為荒函）並賀新禧〻
又賀
杏林徇錦（杏在開得西的錦繡一般也）[illegible]花似錦（杏在開時花好錦繡好看也）
正英妹丈

段莘乡官坑村 6-78 · 书信活套簿 ·《见心大全》

拈景懷人

與襄好修好老祖丈一趙慕飛來家鄉之人也
嫜仨揄歎 信未然搞得
風揚眉氣展 據言謂意自非鄙人樣主像也
窮簷守孰待免在家 言意氣依鹿
話足為知己道唔 外具菲蔵

一函聊申鄙意 家姐未另具
候安 幸與道意於值新發肅候
近祉並賀不一

又寄

楊柳奶煙 以煙一般桃花似錦 錦備奶看也
值此春色怡人 當此春色當同
正矣妹丈

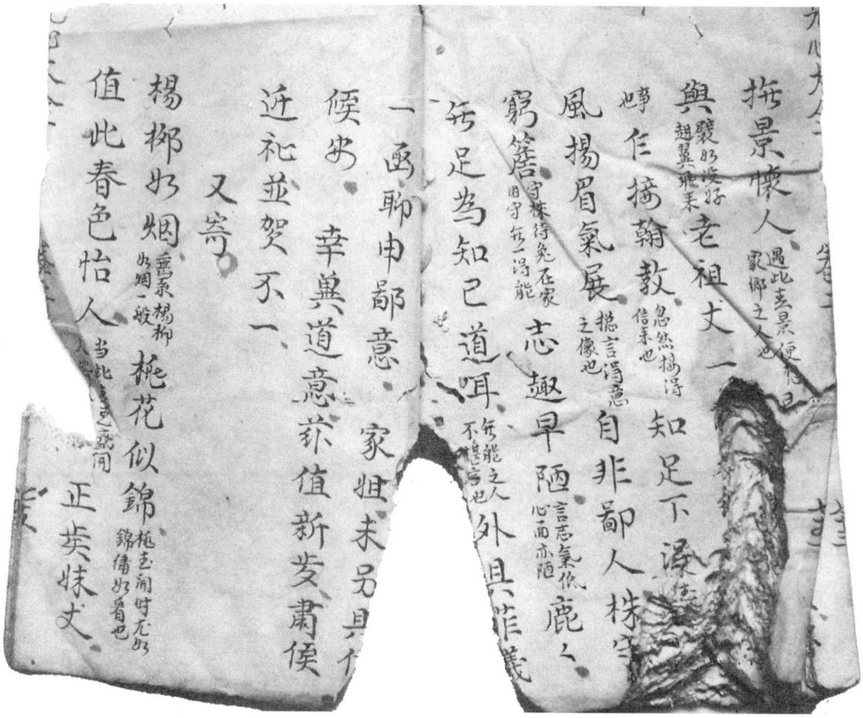

段莘乡官坑村 6-79 · 书信活套簿 · 《见心大全》

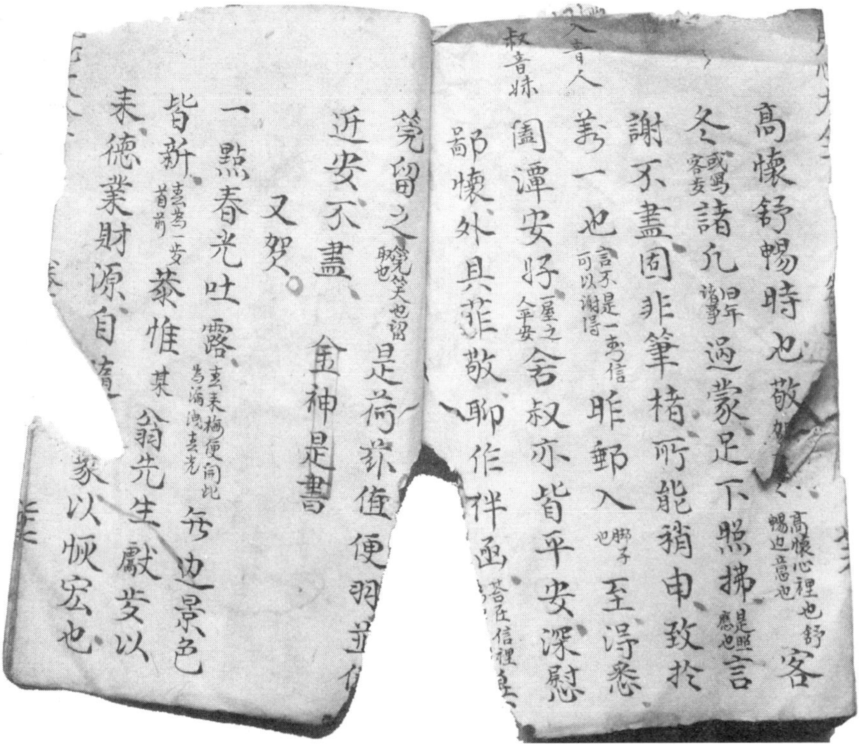
高懷舒暢時也敬
冬諸允過蒙足下照拂言
謝不盡固非筆楮所能稍申致於
萬一也昨郵入至得悉
閫潭安好舍叔亦皆平安深慰
鄙懷外具菲敬聊作伴函
莞留之是荷祈便羽並
近安不盡　金神是書
又賀
一點春光吐露無边景色
皆新綦惟某翁先生獻歩以
来德業財源自這象以恢宏也

段莘乡官坑村 6-80 · 书信活套簿 ·《见心大全》

又賀

欣賀以晤別以來雅風規大方規模
依人好在目前人雖不在那裡而事還可以見得也惟是南
北分途譬几馬牛相及猶能未知
日浔剪韭東窗郭宗會友夜員兩剪韭聚于東窗作餅也復聆清
誨耳聽欲郭便謹修寸箋鳴謝奉
候起居并賀 新祉不一

東風應律亥末便有東風以應天時律調和也宮在於東方也
又是一年臺好处也
醇醪向蒙雅愛知好好飲好酒醲醪羡不多刖
新炁遥祝 崇禧於无疆而已敬
賀枻賀惟是某
妙候爾歡月

北斗旋宵北斗杓晚若年紀

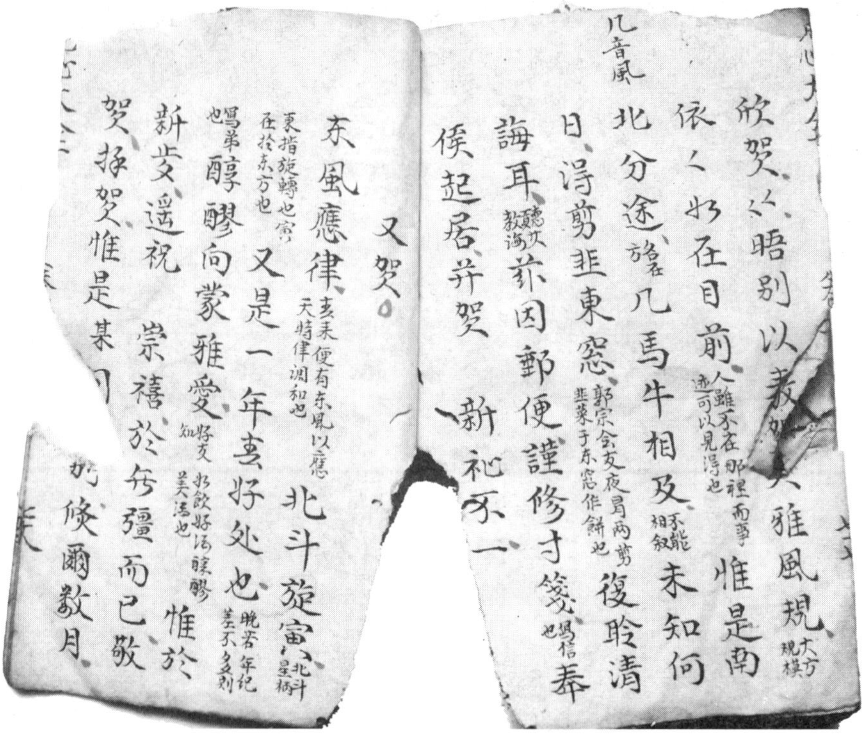

違教臺範頓覺汝如殊深言不見多時句心念也
每憶光儀神馳左右未卜不日肯
惠然一來以慰渴懷否欣遇玄和
特賀新禧並候不一
回覆新年信

鴻禧正茂大福正經燕喜唯新

在春風懷人之際恰好此時恩想之處
函尺一瑪函忽從天壁令人快甚就接著來
俱信並振信便快活
也得尋展蛔閱蛔看之餘知
塞翁先生
德門集慶喜氣盈庭羨賀不容秋
承附來一函蛔佳既蛔俱已拜領
遂申謝因有要事
已經但了因塵冗鉄也當回信物
寄來信物

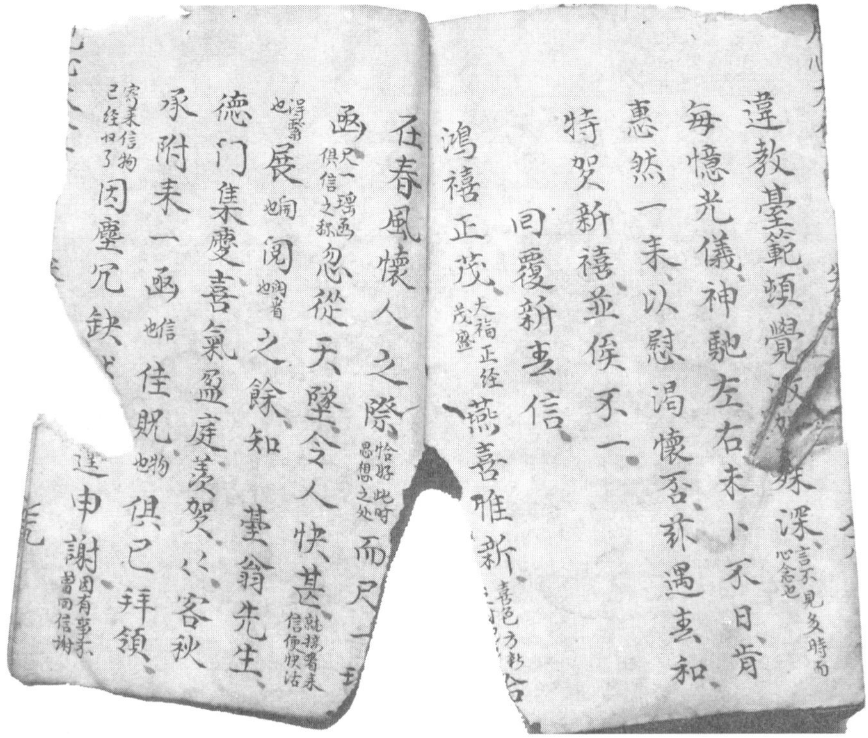

段莘乡官坑村 6-82 · 书信活套簿 ·《见心大全》

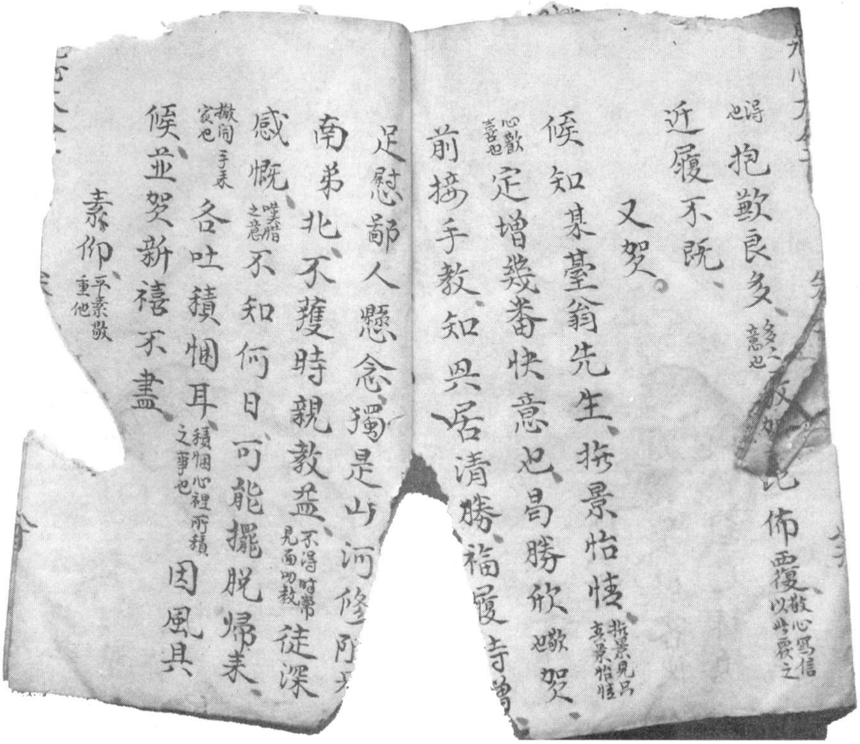
此佈覆（敬心寫信以此覆之）
抱歉良多（多之意也）
近履不既
又賀
候知某臺翁先生拆景怡情（拆景見只喜景怡情）
定增幾番快意也曷勝欣躍賀（心歡喜也）
前接手教知吳居清勝福履寺曾
足慰鄙人懸念獨是山河修阻所
南弟北不獲時親教益（不得時常見面叨教）徒深
感慨（嗟歎之意）不知何日可能擺脫歸來（撤開手來家也）
各吐積悃耳（積悃心裡所積之事也）因風具
候並賀新禧不盡
素仰（平素敬重他）

段莘乡官坑村 6-83 · 书信活套簿 ·《见心大全》

山斗所為介紹，

暗 光儀，弟，不識何日可能御

李君之車，聆 樂生之誨

謹掃蓬徑，躧屣 為歡熏函

勤 邀友經商

文困家鄉營生乏

无台經綸素具，今有遠

行壯志，敢治裝以俟執

鞭庶幾孤失四方火展男兒之願

發駕的於何時幸祈明示

答。

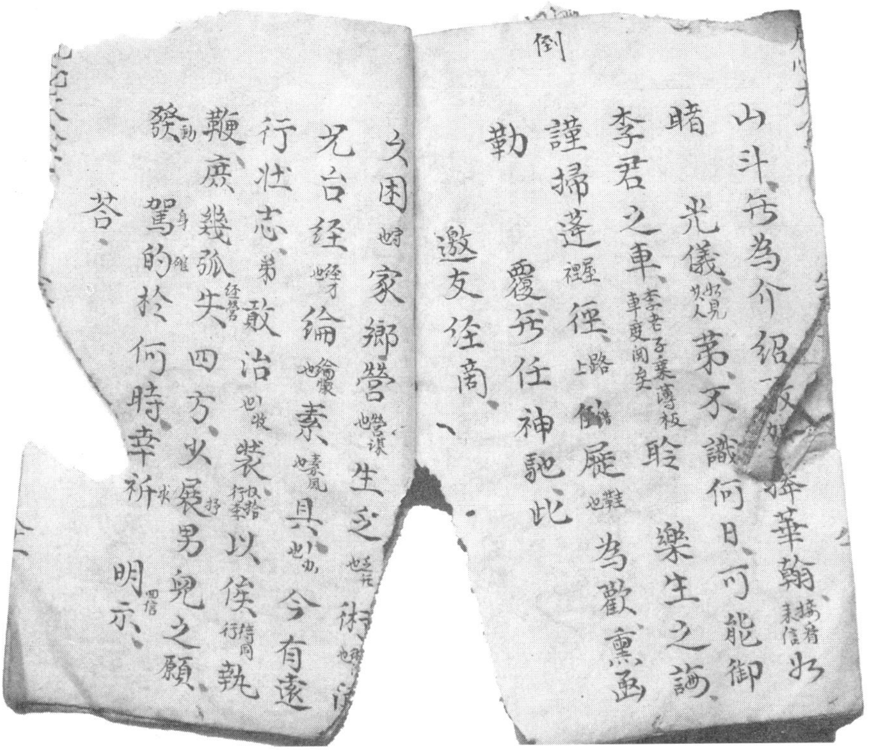

丈夫志在四方⋯⋯⋯久居此乎、但行踪蹢躅未免寥落之嘆、聨鑣喜有良伴矣謹約某時執策以從吾兄幸有同志訂期偕徃、

聞兄台伏叙遠行、邀友遠行、⋯正欲附⋯⋯

未卜何日准掛雲帆伏望預定佳期謹當束裝以附舟末、

答、

緣承飛翰詢及行期弟則選吉奉聞携手同行連袂風雨長途多聆教益亦一⋯敢不英俊

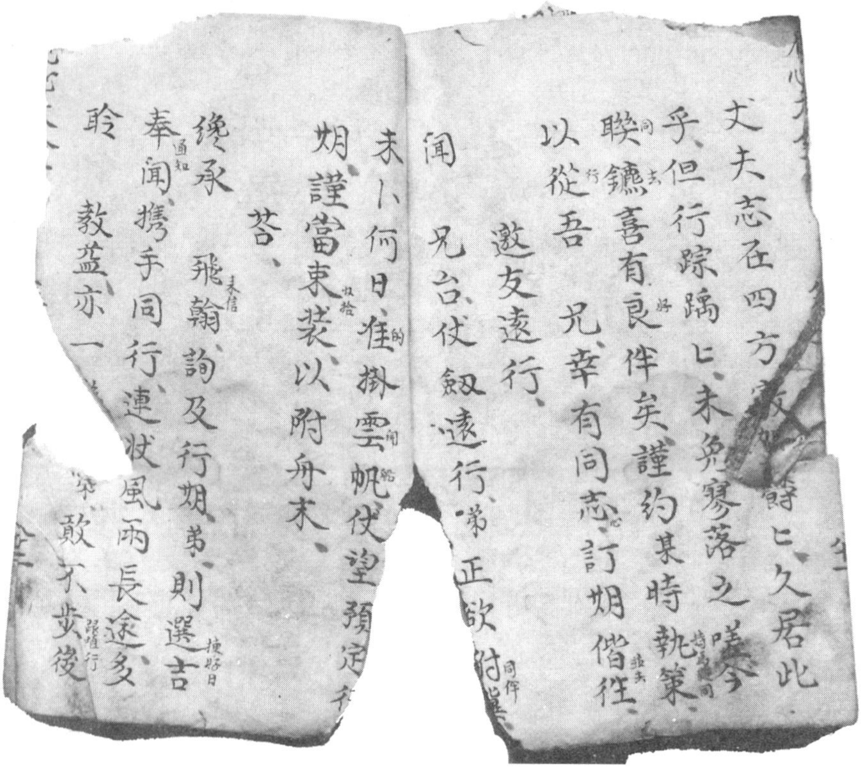

段莘乡官坑村 6-85 · 书信活套簿 ·《见心大全》

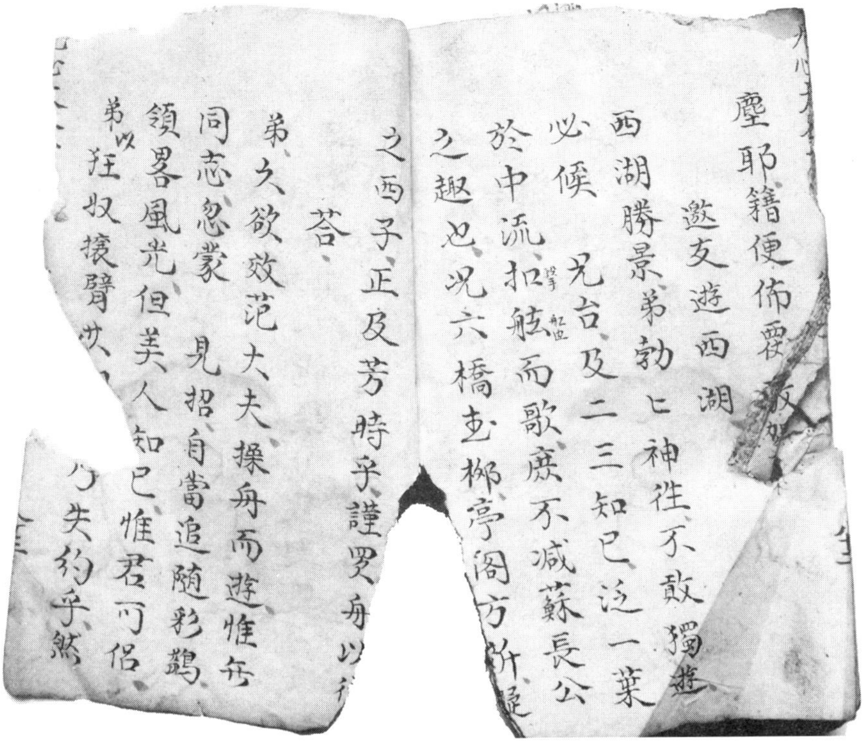
塵耶籍便佈霞……
邀友遊西湖
西湖勝景弟勃勃神往不敢獨遊
必候 兄台及二三知已泛一葉
於中流扣舷而歌庶不減蘇長公
之趣也况六橋垂柳亭閣方……
之西子正及芳時乎謹罗舟以……
荅
弟久欲效范大夫操舟而遊惟乏
同志忽蒙 見招自當追隨彩鷁
領畧風光但美人知已惟君可侶
弟以狂奴攘臂廿……乃失约乎然

段莘乡官坑村 6-86 · 书信活套簿 ·《见心大全》

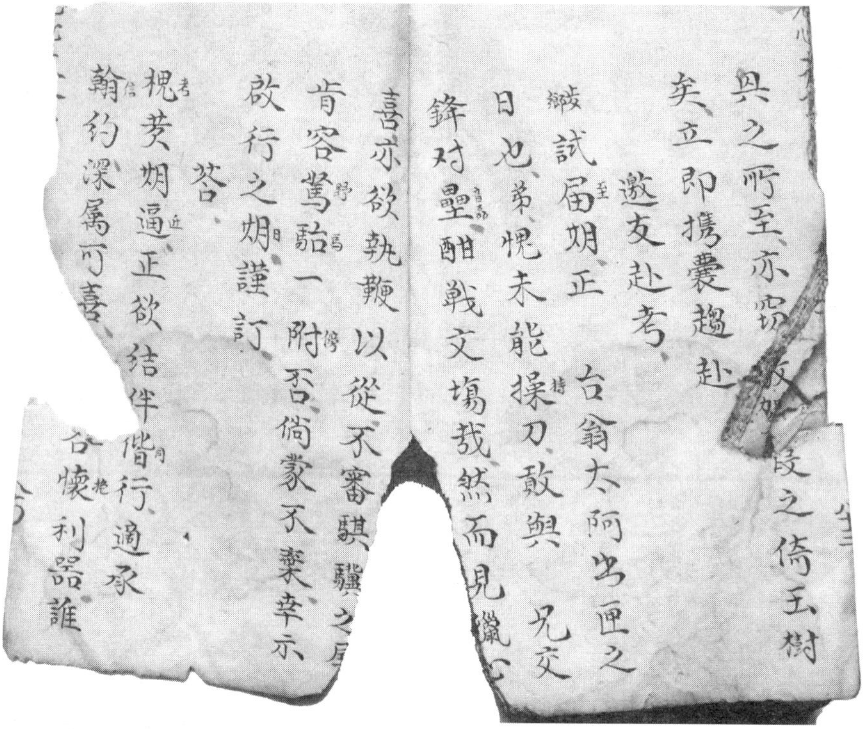
與之所至亦窮　段之倚玉樹
矣立即携囊趨赴
邀友赴考　台翁太阿出匣之
試届期正
日也弟愧未能操刀敢與　兄交
鋒对壘酣戰文塲哉然而見獵心
喜亦欲執鞭以從不審騏驥之
肯容駑駘一附否倘蒙不棄幸示
啟行之期謹訂
答
愧荚朋邇正欲结伴偕行適承
翰約深屬可喜　合懷利器誰

段莘乡官坑村 6-87 · 书信活套簿 ·《见心大全》

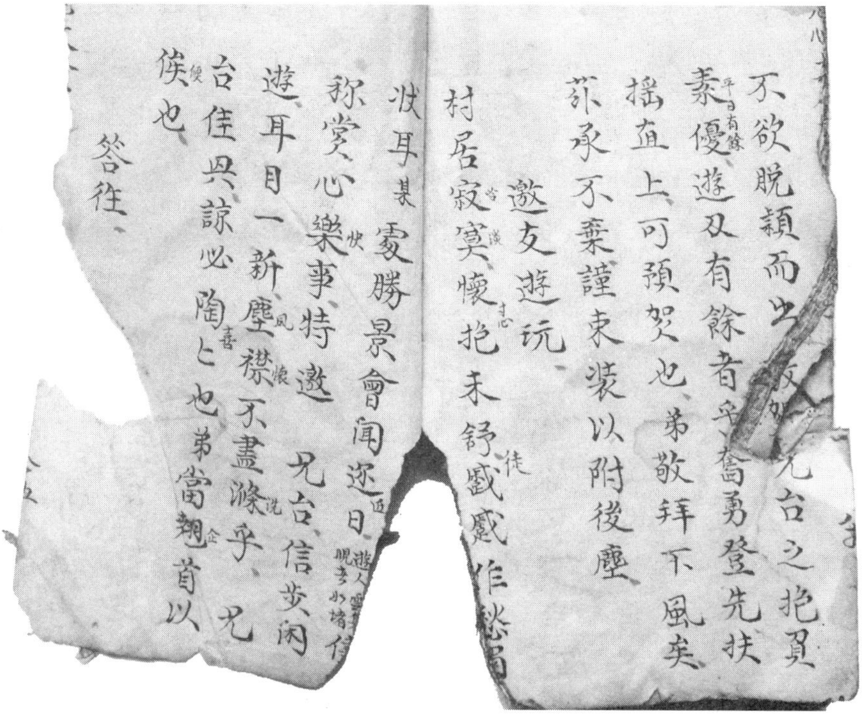
不欲脱頴而出[illegible]兄台之抱負
素優遊又有餘者乎奮勇登先扶
搖直上可預賀也弟敬拜下風矣
恭承不棄謹束裝以附後塵
邀友遊玩
村居寂寞懷抱未舒戲戲作愁
狀耳某處勝景會聞逐日遊人…
称賞心樂事特邀 兄台信步閑
遊耳目一新塵襟不盡滌乎 兄
台佳興諒必陶陶也弟當翹首以
俟也
答往

段莘乡官坑村 6-88 · 书信活套簿 ·《见心大全》

闻某处勝躍甚文如悦正勸遊覽
之興忽承招同往當芒鞋以追
謝屐載酒行歌聊盡清平之
樂不醉无歸耳
答不赴
蒙招遊某處覽勝搜奇心無駅而
飛矣弟舞雲之從詠
原憲得與焉即弟今日之
命难陪伏惟見諒是荷
邀友和訟

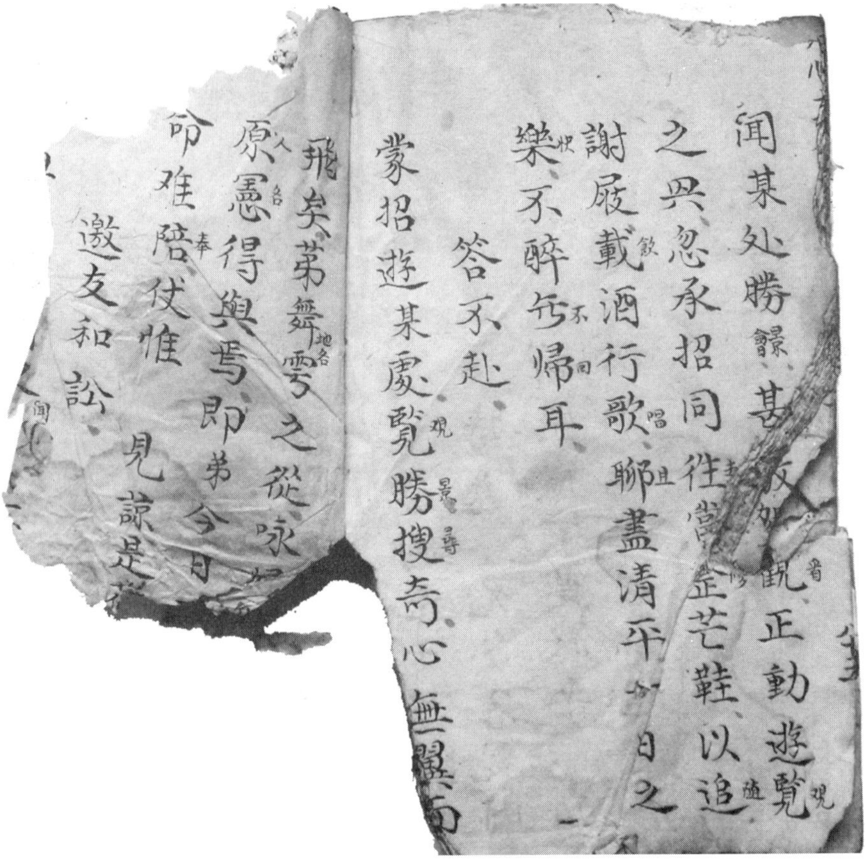

段莘乡官坑村 6-89 · 书信活套簿 ·《见心大全》

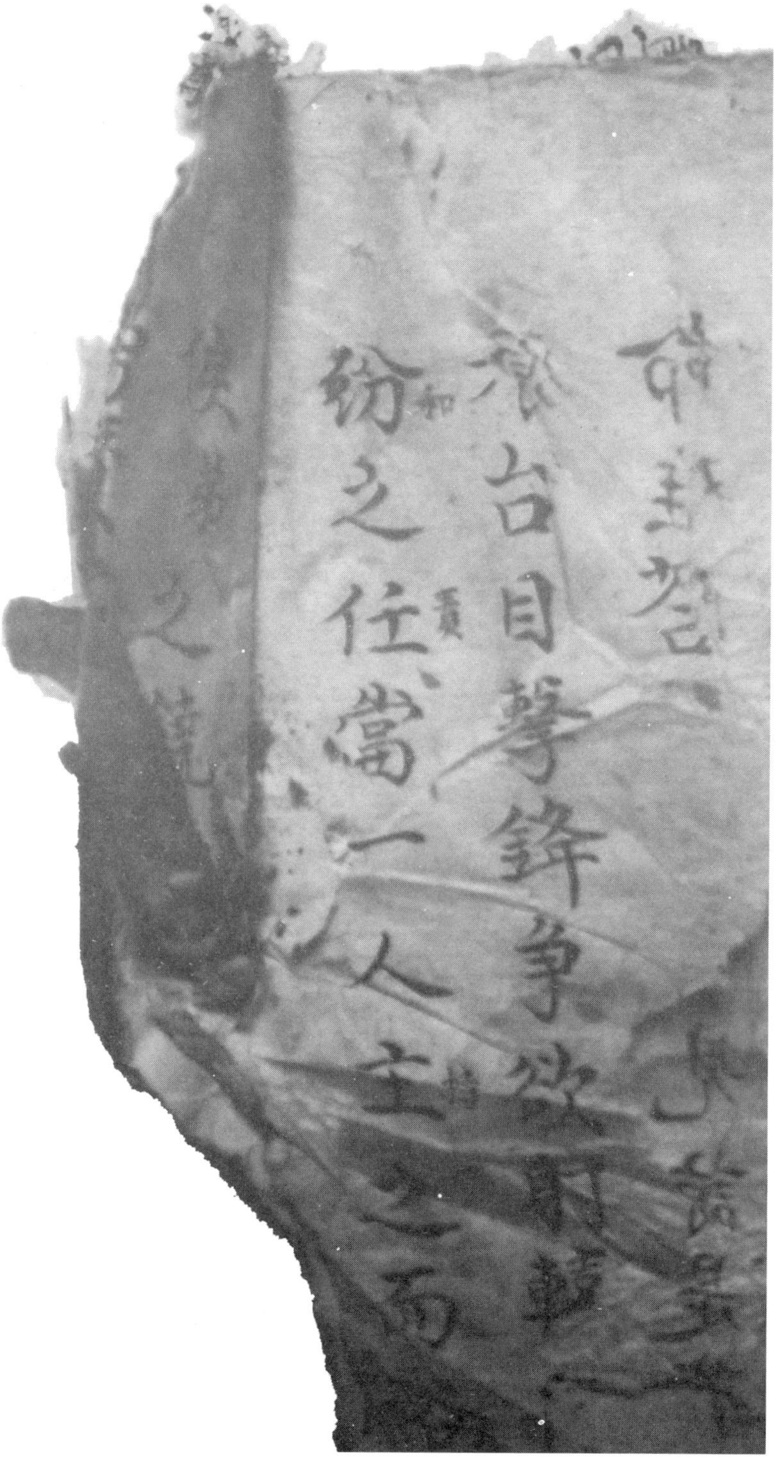

段莘乡官坑村 6-90 · 书信活套簿 ·《见心大全》

段莘乡官坑村 8-1 · 戏文 ·《孟姜女寻夫》

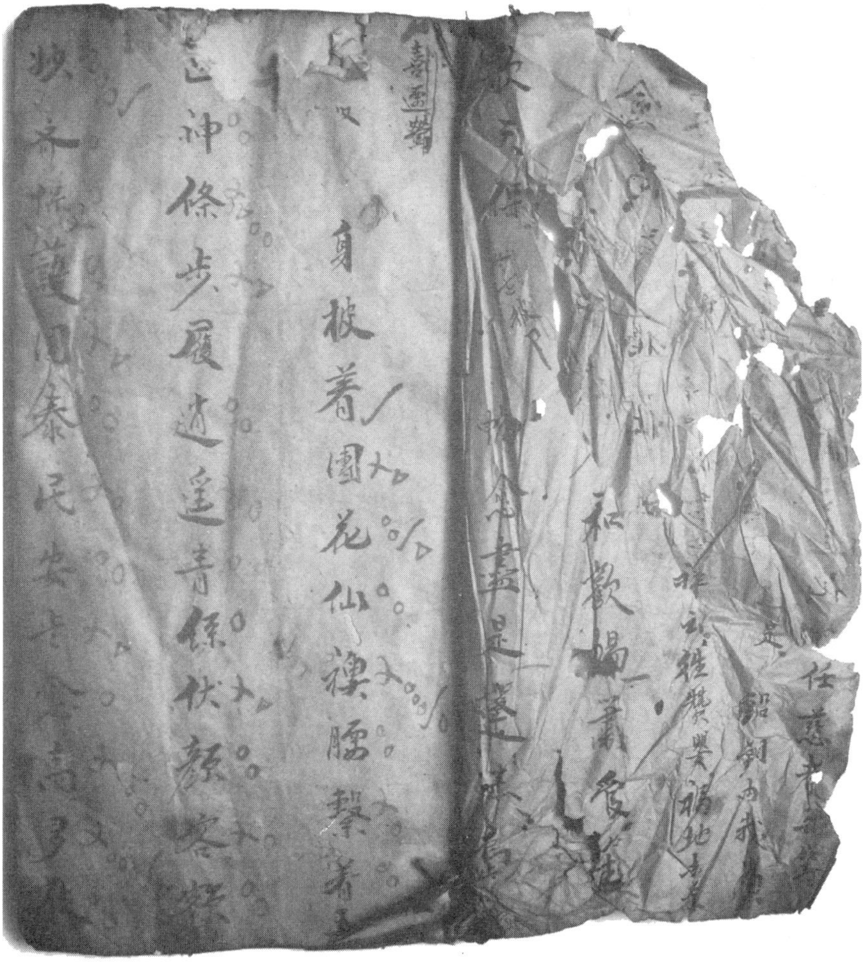

段莘乡官坑村 8-2 · 戏文 ·《孟姜女寻夫》

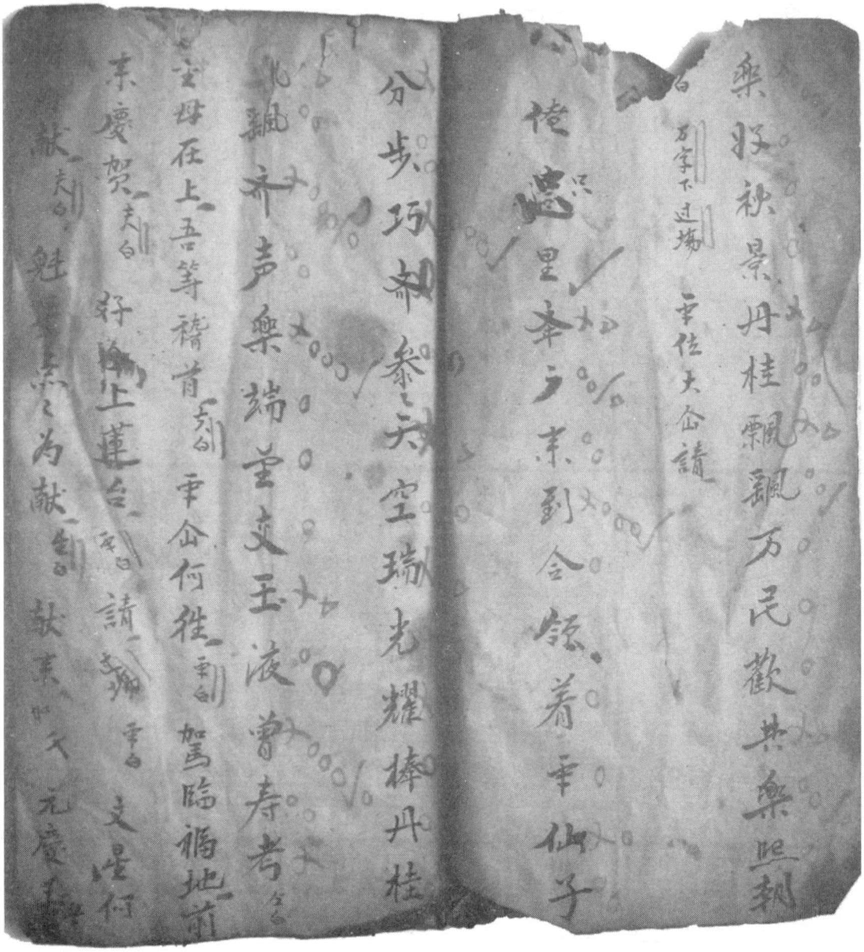

段莘乡官坑村 8-3 · 戏文 ·《孟姜女寻夫》

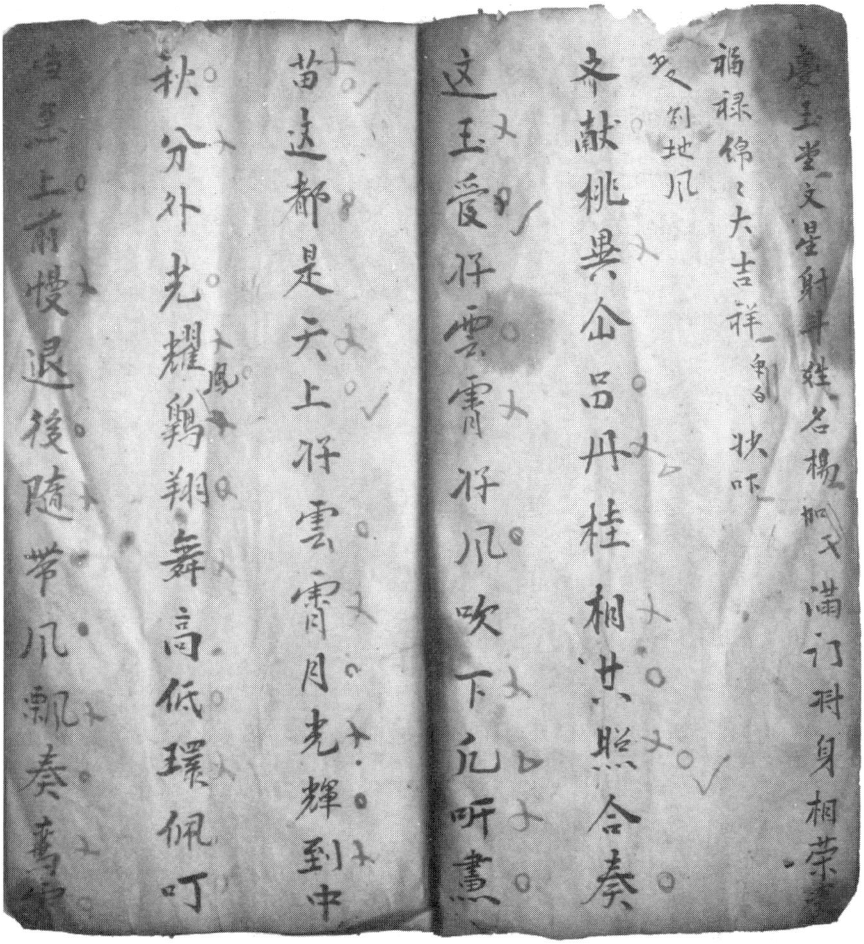

慶王堂文星射斗姓名楊 加天 滿门射身相荣

福禄錦々大吉祥 （白） 状吓

刘地风

齐献桃果众品丹桂相共照合奏

这王爱仔云霄仔风吹下凡听薰

苗送都是天上仔云霄月光辉到中

秋分外光耀鹞翔舞高低環佩叮

當盡上前慢退後随带风飘奏萬

段莘乡官坑村 8-4 · 戏文 ·《孟姜女寻夫》

钧天巧满偕庭齐庆好为高帷恩取
共享春秋冬好佳祥庆献表好佳
祥庆献表□□□□三进荣天王波杰白供福
齐天乐安康生白平仙齐赶满桃会□化□□
孙立朝纲□□□□瑞瑞衣冠端正仔
拜拜圣恩昌荣耀轮轮甲子
重止道愿愿山河永安保这

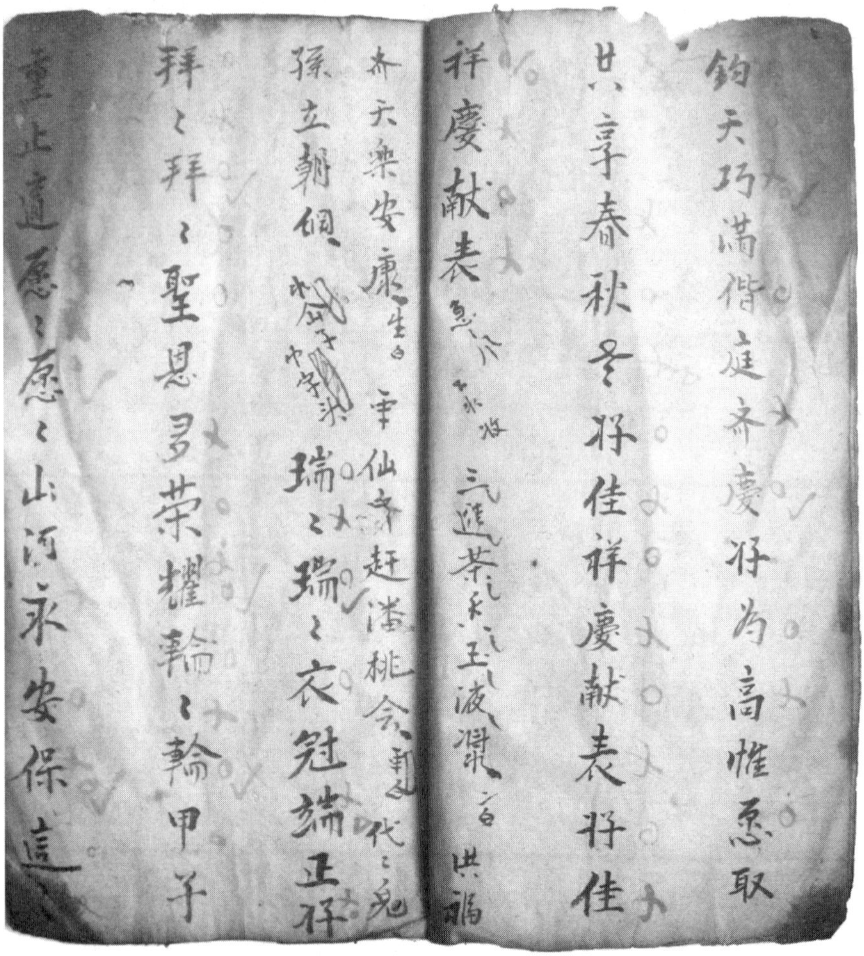

段莘乡官坑村 8-5·戏文·《孟姜女寻夫》

誠恩仁德高感皇恩子蔭兆

起之大神下 平日當日平仙取会 人間福寿双全

駕之駕之祥雲光縹緲听之听之仙子

多荣仔听 下水 到之到之海边頭神通

跨鹤恁逍遥

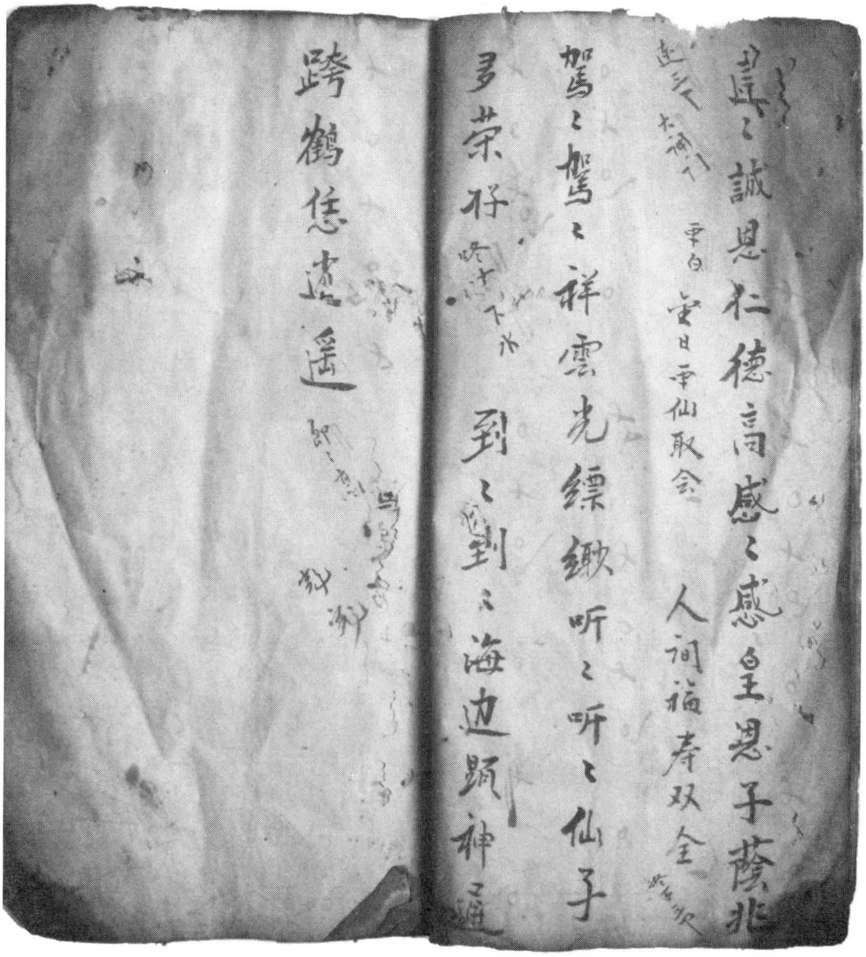

段莘乡官坑村 8-6·戏文·《孟姜女寻夫》

满堂　镇居将军王世富　後展伴驾督劇
的郎　白小丁叹　封培伽主读文章
领旨父新主榜下一道旨报知軍家兒郎知悄的
李良束到此将把四門罢提防大郎把守東門
上紧防轩娥進宫堂馬方把守南行上紧把
李良要提防者高把令西行上设下天罗拿轩娥
四郎把守北行上一齐埋伏拿轩娥束家兒郎
奇状勒紧佐功勞万古傳＂把旨意归龍住

八月十五将近

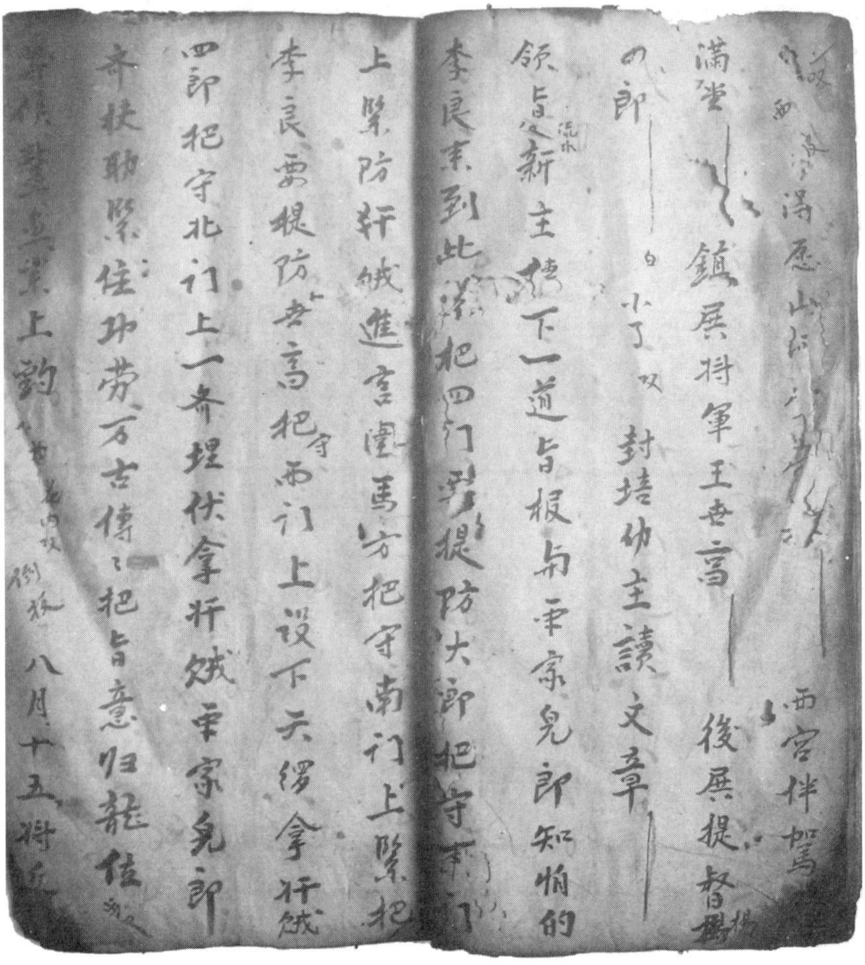

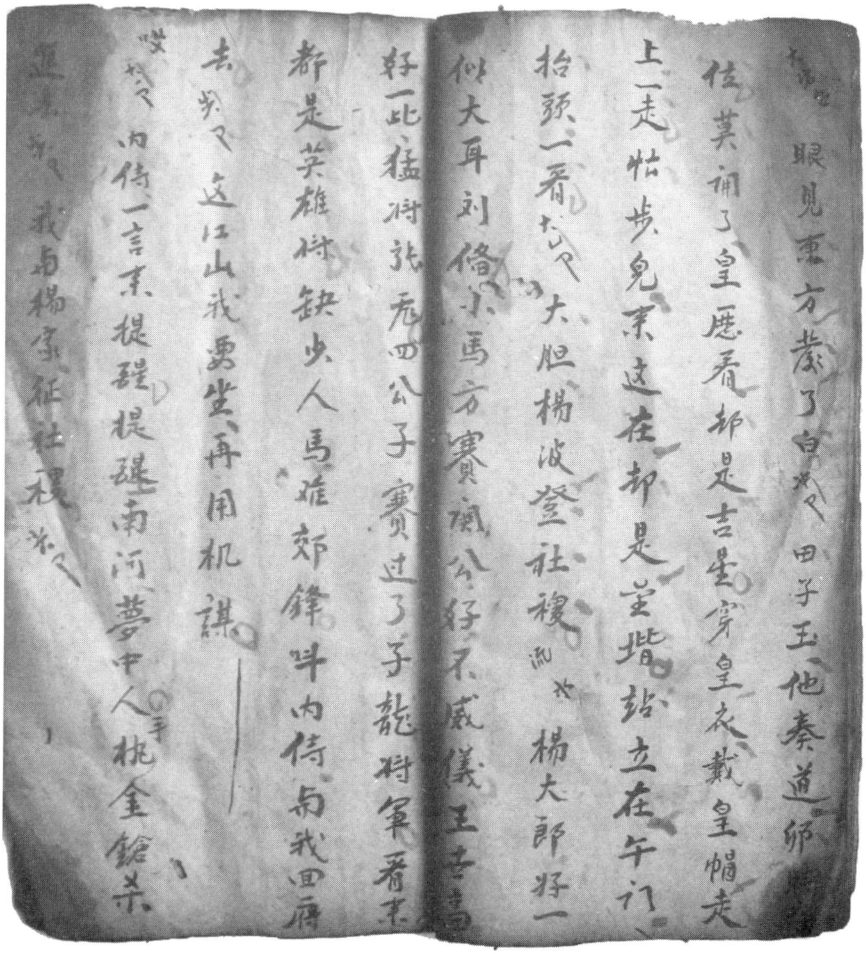

眼見東方發了白 田子玉 他奏道
住莫誦了皇歷看 却是吉星 穿皇衣 戴皇帽 走
上一走 怙步兒來 这在却是金堦 站立在午门
抬頭一看 大胆楊波登社稷 楊大郎好一
似大耳刘備 小馬方賽 公好不威儀 王吉高
好一比猛將張飛 四公子 賽过了子龍將軍 看來
都是英雄將 缺少人馬難郊鋒 叫内侍 与我田府
去 这江山我要坐 再用机謀
哎 内侍一言來 提醒 提醒南河夢中人 桃金鎗来
追來 我与楊家征社稷

段莘乡官坑村 8-8 · 戏文 ·《孟姜女寻夫》

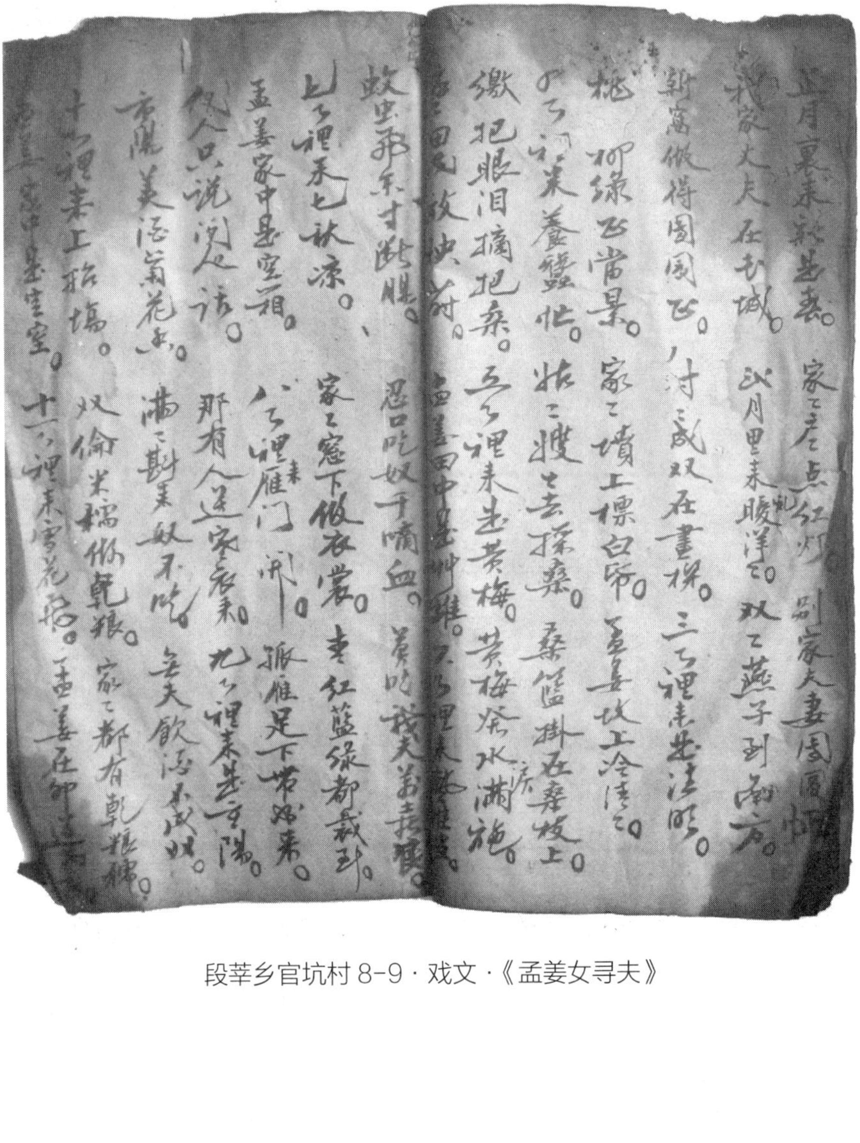

段莘乡官坑村 8-9 · 戏文 ·《孟姜女寻夫》

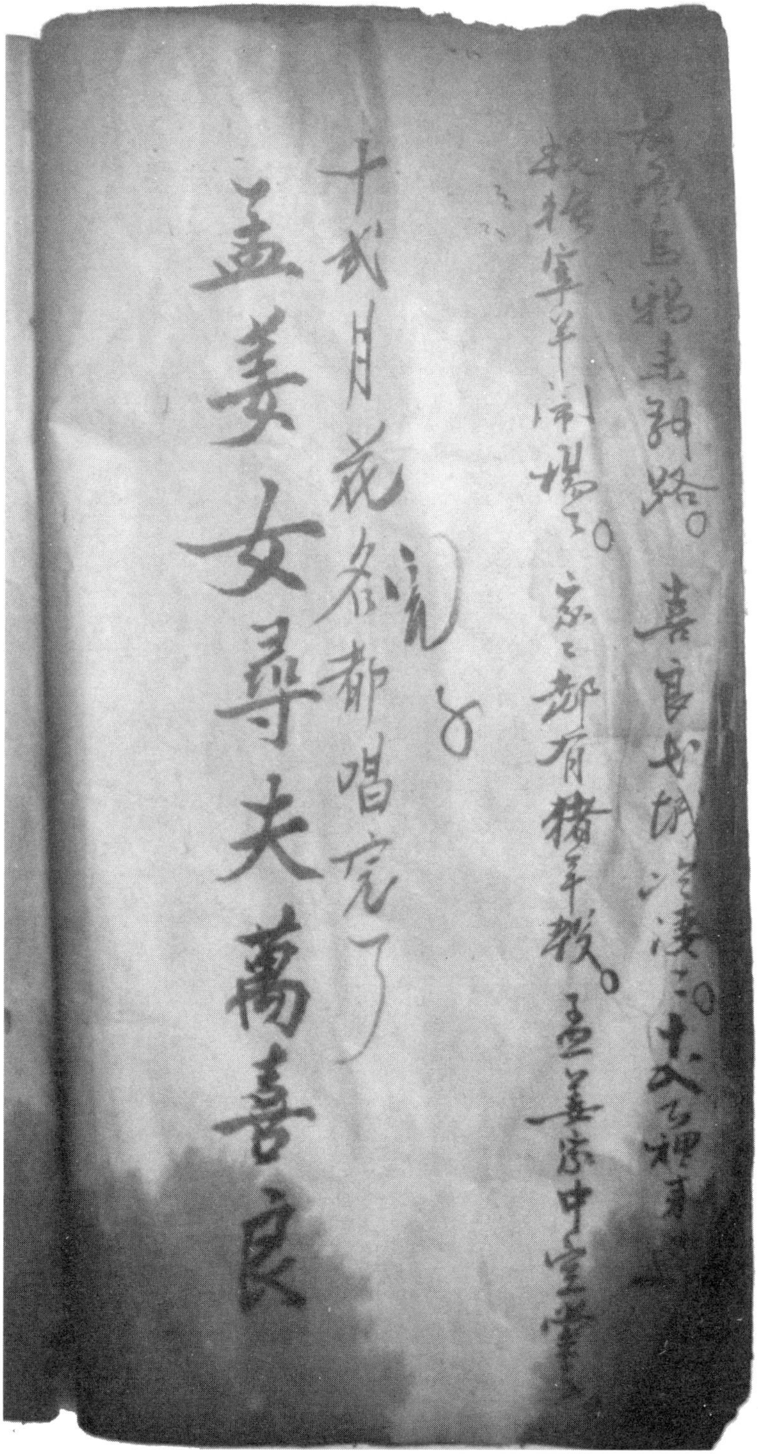

家家都有豬羊殺。
十貳月花名都唱完了
孟姜女尋夫萬喜良

段莘乡官坑村 8-10 · 戏文 ·《孟姜女寻夫》

段莘乡官坑村 8-11 · 戏文 ·《孟姜女寻夫》

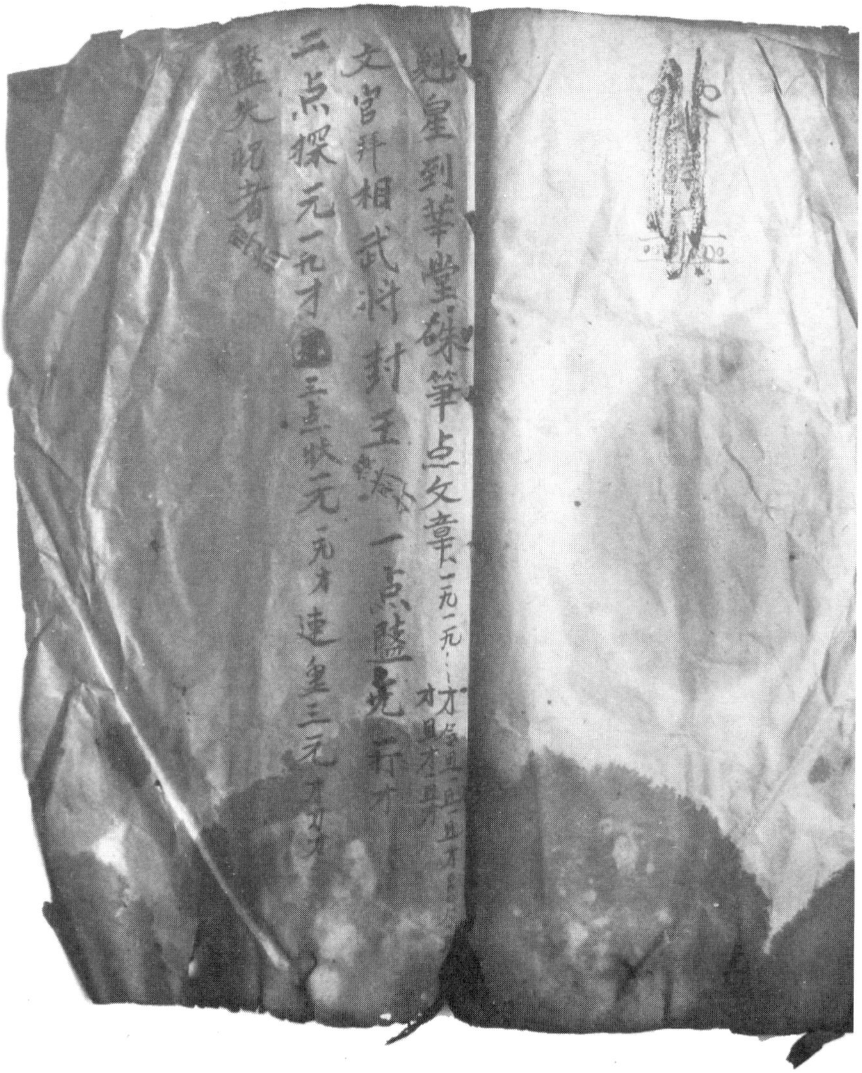

段莘乡官坑村 8-12 · 戏文 ·《孟姜女寻夫》

段莘乡沆头村胡家 1—38

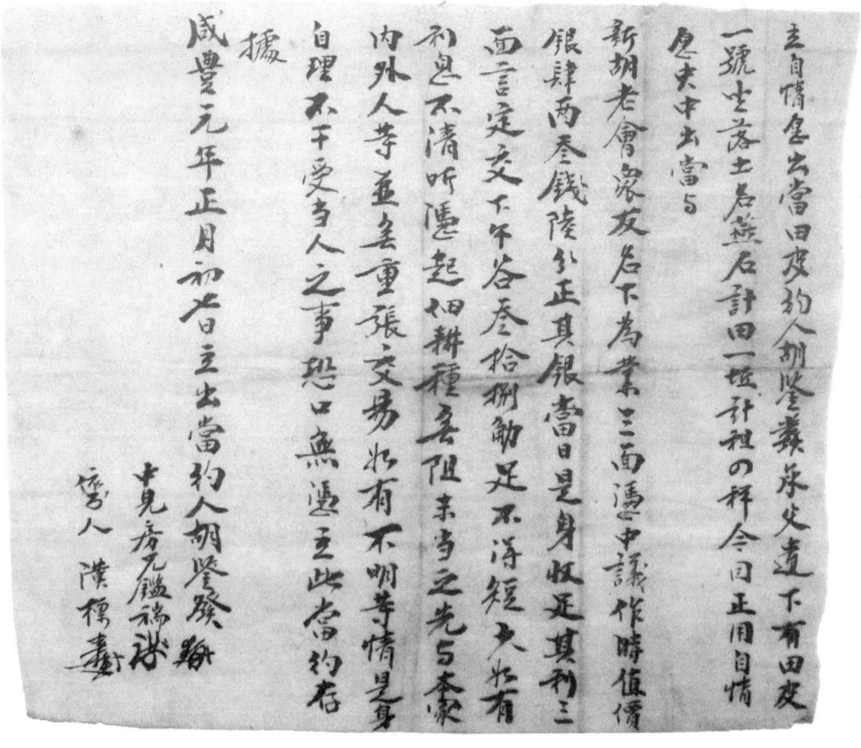

立自情愿出當田皮約人胡鑒發承父遺下有田皮
一號坐落土名燕石計田一坵計租四秤今因正用自情
愿央中出當与
新胡老會衆友名下為業三面憑中議作時值價
銀肆兩叁錢陸分正其銀當日是身收足其利三
面言定交下午谷叁拾捌觔足不得短少如有
利息不清听憑起佃耕種無阻未當之先与本家
内外人等並無重張交易如有不明等情是身
自理不干受当人之事恐口無憑立此當約存
據
咸豐元年正月初七日立出當約人胡鑒發
中見房兄鑑禄
代筆人漢標

段莘乡沆头村胡家 8 · 咸丰元年 · 出当田皮约 · 胡鉴发当与新胡老会众友

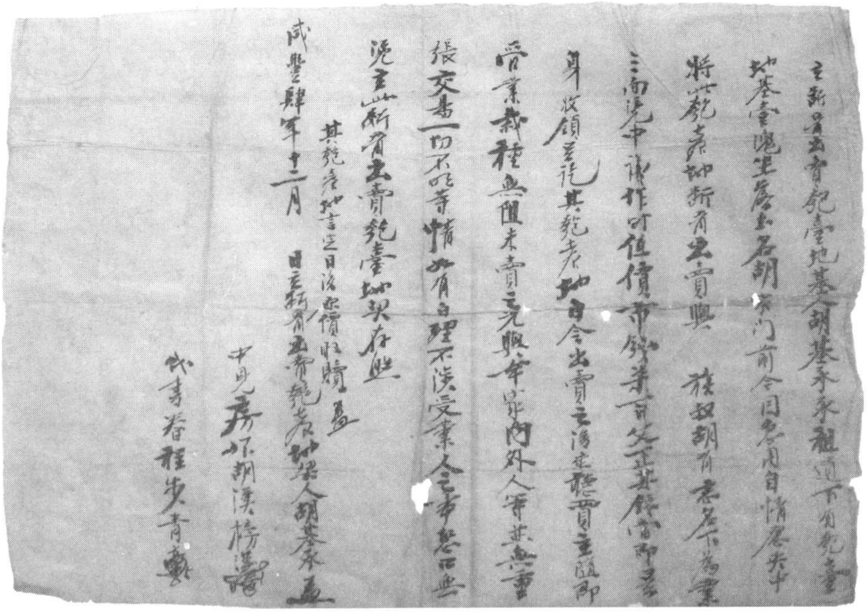

段莘乡沅头村胡家 12 · 咸丰四年 · 断骨出卖匏台地基契 · 胡基承卖与胡有志

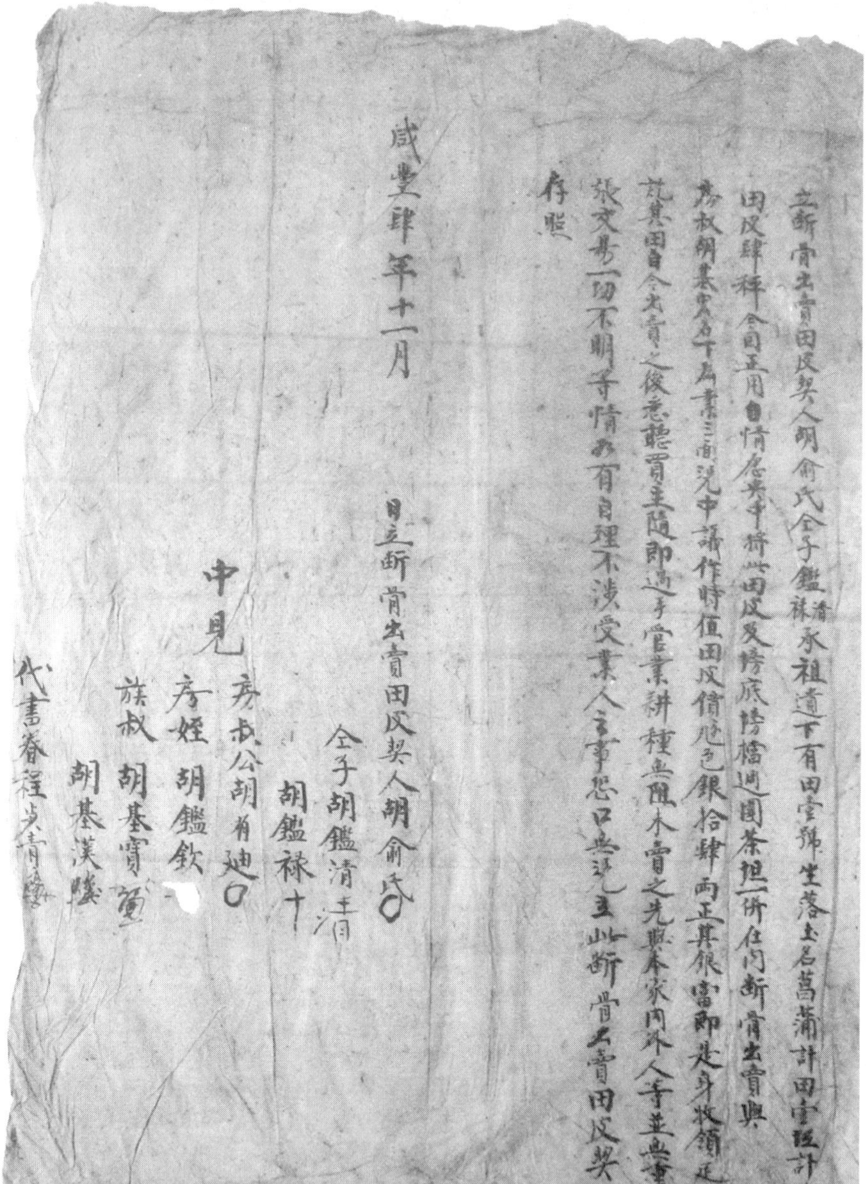

立断骨出賣田皮契人胡俞氏全子鑑祿清承祖遺下有田壹號坐落土名葛蒲坵田壹坵計
田皮肆秤今因正用自情愿央中將此田皮及塝底塝檔週圍茶坦一併在內断骨出賣與
房叔胡基宏名下為業三面憑中議作時值田皮價紋色銀拾肆兩正其銀當即是身收領足
訖其田自今出賣之後悉聽買主隨即過手管業耕種無阻未賣之先與本家內外人等並無重
張文墨交易一切不明等情如有自理不涉受業人之事恐口無憑立此断骨出賣田皮契
存照

咸豐肆年十一月　日立断骨出賣田皮契人胡俞氏〇
全子胡鑑清　清
胡鑑祿十
中見　房叔公胡有廸〇
房姪胡鑑欽
族叔胡基實
胡基漢
代書眷姪程步青

段莘乡沅头村胡家 23 · 咸丰四年 · 断骨出卖田皮契 · 胡俞氏同子鉴清、鉴禄卖与房叔胡基宏

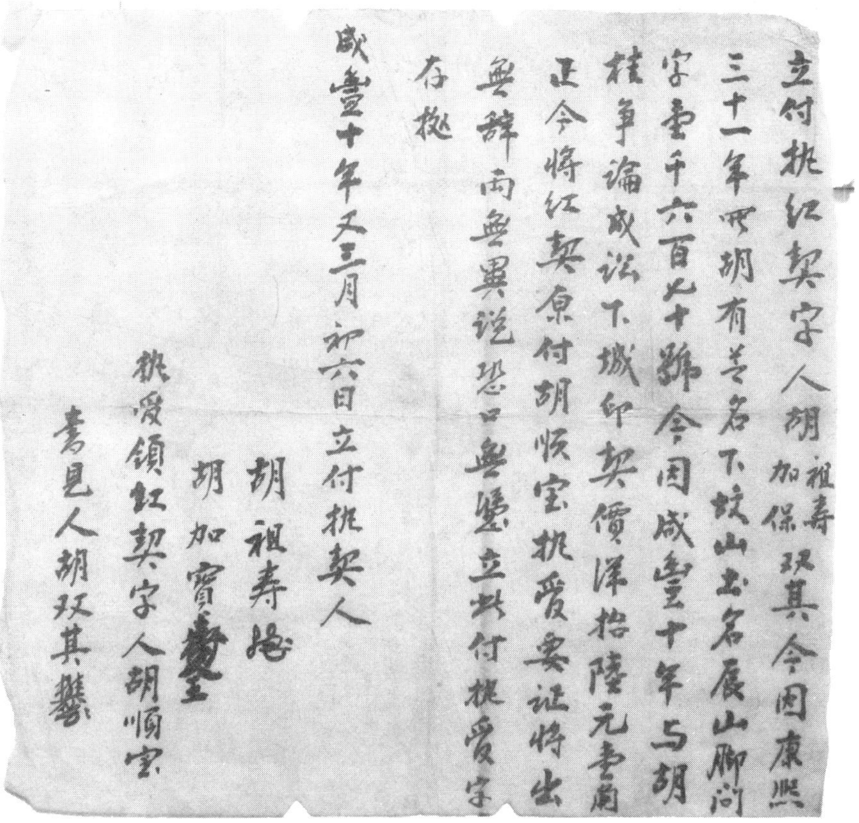

立付执红契字人胡祖寿、加保、双其今因康熙三十一年买胡有芳名下蛟山土名辰山脚冲字壹千六百七十号今因咸丰十年与胡桂争论成讼下城印契价洋拾陆元壹角正今将红契原付胡顺宝执受要证将出无辞两无异说恐口无凭立此付执受字存据

咸丰十年又三月初六日立付执契人

胡祖寿押

胡加寶押

执受领红契字人胡顺宝

书见人胡双其押

段莘乡沅头村胡家 1 · 咸丰十年 · 付执红契 · 胡祖寿、胡加保原付胡顺宝

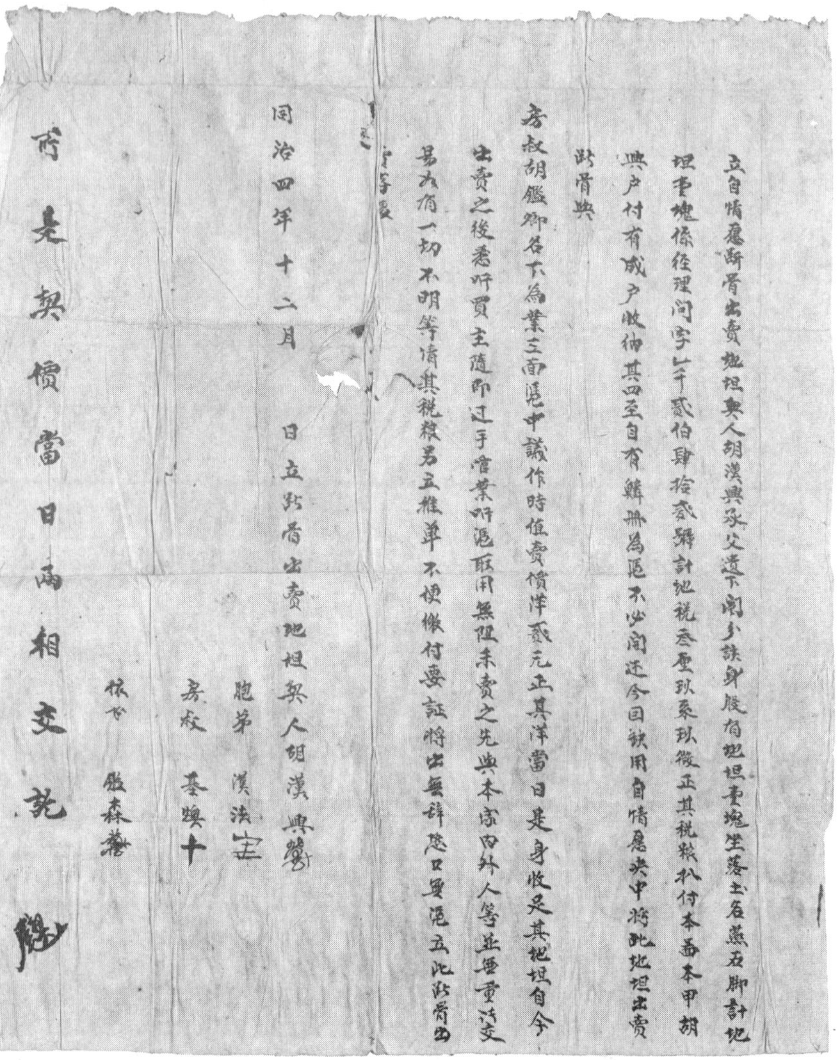

立自情愿斷骨出賣地坦契人胡漢興承父遺下閹分該身股有地坦壹塊坐落土名燕石脚計地
坦壹塊係經理問字乙千貳伯肆拾貳號計地税叁厘玖系玖微正其税粮扒付本畨本甲胡
興户付有成户收仰其四至自有鱗冊為憑不必開述今因缺用自情愿央中將此地坦出賣
斷骨與
房叔胡鑑卿名下為業三面憑中議作時值賣價洋貳元正其洋當日是身收足其地坦自今
出賣之後悉听買主隨即过手管業听憑取用無阻未賣之先與本家内外人等並無重張交
易爲有一切不明等情其税粮另立推單不便繳付要証將出無辞恐口無憑立此斷骨出
賣字
同治四年十二月　日立斷骨出賣地坦契人胡漢興（押）
胞弟　漢法（押）
房叔　基焕　十
依书　啟森（押）
所是契價當日兩相交訖（押）

段莘乡沅头村胡家 26 · 同治四年 · 断骨出卖地坦契 · 胡汉兴卖与胡鉴卿

立自情愿断骨出卖柴屋契人胡汉兴，承父遗下阄分该股有柴屋壹所，坐落土名燕窝，係经理冈字壹千贰伯叁拾贰号，计税叁厘伍毫，其四至自有鳞册为凭，不必开述。今因正用，自情愿央中将柴屋断骨出卖与胡基钊名下为业，三面凭中议作时值价银洋[illegible]员正，其银洋当即是身收领足讫。其柴屋自今出卖之后，悉听买主随即过手管业，无阻。未卖之先与本家内外人等并无重复交易。如有不明，是身自理，不涉受业人之事。其税粮本甲胡兴户扒付胡　户交纳。其来祖与别号相连，不必缴付，将出无辞。两无异说。恐口无凭，立此断骨出卖柴屋契存据。

其前地壹块一并在内，日后无得异说。（押）

同治肆年胜月　日立自情愿断骨出卖柴屋契人胡汉兴（押）

胞弟　汉发（押）

中见　胡基建（押）

代书　胡烽煌（押）

所是契价当即两相交讫（押）

段莘乡沉头村胡家 27 · 同治四年 · 断骨出卖柴屋契 · 胡汉兴卖与胡基钊

立自情愿出当田皮约人胡门宋氏今不兴以下山岭禋口计用拾叁垅半计谷租叁拾肆秤凭祖父递下阄分议身没有回皮水號业若江东令同正用自情愿兴中将此田皮出当胡加宝后计为叁百逸中议作時价当标洋叁拾伍正其洋吅日是身收足其田自今出当之后愿听当主随耶迟手培業耕種無阻永當之先无本家内外人等盡氣重贖交番贖時有人勿水胡姓情兴不自理不俠爭業人之爭異乃凭見此出當田皮存照

禋之回听凭九年血探烛姊姪乞興績哈年其荒田拾年人後連逮歲何之人開種無異其旅現

不批甚萬吅址丰連開荒成興績原積乞贖要

再批代當胡煇煌媒

中見代胡基煇㨤

同治四年九月 日立出當田皮約一領 門宋氏

同治六年六月日 立断骨加代传兴人胡宋氏

興茂筆 〇

所是與價比日兩相交足

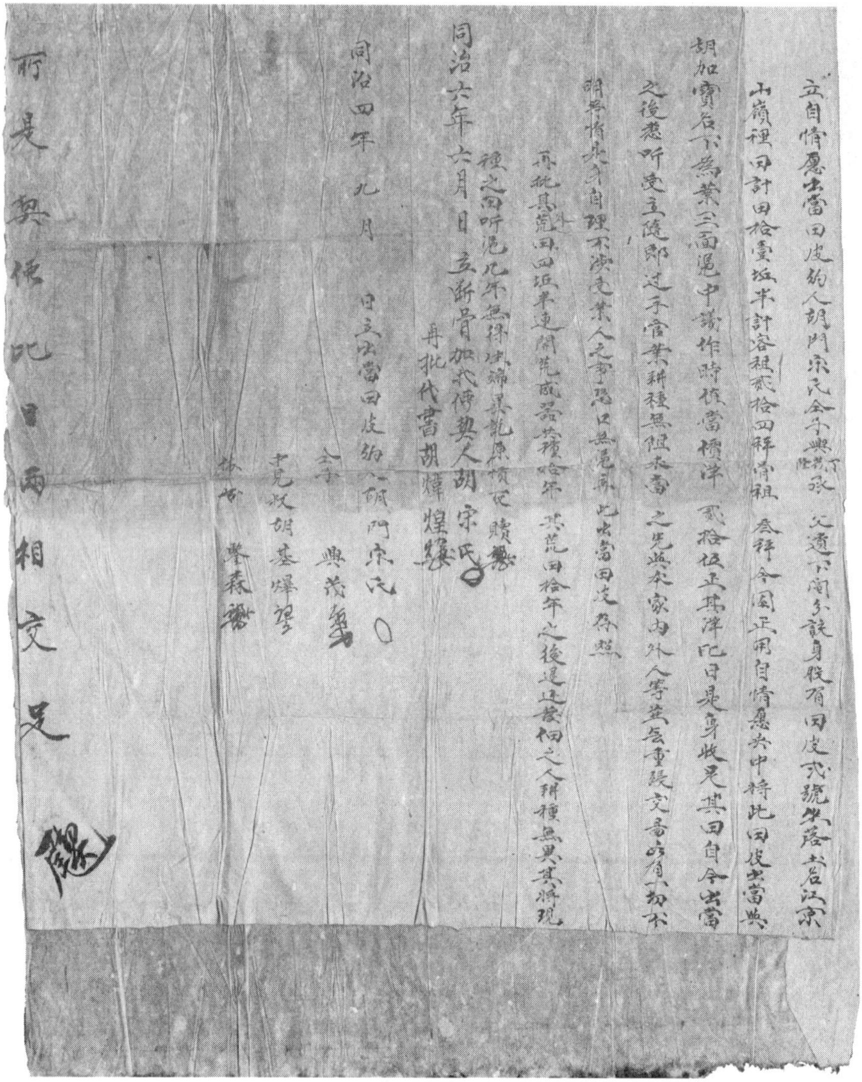

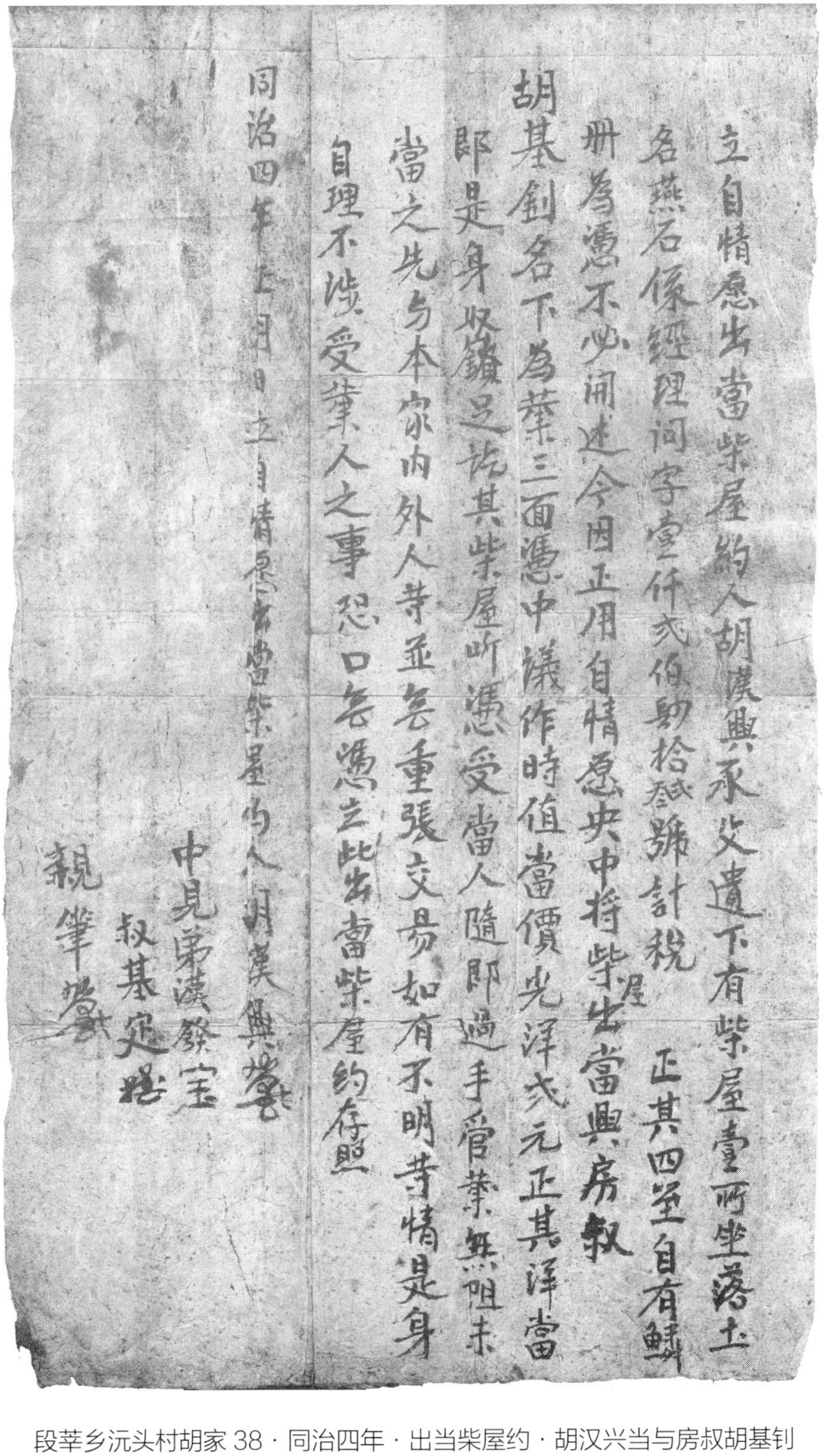
立自情愿出當柴屋約人胡漢興承父遺下有柴屋壹所坐落土
名燕石係經理阃字壹仟弍伯駒拾叁號計稅　正其四至自有鱗
冊為憑不必開述今因正用自情愿央中將柴屋出當與房叔
胡基釗名下為業三面憑中議作時值當價光洋弍元正其洋當
即是身收鑲足訖其柴屋听憑受當人隨即過手管業無阻未
當之先与本家内外人等並無重張交易如有不明等情是身
自理不涉受業人之事恐口無憑立此出當柴屋約存照
同治四年正月　日立自情愿出當柴屋約人胡漢興（押）
中見弟漢發（押）
叔基遐（押）
親筆（押）

段莘乡沆头村胡家 38 · 同治四年 · 出当柴屋约 · 胡汉兴当与房叔胡基钊

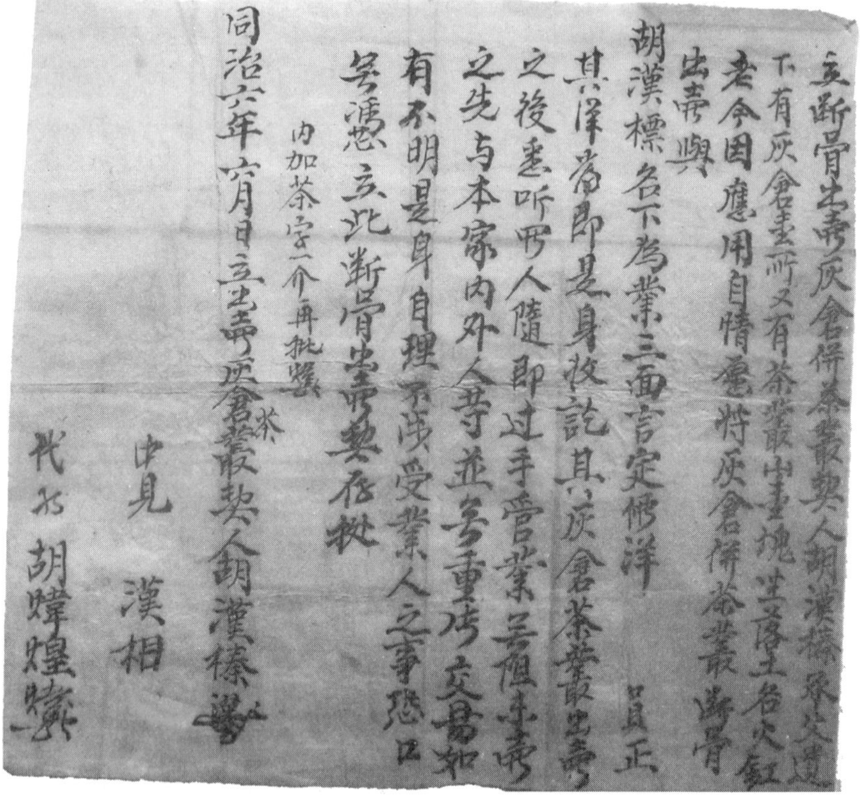

立斷骨出賣灰倉併茶叢契人胡漢榛原父遺
下有灰倉壹所又有茶叢山壹塊坐落土名火缸
垄今因應用自情愿將灰倉併茶叢斷骨
出賣與
胡漢標名下為業三面言定價洋　員正
其洋當即是身收訖其灰倉茶叢出賣
之後悉听買人隨即过手管業無阻未賣
之先与本家内外人等並無重張交易如
有不明是身自理不涉受業人之事恐口
無憑立此斷骨出賣契存据
内加茶字一个再批照
同治六年六月　日立出賣灰倉茶叢契人胡漢榛押
中見　漢相
代筆　胡煒煌押

段莘乡沅头村胡家 6 · 同治六年 · 断骨出卖灰仓并茶丛契 · 胡汉榛卖与胡汉标

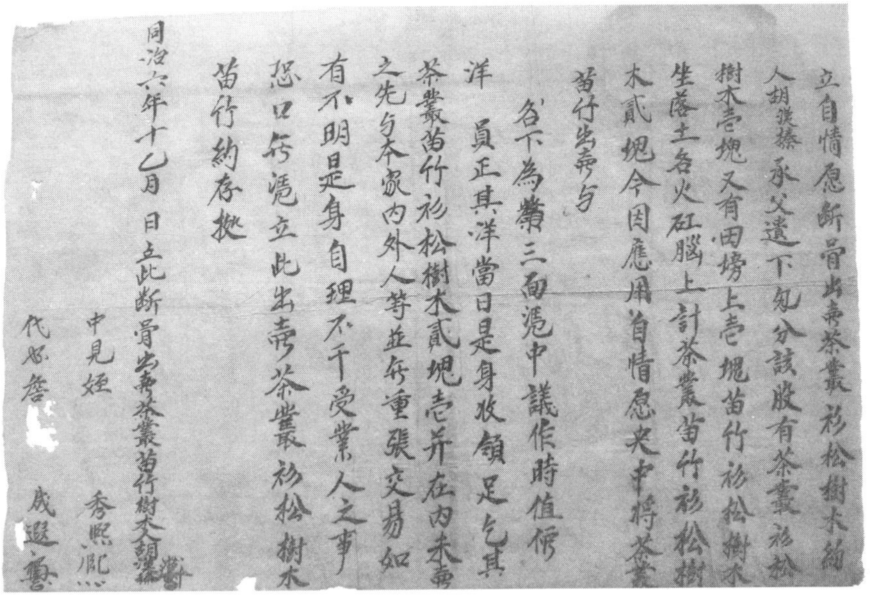
立自情愿断骨出賣茶叢杉松樹木約
人胡漢榛承父遺下阄分該股有茶叢杉松
樹木壹塊又有田塝上壹塊苗竹杉松樹木
坐落土名火砿脳上計茶叢苗竹杉松樹
木貳塊今因應用自情愿央中將茶叢
苗竹出賣与
名下為業三面憑中議作時值價
洋　員正其洋當日是身收領足乞其
茶叢苗竹杉松樹木貳塊壹并在内未賣
之先与本家内外人等並無重張交易如
有不明是身自理不干受業人之事
恐口無憑立此出賣茶叢杉松樹木
苗竹約存據
同治六年十乙月　日立此断骨出賣茶叢苗竹樹木胡漢榛
中見侄　秀照
代筆　成遐

段莘乡沉头村胡家 13 · 同治六年 · 断骨出卖茶丛衫松树木约 · 胡汉榛卖与☐

立出當房屋約人胡漢興丹承父遺下有
右奧上房弍間坐落土名燕石脚今
因正用自情急將房屋出當與
胡基釗名下為業三面憑中議作時值
當便洋六元四角正其洋當即是日
收領足訖其本利言空茶市還
楚其茶市本利不清聽憑隨即過
手住居嘗業等阻未當之先與本
家内外人等並無重片交易如有不
明是自自理不涉受業人之事恐口
無憑立此出當房屋約存執
同治六年正月日立出當房屋約人胡漢興圖章
中見弟漢發圖章
代書胡煒煌圖章

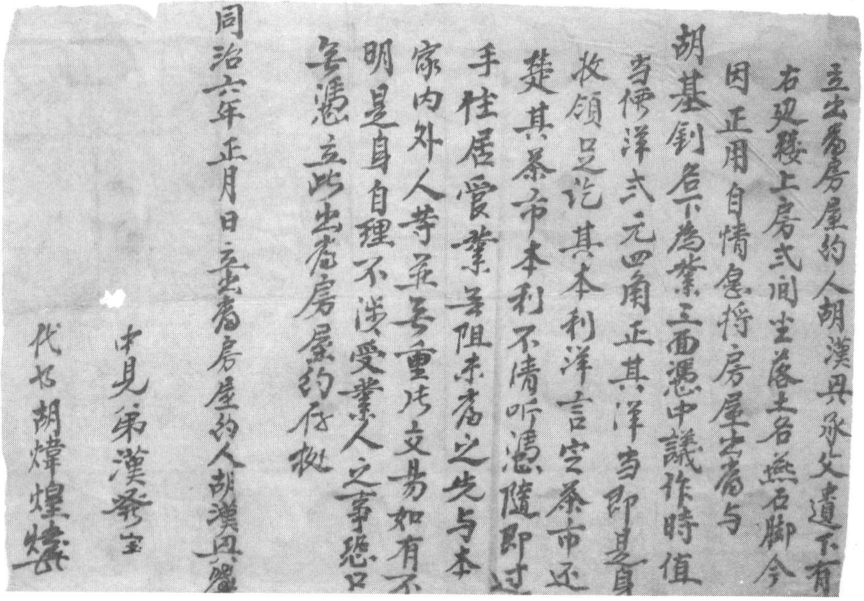

段莘乡沅头村胡家 16・同治六年・出当房屋约・胡汉兴当与胡基钊

立白情愿斷骨出賣田皮契人胡宋氏仝男胡鑑輝鑑賓承父遺下升斗課股有回武鄉堂落土名江姚山壹號計田拾陸坵計租武拾秤又吾峯裡田壹號計田壹坵計租肆秤今因正用自情憑中央中將田皮武號斷骨出賣與胡基剑名下為業三面議作時值價洋員正其洋房即是身收領足訖其田自賣之後惠聽買人鑑即過手管業耕種異阻未賣之先與本家內外人等並無重佔交易如有不明是身自理不涉受業人之事懇口另立此斷骨出賣田皮契存據

所是契儒肴即兩相交託

又加俻新開懇田茶葉取坦㘭一併在內再批

同治六年六月日立自情愿斷骨出賣田皮契人胡宋氏○
　　　　　　　　　仝男胡鑑輝以
　　　　　　　　　　　　鑑賓夂
　　　　　　　　　　代書胡煒煌燆

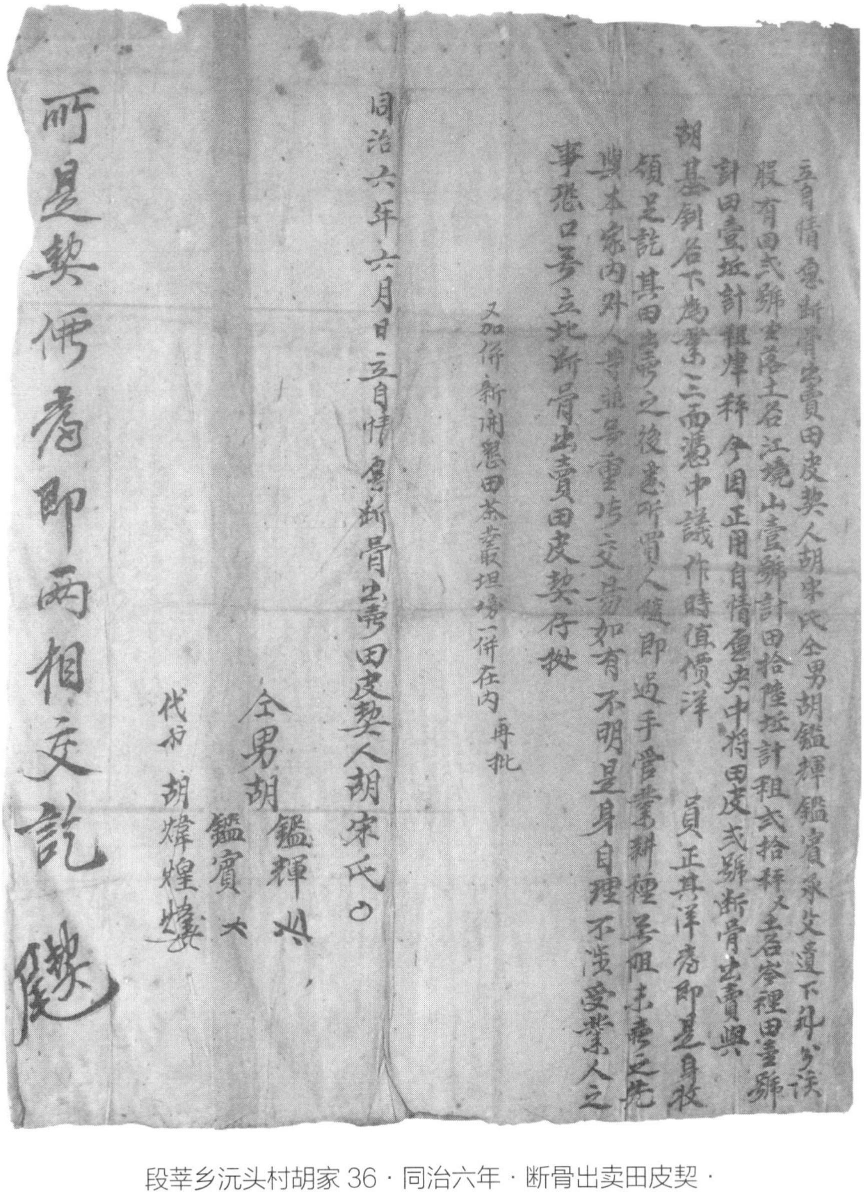

立目情愿断骨出賣契人胡漢榛承父遺下有
茶叢山壹塊坐落土名大缸老又竹園山和塊土名
田坊上今因正用目情愿央中将茶叢竹園山
式塊斷骨出賣與
胡基釗名下為業三面洎甲言定時值作價洋叁
員半其洋与目是身收記其山出賣之後聽
賣人隨即過手管業無阻来賣之先與本家
内外人等益無重賣交易如有不明是賣目理
不渉受業人之事恐口無憑立此斷骨出賣茶叢
竹園山契存照
　　　　　再批義楼檢出火缸老字約不得行用也
　　　　　　　　　　　　中見叔　胡鑑善
　　　　　　　　　　　　　　兄　胡漢杞
同治八年十月日立目情愿断骨出賣茶叢竹園山契胡漢榛
　　　　代書　　　　胡鑑鄉

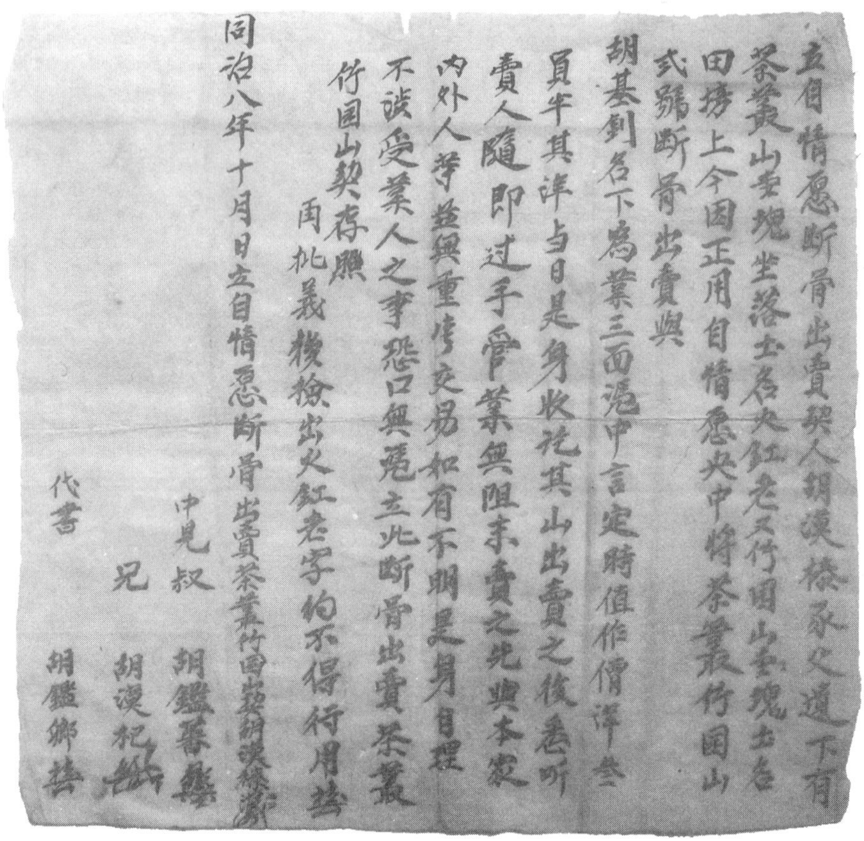

段莘乡沅头村胡家 7・同治八年・断骨出卖茶丛、竹园山契・胡汉榛卖与胡基钊

立当田皮契人胡兴茂家父遗下有田皮壹號
坐落土名前下計田秊垯計租不秤今因
正用自情愿央中将田皮出当与
本家清明支丁名下為業三面湊中謀
作時值当價洋壹佰貳拾員正其洋當日是
身收訖其利采夬市加水行息不浮壋
以如有利洋不清听建手管業細種玄
阻未当之先之未祭为人莽並无氣張交易如
有不明是身自理不干受当人之事䓁
口云凭此出田皮契夜炤

同治九年三月日立出当田皮契人胡兴茂 筆

中見 胡萬福

至見 胡天福

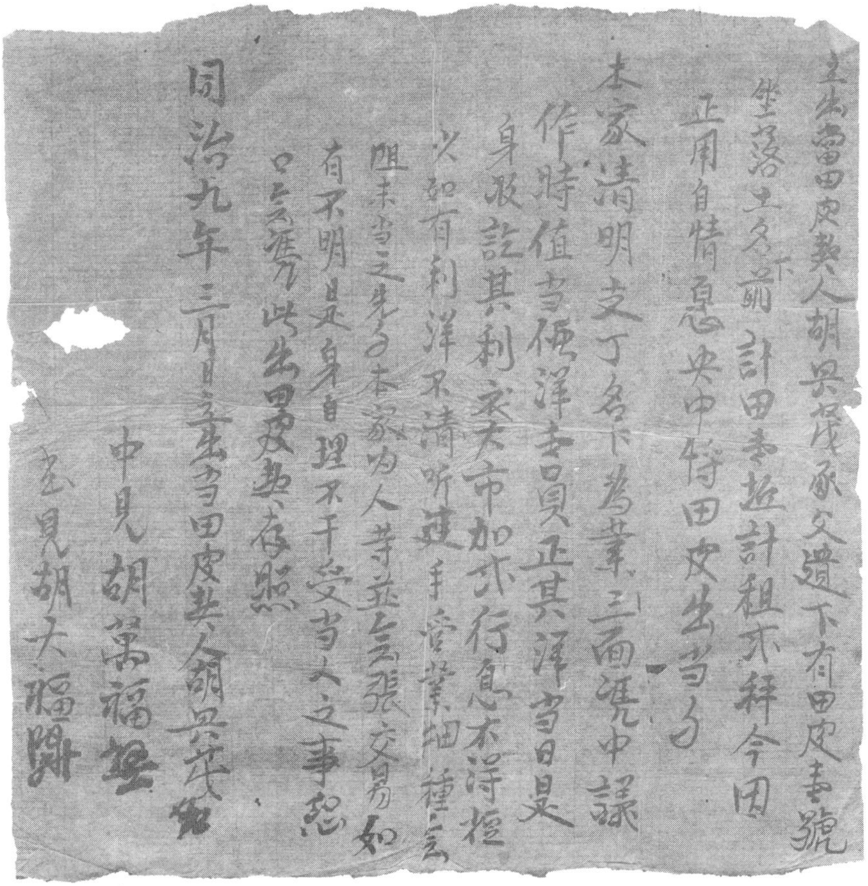

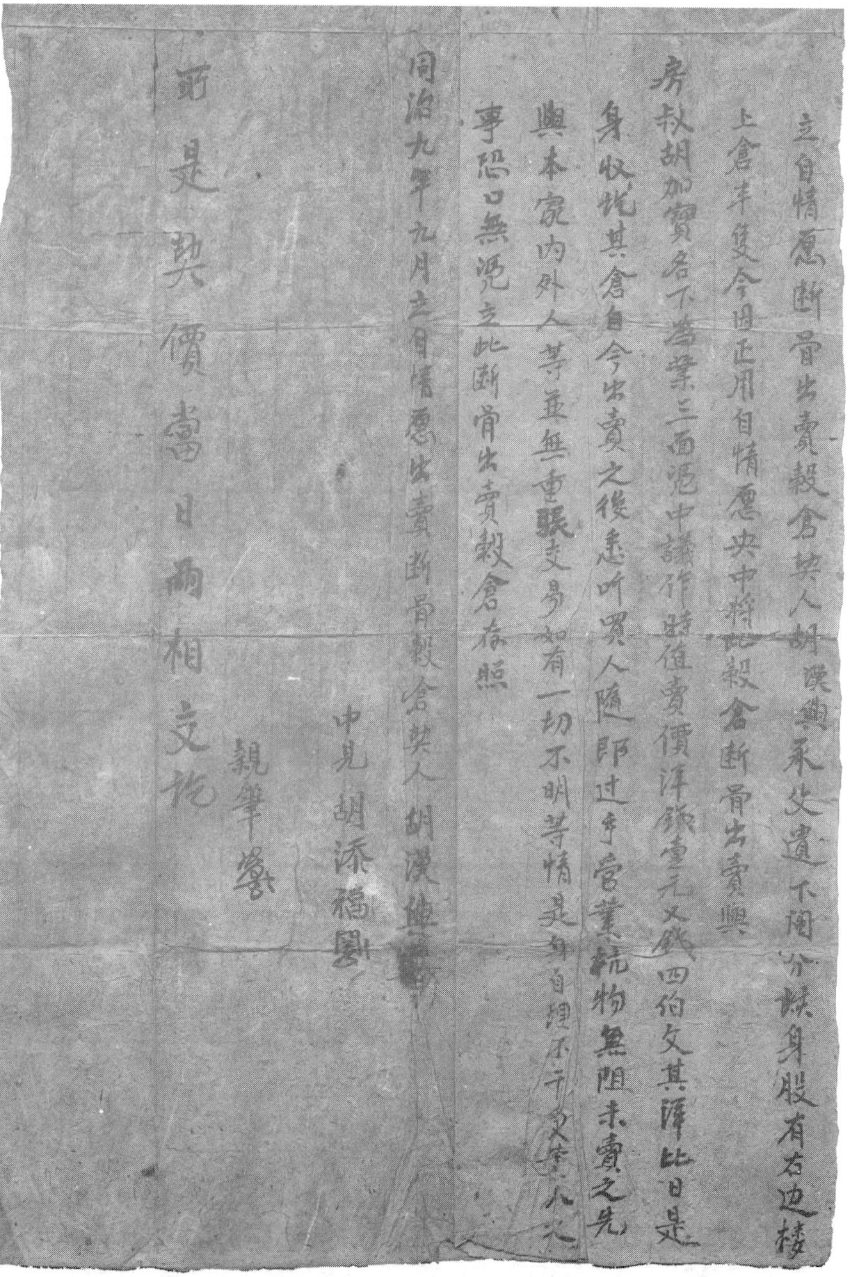
立自情愿断骨出賣穀倉契人胡漢興承父遺下阄分該身股有右边楼
上倉半隻今因正用自情愿央中將此穀倉断骨出賣與
房叔胡加寶名下為業三面憑中議作時值賣價洋錢壹元又钱四伯文其洋比日是
身收訖其倉自今出賣之後悉听買人随即过手管業耕物無阻未賣之先
與本家内外人等並無重張交易如有一切不明等情是身自理不干受業人之
事恐口無憑立此断骨出賣穀倉存照
同治九年九月立自情愿出賣断骨穀倉契人胡漢興（押）
中見胡添福（押）
親筆（押）
前是契價當日兩相交訖

段莘乡沅头村胡家 25 · 同治九年 · 出卖断骨谷仓契 · 胡汉兴卖与胡加宝

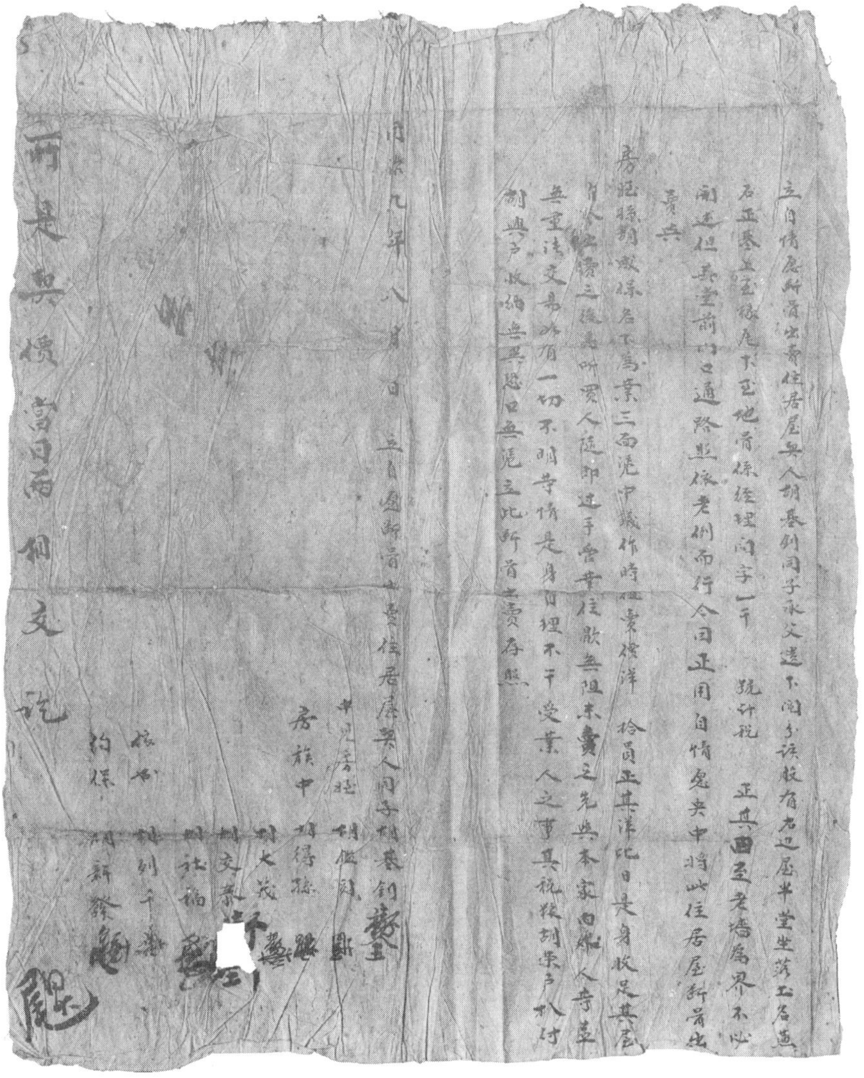
立自情愿断骨出卖住居屋契人胡基钊同子永文述下因乡族收有右边屋半堂坐落土名道
右正基上至椽瓦下至地骨系经理□字一千 号计税 正其四至老墙为界不必
开述但其堂前门口通路照依老例而行今因正用自情愿央中将此住居屋断骨出
卖与
房兄胡成保名下为业三面凭中议作时值价洋 拾员正其洋比日是身收足其屋
自今出卖之后悉听买人随即进手管业住歇无阻未卖之先与本家内外人等并
无重复交易以有一切不明等情是身自理不干受业人之事其税粮胡兴户扒付
胡兴户收纳无异恐口无凭立此断骨出卖存照
同治九年八月 日 立自愿断骨出卖住居屋契人同子胡基钊
中见书 胡继(?)
房族中 胡得胜 胡大茂 胡文豪 胡社福
依书 胡钊千
约保 胡新发
所是契价当日两相交讫

段莘乡沅头村胡家 34 · 同治九年 · 断骨出卖住居房契 · 胡基钊卖与胡成保

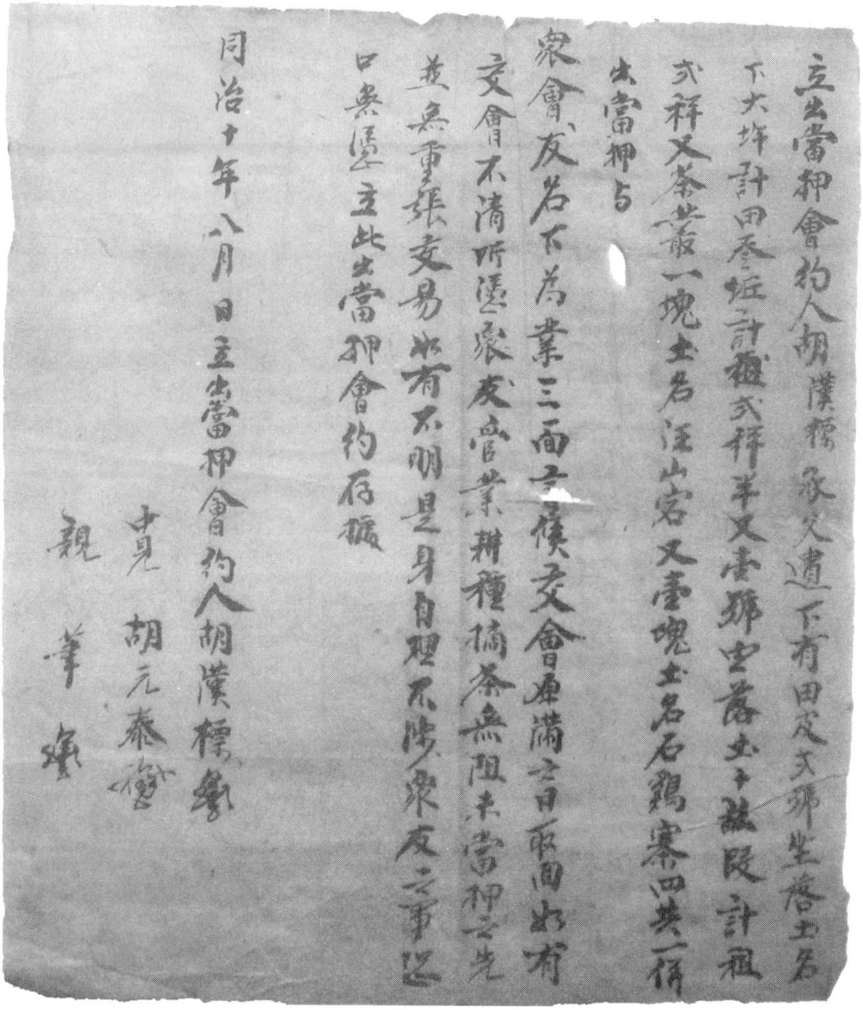

立出當押會約人胡漢標承父遺下有田皮大秤坐落土名
下大坪計田叁坵計租弍秤半又壹秤坐落土名敖段計租
弍秤又茶叢一塊土名汪山窩又壹塊土名石鷄寨口共一併
出當押与
衆會友名下為業三面言定價交會庫滿之日取回如有
交會不清所憑衆友管業耕種摘茶無阻未當押之先
並無重張交易如有不明是身自理不涉衆友之事恐
口無憑立此出當押會約存據
同治十年八月　日立出當押會約人胡漢標（押）
中見　胡元泰（押）
親筆（押）

段莘乡沅头村胡家 9 · 同治十年 · 出当押会约 · 胡汉标出当押与众会友

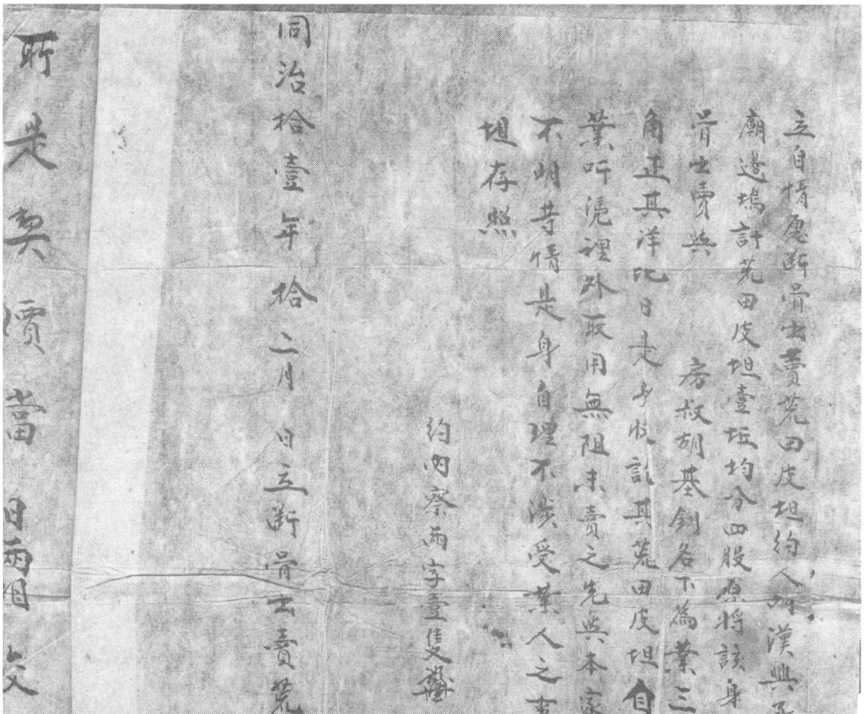

立自情愿断骨出賣荒田皮坦約人胡漢興，承父遗下有荒田皮坦壹號，坐落土名廟邊塢，計荒田皮坦壹坵，均分四股，今将該身股内急用，自情愿托中将此荒田皮坦断骨出賣與房叔胡基釗名下為業，三面憑中議作時値價洋錢壹員捌角正，其洋比日是身收訖，其荒田皮坦自今出賣之後，悉听買人隨即過手管業，听憑挖埋躰取用無阻。未賣之先與本家内外人等並無重張交易，如有一切不明等情，是身自理，不涉受業人之事。恐口無憑，立此断骨出賣荒田皮坦存照。

約内添兩字壹隻（押）

同治拾壹年拾二月　日立断骨出賣荒田皮坦約人胡漢興（押）

中見胞弟　漢發（押）

依书　胡列千（押）

所共賣價當日兩相交訖

段莘乡沅头村胡家 35 · 同治十一年 · 断骨出卖荒田皮坦契 ·

胡汉兴卖与房叔胡基钊

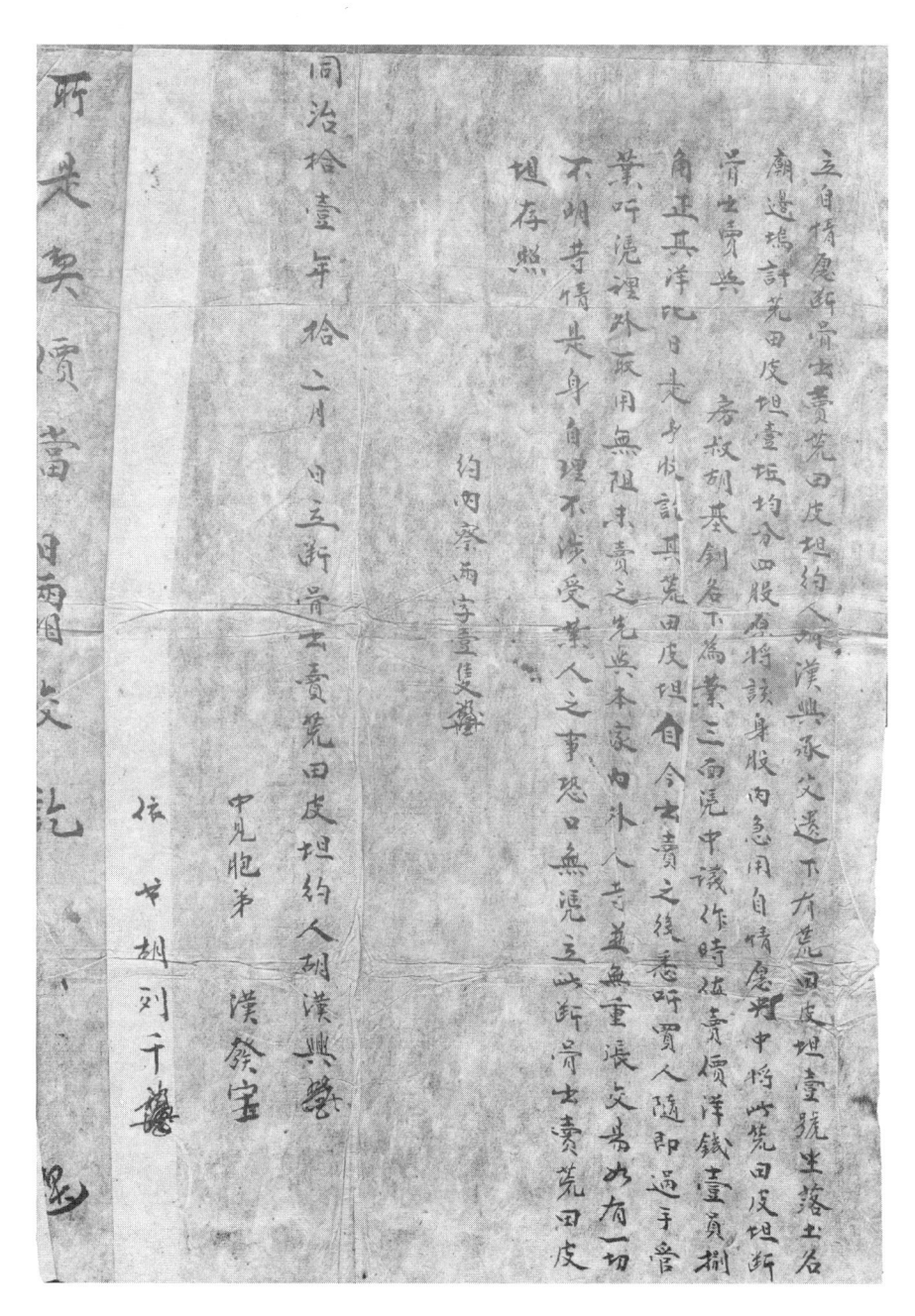

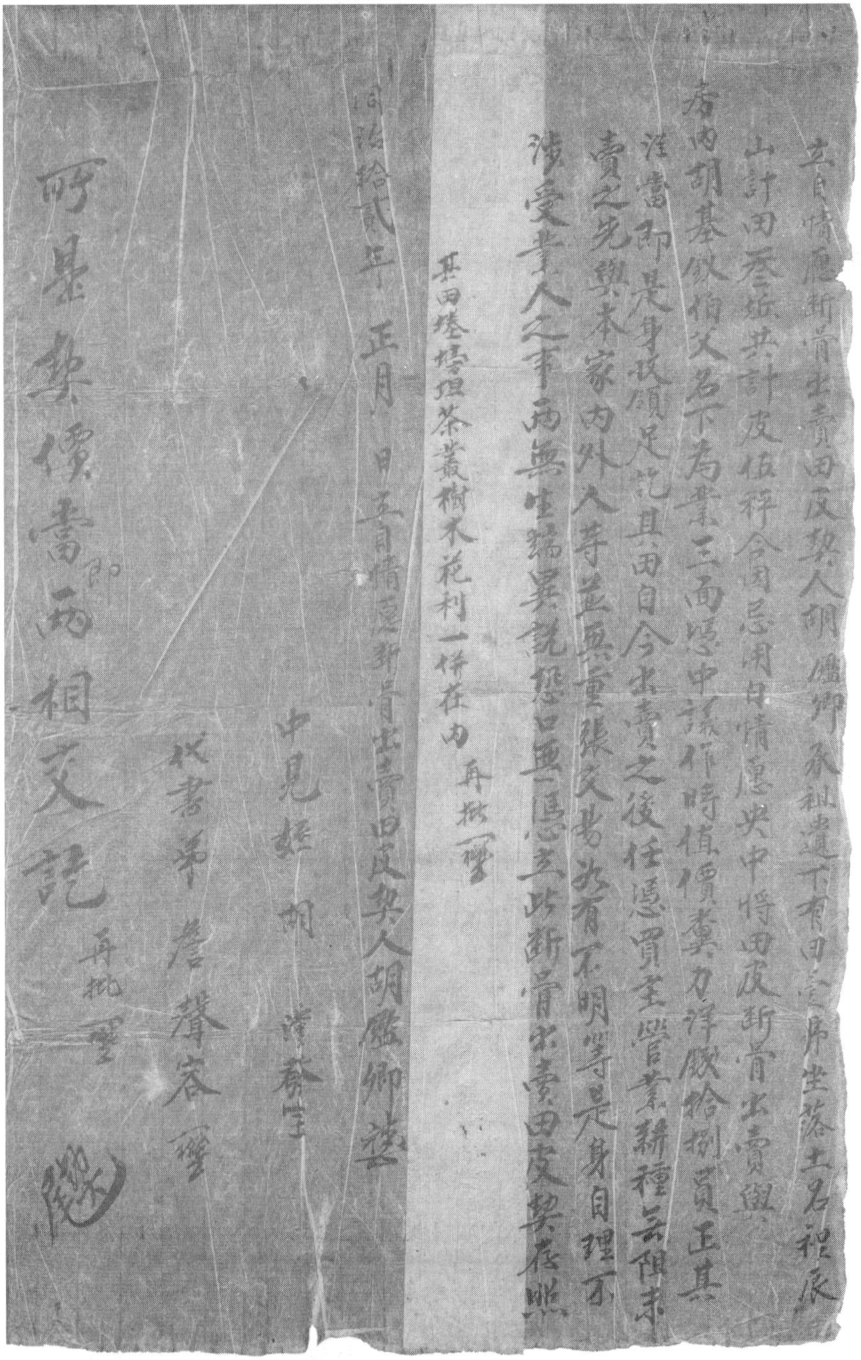
立自情愿斷骨出賣田皮契人胡鑑卿，承祖遺下有田壹處，坐落土名程辰山，計田叁坵，共計皮伍秤，今因急用，自情愿央中將田皮斷骨出賣與房內胡基欽伯父名下為業，三面憑中議作時值價英洋[illegible]拾捌員正，其洋當即是身收領足訖。其田自今出賣之後，任憑買主管業耕種無阻。未賣之先，與本家內外人等並無重張交易，如有不明等，是身自理，不涉受業人之事。兩無生端異說，恐口無憑，立此斷骨出賣田皮契存照。

其田塝墘坦茶叢樹木花利一併在內。再批（押）

同治拾貳年正月　日　立自情愿斷骨出賣田皮契人胡鑑卿（押）

中見　姪　胡濃蔭（押）

代書　弟　詹聲容（押）

所是契價當即兩相交訖。再批（押）

段莘乡沉头村胡家 37 · 同治十二年 · 断骨出卖田皮契 ·
胡鉴卿卖与胡基钦叔伯父

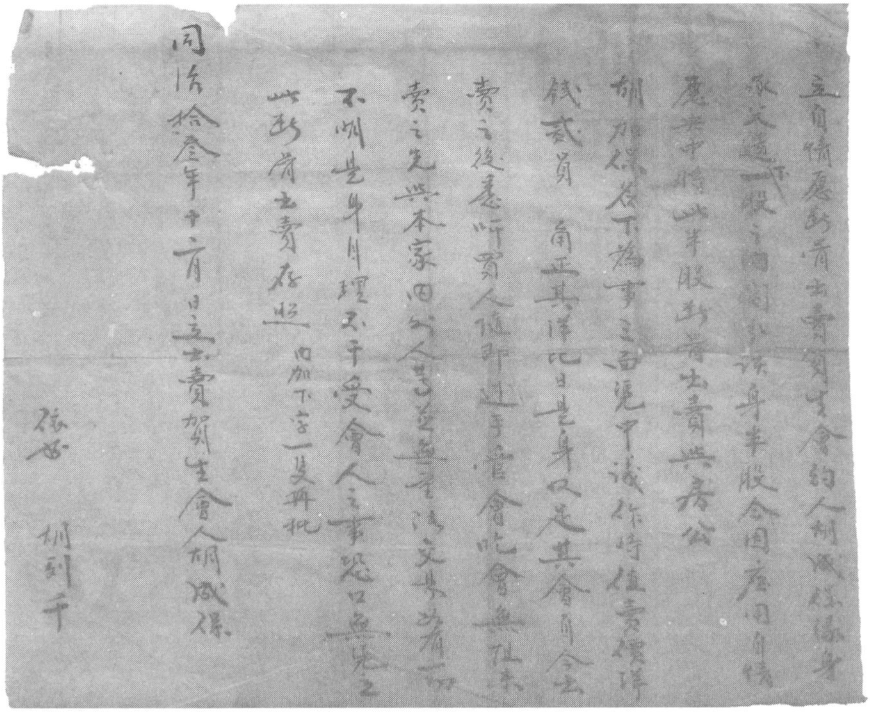

段莘乡沆头村胡家 10 · 同治十三年 · 出卖贺生会约 · 胡成保卖与胡加保

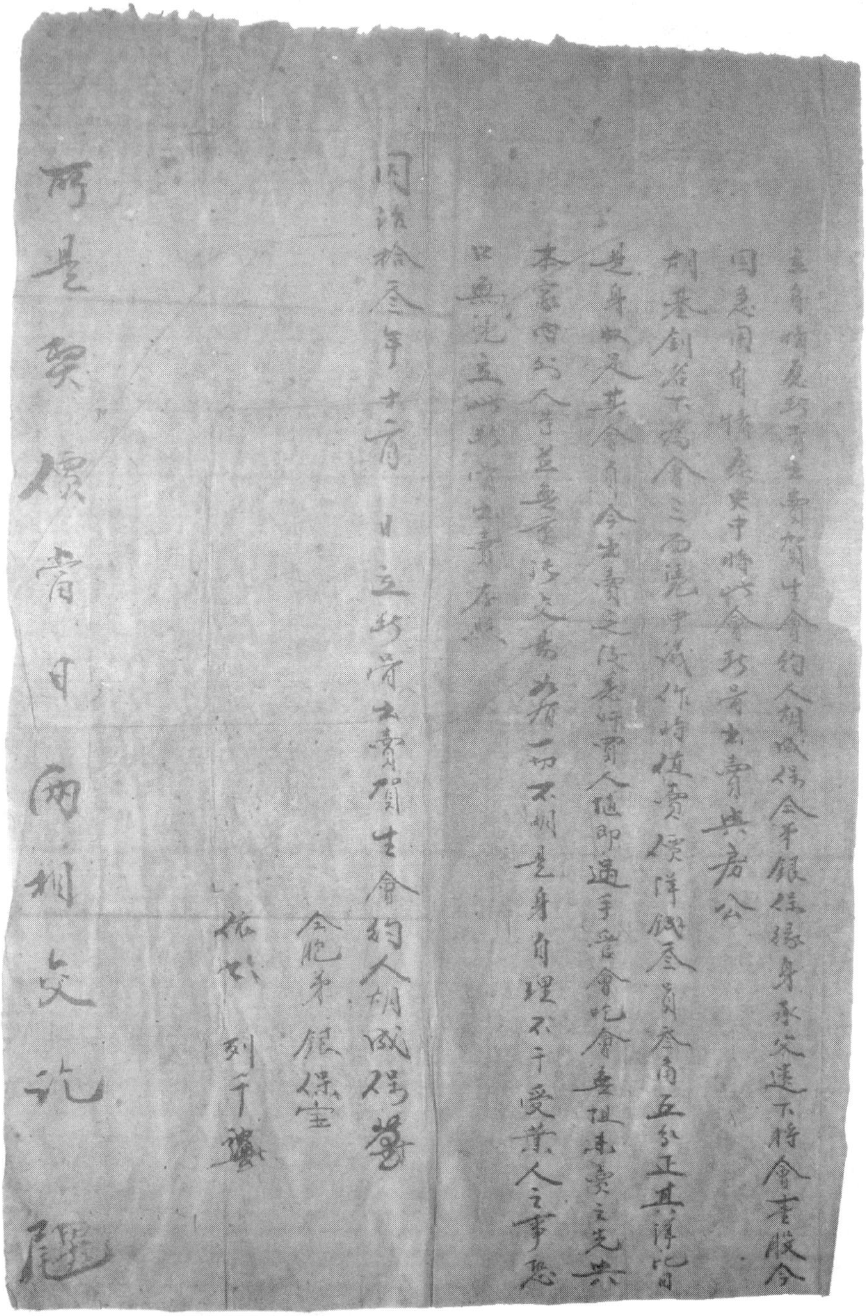
立自情愿断骨出卖贺生会约人胡成保仝弟银保，缘身承父遗下将会壹股，今
因急用，自情愿央中将此会断骨出卖与房公
胡基釗名下为会，三面说定，中议作时值价钱洋钱叁员叁角五分正，其洋比日
是身收足，其会自今出卖之后，悉听买人随即过手管会吃会，並阻未卖之先，其
本家内外人等並無異说，如有一切不明，是身自理，不干受业人之事。恐
口無凭，立此断骨出卖存照。
同治拾叁年十一月 日 立断骨出卖贺生会约人胡成保（押）
仝胞弟 银保（押）
依口 列千（押）
所是卖价当日两相交讫（押）

段莘乡沅头村胡家 24 · 同治十三年 · 断骨出卖贺生会约 ·
胡成保同弟银保卖与胡基钊

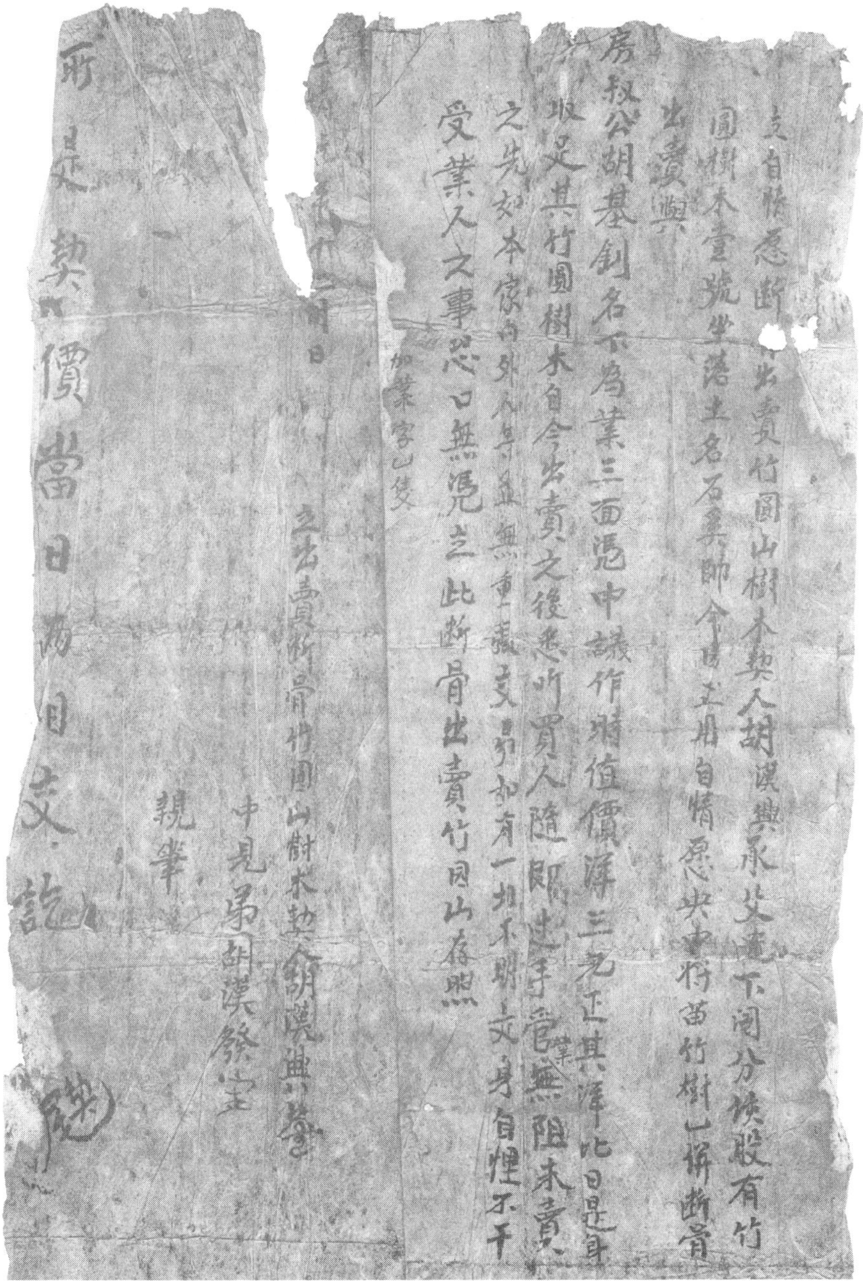

立自情愿断骨出賣竹園山樹木契人胡漢興承父遺下阄分拨股有竹
園樹木壹號坐落土名石桑師今因要用自情愿央中将苗竹樹一併断骨
出賣與
房叔公胡基釗名下為業三面憑中議作時值價洋三元正其洋比日是身
收足其竹園樹木自今出賣之後悉听買人随即過手管業無阻未賣
之先如本家内外人等並無重張交易如有一切不明支身自理不干
受業人之事恐口無憑立此断骨出賣竹园山存照
加業字山隻
[illegible]月日
立出賣断骨竹園山樹木契人胡漢興押
中見弟胡漢發押
親筆
所是契價當日兩相交訖押

段莘乡沅头村胡家 20 · 光绪元年 · 出卖断骨竹园树木契 · 胡汉兴卖与胡基钊

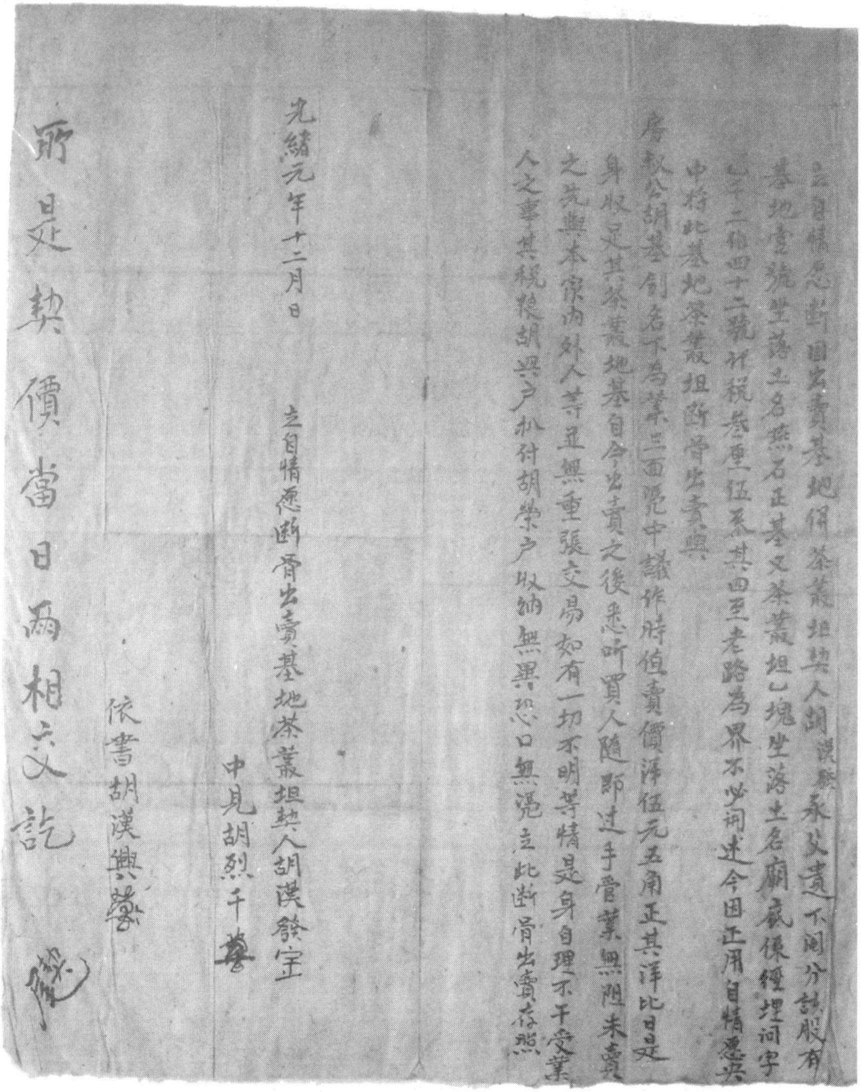

立自情愿断骨出賣基地併茶叢坦契人胡漢發承父遺下不同分該股有
基地壹號坐落土名燕石正基又茶叢坦乙塊坐落土名廟底係經理詞字
乙千二伯四十二號計稅叁厘伍系其四至老路為界不必詞述今因正用自情愿央
中將此基地茶叢坦断骨出賣與
房叔公胡基釗名下為業三面憑中議作時值賣價洋伍元五角正其洋比日足
身收足其茶叢地基自今出賣之後悉听買人隨即过手管業無阻未賣
之先與本家内外人等並無重張交易如有一切不明等情是身自理不干受業
人之事其稅粮胡興户扒付胡榮户收納無異恐口無凴立此断骨出賣存照

光緒元年十二月日

立自情愿断骨出賣基地茶叢坦契人胡漢發

中見胡烈千

依書胡漢興

所是契價當日兩相交訖

段莘乡沅头村胡家 29 · 光绪元年 · 断骨出卖基地并茶丛坦契 ·
胡汉发卖与胡基钊

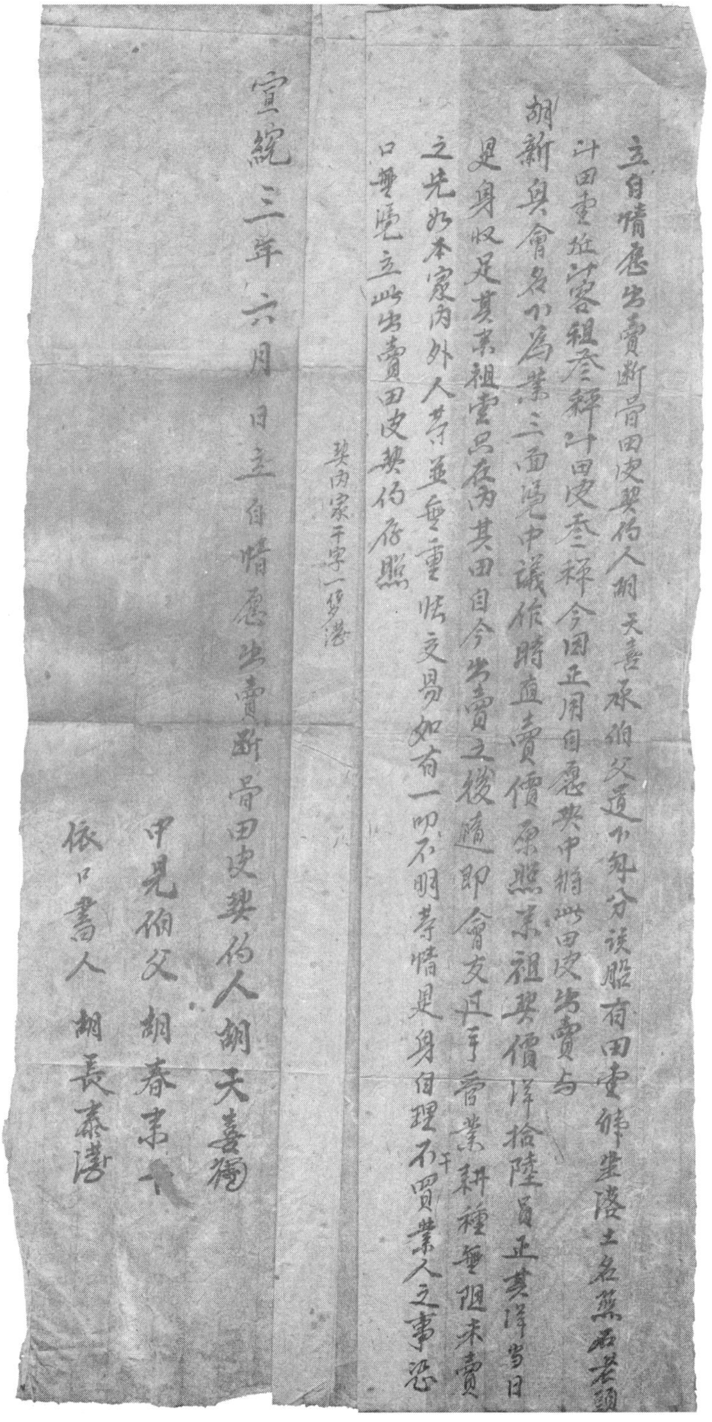
立自情愿出賣斷骨田皮契約人胡天喜承伯父遺下身分該股有田壹節坐落土名蕉石坳頭
計田壹坵計客祖叁秤計田皮叁秤今因正用自愿央中將此田皮出賣與
胡新興會名下爲業三面憑中議作時値賣價原照東祖契價洋拾陸員正其洋當日
是身收足其東祖壹只在內其田自今出賣之後隨即會友過手管業耕種無阻未賣
之先如本家內外人等並無重帖交易如有一切不明等情是身自理不干買業人之事恐
口無憑立此出賣田皮契約存照

契內冢干字一號[illegible]

宣統三年六月 日立自情愿出賣斷骨田皮契約人胡天喜(押)

中見伯父胡春求(押)

依口書人胡長泰(押)

段莘乡沆头村胡家 33 · 宣统三年 · 出卖断骨田皮契 · 胡天喜卖与胡新兴会

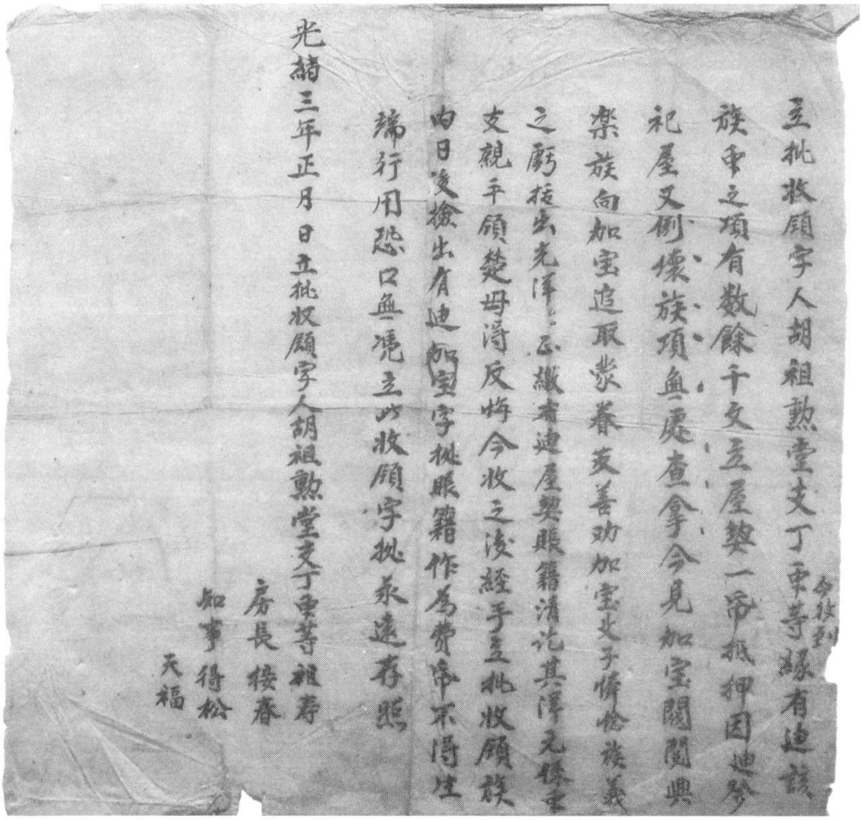
立批收領字人胡祖勳堂支丁衆等今收到緣有迪議
族衆之項有數餘千文立屋契一帋抵押因迪參
祀屋又倒壞族項無處查拿今見加宝闔闔興
祭族向加宝追取裳春友善劝加宝丈子備偹族義
之虧拔出光洋[illegible]正繳者迪屋契賬籍清訖其洋充發衆
支親手領楚毋得反悔今收之後經手立批收領族
內日後撿出有迪加宝字批賬籍作為廢帋不得生
端行用恐口無凭立此收領字批永遠存照
光緒三年正月日立批收領字人胡祖勳堂支丁衆等 祖寿
房長 倭春
知事 得松
天福

段莘乡沆头村胡家 4 · 光绪三年 · 批收领字 · 胡祖勳堂支丁众等收到胡加宝

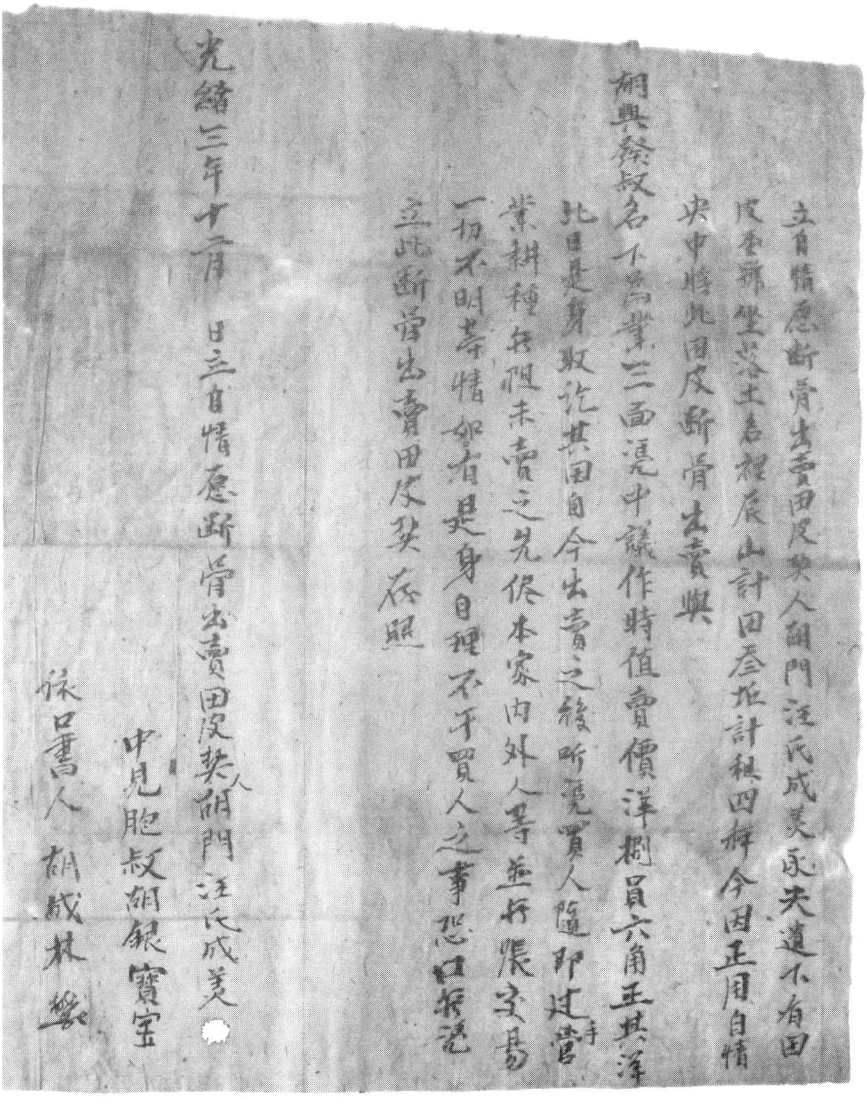
立自情愿斷骨出賣田皮契人胡門汪氏成美，承夫遺下有田
皮壹坵，坐落土名裡辰山，計田叁坵，計租四秤，今因正用，自情
央中將此田皮斷骨出賣與
胡興發叔名下為業，三面凴中議作時值賣價洋捌員六角正，其洋
比日是身收訖，其田自今出賣之後，聽凴買人隨即過手管
業耕種，無阻，未賣之先，係本家內外人等並無重張交易
一切不明等情，如有，是身自理，不干買人之事。恐口無憑
立此斷骨出賣田皮契存照
光緒三年十二月　日立自情愿斷骨出賣田皮契人胡門汪氏成美
中見胞叔胡銀寶
依口書人胡成林

段莘乡沅头村胡家 31 · 光绪三年 · 断骨出卖田皮契 · 胡门汪氏成美卖与胡兴发

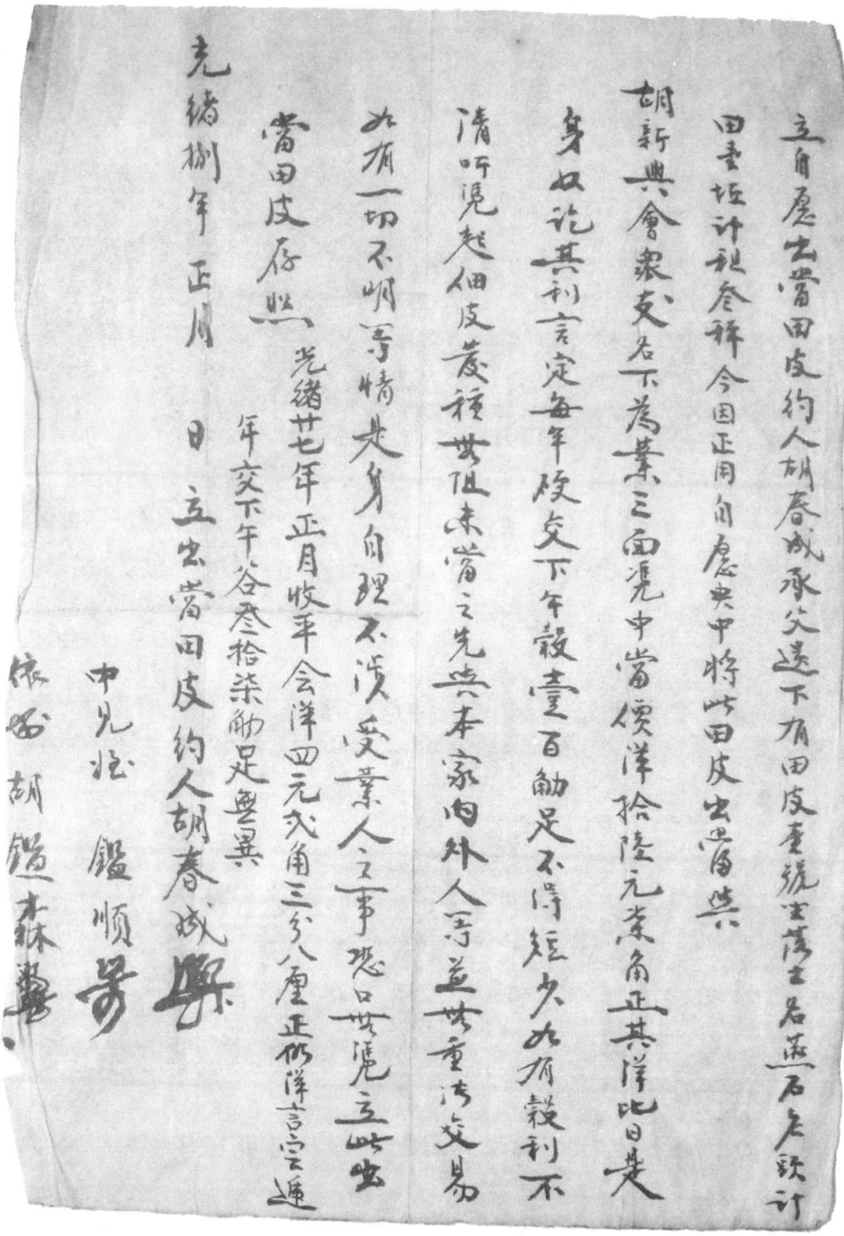
立自愿出当田皮约人胡春成承父遗下有田皮壹號坐落土名蒸石左□计
田壹坵计租叁秤今因正用自愿央中将此田皮出当与
胡新兴会众友名下为业三面凭中当价洋拾陆元柒角正其洋比日是
身收讫其利言定每年俵交下午谷壹百觔足不得短少如有谷利不
清听凭起佃皮发种无阻未当之先与本家内外人等并无重请交易
如有一切不明等情是身自理不涉受业人之事恐口无凭立此出
当田皮存照
光绪廿七年正月收平会洋四元弍角三分八厘正仍洋言定递
年交下午谷叁拾柒觔足无异
光绪捌年正月　日立出当田皮约人胡春成（押）
中见叔　鑑顺（押）
依口　胡鑑森（押）

段莘乡沅头村胡家 3 · 光绪八年 · 出当田皮约 · 胡春成出当与胡新兴会众友

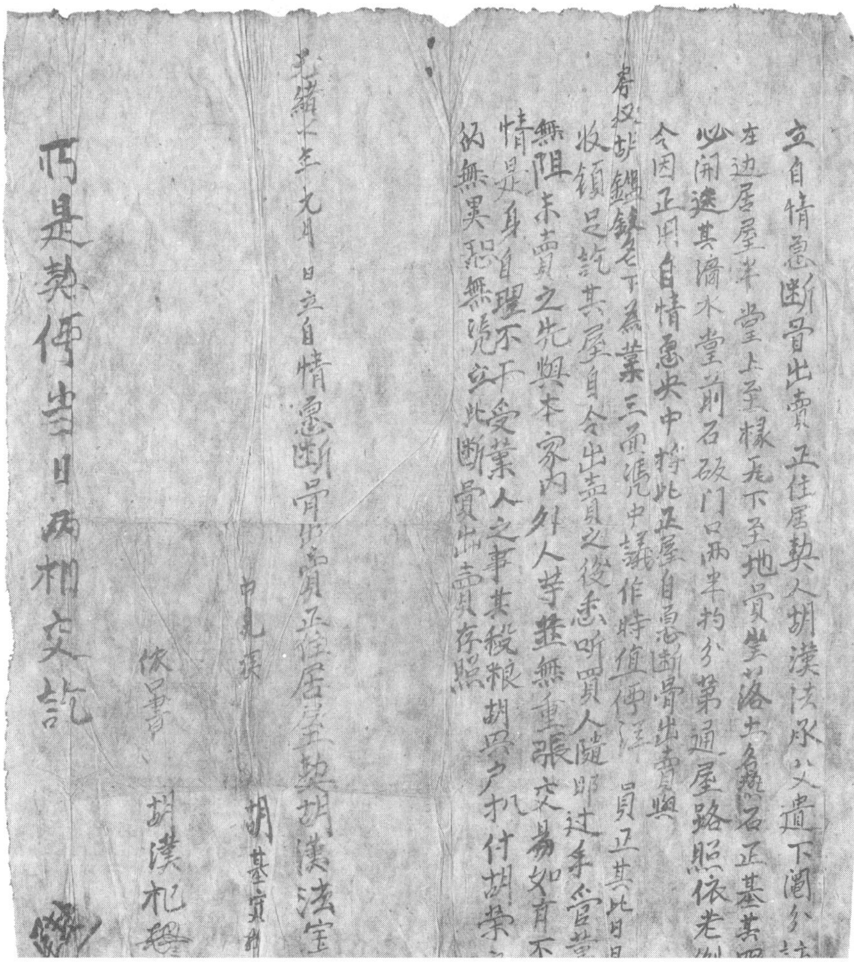
立自情愿断骨出賣正住居契人胡漢法承父遺下闔分
左边居屋半堂上至椽瓦下至地骨堂前落出石正基其四
必開述其滴水堂前石砌门口兩半均分第通屋路照依老例
今因正用自情愿央中將此正屋自愿断骨出賣與
脊叔胡鑑鈸名下為業三面憑中議作時值價洋　員正其洋即日
收領足訖其屋自今出賣之後悉听買人隨即过手管業
無阻未賣之先與本家內外人等並無重張交易如有不
情是身自理不干受業人之事其税粮胡四户扒付胡榮
今無異恐無憑立此断骨出賣存照
光緒十年七月　日立自情愿断骨出賣正住居屋契胡漢法
中見　胡基寶
依口書　胡漢杞
再是契價當日兩相交訖

段莘乡沆头村胡家 32 · 光绪十年 · 断骨出卖正住居契 · 胡汉法卖与胡鉴鈸

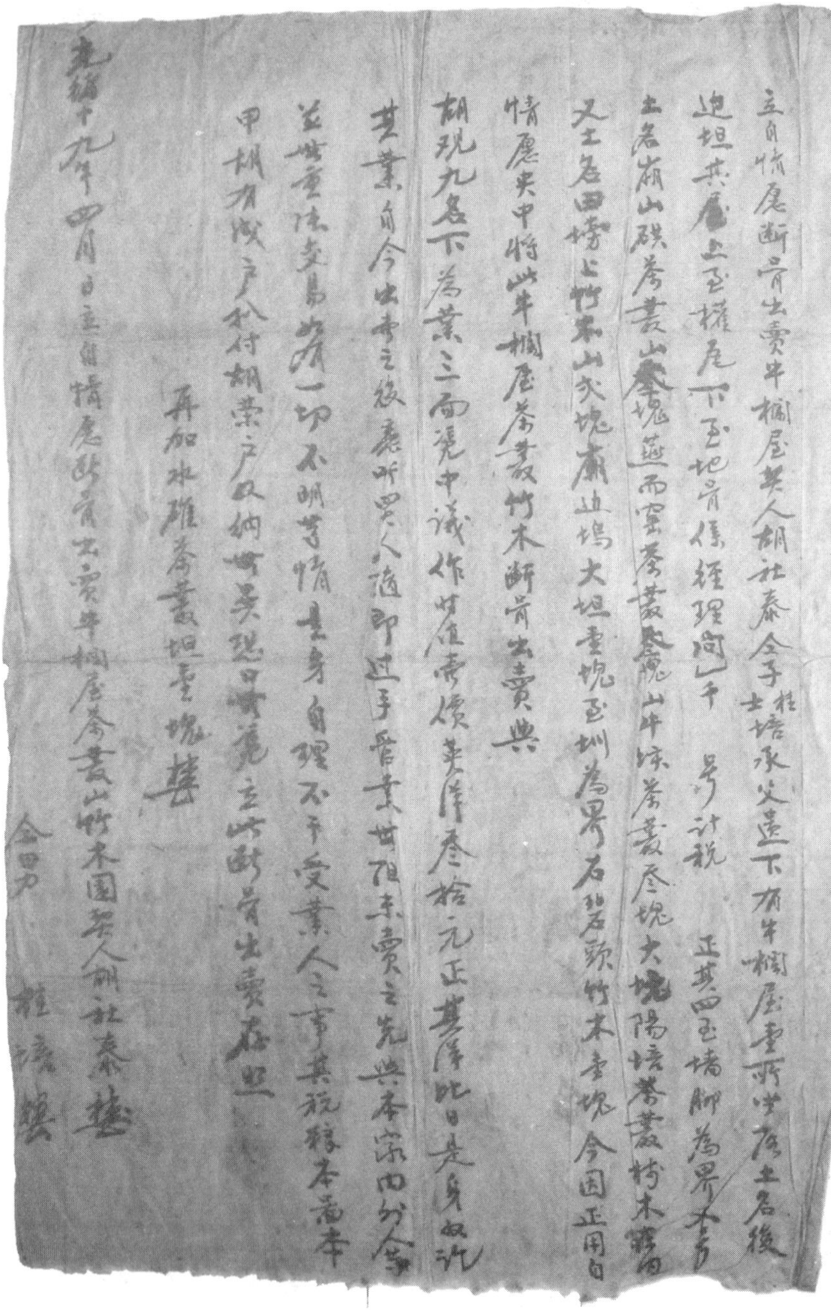

立自情愿断骨出卖牛栏屋基人胡社泰今手枯士培承父遗下顶牛栏屋壹所坐落土名後迎坦共屋上玉栋尾下玉地骨係经理间千　号計税　正其四至墙脚為界又另土名崬山碛蓁叁山叁塊連而室蓁叢叄隴山牛湏蓁叢叄塊陽境蓁叢竹木籍又土名四塝上竹木山炙塊庸边塢大坦壹塊巳圳為界石嵴竹木壹塊今因正用日情愿央甲將半欄屋叄叢竹木斷骨出賣典胡覌九名下為業三面凭中議作時價賣價葉淨叁拾元正其價比日壹身收訖其業自今出賣之後聽恁買人遂卽連手管業世祖永遠之先興本深四分今益世重法交易若一切不明芽情去身自理不干受業人之事其稅穀本歷甲胡有納户分納如異愿日凴立断骨出賣為此再加批雎蓁叢坦壹塊燧

　　　　金男　　　　　　　　　　　　　　立自情愿断骨出賣牛栏屋叄叢蓁山竹木園契人胡社泰燧
　　　　　　　　　雎境燧

光緒十九年癸巳四月　日

段莘乡沆头村胡家 19-ii · 光绪十九年 · 断骨出卖牛栏屋契 ·
胡社泰同子胡桂培、胡士培卖与胡观九

具投詞人沅源宋旺發

投爲持械兇毆、傷重命危、迫叩驗明、生奉究填事、

被胡興發兄弟侄糾党叢毆人

身妹細配胡社忝爲室、素守婦道安和、於本月十一日參監造房屋、不料駭悉、胡興發兄弟侄倚勢虎踞、胡現

父子各持器械、交加現有拳捻、身妹遍體鱗傷、比投鳴約族、驗明確証、屢肆欺懦、身妹命懸、爲此不得不叩

證

生奉究填。

約先生尊前施行

光緒廿三年三月　日具

段莘乡沅头村胡家 14 · 光绪二十三年 · 具状词 · 宋旺发告兴发兄弟侄

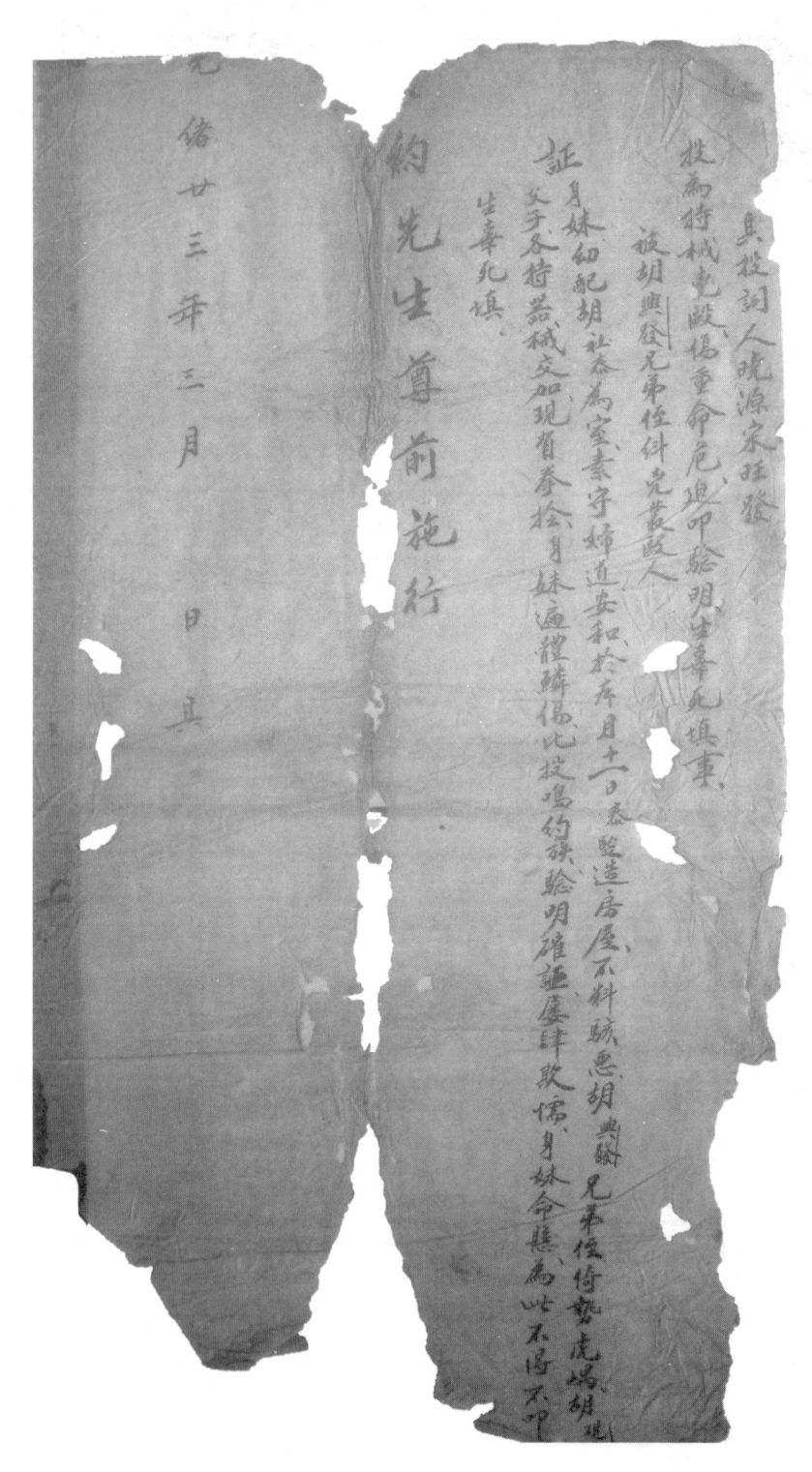

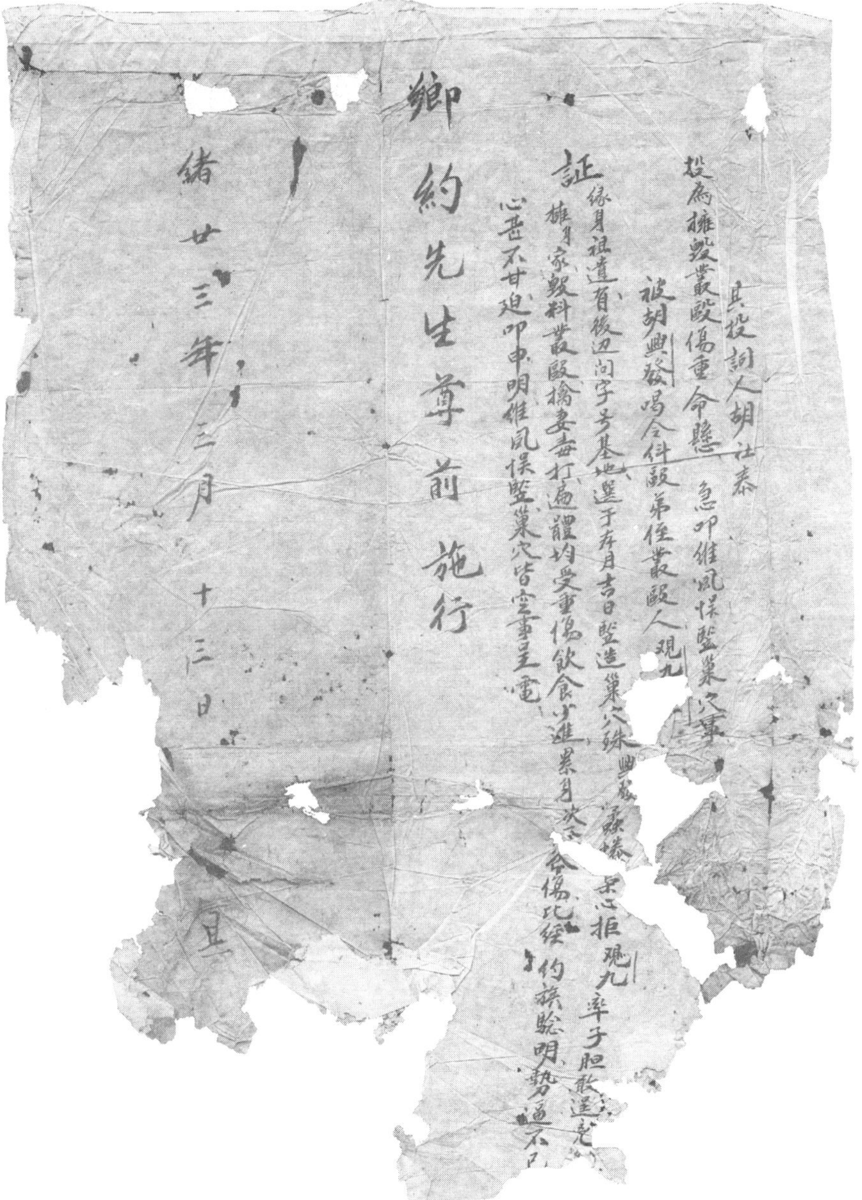
具投詞人胡社泰

投為擁毀叢毆傷重命懸急叩維風保墜巢穴事

被胡興發喝令糾敵弟侄叢毆人現九

證　緣身祖遺有後边向字号基地，選于本月吉日墊造巢穴，殊興發叔嫉忌拒，現九率子胆敢逞兇

擁身家毀料叢毆，擒妻毒打，遍體均受重傷，飲食少進，累身次子合傷比絰

心甚不甘，迫叩申明維風保墜巢穴，皆望垂呈電，約族驗明，勢逼不已

鄉約先生尊前施行

緒廿三年三月十三日

具

段莘乡沆头村胡家 17 · 光绪二十三年 · 具状词 · 胡社泰告胡兴发

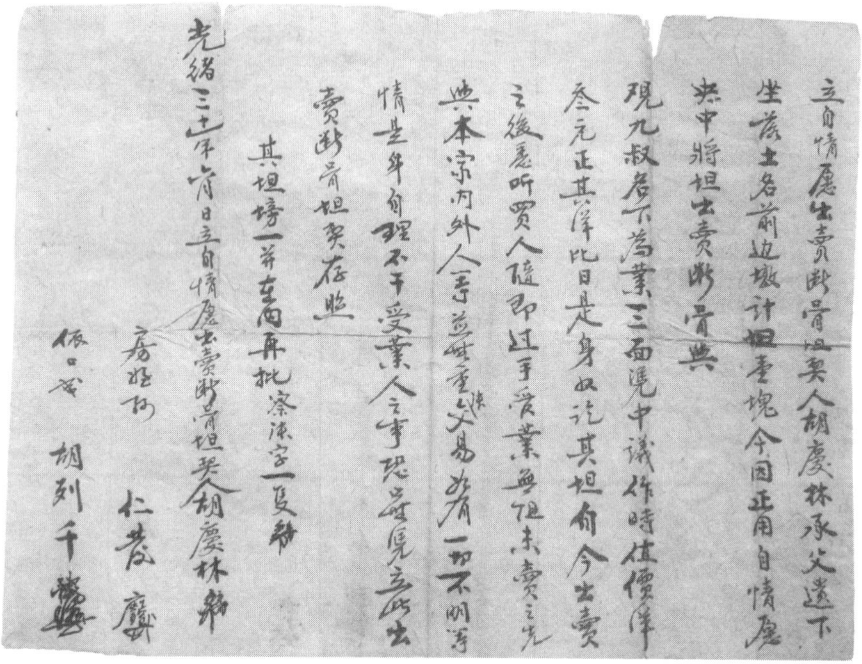
立自情愿出卖断骨坦契人胡庆林承父遗下
坐落土名前边墩计坦壹块今因正用自情愿
央中将坦出卖断骨与
观九叔名下为业三面凭中议作时值价洋
叁元正其洋比日是身收讫其坦自今出卖
之后悉听买人随即过手受业无阻未卖之先
与本宗内外人等并无重张交易如有一切不明等
情是身自理不干受业人之事恐后无凭立此出
卖断骨坦契存照
其坦塝一并在内再批添注字一只
光绪三十一年十月日立自情愿出卖断骨坦契人胡庆林（押）
房侄仁发（押）
依口代笔胡列千（押）

段莘乡沅头村胡家 11 · 光绪三十一年 · 断骨出卖坦契 · 胡庆林卖与观九叔

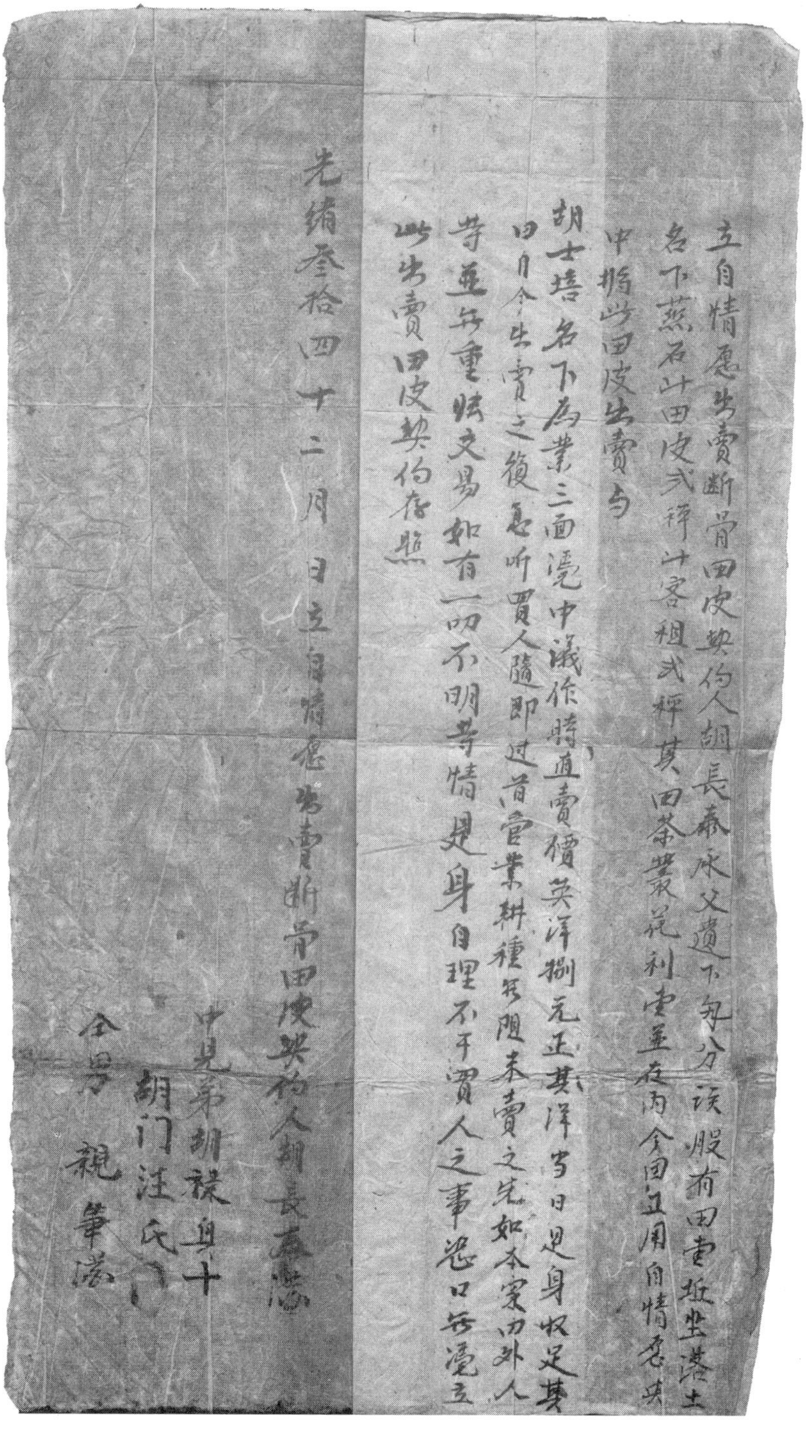

立自情愿出賣斷骨田皮契約人胡長泰承父遺下身分該股有田壹坵坐落土
名下蒸石嶺田皮弍秤計客租弍秤其田茶叢花利壹並在內今因正用自情愿央
中將此田皮出賣与
胡士培名下為業三面憑中議作時值賣價英洋捌元正其洋當日是身收足其
田自今出賣之後悉听買人隨即過首管業耕種無阻未賣之先如本家內外人
等並無重張交易如有一切不明等情是身自理不干買人之事恐口無憑立
此出賣田皮契約存照
光緒叁拾四年十二月　日立自情愿出賣斷骨田皮契約人胡長泰
中見弟胡祿身十
胡門汪氏
仝男　親筆

段莘乡沅头村胡家 30 · 光绪三十四年 · 出当租佃田皮约 · 胡长泰卖与胡士培

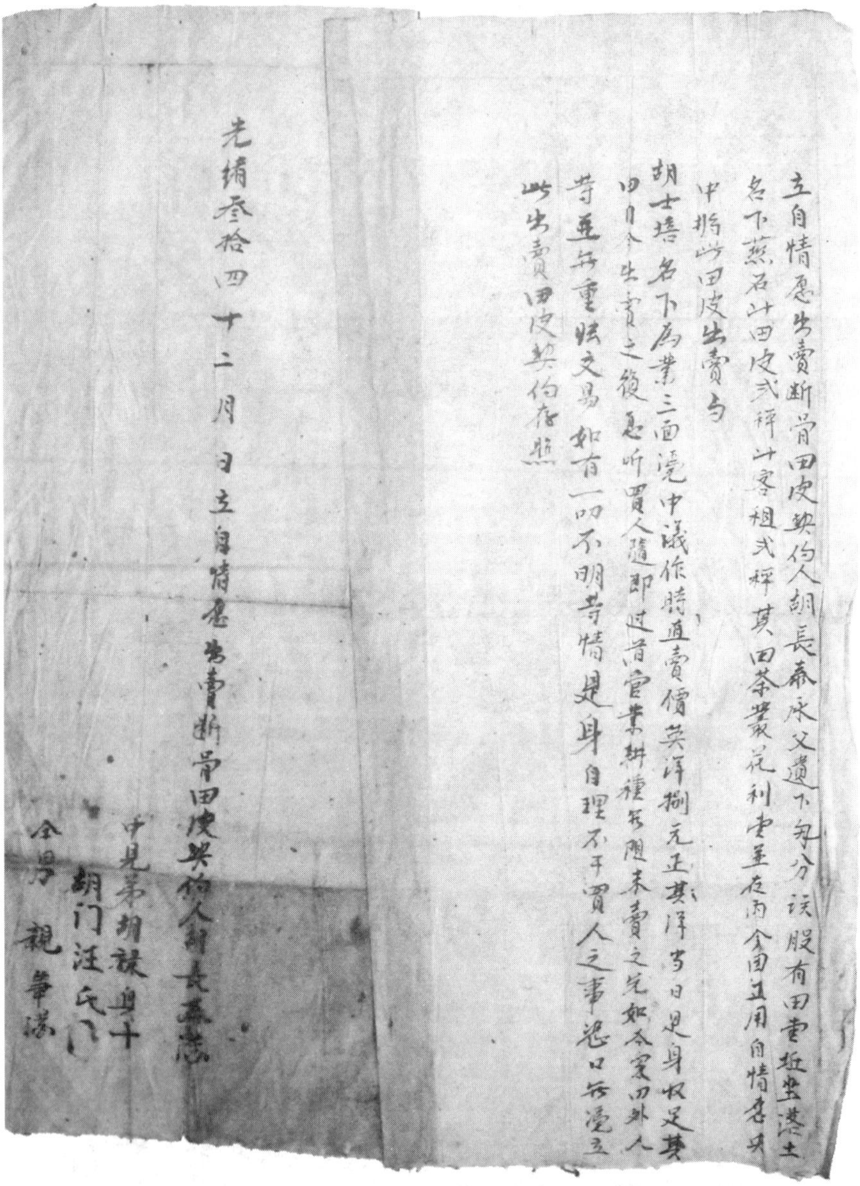
立自情愿出卖断骨田皮契约人胡长泰承父遗下身分该股有田壹坵坐落土
名下蒸石叶田皮弍秤叶客租弍秤其田茶丛花利壹并在内今因正用自情愿央
中将此田皮出卖与
胡士培名下为业三面凭中议作时值卖价英洋捌元正其洋当日是身收足其
田自今出卖之后悉听买人随即过管业耕种无阻未卖之先如有家内外人
等并无重张文易如有一切不明等情是身自理不干买人之事恐口无凭立
此出卖田皮契约存照
光绪叁拾四年十二月　日立自情愿出卖断骨田皮契约人胡长泰
中见弟胡禄兴十
胡门汪氏
仝男　亲笔谋

段莘乡沅头村胡家 18 · 光绪三十四年 · 出卖断骨田皮契 · 胡长泰卖与胡士培

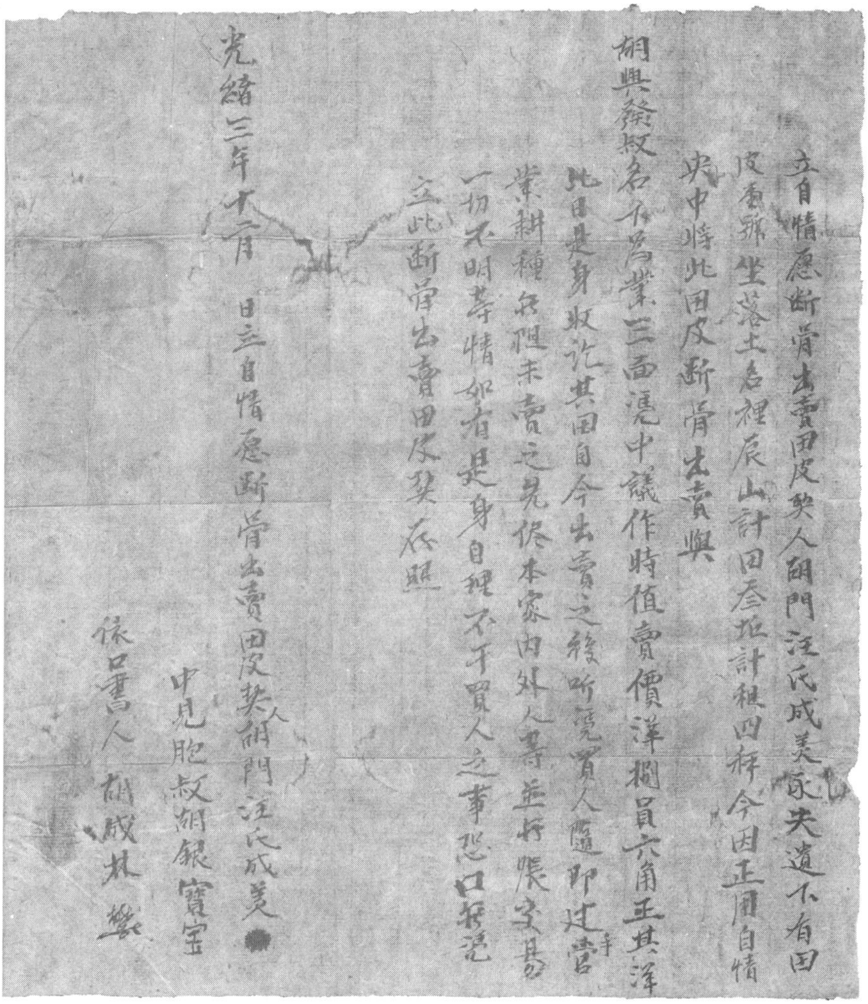
立自情愿斷骨出賣田皮契人胡門汪氏成美承夫遺下有田
皮壹號坐落土名裡底山計田叁坵計租四秤今因正用自情
央中將此田皮斷骨出賣與
胡興發叔名下爲業三面憑中議作時值賣價洋捌員六角正其洋
比日是身收訖其田自今出賣之後聽憑買人隨即過手營
業耕種無阻未賣之先係本家内外人等並無張交易
一切不明等情如有是身自理不干買人之事恐口無憑
立此斷骨出賣田皮契存照
光緒三年十一月 日立自情愿斷骨出賣田皮契人胡門汪氏成美
中見胞叔胡銀寶
依口書人 胡成林

段莘乡沆头村胡家 21 · 光绪三年 · 断骨出卖田皮契 · 胡门汪氏成美卖与胡兴发

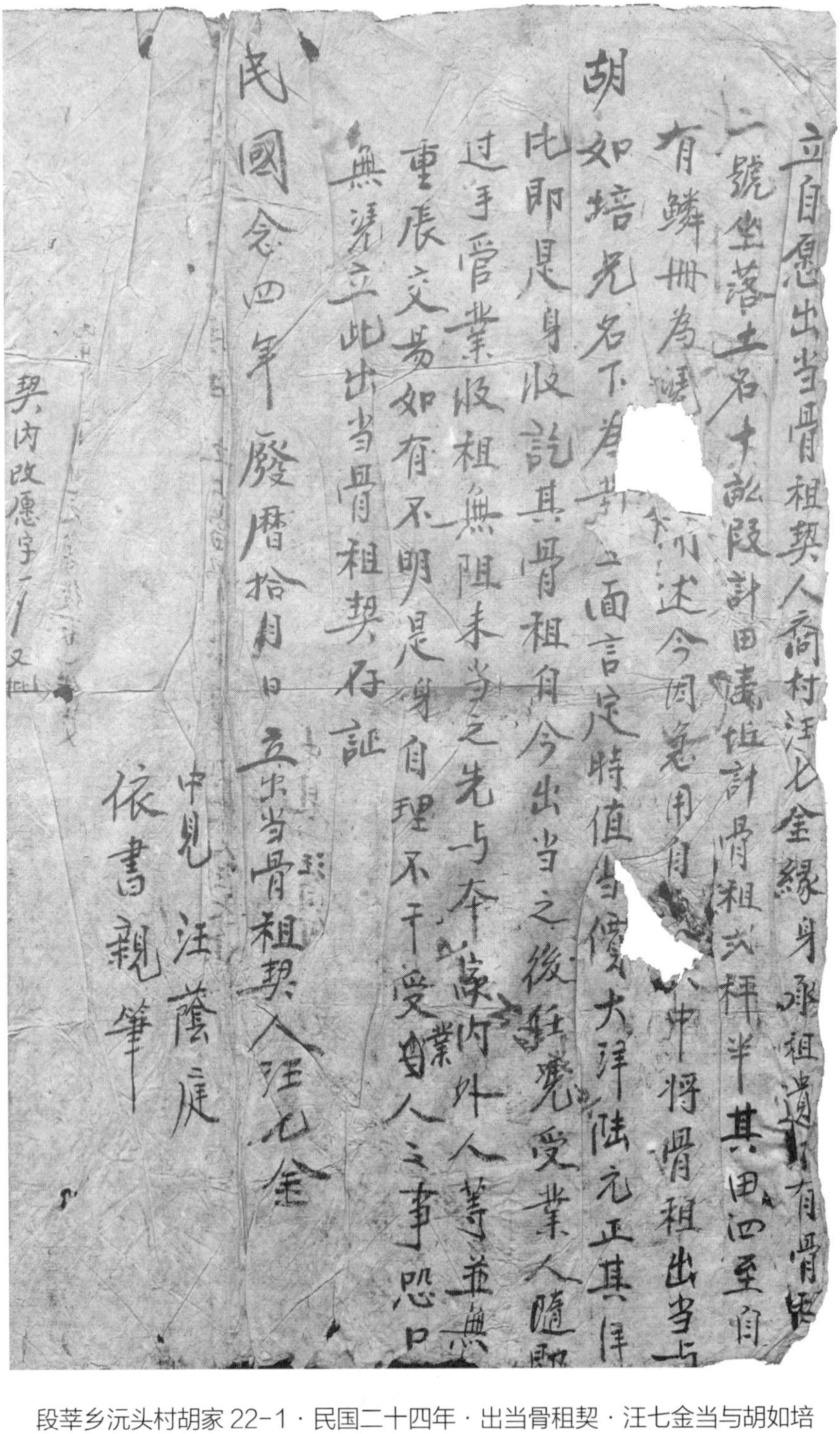

立自愿出当骨租契人裔村汪七金缘身承祖遺□有骨□
一號坐落土名十畝段計田壹坵計骨租式秤半其田四至自
有鱗冊為憑□□述今因急用自□中将骨租出当与
胡如培兄名下為□□面言定時值当價大洋陆元正其洋
比即是身收訖其骨租自今出当之後任凴受業人隨即
过手管業收租無阻未当之先与本家内外人等並無
重張交易如有不明是身自理不干受業人之事恐口
無凴立此出当骨租契存証
民國念四年 廢曆拾月 日 立出当骨租契人汪七金
中見 汪蔭庭
依書親筆
契内改愿字一个 又批

段莘乡沆头村胡家 22-1 · 民国二十四年 · 出当骨租契 · 汪七金当与胡如培

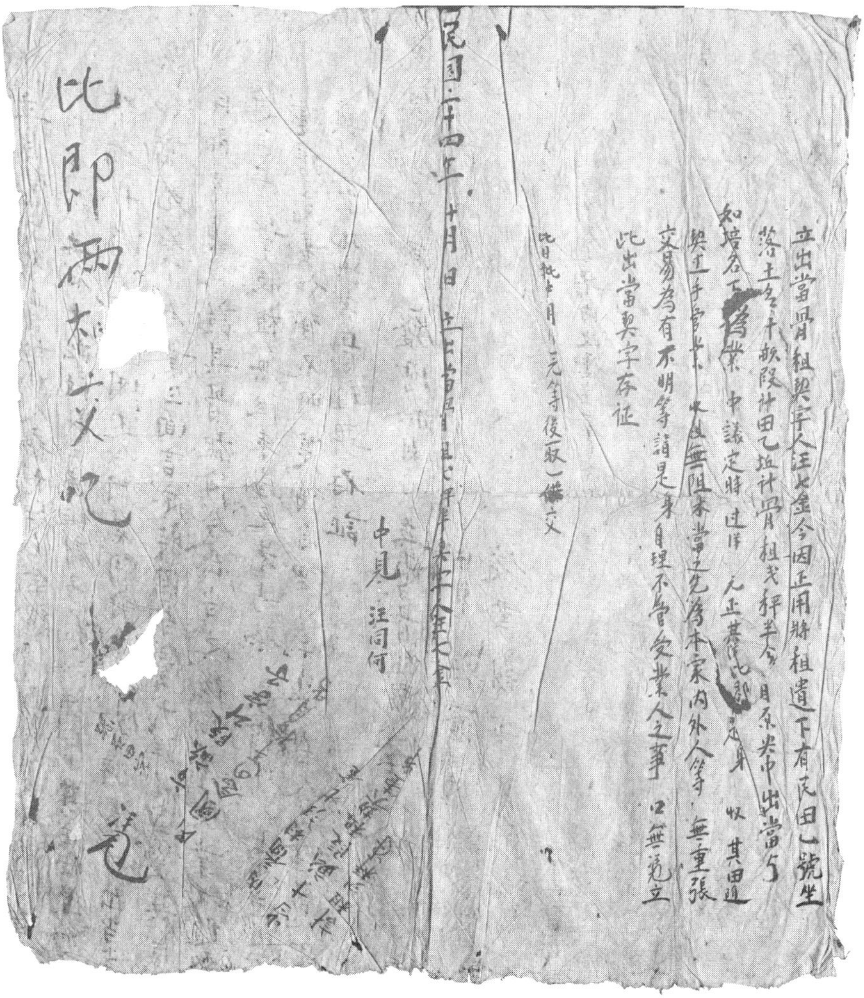
立出當骨租契字人汪七金今因正用將租遺下有民田一號坐
落土名十畝段計田乙坵計骨租戈秤半今自原央中出當与
知培名下為業 中議定時值洋 大正英洋七元正 其洋比即是身收 其田過
契之手管業 無阻 未當之先為本家內外人等 無重張
交易為有不明等請是身自理不管受業人之事 口無憑立
此出當契字存证
比日批本年月 元等復取一文
民國二十四年十月日 立出當骨租契字人汪七金
中見 汪同何
比即兩相交乞

段莘乡沉头村胡家 22-2 · 民国二十四年 · 出当骨租契 · 汪七金当与如培

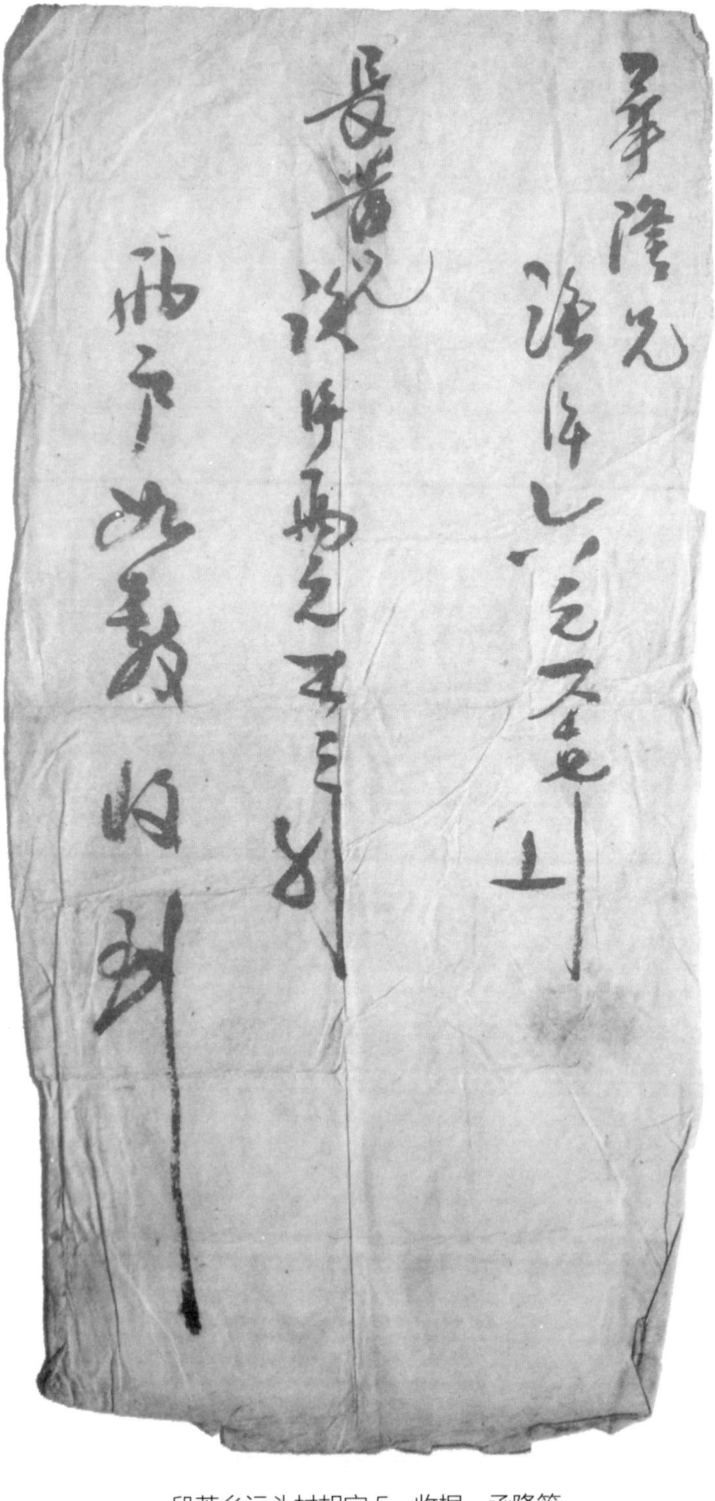
承隆兄

長蕃兄

如數收到

段莘乡沅头村胡家 5 · 收据 · 承隆等

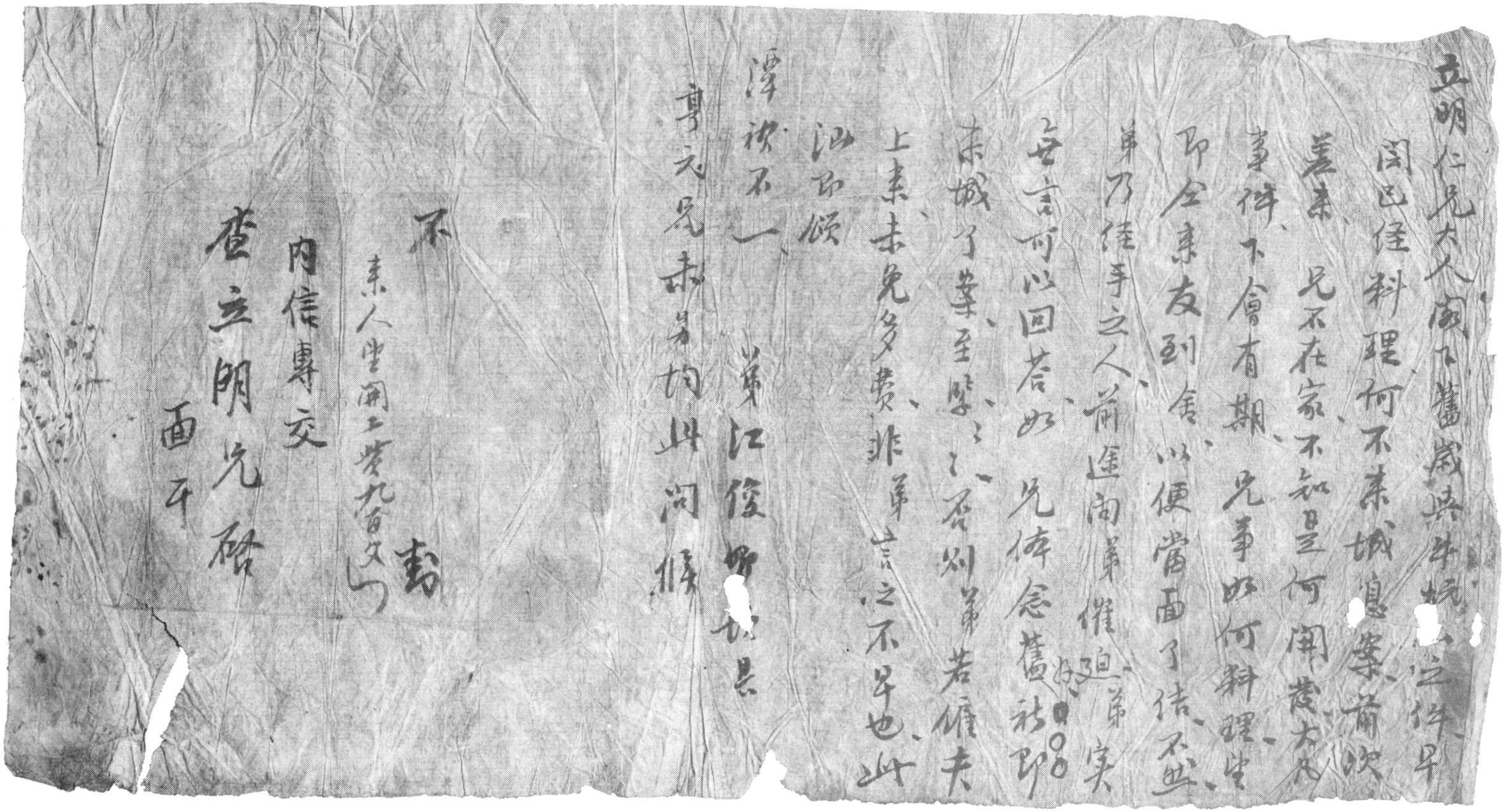

立明仁兄大人閣下：舊歲與弟婚之件，早
閏已往料理，何不來城息案，前次
差來，兄不在家，不知是何用意，大凡
事件，下會有期，兄事如何料理，望
即全來友到舍，以便當面了结，不然
弟乃經手之人，前途向弟催迫，弟实
無言可以回答。如兄体念舊誼，祈即
來城了案，至望至望。否则弟若雇夫
上來，未免多費，非弟言之不早也。此
泐，即候
澤祺不一　弟江俊卿具
尊元兄亦弟均此問候

來人坐用工费九百文正

不　封

内信專交

查立明兄　啟
　　西干

段莘乡沆头村胡家 15 · 书信 · 江俊卿寄明仁